Nietzsche und die Schweiz / Offizin Zürich / Strauhof Zürich

Herausgegeben von David Marc Hoffmann

NIETZSCHE

UND DIE SCHWEIZ

Offizin Zürich / Strauhof Zürich 1994

STRAUHOF ZÜRICH
Band 7: NIETZSCHE UND DIE SCHWEIZ
Im Auftrag der Präsidialabteilung der Stadt Zürich herausgegeben von Nicolas Baerlocher und Martin Bircher

Strauhof Zürich
Augustinergasse 9
26. August bis 27. November 1994

Gesamtverantwortung für die Ausstellung:
Nicolas Baerlocher

Konzeption und wissenschaftliche Leitung:
David Marc Hoffmann

Organisation: Sandra Kubista-Angst

Ausstellungsgestaltung: Daniel Simmen

Die Präsidialabteilung der Stadt Zürich dankt dem Generalkonsulat der Bundesrepublik Deutschland für die finanzielle Unterstützung dieses Bandes.

Impressum:

OZV Offizin Zürich Verlags-AG, Zürich

Herausgeber: David Marc Hoffmann

Graphisches Konzept und Gestaltung:
Peter Zimmermann, Zürich

Umschlag: Roth Grafik, Allschwil

Gesamtherstellung:
BuchsDruck, Buchdruckerei Buchs AG, Buchs SG

Einband:
Buchbinderei Burkhardt AG, Mönchaltorf/ZH

ISBN 3-907495-61-6 (OFFIZIN)

Die Deutsche Bibliothek – CIP-Einheitsaufnahme

NIETZSCHE UND DIE SCHWEIZ;
[eine Ausstellung der Präsidialabteilung der Stadt Zürich; Strauhof Zürich 26. August bis 27. November 1994]/
STRAUHOF ZÜRICH. Hrsg. Nicolas Baerlocher und Martin Bircher.
Gesamtverantwortung für den Begleitband David Marc Hoffmann. –
Zürich: Offizin Zürich 1994.
(Reihe STRAUHOF ZÜRICH; Band 7)
ISBN 3-907495-61-6
NE: David Marc Hoffmann [Hrsg.];
Zürich Strauhof [Zürich]: Reihe Strauhof Zürich.

Reihe Strauhof Zürich

Band 1:
DAS REICH DER JAHRESZEITEN
ISBN 3-907495-01-02 (Offizin)
ISBN 3-527-17730-2 (VCH)

Band 2:
SCHWEIZ RUSSLAND
ISBN 3-907495-03-9 (Offizin)

Band 3:
GOETHE ALS SAMMLER
ISBN 3-907495-07-7 (Offizin)
ISBN 3-527-17729-9 (VCH)

Band 4:
KURT TUCHOLSKY
ISBN 3-907495-08-X (Offizin)
ISBN 3-527-17731-0 (VCH)

Band 5:
HELVETIEN IN DEUTSCHLAND
ISBN 3-907495-14-4 (Offizin)
ISBN 3-527-17732-9 (VCH)

Band 6:
RAINER MARIA RILKE
UND DIE SCHWEIZ
ISBN 3-907495-26-8 (Offizin)
ISBN 3-05-002333-3 (VCH)

Inhalt

Geleitwort

Seit gut 25 Jahren organisiert die Präsidialabteilung Ausstellungen zu kulturgeschichtlichen Themen. Sie beschränkt sich dabei nicht auf Turicensia, sondern versucht, den ganzen Geistesraum miteinzubeziehen, aus dem Zürich lebt. Unter den deutschsprachigen Dichtern widmete sie Ausstellungen deshalb nicht allein Gottfried Keller und Robert Walser, sondern beispielsweise auch Rainer Maria Rilke, Thomas Mann und Hermann Hesse. Der 150. Geburtstag von Friedrich Nietzsche gibt ihr Anlass, seinem Leben und Werk nachzugehen.

Zürich spielt in der Biographie Friedrich Nietzsches zwar ebenfalls eine Rolle. So ist es durchaus reizvoll, den Zürcher Begegnungen mit Gottfried Keller und der Frauenrechtlerin Meta von Salis nachzuspüren. Weit wichtiger und fruchtbarer waren aber Nietzsches Basler Jahre und seine Sommeraufenthalte im Engadin. Die Ausstellung im Strauhof trägt daher den Titel «Nietzsche und die Schweiz». «Die Schweiz» steht aber nicht nur als Sammelbegriff für biographische Episoden und prägende Begegnungen. Sie war für Nietzsche – in der zweiten Hälfte des 19. Jahrhunderts – auch zu einer Metapher für Offenheit und Kühnheit geworden, einer Kühnheit jenseits aller nationalistischen Anmassung und Borniertheit. Sich dieser Schweiz zu erinnern, hilft uns vielleicht auch, «ein wenig über die gegenwärtige Augenblicks-Wirtschaft hinauszudenken» und ein «übernationales Verhältnis des Schweizerischen» – oder heute unweigerlich: eine Schweiz in übernationalen Verhältnissen – zu entwickeln.

Ausstellungen sind vergängliche Produkte. Die hier versammelten Dokumente kehren nach dem Schluss der Ausstellung wieder zu ihren Leihgeberinnen und Leihgebern zurück. Es ist uns daher ein Anliegen, zu unseren Ausstellungen auch länger greifbare Begleitpublikationen herauszugeben. Die vorliegende geht über eine Dokumentation der Exponate hinaus. Sie liefert einerseits eine vertiefte Kommentierung der wesentlichen und zum Teil erstmals zugänglichen Exponate. Sie umfasst andererseits 16 wissenschaftliche Beiträge, die auch Aspekte beleuchten, welche sich in einer Ausstellung nur schwer behandeln lassen. Wir streben damit keine neuen Kontroversen an, sondern die kritische Würdigung einer Persönlichkeit, die das geistige Leben dieses Jahrhunderts nachhaltig prägte.

Ich danke allen, die zur Ausstellung und zum Begleitband beitrugen. Mein Dank gilt insbesondere dem Herausgeber, dem Germanisten und Historiker David Marc Hoffmann, Basel, der sich über Jahre eingehend der Nietzsche-Forschung widmete. Seine 1993 gezeigte Ausstellung über das Basler Nietzsche-Archiv bildete den Ausgangspunkt für eine anregende Zusammenarbeit. Ich danke den Leihgeberinnen und Leihgebern im In- und Ausland, deren Grosszügigkeit und Verständnis unsere Ausstellung erst ermöglichte.

Josef Estermann, Stadtpräsident von Zürich

David Marc Hoffmann

Nietzsche und die Schweiz

Vortrag im Stadthaus Zürich anlässlich der Eröffnung der Ausstellung im Museum Strauhof am 25. August 1994

Wenn wir heute, am 25. August, die Ausstellung «Nietzsche und die Schweiz» eröffnen, so geschieht das zwar nicht an Nietzsches 150. Geburtstag, der ja erst in sieben Wochen gefeiert wird, aber doch an einem ebenso wichtigen Tag im Kalender von Nietzsches Biographie: Der 25. August ist Nietzsches Todestag (anno 1900) und zugleich das Datum von Richard Wagner und Cosima von Bülows Hochzeit 1870 in Luzern. Als Trauzeugen waren Malwida von Meysenbug und Friedrich Nietzsche vorgesehen, Nietzsche musste sich aber entschuldigen, weil er, damals noch unbedingt deutsch gesinnt, am Deutsch-französischen Krieg teilnahm. Die Ehe von Richard und Cosima Wagner sollte Nietzsche in seiner letzten Schaffenszeit, wohl auch im Zusammenhang mit seinem Bruch mit Wagner, für sich selbst zu einem zentralen biographischen Ereignis stilisieren. In Entwürfen zu seiner Autobiographie «Ecce homo» schreibt er 1888: «Es giebt einen einzigen Fall, dass ich meines Gleichen gefunden habe – ich bekenne es mit Dankbarkeit. Frau Cosima Wagner ist bei weitem die vornehmste Natur, die es giebt und, im Verhältniss zu mir, habe ich ihre Ehe mit Wagner immer nur als Ehebruch interpretirt.»[1] Nietzsche wähnte sich zuletzt tatsächlich mit Cosima von Bülow bzw. Cosima Wagner auf höherer Ebene vermählt, konstruierte für sich ein Liebesverhältnis analog zu Dionysos und Ariadne und drängte Wagner in die Rolle des Theseus. Einer der an Cosima Wagner gerichteten sogenannten Wahnsinnszettel von Anfang 1889 enthält das Bekenntnis: «Ariadne, ich liebe Dich! Dionysos.»[2] Und das Krankenjournal der Landesirrenanstalt Jena vermerkt die Angabe des Patienten: «Meine Frau Cosima Wagner hat mich hierher gebracht.»[3] Während der Tribschener Zeit herrschte aber noch bedingungslose Verehrung und ungetrübte Glückseligkeit. Schon wenige Monate nach seinem ersten Tribschen-Besuch schrieb er über Richard Wagner: «Dieser Mann, über den kein Urtheil bis jetzt gesprochen ist, das ihn völlig charakterisirte, zeigt eine so unbedingte makellose Grösse in allen seinen Eigenschaften, eine solche Idealität seines Denkens und Wollens, eine solche unerreichbar edle und warmherzige Menschlichkeit, eine solche Tiefe des Lebensernstes, dass ich immer das Gefühl habe, vor einem Auserwählten der Jahrhunderte zu stehen.»[4] Ob aller Idealität drohte Nietzsche freilich bisweilen die Realität aus den Augen zu verlieren. So entging ihm vollständig die Geburt des Sohnes Siegfried, als er Anfang Juni 1869 zum ersten Mal übers Wochenende in Tribschen zu Gast war. (Wagner und Frau von Bülow[5] hatten freilich alles unternommen, um die Geburt vor der Öffentlichkeit geheimzuhalten.) – Drei Jahre später, bei der endgültigen Abreise der Wagners von Tribschen nach Bayreuth, zog Nietzsche Bilanz: «Diese drei Jahre, die ich in der Nähe von Tribschen verbrachte, in denen ich 23 Besuche dort gemacht habe – was bedeuten sie für mich! Fehlten sie mir, was wäre ich!»[6] Sogar in «Ecce homo», seiner radikalen autobiographischen Abrechnung mit sich und der Welt, findet Nietzsche, lange nach dem Bruch mit Wagner, anerkennende Worte: «Ich lasse den Rest meiner menschlichen Beziehungen billig; ich möchte um keinen Preis die Tage von Tribschen aus meinem Leben weggeben, Tage des Vertrauens, der Heiterkeit, der sublimen Zufälle – der tiefen Augenblicke... Ich weiss nicht, was Andere mit Wagner erlebt haben: über unsern Himmel ist nie eine Wolke hinweggegangen. [...] Ich denke, ich kenne besser als irgend

1 KSA 14, S. 473, Vorstufe zu EH, Warum ich so weise bin, 3.

2 Zur verschlungenen Überlieferung des Textes dieses verschollenen Zettels siehe Katalog, Abt. 2.

3 Der Text des Krankenjournals ist veröffentlicht in: Pia Daniela Volz, Nietzsche im Labyrinth seiner Krankheit. Eine medizinisch-biographische Untersuchung, Würzburg: Königshausen & Neumann 1990, S. 390–415.

4 An G. Krug, 4. 8. 1869, KSB 3, S. 37.

5 «Frau von Bülow» mag als eine merkwürdig gewundene Benennung erscheinen. Aber es sei an dieser Stelle einmal festgehalten, dass «Cosima», wie sie üblicherweise in der Literatur bezeichnet wird, einen Nachnamen hatte (genaugenommen sogar zwei: von Bülow und Wagner). Ebenso hatten Elisabeth Nietzsche, bzw. Förster-Nietzsche, und Lou von Salomé bzw. Andreas-Salomé Nachnamen. Mindestens in der fortschrittlicheren Literatur dürften diese Personen nicht mehr bloss mit dem Vornamen, gleichsam in Du-Form, benannt werden, wie das ja auch bei Männern nicht üblich ist. Oder wer schreibt und redet schon von Richard, Fritz und Rainer?!

6 An C. v. Gersdorff, 1. 5. 1872, KSB 3, S. 317. Zu der genauen Anzahl der Tribschen-Besuche siehe C. P. Janz, Die Briefe Friedrich Nietzsches. Textprobleme und ihre Bedeutung für Biographie und Doxographie, Zürich: Theologischer Verlag 1972, Anhang II: Die Daten der Tribschen-Besuche, S. 162–171.

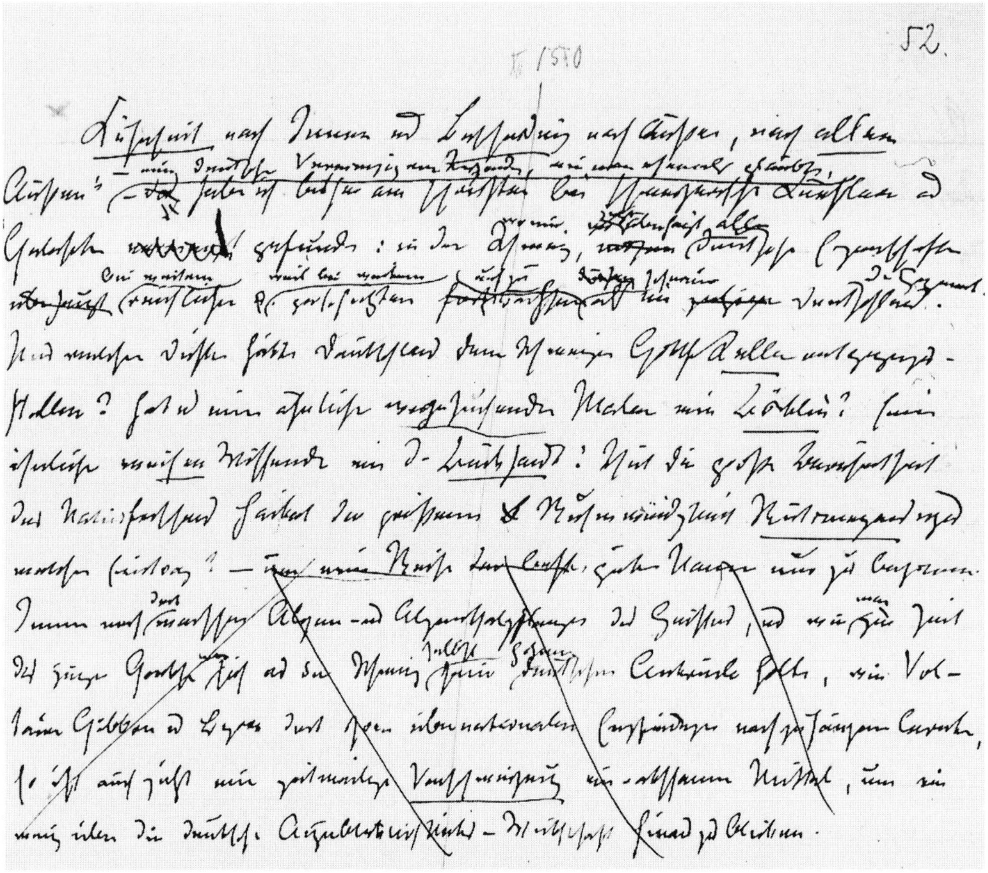

«Kühnheit nach Innen und Bescheidung nach Aussen…» Nachgelassenes Fragment über die Schweiz (1881), siehe unten S. 8 f.

Jemand das Ungeheure, das Wagner vermag, die fünfzig Welten fremder Entzückungen, zu denen Niemand ausser ihm Flügel hatte; und so wie ich bin, stark genug, um mir auch das Fragwürdigste und Gefährlichste noch zum Vortheil zu wenden und damit stärker zu werden, nenne ich Wagner den grossen Wohlthäter meines Lebens. Das, worin wir verwandt sind, dass wir tiefer gelitten haben, auch an einander, als Menschen dieses Jahrhunderts zu leiden vermöchten, wird unsere Namen ewig wieder zusammenbringen.»[7]

Nietzsches Beziehung zur Schweiz hat neben den biographischen Episoden, wichtigen persönlichen Begegnungen und erhebenden Landschaftseindrücken noch eine wesentlich tiefere Dimension. Die Schweiz ist im Laufe von Nietzsches Leben von einem bloss geographischen Begriff zu einer geistigen Qualität und gleichsam zu einer inneren Heimat geworden. Nachdem er bei der Übersiedlung nach Basel seine preussische Staatsangehörigkeit aufgegeben hatte und nachdem die Reichsgründung 1871 zur «Niederlage, ja Exstirpation des deutschen Geistes zu Gunsten des 'deutschen Reiches'»[8] zu werden drohte, wandte sich Nietzsche zunehmend vom Nationaldeutschtum ab und einem übernationalen Verständnis des Deutschen zu.[9] Eine nachgelassene Aufzeichnung aus dem Jahre 1881 bringt diesen Gegensatz auf einen pathetischen Höhepunkt: «*Kühnheit* nach Innen und *Bescheidung* nach Außen, nach *allem* 'Außen' – eine deutsche Vereinigung von Tugenden, wie man ehemals glaubte, – habe ich bisher am schönsten bei schweizerischen Künstlern und Gelehrten gefunden: in der Schweiz, wo mir überhaupt alle deutschen Eigenschaften bei weitem reichlicher weil bei weitem ge-

7 EH, Warum ich so klug bin, 5 u. 6, KSA 6, S. 288 u. 290.

8 DS 1, KSA 1, S. 160.

9 Siehe hierzu den Aufsatz von Groddeck/Morgenthaler in vorliegendem Band.

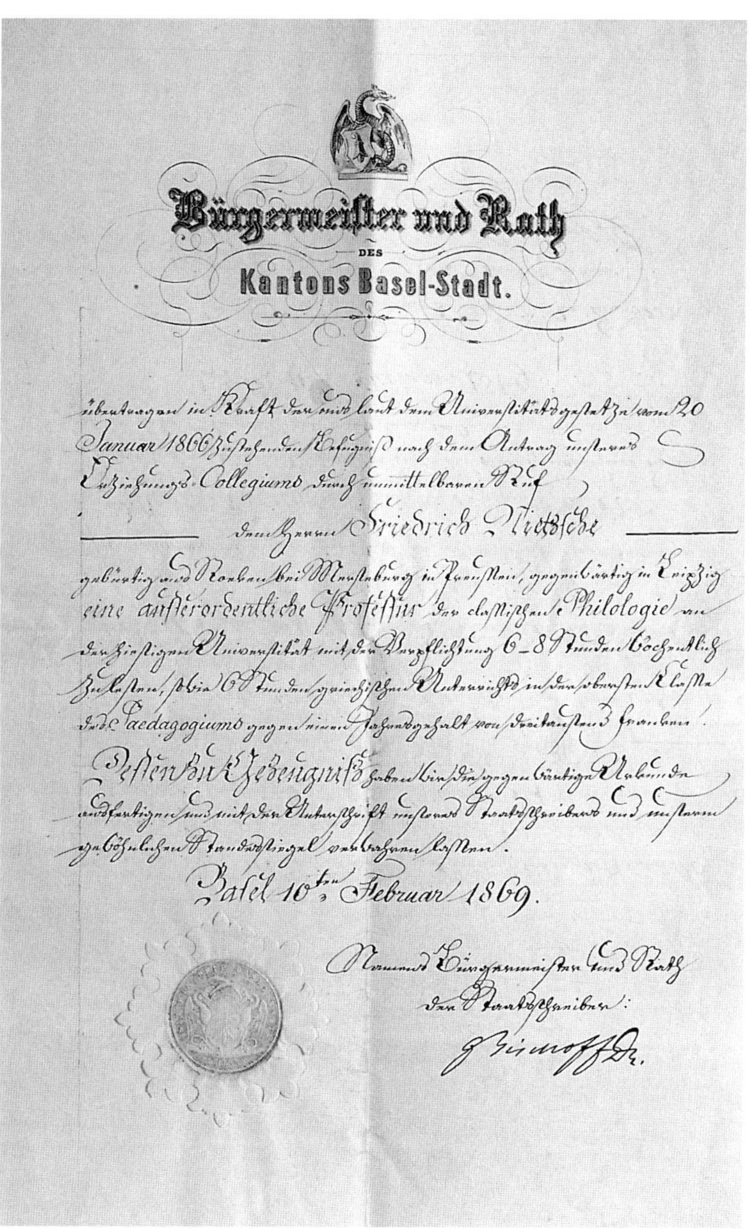
Bürgermeister und Rath
des
Kantons Basel-Stadt.

[illegible] Januar 1869 [illegible] Collegiums [illegible]

[illegible] Friedrich Nietzsche

[illegible] eine außerordentliche Professur der classischen Philologie [illegible] Paedagogiums [illegible]

Dessen zu Urkund [illegible]

Basel 10ten Februar 1869.

[illegible]

1.3. *Ernennungs-Urkunde zum Professor.*

schützter aufzuwachsen scheinen als im Deutschland der Gegenwart. Und welchen Dichter hätte Deutschland dem Schweizer Gottfried *Keller* entgegenzustellen? Hat es einen ähnlichen *wegesuchenden* Maler wie *Böcklin*? Einen ähnlichen *weisen* Wissenden wie *J. Burckhardt*? Thut die große Berühmtheit des Naturforschers Häckel der größeren Ruhmwürdigkeit *Rütimeyers* irgend welchen Eintrag? -- um eine Reihe guter Namen nur zu beginnen. Immer noch dort wachsen Alpen- und Alpenthalpflanzen des Geistes, und wie man zur Zeit des jungen Goethe sich aus der Schweiz selbst seine hohen deutschen Antriebe holte, wie Voltaire, Gibbon und Byron dort ihren übernationalen Empfindungen nachzuhängen lernten, so ist auch jetzt eine zeitweilige *Verschweizerung* ein rathsames Mittel, um ein wenig über die deutsche Augenblicklichkeits-Wirthschaft hinauszublicken.»[10] Auch auf emotionaler Ebene hatte Nietzsche eine enge Bindung an die Schweiz gefunden. Ein kleines Bahnhofabenteuer auf dem Rückweg von seinem Sorrenter Winterquartier (1876/77) mag diese Verbundenheit illustrieren: «In Chiasso entfernte sich mein Gepäck auf zwei verschiedenen Zügen von einander, es war eine heillose Verwirrung, dazu noch Dogana. Selbst die beiden Schirme folgten entgegengesetzten Trieben. Da half ein guter Packträger, er sprach das erste Schweizerdeutsch; denken Sie dass ich es mit einer gewissen Rührung hörte, ich merkte auf einmal, dass ich viel lieber unter Deutschschweizern lebe als unter Deutschen.»[11]

Alles begann mit der aufsehenerregenden Berufung des vierundzwanzigjährigen Studenten zum Professor für klassische Philologie an die Universität Basel. Nachdem ihn sein Lehrer Ritschl mit den allergrössten Worten empfohlen hatte, wurde Nietzsche ohne Studienabschluss zum Professor ernannt, und die Universität Leipzig beeilte sich, dem Lehrstuhlinhaber aufgrund seiner bisher veröffentlichten Aufsätze den Doktortitel nachzuliefern. An seinem neuen Wohnort war Nietzsche zunächst ziemlich entwurzelt. Fern von Schul- und Studienfreunden, fern von Mutter und Schwester drohte das Leben im republikanischen Stadtstaat, inmitten einer unverständlichen baseldeutschen Mundart, elend zu werden. Doch die feine Basler Gesellschaft nahm sich in rührender Weise des alleinstehenden deutschen Dozenten an. Professorenkollegen und ihre Gattinnen luden Nietzsche regelmässig zum Mittagstisch, zum Tee, zu Abendveranstaltungen, Bällen, Weihnachtsbescherungen und Sylvesterfeiern. Mit der charmanten Luise Bachofen-Burckhardt, Gattin des 30

[10] Nachgelassenes Fragment Frühjahr–Herbst 1881, 11 [249], KSA 9, S. 536.

[11] Brief an Malwida von Meysenbug, 13. Mai 1877, KSB 5, S. 237.

Q. D. B. V.

SVMMIS AVSPICIIS

SERENISSIMI POTENTISSIMIQVE PRINCIPIS

AC DOMINI

I O A N N I S

SAXONIAE REGIS

DOMINI NOSTRI CLEMENTISSIMI

IN VNIVERSITATE LITTERARVM LIPSIENSI

RECTORE MAGNIFICO

BENNONE BRVNONE BRÜCKNER

PHILOS. ET THEOL. DOCTORE HVIVSQUE PROFESSORE P. O. CONCIONATORE VNIVERSITATIS LITTERARIAE PRIMARIO SEMINARII THEOLOGIAE PRACTICAE ITEMQVE COLLEGII CONCIONATORII AD AEDEM ST. PAVLI DIRECTORE ECCLESIAE CATHEDRALIS MISENENSIS CANONICO CAPITVLARI REGII SAXONICI CONSISTORII ECCLESIASTICI CONSILIARIO ATQVE ADSESSORE ORDINIS REGII SAXONICI BENE MERITORVM EQVITE ORDINIS MAGNIDVCALIS HASSICI PHILIPPI MAGNANIMI EQVITE PRIORIS CLASSIS ETC.

PROCANCELLARIO

OTTONE LINNAEO ERDMANN

PHIL. ET MEDIC. DOCTORE CHEMIAE PROF. P. O. REGI SAXONIAE A CONSILIIS AVLICIS SANCTIORIBVS ORDINVM REGII SAXONICI ALBERTINI ET MAGNIDVCALIS BADENSIS A SIGNO LEONIS ZARINGENSIS EQVITE ETC.

DECANO

GVILIELMO THEOPHILO HANKEL

MED. ET PHILOS. DOCT. PHYSICES PROF. P. O. ORD. REG. SAX. BENE MERITORVM EQVITE ETC.

FRIDERICVS GVILIELMVS NIETZSCHE

ROECKENIENSIS E PROVINCIA BORVSSIAE SAXONICA

PROFESSOR PHILOLOGIAE CLASSICAE EXTRAORDINARIVS IN VNIVERSITATE LITTERARIA BASILEENSI ET PRAECEPTOR LINGVAE GRAECAE IN PAEDAGOGIO EIVSDEM CIVITATIS DESIGNATVS

OB SCRIPTORVM AB EO EDITORVM PRAESTANTIAM

PHILOSOPHIAE DOCTOR ET BONARVM ARTIVM MAGISTER

CREATVS

ET HAC TABVLA PVBLICE DECLARATVS EST.

LIPSIAE

DIE XXIII. MENS. MART. A. P. CH. N. MDCCCLXIX.

TYPIS A. EDELMANNI, TYPOGR. ACAD.

1.4. Promotions-Urkunde Universität Leipzig.

Jahre älteren Mutterrechtsforschers, musizierte Nietzsche z. B. am Klavier, oder er begleitete sie gelegentlich zum Konzert. So fand der junge Nietzsche eine familiäre Umgebung in den Häusern Vischer, Sarasin, Heusler, La Roche, Bachofen, Burckhardt, Thurneysen etc. Die herzlichen Beziehungen ermöglichten Nietzsche auch, ungewohnte Herausforderungen gelassen hinzunehmen, z. B. den vornehmen, aber unmissverständlichen Bekehrungsversuch durch den frommen Adolf Vischer-Sarasin, der freilich ohne Erfolg blieb.

Eine herausragende Stellung unter Nietzsches Basler Bekanntschaften nimmt die Freundschaft zu Jacob Burckhardt ein. Nietzsche brachte diesem Gelehrten aus der Generation seines Vaters bis zum geistigen Zusammenbruch eine unbeirrbare Verehrung entgegen, wie er sie sonst nur noch Goethe und Beethoven gezollt hat. In «Ecce homo» errichtete ihm Nietzsche später ein Denkmal: «Die Erzieher fehlen, die Ausnahmen der Ausnahmen abgerechnet [...] Eine jener allerseltensten Ausnahmen ist mein verehrungswürdiger Freund Jakob Burckhardt in Basel: ihm zuerst verdankt Basel seinen Vorrang von Humanität.»[12] In den Vorlesungs- und Unterrichtspausen von Universität und Pädagogium ergingen sich Burckhardt und Nietzsche in angeregten Gesprächen im Kreuzgang des Münsters. Und am Wochenende nahm Burckhardt seinen jüngeren Kollegen bisweilen mit zu einem «Zweierli» ins badische Grenzach oder nach Haltingen mit. Diese Beziehung blieb freilich zeitlebens ungleichgewichtig: Burckhardt wahrte sowohl im persönlichen Umgang als auch in seinen brieflichen Stellungnahmen zu Nietzsches Werken stets eine vornehme Distanz. Er wusste sich immer durch seine vorgeschützte philosophische Unbedarftheit der von Nietzsche gesuchten Gemeinsamkeit zu entziehen.

Die wichtigste Beziehung war aber die Freundschaft mit dem skeptischen Theologen Franz Overbeck. Während mehrerer Jahre wohnten die beiden jungen Professoren Zimmer an Zimmer in der sogenannten «Baumannshöhle» am Schützengraben. Von einer Wohngemeinschaft im heutigen Sinne kann man aber nicht sprechen – die beiden liessen sich von ihrer Schlummermutter kochen. In der gemeinsamen Wohnung wurde viel vierhändig am Klavier musiziert, und es entstanden in nächtelangen Gesprächen die Grundlagen für die Zwillingspublikationen von 1873: Overbecks «Über die Christlichkeit unserer heutigen Theologie» und Nietzsches erste «Unzeitgemässe Betrachtung» über David Friedrich Strauss. Nach Overbecks Verheiratung und Wohnungswechsel und nach Nietzsches Weggang von Basel pflegten die beiden ihre Freundschaft auf dem Korrespondenzweg weiter. Der Briefwechsel mit Overbeck ist eine der ersten Quellen der Forschung zum Leben und Denken Nietzsches. Seinem Freund hat sich Nietzsche vor allem in der Spätzeit anvertraut wie keinem anderen. Um die Gattin, Ida Overbeck, nicht mit seinen Klagen zu belasten, wechselte Nietzsche sogar einmal ins Lateinische: «Ceterum, missis his jocis, dicam quod tacere velim, sed non jam tacere possum. Sum in puncto desperationis. Dolor vincit vitam voluntatemque. O quos menses, qualem aestatem habui! Tot expertus sum corporis cruciatus, quot in caelo vidi mutationes. In omni nube est aliquid fulminis instar, quod manibus me tangat subitis infelicemque penitus pessumdet. Quinquies mortem invocavi medicum, atque hesternum diem ultimum speravi fore – frustra speravi. Ubi est terrarum illud sempiternae serenitatis caelum, illud meum caelum? Vale amice.»[13] Zu deutsch: «Im Übrigen, diese Nebensächlichkeiten beiseite, muss ich sagen, was ich lieber verschweigen würde, aber nicht verschweigen kann. Ich befinde mich am Punkte der Verzweiflung. Der Schmerz besiegt Leben und Willen. Ach, was für Monate, was für einen Sommer habe ich hinter mir! Ich habe so viele Qualen des Körpers erlitten, wie ich Veränderungen des Himmels wahrnahm. In jeder Wolke war etwas gleich einem Blitz, das mich mit unvermuteter Gewalt berührte und mich Elenden ganz und gar zugrunde richtete. Fünfmal rief ich den Tod als Arzt an, und ich hoffte, der gestrige Tag möge mein letzter gewesen sein – ich hoffte vergebens. Wo in aller Welt gibt es jenen immerwährenden heiteren Himmel – meinen Himmel? Leb wohl, mein Freund.»

Doch blicken wir noch einmal kurz zurück auf die Lehrtätigkeit: Seit dem Sommersemester 1869 unterrichtete Nietzsche in Basel an Universität und Pädagogium (Gymnasium) griechische Sprache und Literatur und verfasste auch seine Erstlingsschrift «Die Geburt der Tragödie aus dem Geiste der Musik» (1872), die ihn mit einem Schlage berühmt machte, aber auch gleichzeitig berüchtigt. Der einstige «Abgott und Führer der ganzen jungen Philologenwelt» (so Ritschl) wurde von einem seiner früheren Anbeter, Ulrich von Wilamowitz-Moellendorff, nach Strich und Fa-

[12] EH, Was den Deutschen abgeht, 5, KSA 6, S. 107.

[13] Brief an F. Overbeck, 18. 9. 1881, KSB 6, S. 128f.

den zerrissen. Und «im vordersten Range der deutschen Philologie» sollte dereinst nicht Nietzsche stehen, wie sein Lehrer Ritschl prophezeit hatte, sondern ausgerechnet sein Kritiker Wilamowitz! Nach dem Erscheinen seiner Tragödienschrift hatte Nietzsche zwar nur knapp eine Vorlesung mit zwei Studenten (einem Juristen und einem Germanisten) durchführen können, doch in den nächsten Semestern normalisierte sich der Vorlesungsbesuch wieder. Und die Universität sah kein Hindernis, den philosophierenden Philologen zum Dekan zu ernennen. Ein Massstab für den Erfolg und die Anerkennung von Nietzsches akademischer Lehrtätigkeit ist die grosszügige Pensionsregelung, welche die Universität organisierte, als Nietzsche infolge zunehmender Krankheit (Augenleiden, Kopfschmerz, Migräne, Magenleiden)[14] 1879 um seine Entlassung bitten musste. Die Professur war Nietzsche immer mehr zu einer widerlichen Last geworden, er machte sie für die Zerrüttung seiner Gesundheit verantwortlich und bezeichnete die allzufrühe Berufung gar als «Hauptunglück» seines Lebens![15] Dieselbe Auffassung sollte später übrigens der Nietzsche-Forscher Josef Hofmiller vertreten. Durch die ihm in den Schoss gelegte Professur – und wohl auch durch die frühe Einbindung in gesellschaftliche und administrative Verpflichtungen – sei Nietzsches Persönlichkeit unglücklich geprägt worden.[16] Die Pensionierung bedeutete deshalb die lang ersehnte Befreiung von einer belastenden Verpflichtung.

Nach zehn Jahren im Basler Lehramt folgten jetzt die zehn Jahre des «Fugitivus errans», des herumirrenden Flüchtlings. Neben der andauernden schriftstellerischen Tätigkeit war nun eine Hauptsorge Nietzsches die Flucht vor schlechtem Klima und schlechten Menschen, bzw. die Suche nach gutem Klima und guten Menschen. 1884 begegnete Nietzsche in Zürich Gottfried Keller und Meta von Salis. Die Begegnung mit Keller blieb eine Episode, von Nietzsche zwar in ihrer Bedeutung hochstilisiert, von Keller aber nur als Kuriosum betrachtet. «Dä Kerl ischt verruckt», soll Keller nach Nietzsches Besuch zu einem Freund gesagt haben. Folgenreicher wurde die Begegnung mit Meta von Salis, einer der ersten Studentinnen an der Universität Zürich. Diese betrachtete es als «eine der segensvollsten Fügungen ihres Lebens», Nietzsche und seine Philosophie kennengelernt zu haben,[17] und besuchte bis 1888 immer wieder den «Einsiedler in Sils-Maria». Dabei vermochte die engagierte Frauenrechtlerin trotz ihrer grossen Bewunderung durchaus ihre Unabhängigkeit gegenüber Nietzsche zu wahren. In ihren Erinnerungen schreibt sie: «Seine Stellung zu den Frauen und die zunehmende Schärfe des Tons im Urtheil über sie vermochten nicht mehr, mich irre zu machen oder zu entrüsten. Ein Mann von Nietzsche's Gesichtsweite und Gefühlssicherheit hatte das Recht, in einem Punkte fehlzugreifen. Wenn ich beklage, dass es gerade dieser sein musste, so thue ich es mehr um seinet- als um unsertwillen.»[18]

Angesichts des intensiven Austausches bei regelmässigen Spaziergängen und bei Ruderbootsausflügen auf dem Silsersee entstand einmal ein Geschwätz unter Freundinnen der Meta von Salis über eine mögliche Heirat mit Nietzsche. Diese entrüstete sich, «dass Frauen eine Freundschaft zwischen Mann und Frau noch immer nur in dieser Perspektive sehen».[19] Und für Nietzsche gehörten solche Gedanken ohnehin der Vergangenheit an. Während der Basler Zeit hatten seine Mutter und Schwester und die Freundin Malwida von Meysenbug immer wieder nach einer geeigneten Frau zur Führung des Professorenhaushaltes und zur Pflege des kränklichen Nietzsche Ausschau gehalten. Dieser selbst sah in diesem Plan durchaus etwas Praktisches, dachte an eine Ehe mit der Baslerin Bertha Rohr oder mit der Genfer Bankierstochter Frl. Köckert. In Genf liess er sich sogar zu einem überstürzten Heiratsantrag an Mathilde Trampedach hinreissen, machte aber ungeschickterweise ihren Klavierlehrer, der selbst solche Absichten hatte, zu seinem Fürsprecher. Später unternahm Nietzsche noch einmal einen Versuch. Im Frühjahr 1882 hielt er um Lou von Salomés Hand an, zuerst durch Vermittlung von Paul Rée, der aber selber schon einen Heiratsantrag ausgesprochen hatte, dann persönlich im Löwengarten in Luzern. Be-

14 Siehe dazu die erschöpfende Untersuchung von Pia Daniela Volz, Nietzsche im Labyrinth seiner Krankheit. Eine medizinisch-biographische Untersuchung, Würzburg: Königshausen & Neumann 1990 sowie den Artikel dieser Autorin in vorliegendem Band.

15 Brief an Elisabeth Nietzsche, 2. 6. 1877, KSB 5, S. 241.

16 J. Hofmiller, Nietzsche, Sonderheft der Süddeutschen Monatshefte, Nov. 1931, S. 97. Vgl. auch Hoffmann, Nietzsche-Archiv, Kap. 5: «Josef Hofmiller als Nietzsche-Forscher».

17 Friedrich Nietzsche an Franziska Nietzsche, 22. 12. 1886, KSB 7, S. 293.

18 M. v. Salis, Philosoph und Edelmensch, Ein Beitrag zur Charakteristik Friedrich Nietzsches, Leipzig: Naumann 1897, S. 20.

19 a. a. O, S. 4.4

20 Brief an Elisabeth Förster [-Nietzsche], 15. 10. 1887, KSB 8, S. 167.

21 Brief an F. Overbeck, 14. Nov. 1881, KSB 6, S. 140.

22 Der Gotthard-Eisenbahntunnel wurde 1882 in Betrieb genommen, vorher mussten die Alpen mit

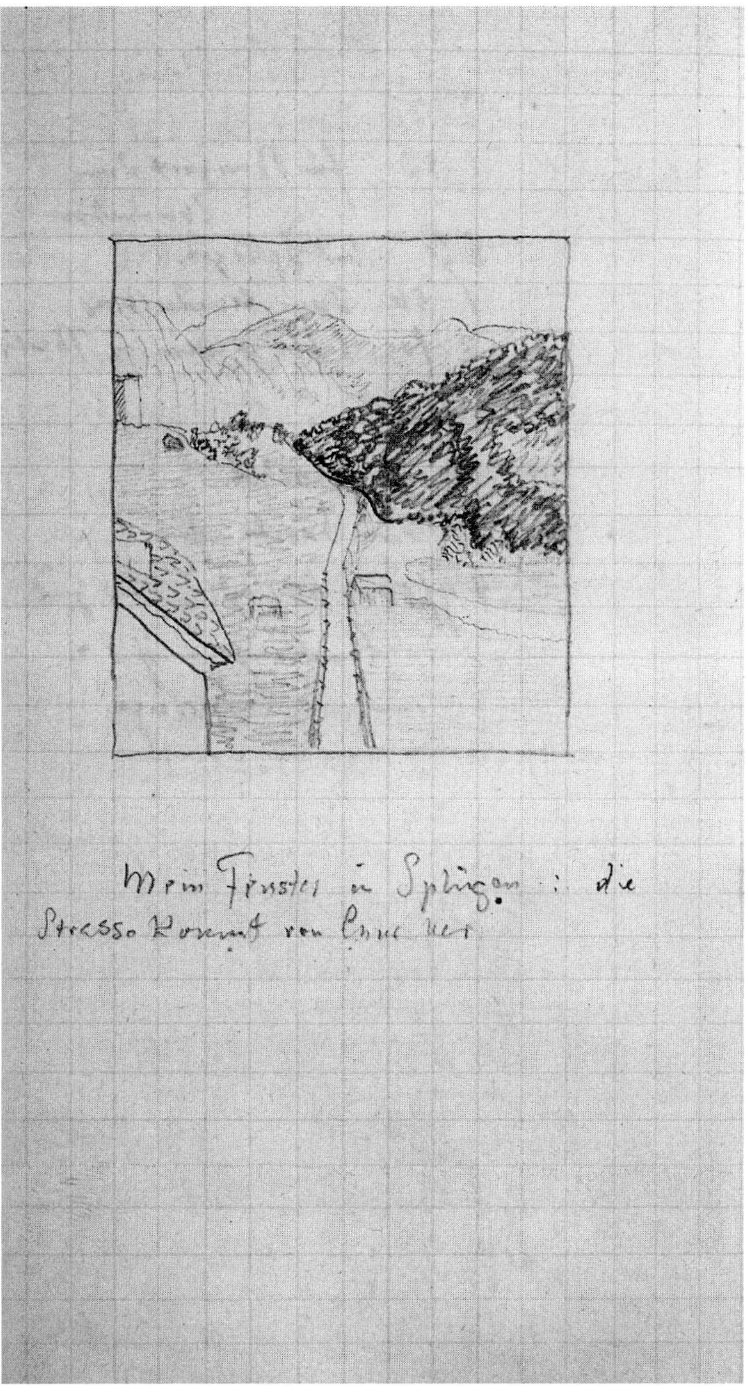

7.7. Zeichnung Nietzsches, Mein Fenster in Splügen.

kanntlich wurde auch daraus nichts. Nietzsche blieb ein «fugitivus errans», ein «garçon meublé», wie er sich selbst bezeichnete,[20] notdürftig untergebracht in Pensionen zwischen Nizza und Naumburg.

Die zahllosen Reisen waren hauptsächlich durch Nietzsches Wetterempfindlichkeit bedingt. Mit buchhalterischer Genauigkeit verzeichnete Nietzsche bisweilen heitere Tage, Regentage, Niederschlagsmengen, Windverhältnisse, Luftelektrizität und Gewitter, Temperatur, Luftdruck und Feuchtigkeit. Mit einer Mischung von Bitternis und Humor schrieb er an Overbeck: «Ich hätte in Paris bei der Elektrizitäts-Ausstellung sein sollen, theils um das Neueste zu lernen, theils als Gegenstand der Ausstellung: denn als Witterer von elektrischen Veränderungen und sogenannter Wetter-Prophet nehme ich es mit den Affen auf und bin wahrscheinlich eine 'Spezialität'.»[21]

Auf der Flucht vor dem Basler «Migräneklima» hatte Nietzsche bald die Schweizer Bergwelt entdeckt. Schon 1869 hatte er sein erstes erhebendes Bergerlebnis auf dem Pilatus, dem Tribschener Hausberg. Weitere Bergeindrücke sammelte Nietzsche auf seinen Postkutschen- und Schlittenpostfahrten über die Alpen[22] oder während seiner Ferienaufenthalte in Splügen, Flims, Bergün, Rosenlauibad und Wiesen. Nietzsche übertrug bald das geographische Bergerlebnis in philosophische Kategorien. Sein Ideal wurde, «so hoch zu steigen, wie je ein Denker stieg, in die reine Alpen- und Eisluft hinein, dorthin wo es kein Vernebeln und Verschleiern mehr giebt und wo die Grundbeschaffenheit der Dinge sich rauh und starr, aber mit unvermeidlicher Verständlichkeit ausdrückt!»[23] Sehr zustatten kamen Nietzsche dabei Formulierungen aus Jakob Burckhardts Briefen. Dieser verwendete verschiedentlich Metaphern aus der Bergwelt, um Nietzsches Denkwege und -methoden zu kennzeichnen und um sich und seine bodenständige Wissenschaft davon abzugrenzen. Als Antwort auf die Übersendung der «Vermischten Meinungen und Sprüche» schrieb er z. B.: «Wo ich aber nicht mitkommen kann, sehe ich mit einer Mischung von Furcht und Vergnügen zu, wie sicher Sie auf den schwindelnden Felsgraaten herumwandeln, und suche mir ein Bild von Dem zu machen, was Sie in der Tiefe und Weite sehen müssen.»[24]

Die Höhe «über den Menschen», «jenseits von Mensch und Zeit», «6000 Fuss über dem Meere und viel höher über allen menschlichen

Postkutsche bzw. im Winter mit Schlittenpost überquert werden.

23 SE 5, KSA 1, S. 381.

24 J. Burckhardt an F. Nietzsche, 5. April 1879, KGB II 6/2, Nr. 1176.

Dingen» – solche topographischen Bezeichnungen wurden zu philosophischen Kriterien, die wohl auch bei der Geburt des *Über*menschen und des «*Jenseits* von Gut und Böse» Pate gestanden haben. Nietzsche gefiel sich als Felsgratwanderer und Gipfelbezwinger – mindestens in philosophischer Hinsicht. In den wirklichen Bergen war nichts mit Gratwanderung. Der Halbblinde mit Brillen zwischen – 13 und – 20 Dioptrien war auf breite, harmlose Spazierwege angewiesen![25] Diese fand er zusammen mit einem fast idealen Klima im Sommer 1879 im Oberengadin: «Aber nun habe ich vom Engadin Besitz ergriffen und bin wie in meinem Element, ganz wundersam! Ich bin mit dieser Natur verwandt. Jetzt spüre ich die Erleichterung. Ach, wie ersehnt kommt sie!»[26]

Das Oberengadin wurde ihm zu einem zweiten Arkadien, zu einem heroischen und zugleich idyllischen Erlebnis à la Poussin.[27] Nietzsche feierte in «Der Wanderer und sein Schatten» hymnisch diese Landschaft, wo «Italien und Finnland zum Bunde zusammengekommen sind».[28] Das Klima und die «beste und mächtigste Luft Europa's»[29] waren ihm nur noch zu vergleichen mit Verhältnissen in Oaxaca in den Hochebenen von Mexiko. Er glaubte, der Oberengadiner Gegend sein Leben zu verdanken, wollte sich hier häuslich niederlassen (in «einer Art idealer Hundehütte» auf der Halbinsel Chastè[30]), hoffte, hier einst zu sterben und begraben zu werden. Die acht Engadiner Sommeraufenthalte von 1879 bis 1888, die Wiedergeburt Nietzsches in Sils-Maria und die Geburt des Übermenschen und der Ewigen Wiederkunft sind in der Literatur ausführlich beschrieben worden und auch in unserem Katalog dargestellt, so dass wir hier nicht noch einmal darauf eingehen müssen.[31]

Zwei Schweizer Verbindungen ganz eigener Art hatte Nietzsche in seinen letzten Schaffensjahren. Das Medium dieser Verbindung war die Berner Tageszeitung «Der Bund». Der Feuilleton-Redaktor des «Bund», Josef Victor Widmann, hatte 1886 «Jenseits von Gut und Böse» unter dem Titel «Nietzsches gefährliches Buch» kritisch besprochen. Und durch einen Musikaufsatz im Berner «Bund» zog Carl Spitteler Nietzsches Aufmerksamkeit auf sich. Auf Widmanns Aufforderung sollte darauf Spitteler eine kritische Gesamtwürdigung von Nietzsches Schaffen fürs Feuilleton verfassen. Nietzsche war mit den beiden Autoren, die bekanntlich dicke Freunde waren, in brieflichen Kontakt getreten und freute sich zunächst über die Besprechungen, nahm dann aber zunehmend Abstand davon und äusserte sich zuletzt abschätzig über seine Rezensenten. Weder Widmann noch Spitteler sind Nietzsche je persönlich begegnet. Doch nach Nietzsches Zusammenbruch sollte die Beziehung beide noch weiter beschäftigen. Widmann legte 1893 mit seinem Drama «Jenseits von Gut und Böse» gleichsam einen moralischen Gegenentwurf zu Nietzsches Immoralismus vor,[32] und Spitteler sah sich angesichts der Vermengung seines Werkes mit demjenigen Nietzsches 1908 gedrängt, seine «Beziehungen zu Nietzsche» ausführlich darzustellen.[33]

In den ersten Januartagen des Jahres 1889 ist Nietzsche unter bis heute nicht ganz geklärten Umständen in Turin geistig zusammengebrochen und sollte bis zu seinem Tod fast zwölf Jahre später sein gesundes Bewusstsein nicht wieder erlangen. Der geistige Zusammenbruch war begleitet von einer unheimlichen Spaltung der Persönlichkeit. In zahlreichen Zetteln und Briefen teilte er sich der Welt ein letztes Mal mit unter den Namen Nietzsche Caesar, Dionysos und der Gekreuzigte. Es fehlen uns die Begriffe, die Tragik solcher Zeilen wirklich zu erfassen: «An die Prinzess Ariadne, meine Geliebte. Es ist ein Vorurtheil, daß ich ein Mensch bin. Aber ich habe schon oft unter den Menschen gelebt und kenne Alles, was Menschen erleben können, vom Niedrigsten bis zum Höchsten. Ich bin unter Indern Buddha, in Griechenland Dionysos gewesen, – Alexander und Caesar sind meine Inkarnationen, insgleichen der Dichter des Shakespeare Lord Bakon. Zuletzt war ich noch Voltaire und Napoleon, vielleicht auch Richard Wagner … Diesmal aber komme ich als der siegreiche Dionysos, der die Erde zu einem Festtag machen wird … Nicht daß ich viel Zeit hätte … Die Himmel freuen sich, daß ich da bin … Ich habe auch am

25 Ausführliche Angaben über Nietzsches Augenleiden finden sich in Pia Daniela Volz, Nietzsche im Labyrinth seiner Krankheit. Eine medizinisch-biographische Untersuchung, Würzburg: Königshausen & Neumann 1990, S. 90–118, Angaben über Sehschärfe: S. 96.

26 Brief an Overbeck, 23. 6. 1879, KSB 5, S. 420.

27 WS 295, KSA 2, S. 686f.

28 WS 338, KSA 2, S. 699.

29 Brief an P. Rée, Ende Juni 1879, KSB 5, S. 430.

30 Brief an C. v. Gersdorff, Ende Juni 1883, KSB 6, S. 386.

31 Neben den ausführlichen Darstellungen in Janz' Biographie und dem Artikel von J. Salaquarda in vorliegendem Band sei hier v. a. verwiesen auf das ausgezeichnete Buch von Kurt Wanner, Der Himmel schon südlich, die Luft aber frisch, Schriftsteller, Maler, Musiker und ihre Zeit in Graubünden, 1800–1950, Chur: Vlg. Bündner Monatsblatt 1993, S. 174–200. Ferner: Paul Emanuel Müller, Dichter erleben Graubünden, Chur: Calven Verlag 1972, S. 21–35. Carl Albrecht Bernoulli, Nietzsche und die Schweiz, Frauenfeld und Leipzig: Huber 1922, S. 75ff.

32 Zu Widmann siehe den Aufsatz von Rudolf Käser in vorliegendem Band.

33 Zu Spitteler siehe den Aufsatz von Werner Stauffacher in vorliegendem Band.

Kreuze gehangen…»[34] Oder lesen wir den Zettel an Meta von Salis, der einem religiösen Bekenntnis gleichkommt: «Die Welt ist verklärt, denn Gott ist auf der Erde. Sehen Sie nicht, wie alle Himmel sich freuen? Ich habe eben Besitz ergriffen von meinem Reich, werfe den Papst ins Gefängniss und lasse Wilhelm, Bismarck und Stöcker erschießen. Der Gekreuzigte.»[35]

Auch Jakob Burckhardt und Franz Overbeck erhielten Wahnsinnsbotschaften. Burckhardt verständigte sofort Overbeck, und nach Rücksprache mit dem Basler Irrenarzt Ludwig Wille holte Overbeck seinen Freund so schnell wie möglich nach Basel zurück. Hier fand mit der Übergabe in die Obhut der Psychiatrischen Klinik Nietzsches Freiheit ihr augenfälliges Ende. Der umnachtete Nietzsche selbst bemerkte nichts davon, obwohl er sofort seinen früheren Kollegen Ludwig Wille als Irrenarzt erkannte und sich sogar an ein gemeinsames früheres Gespräch über religiösen Wahnsinn erinnerte. Mit der bald darauf erfolgten Überführung Nietzsches nach Jena und Naumburg endet die biographische Beziehung Nietzsches zur Schweiz.

Die vielfältigen Beziehungen der Schweiz zu Nietzsche aber kommen erst jetzt richtig zur Blüte. Basel und Sils-Maria werden zu Nietzsche-Pilgerstätten. Hermann Hesse und Hugo Ball etwa sind während ihrer Basler Zeit auf den Spuren Nietzsches, der spätere Dadaist und Mystiker Ball schreibt sogar eine scharfsinnige Dissertation über «Nietzsche in Basel». Giovanni Segantini sucht schon zu Wirkenszeiten Nietzsches die Engadiner Landschaften heroisch und «übermenschlich» zu empfinden und zu malen. Philosophen, Dichter, Musiker und Adepten wandern nach Sils und suchen den Zarathustra-Stein, den Wiederkunfts-Stein, legen Blumen und Gedenktafeln … Im Schweizer Geistesleben wirkt Nietzsche von Karl Barth und Leonhard Ragaz bis Robert Walser und Friedrich Dürrenmatt. Eine besondere Stellung nimmt Franz Overbecks Nachlass ein. Zu Lebzeiten hatte sich der beste Freund Nietzsches beharrlich geweigert, der Schwester des Philosophen seine Nietzsche-Briefe auszuhändigen. Diese wollte um jeden Preis die Korrespondenz mit Overbeck ihrem Nietzsche-Archiv einverleiben, um so den gesamten Nachlass zu ihrer selbstherrlichen Verfügung zu haben. Overbeck schöpfte von Anfang an Verdacht gegen die Machenschaften von Frau Förster-Nietzsche. Zu Recht, wie wir heute wissen. Das Nietzsche-Archiv in Weimar und seine Leiterin sind verantwortlich für eine selektive, tendenziöse und sogar fälschende Edition von Nietzsches Nachlass. Der «Wille zur Macht», diese grobe Zusammenkleisterung nachgelassener fragmentarischer Aufzeichnungen, wurde vom Archiv als angebliches systematisch-philosophisches Hauptwerk erfolgreich verkauft und wirkt bis heute als herumirrendes Gespenst durch die Nietzsche-Rezeption. Franz Overbeck widersetzte sich erfolgreich diesen fälschenden Machenschaften. Er vermachte seinen literarischen Nachlass einschliesslich der gesamten Korrespondenz mit Nietzsche (355 Briefe) der Basler Universitätsbibliothek. Damit legte er den Grundstock für ein eigentliches Gegenarchiv in Basel, das in der Folge durch wertvolle Nietzscheana aus den Nachlässen von Jacob Burckhardt, Meta von Salis, C. A. Bernoulli und anderen bereichert wurde. Nach Overbecks Tod brach die Spannung zwischen Weimar und Basel in einen offenen Streit aus. Overbecks Schüler und Freund Carl Albrecht Bernoulli nahm einen zehnjährigen literarischen und juristischen Kampf auf, der ihn an den Rand des finanziellen Ruins brachte. Er versuchte, der heroisierenden und mythenbildenden Weimarer Nietzsche-Tradition eine dokumentarisch belegte nüchterne Version entgegenzuhalten. Dabei konnte er enthüllende Passagen aus Nietzsches Briefen an Overbeck und früher heimlich abgeschriebene Stellen aus dem Archiv, die sogenannten «Koegel-Exzerpte», ausspielen. Während Frau Förster-Nietzsches Lebzeiten behielt allerdings die Weimarer-Tradition die Oberhand in der Forschung (und hat es bei einigen Unbelehrbaren noch heute), später sollte sich aber die kritische Forschungsmethode der Basler Tradition durchsetzen. Einen Markstein bildete dabei die dreibändige Nietzsche-Biographie des Baslers Curt Paul Janz. Giorgio Colli und Mazzino

34 Brief an Cosima Wagner, 3. 1. 1889, KSB 8, S. 572f.

35 Brief an Meta von Salis, 3. 1. 1889, KSB 8, S. 572.

Montinari, die beiden verstorbenen Herausgeber der Kritischen Gesamtausgabe, sahen sich gewissermassen in der Basler Tradition, und durch die Beteiligung von Annemarie Pieper, Karl Pestalozzi und Wolfram Groddeck von der Universität Basel hat die Kritische Gesamtausgabe nun auch lokal in der Schweiz Fuss gefasst.

Lassen Sie mich diese kleine Einführung mit einigen Worten des Dankes beschliessen. Zuerst sind die 17 Autorinnen und Autoren zu nennen, die durch ihre hochstehende Arbeit ermöglicht haben, dass wir heute auch die Vernissage eines gewichtigen Sammelbandes und Kataloges feiern können. Von entscheidender Bedeutung für die Ausstellung war die hilfsbereite Beteiligung von Schweizer Archiven und Bibliotheken, d. h. der Universitätsbibliothek und des Staatsarchivs Basel, des Schweizerischen Literaturarchivs, der Burgerbibliothek Bern, der Zürcher Zentralbibliothek, der wissenschaftshistorischen Sammlung der ETH, des Thomas-Mann-Archivs und des Robert-Walser-Archivs in Zürich, der Stiftung Nietzsche-Haus in Sils-Maria, des Richard-Wagner-Museums in Luzern sowie der Bibliotheca Bodmeriana in Genf. Ihnen und den vielen anderen in- und ausländischen Leihgebern sei an dieser Stelle herzlich gedankt.[36]

[36] Ein vollständiges Verzeichnis der Leihgeber findet sich im Katalogteil des vorliegenden Bandes.

DAVID MARC HOFFMANN

Nietzsche-Itinerar*

(Bei längeren Aufenthalten an einem Ort sind nicht alle Ausflugsziele und Abstecher angeführt. Für detailliertere Angaben wird auf die nebenstehend angeführten Chroniken verwiesen. Ich danke Herrn Curt Paul Janz für kritische Durchsicht und Ergänzung.)

1844 15. Okt.: Friedrich Wilhelm Nietzsche als Pfarrerssohn zu Röcken bei Lützen, Provinz Sachsen, geboren.

1846 10. Juli: Geburt der Schwester Elisabeth.

1849 30. Juli: Nietzsches Vater stirbt.

1850 Übersiedlung der Familie nach Naumburg.

1858 – 1864 Schüler des Gymnasiums Schulpforta bei Naumburg.

1864 Okt.: Beginn des Studiums der Theologie und der klassischen Philologie an der Universität Bonn, bald darauf nur noch klassische Philologie.

1865 Herbst: Fortsetzung des Studiums in Leipzig. Erste Bekanntschaft mit Schopenhauers Werk.

1866 Beginn der Freundschaft mit Erwin Rohde.

1868 8. Nov.: Erste Begegnung mit Richard Wagner in Leipzig.

1869 – 1879 Die zehn Basler Jahre

(Bis 1879 werden in diesem Itinerar nur die Aufenthaltsorte ausserhalb Basels genannt.)

1869 Febr.: Berufung an die Universität Basel als ausserordentlicher Professor der klassischen Philologie. 19. April: Ankunft in Basel. Zehn Jahre fester Wohnsitz in Basel. Adresse: zuerst Spalentorweg 2, ab Ende Juni Schützengraben 45, die später sogenannte «Baumannshöhle». 15. – 17. Mai, Pfingsten: Fahrt nach Luzern, auf dem Vierwaldstättersee zur Tellsplatte, am Pfingstmontag erster Besuch bei Richard Wagner und Cosima (damals noch: Verheiratete von Bülow) in Tribschen bei Luzern. Darauf noch sieben weitere Besuche dort in diesem Jahr. 28. Mai: Antrittsrede an der Universität Basel über die Persönlichkeit Homers (später als Privatdruck *Homer und die klassische Philologie* erschienen). Beginn der Beziehung zu Jacob Burckhardt. 5. – 6. Juni: Tribschen. 26./27. (evtl. bis 31.) Juli: Interlaken. 31. Juli – 1. Aug.: Tribschen. 1. – 4. Aug.: Wanderung auf den Pilatus. 14./15. Aug.: Badenweiler. 21. – 23. Aug.: Tribschen. 28. – 30. Aug.: Tribschen. Die Herbstferien-Pläne, mit der Mutter und Schwester an den Genfersee (Vernex) zu fahren, werden nicht ausgeführt. Ca. 18. – 19. Sept.: Tribschen. 13. – 14. Nov.: Tribschen. 24. Dez. – 2. Jan. 1870: Tribschen.

1869 – 71 Entstehung der *Geburt der Tragödie aus dem Geiste der Musik* (erscheint Neujahr 1872)

1870 18. Jan.: Öffentlicher Vortrag über *Das griechische Musikdrama* in der Aula der Universität Basel im Museum. 1. Febr.: Öffentlicher Vortrag über *Socrates und die Tragödie* in der Aula der Universität Basel im Museum. 12. – 13. Febr.: Tribschen. 7. April: Ernennung zum ordentlichen Professor. 14. – ca. 21.

* Für detailliertere Information siehe folgende veröffentlichte Zeittafeln:
Karl Schlechta, Zeit- und Lebenstafel in: Nietzsche, Werke in drei Bänden, hg. v. K. Schlechta, Bd. III, München: Hanser 1956, S. 1359 – 1382.
Curt Paul Janz, Die Daten der Tribschen-Besuche, in C. P. Janz, Die Briefe Friedrich Nietzsches. Textprobleme und ihre Bedeutung für Biographie und Doxographie, Zürich: Theologischer Verlag, Editio academica 1972, S. 162 – 171 [teilweise überholt durch Janz' dreibändige Nietzsche-Biographie].
Karl Schlechta, Nietzsche-Chronik. Daten zu Leben und Werk, München u. Wien: Hanser 1975 und München: dtv 1984, 134 S.
Mazzino Montinari, Chronik zu Nietzsches Leben vom 19. April 1869 bis 9. Januar 1889 in Friedrich Nietzsche, Sämtliche Werke, Kritische Studienausgabe, hg. v. G. Colli u. M. Montinari, München: dtv 1980, Bd. 15, S. 7 – 210.
Dieter Borchmeyer, Nietzsche in den Tagebüchern Cosima Wagners und Chronik der Beziehungen Nietzsches zu Richard Wagner, in Friedrich Nietzsche, Der Fall Wagner, Schriften und Aufzeichnungen über Richard Wagner, herausgegeben und mit einem Nachwort versehen von Dieter Borchmeyer, Frankfurt: Insel 1983, S. 536 – 585 und 587 – 618.
Sander L. Gilman (Hg.), unter Mitwirkung von Ingeborg Reichenbach, Begegnungen mit Nietzsche, 2. Aufl., Bonn: Bouvier 1987, 799 S. [chronologisch geordnete Zeugnisse und Berichte über Nietzsche; zusätzlich S. XV – XVII: chronologische Übersicht über die Kontakte zwischen den Geschwistern Nietzsche 1864 – 1900.]
David Marc Hoffmann, Zur Geschichte des Nietzsche-Ar-

April: Mit Mutter und Schwester in Clarens b. Montreux am Genfersee. 23. April: Der Theologe Franz Overbeck kommt nach Basel und zieht am Schützengraben 45 ein. Beginn der lebenslangen Freundschaft mit Nietzsche. 5./6. Juni (Pfingsten) mit Rohde, Mutter und Schwester im Berner Oberland. 11. – 12. Juni mit Rohde in Tribschen. Juni/Juli: Niederschrift von *Die dionysische Weltanschauung* (erst aus dem Nachlass veröffentlicht). 1. Juli: Die Mutter reist ab. 20. – 28. Juli: Mit der Schwester in Morschach/Axenstein ob Brunnen. 28. – 30. Juli: Tribschen. Ab 30. Juli: Maderanertal. Aug./Sept.: Teilnahme am Deutsch-französischen Krieg als freiwilliger Krankenpfleger. Zunächst mit der Schwester am 12. Aug. nach Lindau, dann 13. – 22. Aug. in Erlangen, 22.: Stuttgart, 23.: Nördlingen, 24.: Karlsruhe, 25.: Weissenburg (Hochzeit von Richard Wagner und Cosima von Bülow in Luzern, Nietzsche kann wegen seiner Teilnahme am Krieg nicht Trauzeuge sein.) 26.: Sulz, 27.: Görsdorf, 29.: Hagenau-Bischweiler (Strassburg), Zabern, 30.: Nancy, 1. Sept.: Pont à Mousson, 2.: Ars sur Moselle, Lazarettzug nach Karlsruhe (2 Tage), schwere Erkrankung, 7. – 14.: Als Patient im Erlanger Lazarett. 14. Sept.: Entlassung zur Rekonvaleszenz nach Naumburg, von hier Besuch bei Ritschl in Leipzig. 18. Okt.: Besuch in Pforta. 22. Okt.: Rückkehr nach Basel. 26. – 28. Nov.: Tribschen. 24. Dez. – 1. Jan. 1871: Tribschen.

1871 Anfang Jahr: Vergebliche Bewerbung für den freigewordenen philosophischen Lehrstuhl in Basel. Ab 15. Febr. wegen Krankheit für den Rest des Wintersemesters beurlaubt, Schlittenfahrt über den Gotthard nach Lugano, während der Reise Bekanntschaft mit Giuseppe Mazzini. 16. Febr. – Anfang April: Mit der Schwester für Ferien in Lugano. 3. – 8. April: Tribschen. 22. – 24. Mai: Mit Wilhelm Vischer-Bilfinger in Luzern, währenddessen zwei Besuche in Tribschen (ohne Vischer). 28. – 29. Mai (Pfingsten): Mit der Schwester in Tribschen. Juni: Privatdruck von *Sokrates und die griechische Tragödie*. 16. – 30. Juli: Gimmelwald/Lauterbrunnental. 31. Juli – 3. Aug.: Tribschen, dort gleichzeitig auch Carl von Gersdorff zu Besuch. 28. Sept.: Für die Herbstferien in Naumburg. 12. – 14. Okt.: Leipzig. 21. Okt. Besuch von Ulrich von Wilamowitz-Moellendorff, abends Abreise nach Basel. 27. – 28. Okt.: Tribschen. 17. – 21. Dez.: in Mannheim, Wagnerkonzert am 20. Dez., Nietzsche als Geleiter von Cosima Wagner.

1872 2. Jan: Nietzsches Erstling *Die Geburt der Tragödie aus dem Geiste der Musik* erscheint. 20. – 21. Jan.: Tribschen. 18. – 19. Feb.: Tribschen. Jan. – März: Basler Vorträge *Über die Zukunft unserer Bildungsanstalten* (erst aus dem Nachlass veröffentlicht). 28. März – 1. April (Ostern): Tribschen. 16. – 24. April: Vernex b. Montreux. April: Übersiedlung der Wagners von Tribschen nach Bayreuth. 25. – 27. April: Wagner schon am 22. weggefahren, Nietzsche allein mit Cosima Wagner und den Kindern in Tribschen, Vorbereitungen zu deren Abreise. 22. Mai: Grundsteinlegung des Bayreuther Festspielhauses, Nietzsche vom 18. – 23. Mai dort anwesend, lernt Malwida von Meysenbug kennen. 27. – 30. Juni: München, dort am 28. «Tristan»-Aufführung, Nietzsche lernt Hans von Bülow und Hugo von Senger kennen. Im Sept.: Besuch von Mutter und Schwester in Basel, Eintagesausflug mit ihnen auf die Rigi. 28. Sept.: Über Baden und Zürich bis Weesen/Walensee. 29. Sept.: bis Chur, 30. Sept.: Wanderung nach Passugg, Rabiosa-Schlucht, 1. Okt.: Weiterfahrt durch die Via Mala, Hotel beim Splügen (Zeichnung Nietzsches). Abgebrochener Versuch, nach Italien zu reisen: 5. Okt.: bis Chiavenna, 6. Okt.: bis Bergamo, Rückweg nach Splügen, einen Tag in Bad Ragaz. 11. Okt.: Wieder in Basel. 22. – 24. Nov.: Treffen mit Wag-

chivs. Elisabeth Förster-Nietzsche, Fritz Koegel, Rudolf Steiner, Gustav Naumann, Josef Hofmiller. Chronik, Studien und Dokumente, Berlin New York: de Gruyter 1991 [S. 3 – 48: Chronik von 1889 bis 1900].

ners in Strassburg. Weihnachtsgeschenk an Cosima Wagner: *Fünf Vorreden zu fünf ungeschriebenen Büchern.* 21. Dez. – 4. Jan.: Naumburg. 26. Dez.: In Weimar zu einer «Lohengrin»-Aufführung. Ende Dez.: Besuch bei Ritschl und dem Verleger Fritzsch in Leipzig.

1873 Das Fragment: *Die Philosophie im tragischen Zeitalter der Griechen* entsteht (erst aus dem Nachlass veröffentlicht). Ca. 2. – 5. März: Auf der Flucht vor der Basler Fasnacht in Gersau am Vierwaldstättersee. 6. – 12. April: Bayreuth. 12. April: Lichtenfels, Vierzehnheiligen. 13./14. April: Nürnberg, Weiterfahrt via Lindau, Bodensee über Schaffhausen, Rheinfall, Nietzsche wird Zeuge des Stadtbrandes von Laufenburg. 15. April: Wieder in Basel. Erste Begegnung mit dem nach Basel gekommenen Paul Rée. 12. Juli – 15. Aug.: Zusammen mit den Freunden Carl von Gersdorff und Heinrich Romundt in Flims, Idee zur Gründung einer «Brüderschaft der Lehrer und Erzieher» im Schlösschen von Flims. Im Sommer: Nietzsche diktiert Carl von Gersdorff die Abhandlung *Über Wahrheit und Lüge im aussermoralischen Sinne* (erst aus dem Nachlass veröffentlicht). 8. Aug.: Die erste *Unzeitgemässe Betrachtung: David Strauss, der Bekenner und Schriftsteller* erscheint. 15. Aug.: Nietzsche holt seine Schwester in Chur ab. 18. Aug.: Wieder in Basel. 22. Okt.: Auf Bitten Wagners entwirft Nietzsche einen *Mahnruf an die Deutschen* zu Gunsten des Bayreuther Unternehmens, der dann aber nicht veröffentlicht wird. 30. Okt. – 3. Nov.: Bayreuth. Ab 1873 dauernd irgendwie krank und auf der Flucht vor dem Klima (Hitze/Kälte, Luftdruck und -feuchtigkeit, Wind, Licht/Schatten), bzw. auf Suche nach erträglichen äusseren Lebensbedingungen. 21. Dez. – 4. Jan.: Naumburg. Ende Dez. Besuch bei Ritschl und Verleger Fritzsch in Leipzig.

1874 15. Jan.: Nietzsche wird Dekan der philosophisch-historischen Fakultät der Universität Basel. Ende Febr.: Die zweite *Unzeitgemässe Betrachtung: Vom Nutzen und Nachteil der Historie für das Leben* erscheint. 24. Mai, Pfingsten: Rheinfall. 9. Juni: Nietzsche hört Brahms' Triumphlied unter der Leitung des Komponisten im Basler Münster. 21. od. 28. Juni: Frohburg ob Olten. 12. Juli: Fahrt nach Zürich zur Aufführung von Brahms' Triumphlied unter Friedrich Hegar. 18. Juli – 2. Aug.: Zusammen mit Romundt in Bergün, dort Heiratsgedanken Nietzsches in bezug auf die Baslerin Bertha Rohr. 2. – 4. Aug.: Über Chur, Glarus und Rorschach nach Bayreuth, dort bis zum 15. Aug. 26. – 29. Sept.: Mit Romundt und Adolf Baumgartner auf Rigi-Staffel. 29. Sept. – 6. Okt.: Badekur in Luzern, wehmütige Abstecher ins Wagnerlose Tribschen. Anfang Okt.: Die dritte *Unzeitgemässe Betrachtung: Schopenhauer als Erzieher* erscheint. 23. Dez. – 3. Jan.: für Weihnachten/ Neujahr in Naumburg.

1875 Ca. 15. – 17. Febr.: In Luzern, Flucht vor der Basler Fasnacht. März: Arbeit an der geplanten und nicht ausgeführten Unzeitgemässen Betrachtung *Wir Philologen.* 27. April – 3. Mai: Erholungsaufenthalt in Bern. 14.-17. Mai: Baden-Baden mit der Schwester. 16. Juli – 12. Aug.: Sommerferien-Kur in Steinabad/Schwarzwald. Ab 12. Aug. gemeinsame Basler Wohnung mit der Schwester am Spalentorweg 48 (bis Ende Juni 1876). 28. – 30. Sept.: Mit Overbeck auf dem Bürgenstock/Vierwaldstättersee. 1. Nov.: Semesterbeginn, zugleich Beginn der Bekanntschaft mit dem nach Basel gekommenen neuen Studenten und Musiker Heinrich Köselitz.

1876 Zunehmende Krankheit. Bis Ostern Befreiung vom Unterricht am Paedagogium. Februar: Abbruch der Vorlesungen an der Universität bis Ende Semester. Die Mutter eilt von Naumburg ihrem Sohn zu Hilfe. 7. März – 6. April: Mit Gersdorff in Veytaux b. Montreux. 15. März: Ausflug nach Glion, 27. März nach Bex. 6. – 12. April: Genf, Ausflug nach Ferney zum Haus Voltaires, Besuch beim befreundeten Dirigenten Hugo von Senger; Heiratsantrag Nietzsches an Mathilde Trampedach, Sengers Klavierschülerin und spätere Frau. 17./18. Juni: Badenweiler. Anfang Juli: Das vierte Stück der *Unzeitgemässen Betrachtungen: Richard Wagner in Bayreuth* erscheint. 23. Juli – 27. Aug.: In Bayreuth zu den ersten Bayreuther Festspielen, dazwischen vom 6. – 12. Aug.: Flucht nach Klingenbrunn. 8. Aug.: Overbeck heiratet Ida Rothpletz. Zunehmende Krankheit Nietzsches. Oktober: Einjähriger Gesundheitsurlaub von der Universität Basel und vom Paedagogium. 1. – 19. Okt.: Mit Paul Rée in Bex. 19. Okt.: Abreise Nietzsches und Rées bis Genf, wo Nietzsches Schüler Albert Brenner sich ihnen anschliesst. 20.: Genua. 23.: Dreitägige Schiffahrt über Livorno nach Neapel. 27.Okt. – 8. Mai: Sorrent, Winteraufenthalt bei Malwida von Meysenbug mit Paul Rée und Albert Brenner. 27. Okt. – 5. Nov.: Letzte Begegnungen zwischen Wagner und Nietzsche in Sorrent.

1877 13. Febr.: Am Carneval in Neapel, dort tags darauf med. Konsultation bei Prof. Schrön. Vor 6. März: Pompeji. 23. März: Ausflug nach Capri. 8. Mai: Abreise von Sorrent. 12. Mai: Auf einem Teilstück der neu erstellten Gotthardbahnstrecke über Genua nach Lugano. Ca. 15. Mai – 10. Juni: erfolglose Badekur in Pfäfers b. Ragaz. 10. – 11. Juni: Über Zürich, Luzern, Brünig bis Brienz, von dort mit Führer zu Fuss nach Rosenlauibad b. Meiringen, dort bis Ende August. 9. – 11. Juli: Zusammen mit der Schwester in Luzern. Verschiedene Heiratspläne (Bertha Rohr oder die «kleine Köckert», eine Genfer Bankierstochter). 11. – 21. Juli: Mit der Schwester in Felsenegg bei Zug. Abreise der Schwester. 21. – 23. Juli: Auf der Suche nach Malwida von Meysenbug über Luzern, Bern, Aeschi, Faulensee, Heustrichbad/Kandertal, Brienz, Meiringen zurück nach Rosenlaui, dort Begegnung mit dem deutschen Arzt Otto Eiser. 1. Sept.: Über Meiringen, Brienzersee, Thunersee zurück nach Basel. Umzug in eine neue Basler Wohnung (Gellertstr. 22), wieder gemeinsamer Haushalt mit der Schwester. Nietzsche diktiert dort seinem Sekretär Köselitz *Menschliches, Allzumenschliches* («er war der eigentliche Schriftsteller, während ich bloss der Autor war»). 13. – 19. Sept.: Zu Besuch in Zürich bei Fam. Rothpletz (Haus Falkenstein) und beim Ehepaar Franz und Ida Overbeck-Rothpletz. 6. – 8. Okt.: Frankfurt, gründliche medizinische Untersuchung bei Dr. Eiser.

1878 3. Jan.: Letzte Sendung Wagners an Nietzsche: Parsifal. Anfang Feb.: Kurz in Frankfurt bei Dr. Eiser. 7. März: Der Basler Erziehungsrat beschliesst die endgültige Entlassung Nietzsches aus den Lehrverpflichtungen am Paedagogium. 2. März – 4. April: Baden-Baden. 5. – 23. April: Naumburg, dazwischen, am 16./17. Abstecher zum Verleger Schmeitzner nach Leipzig. Ende April: *Menschliches, Allzumenschliches* erscheint, Übersendung dieses Werkes an Wagner. Bruch mit Wagner vollkommen. 25. Juni: Auflösung der gemeinsamen Basler Wohnung mit der Schwester an der Gellertstrasse und Umzug in einen Junggesellenhaushalt an der Bachlettenstrasse 11, die Schwester zunächst auf die Frohburg ob Olten. 6. – 8. Juli: Nietzsche besucht die Schwester auf der Frohburg, danach reist diese zurück nach Naumburg. 20. – 21. Juli: Allein auf der Frohburg. 27. Juli – 17. Aug.: Männlichen b. Grindelwald. 18. (?) Aug. – 17. Sept.: Kur in Interlaken. 20. – 23. Sept.: Bei Rothpletzens in Zürich. 24. Sept. – 17. Okt.: Herbstferien in Naumburg. Dez.: Bekanntschaft mit dem Basler Komponisten Hans Huber, der Nietzsches «Manfred-Meditation» hochschätzte.

1879 – 1889 Die zehn Jahre des freien Philosophen

1879 12. März: *Vermischte Meinungen und Sprüche.* (Anhang zu *Menschliches, Allzumenschliches*) erscheint. Schwere Erkrankung. 22. März – 21. April: Zur Kur in Genf, darauf zurück nach Basel. 2. Mai: Entlassungsgesuch an die Basler Behörden. 10. Mai: Die Schwester eilt aus Deutschland ihrem Bruder zu Hilfe, Auflösung des Haushaltes in Basel. Beginn der zehnjährigen Heimatlosigkeit des freien Philosophen. 12. – 21. Mai: Mit der Schwester in Schloss Bremgarten b. Bern. Ca. 21. Mai für einige Tage zur Pflege bei Frau Rothpletz in Zürich. 29. Mai – 21. Juni: Wiesen b. Davos. 14. Juni: Regierungsrätliche Entlassungsurkunde aus den Basler Lehrverpflichtungen, Bewilligung eines jährlichen Ruhegehalts von Fr. 3000.–. 21. Juni – 16. Sept.: St. Moritz (erster Aufenthalt im Engadin). Anfang Aug.: Dreitägiger, enttäuschender Abstecher ins Unterengadin. 17. – 20. Sept.: Auf der Reise nach Naumburg Zusammentreffen mit der Schwester in Chur. 18. Okt.: Beim Verleger Schmeitzner in Leipzig. Mitte Dez.: *Der Wanderer und sein Schatten (zweiter Anhang zu Menschliches, Allzumenschliches)* erscheint mit dem Verlagsjahr 1880. Bis Februar 1880 in Naumburg.

1880 11./12. Febr.: Bozen. 13. Feb. – 12. März: Riva mit Köselitz. 13. März – Ende Juni: Erster Aufenthalt in Venedig. 3. Juli – Ende Aug.: In Marienbad. Anf. Sept. – 8. Okt.: Naumburg. Auf der Reise von Naumburg nach Stresa einige Stunden in Basel bei Overbecks (10. Okt.) und drei Tage krankheitshalber vom 11. – 13. Okt. in Locarno. 14. Okt. – 7. Nov.: Stresa. 8. Nov. – Ende April: Erster Winter in Genua.

1881 Harter Winter in Genua. 2. Mai – 2. Juli: Recoaro, bis 31. Mai zusammen mit Köselitz. Ende Juni: *Morgenröte. Gedanken über die moralischen Vorurteile* erscheint. 4. Juli – 1. Okt.: Erster Sommeraufenthalt in Sils-Maria. Anfang Aug.: Der Gedanke der Ewigen Wiederkunft des Gleichen. Anf. Okt. – Ende April 1882: Genua, wo Nietzsche am 27. Nov. zum ersten Mal Bizets *Carmen* hört.

1882 29. März – 1. April: Schiffahrt von Genua nach Messina. 24. April: Ankunft in Rom als Gast Malwida von Meysenbugs. Begegnung mit Lou von Salomé im Petersdom. Dreiecksfreundschaft Nietzsche – Paul Rée – Lou von Salomé. 1. April Lou von Salomé und ihre Mutter reisen Richtung Norditalien ab, Nietzsche folgt krankheitshalber einige Tage später zusammen mit Rée. Mai: Die *Idyllen aus Messina* erscheinen in Schmeitzners «Internationaler Monatsschrift». 5. Mai: In Orta Zusammentreffen mit Lou von Salomé und ihrer Mutter (Nietzsche und Lou von Salomé allein auf dem Monte sacro). 8. Mai: Über Luzern nach Basel zu Overbeck. 13. – 16. Mai: Mit Rée und Lou von Salomé in Luzern, gemeinsame gestellte Photoatelieraufnahme, Heiratsantrag an Lou von Salomé unter dem Löwendenkmal. Wehmütiger Besuch mit Lou von Salomé im verlassenen Tribschen. 16. Mai: Auf der Reise nach Naumburg Halt bei Overbecks in Basel. 18. Mai – 24. Juni: Naumburg. 27. Juni – 27. Aug.: Sommeraufenthalt in Tautenburg. 23. Juli: Naumburg, Studium des Klavierauszuges von «Parsifal» mit der Schwester. 26. Juli: Uraufführung des «Parsifals» in Bayreuth, Elisabeth Nietzsche und Lou von Salomé als Gäste, Nietzsche bleibt fern. 7. Aug.: Lou von Salomé kommt nach Tautenburg. Intrigen von Elisabeth Nietzsche gegen die Beziehung ihres Bruders mit Lou von Salomé. Mitte Aug.: *Die fröhliche Wissenschaft* erscheint. 28. Aug. – 7. Sept.:

Naumburg. 7. Sept. – 15. Nov.: Leipzig. 5. Nov.: In Leipzig letztes Zusammensein mit Lou von Salomé und Paul Rée, diese reisen abrupt nach Berlin ab. 16. – 18. Nov.: Zu Overbecks Geburtstag in Basel. 18. Nov.: Abreise nach Genua resp. Porto fino und Santa Marguerita di Ligure. 3. Dez. – 23. Feb.: Winter in Rapallo.

1883 13. Febr.: Richard Wagner stirbt in Venedig. Febr.: In Rapallo entsteht in zehn Tagen der erste Teil von *Also sprach Zarathustra,* der Ende April erscheint. 24. Februar – 3. Mai: Genua. 4. Mai – 14. Juni: Rom. 19. Juni – 5. Sept.: Zweiter Sommer in Sils-Maria. 22. – 25. Aug.: Mit Overbeck in Scuol/Unterengadin. Anfang September erscheint schon der zweite Teil des *Zarathustra.* 6. Sept. – 3. Okt.: Naumburg. 4. – 6. Okt.: Mit Overbeck in Frankfurt. 6. Okt.: Krank in Freiburg i. Br. 7. – 9. Okt.: Krank bei Overbecks in Basel. 10. Okt.: Genua. 11. – 21. Okt.: La Spezia. 22. Okt – 23. Nov.: Wieder in Genua. 23. Nov. – 1. Dez: Villafranca. 2. Dez. – 20. April: Erster Winter in Nizza, dort Umgang mit Joseph Paneth.

1884 In Nizza schreibt Nietzsche den dritten Teil von *Also sprach Zarathustra* nieder, der Ende März erscheint. 3. – 13. April: Resa von Schirnhofer zu Besuch in Nizza. 21. April – 12. Juni: Bei Köselitz in Venedig. 15. Juni – 2. Juli: Krank bei Overbecks in Basel, Besuch bei Jacob Burckhardt. 3. Juli – 12. Juli.: Ritomsee ob Airolo. 12. – 17. Juli: Zürich (Hotel Habis), erste Begegnung mit Meta von Salis. 18. Juli – 25. Sept.: Dritter Sommer in Sils-Maria, Besuche von Helen Zimmern und Resa von Schirnhofer. 26. – 28. Aug.: Besuch des Wagnerianers und Nietzsche-Verehrers Heinrich von Stein. 26. Sept. – 31. Okt.: Zürich (Pension Neptun), Zusammentreffen mit der Schwester und Versöhnung nach Nietzsches Bruch mit ihr wegen ihrer «verfluchten Antisemiterei» und wegen der «Lou-Affäre». Besuch bei Gottfried Keller, Kontakte mit dem Kapellmeister Friedrich Hegar. Dieser organisiert für Nietzsche eine Privat-Uraufführung der Ouverture von Peter Gasts «Löwe von Venedig» in der Zürcher Tonhalle. 2. – 28. Nov.: Mentone. Anf. Dez.: Nizza mit seinem Verehrer Paul Lanzky in derselben Pension. Niederschrift des vierten und letzten Teiles von *Also sprach Zarathustra.*

1885 Winter in Nizza. Ab 10. April bei Köselitz in Venedig. Mitte April *Also sprach Zarathustra IV* erscheint als Privatdruck in nur 40 Exemplaren. 7. Juni – 15. Sept.: Vierter Aufenthalt in Sils-Maria, Umgang mit Emily Fynn und Fürstin Mansuroff. Darauf nach Naumburg. 5. – 15. Okt.: Leipzig. 15./16. Okt.: Besuch in Naumburg, Zusammentreffen mit Bernhard Förster, letztes Beisammensein (vor der Umnachtung) mit der Schwester. 17. Okt. – 1. Nov.: Zurück in Leipzig. 2. – 6. Nov.: München. 7. – 10. Nov.: Florenz. 11. Nov. – 30. April: Wieder im Winterquartier in Nizza.

1886 1. – 9. Mai: Venedig. 11. Mai: München. 13. Mai – 3. Juni: Naumburg. 4. – 27. Juni: Leipzig, dort letztes Zusammensein mit Erwin Rohde. 28. – 30. Juni: Über Rorschach und Chur nach Sils-Maria. Dort bis zum 25. Sept.: Fünfter Silser Sommeraufenthalt, Umgang mit Emily Fynn und Tochter, Besuch von Meta von Salis. 1. Aug.: *Jenseits von Gut und Böse. Vorspiel einer Philosophie der Zukunft* erscheint. 16. – 17. Sept.: Besprechung von *Jenseits von Gut und Böse* durch Josef Victor Widmann im Berner «Bund». 25. Sept.: Über Sargans nach Genua und Ruta Ligure, hier bis 20. Okt. 20. Okt. – 2. April: Winteraufenthalt in Nizza. Von seinen früheren Büchern *Geburt der Tragödie* und *Menschliches, Allzumenschliches* besorgt Nietzsche in diesem Jahr erweiterte Neuauflagen.

1887 4. – 27. April: Cannobio b. Locarno. 12. April: Ausflug nach Magadino. 28. April – 6. Mai: Zürich (Pension Neptun). Begegnungen mit Meta von Salis, Friedrich Hegar, Resa von Schirnhofer und Franz Overbeck. 6. – 8. Mai: Amden/Walensee. 8. Mai – 8. Juni: Chur, rege Benutzung der öffentlichen Bibliothek. 8. – 12. Juni: Lenzerheide, weil Sils zu teuer und als Nietzsches Sommeraufenthaltsort zu bekannt ist. Erwägungen, nach Celerina auszuweichen. 12. Juni – 19. Sept.: Doch wieder in Sils-Maria, sechster Silser Sommer, Besuche von Meta von Salis (7 Wochen) und Paul Deussen. Darauf über Menaggio nach Venedig, dort vom 21. Sept. – 21. Okt. Anfang Nov.: *Zur Genealogie der Moral* erscheint. 22. Okt. – 2. April: Winteraufenthalt in Nizza. 29. Dez.: Konzertbesuch in Monte-Carlo. Von der *Fröhlichen Wissenschaft* und der *Morgenröthe* erscheinen erweiterte Neuauflagen.

1888 1. Jan.: Im Sonntagsblatt des Berner «Bund» erscheint die Gesamtwürdigung «Friedrich Nietzsche aus seinen Werken» von Carl Spitteler. Nietzsche verlässt am 2. April Nizza und kommt nach einer Irrfahrt (u. a. via Samperdarena und Genua) am 5. April in Turin an, erstmaliger Aufenthalt in Turin. 6. Juni – 20. Sept.: Siebenter und letzter Sommeraufenthalt in Sils-Maria, Besuch Meta von Salis'. Georg Brandes hält an der Universität Kopenhagen Vorlesungen «über den deutschen Philosophen Friedrich Nietzsche». Mitte Sept.: *Der Fall Wagner* erscheint. Abschluss der *Dionysos-Dithyramben* und des *Antichrist*, Arbeit an *Nietzsche contra Wagner* und der Autobiographie *Ecce homo* (alle erst aus dem Nachlass veröffentlicht). Ab 21. Sept.: Winteraufenthalt in Turin.

1889 – 1900 Die Jahre des Siechtums

1889 In den ersten Januartagen geistiger Zusammenbruch in Turin. 9. Jan.: Rücktransport nach Basel durch Franz Overbeck. 10. – 17. Jan.: In der Basler Psychiatrischen Klinik, darauf Überführung in die Klinik nach Jena. Ab 13. Mai 1890 zu Hause in Naumburg in der Pflege der Mutter. *Götzendämmerung oder Wie man mit dem Hammer philosophiert* erscheint im Januar als letztes von Nietzsche selbst herausgegebenes Werk.

1894 Elisabeth Förster-Nietzsche gründet in Naumburg das «Nietzsche-Archiv» (ab 1896 in Weimar). Beginn der ersten Nietzsche-«Gesamtausgabe».

1897 Tod der Mutter, Franziska Nietzsche. Elisabeth Förster-Nietzsche überführt ihren umnachteten Bruder nach Weimar in ihr dortiges Nietzsche-Archiv.

1900 25. Aug.: Nietzsche stirbt in Weimar. Beisetzung im Familiengrab im Kirchhof in Röcken.

ALPHABETISCHES VERZEICHNIS VON NIETZSCHES AUFENTHALTSORTEN
1869 – 1889

(Schweizer Aufenthaltsorte sind **fett** gedruckt.)

Aeschi (1877)
Airolo s. Ritomsee
Amden/Walensee (1887)
Ars sur Moselle (1870)
Axenstein s. Morschach
Bad Ragaz (1872)
Baden (1872)
Baden-Baden (1875, 1878)
Badenweiler (1869, 1876)
Basel (1869, 1870, 1871, 1872, 1873, 1874, 1875, 1876, 1877, 1878, 1879, 1880, 1882, 1883, 1884, 1889)
Bayreuth (1872, 1873, 1874, 1876)
Bergamo (1872)
Bergün (1874)
Bern (1875, 1877)
Berner Oberland (1870)
Bex (1876)
Bodensee (1873)
Bozen (1880)
Bremgarten b. Bern (1879)
Brienz (1877)
Brünig (1877)
Bürgenstock/Vierwaldstättersee (1875)
Cannobio b. Locarno (1887)
Capri (1877)
Chiavenna (1872)
Chur (1872, 1873, 1874, 1879, 1886, 1887)
Clarens b. Montreux (1870)
Davos s. Wiesen
Erlangen (1870)
Faulensee (1877)
Felsenegg b. Zug (1877)
Ferney (1876)
Flims (1873)
Florenz (1885)
Frankfurt a. M. (1877, 1878, 1883)
Freiburg i. Br. (1883)
Frohburg ob Olten (1874, 1878)
Genf (1876, 1879)
Genua (1876, 1877, 1880, 1881, 1882, 1883, 1886, 1888)
Gersau (1873)
Gimmelwald/Lauterbrunnental (1871)
Glarus (1874)
Glion (1876)
Görsdorf (1870)
Grindelwald s. Männlichen
Hagenau-Bischweiler (1870)
Heustrichbad/Kandertal (1877)
Interlaken (1869, 1878)
Kandertal s. Heustrichbad
Karlsruhe (1870)
Klingenbrunn (1876)
La Spezia (1883)
Läufelfingen (1878)
Laufenburg (1873)
Lauterbrunnental s. Gimmelwald
Leipzig (1870, 1871, 1872, 1873, 1878, 1879, 1882, 1885, 1886)
Lenzerheide (1887)
Lichtenfels (1873)
Lindau (1870, 1873)
Livorno (1876)
Locarno (1880)
Löwendenkmal/Luzern (1882)
Lugano (1871, 1877)
Luzern (1869, 1871, 1874, 1875, 1877, 1882)
Maderanertal (1870)
Magadino (1887)
Mannheim (1871)
Männlichen b. Grindelwald (1878)
Marienbad (1880)
Meiringen (1877)
Menaggio (1887)
Mentone (1884)
Messina (1882)
Monte Carlo (1887)
Montreux s. Clarens, Glion, Vernex, Veytaux
Morschach/Axenstein ob Brunnen (1870)
München (1872, 1885, 1886)
Nancy (1870)
Naumburg (1870, 1871, 1872, 1873, 1874, 1878, 1879, 1880, 1882, 1883, 1885, 1886)
Neapel (1876, 1877)
Nizza (1883, 1884, 1885, 1886, 1887, 1888)
Nördlingen (1870)
Nürnberg (1873)
Orta (1882)
Passugg (1872)
Pfäfers b. Ragaz (1877)
Pforta (1870)
Pilatus (1869)
Pompeji (1877)
Pont à Mousson (1870)
Porto fino (1882)
Rabiosa-Schlucht (1872)
Ragaz s. Pfäfers
Rapallo (1882, 1883)
Recoaro (1881)
Rheinfall (1873, 1874)
Rigi (1872)
Rigi-Staffel (1874)
Ritomsee ob Airolo (1884)
Riva (1880)
Rom (1882, 1883)
Rorschach (1874, 1886)
Rosenlauibad b. Meiringen (1877)
Ruta Ligure (1886)
Samperdarena (1888)
Santa Marguerita di Ligure (1882)
Sargans (1886)
Schaffhausen (1873)
Scuol/Unterengadin (1883)
Sils-Maria (1881, 1883, 1884, 1885, 1886, 1887, 1888)
Sorrent (1876, 1877)
Splügen (1872)
St. Moritz (1879)
Steinabad (1875)
Strassburg (1872)
Stresa (1880)
Stuttgart (1870)
Sulz (1870)
Tautenburg (1882)
Tellsplatte/Vierwaldstättersee (1869)
Tribschen (1869, 1870, 1871, 1872, 1874, 1882)
Turin (1888, 1889)
Unterengadin (1879, 1883)
Venedig (1880, 1884, 1885, 1886, 1887)
Vernex b. Montreux (1872)
Veytaux b. Montreux (1876)
Via mala (1872)
Vierzehnheiligen (1873)
Villafranca (1883)
Weesen/Walensee (1872)
Weissenburg (1870)
Wiesen b. Davos (1879)
Zabern (1870)
Zug s. Felsenegg
Zürich (1872, 1874, 1877, 1878, 1879, 1884, 1887)

Curt Paul Janz

Friedrich Nietzsches Lehrtätigkeit in Basel 1869–1879

Vorbemerkung des Herausgebers: Curt Paul Janz, der Nestor der biographischen Nietzsche-Forschung, hat als eines der zahlreichen Nebenprodukte seiner monumentalen dreibändigen Biographie des Philosophen[1] einen Aufsatz über Nietzsches akademische Lehrtätigkeit veröffentlicht.[2] Im folgenden wird aus diesem Aufsatz die vollständige chronologische Liste der Vorlesungen an der Universität und der Unterrichtstätigkeit am Pädagogium abgedruckt. Zur Rekonstruktion dieser Veranstaltungen hat Janz ausser den gedruckten Vorlesungsankündigungen die handschriftlichen Belegbogen (Semesterberichte der Dozenten),[3] die Korrespondenz Nietzsches, die Förster-Nietzscheschen Biographien[4] sowie die bisherige Sekundärliteratur[5] kritisch berücksichtigt. Somit gibt sich in der folgenden Übersicht ein differenziertes Bild nach den Vorlesungsankündigungen (Rubrik «Ankündigung»), den wirklich stattgefundenen Vorlesungen und Übungen an der Universität (Rubrik «Universität») und der Lektüre mit den Schülern der obersten Klasse des Paedagogium (Rubrik «Paedagogium»).

[1] Friedrich Nietzsche. Biographie, 3 Bde., München: Hanser 1978–1979, 849, 668, 463 S. (Neuauflage 1993).

[2] Nietzsche-Studien 1974, S. 192–203.

[3] Staatsarchiv Basel-Stadt, Erziehungsakten X 34.

[4] Elisabeth Förster-Nietzsche, Das Leben Friedrich Nietzsche's, Bd. II/1, Leipzig: Naumann 1897, S. 324–327; dies., Der einsame Nietzsche, Leipzig: Kröner 1914, S. 85–87.

[5] Johannes Stroux, Nietzsches Professur in Basel, Jena: Fromann 1925; Rektor Dr. Hans Gutzwiller, Friedrich Nietzsches Lehrtätigkeit am Basler Pädagogium 1869–1876, in: Basler Zeitschrift für Geschichte und Altertumskunde, 1951, Bd. 50, S. 147–224.

* * *

1869 SS

Ankündigung: Vorl. Quellenkunde
der griechischen Literaturgeschichte 2 stg
Fragmente der griechischen Lyriker 4 stg
Seminar noch offen

Universität: Vorl. Aeschylos *Choephoren* 3 stg
Die griechischen Lyriker 3 stg
Seminar «Uebungen» (nicht näher bezeichnet, evtl. im Anschluss an Vorl.) stg

Paedagogium: Platon *Phaedo*; dazu die Bioi des Sokrates und Platons, Homer *Ilias XVIII.* Entwicklung des griech. Dramas, Rhythmik und Metrik; als Beispiel Aeschylos Prometheus (zur Hälfte)
Grammatik: Infinitiv, Participium und Negationen 6 stg

1869/70 WS

Ankündigung: Vorl. Lateinische
Grammatik 4 stg
Vorplatonische Philosophen 2 stg
Seminar Hesiod *Erga* 1 stg

Universität: Vorl. Lateinische Grammatik (Laut- und Formenlehre) 3 stg
(2. Vorl. kein Beleg, evtl. wie Ankündigung) 3 stg
Seminar Aeschylos *Choephoren* (evtl. als Fortsetzung vom SS) 1 stg

Paedagogium: Hesiod *Erga*; Platon *Apologie* und *Protagoras*; Homer *Ilias* XII und Teile XIII; Sophokles *Elektra*; «Privatlektüre» (wurde abgefragt) Herodot, Platon, Demosthenes (immer 6 Wochenstunden)

1870 SS

Ankündigung: Vorl. Sophokles
Oedipus rex 3 stg
Hesiod *Erga* 3 stg
Seminar Cicero *Academica* 1 stg

Universität: Vorl. 1. wie Ankündigung
2. fehlt Beleg
Seminar wie Ankündigung

Paedagogium: Literarhistorische Übersicht zum griechischen Drama an Beispielen: Aeschylos *Agamemnon* und *Choephoren*; Sophokles *Elektra*; Euripides *Bacchen* und *Medea*

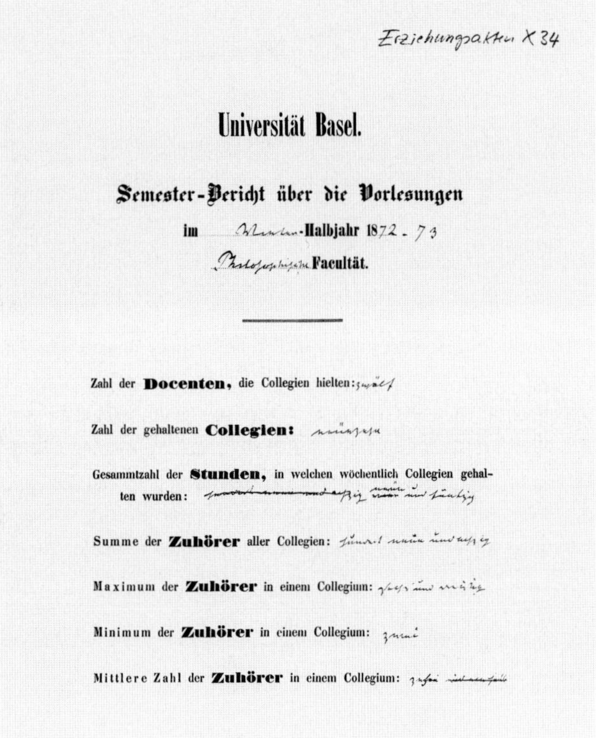

Erziehungsakten X 34

Universität Basel.

Semester-Bericht über die Vorlesungen

im Winter-Halbjahr 1872–73

Philosophische Facultät.

Zahl der **Docenten**, die Collegien hielten: zwölf

Zahl der gehaltenen **Collegien:** neunzehn

Gesammtzahl der **Stunden**, in welchen wöchentlich Collegien gehalten wurden:

Summe der **Zuhörer** aller Collegien:

Maximum der **Zuhörer** in einem Collegium:

Minimum der **Zuhörer** in einem Collegium: zwei

Mittlere Zahl der **Zuhörer** in einem Collegium: zehn

Der Decan:
Pr. Dr. Gerlach

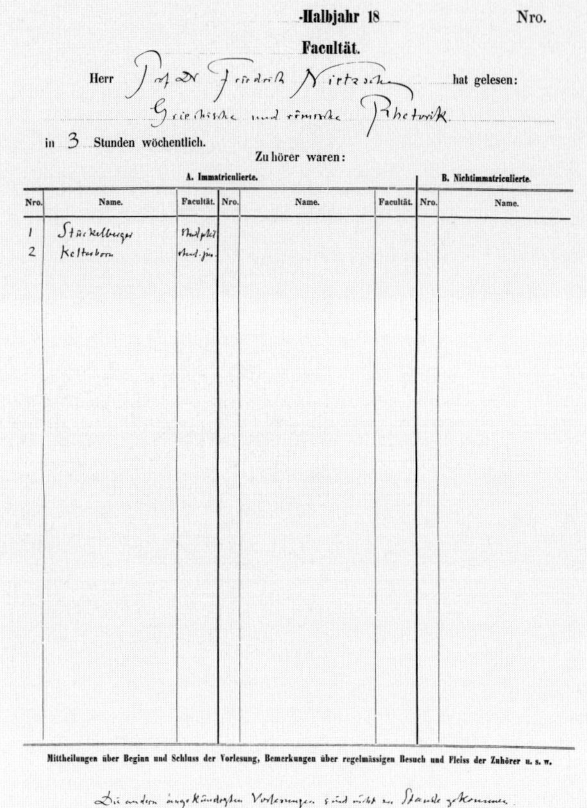

-Halbjahr 18 Nro.

Facultät.

Herr Prof. Dr. Friedrich Nietzsche hat gelesen:
Griechische und römische Rhetorik.
in 3 Stunden wöchentlich.

Zuhörer waren:

A. Immatriculierte.						B. Nichtimmatriculierte.	
Nro.	Name.	Facultät.	Nro.	Name.	Facultät.	Nro.	Name.
1	Stückelberger						
2	Kelterborn						

Mittheilungen über Beginn und Schluss der Vorlesung, Bemerkungen über regelmässigen Besuch und Fleiss der Zuhörer u. s. w.

Die andern angekündigten Vorlesungen sind nicht zu Stande gekommen.

1.11.

1870/71 WS
Ankündigung: Vorl. Geschichte des griechischen Epos 3 stg
Griechische Metrik 3 stg
Seminar Quintilian I. Buch 1 stg
Universität: Vorl. Hesiod *Erga* 3 stg
2. wie Ankündigung (Metrik) 3 stg
Seminar Cicero *Academica* 1 stg
Paedagogium: Platon *Phaedo*

1871 SS
Ankündigung: Vorl. Einleitung in das Studium der klass. Philologie 3 stg
Quintilian I. Buch 3 stg
Seminar Sophokles *Oedipus rex* 1 stg
Universität: Vorl. 1. wie Ankündigung
2. fehlt Beleg
Seminar Hesiod *Erga*, evtl. Thukydides
Paedagogium: Hauptformen der Poesie, an Beispielen: Epos = Hesiod *Erga*; Elegiker = Tyrtaios, Solon, Simonides, Pindar *Ol. l und Vl, Pyth. I*; Bukolik = Theocrit *Idyllen* I, III, X; Drama = Aeschylos *Prometheus* (zu Ende)

1871/72 WS
Ankündigung: Vorl. Einführung in das Studium der platonischen Dialoge 3 stg
Dialogus *de oratoribus* 2 stg
Lateinische Epigraphik 1 stg
Seminar Hesiod 1 stg
Universität: Vorl. 1. wie Ankündigung
2. fehlt Beleg
3. wie Ankündigung
Seminar nennt Bericht lediglich «Uebungen» (Hesiod?)
Paedagogium: Hauptformen der griech. rosa, an Beispielen: Platon *Phaedon*;

1.20.11. Das alte Kollegiengebäude der Basler Universität am Rheinsprung.

Demosthenes *Philippika I und II*; ausserdem «Privatlektüre»: Herodot, Thukydides, Platon, Demosthenes, Plutarch, Lucian, Homer, Aeschylos, Euripides, Aristophanes

1872 SS

Ankündigung: Vorl. Aeschylos
Choephoren 3 stg
Die vorplatonischen Philosophen 3 stg
Seminar Theognis 1 stg
Universität: alles gemäss Ankündigung
Paedagogium: Aeschylos *Eumeniden*; Platon *Protagoras*; Grammatik: Infinitiv und Participium

1872/73 WS

Ankündigung: Vorl. Rhetorik der Griechen und Römer 3 stg
Über Homer und die sog. homerische Frage 3 stg
Seminar Kritische und exegetische Uebungen 1 stg
Universität: Vorl. Griechische und römische Rhetorik 3 stg
2. nicht zustandegekommen
Seminar nicht zustandegekommen (keine Studenten)
Paedagogium: Homer *Ilias X*; Aeschylos *Eumeniden*; Sophokles *Oedipus rex*; Platon *Protagoras*; Demosthenes *Philippika I und II*. «Privatlektüre»: Aeschylos, Sophokles, Homer, Hesiod, Anakreon, Aristophanes, Isokrates, Platon, Lukian, Plutarch

1873 SS

Ankündigung: Vorl. Die ältern griech. Philosophen bis Platon 3 stg
Hesiod *Erga* 3 stg
Seminar Theognis 1 stg
Universität: Vorl. 1. wie Ankündigung 3 stg
2. fehlt Beleg 3 stg
Seminar Griechische Elegiker (Solon); evtl. auch Aristoteles 1 stg
Paedagogium: Platon *Phaedon*; Homer *Ilias IX* Grammatik: Infinitiv und Participium

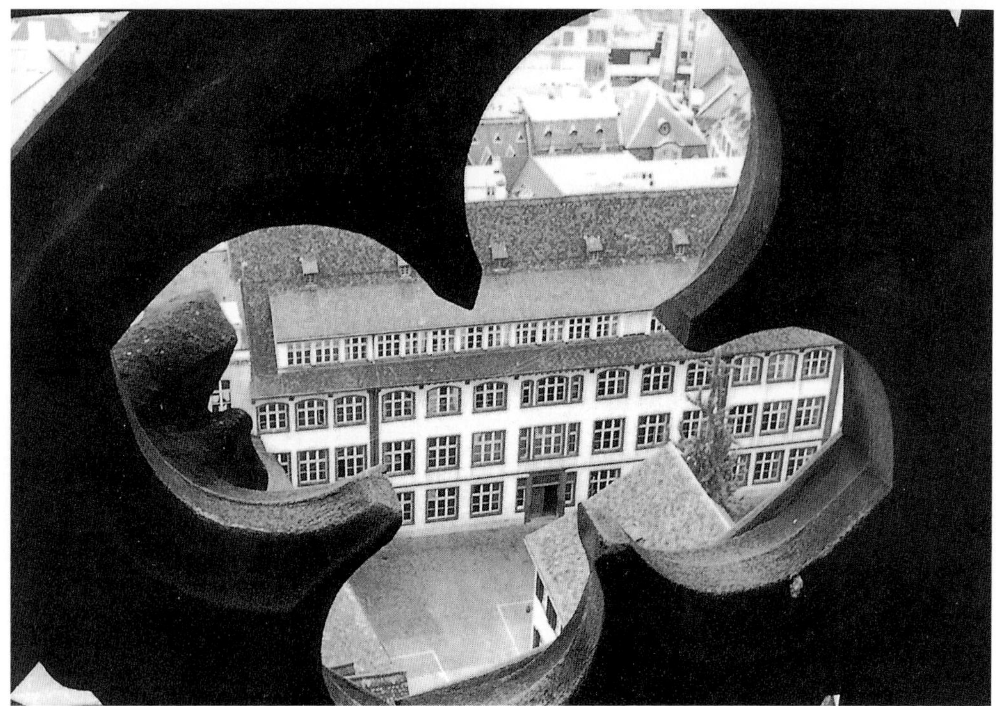

1.20.12. Humanistisches Gymnasium Basel, das frühere «Paedagogium». Blick durch das Geländer des Georgsturms des Münsters (Photo: Rolf Surbeck).

1873/74 WS

Ankündigung: Vorl. Einführung in das Studium der klass. Philologie stg
Ueber Platons Leben und Schriften
Seminar «Griechischer Dichter» (noch unbestimmt) 1 stg

Universität: Vorl. 1. nicht abgehalten (trotz Teilnehmern)[6]
2. wie Ankündigung
Seminar Βίος Σοφοκλέους, (*Bios Sophokleous*) stg

Paedagogium: Sophokles *Oedipus rex*; Thukydides I und aus II cap. 34–46

1874 SS

Ankündigung: Vorl. Darstellung der antiken Rhetorik 3 stg
Aeschylos *Choephoren* 3 stg
Seminar Sappho 1 stg

Universität: Vorl. 1. evtl. nicht zustandegekommen[7]
2. wie Ankündigung 3 stg
Seminar: Bericht vermerkt nur «geringe Beteiligung» 1 stg

Paedagogium: «Griechische Prosa»: Platon *Gorgias* (teilweise); Aristoteles *Rhetorik* (teilweise); Grammatik: Infinitiv und Participium

1874/75 WS

Ankündigung: Vorl. Geschichte der griech. Literatur I 3 stg
Erklärung von Aristoteles' *Rhetorik* 3 stg
Seminar Sophokles *Oedipus rex* 1 stg

Universität: Vorl. 1 und 2 wie Ankündigung
Seminar: Bericht sagt nur «Uebungen» (wohl doch wie Ankündigung)

Paedagogium: Geschichte der griech. Poesie (Hauptgattungen), an Beispielen: Hesiod *Erga*; Aeschylos *Prometheus*; Lyriker-Fragmente; Pindar

1875 SS

Ankündigung: Vorl. Geschichte der griech. Literatur II 3 stg
Aristoteles' *Rhetorik* (Fortsetzung) 3 stg

[6] Brief v. 7. Nov. 1887 an Carl v. Gersdorff, KSB 4, S. 176.

[7] Brief v. Carl v. Gersdorff vom 29. Mai 1874, KGB II 4, S. 477.

Seminar Kritische Uebungen in bezug aufdie Geschichte der griech. Literatur 1 stg
Universität: alles gemäss Ankündigung
Paedagogium: Stücke aus Thukydides; Euripides *Alkestis*

1875/76 WS
Ankündigung: Vorl. Geschichte der griech. Literatur III (Schluss) 3 stg
Altertümer der religiösen Cultur der Griechen 3 stg
Seminar Diogenes Laertius *Democrit* 1 stg
Universität: alles gemäss Ankündigung, aber schon Ende Febr. abgebrochen (krank); zu Seminar kein Belegbogen, nur Seminarbericht, verfasst von F. D. Gerlach
Paedagogium: Platon *Phaedon, Protagoras, Symposion, Phaedrus, Politeia* (alles in Auswahl)

1876 SS
Ankündigung: Vorl. Die vorplatonischen Philosophen 3 stg
Über Platons Leben und Lehre 2 stg
Seminar «Hesiod» (*Erga?*) 1 stg
Universität: alles gemäss Ankündigung; für das Seminar nennt der Belegbogen «Hesiod», der Seminarbericht von Mähly «Diog. Laert.», was in dem erst Januar 1877 verfassten Bericht eine Verwechslung mit dem WS 75/76 sein kann
Paedagogium: «Quellen über die Persönlichkeit des Sokrates» Teile aus Xenophon *Memorabilien*, Platon *Symposion* und *Phaedon*, die ganze *Apologie*; ausserdem Euripides *Alkestis*
Schluss der Lehrtätigkeit am Paedagogium

1876/77 WS
beurlaubt (Sorrentiner Winter)

1877 SS
beurlaubt (Bad Ragaz; Rosenlauibad)

1877/78 WS
Ankündigung: Vorl. Aeschylos
Choephoren 3 stg
Rhetorik des Aristoteles 2 stg
Seminar Griechische Elegiker 1 stg
Universität: Vorl. Religiöse Altertümer der Griechen 3 stg
2. fehlt Beleg
Seminar Aeschylos *Choephoren* 1 stg
Paedagogium: beurlaubt

1878 SS
Ankündigung: Vorl. Hesiod *Erga* 3 stg
Platon *Apologie* 2 stg
Seminar Aeschylos *Cheophoren* 1 stg
Universität: alles gemäss Ankündigung
Paedagogium: aus der Verpflichtung entlassen (bei vollem Gehalt)

1878/79 WS
Ankündigung: Vorl. Ausgewählte Fragmente der griech. Lyriker 3 stg
Thukydides 2 stg
Seminar Platon *Phaedon* 1 stg
Universität: Vorl. 1. wie Ankündigung 3 stg
2. Einleitung in das Studium Platons 2 stg
Seminar Thukydides 1 stg

1879 SS
Ankündigung: Vorl. Die griech. Philosophen vor Platon 3 stg
Seminar Fragmente griech. Lyriker 1 stg
Universität: die Vorlesungen kamen wegen Nietzsches Gesundheitszustand nicht mehr zur Durchführung, somit sind auch keine Belegbogen mehr erstellt. Nietzsche musste um Entlassung aus der Lehrpflicht nachsuchen.

Joachim Latacz

Fruchtbares Ärgernis: Nietzsches «Geburt der Tragödie» und die gräzistische Tragödienforschung*

Friedrich Nietzsche hat seine Schrift «Die Geburt der Tragödie aus dem Geiste der Musik» als Klassischer Philologe, näherhin als *Gräzist,* abgefaßt. Er hatte sich schon während seiner Schulzeit in Pforte,[1] später dann als Student in Bonn und Leipzig für die Griechen als das Zentrum seiner Interessen entschieden, er hatte in Leipzig sowohl im Seminar bei seinem Lehrer Friedrich Ritschl als auch im von ihm mitbegründeten Leipziger Philologischen Verein ausschließlich über Fragen der griechischen Literaturgeschichte gearbeitet und vorgetragen,[2] er hatte seit Mai 1868 eine akademische Karriere im Fach Gräzistik geplant,[3] dann 1869 gern den Ruf auf die außerordentliche Professur für *Griechische Philologie* an der Universität Basel angenommen,[4] und er fühlte sich seit Herbst 1869, wie wir aus dem Briefwechsel wissen, immer stärker durch die Zunft, durch Ritschl und durch sich selbst gedrängt, seine frühe Berufung mit 24 Jahren und ohne Promotion durch eine *gräzistische* Arbeit allseits zu rechtfertigen.[5] In einem Briefentwurf vom 20. April 1871 an den philologischen Verleger Wilhelm Engelmann in Leipzig, dem er zusammen mit dem Anschreiben eine Frühform der «Geburt der Tragödie» unter dem Titel «Musik und Tragödie» übersandte, heißt es: «Wie Sie ersehen werden, suche ich auf eine völlig neue Weise die griechische Tragödie zu erklären ...». Obgleich es dann im gleichen Satz weitergeht mit der Erläuterung: «...indem ich *einstweilen* von jeder *philologischen* Behandlung der Frage völlig absehe und nur das ästhetische Problem im Auge behalte»,[6] haben wir doch davon auszugehen, daß Nietzsche zu jenem Zeitpunkt überzeugt war, ein *gräzistisches* Forschungsproblem zu behandeln und – wenn auch selbstverständlich «auf eine völlig neue Weise» – zu lösen, – nicht etwa ein philosophisches. Den beiden weiteren Vorformen der «Geburt der Tragödie», also erstens dem in 30 Exemplaren hergestellten Privatdruck «Sokrates und die griechische Tragödie» vom Juni 1871[7] und zweitens der ebenfalls im Juni 1871 für die «Preussischen Jahrbücher» geplanten Aufsatzversion von «Musik und Tragödie»[8] lassen sich andere als gräzistische Intentionen ebenfalls nicht ablauschen – auch wenn die inzwischen bei Nietzsche eingegangenen Reaktionen auf den Privatdruck seine Zweifel an der Verständnisfähigkeit seiner gräzistischen Fachkollegen augenscheinlich hatten wachsen

DIE

GEBURT DER TRAGÖDIE

AUS DEM

GEISTE DER MUSIK.

VON

FRIEDRICH NIETZSCHE,

ORDENTL. PROFESSOR DER CLASSISCHEN PHILOLOGIE AN DER UNIVERSITÄT BASEL.

LEIPZIG.

VERLAG VON E. W. FRITZSCH.

1872.

1.44. Titelblatt Die Geburt der Tragödie mit der Vignette des gefesselten Prometheus.

* Vortrag, gehalten am 30. September 1993 beim Nietzsche-Kolloquium in Sils-Maria; in gekürzter Form wiederholt beim Nietzsche-Kongress «L'Enigma – Il Suono – Gli Dei» in Rom am 31. Mai in erweiterter Form beim Kongress «Nietzsche in Basel» in Basel am 9. Juni 1994; zuerst abgedruckt in: Joachim Latacz, Erschliessung der Antike. Kleine Schriften zur Literatur der Griechen und Römer, Stuttgart und Leipzig: Teubner 1994, 469–498. – Der Vortragsstil wurde beibehalten. – *Abgekürzt zitierte Literatur:* Gründer = K. Gründer, Der Streit um Nietzsches «Geburt der Tragödie». Die Schriften von E. Rohde, R. Wagner, U. v. Wilamowitz-Möllendorff. Hildesheim: Olms 1969. v. Reibnitz = Barbara von Reibnitz, Ein Kommentar zu Friedrich Nietzsche, «Die Geburt der Tragödie aus dem Geiste der Musik» (Kap. 1–12). Stuttgart/Weimar: Metzler 1992. Hellas und Hesperien = W. Schadewaldt, Richard Wagner und die Griechen. Drei Bayreuther Vorträge (urspr. Programmhefte der Wagner-Aufführungen Bayreuth 1962/63/64). In: Hellas und Hesperien. Gesammelte Schriften zur Antike und zur neueren Literatur in zwei Bänden. Zweiter Band, Zürich/Stuttgart: Artemis ²1970, 341–405. VdA = K. Reinhardt, Vermächtnis der Antike. Gesammelte Essays zur Philosophie und Geschichtsschreibung. Göttingen: Vandenhoeck & Ruprecht 1960 (²1966, repr. 1989).

1 Anhang I bei v. Reibnitz («Arbeiten aus der Schulzeit»), S. 343. Daraus für unser Thema besonders wichtig: «Primi Ajacis stasimi interpretatio et versio cum praefatione» (November 1862); «Primum Oedipodis regis carmen choricum» (Hausarbeit April/Mai 1864). Näheres dazu und zur Valediktionsarbeit («De Theognide Megarensi», Juli/August 1864) bei v. Reibnitz 10–13.

lassen.[9] Aus diesen Zweifeln erklärt sich zwar seine Rückforderung des Manuskripts von Engelmann und die Einreichung Anfang Oktober 1871 beim *Musik*verlag Fritzsch in Leipzig (bei Richard Wagners Verlag also),[10] aber es läßt sich daraus keinesfalls der Schluß ziehen, Nietzsche hätte die Schrift grundsätzlich nicht mehr als *gräzistischen* Forschungsbeitrag angesehen.[11]

Wie die Gräzistik auf das im Januar 1872 erschienene Buch dann reagierte und daß diese Reaktion Nietzsche endgültig auf den Weg zur Philosophie trieb, den er in einem Brief an Erwin Rohde vom 29. März 1871 immerhin schon einmal recht konkret erwogen hatte[12] – das alles ist bekannt, gehört aber in die *Wirkungs*geschichte der «Geburt der Tragödie». Als es geschrieben wurde, war das Buch bestimmt, in die *Gräzistik* hineinzuwirken und die Gräzistik auf einen grundsätzlich besseren, höheren Standpunkt hinaufzuführen. Die Zuständigkeit der *Gräzistik*, Nietzsches Buch und Nietzsches ganzen Ansatz zu beurteilen, abzuwägen und schließlich anzunehmen oder zu verwerfen, war also im Falle der «Geburt der Tragödie» sowohl damals ohne weiteres gegeben als sie auch heute noch gegeben ist.

Aus dieser Sachlage leitet sich der folgende Versuch ab, die «Geburt der Tragödie aus dem Geiste der Musik» in der Sicht der *Gräzistik* und speziell der gräzistischen *Tragödienforschung* zu beleuchten. Dabei muß von vornherein betont werden, daß dieser Versuch sinnvollerweise gar nicht würde unternommen werden müssen und können, wenn Nietzsches Schrift für die gräzistische Tragödienforschung gänzlich folgen- und bedeutungslos gewesen und geblieben wäre. Der Reiz der Aufgabe liegt vielmehr gerade darin, die langfristige Fruchtbarkeit eines seinerzeit geradezu exorbitanten Ärgernisses aufzuweisen.

Um dieses Ziel innerhalb der kurzen verfügbaren Zeitspanne wenigstens annähernd zu erreichen, werde ich in folgenden vier Schritten vorgehen:

(1) Darstellung der Faktenlage im Problemfeld «Griechische Tragödie allgemein», und zwar so, wie sich diese Faktenlage innerhalb der Gräzistik bereits zur Abfassungszeit der «Geburt der Tragödie» darbot und wie sie Nietzsche, wenn er wollte, auch seinerseits sehen konnte oder hätte sehen können;
(2) Erkenntnisstand der gräzistischen Tragödienforschung in derjenigen Sonderfrage, die Nietzsche lösen wollte, also in der Frage des *Ursprungs* der griechischen Tragödie;
(3) kurze Zusammenfassung des Lösungsangebots, das *Nietzsche* machte;
(4) Auswirkungen von Nietzsches Lösungsangebot auf die Folgeforschung.

Zu allen diesen vier Komplexen liegt eine immense Spezialliteratur vor. Im Jahre 1992 ist speziell zu Komplex 3, also zu Inhalt, Aufbau, Absicht und Hintergrund der «Geburt der Tragödie», das bislang gründlichste und umsichtigste Hilfsmittel hinzugekommen, das die «Geburt-der-Tragödie»-Forschung kennt, nämlich Barbara v. Reibnitzens «Geburt-der-Tragödie»-Kommentar. Ihn wird jeder, der zur Sache spricht, dankbar benutzen.

Ich beginne mit Komplex 1, der damaligen Faktenlage auf dem Gebiet «Griechische Tragödie» *insgesamt*. Um das Interesse auch derjenigen Zuhörer zu berücksichtigen, die diesem Forschungsgebiet etwas ferner stehen, werde ich auch solche Fakten nicht unterschlagen, die für den Kenner selbstverständlich sind. Dafür bitte ich die Experten schon jetzt um Nachsicht. Mir liegt jedoch daran, ein möglichst plastisches Gesamtbild zu erzeugen, vor dessen Hintergrund alles Folgende dann klarer in seiner Eigenart erfaßt und selbständig beurteilt werden kann.[13]

I

Im Jahre 534 v. Chr. – also vor jetzt über 2500 Jahren – fand nach Ausweis unserer zwar späteren, aber in den Kernpunkten wohl zuverlässigen griechischen Quellen in der Stadt *Athenai* – und zwar auf einem Teil des Hauptplatzes, der *Agorá*, einem Teil, der dem *Dionysos* geweiht war – ein Ereignis statt, das die europäische Kulturentwicklung bis zum heutigen Tage nachhaltig geprägt hat. Erstmals wurde eine «Trag-ōdía» öffentlich dargeboten, und zwar als Bestandteil eines über mehrere

2 Anhang II bei v. Reibnitz («Materialien und Arbeiten der Studienzeit»), S. 344–347: Rezensionen zu Arbeiten über Hesiod, Anakreon, Eudokia, Theognis, Heraklitische Briefe, Aristoxenos, Lukian; Aufsätze über das Corpus Theognideum, Diogenes Laertios, Suidas, Aristoteles-Philologie in Alexandria, das Certamen Homeri et Hesiodi, die Menippeische Satire, Demokrit. Näheres dazu bei v. Reibnitz 13–24.

3 Brief an Erwin Rohde vom 3. oder 4. Mai 1868 (KSB 2, 275), Auszug bei v. Reibnitz 15 f. («Übrigens, lieber Freund, bitte ich dich aufrichtig, deine Augen fest auf eine einmal einzuschlagende akademische Carrière zu richten [...] Hier ist eine ängstliche Selbstprüfung gar nicht an der Stelle: wir müssen einfach, weil wir nicht anders können, weil wir keine entsprechendere Lebenslaufbahn vor uns haben, weil wir uns zu nützlicheren [!] Stellungen den Weg verrannt haben, weil wir gar kein anderes Mittel haben, unsere Constellation von Kräften und Ansichten unseren Mitmenschen nutzbar zu machen als eben den angedeuteten Weg.»)

4 Die Berufung erfolgte am 10. Februar 1869. Literatur zum Berufungs-Komplex aufgeführt bei v. Reibnitz 25 Anm. 118 und 119.

5 v. Reibnitz 36.

6 KSB 3, 194; Auszug bei v. Reibnitz 45 f. (Hervorhebung von mir).

7 v. Reibnitz 46–49.

8 Zu «Musik und Tragödie» s. v. Reibnitz 45, zu der Aufsatzversion davon s. v. Reibnitz 47 f.

9 Brief an Erwin Rohde vom 4. August 1871 (KSB 3, 215 f., Auszug bei v. Reibnitz 47 Anm. 52): «... Man bemüht sich der Entstehung der räthselhaftesten Dinge nahe zu kommen – und jetzt verlangt der geehrte Leser, daß das ganze Problem durch ein Zeugniss abgethan werde, wahrscheinlich aus dem Munde des Apollo selbst...».

Tage sich erstreckenden staatlichen Kultfestes, der sog. *Großen Dionysien*. Dies war das bedeutendste der fünf Feste, die dem Gott Dionysos zu jener Zeit in Athen jährlich gefeiert wurden, Ende März /Anfang April. Damals, im Jahre 534, hatte in Athen ein *Einzelherrscher* die Macht in Händen, mit kleinasiatischer Bezeichnung «Tyrannos» benannt. Es war der Führer der einen von drei athenischen Adelsparteien, die damals um die Herrschaft über Athen und die Region Attika konkurrierten. Sein Name war Peisistratos. Peisistratos, ein Mann von national-konservativer Prägung, wollte Athen politisch und kulturell die erste Position in Griechenland verschaffen. Bis dahin war die Führungsstadt des ganzen Griechentums *Milet* gewesen, jene damals schon rund 500 Jahre alte ionische Kolonistenstadt an der Westküste Kleinasiens, in der um 600 mit der milesischen Denkerschule Europas Wissenschaft und Philosophie begonnen hat.[14] Durch die Expansion der *Perser* bis an die kleinasiatische Westküste hatte Milets Macht und Bedeutung um die Jahrhundertmitte stark gelitten, und ein Großteil der milesischen und aus Milets Nachbarstädten stammenden Intellektuellen hatte Zuflucht vor allem in der damaligen «Neuen Welt» gesucht, d. h. im griechischen Sizilien und im griechischen Unteritalien. Peisistratos und seine Anhänger suchten diese Entwicklung aufzuhalten und die uralte ionische Stadt *Athen* zum neuen Zentrum des Griechentums zu machen. Dafür brauchte Peisistratos die überzeugte Unterstützung vor allem der Unterschichten, der Kleinbauern, Handwerker, Händler. Er gewann sie nicht nur durch politische und wirtschaftliche Vergünstigungen, sondern auch durch kulturelle Neuerungen, die ihren Interessen entgegenkamen und die sie über eine stärkere Identifikation des Staates mit *ihren* Grundüberzeugungen und Grundgefühlen im politischen und religiösen Bereich fester an den Herrscher banden. Das System versuchte sich also durch die uralte Strategie des «panem et circenses» zu verankern.

Peisistratos erkannte vor allem das Potential von großen *Festen*.[15] An ihnen können nationale und religiöse Gefühle innerer Erhebung ineinanderfließen und verschmelzen. Ihre Erlebnisqualität ist emotional, sie erfaßt infolgedessen – wenn das Fest gelingt – tiefe Schichten der Persönlichkeit und ist damit der Einflußnahme durch Wortpropaganda überlegen. Peisistratos und seine Leute hatten als Modell eine für uns kaum mehr übersehbare Anzahl von lokalen und regionalen Festen vor Augen. Deren stets begrenzte Ausstrahlung war jedoch jüngst gesteigert worden durch neu begründete *allhellenische* Wettbewerbs-Feste: Nach dem Vorbild der Spiele in Olympia für Zeus (seit 776) waren nämlich vor erst 40 bis 50 Jahren drei neue gemeingriechische Feste etabliert worden: im Jahre 582 die Pythien in Delphi für Apollon und die Isthmien bei Korinth für Poseidon, im Jahre 573 die Nemeen bei Nemea auf der Peloponnes für Zeus. Bei diesen Neubegründungen waren Religion und Nationalgefühl eine enge Verbindung eingegangen mit dem urgriechischen Hang zum Wettkampf, dem *Agōn*. Peisistratos erkannte die Wirkungsmacht der Bündelung dieser drei Komponenten «Religion», «politisches Gemeinschaftsempfinden» und «Exzitation durchs Agonale», und er setzte diese Erkenntnis um in die Neubelebung zweier alter attischer Feste, die im Volk besonders tief verankert waren: der *Panathenäen* für die Stadtgöttin Athene und der *Großen Dionysien* für den Gott Dionysos.[16] Er organisierte beide Feste um und gab ihnen eine feste Ablaufsordnung. An den Panathenäen verknüpfte er die religiöse Erhebung mit der geistigen, indem er hier erstmals Homers Epen *Ilias* und *Odyssee*, die zu Nationalepen geworden waren, ungekürzt durch einander ablösende Rhapsoden vortragen ließ, und an den Großen Dionysien machte er den *Tragödien-Wettbewerb* zum Festbestandteil. Wie der erste Tragödien-Wettbewerb, der im Jahre 534 stattfand, konkret aussah, können wir nicht sagen. Immerhin ist aufgrund von Nachrichten über die allerersten attischen Tragödiendichter Thespis, Choirilos, Phrynichos und Aischylos nicht auszuschließen, daß schon *von Anfang an*, sicher aber seit 510 in jedem Jahr *drei* Tragödiendichter mit jeweils drei oder vier Stücken, also mit einer Trilogie oder einer Tetralogie, miteinander um den ersten Preis konkurrierten. Das bedeutet, daß die Athener an den Großen

10 Rückforderung: Anfang Juni 1871 sowie am 28. Juni 1871 (KSB 3, 200 und v. Reibnitz 48); Anfang Oktober 1871 Übergabe des Manuskriptanfangs «Die Geburt der Tragödie aus dem Geiste der Musik» an Wagners Verleger E. W. Fritzsch in Leipzig: v. Reibnitz 48 f. (dort auch Auszug aus Richard Wagners hellsichtig besorgter Brief-Reaktion auf den Verlegerwechsel).

11 Selbstverständlich wollte Nietzsche mit einem neuartigen Ansatz über den engen (seiner Meinung nach engstirnigen) Kreis der Gräzistik *hinaus* Wirkung erzielen («... so kann ich nicht anders glauben als daß das allerweiteste denkende Publikum sich für diese Schrift interessiren muß. Um diesen mich verständlich zu machen, habe ich auf die stilistische Darstellung und Deutlichkeit besonderen Fleiß gewandt»: Brief an Engelmann vom 20. April 1871 [KSB 3, 194] – eine überaus verdienstliche Grundhaltung, wie sie leider auch von der *heutigen* Gräzistik verhängnisvollerweise immer noch mit Mißtrauen betrachtet wird), aber die Fachkollegen waren doch sein erstes Zielpublikum.

12 Brief an Erwin Rohde vom 29. März 1871 (KSB 3, 189; Näheres bei v. Reibnitz 43 mit Anm. 31).

13 Zum folgenden Abschnitt I vgl. Verf., Einführung in die griechische Tragödie, Göttingen: Vandenhoeck & Ruprecht 1993 (UTB Nr. 1745), besonders Teil A II «Institutionelle Grundlagen des Theaters (Theatergeschichte)», S. 29–50.

14 Dazu genauer Verf., Die griechische Literatur in Text und Darstellung. Band 1: Archaische Periode, Stuttgart: Reclam 1991, 512–518.

15 Zu den griechischen Festen s. jetzt R. Kannicht: Thalia. Über den Zusammenhang zwischen Fest und Poesie bei den Griechen, in: W. Haug/R. Warning (Hrsg.), Das Fest (Poetik und Hermeneutik XIV), München 1989, 29–52.

Dionysien jedes Jahr neun oder zwölf neue Tragödien vorgeführt bekamen. Reprisen gab es nicht. Jedes Stück war als Festbestandteil zu nur einmaliger Aufführung bestimmt.[17] Da diejenigen drei Tragödiendichter, die am Ende tatsächlich aufführen durften, die Gewinner eines langwierigen Ausleseverfahrens waren, läßt sich die Dichte der jährlichen Tragödienproduktion in Athen und damit der Kreativitätsschub, der mit Peisistratos' Initiative verbunden war, kaum überschätzen. Dichtung komprimierte sich in Griechenland seit 534 v. Chr. in der Tragödie.[18]

Wie diese im konkreten Einzelfalle damals aussah, wissen wir allerdings auch heute noch nicht. Die erste vollständig erhaltene Tragödie, die wir besitzen, stammt aus dem Jahre 472, also 62 Jahre nach Einführung des Tragödienwettbewerbs. Es sind die *Perser* von Aischylos. Aus den 62 Jahren zwischen 534 und 472 haben wir nur Namen von Tragödiendichtern, etliche Tragödientitel, ein paar kümmerliche Textfragmente und – dies immerhin – eine ganze Menge Nachrichten, die allerdings alle nicht aus jenen 62 Jahren stammen, sondern aus viel späterer Zeit. Setzt man dieses gesamte Informationsgut in einen vernünftig scheinenden Zusammenhang, dann ergibt sich daraus immerhin so viel: Die erste Form der Tragödie, so wie sie 534 vor das Volk von Athen gelangte, scheint bereits eine Art Spielgeschehen gewesen zu sein, das von zwei Akteuren getragen wurde, dem *chorós*, einem tanzenden Gesangsensemble, einerseits, und dem *hypokrités*, «Antworter» und «Ausdeuter», also einem dem *chorós* gegenüberstehenden Einzelsprecher andererseits.[19] Diese Form, so heißt es, habe *Thespis* erfunden. Damit waren also die für alle Zukunft gültigen zwei Grundkomponenten der Tragödie etabliert: Chorgesang und Einzelrede. Der Chorgesang war dabei das Primäre. Das wäre selbst dann völlig klar, wenn wir nicht ausdrücklich erführen, den Einzelsprecher habe erst Thespis eingeführt. Es wäre deshalb klar, weil während der ganzen folgenden Entwicklungsgeschichte der attischen Tragödie Chor und Einzelsprecher (oder Schauspieler) dadurch scharf voneinander abgesetzt sind, daß der Chor erstens in anderen Rhythmen sich äußert als der Einzelsprecher und zweitens in einem anderen griechischen Dialekt: der Chor singt stets in sog. lyrischen Maßen, d. h. in vergleichsweise freien und variablen Rhythmen, während der Einzelsprecher fast ausschließlich im festen Einheitsmaß des iambischen Trimeters spricht, und der Chor singt stets in dorischem oder doch dorisch getöntem Dialekt, der Einzelsprecher aber spricht stets Ionisch, die Sprache Athens. An ein primär vorhandenes chorisches, gesangliches Element, das von außerhalb Athens hereingekommen war, muß sich also in Athen sekundär ein Sprech-Element, näherhin ein Einzelsprecher-Element, angesetzt haben. Dadurch wurde eine Dialogstruktur ermöglicht, die im Wechsel zwischen gesungenen Chorpartien und gesprochenen Schauspielerpartien bestand. Diese Dialogstruktur implizierte die Möglichkeit von Spannung und von Handlung. Handlung heißt auf griechisch *drama*. Mit Thespis scheint demnach das europäische Drama geboren worden zu sein. Es präsentierte sich in jener Frühzeit offensichtlich als eine Art *musikalisches Schauspiel*, in jedem Falle aber als ein Kombinationskunstwerk, dessen drei Grundelemente Tanz, Gesang und Rede waren.

Auch über Stoff und Inhalt dieser Frühform der Tragödie läßt sich etwas sagen. Von Thespis sind noch vier Tragödientitel überliefert – neben vier Fragmenten, deren Echtheit nicht gewiß ist. Die Titel aber sind sehr aufschlußreich. Sie lauten «Die Priester» – «Die Jünglinge» – «Die Wettspiele des Pelias» und «Pentheus». Das sind zwei pluralische und zwei singularische Titel. Schon hier fassen wir also eine Konstante der griechischen Tragödie: Benennung entweder pluralisch – und das heißt: nach der Gruppe oder Rolle, die die *Chormitglieder* verkörpern – oder singularisch (Pelias, Pentheus), also nach der *Hauptfigur*. Das wird bis zum letzten Stück des jüngsten der drei großen Tragiker Athens so bleiben, bis zu Euripides' *Bakchen*, die nach Euripides' Tod im Jahre 406 aufgeführt wurden. Es hört sich dabei wie Symbolik an, daß eines der allerersten Stücke, die wir kennen, nach der gleichen Hauptfigur benannt ist, die auch im letzten Stück des Euripides im Vordergrund

[16] Speziell zu den Panathenäen und den Großen Dionysien s. L. Deubner, Attische Feste, Berlin [2]1966; H. W. Parke, Festivals of the Athenians, London 1977 (deutsch: Athenische Feste, Mainz 1987); Erika Simon, Festivals of Attica. An Archaeological Commentary, Wisconsin 1983; A. W. Pickard-Cambridge, The Dramatic Festivals of Athens, Oxford (1959) [3]1988.

[17] Siehe Verf. (oben Anm. 13), 22–25.

[18] Dazu genauer J. Herington, Poetry into Drama. Early Tragedy and the Greek Poetic Tradition, Berkeley/Los Angeles/London 1985.

[19] Über die Frage, ob «hypokrites» als «Antworter» oder «Ausdeuter» zu verstehen sei, hat es eine umfangreiche Debatte gegeben. Da «hypokrites» in der 2. Hälfte des 5. Jh. bereits eindeutig «Schauspieler» bedeutet, dürfte klar sein, daß das Wort jedenfalls von Anfang an den «Sprechrollenträger» bezeichnete (der je nach Spielphase einmal «antwortete», einmal «ausdeutete»).

steht, nach Pentheus, jenem König Thebens, der sich dem Gott Dionysos und seinem Kult mit allen Kräften des Verstandes widersetzte und eben darum unterging. Das mag ein Zufall sein. Wichtiger für uns ist etwas anderes: die Rolle des Chores. Der Chor ist, wie wir sahen, letztlich Ursprung der Tragödie, und er bleibt (die *Bakchen!*) Bestandteil der Tragödie bis zu ihrem Ende.

Wie die Entwicklung der Gattung weiterging, kann hier im einzelnen nicht ausgeführt werden. Die Gesamtlinie ist jedoch klar: Wir wissen, daß Aischylos, der im Jahre 499/98 debütierte, einen zweiten Einzelschauspieler hinzufügte, und Sophokles, der im Jahre 470 debütierte, einen dritten, und daß Sophokles ferner die Anzahl der Choreuten von bis dahin 12 auf 15 erhöhte und die Bühnenmalerei einführte. Die Tendenz all dieser Neuerungen ist einfach abzulesen: sie geht auf mehr Akteure und damit auf mehr Dramatik und Aktion und – durch die Bühnenmalerei – auf mehr Illusionierung hin. Anfängliche Einfachheit weicht zunehmender Komplexität.

Diese bisherige Darstellung der Faktenlage könnte den Eindruck erwecken, als läge die Entwicklung der griechischen Tragödie zumindest seit 472, dem Aufführungsjahr von Aischylos' *Persern*, wie ein aufgeschlagenes Buch vor uns. Leider ist das Gegenteil der Fall. Ohne Sie in die Einzelheiten der schwierigen Tragödienforschung hineinziehen zu wollen, möchte ich zur besseren Beurteilung der Forschungssituation lediglich auf drei grundlegende *Informationsdefizite* aufmerksam machen:

(1) Der Tragödienwettbewerb hat im Jahre 534 begonnen und als feste Institution mindestens bis zum Ende des Peloponnesischen Krieges, d.h. bis zum Jahre 404 fortbestanden. Aus dieser Zeit sind uns die Namen von 47 Tragödiendichtern überliefert. Rechnen wir auch nur mit diesen 47 – in Wirklichkeit hat es weit mehr gegeben – und gehen wir von der Grundannahme aus, während der rund 135 Jahre zwischen 534 und 400 habe der Wettbewerb auch nur neun Tragödien vor das Volk gebracht, so kommen wir auf eine Gesamtzahl von etwa 1200 Tragödien, die zwischen 534 und 400 aufgeführt worden sind.[20] Wir aber haben nur von dreien dieser 47 Tragödiendichter Werke in den Händen, und zwar auch nicht das jeweilige Gesamt-Œuvre, sondern nur eine schmale Auswahl: sieben Stücke von Aischylos, sieben von Sophokles und 17 echte von Euripides. Das sind zusammen 31 Tragödien. Vom ursprünglich vorhandenen Gesamtbestand sind das 2,5 Prozent! Alle Schlußfolgerungen, Rekonstruktionen usw., die wir anstellen, beruhen also auf nur 2,5 Prozent des Ausgangsmaterials.

(2) Griechische Tragödien waren, wie wir gesehen haben, zumindest in der Blütezeit der Gattung, also in den genannten 135 Jahren, an den Großen Dionysien niemals Einzelwerke. Sie standen vielmehr stets als Teilstücke im Gesamtzusammenhang eines Dreier- oder Viererverbunds, der Trilogie oder der Tetralogie (wobei das vierte Stück einer Tetralogie seit spätestens 500 in der Regel ein Satyrspiel war).[21] Wir aber besitzen nicht eine einzige vollständige Tetralogie und nur eine vollständige Trilogie, die *Orestie* des Aischylos vom Jahre 458. Alle anderen 28 Tragödien, die wir noch haben, sind Einzelstücke, die aus ihrem ursprünglichen tetralogischen Zusammenhang herausgerissen sind. An der eben genannten *Orestie* des Aischylos, der einzigen Trilogie, die wir noch haben, können wir andrerseits jedoch ablesen, wie im Grunde unentbehrlich zum wirklichen Verständnis einer einzelnen Tragödie die Kenntnis ihrer drei Partnerstücke und damit der Gesamtidee der Tetralogie ist.[22] Diese Kenntnis ist uns jedoch versagt. Alle unsere Stück-Interpretationen sind infolgedessen von vornherein entscheidend restringiert.

(3) Diejenigen Tragödien, die uns von Aischylos, Sophokles und Euripides erhalten sind, verdanken ihre Erhaltung überwiegend praktisch-pädagogischen Gesichtspunkten: sie wurden etwa seit dem 1. nachchristlichen Jahrhundert für die Schullektüre ausgewählt. Nun soll Ais-

[20] Die Rechnung stimmt auch dann, wenn in den ersten Jahrzehnten nach 534 noch nicht jährlich drei Trilogien aufgeführt worden sein sollten. Denn da wir spätestens seit 430 auch am zweiten großen athenischen Dionysos-Fest, den Lenäen (Januar/Februar), mit einem Wettbewerb von zwei Tragödiendichtern mit je zwei Tragödien, also jährlich weiteren vier Tragödien, zu rechnen haben (H.-D. Blume, Einführung in das antike Theaterwesen, Darmstadt 1978, 28), kommen in den 30 Jahren zwischen 430 und 400 rund 120 Tragödien zu den Tragödien der Großen Dionysien hinzu.

[21] Zum Satyrspiel insgesamt s. B. Seidensticker, Das Satyrspiel, in: Das griechische Drama, hrsg. v. G. A. Seeck, Darmstadt 1979, 204–257. Als Spielform hatte es das Satyrspiel offenbar schon lange vor 534 gegeben, zum vierten Stück einer tragischen Tetralogie wurde es aber erst zwischen 520 und 500 (also lange vor Aufnahme der Komödie in den staatlichen Agon der Großen Dionysien [486]).

[22] Dazu genauer Verf. (oben Anm. 13) 92 f.

chylos etwa 80 Tragödien zur Aufführung gebracht haben, Sophokles gar 120. Diese Angaben sind durchaus glaubhaft. Nach welchen Kriterien aber die antiken «Lehrplangestalter» aus dieser enormen Gesamtzahl ihre sieben Aischylos- und sieben Sophokles-Stücke ausgewählt haben, wissen wir nicht. Wir müssen natürlich mit spezifischen Auswahl-Interessen sowohl der Auswahlzeit als auch speziell der damaligen Jugenderziehung rechnen. Entscheidendes, was für die Erkenntnis der Dichtungsintentionen von Aischylos und Sophokles wichtig wäre, dürfte uns also auf diese Weise verlorengegangen sein.

Machen wir uns nur diese *drei* Restriktionen bewußt – es gibt in Wirklichkeit viel mehr, z. B. den vollständigen Verlust der gesamten musikalischen und choreographischen Dimension der griechischen Tragödie –, dann werden wir bereits bei unserer Beurteilung und Wertung der *erhaltenen* Gattungsreste überaus bescheiden werden müssen. Die enormen Lücken unserer Kenntnis zwingen also die gräzistische Tragödienforschung – jedenfalls dort, wo sie ehrlich und methodisch bewußt betrieben wird – schon im Bereich des *erhaltenen* Materials zu einem Interpretationstyp des prinzipiellen Vorbehalts.

II

Es ist wohl evident – und damit komme ich zum zweiten Hauptpunkt –, um wieviel mehr die Vorbehaltsgesinnung in jenem Bereich angebracht ist, zu dem wir *gar* keine zeitgenössischen Materialien mehr besitzen, sondern nur noch verstreute Nachrichten (oft vielfach deriviert, verkürzt, verstümmelt) aus *späterer* Zeit, nämlich im Bereich der *Ursprungsfrage* der Tragödie. *Sie* war es ja, die Nietzsche lösen wollte. Es ging ihm um die *Wurzel* der Tragödie. In seiner Basler Tragödien-Vorlesung vom Sommersemester 1870 lautete der 1. Abschnitt: «Die antike und die neuere Tragödie in Ansehung ihres *Ursprungs*», und Ende März 1871 kündigte er seinem Freunde Erwin Rohde in einem Brief eine Schrift mit dem Titel «*Ursprung* und Ziel der Tragödie» an.[23]

[23] Hervorhebung in den Titeln von mir.

Die Ursprungsfrage hatte aber die Gelehrten schon seit jeher umgetrieben, schon bei den Griechen selbst. Das lag nicht zuletzt am puren *Namen* des Produktes. «Trag-ōdía» ist ein Kompositum aus den beiden Bestandteilen trag- und ōdia. Was «ōdía» bedeutete, nicht nur rein semantisch, sondern auch für die Ursprungsfrage, das war seit jeher klar: *Gesang* (wir sprechen heute noch von «Ode», «Odeion» usw.). Am Anfang also mußte irgendein Gesang gestanden haben, das schien sicher. Irritierend aber wirkte stets der *erste* Wortbestandteil: «trag-». *Ho trágos* (ὁ τράγος) war nämlich im Griechischen der *Bock*, und näherhin der Ziegenbock. *Tragodia* bedeutete also für den Griechen «Bock-Gesang», und das war immerhin befremdlich. Alle anderen literarischen Gattungsbezeichnungen waren im Griechischen entweder harmlos sprechend – wie z. B. *Epos*, das einfach «Wort» bedeutete und damit die pure Narrativität bezeichnete, oder *Melos*, das «Lied» bedeutete (wir sprechen heute noch von «Mel-odie» – «Liedgesang») –, oder aber die Gattungsbezeichnungen waren Fremdwörter und gaben damit zu keinerlei Assoziationen Anlaß, wie *Iambos* oder *Elegeia*, deren Grundbedeutung kein Grieche kannte, weil es kleinasiatische Lehnwörter waren. Auch die Schwestergattung der Tragödie, die *Kom-ödie*, war für einen Griechen semantisch völlig transparent: *Ho kōmos* (ὁ κῶμος) bezeichnete den «ausgelassenen Schwarm fröhlicher Zecher», und Kōm-odia somit den «Gesang des Zecherschwarmes». Dagegen stand nun dieser «Bock-Gesang», der zur Erhabenheit des damit bezeichneten Kunstgebildes in schroffstem Widerspruch zu stehen schien! Wie war der Name zu erklären? Welche augenscheinlich urtümlichen Vorgänge verbargen sich dahinter? Diese Frage stand von Anfang an – geheimnisvoll gewissermaßen und dunkel lockend – im Raum. Aber es gab darüber keinerlei alte Quellen. Lag also schon die Frühgeschichte der Tragödie, in jenen Jahren zwischen 534 und 472, über die wir redeten, im dunkeln, so erst recht ihre Vor- und Urgeschichte. Diese wenigstens ein kleines Stück weit aufzuhellen hatten sich die Gräzisten schon seit der Begründung der Klassischen Philologie als einer von der Theologie emanzipierten Wissenschaft durch Friedrich August Wolf in Halle im Jahre 1787 unermüdlich angestrengt. Zu einer schlüssigen und allseits anerkannten Theorie waren sie in den über 80 Jahren vor Nietzsches Ansatz freilich nicht gekommen. Dies war auch gar nicht zu erwarten. Jeder Versuch einer Rekonstruktion des Tragödienursprungs war ja erstens auf nur äußerst wenige und dazu noch zeitlich vom Rekonstruktionsobjekt weit getrennte Notizen in der beginnenden griechischen Literaturgeschichtsforschung angewiesen, und er hing zweitens von der Gründlichkeit der Kenntnis eines, wie wir gesehen haben, extrem defizitären Restbestandes der Gattung ab. Alle Ursprungstheorien mußten daher notwendig gekennzeichnet sein durch Subjektivität – Subjektivität in der Wertung des Erhaltenen und der anschließenden Rückprojektion aus dem subjektiv gewerteten Erhaltenen in eine unbekannte Prähistorie hinein, Subjektivität aber auch in der Kombination von Erhaltenem und daraus derivierter Rückprojektion mit den wenigen noch vorhandenen Reflexen der *antiken* Ursprungsdiskussion. Das ganze Forschungsfeld war infolgedessen extrem spekulativ. Sollte auch nur ein Mindestmaß von spekulativ erzielter Plausibilität erreicht werden, dann mußte hier mit einem Höchstmaß an eindringender Kenntnis nicht nur der erhaltenen 31 Tragödien, sondern der ganzen erhaltenen griechischen Literatur von ihrem Beginn bei Homer bis mindestens zum Ende des 5. Jahrhunderts gearbeitet werden. Dazu kam die bei Forschungsfragen dieses sensiblen Typs besonders angebrachte Forderung nach äußerster methodischer Strenge beim Aufbau eines Argumentationsgebäudes. Man darf nicht einwenden, dies sei aus *heutiger* Sicht gedacht. Seit Friedrich August Wolf in seinen «Prolegomena ad Homerum» (Halle 1795) in einer ähnlich sensiblen Ursprungsfrage, nämlich der nach der Genese von Ilias und Odyssee, philologische Stringenz in beispielhafter Weise vorgeführt hatte, war für jeden Tragödienforscher das Niveau fixiert. Die Aufstellung von phantasievollen Ursprungshypothesen unter Berufung auf die letztliche Unbeweisbarkeit von Gegenhypothesen war seither nicht mehr legitim.

Unter diesen Voraussetzungen war es *vor* Nietzsche in der Ursprungsfrage unter den Tragödienforschern zu einem Konsens über nur ganz wenige Einzelpunkte, andererseits aber zu einer rational begründeten Zurückhaltung in der Ursprungsrekonstruktion insgesamt gekommen. Die Einzelpunkte hier durch Vorführung von vornietzscheschen Gelehrtenmeinungen zu *deduzieren* haben wir leider nicht die Zeit. Ich möchte diese Einzelpunkte aber auch nicht nur einfach anschauungslos aneinanderreihen. Daher habe ich Ihnen die Hauptstelle ausgeschrieben, auf der alle Rekonstruktionen des Ursprungs der griechischen Tragödie seit 200 Jahren basieren: die Tragödienentstehungshypothese des Aristoteles, aus seiner Schrift *Peri poiētikēs* (Περὶ ποιητικῆς), «Über die Dichtkunst», einem literarhistorischen Versuch, den Aristoteles nach der Begründung seiner Schule, des Peripatos in Athen, nach 336 vermutlich mehrfach als Vorlesung vorgetragen hat. Wir lesen den Text in einer um Wörtlichkeit bemühten Übersetzung, die von mir selbst stammt:

Aristoteles poet. 1449 a 9 ff.:

«Entstanden aus improvisatorischem Ursprung (ἀπ' ἀρχῆς αὐτοσχεδιαστικῆς) – sowohl sie selbst [die Tragödie] als auch die Komödie, und zwar jene von den Anstimmern des Dithyrambos, diese von den Anstimmern der Phallos-Lieder, wie sie auch heute noch in vielen Städten der Brauch sind – wurde sie in kleinen Schritten größer (κατὰ μικρὸν ηὐξήθη), indem man vorantrieb, was immer deutlich an ihr hervortrat; und nachdem sie viele Wandlungen erfahren hatte, hielt die Tragödie inne, sobald sie ihre Natur erreicht hatte (ἐπεὶ ἔσχε τὴν αὑτῆς φύσιν: ihr Wesen verwirklicht hatte).

Und die Zahl der *hypokritaí* (ὑποκριταί = 'Schauspieler') hat von einem auf zwei als erster Aischylos geführt und die Partien des Chores verringert und [damit] dem *Wort* als dem *Haupt*akteur den Weg bereitet; drei und die Bemalung der Skené – Sophokles. – Dann noch zur Größe: aus kleinen Geschichten und lachenerregender Diktion (ἐκ λέξεως γελοίας) – auf Grund der Umformung aus Satyrhaftem (διὰ τὸ ἐκ σατυρικοῦ μεταβαλεῖν)

– wurde sie nach längerer Zeit [erst] respektabel (ἀπ-εσεμνύνθη), und das Versmaß wandelte sich vom Tetrameter zum Iambos. Anfangs nämlich verwendete man den Tetrameter infolge der satyrhaften und mehr tänzerischen Anlage der Schöpfung (διὰ τὸ σατυρικὴν καὶ ὀρχηστικωτέραν εἶναι τὴν ποίησιν), nachdem aber das Sprechen aufgekommen war [nämlich im Gegensatz zum bis dahin regierenden Singen], fand die Natur selbst das adäquate Versmaß: am sprechbarsten von allen Maßen ist nämlich der Iambos (Indiz dafür: die meisten Metren, die wir in unserer Alltagsrede zufällig herausbringen, sind Iamben – Hexameter sind's nur selten, und mit ihnen verletzen wir dann auch die Harmonie des Sprechflusses). – Dann noch zur Zahl der Auftritte (ἐπ-εἰσ- ὅδια = Episoden). – Und alles andere, wie es jedes für sich ausgeschmückt worden sein soll, wollen wir zunächst einmal als erledigt ansehen; denn es wäre eine Aufgabe für sich, das im Detail auszuführen.»

Wir lassen hier von vornherein die Frage beiseite, ob Aristoteles, rund 200 Jahre nach der erstmaligen Installation des Tragödienwettbewerbs, überhaupt noch sicheres Wissen über die Entstehungsgeschichte der Tragödie haben konnte oder nicht. Die Mehrheit der Tragödienforscher damals, vor Nietzsches Zugriff, wie heute ist der Ansicht, er konnte es. Nehmen wir demnach Aristoteles beim Wort, dann schälen sich die folgenden sieben Einzelpunkte heraus, die in der neuzeitlichen Forschung – vor und nach Nietzsche – als plausibel galten und gelten:

(1) Die Tragödie hat sich schrittweise aus einem Samenkorn zur Vollform entwickelt (daß dieser Ansatz dem entelechetischen Prinzip Aristotelischen Philosophierens entspricht, braucht in diesem Fall die Tatsachenlage nicht zu verfälschen);

(2) Der Same, die Keimzelle der Tragödie war ein Stegreifgeschehen (Aristoteles sagt: «aus improvisatorischem Ursprung»);

(3) In dem darauffolgenden Prozeß allmählichen Reifens, d. h. Anwachsens und Sich-Verbreiterns, ist als Haupttendenz die Zurückdrängung des Chors wirksam gewesen (Aristoteles sagt: «Aischylos hat die Chorpartien verringert»). Am Anfang stand also eine Chor-Aktion, d. h. Gesang und Tanz.

(4) Der anfängliche improvisierte Chorgesang war ein Dithyrambos. Ein Dithyrambos (der Name ist wahrscheinlich phrygisch) war, wie man immer wußte, ein besonderer Liedtypus, und zwar ein *spezifisches Dionysos-Kultlied.*

(5) Die Tragödie war am Anfang noch nicht respektabel (Aristoteles sagt: «wurde sie nach längerer Zeit erst respektabel»). Sie bediente sich vielmehr einer, wie er sagt, «lachenerregenden Diktion» und behandelte, wie er sagt, «kleine Geschichten».

(6) Der Grund dafür war, daß die Tragödie zunächst eine satyrhafte und tänzerische Anlage hatte.

(7) Das Ganze hatte zunächst noch keine Sprechpartien (Aristoteles sagt: «nachdem aber das Sprechen aufgekommen war ...»).

Alle diese sieben Punkte zusammengenommen bedeutet das: Die Tragödie war am Anfang eine satyrhafte, eher lachenerregende mimetische Darstellung kleiner Geschichten durch einen singenden und tanzenden Chorkörper, der zu seinem Dithyrambos durch einen oder mehrere «Anstimmer» aktiviert wurde. Problematisch erschien in dieser Theorie eigentlich stets nur die Rolle des von Aristoteles so genannten «Satyrhaften». Nachdem sich aber aus anderen Indizien schon früh ergeben hatte, daß das Gefolge des Dionysos, des schwärmenden Gottes, von Anfang an aus Satyrn unter ihrem Anführer Seílēnos (Silen) bestand und daß diese Satyrn von Anfang an gekennzeichnet waren durch einen Rauschzustand, der evoziert war durch Alkohol (Wein), rhythmische Musik und exzessiven Tanz (also durch das gleiche, was wir im Mittelalter als Veitstanz oder auch, in der neuesten Zeit, als Diskotheken-Enthemmung kennen), da schien auch dieses «Satyrhafte» sich durchaus ins Bild zu fügen. Nahm man noch hinzu, daß die Vasenmalerei der Griechen die Satyrn oft in angedeuteter Bocksverkleidung zeigte, mit Fellschurz, Bocksbart und erigiertem Phallos, der die sprichwörtliche böckische Geilheit signalisierte,[24] dann schien die Aristotelische Tragödienursprungstheorie im ganzen stimmig. Am Anfang, das schien klar, stand eine Art Massenhypnose, die zur Selbstvergessenheit der Kultanhänger führte, zu einem offenbar freiwillig herbeigeführten Heraustreten aus der normalen individuellen Existenz, also – da «Heraustreten» auf griechisch *ék-stasis* (ἔκστασις) heißt – zur Ekstase. Die Mittel zur Herbeiführung dieses Ekstase-Zustands waren Rauschmittel aller Art, darunter in vermutlich führender Position die Musik, in ihren Elementen «Rhythmus», «Klang», «Lautstärke», «Motivrepetition» und, möglicherweise, «Selbststeigerung durch gegenseitige Stimulierung von Einzel-Anstimmern (also Vorsängern) und Chor».

Dies war im wesentlichen der Erkenntnisstand *vor* Nietzsche. Er ist aus zahlreichen Werken der gräzistischen Tragödienforschung in der ersten Hälfte des 19. Jahrhunderts belegbar, und Frau v. Reibnitz hat im Anhang ihres «Geburt-der-Tragödie»-Kommentars zwei aufschlußreiche Beispiele abgedruckt, das eine aus Karl Otfried Müllers «Geschichte der griechischen Litteratur» (2. Aufl. Breslau 1857), das zweite aus Yorck von Wartenburgs «Die Katharsis des Aristoteles und der Oedipus Coloneus des Sophokles» (Berlin 1866). Beide Bücher hat Nietzsche nach Frau v. Reibnitzens Recherchen in den Jahren 1870 und 1871 je zweimal aus der Universitätsbibliothek Basel ausgeliehen. Besonders in Müllers Literaturgeschichte konnte er im 21. Kapitel unter der Überschrift «Ursprünge der dramatischen Poesie» (2. Band, S. 22–40) eine ausführliche Darstellung der Tragödienentstehung finden, in der alle größtenteils auch heute noch gültigen Einzelerkenntnisse über den Dionysoskult als Keimzelle der Tragödie (einschließlich der Bedeutung der Satyrverkleidung durch «Umlegen von Bocks- und Rehfellen um die Lenden, Behängen des Gesichts mit großen Blättern von allerlei Gewächsen statt eines Bartes, endlich in dem Anlegen ordentlicher Masken» und des «Verlangen[s], aus sich herauszugehen, sich selbst fremd zu werden», schließlich auch der Bedeutung des «Chorgesang[es]» als des «ursprünglichste[n] Bestandtheil[s]» der Tragödie in Form des «Dithyrambus»: S. 28 f.) zu einem abgerundeten Bild zusammengefaßt waren.[25] Nietzsche hat diese Einzelerkenntnisse weder bestritten noch gar bekämpft, sondern er hat sie übernommen und als selbstverständlich vorausgesetzt. Insoweit bedeutete seine eigene Schrift weder eine Revolution noch überhaupt eine Neuerung.[26]

Dies trifft auch für das von Nietzsche so außerordentlich stark betonte Element «Musik» zu. Immer wieder ist behauptet worden, Nietzsche habe dieses Element aus seiner eigenen Musikbegeisterung (die ja schon in der Schule einen großen Teil seiner Freizeit einnahm)[27] und aus der aus ihr sich entwickelnden Wagner-Begeisterung heraus in die Ursprungsgeschichte der griechischen Tragödie zurückprojiziert. Diese These ist ganz vordergründig. Die erste Hälfte des 19. Jahrhunderts brachte in der Gräzistik eine so intensive Beschäftigung mit griechischer Metrik, Rhythmik und Musik, daß kein Gräzist, der Sinn für Musisches besaß, daran vorbeigehen konnte. Insbesondere die diversen Schriften von A. Rossbach und R. Westphal[28] hatten das Bewußtsein für die grundlegende Bedeutung der Musik (in den Formen Rhythmik, Orchestik, Musik i. e. S.) in der Entwicklung der griechischen Lyrik und damit auch großenteils der späteren Dramatik geschärft. Westphals Credo (in mehreren Schriften immer wieder anders formuliert), «dass Dichter und Componist in Einer Person vereint war»[29] liegt so gut wie allen zeitgenössischen Darstellungen der frühen griechischen Literaturgeschichte zugrunde und hat noch bis in den Beginn des 20. Jahrhunderts hineingewirkt, wenn etwa Wilhelm Christ in seiner «Geschichte der griechischen Literatur» (4. Aufl. 1904) die Behandlung der Lyrik mit dem Satz einleitete: «Aber die Ausbildung der Lyrik war bei den Griechen in noch höherem Grade als bei uns mit der Geschichte der Musik verknüpft».[30] So war es ganz selbstverständlich, daß Karl Otfried Müller in seiner «Geschichte der griechischen Literatur» (die Nietzsche, wie wir sahen, ausgiebig benutzte) nach der Behandlung des Epos, der Elegie und des Iambus und vor dem Übergang zur Melik (Sappho und Alkaios, die Chorlyriker) ein ausführliches Kapitel

[24] Zu diesen Bock-Attributen s. genauer A. Lesky, Die tragische Dichtung der Hellenen, Göttingen [3]1972, 36 f. Zu den wichtigsten Darstellungen gehört die Neapler Satyrspiel- oder Pronomos-Vase (um 400), bei Pickard-Cambridge (oben Anm. 16) abgebildet als Fig. 49, bei Margarete Bieber, The History of the Greek and Roman Theater, Princeton [2]1961, als klare Umzeichnung dargeboten in Abb. 32/33.

[25] In der Frage des Tragödien*namens* hatte sich Müller zwischen den beiden seit der Antike umstrittenen Haupttheorien (Benennung der Satyr-Sänger nach ihrer Ähnlichkeit mit Böcken vs. Benennung nach der Dithyramben-Aufführung «um das brennende Opfer eines Bockes») für die zweite Theorie entschieden (Geschichte der griechischen Literatur bis auf das Zeitalter Alexanders, Breslau [2]1857, S. 31).

[26] Das ist in der neueren Tragödienforschung innerhalb der Gräzistik immer so gesehen worden; als Beispiel zitiert v. Reibnitz 183 Anm. 8 G. F. Else, The Origin and Early Form of Greek Tragedy, Cambridge 1965, 10. Gerade daraus erklärt sich ja die langdauernde Ignorierung der Nietzscheschen Tragödienentstehungstheorie in der Fachwissenschaft: Der eigentlich fachwissenschaftliche Teil seines Buches bot nichts Neues, der mit Neuerungen aufwartende Teil konnte nicht als fachwissenschaftlich gelten.

[27] Zur Rolle der Musik in dem von Nietzsche mitbegründeten Verein «Germania» in der Pforter Schulzeit s. v. Reibnitz 10 f.

über «Die Entstehungszeit der Griechischen Musik» einschob (S. 265–294, rund 30 Seiten). In den griechischen Literaturgeschichten des 20. Jahrhunderts ist das mehr und mehr abgekommen, so daß spätere Gräzistengenerationen für eine individuelle Marotte Nietzsches halten konnten, was in Wahrheit (und mit gutem Grunde) allgemeiner Lernstoff seiner Zeit war. Daß am Anfang der Tragödie die Musik stand, war damals eine allgemein geteilte Überzeugung, nicht nur unter Fachgräzisten, sondern auch im gebildeten Publikum (zu dem natürlich auch die zeitgenössische Musikerzunft, darunter Richard Wagner, gehörte); gerade ein Gräzist bedurfte nicht erst Richard Wagners, um zu dieser Einsicht zu gelangen. Allerdings war diese Einsicht vor Nietzsche, soweit ersichtlich, noch nie zum Gegenstande einer monographischen Behandlung gemacht worden; sie zog sich vielmehr untergründig wie ein langer roter Faden durch die einzelnen Kapitel der griechischen Literarhistorie von Homer bis Aischylos – hier und da auftauchend, aber nie thematisch werdend. Nietzsches Idee bestand darin, die Sache auf den Punkt zu bringen – und dieser Punkt ist formuliert im *Titel* seiner Schrift: «Die Geburt der Tragödie aus dem Geiste der *Musik*».

Der Titel hat seit jeher elektrisierend gewirkt. Der Grund für diese starke Wirkung ist vielleicht noch auffindbar: In seinen diversen Vorarbeiten hatte Nietzsche das Thema des geplanten Buches längere Zeit traditionsgemäß vorwiegend mit dem Worte «Ursprung» (scil. der Tragödie) bezeichnet – bis Anfang 1871. Im Februar 1871 lieh er sich v. Wartenburgs «Katharsis»-Buch zum zweiten Male aus.[31] Auf S. 22 heißt es dort nun aber in Anm. 2: «Die Entstehungsart der griechischen Tragödie ist die eines Naturprodukts. Die Continuität ihres Wachsthums entzieht sich der Reflexion, und *so erscheint sie gleich der dem Haupte des Zeus entsprungenen Athene* unmittelbar in der von Aeschylus ihr gegebenen Vollendung.» v. Wartenburgs Vergleich ist nichts anderes als die Verbalisierung der alten Bildformel «Geburt der Athene aus dem Haupte des Zeus» (die übrigens – auch dies vielleicht nicht ohne Einfluß – gleich auf S. 2 von Müllers Literaturgeschichte, noch in der Einleitung, auf das plötzliche Erscheinen *Homers und Hesiods* aus dem Strom der vorhomerischen mündlichen Epik angewandt wird). Es wäre nicht verwunderlich, wenn Nietzsches definitiver Buchtitel «Die Geburt der Tragödie aus dem Geiste der Musik» (Oktober 1871) aus der lektürebedingten Übernahme dieses alten Geistgeburt-Mythos zu erklären wäre. Der Wechsel von der nüchtern-wissenschaftlichen Diktion zu dem mythisch-vitalistischen Sprachgestus, der den ganzen Text des Buches prägen wird, wäre dann freilich nicht nur sachbezogen zu verstehen, sondern auch selbstreferentiell: Gemeint wäre programmatisch nicht nur das historische Ereignis der griechischen Tragödiengeburt, sondern auch das unmittelbar aktuelle ihrer erstmals wirklich verstehenden Wiedergeburt durch Nietzsches vorgelegte Schrift. Nietzsches «Geburt der Tragödie aus dem Geiste der Musik» also keine langdauernde pedantische Erforschung, sondern eine plötzliche Entbindung – die Umschlagvignette, auf die ihm so viel ankam:[32] das Bild des ent-fesselten Prometheus, erhielte so dann ihre eigentliche Bedeutung und Funktion zurück: Bildsymbol zu sein für das, was auch die Titelworte sagen wollten.

III

Damit sind wir beim dritten Punkt: dem Lösungsangebot, das *Nietzsche* machte. Hier kann und darf ich mich viel kürzer fassen, weil die Parallelen zwischen Faktenlage und Erkenntnisstand einerseits und Nietzsches Ansatz andererseits weitgehend bereits implizit deutlich geworden sein dürften.

Das 1. Kapitel beginnt sogleich mit jenem grandiosen Suggestivbild, das im Gedächtnis der Nachwelt mit Nietzsche mehr als jede andere Metapher verbunden bleiben sollte: mit dem Prinzipienpaar des Apollinischen und Dionysischen. Daß die Korrelation dieser beiden Prinzipien nicht Nietzsches Erfindung war, sondern eine lange Vorgeschichte hatte, hat Barbara v. Reibnitz schön gezeigt.[33] Sie hat aber mit ebensolcher Treffsicherheit darauf hingewiesen, daß die totale Generalisierung dieses Begriffspaars, als Erklärungsmu-

28 Gekrönt durch das zweibändige Werk «Metrik der Griechen im Vereine mit den übrigen musischen Künsten» von A. Rossbach und R. Westphal, Leipzig ²1867/68 (I: Rhythmik und Harmonik nebst der Geschichte der drei musischen Disciplinen, mit Supplement «Die Fragmente der griechischen Rhythmiker und die älteren Musikreste»; II: Die allgemeine und specielle Metrik). Westphals Hauptwerke besaß Nietzsche bzw. lieh er 1870 in Basel aus (v. Reibnitz 357); über Rhythmik und Metrik las er an Universität und Pädagogium (v. Reibnitz 358).

29 R. Westphal, Die Fragmente und die Lehrsätze der griechischen Rhythmiker, Leipzig 1861, S. 4.

30 W. Christ, Geschichte der griechischen Literatur bis auf die Zeit Justinians (Handbuch der klassischen Altertumswissenschaft, Band 7), München ⁴1904, S. 116.

31 Nachweise bei v. Reibnitz 360.

32 v. Reibnitz 273 f.

33 v. Reibnitz 61–64.

ster für Religion, Kunst und Kulturgeschichte überhaupt, Nietzsches Werk war.[34] Nietzsche sagt ja gleich im ersten Satz, «daß die *Fortentwicklung* der Kunst an die Duplizität des Apollinischen und des Dionysischen gebunden ist», und der gleich darauffolgende Vergleich mit der Duplizität der *Geschlechter* macht klar, daß «Fortentwicklung» hier «Fortbestand und Existenz» bedeutet. Dieser Vergleich enthebt den Autor aber jeglichen Begründungszwanges. Denn daß Mann und Frau als zweiseitige Einheit die Menschheit garantieren, ist unmittelbar einsichtig. Indem Nietzsche das Apollinische und das Dionysische in den gleichen Seinsrang hebt wie Männliches und Weibliches,[35] weist er jede Forderung nach Gründen automatisch ab und kann so lapidar an die «unmittelbare Sicherheit der Anschauung» appellieren, also an das Evidenzerlebnis. Jeder Leser muß schon hier sofort verstehen, daß es in diesem Buch um mehr gehen wird als um Gräzistisches jedenfalls im alten Sinne (wir erinnern uns an seinen Brief an Engelmann, worin es hieß: «... indem ich *einstweilen* von jeder *philologischen* Behandlung der Frage völlig absehe»), und Nietzsche spricht denn auch im gleichen ersten Satz weder von Gräzistik oder überhaupt von Philologie, sondern von der «ästhetischen Wissenschaft». Unüberhörbar ist damit der Anspruch formuliert, über alle bisherigen Lösungsversuche hinauszugehen, indem die griechische Tragödie – das Griechische überhaupt – in eine übergeordnete *allgemeine* Norm ästhetischer Gesetzmäßigkeit eingeordnet werden soll und so dann als *Exemplum* dienen kann. Das Sinnbild des entfesselten Prometheus wird immer klarer, und Nietzsches selbstbewußte Konstatierung in Kap. 7, daß das Problem des Ursprungs (scil. der griechischen Tragödie) «bis jetzt noch nicht einmal ernsthaft aufgestellt, geschweige denn gelöst ist»,[36] verliert vor diesem Hintergrund ihre scheinbare Arroganz.[37]

Die These selbst, die dann entwickelt wird, läßt sich, mit der unvermeidlichen Vergröberung des Komprimierungszwanges, so zusammenfassen:

Kunst ist zu *jeder* Zeit das Produkt des Widerstreits von Apollinischem und Dionysischem. Versöhnung zwischen beiden tritt nur periodisch ein, gebiert dann jedoch aus einem «Wunderakt»[38] der Paarung seltene Wunderwerke. Eines davon war die attische Tragödie. Ein zweites – so werden wir von Kap. 16 an erfahren – ist die «musikalische Tragödie»[39] Richard Wagners. Das Dionysische, als das ungeheure Grausen und zugleich wonnevolle Entzücken, ausgelöst durch die Aufhebung des Rationalen und den Einbruch des Irrationalen, steigt aus dem innersten Grunde des Menschen empor als das *existentiell Vitale*, wie es im orgiastischen Gott Dionysos und seinem Kult einst auch bei den Griechen in die Welt gekommen ist, und es äußert sich dann nach Nietzsche vornehmlich in der «unbildlichen Kunst der Musik».[40] Das Apollinische hinwieder, als der schöne Schein der inneren Phantasiewelt, steigt aus dem Trieb des Menschen hoch, das Schwere, Grausige des Lebens heiter zu verhüllen, einem Trieb, wie er sich bei den Griechen in der Schaffung der olympischen Götterwelt und der affirmativen homerischen Kunst vergegenständlichte, und das Apollinische äußert sich, dem Wesen des griechischen Traum-, Licht- und Wahrheitsgotts Apollon entsprechend, vornehmlich in der Kunst der *Bildnerei* im weitesten Sinne, d.h. im Bilden, Formen, Strukturieren. Das Wunderwerk der attischen Tragödie kam nun zustande dadurch, daß der rauschhafte dionysische Untergrund der Welt, der sich im Satyrchor der Griechen ein *erstes* Mal als in einem ersten Kunstgebilde sublimiert hatte, später, im Vollzug des tragischen Spiels, durch die Bildner- und Verklärungskraft des Apollinischen *vollends* «aufgehoben» wurde. In der entwickelten *Vollform* der griechischen Tragödie lebte dann das Dionysische fort im Chor, das Apollinische im Dialog[41] (wir sagen heute besser: in den Sprechpartien). Solange das so entstandene vollendete Kunstwerk aus der Kraft des Mythos lebte, d.h. bei Aischylos und Sophokles, bei denen die Tragödienhelden, wie Prometheus oder Ödipus «nur Masken des ursprünglichen Helden Dionysos»[42] sind, war die Tragödie als die Überwindung des metaphysischen Grauens durch Kunst die einzige, weil zutiefst erschütternde und zugleich erhebende Tröstung des Menschen. Als aber

[34] v. Reibnitz 64.

[35] Will man diese Gleichung über ihre ontologische Erklärungsfunktion hinaus ausschöpfen (was Nietzsche selbst, doch wohl bewußt, vermieden hat), so wäre das Apollinische als Männliches, das Dionysische als Weibliches zu sehen; insbesondere bei den Dichtern (v. a. Euripides, Bakchen) und bildenden Künstlern hat Dionysos oft feminine Züge.

[36] KSA 1, 52.

[37] So empfand es auch Rohde – wohl nicht nur aus Freundschaft zu Nietzsche («Afterphilologie», bei Gründer S. 76): «Schon den Alten aber schien das Wesen dieser wunderbaren tragischen Lust höchst dunkel und geheimnisvoll (wie namentlich der Platonische Philebus zeigt), und wer, einmal selbst von ihr ergriffen, sich vergebens nach der verborgenen Art dieser despotisch in ihre Kreise zwingenden widerspruchsvollen Kunst gefragt hat, der wird wohl wahrlich den verlachen, der, nach einer Aufzählung der dürren Notizen, die uns ein karges Schicksal gegönnt hat, die Entstehung dieser tragischen Kunst [...] für *erklärt* hält. Einen wirklichen Aufschluss wird er nur von demjenigen erwarten, dem es gelänge, in die ursprünglichen, tiefer-regenden Bewegungen, aus denen zu einer ganz bestimmten Zeit zum ersten Male diese unerklärliche Kunst der Schmerzensfreude in Griechenland [...] erstand, mit sympathischer Empfindung einzudringen. *Während man nun ehrlicher Weise gestehen muss, dass dazu die bisherige Philologie gar keinen ernstlichen Versuch gemacht hat*, gewinnt eben hierfür unser Freund [Nietzsche] die Möglichkeit aus jenen tiefen Einsichten Schopenhauers in das innerste Wesen der Musik» (Hervorhebungen von mir). – Rohde hat den

Euripides, angestiftet durch Sokrates und die Sokratik, sich von Dionysos als letztlich einzigem Tragödienhelden abwandte und statt seiner die gänzlich unmythischen Menschen seiner eigenen Zeit auf die Bühne brachte, d.h. die «bürgerliche Mittelmäßigkeit»,[43] da begann die Tragödie zu sterben. Denn was war hier geschehen? Euripides hatte Dionysos vertrieben – «Und siehe: Apollon konnte nicht ohne Dionysos leben!»[44] Euripides trieb den Chor und damit die Musik aus der Tragödie hinaus (denn was er als Musik betrachtete, den «Neuen Dithyrambus», das war nicht Urgewalt, sondern Schellengeklingel), er trieb damit den Rausch aus der Tragödie hinaus, und letztlich auch den Traum. An seine Stelle setzte er den dialektischen Intellektualismus, den flachen Optimismus der «Wissen-ist-Macht»-Bewegung, das Disputieren und Zerreden, die Erkenntnisgier. Damit aber war das vitale Zentrum der Tragödie zerstört. Der Geist der Musik war aus ihr entfernt. Und am Entschwinden dieses Geistes der Musik ging sie zugrunde.

An dieser Stelle hat Nietzsche den Übergang und Anschluß an die eigene Zeit und Erfahrungswelt gewonnen, und die ganze folgende Erörterung[45] wird indirekt umkreisend das unerhörte Ereignis der Neugeburt des schon für immer tot Geglaubten durch Richard Wagners musikalische Tragödie aus dem deutschen Mythus feiern. Es ist längst gesehen und gezeigt, vor allem vom Gräzisten Wolfgang Schadewaldt im Lohengrin-Programmheft der Bayreuther Festspiele von 1962 und im Meistersinger-Programmheft ebenda von 1963, wie sehr in diesem zweiten Teile Nietzsche von Wagners Griechenrezeption (die außerordentlich tiefdringend, umfassend und professionell war) beeinflußt war.[46] Wagners kunsttheoretische Schriften, seit dem Sommer 1847, in dem er als Hofkapellmeister in Dresden Aischylos' Orestie «mit unerhört eindringlicher Gewalt» (wie er selbst sagt) auf sich einstürzen fühlte, hatten, in Schadewaldts Formulierung, den «Gedanken Nietzsches von der Geburt der Tragödie aus dem Geist der Musik [...] eindeutig präformiert».[47] Wahrscheinlich hatte Nietzsche auch erfahren oder erkannt, daß Wagners tetralogische Ringdichtung: «Rheingold, Walküre, Siegfried und Götterdämmerung» nach Droysens Rekonstruktion der Aischyleischen Prometheus-Tetralogie[48] geschaffen worden war.[49] Die Denk- und Gefühlswelt Nietzsches und Wagners bildet hier eine so enge und – wie man ausdrücklich betonen muß – gräzistisch so kenntnisreich fundierte Einheit, daß es ganz unverständig und töricht wäre, den zweiten Teil von Nietzsches Buch als höfisch-elegante Verbeugung vor dem verehrten Meister abzutun. Dies allerdings ist – nicht zur Ehre der Gräzistik – nach dem Erscheinen der «Geburt der Tragödie» nur allzuoft geschehen.

IV

Damit kommen wir zum letzten Hauptpunkt: den Wirkungen von Nietzsches Lösungsangebot auf die gräzistische Folgeforschung. Ich begnüge mich hier ausdrücklich mit der Wirkung auf die Fachgräzistik. Ich rede nicht von der allgemeinen Wirkung, die bekanntlich in weiten Kreisen überwältigend war und schon 1874 eine zweite Auflage nötig machte. Schon gar nicht rede ich von der Wirkung auf den Wagnerkreis und auf die künstlerische Erneuerungsbewegung. Dies werden Berufenere nach mir tun. Ich beschränke mich auf die Fachgräzistik. Da sind nun zwei Wirkungswellen auszumachen. Die erste ist die allbekannte des Skandals. Ein paar Stichworte werden genügen: Noch 1872, also im Erscheinungsjahr der «Geburt der Tragödie», veröffentlichte der damals 23jährige Ulrich v. Wilamowitz-Moellendorff, ebenfalls ein Pforte-Zögling und zu jener Zeit frisch promovierter Gräzist an der Universität Berlin, seine sog. «Zukunftsphilologie! Eine erwidrung auf Friedrich Nietzsches, ord. Professors der classischen philologie zu Basel, Geburt der Tragödie». Die Schrift ist ein einziges Pamphlet, das durch überlegen-ironische Widerlegungen (oft Scheinwiderlegungen) von Einzelheiten aus Nietzsches Buch zu dem Schluß kommt, er, Wilamowitz, habe hiermit den «beweis für die schweren vorwürfe der unwissenheit und des mangels an wahrheitsliebe»[50] Nietzsches geliefert, woraus er die Berechtigung ableitet zu

Einfluß *Schopenhauers* auf Nietzsches Tragödienentstehungshypothese, wie viele nach ihm, sicher überschätzt; Nietzsche hatte Schopenhauer mit der Wiederentdeckung der griechischen Musik innerhalb der zeitgenössischen Gräzistik zusammengesehen. Daraus erwuchs ihm ein intuitiver Einblick, den es bis dahin so noch nicht gegeben hatte – woraus er das Hochgefühl schöpfte, das «Problem des Ursprungs [der Tragödie] [sei] bis jetzt noch nicht einmal ernsthaft *aufgestellt*» worden (Hervorhebung von mir). Daß diese Feststellung «provokativ» wirkte (so v. Reibnitz 182), ist selbstverständlich; leider wirkte sie jedoch provokativ im negativen, nicht im positiven Sinne, nämlich im Sinne einer Herausforderung, die bis dahin gültige *Grundposition* der Ursprungsforschung zusammen mit Nietzsche objektiv zu überdenken.

38 KSA 1, 25.
39 KSA 1, 138.
40 KSA 1, 25.
41 KSA 1, 63 f.
42 KSA 1, 71.
43 KSA 1, 77.
44 KSA 1, 40.
45 Kap. 16 ff.
46 Hellas und Hesperien ^{2}II 341–405.
47 Hellas und Hesperien ^{2}II 356.
48 J. G. Droysen, Aischylos, Werke. Übers. v. J. G. D., Berlin (1832) ^{2}1841.
49 Hellas und Hesperien ^{2}II 359 f.
50 U. v. Wilamowitz-Möllendorff, Zukunftsphilologie! eine erwidrung auf Friedrich Nietzsches, ord. professors der classischen Philologie zu Basel, «Geburt der Tragödie» (Berlin 1872), in: Gründer, S. 55.

Ulrich von Wilamowitz-Möllendorff

der Aufforderung: «halte hr. N. wort, ergreife er den thyrsos, ziehe er von Indien [wie Dionysos] nach Griechenland, aber steige er herab vom katheder, auf welchem er wissenschaft lehren soll; sammle er tiger und panther zu seinen knieen, aber nicht Deutschlands philologische jugend, die in der askese selbstverläugnender arbeit lernen soll, überall allein die wahrheit zu suchen.»[51] Diese rüde Aufforderung zur Berufsaufgabe (die übrigens nicht nur rein sachliche Ursachen hatte, sondern auch auf den «berühmtesten Philologenstreit in der Geschichte der modernen Wissenschaft»[52] zurückging, nämlich auf den Bonner Eklat zwischen sowohl Nietzsches als auch Wilamowitzens Lehrern Otto Jahn und Friedrich Ritschl) gründete sich letztlich auf die allgemeine Intoleranz der zeitgenössischen, vorwiegend positivistisch orientierten Gräzistik gegenüber allen Versuchen, fehlende Glieder einer Evolution divinatorisch zu ergänzen und Argumentation, wo sie mangels Indizien unmöglich war, probeweise durch Vision zu ersetzen (eine natürliche Folgewirkung der in jenen Jahren von Triumph zu Triumph eilenden naturwissenschaftlichen Methode); Nietzsches Sprache, die sich ganz bewußt vom damals gängigen Philologenstil abhob,[53] trug das Ihrige zur Ablehnung durch die Zunft bei. Wäre Nietzsches Buch in den dreißiger Jahren des 20. Jahrhunderts erschienen, hätte die Reaktion vermutlich anders ausgesehen. So aber löste die Wilamowitzsche Attacke eine Lawine von unschönen öffentlichen Zänkereien aus, unter denen das Sendschreiben des damaligen Kieler Extraordinarius für Gräzistik und Nietzsche-Freundes Erwin Rohde, mit dem Gegentitel «Afterphilologie», wohl am berühmtesten geworden ist. Etwas übertrieben, aber im Kern nicht unrichtig, wirft da Rohde Wilamowitz u. a. «die sorgfältig ausgebildete absolute Unfähigkeit» vor, «irgend etwas zu verstehen, das über den Zustand des plattesten Behagens hinaus führen könnte», und er kanzelt den jungen Dr. phil. als «vollendeten Ignoranten», als einen Menschen «von unsäglicher Roheit der Vorstellungen» und eben als «wirklichen Afterphilologen»[54] ab. Nun war Wilamowitz freilich, was die reine Fachgräzistik betraf, alles andere als ein «vollendeter Ignorant»; er hatte bereits in seiner 120 Seiten umfassenden Valediktionsarbeit als Abiturient in Pforte unter dem Titel «Trauerspiele»[55] eine Sachkenntnis der griechischen Tragödie an den Tag gelegt, die der Nietzsches in der Tat um einige Stufen überlegen war – was die Zunft dem Pamphlet gegen Nietzsche leicht entnehmen konnte, so daß sie sich stillschweigend darauf einigte, Wilamowitz als ihr Sprachrohr anzusehen und Nietzsche fürderhin wie einen Paria totzuschweigen. Das hatte die fatale Folge, daß Nietzsches Thesen zunächst in der *Gräzistik* wirkungslos blieben, um so mehr, als Wilamowitz binnen weniger Jahre zum führenden Gräzisten des deutschen Sprachraums aufstieg und die gräzistische Szene bis zu seinem Tode 1931 eindeutig als Meinungsführer dominierte. Andererseits zeigte aber Wilamowitzens eigene Behandlung der Ursprungsfrage und der griechischen Tragödie überhaupt in seiner «Einleitung in die attische Tragödie» von 1889 einen derart eklatanten Mangel an philosophischem, ästhetischem und überhaupt theoretischem Verständniswillen, daß mancher in der Zunft

51 Wilamowitz, ebd.

52 C. W. Müller: Otto Jahn, in: Classical Scholarship. A Bibliographical Encyclopedia, ed. by W. W. Briggs and W. M. Calder III. New York/London 1990, 227–238, hier 232.

53 Vgl. Nietzsches Brief an Engelmann vom 20. April 1871 (Auszug bei v. Reibnitz 45): «... so kann ich nicht anders glauben als daß das allerweiteste denkende Publikum sich für diese Schrift interessiren muß. Um diesen mich verständlich zu machen, habe ich auf die *stilistische* Darstellung und Deutlichkeit besonderen Fleiß gewandt» (Hervorhebung von mir). – Nietzsche hat diesen Stil bekanntlich 14 Jahre später im «Versuch einer Selbstkritik» (KSA 1, 11–22; August 1886) mit einer Art wilder Haßliebe geradezu «zerrissen» («schwerfällig, peinlich, bilderwütig und bilderwirrig, gefühlsam, hier und da verzuckert bis zum Femininischen, ungleich im Tempo, ohne Willen zur logischen Sauberkeit, sehr überzeugt und deshalb des Beweisens sich überhebend, mißtrauisch selbst gegen die *Schicklichkeit* des Beweisens ...» usw.), ohne freilich mit diesem Ausfall seinen heutigen Leser wirklich zu überzeugen; denn in der Tat – was für ein andrer Stil wäre adäquat gewesen? Das sah Nietzsche selbst, wenn er fortfuhr: «Sie hätte *singen* sollen, diese 'neue Seele' – und nicht reden!» Für Wilamowitz *hatte* sie bereits gesungen!

54 E. Rohde: Afterphilologie. Zur Beleuchtung des von dem Dr. phil. Ulrich von Wilamowitz-Möllendorff herausgegebenen Pamphlets: «Zukunftsphilologie!». Sendschreiben eines Philologen an Richard Wagner (Leipzig 1872), in: Gründer, S. 67, 98, 101, 107.

55 Bei J. Wohlleben, Der Abiturient als Kritiker. In: Wilamowitz nach 50 Jahren, hrsg. von W. M. Calder III/H. Flashar/Th. Lindken, Darmstadt 1985, 3–30.

56 U. v. Wilamowitz-Moellendorff: Euripides, Herakles.

ZUKUNFTSPHILOLOGIE!

eine erwidrung

auf

Friedrich Nietzsches

ord. professors der classischen philologie zu Basel

„geburt der tragödie"

von

Ulrich von Wilamowitz-Möllendorff

Dr. phil

Ὀξωτὰ σιλφιωτὰ βολβὸς τεύτλιον
ὑπότριμμα θρῖον ἐγκέφαλον ὀρίγανον
καταπυγοσύνη ταῦτ' ἐστὶ πρὸς κρέας μέγα.
Aristophanes. Alter 17.

Berlin, 1872.
Gebrüder Borntraeger.
Ed. Eggers.

Titelblatt Wilamowitz.

AFTERPHILOLOGIE.

Zur Beleuchtung

des

von dem Dr. phil. Ulrich von Wilamowitz-Möllendorff herausgegebenen Pamphlets: »Zukunftsphilologie!«.

Sendschreiben eines Philologen

an

RICHARD WAGNER.

LEIPZIG
VERLAG VON E. W. FRITZSCH.
1872.

Titelblatt Rohde.

heimlich gerade in Wilamowitz die «Verknöcherung» der Philologie, die Nietzsche in der «Geburt der Tragödie» so heftig angeprangert hatte und gegen die er in der Tat eine neue Philologie der Zukunft setzen wollte, aufs traurigste verkörpert sah. Vom innersten *Leben* der Tragödie hatte Wilamowitz offensichtlich wenig oder nichts verstanden; seine Tragödiendefinition, die alles Philosophische und sogar die Katharsis-Erkenntnis des Aristoteles als rührseliges Gefasel abtat, irritierte damals sogar die überzeugtesten Wilamowitz-Freunde: «Eine attische Tragödie ist ein in sich abgeschlossenes Stück der Heldensage, poetisch bearbeitet in erhabenem Stile für die Darstellung durch einen attischen Bürgerchor und zwei bis drei Schauspieler, und bestimmt, als Teil des öffentlichen Gottesdienstes im Heiligtume des Dionysos aufgeführt zu werden».[56] Wie stand diese positivistische Gebrauchsanweisung gegen Nietzsches intuitives Begreifen eines tiefen seelischen Bedürfnis-ses da![57]

In dieser unglaublichen Anaisthesia (ἀναισθησία), Empfindungslosigkeit, des größten Fachgräzisten seiner Zeit gegenüber dem dynamischen Vitalkern der griechischen Tragödie war denn auch die Gegenreaktion begründet, die zweite Wirkungswelle, die von Nietzsches Lösungsvorschlag ausging. Ans Tageslicht trat sie freilich erst bei Wilamowitz' Schülern.[58] Die hatten, wie man aus manchem Lebensrückblick weiß, gleich mittelalterlichen Mönchen den langweiligen Livius auf, und den das Blut beschleunigenden Ovid, sprich: Nietzsche, unterm Hörsaaltische liegen.[59] Die ungeheure Spätwirkung der «Geburt der Tragödie» (aber natürlich auch der späteren Schriften Nietzsches) bei der Schülergeneration von Wilamowitz ist oft beschrieben worden; ich weise nur auf den 1985 erschienenen Sammelband «Wilamowitz nach 50 Jahren» hin. Der Gräzist Ernst Vogt hat da die Nietzsche-Wirkungen von Werner Jaeger bis zu Karl Reinhardt nachgezeichnet. Nicht er-

Erklärt von U. v. W.-M. Band I: Einleitung in die attische Tragödie. Berlin: Weidmann 1889. Reprint Darmstadt 1981, S. 107.

57 Siehe z. B. K. Reinhardt: Ulrich v. Wilamowitz-Moellendorff (1848–1931), in: Die Großen Deutschen. Deutsche Biographie in vier Bänden. Ergänzungsband, Berlin 1957; wieder in: VdA 361–368, hier 366: «... schlägt seine Definition der griechischen Tragödie in ihrem historischen Realismus allen ästhetischen, romantischen und klassizistischen Spekulationen ins Gesicht [...] Kein Wort vom Tragischen.»

58 Daß der Nietzsche-ähnliche Erklärungsansatz der Cambridge School (G. Murray, Jane Harrison u. a.) Anfang des 20. Jh. genetisch nicht auf Nietzsche zurückging, ist von v. Reibnitz 183 mit Anm. 9 richtig herausgestellt worden; das Bedürfnis, über vordergründig Phänomenologisches («dürre Notizen»: Rohde, oben Anm. 37) hinauszukommen und in nicht-aristotelischer Weise das Wesenhafte der Tragödie zu erfassen, war allerdings das gleiche, so daß Nietzsches Durchbruchsversuch auch dadurch legitimiert wird.

59 Siehe z. B. K. Reinhardt, Akademisches aus zwei Epochen. I: Wie ich klassischer Philologe wurde (in: Die Neue Rundschau 66, 1955, 37–58), wieder in VdA 380 ff., hier 381: «Auch hatte Nietzsches Briefwechsel mit Erwin Rohde einen starken Eindruck [auf mich] hinterlassen, nicht zuungunsten der Philologie [...] Es schien noch eine andere Antike als die durch die Universität vermittelte zu geben»; «Nach Absolvierung meines Kandidatenjahres nahm ich Urlaub und bereiste [...] dreiviertel Jahr lang Griechenland, die Ägäis und die kleinasiatische Türkei [...] Erhebendster Augenblick, da ich inmitten des sich bräunenden Röhrichts des weit ausgebreiteten, befreienden Mäandertales, auf meinem anatolischen Pferdchen, Nietzsches 'Fröhliche Wissenschaft' in der Satteltasche ...».

wähnt hat er Max Pohlenz, ebenfalls Wilamowitz-Schüler aus dessen Göttinger Zeit. 1930 bringt Max Pohlenz seine überaus einflußreiche zweibändige «Griechische Tragödie» heraus (1954 erschien eine zweite überarbeitete Auflage). Wilamowitz ist da zwar immer noch präsent – er spricht schon programmatisch aus dem demonstrativ antinietzscheschen Titel des Einleitungskapitels: «Die Geburt der Tragödie aus *attischem* Geiste». Aber noch im gleichen Einleitungskapitel, nach der pflichtschuldigen Abweisung des «'auf Musik getauften'» Schopenhauer- und Wagner-Knechtes Nietzsche, plötzlich der unerhörte Satz: «Dagegen führt uns in das *Wesen* der Tragödie Nietzsches Hinweis auf den dionysischen Zug des Griechentums. Denn *wesenhaft, nicht zufällig* ist die Tragödie mit Dionysoskult und dionysischer Ekstase verbunden.»[60] Da war der ganze Wilamowitz plötzlich weggewischt – und Nietzsche in sein Recht gesetzt. – Doch das war nur der Anfang. Geradezu zum Leitbild einer neuen Gräzistik wurde Nietzsche bei einem anderen Wilamowitz-Schüler, Karl Reinhardt (1886–1956). In seinen Arbeiten und Vorlesungen wird Nietzsche nicht etwa nur erwähnt, nein, er wird zum Thema zahlreicher öffentlicher Vorträge gemacht. Ich zitiere nur aus dem Vortrag von 1941 «Die Klassische Philologie und das Klassische»: «Gegen Ende des 19. Jahrhunderts wurde die klassische Philologie mühselig, wie ein überorganisiertes, in sich selbst leerlaufendes Unternehmen. Was mit höchster Begeisterung begonnen worden war, das endete – nicht bei den Stumpfen, sondern bei den Wachen – in Askese, Pflichterfüllung, ausharrendem Heroismus.»[61] Da sei Nietzsche aufgetreten. Er habe als erster die Totenstarre der Klassischen Philologie diagnostiziert. Und er – sagt Reinhardt – war es auch, der die «fortschreitende Entfremdung zwischen Altertum und Publikum»[62] aufzuhalten suchte mit einer «humanistischen Selbstbesinnung, die bis in die Tiefen vorstieß».[63] Nietzsche war für Reinhardt, so wörtlich, der «Dämon des Jahrhunderts»,[64] von dem er sich magisch angezogen fühlte.[65] Denn Nietzsche hatte, wie Reinhardt fühlt und weiß, das richtige Konzept. Er wollte, «wie ein Arzt am Krankenbette der 'gelähmten' Zeit» sitzend, eine «umfassende Gesundheitslehre» schaffen. Leider kam er über «Vorschwebendes»[66] nicht hinaus. Aber gerade dieser intelligente Systemmangel war ja das Belebende! Nietzsche war eben nicht, wie seine Zunftkollegen, «Humanist im Hauptamt»,[67] nein: «Wie ein sauberer Wasservogel schwimmt er auf den Fluten der Gelehrsamkeit der Zeit, ohne benetzt zu werden.»[68] Nur so konnte es dann auch gelingen, daß Nietzsche letztlich alles angestoßen hat, was nun an neuem Leben in die Gräzistik Einzug hält.

Alles das ist 1941 gesagt. Weitere 50 Jahre sind vergangen. Es würde Stunden dauern, aufzuweisen, wie ungeheuer aufrührend, belebend, erfrischend Nietzsche, auch der Nietzsche der «Geburt der Tragödie», seitdem auf die Gräzistik weitergewirkt hat. In der bewegten Zeit des 68er-Aufbruchs schreiben z. B. zwei Frankfurter Assistenten der Klassischen Philologie eine neue «Einführung in die Klassische Philologie»,[69] eine Einführung, in der sowohl Wilamowitz als auch Werner Jaeger, der Begründer des «blutlosen» «Dritten Humanismus», dem Verdikt verfallen. Als Vorbild aber für eine Gräzistik, in der nicht mehr der Mensch nur noch der Wissenschaft zu dienen habe, sondern die Wissenschaft dem Menschen, erscheint nun Friedrich Nietzsche! Sie mögen sagen: «Junge Leute, eine junge, aufgeregte Zeit – kein Wunder also, – und sicher bald vergessen!» – Aber 1979 veröffentlicht der 70jährige Klassische Philologe und Präsident der Heidelberger Akademie der Wissenschaften Viktor Pöschl in dem Sammelband «Philologie und Hermeneutik im 19. Jahrhundert» einen Aufsatz mit dem Titel «Nietzsche und die klassische Philologie».[70] Da kommt nun die späte Rehabilitation – nach über 100 Jahren – *ex cathedra*: Eine kaum geglaubte Anzahl von einzelnen Entdeckungen wird aufgezählt, die Nietzsche auch im engsten Fachbereich gemacht hat und die in der Periode seiner Ächtung nur unbemerkt geblieben waren. Und zur «Geburt der Tragödie» heißt es: «Die These ist unhaltbar, aber sie hat dazu geführt, daß Nietzsche zu einem der großen Wiederentdecker des frühen Griechentums wurde.»[71] – Ich persönlich, um zum Schluß zu kommen (als Schüler Uvo Hölschers, des

[60] M. Pohlenz, Die griechische Tragödie, I (Leipzig/Berlin 1930) 8 = ²I (Göttingen 1954) 25 (Hervorhebungen von mir).

[61] K. Reinhardt, Die Klassische Philologie und das Klassische (Vortrag Frankfurt/M. 1941), in: VdA 334–360, hier 342.

[62] VdA 344.

[63] VdA 344.

[64] K. Reinhardt, Nietzsche und die Geschichte (Vortrag Paris 1928), in: VdA 296–309, hier 302.

[65] So Carl Becker im «Nachwort» zu VdA, S. 411.

[66] VdA 345.

[67] VdA 344.

[68] VdA 346.

[69] Ada Hentschke/U. Muhlack, Einführung in die Geschichte der Klassischen Philologie, Darmstadt 1972.

[70] V. Pöschl, Nietzsche und die Klassische Philologie, in: H. Flashar/K. Gründer/A. Horstmann (Hrsg.): Philologie und Hermeneutik im 19. Jahrhundert. Zur Geschichte und Methodologie der Geisteswissenschaften. Göttingen 1979, 141–155.

[71] V. Pöschl, ebd. 155.

Lieblingsschülers von Karl Reinhardt), glaube, daß Nietzsche in Wahrheit zu viel mehr geworden ist als nur zu einem der großen Wiederentdecker des frühen Griechentums. Er war zwar nicht der große Erforscher – sicher nicht! –, aber, mit Karl Reinhardt zu reden, er war der große Erschließer.[72] Er hat uns gezeigt, wo wir das Wesen der griechischen Tragödie fassen sollen. Und darum glaube ich auch nicht, wie Pöschl meinte, daß Nietzsches These in der «Geburt der Tragödie» «unhaltbar» ist. Hier geht es um den Begriff der «Haltbarkeit». Gerade Nietzsche war es ja, der zeigen konnte, daß die *philologische* «Unhaltbarkeit» uns in den tiefsten Dingen zuweilen den Blick auf die wahre Haltbarkeit, die Evidenz, versperren kann. So scheint mir denn die «Geburt der Tragödie aus dem Geiste der Musik» am Ende doch ein großes Werk zu sein, höchst lehrreich immer noch und gerade auch für die, die es vor 120 Jahren gnadenlos verstießen – für die Gräzisten!

[72] VdA 309.

Franz und Ida Overbeck.

Barbara von Reibnitz

«Ich verdanke Dir soviel, lieber Freund...» Nietzsches Freundschaft mit Franz Overbeck*

1. Nietzsches «Tisch-, Haus- und Gedankenfreund»

«Mein lieber Freund, was ist dies unser Leben? Ein Kahn, der im Meere schwimmt, von dem man nur dies mit Sicherheit weiß, daß er eines Tages umschlagen wird. Da sind wir nun zwei alte gute Kähne, die sich treulich Nachbarschaft gehalten haben, und namentlich hat Deine Hand redlich dabei geholfen, mich vor dem 'Umschlagen' zu behüten! So wollen wir denn unsere Fahrt fortsetzen und einer um des Andern willen recht lange! recht lange! – wir würden uns so vermissen! Einigermaßen glatte See und gute Winde und vor allem Sonne – was ich mir wünsche, wünsche ich auch Dir; und traurig, daß meine Dankbarkeit sich eben nur in einem solchen Wunsche äußern kann und daß sie gar nichts über Wind und Wetter vermag!» (Nietzsche an Overbeck, Genua 14. November 1881, KSB 6, 139f.).

1.20.2 Nietzsches zweite Basler Wohnung: Schützengraben 45, die sog. «Baumannshöhle».

Die Metaphorik der Seefahrt verdankt sich nicht allein dem Ort, aus dem Nietzsche seinem Freund zum 44. Geburtstag schrieb, der Stadt des Kolumbus, Genua «la Superba» – sie bildet vielmehr einen erstaunlich konstanten Assoziationskern in den unterschiedlichen Ansätzen der Selbstbeschreibung wie auch der gegenseitigen Ansprache dieser beiden «Auswanderer», die sich kurz vor Ausbruch des Deutsch-Französischen Kriegs in der Schweiz unter einem Dach zusammengefunden hatten: Nietzsche bereits ein Jahr zuvor aus Leipzig als Professor der klassischen Philologie nach Basel berufen und Overbeck, der im Frühjahr 1870, aus Jena kommend, den hier neu geschaffenen Lehrstuhl für neues Testament und alte Kirchengeschichte übernahm.[1] Auf die Vermittlung eines Kollegen hin bezog Overbeck Wohnung im Haus am Schützengraben 45, in dessen oberem Stockwerk Nietzsche lebte. Hier entwickelte sich aus den Gewohnheiten täglichen Umgangs eine Freundschaft, die für beide Teile eine lebentragende Bedeutung gewann.

Die äusseren Daten dieser Beziehung sind weitgehend bekannt und rasch zusammengestellt. Viereinhalb Jahre lang dauerte das «Contubernium» von Nietzsche und Overbeck in der sogenannten «Baumannshöhle»[2]. Die beiden «Höhlenbären» hielten einen gemeinsamen Mittagstisch, sie tranken gemeinsam Tee, den eine von Nietzsche in den Haushalt eingebrachte Teemaschine produzierte, und sie machten gemeinsam Musik, spielten vierhändig Klavier – teils auch von Nietzsche eigens dafür komponierte Stücke.[3] Während

* Katrin und Philippe gewidmet

1 Zu den Bedingungen und Verwicklungen dieser Berufung vgl. Curt Paul Janz, Die Berufung Franz Overbecks an die Universität Basel 1870, in: Basler Zeitschrift für Geschichte und Altertumskunde 92, 1992, S. 139–165.

2 So benannt nach der Hauswirtin Anne Baumann, die das Haus 1873 erwarb, vgl. E. His, Nietzsches Heimatlosigkeit, in: Basler Zeitschrift für Geschichte und Altertumskunde 40, 1941, S. 165f.

3 So berichtet Nietzsche z.B. am 13. November 1871 an Gustav Krug, er habe seine alte Komposition «Sylvesternacht» für vier Hände umgearbeitet, nun mit dem Titel «Nachklang einer Sylvesternacht, mit Prozessionslied, Bauerntanz und Mitternachtsglocke.» KSB 3, S. 237f.

dieser zusammen verbrachten Stunden kamen ebenso – zumindest von seiten Nietzsches – ganz persönliche Angelegenheiten zur Sprache,[4] wie auch die wissenschaftlichen Gegenstände, die beide jeweils beschäftigten. Overbeck verfolgte die schwierige «Geburt der Tragödie aus dem Geiste der Musik» und unterstützte die «Publikationswehen», indem er eine frühe Teilversion an seinen Freund Treitschke zur Veröffentlichung in den Preussischen Jahrbüchern empfahl. Es war Overbeck, der den Titel für Rohdes Antwort auf das «knäbische Pamphlet» des Dr. Wilamowitz erfand: «Afterphilologie».[5] 1873 publizierte er selbst seine «Streit- und Friedensschrift» «Über die Christlichkeit unserer heutigen Theologie», von der noch die Rede sein wird. Nietzsche sekundierte mit der ersten «Unzeitgemäßen Betrachtung» gegen David Friedrich Strauß.[6]

Bald war Overbeck auch in Nietzsches weiteren Freundeskreis eingeschlossen, zu dem in dieser Zeit vor allem Erwin Rohde[7] und Carl von Gersdorff gehörten sowie in Basel selbst Heinrich Romundt, der im Februar/März 1874 ebenfalls in die Baumannshöhle zog.[8] Es waren diese Fünf, die in gemeinsamer Schopenhauer- und Wagnerverehrung ihre Kritik an der politischen und kulturellen Entwicklung des Deutschen Reichs nach 1870/71 formulierten und den «geheimen Bund» oder auch die «Gesellschaft» der «Hoffenden» bildeten, an die Nietzsche den Schluss seiner zweiten «Unzeitgemäßen Betrachtung» adressierte. Als Dokument dieses Bundes hat sich im Nachlass Overbecks das «monumentulum amicitiae» erhalten, eine von Gersdorff bemalte Schale mit den Initialen und Sinnbildern der Freunde.[9]

Das gemeinsame Leben, Denken und Arbeiten in der «Baumannshöhle» endete 1876, nachdem Romundt als erster der «drei gerechten Kammmacher»[10] das Haus bereits 1875 verlassen hatte. Nietzsche bezog zusammen mit der Schwester eine andere, nahgelegene Wohnung am Spalentorweg 45. Overbeck verheiratete sich mit der in der Pfalz aufgewachsenen Schweizerin Ida Rothpletz und siedelte in die Eulerstraße 53 um. Der freundschaftliche Verkehr dauerte jedoch an und schloss, anders als in den übrigen Freundesbeziehungen Nietzsches, auch Overbecks «eheliche Mitheidin» ein, die Nietzsche schon 1870 während eines Ferienaufenthalts im Maderanertal kennengelernt hatte. Aus den «Erinnerungen», die Ida Overbeck 1907 veröffentlicht hat,[11] ergibt sich das Bild einer sehr eigenständigen Beziehung, in der Kritik so wenig fehlte wie Vertrauen, das Nietzsche ihr in hohem Masse entgegengebracht zu haben scheint. 1883 bat er sie um Vermittlung seiner Heiratsabsichten gegenüber Lou von Salomé. Für Nietzsche hatte Ida Overbeck 1880 anonym die erste deutsche Übersetzung der «Causeries du Lundi» von Sainte-Beuve angefertigt.[12]

1879 musste Nietzsche seine Professur aus gesundheitlichen Gründen aufgeben und verließ Basel, um von da an keinen festen Wohnsitz mehr zu haben. Overbeck verwaltete seine Gelder, im wesentlichen die von der Universität gezahlte Pension, investierte nach Absprache möglichst gewinnbringend in Aktienfonds etc. und schickte die von Nietzsche angeforderten Beträge in den jeweils opportunen Währungen an die wechselnden Aufent-

4 Die Aufregungen um «das Gespenst» der Rosalie Nielsen, die Overbeck in seinen späteren Aufzeichnungen erwähnt, scheinen eher komisch-dramatisch gewesen zu sein, ernster aber wohl die sehr extremen Gemütszustände, in denen Nietzsche sich ihm, vor allem in den Jahren nach der Veröffentlichung der «Geburt der Tragödie», anvertraut habe.

5 Nietzsche an E. Rohde, 16. Juli 1872, KSB 4, S. 22; vgl. an Rohde 2. August 1872, KSB 4, S. 43.

6 Vgl. Karl Pestalozzi, Overbecks 'Schriftchen' 'Über die Christlichkeit unserer heutigen Theologie' und Nietzsches 'Erste unzeitgemässe Betrachtung: David Friedrich Strauss. Der Bekenner und der Schriftsteller', in: R. Brändle/ E.W. Stegemann (Hgg.), Franz Overbecks unerledigte Anfragen an das Christentum, München 1988, S. 91–107.

7 Die sich selbständig entwickelnde Freundschaft zu Rohde ist als Briefwechsel dokumentiert: Franz Overbeck – Erwin Rohde. Briefwechsel hg. u. komm. v. Andreas Patzer, Supplementa Nietzscheana 1, Berlin, New York 1990.

8 Vgl. Gersdorff an Overbeck, 11. Februar 1874; Auszug in: Overbeckiana. Übersicht über den Franz-Overbeck-Nachlaß der Universitätsbibliothek Basel, Teil I «Die Korrespondenz Franz Overbecks», hg. v. Ernst Staehelin u. Matthäus Gabathuler, Basel 1962, S. 109. Zu Heinrich Romundt siehe die beiden Aufsätze von Hubert Treiber, Gruppenbilder mit einer Dame. Mit den Augen eines soziologischen Klassikers, samt einem Anhang für die 'Freunde der Wahrheit', in: Forum, Internationale Zeitschrift für kulturelle Freiheit, politische Gleichheit und solidarische Arbeit (Wien), Jänner/Februar 1988, S. 40-54; und:

haltsadressen. Ein grosser Teil des aus diesen Jahren erhaltenen Briefwechsels ist ausgefüllt mit diesbezüglichen Informationen – im übrigen mit Nachrichten und Wünschen Bücher und Zeitschriften betreffend, mit Mitteilungen über die gemeinsamen Freunde, mit persönlichen Lageberichten. Auf Nietzsches Seite wechseln die Schilderungen des mehr oder minder verzweifelten Kampfes mit seinem Körper und seiner Einsamkeit mit den Meldungen wiedergewonnener Selbstgewissheit in der Produktion seiner Werke. Overbeck berichtet von seinen Lektüren, seiner Lehrtätigkeit, seinen wissenschaftlichen Arbeiten, seinen Reisen – alles in allem berichtet er sehr viel weniger von sich, als daß er den Freund zu trösten und zu halten bemüht ist, im Versuch, ihm Antwort zu geben auf die im Lauf der Jahre zunehmende Verzweiflung an sich und seiner Existenz. Dieser Versuch erwies sich schliesslich als vergeblich. Overbecks Freundschaftstreue vermochte die Distanz der unterschiedlichen Lebensformen und -erfahrungen wie auch die spätestens mit Erscheinen des «Zarathustra» beginnende innere Distanz nicht zu überbrücken.

Im Januar 1889, alarmiert durch Botschaften zuerst an Jacob Burckhardt, dann an ihn selbst, die das Mass der im Lauf der Jahre vertraut gewordenen Töne von Überspanntheit überstiegen, reiste Overbeck nach Turin und fand Nietzsche in einem Zustand vor, der ihm die Rückholung nach Basel und die Einlieferung in die dortige Nervenklinik, die «Friedmatt» als unausweichlich erscheinen liessen. An der Richtigkeit dieses «Schrittes», an der Berechtigung der damit irreversibel eingeleiteten «Entmündigung» des Freundes, für die er glaubte, sich verantworten zu müssen, hat Overbeck späterhin schwer gezweifelt und gelitten – zumal ihm durch die «Überführung» Nietzsches nach Jena und Naumburg die Möglichkeit abgeschnitten war, weiterhin für ihn Sorge zu tragen. Sorge getragen hat er dann für dessen Werk und Nachlaß, solange bis die aus Paraguay zurückgekehrte Schwester ihm dies streitig und schliesslich unmöglich machte. Dem, was er bitter die «entreprise» der «Dame Förster» nannte, Elisabeth Förster-Nietzsches Archivgründung, stand er von Anfang an misstrauisch gegenüber. Er beantwortete zwar von dort kommende Informationsanfragen, war aber nicht bereit, die in seinem Besitz befindlichen Nietzscheana aus der Hand zu geben – ohne doch zu erreichen, was er wollte: sein persönliches Verhältnis zu Nietzsche, und sei es als seine persönliche Erinnerung, frei zu halten von den Usurpationen der «öffentlichen Meinung». Sein selbstverordnetes «öffentliches Schweigen» über Nietzsche kompensierte Overbeck mit Aufzeichnungen, in denen er für sein «privates Nietzsche-Archiv» sich selbst den Freund «auseinanderzusetzen» begann. Diese Aufzeichnungen, alphabetisch gegliedert nach Stichworten, waren angelegt in der Form seiner wissenschaftlichen «Collectaneen»-Sammlung und umfassen etwa 320 Blätter in Oktavformat.[13] Eine erste «Serie» solcher Aufzeichnungen zu Stichworten wie «Nietzsche (Atheismus)», «Nietzsche Christenthum», «Nietzsche und Ich», «Nietzsche und Lagarde», «Nietzsche und Proudhon», «Nietzsche Widersprüche» usw. verfaßte er von 1899 bis 1901, ursprünglich mit der Absicht, sie Heinrich Köselitz zu übergeben, mit dem er sich in gemeinsamer Distanz zum Nietzsche-Archiv glaubte. Nachdem Köselitz die Zusammenarbeit mit Elisabeth Förster-Nietzsche wieder aufgenommen hatte, brach Overbeck seine für ihn bestimmten Notate zunächst ab und begann dann eine zweite «Serie», mit zum Teil identischen Stichworten, deren letzter datierbarer Text vom 5. Mai 1905 stammt. Beiden «Serien» gemeinsam, wenn auch der zweiten in stärkerem Masse als der ersten, ist ihr reaktiver Charakter. Ein großer Teil der Stichworte verdankt sich ausgesprochen oder unausgesprochen der Auseinandersetzung mit der öffentlichen Diskussion um Nietzsche und der beginnenden Flut der Nietzsche-Literatur. In diesem «Diktat» der Gesichtspunkte, nach denen Overbeck seine erinnernde Auseinandersetzung mit dem Freund führte, liegt in gewisser Weise ein Scheitern seines Versuchs, diesen «für sich zu behalten». Für den heutigen Leser sind sie nicht zuletzt in dieser Hinsicht interessant und bemerkenswert. Zusammen mit seinen übrigen Nietzscheana, vor allem seinen Briefen, vermachte er diese Aufzeichnungen Carl Alb-

Wahlverwandtschaften zwischen Nietzsches Idee eines 'Klosters für freiere Geister' und Webers Idealtypus einer puritanischen Sekte. Mit einem Streifzug durch Nietzsches 'ideale Bibliothek', in: Nietzsche-Studien 21 (1992), S. 326–362.

9 Nachlaß Overbeck A 294; Siehe Kat. Nr. 1.25 und die farbige Abbildung in vorliegendem Band.

10 So titulierten sich nach Gottfried Kellers Helden aus Seldwyla die Basler Freunde selbst, vgl. z.B. Gersdorff an Overbeck, a.a.o. und Nietzsche an Wagner, um den 10. Oktober 1874, KSB 4, 265.

11 Ida Overbeck, Erinnerungen an Friedrich Nietzsche, zuerst gekürzt in: März, Jg. 1, 1907, Bd.3, S. 223–235, später auch in: Carl Albrecht Bernoulli: Franz Overbeck und Friedrich Nietzsche – Eine Freundschaft, 2 Bde, Jena 1908 I, S. 234–51; S. 336–346.

12 Menschen des XVIII. Jahrhunderts nach den Causeries du Lundi von Sainte-Beuve [übersetzt von Ida Overbeck] 1880.

13 Nachlass Overbeck, «Kirchenlexicon» A 232.

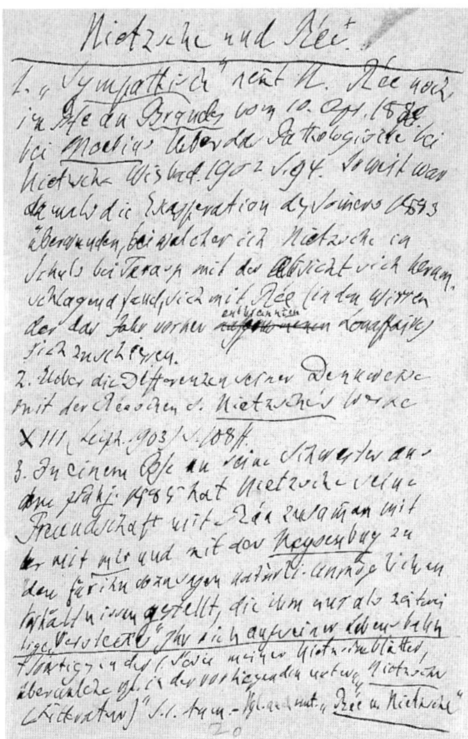

1.32. *Collectaneen Zettel zu Nietzsche und Rée.*

recht Bernoulli mit der Befugnis, sie nach seinem Tod zu publizieren. Sie sind zu einem beträchtlichen Teil, stilistisch bearbeitet, gekürzt und ohne durch Zitation kenntlich gemacht zu werden, in dessen monumentale Biographie[14] eingegangen. Die originalen Texte werden jetzt in der im Erscheinen begriffenen Overbeck-Ausgabe neu und vollständig ediert.[15]

Kurz vor seinem Tod fühlte sich Overbeck durch die Darstellung seiner Person im Schlußband von Elisabeth Förster-Nietzsches Nietzsche-Biographie schließlich doch gezwungen, sein Schweigen zu brechen und die so lange und zäh gemiedene öffentliche Auseinandersetzung mit ihr zu beginnen.[16] Bernoulli hat diese Auseinandersetzung und die Verteidigung Overbecks gegen die nach seinem Tod einsetzenden massiven Angriffe bis in langwierige gerichtliche Streitigkeiten hinein weitergeführt. Im Zuge dieses Streits hat er durch eigene Publikationen und durch seine «Verwaltung» des Overbeckschen «Nietzsche-Archivs» mit einigem Erfolg die sogenannte Anti-Weimarer Basler «Nietzsche-Tradition» begründet. Aber diese Geschichte gehört nicht mehr in den Rahmen dieser Skizze.[17]

2. *«Prof. Overbeck – der freieste Theolog ... und jedenfalls einer der größten Kenner der Kirchengeschichte»*

Selbstironisch hat Overbeck im späten Rückblick von seinem Leben gesagt, es sei eigentlich ein «conte à dormir debout» gewesen – und meinte damit die fast ausschliessliche Gelehrtenexistenz, als die er dieses Leben geführt hat.[18] Für Nietzsche muss gerade in der äußerlich so ruhigen Ausgeglichenheit und Selbstabgeschlossenheit dieser Existenz, an der er die «*Würde* und die *Anmuth* einer eigenen und wesentlich einsiedlerischen Richtung im Leben und Erkennen»[19] schätzte, eine starke Anziehung gelegen haben – und wohl auch einer der Gründe, aus denen heraus er sagen konnte, der Freund sei ihm so etwas wie seine «zweite und bessere Vernunft»[20] und, zusammen mit seiner Frau, «beinahe noch der letzte Fußbreit sicheren Grundes».[21] Es soll im folgenden noch, notwendig summarisch, von Overbeck als Wissenschaftler und glaubenslosem Theologen die Rede sein.

«Ich lese Dich so gern,» schrieb Nietzsche im März 1886 an Overbeck, «selbst noch abgesehn von dem, was man durch Dich lernt. Du verschlingst so artig Deine Gedanken, ich möchte fast sagen, *listig*, als ein Mensch der nuances, der Du bist. Der Himmel segne Dich dafür, in einem Zeitalter, das täglich plumper wird.»[22]

Overbecks Sprach- und Schreibstil war zugleich auch sein Denkstil: Vorbehaltvoll, wo immer möglich die Bejahung aus der Verneinung formulierend, in kompliziert verschachtelter Konstruktion sich entwickelnd und verwickelnd, seine Gegenstände im definitorischen Bemühen immer neu umkreisend. Er konzedierte sich selbst ein eigentümliches Talent, die Dinge «in sich zu zerdenken»,[23] positiver aber konnte er sagen: «Besitze ich eine Gabe, die ich mir vor den Meisten zutraue, so ist es eine gewisse Fähigkeit, mich bei der Betrachtung der Dinge von ihnen los- und aus ihnen herauszulösen.»[24] Der Gabe, sich von

[14] a.a. O., (Anm. 11).

[15] Franz Overbeck, Werke und Nachlaß in neun Bänden, Stuttgart 1994ff.; die Aufzeichnungen über Nietzsche erscheinen in Bd.7.

[16] Meine Antwort auf Frau Dr. Förster-Nietzsches neueste Publikation ihren Bruder betreffend, in: Frankfurter Zeitung 1904, Nr. 343, 10. Dezember, 1. Morgenblatt; abgedruckt auch in: Overbeck-Rohde-Briefwechsel, a.a.O. (Anm. 7).

[17] Die Einzelheiten der Auseinandersetzung zwischen Overbeck und dem Nietzschearchiv berichtet ausführlich David M. Hoffmann, Zur Geschichte des Nietzsche-Archivs. Supplementa Nietzscheana Bd. 2, Berlin, New York 1991 (mit weiterer Literatur), sowie: ders., Das Basler Nietzsche-Archiv, Basel: Universitätsbibliothek 1993.

[18] Vgl. hierzu Overbecks nachgelassene autobiographische Aufzeichnungen, teilveröffentlicht unter dem Titel «Selbstbekenntnisse» durch Eberhard Vischer, Basel 1941; demnächst vollständig zugänglich, vgl. a.a.O. (Anm. 15); zu Biographie und Werk außerdem grundlegend: Bernoulli, Overbeck – Nietzsche ..., a.a.O. (Anm. 11); Walter Nigg, Franz Overbeck. Versuch einer Würdigung, München 1931; Arnold Pfeiffer, Franz Overbecks Kritik des Christentums, Göttingen 1975, Niklaus Peter, Artikel «Franz Overbeck», in: Theologische Realenzyklopädie (erscheint 1995) mit ausführlicher Bibliographie.

[19] Nietzsche an Overbeck, Genua zweite Hälfte November 1880, KSB 6, S. 49.

[20] Nietzsche an Overbeck, 22. September 1879, KSB 5, S. 446.

[21] Nietzsche an Overbeck, 25. Dezember 1882, KSB 6, S. 313.

[22] Nietzsche an Overbeck, 25. März 1886, KSB 7, S. 162.

[23] Overbeck, «Selbstbekenntnisse», a.a.O. (Anm. 18), S. 73.

[24] ebd., S. 147.

den Dingen los- und aus ihnen herauszulösen korrespondierte ein von Overbeck häufig betonter, diese «Gabe» vielleicht erst ermöglichender Wesenszug, die ihn selten verlassende Empfindung innerer und äußerer Fremdheit. Diese Fremdheit reicht wohl zurück in die Kindheit.[25] Overbeck wurde in Petersburg als Sohn eines aus England eingewanderten, englisch naturalisierten deutschen Kaufmanns und einer ebenfalls aus einer Kaufmannsfamilie stammenden französischen Mutter geboren und wuchs dort bis zu seinem 9. Lebensjahr in einem Milieu auf, das sich seinen gegenüber der russischen Bevölkerung privilegierten Status nur durch Nichtassimilierung erhalten konnte. Er lernte relativ spät diejenige Sprache, in der er sich sein späteres Leben hindurch zu formulieren suchte: Im Elternhaus sprach man nicht deutsch, sondern französisch, mit den Bekannten englisch, im übrigen russisch. Auf diese komplizierte sprachliche Sozialisation mögen manche Besonderheiten seines eigentümlichen Schreibstils zurückzuführen sein. Sowenig wie eine Muttersprache wurde ihm eine bestimmt ausgeprägte religiöse Erziehung vermittelt: Die Mutter war katholisch, der Vater evangelisch, die Schule, die er für ein Jahr in Petersburg besuchte, war reformiert, das Internat, das er 1846–1848 in der Nähe von Paris besuchte, katholisch. Den Druck so ausgeprägt protestantischer Erziehung, wie ihn Nietzsche im Pfarrhaus zu Naumburg erfuhr, hat Overbeck so wenig zu spüren bekommen, dass er später sagen konnte, die Frage, ob man auch sei, als was man geboren, z.B. als Christ, habe sich für ihn nie in dem Interesse gestellt, «das Christenthum los zu werden». «Denn dazu bin ich nie vollkommen genug in seinen Fesseln gewesen, in keiner Periode meines Lebens habe ich es als Vergewaltigung empfunden, sondern meine in dieser Hinsicht stets empfundene Freiheit hat mich zur Frage geführt, ob ich wirklich bin, als was ich geboren bin.»[26]

Overbeck studierte Theologie in Leipzig, Göttingen, Berlin und Jena. Er beendete sein Studium mit der Überzeugung, dass das Christentum in der nachaufklärerischen Moderne an sein historisches Ende gekommen sei. Neben der Beschäftigung mit Shaftesbury und der Lektüre Schopenhauers[27] nennt er seine damals geknüpfte Freundschaft mit Heinrich von Treitschke als wichtigste Bestätigungen dieser Überzeugung. «Was mich selbst anbetrifft», schreibt er später über Treitschke, «so kann ich ihn nur zu meinen Erziehern im Unchristenthum, zu den Bestätigern meiner selbst in der im Verhältniß zum Christenthum empfundenen Fremdheit rechnen.»[28]

Er machte aus dieser «Fremdheit» seine wissenschaftliche Aufgabe: das Christentum als «historisches Problem» zu untersuchen, ohne es noch positiv theologisch zu vertreten. Anknüpfend an die hermeneutischen Prinzipien der historischen Kritik des Neuen Testaments, wie sie Ferdinand Christian Baur und David Friedrich Strauß entwickelt hatten, suchte Overbeck die Diskontinuität und wesentliche Unvermittelbarkeit von antikem Christentum und moderner Kultur nachzuweisen. Wesentliches Merkmal des ursprünglichen, in der jüdisch-griechisch-römischen Welt verwurzelten Christentums sei die kulturablehnende, asketische Orientierung auf ein nahe bevorstehendes Weltende gewesen. In Reaktion auf die enttäuschte Parousieerwartung habe das Christentum dann einen Akkulturationsprozess durchlaufen, in dem es ihm gelang, sich als Kirche zu institutionalisieren und zu einem Jahrhunderte überdauernden gesellschaftlichen und politischen Machtfaktor zu werden. Ein Prozess, der durch die apologetische und akkomodierende Vermittlungsarbeit der Theologie eingeleitet, vorangetrieben und unterhalten wurde und zugleich ein Prozess, der für Overbeck notwendig und unaufhebbar zur Selbstentfremdung des Christentums von seiner ursprünglichen religiösen Substanz führte.

Geschlossen formulierte er seine Auffassungen zusammen mit einer scharfen Kritik der zeitgenössischen theologischen Wissenschaft zuerst 1873 in seiner Streitschrift «Über die Christlichkeit unserer heutigen Theologie», an der, wie er selbst in der Einleitung zur Neuauflage von 1903 bezeugt, seine Freundschaft mit Nietzsche «mitgeschrieben» hatte.[29] Das kulturreformerische Manifest der «Geburt der Tragödie», mit dem dieser 1872 an die Öffentlichkeit getreten war, hatte bereits mit

[25] Vgl. die ausführliche Schilderung seines Entwicklungsgangs in «Selbstbekenntnisse» S. 74–101.
[26] ebd., S. 157.
[27] Overbeck las 1860 in Berlin «mit größter Begeisterung und Hingerissenheit» vor allem die Abhandlung «Über Religion» in den Parerga und Paralipomena: Nachlass Overbeck, «Kirchenlexicon», A 239 Artikel: «Treitschke (Heinr. v.) und Fichte».
[28] Nachlass Overbeck, «Kirchenlexicon» A 239 Artikel: «Treitschke (Characteristik) Christenthum».
[29] Vgl. zur «Lection» der Geburt der Tragödie Niklaus Peter, Im Schatten der Modernität. Franz Overbecks Weg zur Christlichkeit unserer heutigen Theologie, Stuttgart 1992, S. 119–162.

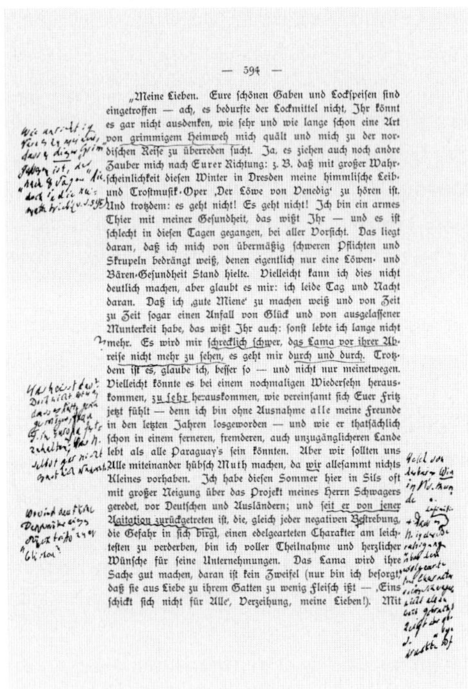

— 594 —

„Meine Lieben. Eure schönen Gaben und Lockspeisen sind eingetroffen — ach, es bedurfte der Lockmittel nicht, Ihr könnt es gar nicht ausdenken, wie sehr und wie lange schon eine Art von grimmigem Heimweh mich quält und mich zu der nordischen Reise zu überreden sucht. Ja, es ziehen auch noch andre Zauber mich nach Eurer Richtung: z. B. daß mit großer Wahrscheinlichkeit diesen Winter in Dresden meine himmlische Leib- und Trostmusik-Oper ‚Der Löwe von Venedig' zu hören ist. Und trotzdem: es geht nicht! Es geht nicht! Ich bin ein armes Thier mit meiner Gesundheit, das wißt Ihr — und es ist schlecht in diesen Tagen gegangen, bei aller Vorsicht. Das liegt daran, daß ich mich von übermäßig schweren Pflichten und Skrupeln bedrängt weiß, denen eigentlich nur eine Löwen- und Bären-Gesundheit Stand hielte. Vielleicht kann ich dies nicht deutlich machen, aber glaubt es mir: ich leide Tag und Nacht daran. Daß ich ‚gute Miene' zu machen weiß und von Zeit zu Zeit sogar einen Anfall von Glück und von ausgelassener Munterkeit habe, das wißt Ihr auch: sonst lebte ich lange nicht mehr. Es wird mir schrecklich schwer, das Lama vor ihrer Abreise nicht mehr zu sehen, es geht mir durch und durch. Trotzdem ist es, glaube ich, besser so — und nicht nur meinetwegen. Vielleicht könnte es bei einem nochmaligen Wiedersehn herauskommen, zu sehr herauskommen, wie vereinsamt sich Euer Fritz jetzt fühlt — denn ich bin ohne Ausnahme alle meine Freunde in den letzten Jahren losgeworden — und wie er thatsächlich schon in einem ferneren, fremderen, auch unzugänglicheren Lande lebt als alle Paraguay's sein könnten. Aber wir sollten uns Alle miteinander hübsch Muth machen, da wir allesammt nichts Kleines vorhaben. Ich habe diesen Sommer hier in Sils oft mit großer Neigung über das Projekt meines Herrn Schwagers geredet, vor Deutschen und Ausländern; und seit er von jener Agitation zurückgetreten ist, die, gleich jeder negativen Bestrebung, die Gefahr in sich birgt, einen edelgearteten Charakter am leichtesten zu verderben, bin ich voller Theilnahme und herzlicher Wünsche für seine Unternehmungen. Das Lama wird ihre Sache gut machen, daran ist kein Zweifel (nur bin ich besorgt, daß sie aus Liebe zu ihrem Gatten zu wenig Fleisch ißt — ‚Eins schickt sich nicht für Alle', Verzeihung, meine Lieben!). Mit

1.33. Eine Seite aus Elisabeth Förster-Nietzsches Nietzsche-Biographie mit Anmerkungen Franz Overbecks.

den Hoffnungen, die darin für eine deutsche Kunstkultur im Zeichen von Bayreuth formuliert waren, ganz dezidierte religionspolitische Ambitionen verbunden – wie insbesondere die Notate aus dem Nachlass deutlich machen. Die «Reste des religiösen Lebens» seien «zu beseitigen, weil sie matt und unfruchtbar sind und die Hingebung an ein eigentliches Ziel abschwächen»,[30] «das praktische Ziel» müsse die «Auflösung der noch lebenden religiösen Empfindungen in's Bereich der Kunst»[31] sein, und rückblickend heißt es in den Notizbüchern aus dem Sommer 1878: «Ich will es nur gestehen: ich hatte gehofft, durch die Kunst könne den Deutschen das *abgestandene Christentum* völlig verleidet werden.»[32] «Dabei meinte ich in Wagner's Kunst den Weg zu einem deutschen Heidenthum entdeckt zu haben, mindestens eine Brücke zu einer spezifisch unchristlichen Welt- und Menschenbetrachtung.»[33]

Eine «unchristliche Welt- und Menschenbetrachtung», das war das von Overbeck geteilte Anliegen, bei ihm allerdings in entschieden areligiösem Interesse – ein neues Heidentum lag ausserhalb seines Horizontes.

Die Frage nach dem Verhältnis von Religion und Kultur lag in den Jahren nach der Reichsgründung gewissermaßen 'in der Luft'. 1872, im gleichen Jahr wie die «Geburt der Tragödie», erschienen zwei Abhandlungen, die das Thema im Titel führten, auch sie davon ausgehend, dass das Christentum als kulturtragende Macht an sein Ende gekommen sei: «Der alte und der neue Glaube. Ein Bekenntniss» von David Friedrich Strauß und «Ueber das Verhältniss des deutschen Staates zu Theologie, Kirche und Religion» von Paul de Lagarde. Gegen diese beiden Abhandlungen griff nun Overbeck zur Feder: weder des ersteren Entwurf einer säkularen Religion, die sich auf den Genuss von Kunst, Kultur und Wissenschaft beschränkte, noch des anderen Konzeption einer Nationalen Religion war für ihn akzeptabel. Er wollte als Theologe Religion und Christentum nicht anders als «kritisch», und das hieß für den Anhänger der Tübinger Schule «historisch» betrachten. Seine Streitschrift verstand er als grundsätzliche Auseinandersetzung mit der wissenschaftlichen Aufgabenstellung der Theologie. Ein nennenswertes öffentliches Echo hat er mit ihr nicht gefunden – jedenfalls keine Diskussion, die ihm als ernsthafte Auseinandersetzung hätte gelten können. Er zog sich in der Folge auf streng historische Arbeiten zurück, welche die praktische Anwendung seiner Auffassung von wissenschaftlicher Kritik des Christentums geben sollten.

Der Schwerpunkt dieser Arbeiten lag im Bereich der frühen Kirchengeschichte, als das Christentum begann, sich organisatorisch und ideologisch zu institutionalisieren, d. h. in der Zeit vom 2. bis zum 5. Jahrhundert. Sowohl mit der schmalen Reihe seiner Veröffentlichungen als auch mit den umfangreichen Zettelsammlungen seines «Kirchenlexikons» verfolgte er das umfassendere Projekt einer «profanen Kirchengeschichte», von der Voraussetzung ausgehend, daß die Geschichte des Christentums historisch nicht anders zu fassen sei denn als integraler Bestandteil der sogenannt «weltlichen» Geschichte: Ohne dogmatisches Interesse und ohne teleologische oder morali-

[30] Nietzsche, Nachlass 1871, 9[94], KSA 7, S. 309.

[31] Nietzsche, Nachlass Winter 1869-70 – Frühjahr 1870, 3[60], KSA 7, S. 76.

[32] Nietzsche, Nachlass Sommer 1878, 30[77], KSA 8, S. 535.

[33] a.a.O., 30[68], KSA 8, S. 533.

sche Kategorien, stattdessen mit der Freiheit des Historikers, der die Gesichtspunkte für die Behandlung seiner Gegenstände aus ihren jeweils spezifischen Gegebenheiten sich erst entwickelt – nicht als Geschichte Heiliger Texte und überweltlich legitimierter Institutionen, sondern bezogen auf die kulturellen, politischen und sozialen Bedingungen, auf die Texte wie Institutionen reagierten, von denen sie beeinflusst waren und die wiederum von ihnen beeinflusst wurden.

In seinen «Studien zur Geschichte der alten Kirche» (1875) untersuchte er u.a. das Verhältnis der Kirche zur Sklaverei und zeigte, daß das frühe Christentum dieser als Institution keineswegs kritisch gegenübergestanden hat, wie es die christlich-moralische Selbstbegründung der Moderne behauptete. Die Wahrnehmungsschärfe, mit der Overbeck hier auf die Differenz historischer Konstellationen und ihrer dogmatisch-ideologischen Verarbeitung verweist, berührt sich mit dem zeitgleichen Interesse Nietzsches an der Kritik des classizistisch-bildungsbürgerlich abgeleiteten Humanitätsbegriffs. Anders als Nietzsche aber beschränkte sich Overbeck streng auf die historische Analyse, ohne aus ihr gegenwartsreformerische Nutzanwendungen zu ziehen. Sein Interesse konzentrierte sich daneben auf die Frage nach den Entstehungsbedingungen, den spezifischen Formen und den Funktionen der christlichen Literatur. In seiner einflussreichen Abhandlung «Über die Anfänge der patristischen Literatur» (1882) und den als Vorstudien dazu konzipierten «Studien zur Geschichte des Kanons» (1880) lenkte er zuerst mit aller Entschiedenheit die Aufmerksamkeit auf die hermeneutische Schranke, die für den Historiker durch die *Kanonisierung* dieser Literatur konstituiert ist – eine Schranke, die zwar jeden unmittelbaren dogmatisch-theologischen Rückgriff auf diese Literatur unmöglich mache, aber umso mehr über die spezifischen Traditionsbedingungen religiöser Texte lehren könne. Insbesondere zum Mechanismus und zur Funktion von Kanonisierungsprozessen hat er neben seinen Veröffentlichungen umfangreiches Material gesammelt. Ein eigenes intensives Arbeitsgebiet waren die Untersuchungen zur Kirchengeschichte des Eusebius, die er als Dokument des sich der römischen Welt assimilierenden Christentums untersuchte. In ihr fand er einerseits formal ganz spezifische Muster der profanen, römischen Historiographie angewendet, andererseits liess sie für ihn paradigmatisch die Verfahrensweisen religiös legitimierender Geschichtsschreibung erkennen.[34] In seinen Untersuchungen zur Theologie- und Kirchengeschichte des frühen Mittelalters interessierte sich Overbeck vor allem für Kontinuität und Diskontinuität der antiken Elemente des Christentums bei dessen Transformierung in die neuen geographischen, sozialen und kulturellen Räume.[35]

Nach seiner Emeritierung im Jahre 1897 wendete Overbeck sich erneut der Beobachtung und Analyse des Verhältnisses von Religion und Kultur in der Moderne zu. Er begann sich mit dem wachsenden Ansehen der Theologie in der Kultur des deutschen Kaiserreichs auseinanderzusetzen, dessen Ausmass ihn überraschte, wenn nicht schockierte. Er war so tief überzeugt von der Evidenz der historischen Überholtheit des Christentums, daß er den Bestrebungen insbesondere der liberalen protestantischen Theologie, durch Anpassung und Modernisierung das Christentum als kulturtragenden Faktor zu erhalten, zunächst wenig Glauben und um so mehr Spott entgegenbrachte. Mit der Zeit erst erkannte er den religiösen Legitimierungsbedarf der wilhelminischen Kultur und den faktischen Erfolg des Bündnisses von Thron und Altar. Er begann, sich zur Wiederaufnahme der Auseinandersetzung vorzubereiten, die er 1873 in seiner Streitschrift über die «Christlichkeit unserer heutigen Theologie» bereits schlagend geführt zu haben meinte. Die Materialien, die er für diese Auseinandersetzung sammelte, konzentrieren sich zunächst auf die Theologie Albrecht Ritschls und seiner Schule, und dann insbesondere auf Adolf von Harnack, der mit seinen im Jahre 1900 gehaltenen, in rasant wachsender Auflagenzahl publizierten Vorlesungen über das «Wesen des Christentums» wie kaum ein Theologe seit Schleiermacher Einfluss auf das gebildete Publikum gewann.

Overbeck registrierte die Erfolgstendenzen des sogenannten Kulturprotestantismus auf

[34] Aus seinen umfangreichen Materialien hat er nur zwei Detailstudien veröffentlicht: «Über die Anfänge der Kirchengeschichtsschreibung» (1892) und «Die Bischofslisten und die apostolische Nachfolge in der Kirchengeschichte des Eusebius» (1898).

[35] Overbeck hat diese Untersuchungen nicht veröffentlicht; vgl. die aus Nachlassmaterialien zusammengestellte Vorlesung über «Vorgeschichte und Jugend der mittelalterlichen Scholastik», die Carl Albrecht Bernoulli 1917 herausgegeben hat.

der Ebene der religiösen Organisationen und im Bereich der öffentlichen Medien, in der Wissenschaftsorganisation und in der Filiation mit den Interessen der politischen Parteien. Er analysierte die offen und verdeckt religiösen Unterströmungen insbesondere des deutschen Nationalismus und Imperialismus, kommentierte den «Bibel-Babelstreit», die Flottenpolitik Wilhelms II., die Folgen des Bismarckschen Kulturkampfs, die Reconfessionalisierung der religiösen Parteien, sammelte Charakteristiken wichtiger Zeitschriften wie der «Christlichen Welt» und suchte das Phänomen «Öffentliche Meinung» zu analysieren. Schliesslich aber gelang ihm eine Zusammenfassung und Bündelung dieser Materialien in einer neuen Streitschrift gegen die moderne Theologie nicht mehr, und auch das grosse Projekt der profanen Kirchengeschichte blieb auf die blosse, wenngleich sehr weitgreifende Materialsammlung beschränkt. Aus dieser Materialsammlung hat nach dem Tod Overbecks Carl Albrecht Bernoulli einen Querschnitt veröffentlicht unter dem Titel «Christentum und Kultur – Gedanken und Anmerkungen zur modernen Theologie von Franz Overbeck». Dieses Buch, 1919 erschienen, hat den Namen Overbecks zuerst über den Nietzschekreis hinaus bekannt gemacht und ihm zu einer Wirkungsgeschichte verholfen, die allerdings auf fundamentalen Missverständnissen beruht.

Overbecks lebenslang verfolgtes Interesse richtete sich auf eine Kultur, die im Verzicht auf eine historisch überholte christliche oder andersgeartet religiöse Selbstbegründung zur Gleichzeitigkeit mit sich selbst gebracht wäre. Kritische Distanz, Beschränkung auf Rationalität und Skepsis gegenüber metaphysisch orientierten Erkenntnisinteressen waren ihm unabdingbare Denkvoraussetzungen. Diese Denkvoraussetzungen führten ihn dazu, daß er alle religionsstifterischen Tendenzen seines Freundes Nietzsche ebenso kritisch kommentierte wie zuletzt auch seine Christentumskritik, die er – wohl nicht zu Unrecht – als «hyperprotestantisch» apostrophierte.

Overbeck, der in seinen Aufzeichnungen über ihre Freundschaft notierte, ihr beiderseitiges Verhältnis habe von Anfang an unter einer starken Spannung aus Anziehung und Differenz gestanden, ist nie zu einem Adepten Nietzsches geworden. Aber er hat auch nie verkannt, was er dem Umgang mit ihm an Freiheit des Denkens verdankte und hat seinerseits die Radikalität, in der Nietzsche in dieser Freiheit mit sich selbst experimentierte, verteidigt. Es liegt in der Bildsprache, deren er sich zu dieser Verteidigung bediente, etwas wie eine Antwort auf den eingangs zitierten Brief, den er 1881 aus Genua erhalten hatte:

«Nietzsche's Versuch ist ein *ernster* Versuch, die *Welt* verständig zu begreifen[,] nicht, oder doch nur einer, den die Verzweiflung auf der Fahrt gepackt und der sein Fahrzeug selbst dabei preisgegeben hat (was N. lange vor dem Ausbruch seines Wahnsinns getan hat). Ans Ziel gelangt ist auf der Fahrt, die ich hier meine, noch niemand, und insofern ist auch N. darauf nicht mehr misslungen als Anderen. Was sich ihm versagte, war nur das Glück, das Anderen Glücklicheren, dgl. ich gekannt, günstig gewesen ist. Gescheitert ist *er* freilich, aber doch nur so, dass er gegen die unternommene Fahrt als Argument nur so gut und so schlecht dienen kann, wie die Schiffbrüchigen gegen das Beschiffen des Meeres. Wie wer einen Hafen erreicht hat seinen schiffbrüchigen Vorgänger als einen Schicksalsgenossen anzuerkennen sich am allerwenigsten weigern wird, so auch nicht die glücklicheren Meerfahrer, die sich auf ihrer ziellosen Fahrt wenigstens mit ihrem Fahrzeug zu behaupten vermocht haben, in Hinsicht auf Nietzsche.»[36]

[36] Nachlass Overbeck, «Kirchenlexicon» A 235, Artikel: «Rationalismus (Allgemeines)».

Andreas Cesana

Bachofen und Nietzsche

Als Friedrich Nietzsche im Frühjahr 1869 nach Basel kam, um seine Lehrtätigkeit an Universität und Pädagogium aufzunehmen, lag die Veröffentlichung von Johann Jakob Bachofens «Mutterrecht», dessen wichtigstem und später berühmtestem Werk, bereits acht Jahre zurück. Dieses Buch, das heute zu den unvergeßlichen Klassikern der Kulturgeschichtsschreibung zählt, dürfte freilich Nietzsche damals noch fremd und sogar seinem Titel nach unbekannt gewesen sein: Bachofens Hauptwerk stieß bei der Fachwelt auf Verständnislosigkeit. Die offizielle Altertumswissenschaft reagierte entweder verärgert oder mit Schweigen. Eine Auseinandersetzung mit der eigenwilligen, wenngleich zukunftsweisenden These des Basler Privatgelehrten, daß die Geschichte der Menschheit mit einer Epoche der Vorherrschaft der Frau begonnen habe, fand nicht statt. Bachofen und sein Werk sind erst in unserem Jahrhundert zu öffentlicher Anerkennung gelangt.

Als dann knapp drei Jahre nach seiner Ankunft in Basel, im Januar 1872, Nietzsches erste größere Publikation, die «Geburt der Tragödie aus dem Geiste der Musik», erschien, wiederholte sich, was bei der Veröffentlichung von Bachofens «Mutterrecht» geschehen ist: Die Fachwelt reagierte verärgert und verständnislos. Dem Buch blieb die Anerkennung als wissenschaftlicher Beitrag versagt, Methode und Sprache wurden abgelehnt und die spekulativen Elemente als Rückfall in die vorwissenschaftliche Altertumsforschung qualifiziert. Anders als im Fall von Bachofens «Mutterrecht», das nach seinem Erscheinen bald in Vergessenheit geraten war, rief die «Geburt der Tragödie» eine kleine Kontroverse hervor, ausgelöst durch die scharfe, unerbittliche Kritik des jungen Ulrich von Wilamowitz-Möllendorff.[1] Damit war der wissenschaftliche Ruf Nietzsches von Anfang an negativ belastet: Er sei, so schreibt er Mitte November 1872 an Richard Wagner, unter seiner Fachgenossenschaft plötzlich so verrufen, daß die kleine Universität Schaden leide.[2]

Anders verhielt es sich bei Bachofen: Bei den wissenschaftlichen Veröffentlichungen seiner ersten Lebenshälfte handelte es sich ausschließlich um rechtshistorische Arbeiten, mit denen er sich einen soliden wissenschaftlichen Ruf erwarb. Erst seit der Jahrhundertmitte trat jenes Forschungsinteresse in den Vordergrund, das dann zur Konfrontation mit der Fachwissenschaft führte. Bachofen war jedoch weder auf die Zustimmung der Altertumswissenschaft noch auf akademische Karriere angewiesen: Er betrieb seine Forschungen als unabhängiger Privatgelehrter. Die Bachofens, seit dem 16. Jahrhundert in Basel ansäßig, waren seit mehreren Generationen als Kaufleute und Unternehmer auf dem Gebiet der Seidenbandweberei tätig und hatten es zu bedeutendem Reichtum und Ansehen gebracht. Es ist die im Wohlstand der Familie begründete materielle Unabhängigkeit, die es Bachofen überhaupt erst ermöglichte, sein Leben Arbeiten zu widmen, «die keinerlei pecuniären Ertrag liefern».[3]

Es ist nun zu fragen, ob das gemeinsame Schicksal der Ablehnung durch die Fachwissenschaft nicht auf eine Gemeinsamkeit oder gar innere Verwandtschaft schließen lasse und ob am Ende vielleicht sogar ein Einfluß Bachofens auf Nietzsche anzunehmen sei. Die Frage ist nicht abwegig; und zwar nicht nur wegen der persönlichen Bekanntschaft der beiden, sondern vor allem deswegen, weil ein erster vergleichender Blick auf die genannten

1 Siehe dazu im vorliegenden Band den Beitrag von Joachim Latacz, «Fruchtbares Ärgernis».
2 KSB Bd. 4, S. 89.
3 Ges. Werke, Bd. X, S. 157 (Brief an J.G. von Cotta, 11.2.1857).

J. J. Bachofen.

Schriften eine ganze Reihe von Gemeinsamkeiten erkennen läßt: Beide Werke geben eine Deutung, eine Vision der alten Welt, die sich mit den Mitteln historisch-kritischer Quellenforschung nicht rechtfertigen läßt. In beiden Fällen richtet sich das leitende Interesse auf die innere Geschichte «hinter» der äußeren Ereignisgeschichte: auf die anonymen Mächte, die sakralen Stimmungen, die lebensbestimmenden Gefühle, Sehnsüchte und Ideen im Hintergrund. Beide setzen damit dem damals maßgebenden klassischen Griechenlandbild eine neue Sicht entgegen, das den irrationalen, emotionalen und spirituellen Seiten des

[4] Charles Andler, Nietzsche. Sa vie et sa pensée, Bd. 2, Paris 1920, S. 258ff.

[5] Carl Albrecht Bernoulli, Franz Overbeck und Friedrich Nietzsche. Eine Freundschaft, Bd. 2, Jena 1908, S. 331.

[6] Carl Albrecht Bernoulli (1868–1937), Schüler Franz Overbecks, Kirchen- und Religionshistoriker sowie Schriftsteller, ist nicht nur der Verfasser

Luise Bachofen-Burckhardt.

griechischen Lebens gerecht zu werden sucht. Bei beiden Autoren macht sich die Distanz zur Fachwissenschaft nicht zuletzt schon durch die Eigenart und Ausdrucksmächtigkeit ihrer Sprache bemerkbar. Besonders augenfällig ist schließlich die Übereinstimmung in der Rolle, die das durch Nietzsche bekannt gewordene Begriffspaar des Dionysischen und Apollinischen bereits in Bachofens Werken spielt: Auch für ihn verbindet sich dieses polare Begriffspaar mit der Abfolge zweier Religionssysteme und Entwicklungsstufen des alten Lebens. Eine besonders eingehende Darstellung seiner Auffassung des Apollinischen und Dionysischen findet sich in seiner 1867 erschienenen «Unsterblichkeitslehre der orphischen Theologie auf den Grabdenkmälern des Altertums».

Diese Übereinstimmung in einigen zentralen Punkten legt die Vermutung nahe, es könne zwischen der Geschichtsvision Bachofens und der Griechendeutung seines um 29 Jahre jüngeren Basler Fachkollegen ein Abhängigkeitsverhältnis bestanden habe. Was die persönliche Beziehung der beiden betrifft, so haben sich freilich nur wenige Dokumente erhalten: ein paar Stellen in Nietzsches Briefwechsel, Charles Andlers Hinweise auf Nietzsches Besuche beim Ehepaar Bachofen[4], Nietzsches Erinnerung an das «wunderschöne» Klavierspiel von Frau Bachofen,[5] ferner der Eintrag im Ausleihjournal der Basler Universitätsbibliothek, daß sich Nietzsche im Juni 1871 Bachofens «Gräbersymbolik» ausgeliehen hat, und schließlich ein Brief von Louise Elisabeth Bachofen-Burckhardt, der Witwe des 1887 Verstorbenen. In diesem Brief vom 17. November 1909, der an Carl Albrecht Bernoulli[6] gerichtet ist, erinnert sich Frau Bachofen folgendermaßen: «Meine Beziehungen zu Nietzsche [sic] beschränken sich *nur* auf die paar ersten Jahre seines Hierseins, er war ein Jahr älter als ich, wir waren Beide damals noch sehr jung und wie Sie sich denken können war er für mich nicht der grosse Professor und Philosoph sondern wir verkehrten freundschaftlich harmlos und lustig mit einander. Mein lieber Mann auch mochte ihn gerne und ich weiss dass Nietzsche ihn sehr verehrte[,] er hatte es mir oft gesagt. Damals erschien die 'Geburt der Tragödie' wovon mein Mann sehr entzückt war und sich viel von Nietsche versprach. – Dann aber kamen seine weitern Schriften die mein Mann ganz ablehnend beurtheilte und seiner Gesinnung nach so beurtheilen musste, und da wurde nach und nach der schöne Verkehr getrübt und abgebrochen. Ich freue mich aber immer dass ich Nietsche in dieser frühen Zeit kennen lernte, damals als er noch für Wagner schwärmte, und *wie* schwärmte er! Jeden Sonntag reiste er nach Luzern und kam Jedesmal erfüllt von seinem dortigen Gott zurück und erzählte mir von all' dem Herrlichen das er gesehen und

des zweibändigen, bei seinem Erscheinen (1908) aufsehenerregenden Werks «Franz Overbeck und Friedrich Nietzsche. Eine Freundschaft», sondern er hat mit seinen Publikationen über Bachofen auch wesentlich zur Bachofen-Renaissance der zwanziger Jahre beigetragen. Bernoulli, darin angeregt durch Ludwig Klages, würdigte Bachofen als den genialen Entdecker und Erschließer des frühgeschichtlichen Bewußtseinszustandes.

gehört, ich glaube ganz entschieden der Bruch mit Wagner war für Nietzsche ein Todesstoss, jedenfalls war er nachher ein ganz veränderter Mensch. Entschuldigen Sie meine lange Schreiberei. Sie wissen ja das Alles viel besser als ich, obwohl vielleicht von der freundlichsten, sonnigen Zeit im Leben Nietzsches Ihnen wohl wenig bekannt sein wird wenigstens nicht aus Erfahrung denn dazu sind Sie viel zu jung.»[7]

Dieses Dokument mit seinem eindrücklichen Bild des jungen Nietzsche bestätigt zugleich, was sich eigentlich von selbst versteht: Bachofen war von der «Geburt der Tragödie» «entzückt»; sie mußte ihn schon deswegen ansprechen, weil sich Nietzsche um einen unmittelbaren, intuitiven und zugleich persönlichen Zugang zum Verständnis der antiken Welt bemühte, und zwar unter Zurückweisung der aktuellen fachwissenschaftlichen Ausrichtung auf objektive Faktenermittlung. Bachofens eigene Werke sind aus einer vergleichbaren Haltung der Opposition gegen die historischen Fachwissenschaften entstanden. Die besondere Faszination, die von den Schriften Bachofens ebenso wie von Nietzsches «Geburt der Tragödie» ausgeht, hängt ja gerade damit zusammen, daß in ihnen eine Dimension von Geschichte und Menschsein thematisiert wird, die außerhalb des gewohnten Rahmens historischer Betrachtungen liegt.

Bachofens wie Nietzsches Kritik an der zeitgenössischen Altertumswissenschaft zielt auf den naiven Glauben, durch Reduktion der Geschichte auf das wissenschaftlich allein Feststellbare, also auf das Sachliche und Faktische, ließe sich historische Objektivität erreichen. Gerade eine solche Beschränkung auf das Ereignishafte und Datenmäßige führt zu einer Verfälschung, denn es ist eine Illusion zu meinen, die geschichtliche Realität könne je allein aus den Fakten rekonstruiert werden. Die Beschränkung auf das Faktisch-Reale führt am Wesen und eigentlichen Geschehen von Geschichte vorbei. Darum muß über die bloße «Kenntnisnahme des Tatsächlichen»[8] hinausgegangen, die Real- zur Idealerkenntnis erhoben werden. Bachofens Werke behandeln keine Ereignisse und keine Daten, sie berichten weder von historischen Persönlichkeiten noch von deren Handlungen, sie ignorieren die «äußeren» Geschehnisse, aber sie thematisieren das verborgene Geschehen «dahinter», die «innere» Geschichte also: die namenlosen Mächte, die religiösen Vorstellungen, die Anschauungs- und Erlebnisformen, die Symbole und Mythen, die Sitten und Gebräuche. Ganz ähnlich hat auch Nietzsche festgestellt, daß Einsicht und Verständnis der antiken Welt die Überschreitung des Ereignishaften und des als Faktum Konstatierbaren zur Voraussetzung haben: «Der historische Thatbestand hat etwas Erstarrendes, Medusenhaftes, das nur dem Auge des Dichters schwindet. Aus den Blöcken der historischen Thatsachen müssen wir uns erst Statuen heraushauen.»[9]

Nietzsches Aussage, daß nur der Dichter in der Lage sei, die eigentlichen, die inneren Gehalte der Geschichte zu erfassen, hat ihre Parallele in Bachofens wiederholt geäußerten Überzeugung, ohne innere Verwandtschaft, emotionale Beziehung und Kongenialität zwischen Erkenntnissubjekt und Erkenntnisgegenstand sei ein angemessenes Verständnis schlechterdings unmöglich. Weil Selbst- und Fremderfahrung miteinander verknüpft seien, bleibe das absolut Fremde, also das, was außerhalb des eigenen Vorstellungshorizonts liege, prinzipiell unzugänglich. In diesem Sinne bemerkt Bachofen gegenüber dem Historiker Wolfgang Menzel in einem Brief vom 5. Juli 1859: «Es giebt immer noch Leute, welche alle Symbolik anfeinden, und jede Anstrengung auf diesem Felde als eine Art Verirrung bemitleiden... Die Quelle solcher Ansichten kann nicht verkannt werden. Man will auf das Alterthum die Nüchternheit und Ideenlosigkeit, an welcher man selbst leidet, übertragen wissen. Mir bewährt sich von Neuem, daß eben Jeder sieht, was er zu sehen vermag.»[10] Wem die Kongenialität, die innere Beziehung zum Forschungsgegenstand fehlt, der soll, so heißt es an einer anderen Stelle, «sich nicht vermessen, den Griffel der Geschichte zur Hand zu nehmen. Er mag sich andere Teile der Altertumswissenschaft auswählen, Grabsteine kopieren, Mondzyklen berechnen, untergegangene Sprachen grammatikalisch erörtern»[11].

[7] Universitätsbibl. Basel, Nachl. C.A. Bernoulli, G VIII b Nr. 4; vgl. auch C.A. Bernoulli: Johann Jakob Bachofen und das Natursymbol. Ein Würdigungsversuch, Basel 1924, S. 593.

[8] J. J. Bachofen, Ges. Werke Bd. VI, S. 460.

[9] Historisch-kritische Gesamtausgabe, Werke (Beck-Ausgabe), Bd. III, S. 321.

[10] Ges. Werke, Bd. X, S. 199.

[11] Ges. Werke, Bd. I, S. 452.

Diese Forderung nach Kongenialität erweist sich vor allem für die Religionsforschung als entscheidend: Nur wer selbst ein «homo religiosus» ist, ist überhaupt in der Lage, zu einem angemessenen Verständnis religiöser Phänomene zu gelangen. Dies erkläre, so Bachofen, die Mißgeburten der modernen Historie, denn in ein Sieb könne man kein Wasser fassen, und wer seiner eigenen Religion spotte, der könne auch die der alten Welt nicht würdigen.[12]

Im Zusammenhang der wissenschaftskritischen Erwägungen Bachofens und Nietzsches rückt immer wieder ein Begriff in den Mittelpunkt, der gleichsam ein ganzes methodologisches Programm enthält: der Begriff der unmittelbaren Anschauung. Anschauung bezeichnet hier die Fähigkeit, den Gegenstand als unvermitteltes Ganzes direkt zu vergegenwärtigen, und zwar im Gegensatz zur begrifflichen Vorstellung, die den Gegenstand indirekt über ein vermittelndes Abstraktes und Allgemeines erfaßt. Gleich im ersten Satz der «Geburt der Tragödie» führt Nietzsche aus, wir würden viel für die ästhetische Wissenschaft gewonnen haben, wenn wir bei der Einsicht, daß die Fortentwicklung der Kunst an die Duplizität des Apollinischen und Dionysischen gebunden sei, nicht nur «zur logischen Einsicht, sondern zur unmittelbaren Sicherheit der Anschauung» gekommen seien.

Es ist dieses Verlangen nach Erkenntnis durch unmittelbare Anschauung, nach direkt und authentisch erlebter Antike, das Bachofen immer wieder veranlaßt, die Schauplätze der Geschichte persönlich aufzusuchen. Seine Reisetätigkeit ist für die damalige Zeit enorm. – Wozu, so fragt Bachofen in den Aufzeichnungen seiner «Griechischen Reise», sollen wir eigentlich die Reste der alten Welt besuchen, wenn doch alle wichtigen Informationen nur aus der alten Literatur zu gewinnen sind? Er antwortet mit dem Hinweis, daß das persönliche Erlebnis der historischen Landschaft für das richtige Verständnis unabdingbar sei: «Über der Anschauung schweigt alle Untersuchung und alle Kritik. Unsere ganze Seele geht auf in dem, was sie umgiebt. Man lebt in der Sache selbst, wird Eins mit ihr. Man steht mitten drin, nicht mehr außerhalb. Die greifbare Wirklichkeit hat Etwas unendlich Überwältigendes.»[13]

Eine weitere Übereinstimmung Bachofens und Nietzsches zeigt sich in ihrer Absage an das die Altertumswissenschaft leitende klassische Griechenlandbild mit seiner Blindheit für die mystischen Seiten, für die jenseitsgerichtete Spiritualität. Bachofen stellt fest: «Nach dem Maßstabe des Homerischen Religionsideals ist jeder Mystizismus eine Trübung des hellenischen Geistes... Die Zeit der großen Schöpfungen in Kunst und Poesie erträgt kein Lustwandeln des menschlichen Geistes in den Zaubergärten des Jenseits.»[14] Dieses Zitat stammt aus dem Schlußkapitel der «Unsterblichkeitslehre der orphischen Theologie», in dem Bachofen eine konsequent durchgeführte Kritik an den positivistischen Erkenntniszielen der Fachwissenschaft formuliert, wobei er seinem passagenweise ironischbitteren Spott keine Zurückhaltung auferlegt. Hier ist auch der Ort, wo er nochmals den Leitgedanken seines Buches betont: Die orphische Mystik sei so alt wie die griechische Kultur,[15] und die gesamte Gräbersymbolik entspringe Jenseitsvorstellungen eines ursprünglichen Glaubens, der nicht im hellenischen Zeus, sondern im mystischen Dionysos Zagreus der ältesten Orphik seinen Mittelpunkt habe.[16]

Dionysos und Apollo stehen bei Bachofen für zwei Religionssysteme, deren Auseinandersetzung und Aussöhnung das Grundgeschehen der antiken Religionsgeschichte bildet. Dieser dualistische Interpretationsansatz ist charakteristisch für Bachofen, der nicht nur die Religionsgeschichte der alten Welt, sondern die Gesamtgeschichte der Menschheitsentwicklung an den Kampf zweier polarer Grundmächte bindet: Natur und Geist, Mutterrecht und Vaterrecht, Orient und Okzident sind Kategorien von weltgeschichtlicher Bedeutung. Dieselbe Polarität des sich in der Spannung entgegengesetzter Kräfte vollziehenden Werdens erscheint in Nietzsches Tragödienschrift als die Polarität der beiden Grundmächte des Dionysischen und Apollinischen. Sie werden hier ins Ästhetisch-Psychologische gewendet, zu zwei polaren Ursprüngen der Kunst und zu zwei

[12] Vgl. Griechische Reise, hrsg. von Georg Schmidt, Heidelberg 1927, S. 136. – Die kritische Edition dieses Reiseberichts erscheint demnächst im neunten Band der Ges. Werke.
[13] Ebd., S. 97.
[14] Ges. Werke, Bd. VII, S. 198.
[15] Ebd., S. 203.
[16] Ebd., S. 204.

polaren Grundformen des Seelenlebens hypostasiert.

Die Frage, ob und in welchem Umfang der Dualismus der beiden Religionssysteme des Dionysischen und Apollinischen über Bachofen zu Nietzsche gelangt ist, ist noch nicht ausdiskutiert und bedarf noch weiterer Abklärung. Auch wenn Bachofen oder die Titel seiner Schriften bei Nietzsche nirgends erwähnt sind, so darf doch eine gewisse Kenntnis der Bachofenschen Sicht bei den räumlich engen Verhältnissen im kleinen Basel als selbstverständlich vorausgesetzt werden. Bemerkenswert sind in diesem Zusammenhang die kürzlich beigebrachten Belege,[17] daß sich Nietzsche bei der Beschreibung und Aufzählung der dionysischen Feste wohl auf die entsprechende Stelle in Bachofens Schrift über die «Sage von Tanaquil»[18] bezogen hat. Es mag sein, daß Nietzsche die Ansichten und Schriften Bachofens in größerem Umfang gekannt und benutzt hat, als sich aus den Quellen belegen läßt.[19]

In den erwähnten charakteristischen Zügen der Kritik am Wissenschaftsbetrieb, der Ablehnung der Ereignisgeschichte, des Einspruchs gegen das klassizistische Griechenlandbild stimmen nun bemerkenswerterweise nicht nur Bachofen und Nietzsche überein, sondern auch die beiden anderen bedeutenden Geschichtsdenker im Basel des 19. Jahrhunderts: Jacob Burckhardt und Franz Overbeck. Diese allen vier gemeinsame historiographische Position hat übrigens Oswald Spengler im Auge, wenn er im Einleitungskapitel zum «Untergang des Abendlandes» die Basler Geschichtsdenker «verspätete Romantiker» nennt. Diese repräsentieren für ihn einen eigenen Typus der Geschichtsforschung, und zwar den ideologischen Typus, dem Spengler die materialistische Betrachtungsweise der Fachwissenschaften gegenüberstellt. Von den drei Basler Professoren Bachofen, Burckhardt und Nietzsche – der Name Overbecks fehlt hier leider – meint er, sie würden sich in den Wolkenregionen eines Altertums verlieren, das lediglich ein Spiegelbild ihrer philologisch geregelten Empfindsamkeit sei. Doch auch die andere, die fachwissenschaftliche Position hält Spengler für problematisch, denn hier bestehe immer die Gefahr einer «intelligenten Oberflächlichkeit»; es bleibe dann von allem, was einst antike Kultur und antikes Leben gewesen sei, nichts in den Händen als «ein Bündel sozialer, wirtschaftlicher, politischer, physiologischer Tatsachen».[20]

Die knappe Übersicht über einiges Verbindendes und Gemeinsames darf freilich nicht über die tiefgehenden Differenzen hinwegtäuschen. Die Übereinstimmung betrifft gleichsam nur die Oberfläche, nicht die Grundansichten und die Grundpositionen. Es kann gar keine innere Übereinstimmung bestehen zwischen Bachofen, dieser vornehmen, zurückhaltenden Gelehrtenexistenz, und dem getriebenen, ruhelosen, zum Extrem neigenden Nietzsche.[21]

Nach dem Erscheinen der «Unzeitgemäßen Betrachtungen» wurde das Trennende offensichtlich und der Bruch unvermeidlich. Es mußte Bachofen nun bewußt werden, daß Nietzsches Einschätzung der Geschichte von seiner eigenen Einstellung gegenüber Geschichte und Vergangenheit von Grund auf verschieden ist. Bachofens Geschichtsverständnis läßt sich am zutreffendsten als Geschichtsglaube charakterisieren. Denn Geschichte bedeutet ihm immer mehr als einfach Vergangenheit im Sinne eines bloß Gewesenen: Die Geschichte ist Teil göttlicher Schöpfung; Geschichte ist Gottesgeschehen und darum Offenbarungsgeschehen. Und als solches stellt sie das höchste Erfahrungsgebiet des Menschen dar.[22]

Da es sich bei der Geschichte um ein in Gott begründetes Sinngeschehen handelt, ist es konsequent, sie als letzte Instanz aller Orientierung anzuerkennen. Aus dieser auf die Vergangenheit ausgerichteten Haltung erklärt sich Bachofens Einspruch gegen die moderne Welt. Bachofen steht seiner Gegenwart zutiefst entfremdet gegenüber. Er verkörpert den Antimodernen par excellence. Die moderne Welt hat sich aus den geschichtlich gewachsenen Traditionen herausgelöst, sie entbehrt darum der Legitimität. Der Vernunftglaube der Aufklärung und die Ideen der Französischen Revolution haben die geschichtlichen Fundamente zerstört. Dies be-

[17] Barbara von Reibnitz, Ein Kommentar zu Friedrich Nietzsche, «Die Geburt der Tragödie aus dem Geiste der Musik» (Kap. 1–12), Stuttgart/Weimar 1992, S. 99.

[18] Ges. Werke, Bd. VI, S. 100.

[19] Vgl. B. von Reibnitz, Kommentar, S. 102.

[20] Oswald Spengler, Der Untergang des Abendlandes - Umrisse einer Morphologie der Weltgeschichte, 2 Bde., München 1919–1922, S. 38.

[21] Anders hingegen C.A. Bernoulli, der, überschwenglich wie fast immer in seinen geistesgeschichtlichen Urteilen, das Verbindende folgendermaßen wertet: «Ein großer Einklang, als schlüge ein eherner Klöppel gegen die Glocke des Himmelsgewölbes, erfolgt, wenn volles Verständnis für beide die Namen Nietzsche und Bachofen in einem Atem nennt»(J.J. Bachofen und das Natursymbol, S. 62f.).

[22] Vgl. etwa Ges. Werke, Bd. I, S. 48; Bd. VI, S. 49 u. S. 432.

deutet eine Verletzung der Schöpfungsordnung: Die moderne Welt steht im Widerspruch zur übernatürlichen Weltordnung. Also wird sie untergehen, auch wenn sie in ihrem Vertrauen auf Technik, Wissenschaft und Rationalität die Geschichte der letzten hundert Jahre als einen Fortschritt versteht. Ausgehend von seinem Geschichtsglauben wird Bachofen zu einem jener frühen Warner, die schon damals auf die Schattenseiten der neuen Zeit aufmerksam machten und im Moment allgemeiner Fortschrittseuphorie Niedergang prognostizierten.

Bachofens Geschichtsglaube erklärt auch, weshalb seine Beschäftigung mit der Geschichte nicht nur wissenschaftlichen Absichten entspringt. Der eigentliche Zweck seiner Hinwendung zur Vergangenheit liegt in der Vergewisserung des eigenen Glaubensstandpunkts. In diesem Sinne, so bemerkt er, könne man von der Geschichte sagen, «daß sie zu der Göttlichkeit emporführe».[23] Und an anderer Stelle schreibt er sogar: «So erwahrt sich auch für die Geschichtsforschung..., daß jede ernstere Untersuchung notwendig zu den Wahrheiten der christlichen Offenbarung hinführe.»[24]

Aus dieser ehrfuchts- und pietätsvollen Haltung gegenüber dem Vergangenen und ihrer Überlieferung wird auch verständlich, weshalb Bachofen die ästhetische Betrachtungsweise, wie sie für das klassizistische Griechenlandverständnis typisch ist, mit Entschiedenheit ablehnt. Bei der ästhetischen Beurteilung, so heißt es einmal kategorisch, handle es sich um den «Maßstab sittlich geschwächter Geschlechter».[25] Diese Kritik trifft natürlich auch Nietzsche, wenn dieser die ursprünglich religiösen Grundtypen des Apollinischen und Dionysischen zu Kategorien des ästhetischen Erlebens macht. Der in der Tragödienschrift mehrfach variierte Satz, daß die Welt nur als ästhetisches Phänomen gerechtfertigt sei, muß auf Bachofen geradezu den Eindruck einer Blasphemie gemacht haben.

Bachofens negative Einschätzung des Ästhetischen trennt ihn übrigens nicht nur von Nietzsche, sondern belastet auch sein Verhältnis zu Jacob Burckhardt, über dessen Ästhetizismus er sich gelegentlich in recht schroffer Weise äußert, wie etwa in der folgenden Stelle eines an seinen Zürcher Freund Heinrich Meyer-Ochsner gerichteten Briefes von 1858: «Burckhardts Vorlesungen wohne ich nicht bei. Es ist mir rein unmöglich, ästhetische Ergüsse über Bauten und landschaftliche Schönheit über mich ergehen zu lassen. Ein jedes Thierle hat sein Manierle.»[26]

Den geschichtstheologischen Prämissen Bachofens steht Nietzsches Absage ans Christentum gegenüber, und Bachofens Geschichtsglauben Nietzsches Geschichtskritik, wie er sie in der zweiten seiner «Unzeitgemäßen Betrachtungen» dargelegt hat. Eine der Leitthesen dieser Schrift mit dem Titel «Vom Nutzen und Nachteil der Historie für das Leben» besagt, daß eine übermäßige Beschäftigung mit dem Vergangenen ins Lebensfeindliche umschlägt: Menschliche Existenz ist zwar ohne die Fähigkeit, Gewesenes zu vergegenwärtigen, unvorstellbar; aber ohne die Fähigkeit des Vergessens ist Leben ebenso unmöglich. Denn es gibt einen Grad an Erinnerung und historischem Bewußtsein, bei dem das Lebendige zu Schaden kommt und schließlich zugrundegeht.

Nietzsches Kritik am Historismus ist die Kritik an der historischen Denkweise seiner Zeit, die an einem «verzehrenden historischen Fieber» leide und mindestens zur Erkenntnis gebracht werden sollte, daß sie daran leide. Die «historische Krankheit» bestehe darin, daß das Vergangene übermächtig in die Gegenwart hineinwirke. Dort, wo sich ein Übermaß an Historischem bemerkbar mache, müsse die Macht der Geschichte gebrochen werden. Der Mensch müsse die Kraft haben, «eine Vergangenheit zu zerbrechen und aufzulösen, um leben zu können: dies erreicht er dadurch, daß er sie vor Gericht zieht, peinlich inquirirt und endlich verurtheilt; jede Vergangenheit aber ist werth verurtheilt zu werden».[27]

Nietzsches Geschichtsdenken repräsentiert die Position der Geschichtskritik. Diese schließt selbstverständlich auch eine radikale Absage an alle Formen von Totaldeutung und Sinnbestimmung der Weltgeschichte ein. Die Geschichte ist kein linearer Prozeß mehr, sie erstreckt sich nicht länger zwischen Ursprung und Ziel: «Nein, das Ziel der Menschheit kann

[23] Ges. Werke, Bd. VI, S. 431, Anm.2.
[24] Ges. Werke, Bd. I, S. 364.
[25] Ges. Werke, Bd. VI, S. 42.
[26] Ges. Werke, Bd. X, S. 184 (Brief vom 26.12.1858).
[27] KSA, Bd. 1, S. 269.

nicht am Ende liegen, sondern nur in ihren höchsten Exemplaren».[28] Damit stellt sich Nietzsche gleichsam quer zur Zeitachse der Geschichte. Der Blick bleibt zwar rückwärtsgewandt, aber das Vergangene verliert seine zeitliche Dimension. Denn Geschichte ist immer dort am Ziel, wo sich menschliche Größe zeigt. Eine solche Sicht ist weder historisch, noch unhistorisch, sondern überhistorisch, und insofern kann sie Nietzsche mit Recht als «unzeitgemäß» bezeichnen.

Wenn Nietzsche die lebenzerstörende Wirkung des Historischen betont und von der historischen Krankheit spricht, die er kurieren will, dann denkt er dabei nicht nur an das Leben der Individuen, sondern auch an das der Völker und Kulturen. Dies ist der Punkt, an dem Nietzsches Geschichtsdenken in Gegenwarts- und Kulturkritik umschlägt. Deshalb zählen zwar sowohl Nietzsche als auch Bachofen zu den frühen Antimodernen, aber ihre gegenwartskritische Position beruht auf gänzlich verschiedenen Grundlagen.

Der christliche Geschichtsglaube, wie ihn Bachofen vertritt, faßt das Werden der Geschichte als Sinn- und Heilsgeschehen auf. Für Nietzsche hingegen ist Geschichte – ebenso wie für Burckhardt und Overbeck – ihrem Wesen nach nichts anderes als Zeit, Bewegung, Veränderung und ewiger Wechsel. Denn eine ernsthafte und rein historische Betrachtungsweise zeige, daß in der Geschichte nichts Überzeitliches anzutreffen und daß jede historische Erscheinung vergänglich sei. Diese Einsicht bringt den Geschichtsglauben in Gefahr. Die Synthese «Geschichte und Christentum» droht in eine Antithese umzuschlagen: Die historisch-profane Geschichtsforschung kommt nicht um die Feststellung herum, daß auch das Christentum etwas geschichtlich Gewachsenes ist und folglich geschichtlicher Vergänglichkeit und Endlichkeit unterliegt. Es ist Nietzsches Freund Franz Overbeck gewesen, der die Konsequenz aus dieser Einsicht am kompromißlosesten gezogen hat: «An dem ewigen Wesen der Geschichte müssen alle sogenannten historischen Ansprüche des Christentums zerschellen.»[29]

Indem sich das Christentum zum Wendepunkt, zur Achse der Weltgeschichte erklärte und diese als linearen Prozeß interpretierte, gelang es ihm, wie Overbeck formulierte, die Geschichte gleichsam zu «bändigen». Wer jedoch die geschichtstheologischen Prämissen aufgibt und das Werden der Geschichte rein historisch verfolgt, der muß das Scheitern dieses Bändigungsversuchs konstatieren: «Nicht die Geschichte ist durch das Christentum zu bändigen, sondern die Geschichte wächst überall [über die] Grenzen des Christentums hinaus.»[30]

Wer die Geschichte als das nimmt, was sie ist, so läßt sich das Gesagte zusammenfassen, der kann nicht mehr Christ sein. Und allgemeiner formuliert: Wer die Geschichte ernst nimmt, der verliert jegliche Orientierung und jeglichen Halt. In seinen aus dem Nachlaß publizierten Abhandlungen und Reflexionen läßt sich Overbecks existentielles Ringen mit dieser schwer zu ertragenden Einsicht verfolgen. Der historische Standpunkt verbiete absolute Stellungnahmen, er zwinge in den Individualismus und daraus wiederum folge «unentrinnbar Vereinsamung»: «Wer sich in der Welt wirklich und streng auf sich selbst stellt, muß auch den Mut finden, sich auf nichts zu stellen... Und wenn er dazu getrieben wird, sich auf sich selbst zu stellen, entsagt er Gott. Welches auch die Verzweiflung des Menschen über seine Vereinsamung sei, – er kann, wendet er sich etwa zu Gott zurück, am allerwenigsten Trost erlangen.»[31] Die Geschichtsforschung, als profane Wissenschaft betrieben, ist in der Tat, wie es Overbeck einmal formulierte, jene Tätigkeit, «bei der wir am beständigsten in Lebensgefahr uns befinden».[32]

Basels Geschichts- und Kulturdenker im 19. Jahrhundert eröffnen ein Spektrum von Grundpositionen gegenüber der Geschichte, das von Bachofens Geschichtsglauben über Burckhardts skeptische Haltung schließlich zu Nietzsches Geschichtskritik und zu Overbecks Verzweiflung an der Geschichte reicht. Bachofens Position des Geschichtsglaubens erlaubt die Zuwendung zum Vergangenen im Sinne einer Zuflucht: Geschichte wird zum Ort existentieller Geborgenheit. Zum Studium der Antike flüchte er stets wie zu einem Altar und zu einem Schutz bietenden Tempel, bemerkt

28 Ebd., S. 317.
29 Christentum und Kultur – Gedanken und Anmerkungen zur modernen Theologie, aus dem Nachlaß hrsg. von C.A. Bernoulli, Basel 1919, S. 7.
30 Ebd.
31 Ebd., S. 268.
32 Ebd., S. 11.

er einmal gegenüber Agostino Gervasio.[33] Und im Anschluß an eine Auslandsreise, die ihn durch zahlreiche Museen führte, schreibt er an den Zürcher Freund Meyer-Ochsner, er habe sich mit den Toten besser unterhalten als mit den Lebenden.[34] Es ist kein ästhetisches, sondern ein existentielles Bekenntnis, wenn er im autobiographischen Bericht an seinen Berliner Lehrer Friedrich Carl von Savigny im Anschluß an die Darstellung seiner Gräberforschung bemerkt: «Wie viel Schönes muß eine Zeit in sich getragen haben, die noch in ihren Gräbern solche Sehnsucht nach sich zu erwecken vermag!»[35] Solche Bekenntnisse könnten durchaus als Belege dienen für die Berechtigung von Nietzsches Warnungen vor einem Übermaß der Beschäftigung mit der Vergangenheit.

Man mag rückblickend die versäumte Chance der Kommunikation zwischen Bachofen und Nietzsche bedauern. Die vorliegenden Ausführungen wollten freilich gerade auch aufzeigen, daß Bachofen und Nietzsche zwei Positionen repräsentieren, deren innere Differenz kaum noch echte Verständigungsmöglichkeiten zuläßt, da es sich um zwei getrennte, in sich geschlossene und insofern inkommensurable Formen historischen Bewußtseins von paradigmatischem Rang handelt.

[33] Vgl. Ges. Werke, Bd. X, S. 33 (Brief vom 1. 9. 1843).
[34] Vgl. ebd., S. 146 (Brief vom 21. 6. 1856).
[35] Autobiographische Aufzeichnungen, hrsg. von Hermann Blocher, Basel 1916, S. 323.

Curt Paul Janz

Friedrich Nietzsche und das schweizerische Musikleben

1976 ist im Bärenreiter-Verlag der Band «Friedrich Nietzsche. Der musikalische Nachlass» erschienen. Er bietet auf 315 Seiten Notendruck vollständig Nietzsches musikalisches Schaffen. Es reicht zeitlich von seinem 10. Lebensjahr 1854 bis in seine Basler Professorenzeit 1874 und thematisch von kleinen Klavierstücken über Entwürfe zu Messe, Requiem, Weihnachtsoratorium, ausgeformte Lieder bis zu «sinfonischen Dichtungen» im Klaviersatz, allerdings deutlich für grosses Orchester gedacht. Musik war ihm ein wesentliches tragendes Element seines Fühlens und Denkens von früher Kindheit bis über die Katastrophe des Zusammenbruchs im Januar 1889. Als Nietzsche im April 1869 als Professor für Klassische Philologie, speziell Griechisch, nach Basel kam, da war schon «Saisonschluss». Das öffentliche Musikleben ruhte bis zum Herbst. Er muss jedoch sehr bald in privaten Zirkeln in das damals reichlich gepflegte Hausmusizieren einbezogen worden sein. Seine Musikverbundenheit, seine stets bewahrte Beethoven-Verehrung muss sich herumgesprochen haben. Als 1870 Beethovens 100. Geburtstags gedacht wurde, suchte man ihn als «Festredner» zu gewinnen, was er indessen ablehnte. Die Universität wies damals noch keinen Lehrstuhl für Musikwissenschaft auf, da wandte man sich an den musikalischen Philologen. Zur Festaufführung kam es am 11. Dezember 1870 in der Martinskirche mit Beethovens, durch Wagners Wertung dieses Werkes heissumstrittener, 9. Sinfonie. Diesem Konflikt wich Nietzsche mit seiner Absage geschickt aus, denn er stand ganz auf der Seite der Wagnerschen Interpretation, die damals und noch nach Jahren nicht die allgemeine baslerische war. Noch 1876 kam es zwischen dem neuen Direktor der Musikschule, Selmar Bagge, und Nietzsches Schüler und späterem Adlatus, dem jungen Komponisten Heinrich Köselitz (alias Peter Gast) zu einer heftigen Kontroverse, mit der sich die Regenz der Universität befassen musste, was Nietzsche als ein «spasshaftes Unglück» hinnahm. Köselitz focht gegen den Kritiker Bagge noch im Wagnerschen Sinne und mit dem Vokabular von Nietzsches «Geburt der Tragödie», wovon sich Nietzsche selber bereits zu trennen begann.

Woran er aber festhielt, waren die Bekanntschaften, die Beziehungen zu musikalischen Persönlichkeiten aus dem Wagnerkreis. Geht man Nietzsches Freundschaften durch, so war die Musik immer ein verbindendes Element, so zu Erwin Rohde, Franz Overbeck, Heinrich Köselitz, Malwida von Meysenbug, ja selbst zu Jacob Burckhardt und später noch Carl Spitteler; wo beim Gegenpart die Musikalität fehlte, wie bei Lou v. Salomé oder Paul Rée, da kam es unausweichlich zum Bruch. Aber auch die Entfremdung von Wagner vollzieht sich auf dem Boden einer Grunderfahrung der Musik, sie ist letztlich nur aus dieser zu begreifen. Der Antagonismus auf die kürzeste Formulierung gebracht: Wagner ist und bleibt der Musiker der Romantik als einer ihrer Höhepunkte; Nietzsche, im Geiste der Romantik aufgewachsen, zollt ihr noch in seinen Kompositionen Tribut bis zu seiner Entfremdung, Überwindung der Romantik, die er mit «Menschliches Allzumenschliches» beginnt, und dabei gleichzeitig die Komposition aufgibt. Das vollzieht sich schrittweise um 1874, während seiner Professur in Basel und im Kontakt mit dem schweizerischen Musikleben. Bemerkenswert bleibt, dass diese Entwicklung Wagners Tribschen zum Ausgangspunkt hat, wo Nietzsche mehr als nur ein Gast war. Als Wagner das sog. «Siegfried-Idyll» als

Geburtstagsgabe für Cosima mit Zürcher Musikern einstudierte, war Nietzsche als einziger «Fremder» zu den sonst streng geheimgehaltenen Proben zugelassen und auch zur Uraufführung im Treppenhaus von Tribschen Weihnachten 1870 wie ein Mitglied der Familie zugegen.

Wagner hatte – wohl noch aus seiner Emigrantenzeit in Zürich – Kontakt zu Zürcher Musikern. Als «Herr in Tribschen» konnte er es sich leisten, ab und zu die erforderlichen Musiker kommen zu lassen, um mit ihnen speziell die späten Beethovenquartette in seiner Auffassung einzustudieren. Bei solchen Veranstaltungen war Nietzsche Gast im Hause. Er lernte dabei diese Quartette gründlich kennen, er kam aber auch zu Beziehungen mit diesen Musikern, vorab Friedrich Hegar, der einigemale als Primgeiger fungierte. Hegar (1841–1927) war zunächst Konzertmeister und ab 1868 Chefdirigent des Tonhalle-Orchesters in Zürich. Nietzsche pflegte und nutzte diese Bekanntschaft. So schickte er ihm seine 1872 von Bülow so fürchterlich abgeurteilte «Manfred-Meditation» zur Beurteilung. Als er sie 1874 zurückforderte, schrieb ihm Hegar dazu: «Ich hoffte immer, dieselbe persönlich zurückbringen und Ihnen bei dieser Gelegenheit sagen zu können, wie sehr mich vieles interessierte, namentlich die Art und Weise, wie Sie der zu Grunde liegenden Stimmung musikalisch Ausdruck zu geben versuchen. Freilich fehlt dem ganzen, was die Gestaltung der musikalischen Ideen anbetrifft, die Erfüllung gewisser architektonischer Bedingungen so, dass mir die Komposition mehr den Eindruck einer stimmungsvollen Improvisation als eines durchdachten Kunstwerkes macht.» Trotz dieses eher ablehnenden Urteils blieb die «fast»-Freundschaft ungetrübt. Noch 10 Jahre später, März 1884, kann Nietzsche an Hegar schreiben: «Ich träume davon, dass ich in nicht ferner Zeit irgendwo im Süden, am Meere auf einer Insel, umgeben von den zutrauenswürdigsten Freunden und Arbeits-Genossen leben werde. – Und in diesen stillen Konvent habe ich auch Sie mit hineingedacht.» Dieser Plan erfüllte sich nie, aber Nietzsche erreichte am 18. Oktober 1884 die Uraufführung als Privataufführung der Ouvertüre zu seines Freundes

6.4. Hugo von Senger.

Köselitz Oper «Der Löwe von Venedig» in der Tonhalle Zürich unter der Leitung Hegars, der noch aus Bizets Arlésienne-Musik das C-dur Adagietto anfügte und schliesslich Köselitz in einem seiner Gesangvereins-Konzerte am 7. Dezember die «Löwen-Ouvertüre» selber dirigieren liess. In diesem Herbst 1884 kam Nietzsche durch Hegar zu zwei neuen musikalischen Bekanntschaften: Mit dem ungarischen Pianisten Robert Freund (1852–1936) und dem Opernkomponisten Eugen d'Albert (1864–1932), der als Pianist hauptsächlich durch seine Beethoven-Interpretationen aus seinen Zeitgenossen hervorragte.

Eine eher kurzfristige Beziehung – auch diese aus dem Wagnerboden erwachsen – pflegte Nietzsche mit Hugo v. Senger: geb. 13. September 1835 in Nördlingen (Bayern), gest. 18. Januar 1892 in Genf. Die Lexika behaupten ein Studium in München und Leipzig, wo v. Senger mit dem Dr. iur. abgeschlossen haben soll. Dem widerspricht sein Sohn und auch sein Bruder in einer Familiengeschichte. Danach studierte Hugo v. Senger am Leipzi-

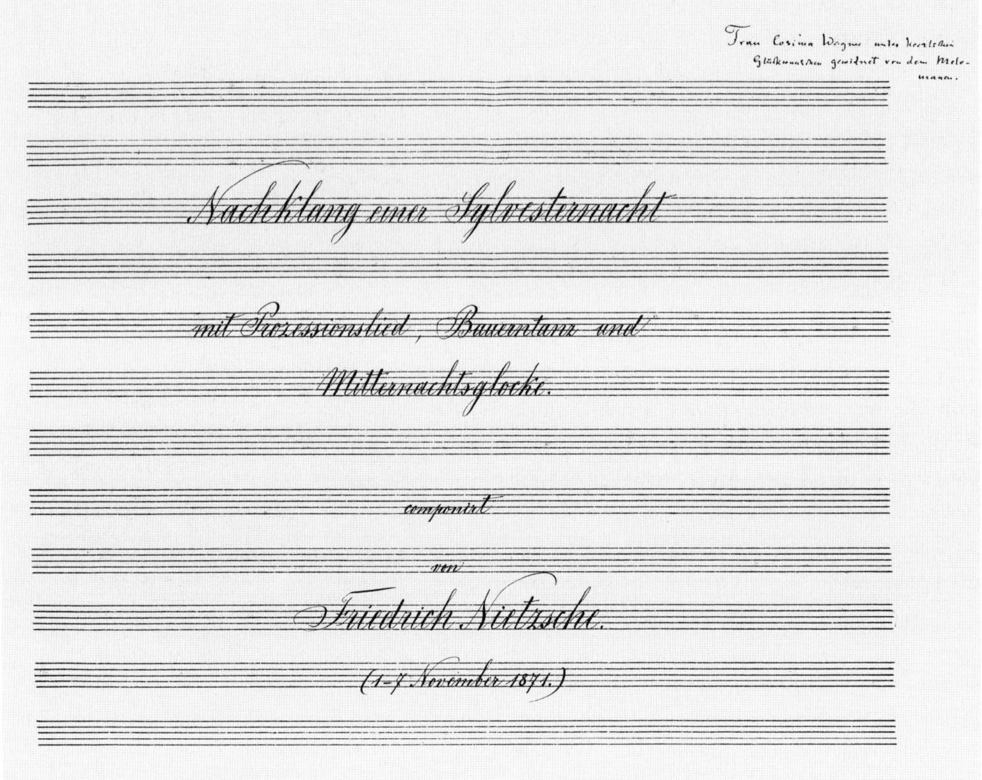

2.16. Sylvesternacht-Komposition.

ger Konservatorium und wurde Musiker. 1870 siedelte er sich in Genf an, übernahm Gesangvereine und eine Lehrstelle für Harmonie und Kontrapunkt. Dank einer Erbschaft beteiligte er sich an der Gründung eines Sinfonieorchesters, das zum heutigen Orchestre de la Suisse romande wurde und das er leitete. Am 28. Juni 1872 weilte er in München zu einer Tristan-Aufführung unter Bülow, und hier kam es zur Bekanntschaft mit Nietzsche, die er mit einem Besuch in Basel vertiefte.

Hugo von Senger war zeitweise ein erfolgreicher Komponist. Im Herbst 1872 ging er Nietzsche um einen Kantatentext an. Nietzsche mochte dem Ansinnen nicht entsprechen, beantwortete aber in einem längeren Brief das Grundsätzliche. «Dazu habe ich […] in meiner Eigenschaft als Philosoph, der die gegenwärtige Musikentwicklung im Zusammenhang mit einer zu erstrebenden Kultur betrachtet – einige eigene Gedanken über das gegenwärtige Komponieren im grossen dramatischen Musikstile […] Die reinste Verehrung für W[agner] zeigt sich gewiss darin, dass man als schaffender Künstler ihm in seinem Bereiche ausweicht und in *seinem* Geiste, ich meine, mit der unnachsichtlichen Strenge gegen sich selbst, mit der Energie, in jedem Augenblick das Höchste zu geben […] eine andre, *kleinere*, ja die kleinste Form belebt, beseelt. Ich freue mich deshalb, dass Sie den Mut haben, die neuerdings so scheel angesehene Kantatenform ernst zu nehmen.» Das ist das früheste Zeugnis für die grundsätzliche Distanz zu Wagner, bereits November 1872! Für die folgenden Jahre erschöpft sich die Beziehung in einem mässigen Briefverkehr, bis es im April 1876 zu der kurzen und bewegten persönlichen Begegnung in Genf kommt, wo Hugo v. Senger in seinem Konzert Nietzsche zuliebe die «Benvenuto Cellini-Ouvertüre» von Berlioz ins Programm nimmt.

Weit enger war Nietzsches Verbindung mit dem Musikleben natürlich da, wo er lebte und als Professor wirkte: 1869–1879 in Basel. Er war als feingebildeter Mensch in der Basler

Gesellschaft ein gern gesehener Gast; als offenbar glänzender Pianist war er darum besonders in den Häusern, wo eifrig Hausmusik betrieben wurde, oft eingeladen. So in dem 1870 am Münsterplatz neu erbauten «Palazzo» von Johann Jakob Bachofen, dem durch sein «Mutterrecht» so berühmten wie verrufenen Forscher. Bachofen hatte 1865 50jährig die 30 Jahre jüngere Louise Elisabeth Burckhardt geheiratet, eine aufgeschlossene und musikalische Frau. Mit ihr konnte Nietzsche musizieren. Am 29. Januar 1872 schreibt er an seine Schwester: «Gestern war ich in unserm Kasinokonzert und habe Frau Bachofen begleitet, deren Mann krank war.» Auch im Hause des 1874 angetretenen Nationalökonomen August v. Miaskowski war es die ausgesprochen gesellschafts- und kontaktfreudige Frau, von der sich Nietzsche angezogen fühlte. Er brillierte auch da in den alle 14 Tage stattfindenden unterhaltlichen Einladungen als Pianist. Ausserdem kam er jeden Freitag nachmittag, um die Frau zum Gesang zu begleiten, «und brachte stets viel neue Noten mit ... zum Schluss pflegte er uns meist vorzuphantasieren oder Wagnersche Sachen zu spielen» (Tagebuch). Auch in seiner Klause wurde musiziert. 1871 komponierte er den «Nachklang einer Silvesternacht» für Klavier vierhändig, um es mit Freund Overbeck zu spielen (aber auch mit Cosima in Tribschen!)

Wir vernehmen aus Briefen und Erinnerungen von Konzertbesuchen, so am 5. November 1878 von einem Sinfoniekonzert, das er wegen des Violinkonzerts von Hans Huber mit Louis Kelterborn besuchte und dabei auch Schumanns «Frühlingssinfonie» hörte. Eine besondere Beziehung muss Nietzsche zu Oratorien gehabt haben. Er hatte ja ungefähr 15jährig sich an Messe, Requiem und Weihnachtsoratorium versucht, ein eindrückliches «Miserere» für fünfstimmigen Chor geschaffen, als Student in Leipzig im berühmten Riedelschen Chor mitgewirkt und so die bedeutendsten Werke kennengelernt. In Basel besucht er die Münsteraufführungen des Basler Gesangvereins. Am 30. April 1870 schreibt er an seinen Freund Erwin Rohde: «In dieser Woche habe ich *dreimal* die Matthäuspassion des göttlichen Bach gehört, jedesmal mit demselben Gefühl der unermesslichen Verwunderung. Wer das Christenthum völlig verlernt hat, der hört es hier wirklich wie ein Evangelium.» Es fand aber nur eine Aufführung, am 29. April, statt, mit einer öffentlichen Hauptprobe am Vortag. Nietzsche muss sich also noch zu einer Arbeitsprobe Zugang verschafft haben! Geradezu schicksalhaft wird das Münsterkonzert vom 9. Juni 1874. Der Basler Gesangverein feierte sein 50jähriges Bestehen u.a. mit Brahms «Triumphlied» unter der Leitung des Komponisten. Nietzsche ist tief beeindruckt, was ihn in einen argen Gewissenskonflikt stürzt. Brahms, der Antipode seines vergöttlichten Wagner! Am 14. Juni gesteht er Freund Rohde im Brief: «Es war mir eine der schwersten ästhetischen Gewissensproben, mich mit Brahms auseinanderzusetzen; ich habe jetzt ein Meinungchen über diesen Mann. Doch noch sehr schüchtern.» So mächtig war aber die Faszination durch Brahms, dass Nietzsche mit Freund Romundt am 12. Juli zum Zürcher Musikfest reist, um das Triumphlied unter der Leitung von Hegar nochmals zu hören. Im Programm standen noch Teile aus den «Faust-Szenen» des «süsslichen Sachsen» (so Nietzsche!) Schumann. Die Krise wurde noch ver-

50jähriges Jubiläum
des
GESANG-VEREINS
unter Direction des Herrn Musikdirector **E. Reiter.**

Der **Concertflügel** (grösstes Format) ist durch gefällige Vermittlung von Herrn **Abend** dem Gesangverein zu seinen Jubiläumsconcerten von dem Hause **Erard** in Paris aus Gefälligkeit angeboten worden.

PROGRAMM:
III. Aufführung. Dienstag den 9. Juni, Abends 5 Uhr, im **Münster.**

1. **Ouverture zur Weihe des Hauses** in c-dur Op. 124. **Beethoven.** (mit bedeutend verstärktem Orchester).
2. **Arie aus „Semele"** **Händel.** (vorgetragen von Fräulein Kling aus Berlin).
3. **Arie** (as-dur) „Wehen mir Lüfte Ruh" aus **Euryanthe** **C. M. v. Weber.** (vorgetragen vom königl. Hofopernsänger Herrn Vogl aus München).
4. **Concert für die Violine** **Beethoven.** (vorgetragen von Herrn Concertmeister Walter aus München).
5. **Arie** „Gott sei mir gnädig" aus **Paulus** **Mendelssohn.** (vorgetragen von Herrn Julius Stockhausen).
6. **„Triumphlied"** nach Worten der **Offenbarung Johannes** **Joh. Brahms.** (unter Direction des Componisten).

Hauptprobe dieses Concerts: Montag Morgens 9 Uhr im Münster.

Billette zu Aufführung III à Fr. 3. —, zur Hauptprobe à Fr. 1. 50 (Textbücher à 20 Cent.), sind von Donnerstag den 4. Juni an in den Musikhandlungen von Herren **August Hegar** und **Gebrüder Hug**, sowie am Abend der Aufführung beim Siegrist zu beziehen.

Da von den Mitwirkenden und den reservierten Plätzen der ganze Raum der Martinskirche in Anspruch genommen wird, können für die **Kammermusik-Soirée keine** weiteren Billete ausgegeben werden.

1.43. Brahms Triumphlied-Konzert im Basler Münster (Zeitungsinserat).

schärft, weil im gleichen (für uns überladen wirkenden) Programm noch Beethovens 9. Sinfonie stand, die seit der Grundsteinlegung in Bayreuth am 22. Mai 1872 für Nietzsche untrennbar mit Wagner verbunden sein musste.

Nietzsche schwebte als Ideal vor, dass die Grossen eine Republik hoch über den Alltagsmenschen bilden müssten, ja dass sie sich gar über Zeiten, über Jahrtausende zurufen müssten. Warum nicht erst recht, wenn sie das Glück hatten, Zeitgenossen zu sein. Sollten nicht auch Wagner und Brahms in eine solche höhere Synthese gebracht werden können? – Das schien Nietzsche den Versuch wert, er beschaffte sich den Klavierauszug von Brahms' Triumphlied und nahm ihn mit in seinem Reisegepäck nach Bayreuth, musste aber dort eine furchtbare Enttäuschung erleben – einen eifersüchtigen kleinen Menschen. Wagner tobte.

Hubert Treiber

Paul Rée – nicht nur ein Freund Nietzsches*

«Manches stille Denkerleben schleicht gleichsam an den Blicken einer Generation, zuweilen mehrerer Generationen, vorüber. Es taucht einmal empor. Werke werden sichtbar, die von berufenen Richtern für bedeutend gehalten werden. Erwartungen knüpfen sich daran [...] dann wird es stille, es bleibt stille, neue Menschen kommen, die alten gehen, Jahr reiht sich an Jahr, das Vergessen breitet seine Schwingen [...]» (Ferdinand Tönnies über Paul Rée)

* Vom Herausgeber gekürzter und redigierter Aufsatz aus dem Bündner Jahrbuch 1987 (Neue Folge, 29. Jahrgang, S. 35–59). Zu Paul Rée (Stammbaum, Biographie, Studium, Entwicklung, Freundschaften mit Nietzsche, Lou von Salomé, Heinrich Romundt und Ferdinand Tönnies) sei auch auf die folgenden materialreichen Aufsätze von Hubert Treiber verwiesen: «Gruppenbilder mit einer Dame. Mit den Augen eines soziologischen Klassikers, samt einem Anhang für die 'Freunde der Wahrheit'» in: Forum, Internationale Zeitschrift für kulturelle Freiheit, politische Gleichheit und solidarische Arbeit (Wien), Jänner/Februar 1988, S. 40–54. – «Wahlverwandtschaften zwischen Nietzsches Idee eines 'Klosters für freiere Geister' und Webers Idealtypus einer puritanischen Sekte. Mit einem Streifzug durch Nietzsches 'ideale Bibliothek'» in: Nietzsche-Studien 21 (1992), S. 326–362. – «Zur Genealogie einer 'science positive de la morale en allemagne'. Die Geburt der 'r(é)ealistischen Moralwissenschaft' aus der Idee einer monistischen Naturkonzeption» in: Nietzsche-Studien 22 (1993), S. 165–221.

Zur Einführung

Spurensuche in der Landschaft Zarathustras läuft auf das Bemühen hinaus, das wenige zusammenzutragen, was über den Arzt und Philosophen Paul Rée bekannt ist, der zeitweilig zu den engsten Freunden Friedrich Nietzsches und Lou von Salomés gehörte und mit Nietzsche die Lebensweise des «fugitivus errans» teilte – einen Lebensstil, der normalerweise im Vergessen seine Entsprechung findet. Dass Paul Rée heute überhaupt noch Aufmerksamkeit findet, verdankt er dem Umstand, dass er mit Nietzsche und Lou von Salomé in der «Beziehungskiste» steckte: das Gruppenbild mit Dame aus dem Jahre 1882 – Lou von Salomé als Wagen- und Männerlenkerin mit Nietzsche und Rée an der Deichsel – kündigt hiervon.

Die spärlichen Hinweise auf Rée, die sich in erster Linie in jenen Dokumenten finden, die der Selbstdarstellung zur Verfügung stehen: also Tagebüchern, Briefen, Autobiographien usw., werden zusammengetragen und zugleich einer kritischen Prüfung unterzogen, die deshalb notwendig erscheint, weil die Beinahe-Anonymität, die Paul Rée umgibt, zur «Mystifikation» verleitet. Diesen Schluss legen jedenfalls die auf Paul Rée gemünzten Ausführungen Theodor Lessings zum «jüdischen Selbsthass» nahe. Theodor Lessing, dessen Renaissance Neuauflagen dokumentieren, lässt Rée gewissermassen den «zweifachen» Gletschertod sterben: der «Vergletscherung seiner Seele» entspricht Rées angeblicher Freitod am «Fusse eines Gletschers». Dieser Version halten wir die «Spurensicherung» entgegen, wie sie im Polizeibericht festgehalten ist, dessen «Amtsdeutsch» keine Dramatik kennt: schliesslich dürfte ein Fehltritt beim Austreten zum Todessturz in die Innschlucht zwischen St.Moritz und Celerina geführt haben.

3.8. Lou von Salomé, Paul Rée und Friedrich Nietzsche.

Paul Rée muss man aufstöbern. Dies hängt nicht nur damit zusammen, dass er – glaubt man den zugänglichen Quellen – äusserst bescheiden und zurückgezogen gelebt hat, sondern von «grossen Namen» umstellt war, in deren «Schatten» er geriet, zumal von seinen eigenen Publikationen («Psychologische Beobachtungen» 1875, «Der Ursprung der moralischen Empfindungen» 1877, «Die Entstehung des Gewissens» 1885, «Die Illusion der Willensfreiheit» 1885, «Philosophie» 1903 [aus dem Nachlass]) keine Wirkungen nachhaltiger Art ausgingen.

Seine Bedeutung – für uns Zeitgenossen – ist geborgt. Über ihn kann nur deshalb eine Geschichte geschrieben werden, weil zwei seiner zeitweilig wichtigsten Bezugspersonen Geschichte gemacht haben: Friedrich Nietzsche (1844–1900) und Lou Salomé (1861–1937), wobei die letztere auch durch «Männergeschichten» brillierte. Der Luzerner «Starphotograph» Jules Bonnet hat mit seinem Gruppenbild aus dem Jahre 1882 die «Dreieinigkeit» von Lou Salomé, Friedrich Nietzsche und Paul Rée zu einem Zeitpunkt «verewigt», als sich diese «Dreieinigkeit» – später dann nicht ohne das Zutun der Schwester Nietzsches – bereits aufzulösen begann.

Das Gruppenbild zeigt die Wagen- und Männerlenkerin, die berühmte Peitsche schwingend, bevor Nietzsche das alte Weiblein zu Zarathustra sagen lässt: «Du gehst zu Frauen? Vergiss die Peitsche nicht!» Das Gruppenbild ist zugleich eine Momentaufnahme; die projektiven Gestalten der Hälfte, den Doppelgänger bzw. den unerlässlichen Dritten auf die Platte bannend, hält sie den Augenblick der Verwandlung der «heiligen Dreieinigkeit» in eine menschliche «Dreiecksgeschichte» fest – die allzu-menschliche «ewige Wiederkehr» des Dritten in der Liebe. Auf diese Weise wird aus einer Geschichte der Philosophie Paul Rées allmählich die Geschichte des Philosophen Paul Rée; und dies ist die seltene Geschichte des verschwundenen Mannes an der Seite einer geheimnisvoll-anziehenden «Venus im Pelz», die – selbst schriftstellerisch tätig – den Umgang in literarischen Zirkeln in Berlin, Paris und Wien pflegte und vor allem durch ihre Verbindungen zu Nietzsche, Rilke und Freud bekannt geblieben ist.

Paul Rée besass – hierin ganz ein Kind des Zeitalters, das die klassischen Ideale der Antike wiederentdeckte – einen hohen Begriff von Freundschaft, der ihm auch zum Massstab in der Beziehung zu Lou v. Salomé und Nietzsche wurde. So ist es verständlich, dass Zeitgenossen, die mit ihm zusammentrafen, eher vom Menschen Paul Rée, von seiner Persönlichkeit, beeindruckt waren als von seinen philosophischen Schriften. Beispielhaft hierfür ist die Würdigung von Ferdinand Tönnies (1855–1936), der als Verehrer von Lou v. Salomé zeitweilig zu deren Freundeskreis gehörte und sich mit dem 1887 publizierten Klassiker «Gemeinschaft und Gesellschaft» als Soziologe einen Namen gemacht hat: «Ich habe Rée gekannt und geschätzt als einen ungewöhnlich feingebildeten und sinnreichen Menschen; durch die ruhige Sicherheit seines Auftretens, die gelassene, ja sanfte Art seiner Rede hatte er etwas Imponierendes, war auch bei näherer Bekanntschaft durchaus gutmütig und liebenswürdig. Seinen sachte ironischen Humor kehrte er ebensooft gegen sich selber wie gegen andere; kleine Bosheiten wusste er in verbindliche Formen zu kleiden. Er war im Grunde bescheiden, hatte aber ein grosses Vertrauen in die Richtigkeit seines Denkens, weil er sich für einen der wenigen ganz unbefangenen Denker hielt und weil er wirklich über gewisse wesentliche Probleme unermüdlich, Monate, ja Jahre lang nachdachte. Er wollte ganz ausserhalb des Lebens stehen, um es sicherer zu beobachten: von der Nichtswürdigkeit der Menschen, von der Nichtigkeit des Wähnens, das sie gefangen halte und auch die Scheinbar-Freien immer wieder gefangen nehme, war er tief durchdrungen. Man ist versucht, es Menschenhass zu nennen, was sich in seinen frühesten wie spätesten Aphorismen kundgibt; aber es ist mehr der Stolz des Erkennenden, was sich darin ausspricht.»

Selbst wenn die Poetik des Nekrologs – als solcher kann die Würdigung F. Tönnies' (in der Zeitschrift «Das freie Wort», IV, 1904/1905) durchaus angesehen werden – zur Idealisierung der Persönlichkeit Paul Rées verleitet, so enthalten diese wohlwollenden Bemerkungen doch einen entscheidenden Hinweis, der eine Erklärung dafür anbietet, warum Paul Rée nach anfänglichem Erfolg als Philosoph vom Vergessen eingeholt wurde: er hat sich nicht weiter entwickelt, hat sich in seine eigenen Überlegungen verstrickt, vielleicht deshalb, weil sich sein strenger Intellektualismus gegen Intuitionen, mit deren Hilfe er «über seinen Schatten» hätte springen können, sperrte. In dem Masse wie Rées Philosophie für andere an Bedeutung verlor, gewann sie für ihn an Bedeutung: sie geriet zunehmend zum Selbstheilungsversuch eines Menschen, der ähnlich wie Nietzsche unendlich einsam war.

Die Freundschaft mit Nietzsche, die durch die Vermittlung Heinrich Romundts seit 1873 bestand, wurde besonders intensiv gelebt in einem Aufenthalt in Sorrent von Oktober 1876 bis Mai 1877. Nietzsche fand hierfür die Worte: «Wir fanden einander auf gleicher Stufe vor, der Genuss unserer Gespräche war grenzenlos.» In Sorrent hatte Malwida von Meysenbug (1816–1903) – eine Schriftstellerin, die 1852 infolge ihres Engagements für die demokratischen Ideale der 1848er Revolution aus Berlin ausgewiesen worden war, freundschaftliche Beziehungen zu Wagner und anderen bedeutenden Persönlichkeiten der Epoche pflegte, und durch ihre zunächst anonym erschienenen «Memoiren einer Idealistin» einer breiteren Öffentlichkeit bekannt geworden war – die Villa Rubinacci gemietet, unter deren Dach sie mit Nietzsche, Paul Rée und Albert Brenner, einem Schüler Nietzsches, eine Wohn- und Arbeitsgemeinschaft «gründete», wodurch Nietzsches öfters wiederkehrende Idee von der Gründung einer «Art Kloster für freiere Geister» wieder Auftrieb erhielt. In Sorrent pflegte die Wohngemeinschaft der Villa Rubinacci auch gesellschaftlichen Verkehr mit der Familie Wagner, die sich von Oktober bis Anfang November 1876 in Sorrent aufhielt. Hierüber berichtet Cosima Wagner in ihren Tagebüchern ziemlich emotionslos; keine «Buchhaltung der Seele», sondern ein blosses Registrieren der vorgekommenen Begegnungen. In Sorrent sollten Nietzsche und Wagner das letzte Mal zusammentreffen. Eine Freundschaft war damit zu Ende gegangen. In die komplexe «Ursachenkette», die schliesslich zu diesem Bruch führte, scheint auch Paul Rée mithineinverwoben zu sein. So notiert Cosima Wagner am 1. November 1876 in ihr Tagebuch: «Abends besucht uns Dr. Rée, welcher uns durch sein kaltes pointiertes Wesen nicht anspricht, bei näherer Betrachtung finden wir heraus, dass er Israelit sein muss.» Später – und das heisst immer: die Dominanz einer retrospektiven Betrachtungsweise, die von einem gegenwärtigen Interpretationspunkt aus zurückliegende Ereignisse bewertet und damit die Herrschaft der Gegenwart über die Vergangenheit sichert – erfindet Cosima Wagner in einem an Marie von Schleinitz adressierten Brief die folgende ihr einleuchtende Version: «Schliesslich kam noch Israel hinzu in Gestalt eines Dr. Rée, sehr glatt, sehr kühl, gleichsam durchaus eingenommen und unterjocht durch Nietzsche; in Wahrheit aber ihn überlistend, im kleinen das Verhältnis Judäa und Germania.»

Es kann demnach nicht überraschen, dass auch Elisabeth Förster-Nietzsche Rées Charaktereigenschaften zu jenen des «ewigen Juden» macht. In einem Brief, mit dem die Schwester Nietzsches am 5. 12. 1904 auf die Zusendung jenes Aufsatzes über Paul Rée reagiert, den Ferdinand Tönnies 1904 verfasst hatte, urteilt sie über Paul Rée entschieden ausfällig und antisemitisch. Durch ihre Äusserungen fühlt sich Tönnies herausgefordert. Schon am 18. 12. 1904 antwortet er höflich, aber bestimmt mit einem langen Brief, der es verdient, ausführlich zitiert zu werden, da in ihm sowohl Paul Rée als auch Lou Salomé zu Wort kommen und aus ihrer Sicht über das Scheitern ihrer Freundschaft mit Nietzsche berichten. Genauer: Tönnies' der uns seine eigene Version nicht vorenthält, lässt die beiden zu Wort kommen; er, der im Freundschafts- und Lebensbund zwischen Lou Salomé und Paul Rée im Frühjahr/Sommer des Zarathustra-Jahres 1883, also zum Zeitpunkt des endgültigen Zerwürfnisses mit Nietzsche, die Position des unverzichtbaren Dritten eingenommen hatte, gibt wieder, was er damals aus nächster Nähe von den unmittelbar Betroffenen zu hören bekommen hatte. Insofern ist Tönnies' bislang unveröffentlichter Brief ein wichtiges Dokument zur Lou-Rée-Affaire, zumal die langen Briefe Nietzsches in dieser Angelegenheit Anfang August und am 2. September an seine Schwester nachgewiesenermassen Fälschungen der Schwester sind. Tönnies antwortet: «[...] Aber zu einer kleinen persönlichen Anmerkung reizen mich die freundlichen Briefäusserungen, die ich der Veranlassung meines kleinen Aufsatzes über Rée verdanke. Sie geben, wie ich vermutet hatte, Ihren Dissens offen kund. Ich halte ebenso offen und entschieden an meiner Auffassung fest. Die ganze traurige Episode habe ich in ihren unmittelbaren Wirkungen miterlebt, um so mehr zu meinem Leidwesen, da sie, diese Wirkungen allein schuld gewesen sind, dass ich Nietzsche im Jahre 1883 nicht kennengelernt habe, zu einer Zeit, wo meine Sympathie mit ihm auf ihrer Höhe stand. Sie wissen, wie tief es mich betrübt, dass ich nie mit ihm gesprochen habe. Seine Bekanntschaft würde mein Leben unermesslich bereichert haben. Ich bin im Frühling 1883 Tage, im Sommer dann Wochen lang mit Rée und Fräulein Salomé zusammen gewesen, die Tage in Berlin, die Wochen in der Schweiz. Rée arbeitete *damals* eifrig und fleissig an seiner 'Entstehung des Gewissens' [...] In jener ganzen Zeit ist zwischen uns von Nietzsche oft die Rede gewesen. Von einer Verdächtigung seines Charakters ist kein Hauch an mich gekommen. Von seinem Geiste wurde nur mit einer Art Ehrfurcht gesprochen. Fräulein S. äusserte sich, dass ihre Einfälle und Äusserungen oft blitzartig mit denen Nietzsches zusammengetroffen seien. Den Zwiespalt führte sie auf persönliche Missverständnisse zurück. Auch zu Ihnen hat sie – das muss ich zu ihrer Ehre sagen – nichts Übles gesagt, wohl aber, dass Sie leider eine sehr ungünstige Meinung von ihr gewonnen hätten, dass sie immer 'Zank' mit Ihnen gehabt habe und dergl. mehr. Rée hat sich keineswegs gegen mich im Sinne des gedruckten Briefes – der sich ja nur auf die Zarathustra- und Herrenmoral-Schriften bezieht – ausgesprochen. Allerdings wollte er sagen, dass *er* aus seinem Gespräch viel mehr *gelernt* habe als aus seinen Büchern, die ich ja allein kannte und gegen ihn rühmte. Dass er ihm grenzenlos viel verdanke, hat er auch gegen mich, wenigstens dem Sinne nach, ausgesprochen. Wenn er sich bitter geäussert hätte, so wäre das, nachdem im April desselben Jahres N. (wie Sie S. 414 mitteilen [«Das Leben Friedrich Nietzsche's» Bd II/2, Leipzig 1904]) die Widmung abgelehnt hatte, verzeihlich gewesen. Davon ist aber kein Schimmer in meiner Erinnerung. – Ich bin im Irrtum gewesen, wenn ich Rée für einen Halbjuden gehalten habe. Der Irrtum muss aus Missverständnis seiner Beziehungen zu dem Prof. Sellin, den ich persönlich kenne, entsprungen sein. Rée hat unter seinem Judentum schwer gelitten, er scheint sich dessen geradezu geschämt zu haben. Von den Eigenschaften, die uns am häufigsten, auch bei gelehrten Juden, unangenehm berühren, hatte er nichts oder doch sehr wenig. Er war ein Mensch von ganz eigener Art und von wirklichem philosophischen Habitus. Man wird selten unter Gebildeten, Christen oder Juden, einem Mann von solcher *Schlichtheit* begegnen. Wenn Wagner ihn für heimtückisch hielt, so ist das nur ein neues Zeugnis für die Geringheit der Menschenkenntnis bei dem grossen Künstler. Dies ist mein Urteil, so lange ich nicht mehr Dokumente kenne, als bisher offenbar geworden sind. Die wirklichen Ursachen des Bruches zwischen Nietzsche und Frl. S., wovon der Bruch zwischen Rée und N. nur Folge war, treten auch aus Ihrer Darstellung nicht klar hervor, wie sie mir damals unklar geblieben sind. Frl. S. war ein junges Mädchen – damals, so viel ich weiss, erst 21, nicht wie Sie schreiben, 25 Jahre alt – von ganz ungewöhnlichem Geiste. Ihrer Begabung nach war sie weder unwürdig noch unfähig, Nietzsche's Schülerin zu werden. Vielleicht war sie von Jugend auf zu *frühreif* dazu. Es scheint ja, dass sie *ernstlich*, vor die Wahl zwischen Nietzsche und Rée gestellt, sich für Rée entschieden hat. Dass N. bei weitem der grössere Geist war, kann sie sich keinen Augenblick verhehlt haben. Aber Rée vergötterte sie, Nietzsche, wie ich mir denke und es auszudrücken wage, 'bevaterte' sie. Jener sah zu ihr *empor*, dieser blickte gewiss zuerst mit wohlwollendem Auge und in gerader Linie auf sie, aber doch sicherlich sehr bald ein wenig abwärts – es konnte nicht anders sein. Und es konnte auch nicht anders sein, dass ihr jener besser gefiel. Die menschliche, zumal die weibliche Natur trat in ihre Rechte.» (Goethe- und Schiller-Archiv).

Doch zurück in das Jahr 1876. Über die «schönen Tage von Sorrent» schreibt Malwida von Meysenbug in ihren Memoiren: «In Sorrent nun richtete sich das Leben ganz behaglich ein. Am Morgen fanden wir uns nie zusammen, ein jeder blieb in völliger Freiheit bei seiner eigenen Beschäftigung. Erst das Mittagessen vereinigte uns, und zuweilen am Nachmittag ein gemeinschaftlicher Spaziergang in der zauberischen Umgebung [...]. Oft zogen wir auch zu weiteren Ausflügen auf Eseln aus, die dort für die unwegsameren Bergtouren bereitgehalten werden, und da gab es meist viel Lachen und Spass, besonders mit dem jungen Brenner, dessen lange Beine beinahe mit denen des Esels zugleich auf der Erde fortliefen, und dessen noch etwas ungeschickte schülerhafte Art die Zielscheibe gutmütiger Scherze wurde. Am Abend vereinte uns aufs neue das Abendessen und nach diesem im gemeinschaftlichen Salon angeregtes Gespräch und gemeinsame Lektüre [...]. Auch fehlte es bald nicht an Plänen für eine Erweiterung des so glücklich gelungenen Experiments. Ich erhielt damals gerade besonders viele Briefe von Frauen und Mädchen aus der unbekannten Menge, die mir infolge meiner 'Memoiren einer Idealistin' ihre Sympathie kund gaben [...]. Diese Tatsache gab einer Idee Nahrung [...], nämlich eine Art Missionshaus zu gründen, um erwachsene Menschen beiderlei Geschlechts zu einer freien Entwicklung edelsten Geisteslebens zu führen, damit sie dann hinausgingen in die Welt, den Samen einer neuen, vergeistigten Kultur auszustreuen. Die Idee fand den feurigsten Anklang bei den Herren; Nietzsche und Rée waren gleich bereit, sich als Lehrer zu beteiligen. Ich war überzeugt, viele Schülerinnen herbeiziehen zu können, denen ich meine besondere Sorge widmen wollte, um sie zu edelsten Vertreterinnen der Emanzipation der Frau heranzubilden [...]» (M. v. Meysenbug, Der Lebensabend einer Idealistin, Kap. «Episoden aus den Jahren 1876 und 1877»).

Beschreibt Albert Brenner (1856–1878), Nietzsches früh verstorbener Schüler, in an seine Familie gerichteten Briefen das Leben in der Wohngemeinschaft der Villa Rubinacci eher nüchtern mit Hilfe der Klostermetapher – «Wir leben hier wie in einem Kloster», lautet sein Resümee – so kann der Schilderung Reinhardt von Seydlitz' (1850–1931), der Ende März 1877 mit seiner Frau in Sorrent weilte, entnommen werden, dass der Klosterplan alles andere als eine «exzentrische Laune» war: Fräulein von Meysenbug «herrschte als ehrwürdige Äbtissin im 'Kloster der freien Geister', das damals, faute de mieux, in einer Fremdenpension des Ortes, Villa Rubinacci, domizilirte. Welche Pläne wurden damals nicht geschmiedet unter der milden Sonne, dem sanften Rauschen eines purpurblauen Meeres, unter den wogenden Gipfeln der Pinien und in den stillen, versteckten, halbdunklen Spaziergängen zwischen den orangenüberwölbten Mauern! Schon hatten wir das dortige, aufgelöste und verlassene Kapuzinerkloster ins Auge gefasst, um dieses zur 'Schule der Erzieher', – 'wo diese sich selbst erziehen' umzuwandeln, und – denn so 'praktisch' waren auch wir! – dessen eine Hälfte als Fremdenhotel mit allen Chikanen einzurichten, damit aus dieser Hälfte der andern, der 'idealistischen', die nöthige finanzielle Basis erwachsen solle.»

Und in der Tat, wie schon der an Erwin Rohde (1845–1898) adressierte Brief Nietzsches aus dem Jahre 1870 zeigt, sollte mit dem «Kloster für freiere Geister» jener feste Bezugspunkt geschaffen werden, von dem aus die «Hebelwirkung der Umwertung» auszugehen hätte: «Nun höre, was ich in meinem Gemüte mit mir herumwälze. Schleppen wir uns noch ein paar Jahre durch diese Universitätsexistenz, nehmen wir sie wie ein lehrreiches Leidwesen [...]. Es ist ein ganz radikales Wahrheitswesen hier nicht möglich. Insbesondre wird etwas wahrhaft Umwälzendes von hier aus nicht seinen Ausgang nehmen können [...] – Also wir werfen einmal dieses Joch ab, das steht für mich ganz fest. Und dann bilden wir eine neue griechische Akademie [...]. Wir sind dann unsere gegenseitigen Lehrer, unsre Bücher sind nur noch Angelhaken, um jemand wieder für unsere klösterlich-künstlerische Genossenschaft zu gewinnen. Wir leben, arbeiten, geniessen füreinander – vielleicht dass dies die einzige Art ist, wie wir für das Ganze arbeiten sollen.»

Das Scheitern des Klosterplans auferlegt Nietzsche schliesslich die rastlose Lebensform einer einsamen Denkerexistenz, wie er sie mit dem treffend gewählten Buchtitel: «Der Wanderer und sein Schatten» symbolisch zum Ausdruck bringt. An die Stelle des vorgesehenen Dialogs mit den Freunden in den Wandelgängen der klösterlichen Akademie tritt das Zwiegespräch mit sich selbst, der Einsame hört seinen eigenen Gedanken zu, befähigt hierzu durch «Ohren für Unerhörtes».

Während des Sorrentiner Aufenthalts arbeitete Nietzsche an «Menschliches, Allzumenschliches I», einem «Werk des Réealismus», wie er es selbst bezeichnet, und Rée an seinem Buch vom «Ursprung der moralischen Empfindungen», das er später Nietzsche mit den Worten widmen sollte: «Dem Vater dieser Schrift dankbarst deren Mutter!»

In «Menschliches, Allzumenschliches», seiner ersten «Häutungs-Urkunde», hat Nietzsche Rée in den Aphorismen 36 und 37 ein Denkmal gesetzt. Es heisst da: «La Rochefoucauld und jene anderen französischen Meister der Seelenprüfung (denen sich neuerdings auch ein Deutscher, der Verfasser der 'Psychologischen Beobachtungen' zugesellt hat) gleichen scharfzielenden Schützen, welche immer und immer wieder in's Schwarze treffen – aber ins Schwarze der menschlichen Natur.»

«Welches ist doch der Hauptsatz, zu dem einer der kühnsten und kältesten Denker, der Verfasser des Buches 'Über den Ursprung der moralischen Empfindungen' vermöge seiner ein- und durchschneidenden Analysen des menschlichen Handelns gelangt? 'Der moralische Mensch', sagt er, 'steht der intelligiblen (metaphysischen) Welt nicht näher, als der physische Mensch'. Dieser Satz, hart und schneidig geworden unter dem Hammerschlag der historischen Erkenntnis, kann vielleicht einmal, in irgendwelcher Zukunft, als die Axt dienen, welche dem 'metaphysischen Bedürfnis' der Menschen an die Wurzel gelegt wird, – ob mehr zum Segen als zum Fluche der allgemeinen Wohlfahrt, wer wüsste das zu sagen? – aber jedenfalls als ein Satz der erheblichsten Folgen, fruchtbar und furchtbar zugleich, und mit jenem Doppelgesichte in die Welt sehend, welches alle grossen Erkenntnisse haben.»

Und so wie Nietzsche in dieser Zeit mit Rée die französischen Aphoristiker als Lieblingsautoren teilt, so teilt er mit ihm die Autorschaft zu «Menschliches, Allzumenschliches». Nach der Übersendung dieser Schrift an Rée versichert Nietzsche am 10. August 1878: «Alle meine Freunde sind jetzt einmüthig, dass mein Buch von Ihnen geschrieben sei und herstamme: weshalb ich zu dieser neuen Autorschaft gratulire [...]. Es lebe der Reéalismus und mein guter Freund!»

Zehn Jahre später sollte Nietzsche in der Vorrede zur «Genealogie der Moral» behaupten, er habe niemals etwas gelesen, wozu er dermassen Satz für Satz, Schluss für Schluss, bei sich nein gesagt habe, wie zu Rées Buch und dem zitierten Kernsatz. Dazwischen lag der Bruch mit Lou v. Salomé und Paul Rée, dem er bereits 1883 untersagt hatte, ihm, wie von Rée beabsichtigt, das neue Buch über «Die Entstehung des Gewissens» zu widmen.

Nietzsche schildert im Zarathustra die drei Stufen, die der sich entwickelnde Mensch durchlaufen muss: Abhängigkeit von Autoritäten und Meistern – Losreissen von diesen, Erkämpfen der Freiheit (negative Freiheit) – Hinwendung zu den eigenen Werten (positive Freiheit). Wie die Begegnung mit Rée für Nietzsche wichtig war zur endgültigen Überwindung der ersten Stufe, zur Loslösung von den Autoritäten und Meistern, was für Nietzsche gleichbedeutend war mit der Loslösung von Wagner und Schopenhauer, so war die gemeinsame Verehrung von Schopenhauer einer der Anknüpfungspunkte für das Zustandekommen dieser Freundschaft gewesen, die über die beiden Erstlingsschriften Paul Rées vertieft wurde. Die «Psychologischen Beobachtungen» aus dem Jahre 1875 hat Rée Nietzsche mit der handschriftlichen Widmung zukommen lassen: «Herrn Professor Friedrich Nietzsche, dem besten Freunde dieser Schrift, dem Quellwassererzeuger seines ferneren Schaffens dankbarst der Verfasser.»

Dass die Kultfigur Schopenhauer Freundschaften zu stiften vermochte und in einer entzauberten Welt der Unbrüderlichkeit zur Verbrüderung einlud, zeigt besonders anschaulich die erste Begegnung von Paul Deussen (1845–1919) und Paul Rée. Deussen, ein Freund Nietzsches seit der gemeinsam verbrachten Schulzeit in der Landesschule Pforta (bei Naumburg), gleichfalls Philosoph und später Gründer der Schopenhauer-Gesellschaft, schildert die Umstände und den Verlauf dieser Begegnung in seiner Autobiographie. Deussen, den eine Reise an den Vierwaldstättersee geführt hatte, war auf der Suche nach einer Übernachtungsmöglichkeit; das einzige Angebot, das ihm gemacht wurde, bezog sich auf ein Doppelzimmer, das er aber, so der Hinweis des Hoteliers, mit einem Fremden zu teilen habe:

«So unangenehm diese Aussicht für mich war, so musste ich doch, bei der Unmöglichkeit, ein anderes Unterkommen zu finden, mich in das Unvermeidliche fügen. Ich liess mir die gute Laune nicht verderben [...] und suchte erst spät nach 10 Uhr das mir angewiesene Zimmer auf. Richtig! Dort hinten in der anderen Ecke des geräumigen Zimmers lag schon einer im Bett. 'Guten Abend', sagte ich. – 'Guten Abend', tönte mir eine sanfte, wohlklingende Stimme entgegen. – 'Erlaube mich vorzustellen: Dr. Deussen aus Marburg', – 'Sehr angenehm. Ich bin Paul Rée, Doktor der Philosophie'. Ich überlegte, was alles für Fächer bis herab zur Hühnerologie und Mistologie sich unter dem Namen eines Doktors der Philosophie verbergen konnten, und fragte daher nach einer kleinen Pause vorsichtig weiter: 'Philosophie im weiteren oder im engeren Sinn?' – 'Philosophie im engsten Sinne', erwiderte der Unbekannte. Wieder eine kleine Pause, darauf ich: 'Haben Sie sich schon an irgendeinen Philosophen näher angeschlosssen?' Auf diese Frage erwiderte der Unbekannte nur ein Wort, und dieses einzige Wort bewirkte, dass ich mit einem einzigen Satz an seinem Bette war, seine Hand in der meinigen hielt und aus einem gänzlichen Fremden zu einem Freunde, einem Bruder geworden war. Dies eine Wort war der Name: 'Schopenhauer'.»

Von «tiefgreifenderer Wirkung» sind Paul Rée und Malwida von Meysenbug auf Nietzsche insofern auch gewesen, als sie es waren, die ihn mit Lou v. Salomé bekannt gemacht haben, durchaus in der Absicht, dem «Kloster für freiere Geister» eine geeignete Novizin zuzuführen.

Paul Rée hatte Lou v. Salomé bei Malwida von Meysenbug in Rom kennengelernt, wohin sich diese inzwischen zurückgezogen hatte und dort eine Art literarischen Salon unterhielt. Über diese erste Begegnung schreibt Lou v. Salomé in ihrem «Lebensrückblick» (1951, [5]1984): «An einem Märzabend des Jahres 1882 in Rom, während bei Malwida von Meysenbug ein paar Freunde beisammensassen, begab es sich, dass nach einem Schrillen der Hausglocke Malwidas getreues Faktotum Trina hereingestürzt kam, ihr einen aufregenden Bescheid ins Ohr zu flüstern – woraufhin Malwida an ihren Sekretär eilte, hastig Geld zusammenscharrte und es hinaustrug. Bei ihrer Rückkehr ins Zimmer, obwohl sie dabei lachte, flog ihr das feine schwarze Seidentüchlein noch ein wenig vor Erregung um den Kopf. Neben ihr trat der junge Paul Rée ein: ihr langjähriger, wie ein Sohn geliebter Freund, der – Hals über Kopf von Monte Carlo kommend – Eile hatte, dem dortigen Kellner das gepumpte Reisegeld zuzustellen, nachdem er alles, wörtlich, restlos alles verspielt. Dieser lustig sensationelle Auftakt zu unserer Bekanntschaft störte mich erstaunlich wenig: sie war im Nu geschlossen ...»

Angetan von der neuen Bekanntschaft, hatte Rée Nietzsche geschrieben, der am 21. 3. 1882 überschwenglich antwortete: «Grüssen Sie diese Russin von mir, wenn dies irgend einen Sinn hat: Ich bin nach dieser Gattung von Seelen lüstern. Ja, ich gehe nächstens auf Raub darnach aus – in Anbetracht dessen, was ich in den nächsten 10 Jahren thun will, brauche ich sie ...»

Die erste Begegnung zwischen Lou v. Salomé und Nietzsche verläuft nach einem Regieeinfall, den nur das Leben selbst haben kann; sie findet nämlich, wie Lou v. Salomé berichtet, in der Peterskirche statt, «wo Paul Rée, in einem besonders günstig zum Licht stehenden Beichtstuhl seinen Arbeitsnotizen, mit Feuer und Frömmigkeit oblag, und wohin Nietzsche deshalb gewiesen worden war. Seine erste Begrüssung meiner waren die Worte: 'von welchen Sternen gefallen sind wir uns hier einander zugeführt worden?'.» Da Rée offenbar Nietzsche nicht alles gebeichtet hatte, was Lou an Gefühlen und Wünschen in ihm ausgelöst hatte, wurde der gemeinsame Romaufenthalt zunehmend zu einem Balanceakt: «Was so inbrünstig begann, erfuhr dann aber eine Wendung, die Paul Rée und mich in neue Besorgnis um unseren Plan geraten liess, indem dieser sich durch den Dritten unberechenbar kompliziert fand. Nietzsche meinte freilich damit eher eine Vereinfachung der Situation: er machte Rée zum Fürsprecher bei mir für einen Heiratsantrag. Sorgenvoll überlegten wir, wie das am besten beizulegen sei,

MEIN LIEBER FREUND WELCHES VERGNUGEN MACHEN MIR IHRE BRIEFE!-SIE ZIEHEN MICH AB-NACHALLEN SEITEN, UND ZULETZT UNTER ALLEN UMSTÄNDEN ZU IHNEN HIN!- [illegible] .ÜBER IHRE 30 FRS. HABE ICH SEHR GELACHT-DIE POST ÜBERGAB MIR DIESEN BRIEF OHNE SELBST NACH MEINEM PASSE ZU VERLANDEN-UND DER JUNGE BEAMTE LÄSST SIE GRÜSSEN-ECCO!-OVERBECK HAT MIR MEIN GELD GESCHICKT-ICH BIN FÜR EIN PAAR MONATE JETZT VERSORGT.-GRÜSSEN SIE DIESE RUSSIN VON MIR WENN DIES IRGEND EINEN SINN HAT:ICH BIN NACH DIESER GATTUNG VON SEELEN LÜSTERN.JA ICH GEHE NÄCHSTENS AUF RAUB DARNACH AUS-IN ANBETRACHT DESSEN WAS ICH IN DEN NÄCHSTEN 10 JAHREN THUN WILL BRAUCHE ICH SIE. EIN GANZ ANDERES CAPITEL IST DIE EHE-ICH KÖNTE MICH HÖCHSTENS ZU EINER ZWEIJÄHRIGEN EHE VERSTEHEN, UND AUCH DIES NUR IN ANBETRACHT DESSEN WAS ICH IN DEN NÄCHSTEN 10 JAHREN ZU THUN HABE.-NACH DEN ERFAHRUNGEN DIE ICH EBEN MIT KÖSELITZ MACHE WERDEN WIR IHN NIE DAZU BRINGEN GELD VON UNS ANZUNEHMEN-ES SEI DENN IN DER BÜRGERLICHSTEN FORM VON KAUF UND VERKAUF ICH HABE IHM GESTERN GESCHRIEBEN OB ER MIR [illegible]

UND ZWEIEN MEINER FREUNDE DIE MATRIMONIO-PARTITUR VERKAUFEN WOLLE-:ICH BOT IHM 6000 FRS. ZAHLBAR IN VIER JAHRESRATEN VON 1500 FRS. DIESEN VORSCHLAG HALTE ICH FÜR EINE FEINHEIT UND EINEN FALLSTRICK-.SOBALD ER JA SAGT, MELDE ICH ES IHNEN;UND SIE HABEN DANN DIE GÜTE MIT GERSDORFF ZU VERHANDELN.-

[illegible] F N.

3.7. Nietzsches Brief an Paul Rée, 21. 3. 82.

ohne unsere Dreieinigkeit zu gefährden.» Unter den möglichen Varianten bei den vorstellbaren Formen der Vergesellschaftung: Ehe mit Nietzsche, Lebenskamerad von Rée oder Bund zu dritt als Studier- und Wohngemeinschaft wählte Lou diejenige, die die beiden anderen (in sich) aufhob: die Dreieinigkeit, das «platonische Dreieck» und die Freundschaft schienen noch einmal gerettet, die Kamera von Jules Bonnet hielt fest, was nicht mehr festzuhalten war, von nun an ging's bergab. Anfang November 1882 trennten sich die Wege Paul Rées und Lou von Salomés von den Wegen Friedrich Nietzsches.

Im Sommer 1883 stiegen Rée und Lou von Salomé im Hotel «Misani» in Celerina ab. Das damalige Fremdenbuch des Hauses ist heute noch erhalten. Die erste Eintragung – mit einer grosszügigen Handschrift – datiert vom 19. August 1883; inzwischen war aus der Triade, der «Dreieinigkeit» eine Dyade geworden:

«Dr. Paul Rée, Preussen
Louison Salomé, Russland»

Eine zweite Eintragung findet sich zwei Jahre später, im August 1885:

«Louise von Salomé, Berlin
Paul Rée, Dr. phil., Berlin
Max Heinemann, Staatsanwalt, Berlin»

Die drei Namen umfasst eine Klammer mit dem gross geschriebenen Zusatz «Trio».

«Trio» ist offensichtlich die säkularisierte Version der «Dreieinigkeit», die Jules Bonnet mit seinem Foto verewigt hat. Trio ist das Kürzel für eine Lebensform, die Lou v. Salomé und Paul Rée in Berlin und während ihrer Ferienaufenthalte praktizierten und über die es im «Lebensrückblick» heisst: «und nun verwirklichte sich die geträumte Gemeinschaft im ganzen Ausmasse in einem Kreis junger Geisteswissenschaftler, vielfach Dozenten, der im Verlauf mehrerer Jahre bald sich ergänzte, bald an Zugehörigen wechselte. Paul Rée hiess in diesem Kreis 'die Ehrendame' und ich 'die Exzellenz', wie in meinem russischen Pass, wo ich nach russischer Sitte als einzige Tochter des Vaters Titel erbte. Sogar, wenn wir sommers Berlin verliessen, kamen für die

49

Malwida ja so sehr, und Nietzsche befand sich oft in so angeregter Verfassung
dass sein sonst etwas
gemessenes oder richtiger ein wenig feier-
liches Wesen dagegen zurücktrat. Dieses Feierlichen entsinne ich mich schon von unserer
allerersten Begegnung her, die in der
Peterskirche stattfand, wo Paul Rée, in
einem besonders günstig zum Licht stehenden Beichtstuhl seinen Arbeitsnotizen, mit
Feuer und Frömmigkeit, oblag, und wohin
Nietzsche deshalb gewiesen wordenwar. Seine erste Begrüßung meiner waren die Worte:
"von welchen Sternen gefallen sind wir uns
hier einander zugeführt worden?" Was so
gut begann, erfuhr dann aber eine
Wendung, die Paul Rée und mich in neue
Besorgnis um unsern Plan geraten ließ,
indem dieser sich durch den Dritten unberechenbar kompliziert fand. Nietzsche
meinte freilich damit eher eine Vereinfachung der Situation: er machte Rée zum
Fürsprecher bei mir für einen Heiratsantrag. Sorgenvoll überlegten wir, wie
das am besten beizulegen sei, ohne unsere
Dreieinigkeit zu gefährden. Es wurde beschlossen, Nietzsche vor allem gründlich

3.10. Typoskriptblatt aus Lou Andreas-Salomés «Lebensrückblick».

Universitätsferien von unseren Freunden etwelche nach.»

Über die in diesem Zitat angesprochene Verwirklichung der «geträumten Gemeinschaft» zwischen «Schwesterli» Lou und «Brüderli» Paul – so Paul Rée in einem Brief vom 28. 5. 1882, häufiger ist jedoch die Anrede «Schneckli», die Paul Rée im Weihnachtsbrief des Jahres 1882 zu dem bedeutungsvollen Wortspiel «Dein Herzens-Dreckli» verleitet – erfährt man im «Lebensrückblick» Genaueres: «Ich will ehrlich gestehen: was mich am unmittelbarsten davon überzeugte, dass mein, den geltenden gesellschaftlichen Sitten von damals hohnsprechender Plan sich verwirklichen liesse, war zuerst ein simpler nächtlicher Traum. Da erblickte ich nämlich eine angenehme Arbeitsstube voller Bücher und Blumen, flankiert von zwei Schlafstuben und, zwischen uns hin und her gehend, Arbeitskameraden, zu heiterem und ernstem Kreis geschlossen. Nicht geleugnet kann aber werden, dass unser fast fünfjähriges Beisammenleben geradezu verblüffend diesem Traumbilde gleich wurde. Paul Rée meinte mal: die Abweichung davon bestände fast lediglich darin, dass ich in Wirklichkeit erst allmählich lernte, die Bücher und die Blumen besser auseinander zu halten, indem ich anfangs die ehrwürdigen Universitätsbände mit Untersätzen für die Topfblumen verwechselte und ähnlich verwirrende Zusammenfassungen mitunter auch mit Menschen anrichtete.»

Es ist die asketische, vergeistigte Zweier-Variante der Utopie vom «Kloster für freiere Geister», dem Nietzsche als Prior vorstehen sollte: die Begegnung der Geschlechter findet im Arbeitszimmer statt – und nur dort. Die dort miteinander verkehrenden Menschen gehören der «geschlechtslosen» Spezies «Arbeitskamerad» an!

Auch Tönnies, auf der Suche nach «Gemeinschaft», nach einer warmen, heimeligen Atmosphäre in einer zur beziehungslosen Beziehungsroutine erstarrten Welt sachlich-nüchterner Zweckvergesellschaftungen, begeistert sich für diese Lebensform des «Trios», schreibt er doch im Juli 1883 aus Flims an seinen Freund, den Philosophen Friedrich Paulsen (1846–1908) nach Berlin: «Wir leben hier in höchst anmutigem Trio; neugebautes Logierhaus […], wovon wir die ganze zweite Etage innehaben, welche nämlich aus drei Zimmern besteht.»

Irgendwie scheint ihm das platonische Dreieck des Trios etwas unheimlich zu sein, setzt er doch gleich hinzu: «Fräulein Salomé beherrscht diesen Haushalt mit einer überlegenen Sicherheit und einer Feinheit des Taktes, welche durchaus bewunderungswürdig ist. Sie ist wirklich ein ganz ausserordentliches Wesen; soviel Klugheit in einem 21jährigen Mädchenkopf würde beinahe Schauder erwecken, wenn nicht damit eine echte Zartheit des Gemütes und die vollkommenste Sittsamkeit verbunden wäre. Es ist eine Erscheinung, die man nicht für möglich hält, so lange man sie nicht in ihrer reinen Wirkung sieht. Aber hier genügt auch eine einzige Anschauung, um jeden Gedanken an ein vries zuchtlos Wesen, wie der deutsche Theolog sagen würde, vollkommen zu vernichten. Ich lasse mir meine beiden Hände dafür abhacken!»

Ein Zeitgenosse, der bereits zitierte Paul Deussen, weiss über die Berliner Jahre des «Geschwisterpaares» zu berichten: «Lou v. Salomé kam mit Dr. Rée als Reisebegleiter nach Berlin. Beide hatten sich das Wort gegeben, nie von Liebe oder Heirat zu reden, sondern nur zusammen zu reisen und wissenschaftlich zu arbeiten. Sie pflegten in einer Pension in der Hedemannstr. zu wohnen und kamen, wie gesagt, eines Nachmittags bei mir an. Es wurde ein philosophisches Kränzchen arrangiert, an welchem ausser Lou, Rée und mir auch noch Dr. Romundt und später Heinrich von Stein, Privatdozent der Universität, teilnahmen. Inzwischen schrieb Lou ihren (ersten) Roman: 'Im Kampf um Gott'. Er erschien im Dezember 1884, und ich war einer der ersten, welchen sie das Buch schenkte. Ich [...] las das Buch und muss gestehen, dass über dem Lesen meine Liebe zu Lou in hellen Flammen entbrannte. Dieses Werk, in welchem verschiedene Selbstmorde, Ehebrüche usw. vorkommen, wird verschieden beurteilt. Mein Freund Ebbinghaus behauptete, das seien 'Nonnenphantasien', ich fand in dem Buch viel Geist und in den Geist verliebte ich mich.»

Dieses Geständnis lässt zugleich ahnen, welche Erfahrungen Lou zur Verfügung standen, wenn sie Aphorismen wie diesen formulierte: «Es führt kein Weg von der sinnlichen Leidenschaft zur geistigen Wesenssympathie – wohl aber viele Wege von dieser zu jener.»

Es ist nicht bekannt, ob Paul Deussen über all den «verschiedenen Selbstmorden und Ehebrüchen», die ihm Lous Roman zum Leseerlebnis werden liessen, jemals realisierte, dass die beiden Hauptfiguren des Romans, das Geschwisterpaar Kuno und Rudolf, nach dem «Brüderpaar» Nietzsche und Rée modelliert sind, und sich Lou selbst in den drei Frauengestalten des Romans: jede repräsentiert einen spezifischen Charakterzug an ihr, verewigt hat. Die Tatsache, dass dieses Erstlingswerk Lous, veröffentlicht unter dem Pseudonym Henri Lou, beim gehobenen Bürgertum freundlich bis begeistert aufgenommen wurde, gibt einen Hinweis darauf, dass in einer «entzauberten», «gottlos» gewordenen Welt, die dem Individuum die Aufgabe zur Selbstbesinnung und Stellungnahme aufnötigt, der Literatur die ehemals der Religion zukommende Funktion, Antworten auf die Frage nach dem «Sinn des Lebens» zu geben, zugefallen war, und dass – so jedenfalls der Roman als führende Gattung dieser Art von Literatur – die Konflikte des *Individuums* als innere seelische Vorgänge entfaltet werden, insbesondere am Thema der Liebe. So traf Lou v. Salomé nicht nur den Geschmack der Zeit, vielmehr zeigte sie ein sicheres Gespür für die «inneren Nöte» ihrer «gebildeten» Zeitgenossen.

Das Gästebuch des Hotels Misani enthält eine weitere Eintragung; unter dem Datum des 13. August 1900 hat sich Paul Rée erneut eingetragen. Diesmal gibt er als Beruf «Arzt» an und als ständigen Wohn- und Heimatort: «Stibbe Westpreussen». Bis zum Verkauf des dortigen Guts durch seinen Bruder, der sich als Rentner nach Berlin zurückzog, war ihm Stibbe Heimat und geliebte Vergangenheit gewesen. Hier hatte er mit Lou v. Salomé, die auch von seiner Mutter verehrt wurde, eine glückliche Zeit verbracht, wie die uns erhaltenen Briefe und Dokumente zeigen. Ähnlich glücklich müssen für Paul Rée auch die Ferienaufenthalte mit Lou im Hotel Misani in Celerina gewesen sein, im Schatten der «Hundehütte» Nietzsches in Sils-Maria, der sich in seiner grenzenlosen Einsamkeit seinen Zarathustra selbst «vorsingen» musste: ich könnte «ein Lied singen – und will es singen: obgleich ich allein im leeren Hause bin und es meinen eignen Ohren singen muss». Für Paul Rée sind demnach Stibbe und Celerina Versuche, sich an der Erinnerung zu wärmen, das verloren gegangene Glück an den vertrauten Plätzen aufzuspüren. Es ist die List des Pessimisten, sich in einen «Lebenskünstler» zu verwandeln.

Am 1. November 1886 hatte sich Lou v. Salomé mit dem Iranisten Friedrich Carl Andreas verlobt. Dieser hatte zwei Bedingungen zu erfüllen, wollte er Lou heiraten: die Ehe durfte körperlich nicht vollzogen werden, Paul Rée hatte er als den unerlässlichen Dritten im Planspiel der Liebe zu akzeptieren. Andreas willigte ein, aber Paul Rée, der Spielsüchtige, spielte nicht mehr mit und nahm stillen Abschied: «Der letzte Abend, da er von mir fortging, blieb mit nie ganz verglimmendem Brand mir im Gedächtnis haften. Spät in der Nacht ging er, kehrte nach mehreren Minuten von der Strasse zurück, weil es zu sinnlos regne. Worauf er nach einer Weile wieder ging, jedoch bald nochmals kam, um sich ein Buch mitzunehmen. Nachdem er nun fortgegangen war, wurde es schon Morgen. Ich schaute hinaus und wurde stutzig: über trockenen Strassen schauten die erblassenden Sterne aus wolkenlosem Himmel. Mich vom Fenster wendend, sah ich im Schein der Lampe ein kleines Kinderbild von mir aus Rées Besitze liegen. Auf dem Papierstück, das drum gefaltet war, stand: 'barmherzig sein, nicht suchen'.»

Dass im Abschiednehmen bei einem solchen «Liebes-Reigen» die einzige Alternative liegt, hatte Rée offensichtlich schon zu Beginn seiner Freundschaft/Liebe zu Lou von Salomé geahnt: «Ich fürchte wir müssen uns trennen; denn obgleich ich ein Schutz und ein Halt für Dich in der Welt bin, so bist Du doch zu ehrlich, dies auch dann noch zu wollen, wenn die innigste, tiefste Sympathie zwischen uns auch nur im geringsten erschüttert ist. Das aber ist sie. Denn einerseits liegt jetzt Schlaffheit in meinem Wesen; ja, sie ist geradezu der Schlüssel zu meinem Wesen, d. h. zu demjenigen, welches ich nun schon seit vier, fünf, sechs Jahren mehr und mehr geworden bin. Ich war eigentlich schon todt; Du hattest mich zu einem Scheinleben erweckt, aber das Scheinleben mit einem Todten ist widerlich. Andererseits könnte ich ein Gefühl des Misstrauens, gegründet auf das Vorhandensein einer Eigenschaft, welche ich stark in mir vorhanden und Dir unsympathisch weiss, nicht wieder los werden, das Misstrauen meine ich, Dir unsympathisch zu sein, Dir Unsympathisches zu thun. Also – lass uns getrennten Weges zu unseren Gräbern gehen» (Handschriftlicher Zusatz von Lou v. Salomé: «Nein, gewiss nicht! Lass uns zusammen leben und streben, bis Du dieses widerrufen hast»).

Nachdem also 1886 die rund viereinhalbjährige Freundschaft mit Lou v. Salomé durch deren Verlobung mit F. C. Andreas auseinander gebrochen war, verlässt Paul Rée Berlin, um in München sein Medizinstudium zu beenden, das er begonnen hatte, als 1885 seine Pläne, sich im Fach Philosophie zu habilitieren, endgültig gescheitert waren. Bereits 1877 hatte er Nietzsche wissen lassen: «Ich bin von Jena zurück, und die Reise dorthin hat für mich einen Hauptnutzen gehabt (ungefähr denselben, den meine erste Liebschaft gehabt hat), nämlich den, mich von der Habilitirungslust zu degoutiren.»

1890 lässt sich Paul Rée in Stibbe (Westpreussen) auf dem Gut seines Bruders als Arzt nieder – als «Armenarzt», der den Kranken selbstlos geholfen haben soll.

Als 1900 das Rittergut Stibbe verkauft wird, geht Rée nach Celerina im Oberengadin, wo er in dem gleichen Gasthaus wohnte, in dem er einst mit Lou v. Salomé geweilt hatte; er war dort weiter Armenarzt. Paul Rée ist am 28. Oktober 1901 auf dem oberen, sehr steilen Weg durch die Charnadüra-Schlucht, bei Celerina, tödlich in den Inn abgestürzt. Die Bestattung auf dem Friedhof von Celerina erfolgte unter grösster Anteilnahme der Bevölkerung. Dr. Ramming-Thön, der inzwischen verstorbene Hotelier, verwahrte auch eine Abschrift des «Amtlichen Protocolls über die Auffindung der Leiche des Dr. Paul Rée aus Berlin, zur Zeit wohnhaft im Hotel Misani in Celerina», angefertigt am 28. 10. 1901, ergänzt um ein «Nachtragsprotocoll» vom 29. 10. 1901. Diesem Protokoll ist zu entnehmen, dass sich Rée bei seinem Sturz in die Innschlucht, der von keinem Augenzeugen beobachtet worden war, beträchtliche Verletzungen zugezogen hat, bewusstlos gewesen sein muss und infolgedessen schliesslich ertrunken ist. Seine goldene Taschenuhr ist um 13.07 Uhr stehen geblieben, wohl die vermutliche Absturzzeit.

In der Lokalzeitung, der «Engadiner Post» vom 31. 10. 1901, findet sich ein kurzer Bericht über den «Unglücksfall in der Innschlucht». Dieser Bericht, der sich mit den Angaben aus dem amtlichen Protokoll deckt, schliesst mit den Sätzen: «Wer den verunglückten Doktor

3.22. Gedenktafel in der Charnadüra-Schlucht.

kannte, rühmte ihn als einen besonders guten und wohlmeinenden Herrn. Er bekümmerte sich, im Gegensatz zur Grosszahl unserer Fremden, auch um die einheimische Bevölkerung in freundlichster Weise und verkehrte mit denen von Celerina liebreich und nett, in stillem und thätigem Wohlwollen. In der Familie Misani vom Hotel Misani lebte er wie zu Hause. Begreiflich daher und erfreulich zugleich, wenn die Trauer um den Heimgegangenen in Celerina eine allgemeine und aufrichtige genannt werden darf. Ja, wir sind überzeugt, dass noch nie ein Fremder, in unserem Thal verstorbener Kurgast so aufrichtig ist betrauert worden, wie gegenwärtig Dr. Rée betrauert wird.» Auch der rätoromanische «Fögl Ladin» vom 2. 11. 1901 berichtet von dem «beklagenswerten Unfall» und zeichnet ein Porträt des Toten: «Seit ca. 1½ Jahren war Dr. Rée ununterbrochen Gast im Hotel Misani, wo er sich offenbar zu Hause fühlte. Als grosser Naturfreund und Freund unseres Tales machte der Gast regelmässig Spaziergänge, vorwiegend bei schlechtem Wetter. In der Gemeinde hat sein Tod Trauer ausgelöst. Obwohl er für sich lebte und kein Freund der Gesellschaft war, konnte man ihn doch als einen Menschenfreund kennen lernen. Er besuchte häufig verschiedene Familien, denen er in irgendeiner Art und Weise behilflich sein wollte. Die Kinder, auch jene der umliegenden Gemeinden, kannten den Gast und gingen ihm oft entgegen. Er seinerseits kannte die armen unter den ihm entgegengehenden Kindern. Jetzt warten sie vergebens auf den 'Mann des schlechten Wetters' [...]. Seine Leiche ruht an einem schönen Ort inmitten jenes Tales, das er zu lieben begonnen hatte. Ein in jeder Beziehung eigener, aber edler Mensch ruht dort drüben (auf dem Friedhof von San Gian). Die fremde Erde sei ihm leicht.»

Das Grab neben der Kirche von San Gian bei Celerina wurde 1964 aufgelassen, der Grabstein ist zerstört, Photographien des Grabes sind nicht bekannt. Rées sterbliche Überreste liegen aber noch in der Erde, unter einem damals neuangelegten Kindergrab (Corina Luzi, †1965). Die einzige Erinnerung an Rée im Engadin ist die 1958 in den Felsen der westlichen Talseite angebrachte Gedenktafel in der Charnadüra-Schlucht in Sichtweite von San Gian.

Der handgeschriebene Lebenslauf von Paul Rée

Paul Rée hat am 16. 11. 1874 an der Universität Halle um die Zulassung zur Promotion gebeten. Diesem Zulassungsgesuch fügte er eine eigenhändige (lateinische) Vita bei. Die mündliche Prüfung erfolgte am 2. 12. 1874; da Rée seine Dissertation zunächst in deutscher Sprache vorlegte und die lateinische Fassung erst am 10. 3. 1875 vom Gutachter akzeptiert wurde, kam die Promotion erst am 7. 4. 1875 zum Abschluss (Unterlagen: Archiv der Martin-Luther-Universität Halle-Wittenberg).

Die Übersetzung des lateinisch verfassten Lebenslaufes, die dankenswerterweise von Frau A. Schleebach vorgenommen wurde, lautet:

«*Lebenslauf*

Geboren bin ich Paullus Rée am 21. November 1849 in Barthelshagen, einem Dorf in Pommern als Sohn von Ferdinand und Jenny Rée, geb. Jonas. Meine Eltern sind zu meiner Freude heute noch beide am Leben. Ich bin evangelischen Glaubens [1].

Im Gymnasium in Schwerin bin ich in den Anfangsgründen der Wissenschaft unterrichtet worden und habe mich nach bestandener Reifeprüfung Ostern 1869 nach Leipzig begeben, wo ich 5 Semester[2] lang als Student der Philosophie[3] Drobisch, Roscher,[4] Overbeck und Voigt gehört habe. Meine Studien sind durch den Krieg mit Frankreich während einer nicht so langen Zeit unterbrochen worden; denn nach meiner Verwundung in der Schlacht bei Gravelotte bin ich durch meine körperliche Schwäche daran gehindert worden, von neuem Kriegsdienst zu tun. Im Winter 1871–1872 habe ich in Berlin gelebt, wo ich mich besonders der Naturwissenschaft gewidmet habe. Ich habe die Vorlesungen von Reichert, Hartmann, Hofmann, Trendelenburg gehört. Von dieser Zeit an habe ich mich meistens auf dem väterlichen Gut aufgehalten und habe mich mit den Büchern teils der Philosophen, teils mit denen von Darwin beschäftigt.

All den Männern, durch deren Vorlesungen meine Studien gefördert worden sind, werde ich ein pietätvolles und dankbares Andenken bewahren.»

[1] wörtlich: Ich bin dem evangelischen Glauben zu eigen gegeben worden. Dies scheint die sprachliche Formel für die vollzogene Assimilation zu sein.

[2] semestriae statt semestria.

[3] wörtlich: den Studenten der Philosophie dazugeschrieben. Diese Angabe ist nicht korrekt. Im SS 1869 hatte R. in Leipzig Philosophie studiert, seit SS 1870 Rechtswissenschaften; belegt hatte er bis zum WS 1870/71; vom SS 1871 hatte er sich beurlauben lassen (Archiv der Universität Leipzig).

[4] Roscheruna statt Roscherum.

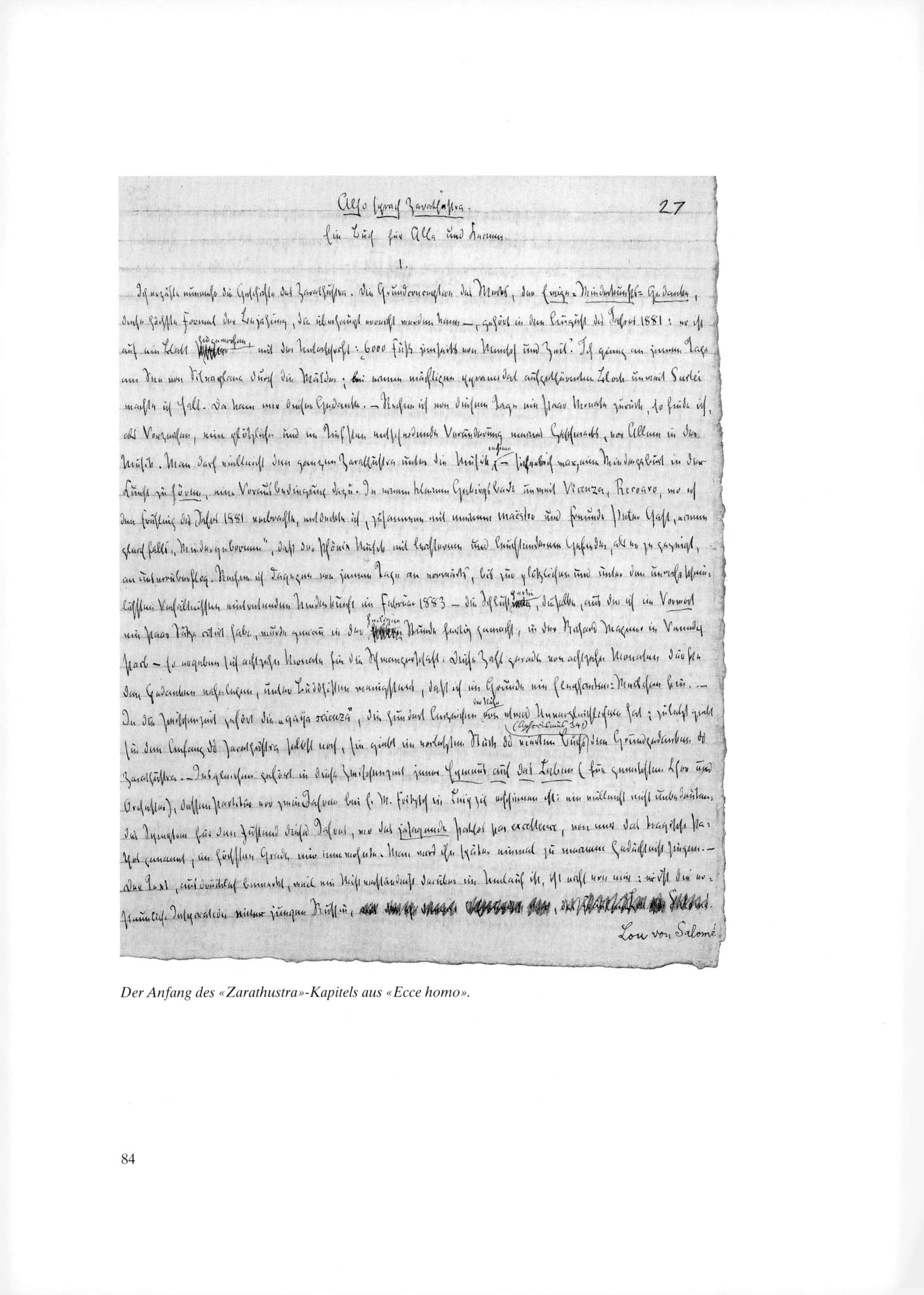

Der Anfang des «Zarathustra»-Kapitels aus «Ecce homo».

Jörg Salaquarda

DIE GRUNDCONCEPTION DES ZARATHUSTRA[1]

1

Nietzsche hat geschwankt, zu welcher Gattung das fertige «Zarathustra»-Werk gehöre. Kurz nach Fertigstellung des ersten Teils faßte er seinen Eindruck wie folgt zusammen: «Es ist eine wunderliche Art von «Moral-Predigten» (an Gast 1. 2. 83).[2] Ein paar Tage später schrieb er seinem Verleger: «Es ist eine 'Dichtung', oder ein fünftes 'Evangelium' oder irgend Etwas, für das es noch keinen Namen giebt» (13. 2. 83). Rohde gegenüber bekannte Nietzsche, daß er zwar den Drang zum Dichten in sich bekämpft, «Also sprach Zarathustra» aber trotzdem als Dichter verfasst habe...[3] (22. 2. 84). Kurze Zeit später bemerkte er wiederum gegenüber Gast: «Unter welche Rubrik gehört eigentlich dieser 'Zarathustra'? Ich glaube beinahe unter die 'Symphonien'» (2. 4. 83). Gast antwortete mit eine anderen Vorschlag, der die Kennzeichnung des ersten Teils als «fünftes Evangelium» verallgemeinert: Das Werk gehöre unter die «heiligen Schriften» (6. 4. 83). Nietzsche hat das postwendend aufgenommen: Er habe ein neues «heiliges Buch» geschaffen (an M. v. Meysenbug, 20. 4. 83).

Alle diese Kennzeichnungen heben einen wichtigen Aspekt, aber eben nur einen Aspekt von «Also sprach Zarathustra» hervor. Von «Predigten» kann Nietzsche sprechen, wenn er an die rhetorische Tradition denkt, an die er angeknüpft hat; von einer «Symphonie», wenn er die klangliche und rhythmische Gestaltung seines Werks sowie die Durchführung der darin auftauchenden Motive in den Blick nimmt; von einer «Dichtung», wenn er die Gesamtkomposition meint; von einem «Evangelium» oder einer «heiligen Schrift», wenn er den in «Zarathustra» unternommenen Kampf gegen das zentrale Paradigma der Tradition hervorheben will. Aber jeder der genannten Aspekte trifft auch nicht zu, bzw. die Rubrik verändert sich, wenn man das Werk unter sie befaßt. «Also sprach Zarathustra» ist eine Predigt, denn sein Verfasser redet thetisch und bedient sich aller rhetorischen Figuren und Kniffe, die die protestantischen Prediger von Luther bis Ludwig Nietzsche entwickelt haben; er achtet auf Tempo, Rhythmus, Klangfarbe etc.; er schreibt eine Prosa im schwebenden Übergang zur Poesie. Aber «Zarathustra» ist auch eine Anti-Predigt, denn Zarathustra fordert uns dazu auf, unser eigenes Selbst sprechen zu lassen und nichts auf bloße Autorität hin anzunehmen. Ebenso ist «Zarathustra» zwar eine Dichtung, aber eine recht merkwürdige, denn in ihr werden alle Dichter, einschließlich ihres eigenen, als Lügner entlarvt. Wiederum verkündet diese inspirierte heilige Schrift den «Tod Gottes» und stellt alles Heilige als Setzung eines menschlichen Machtwillens dar. Das Buch ist schließlich eine Moralpredigt, die zum Zerbrechen aller «alten Tafeln» animiert.

Ähnliche Ambivalenzen finden sich auch in Nietzsches Kennzeichnung seines Protagonisten. Wer ist dieser Zarathustra?[4] Er ist Dichter, Prophet, Religionsstifter, Moralist, und doch wieder alles das nicht (vgl. Za II/20; EH, Vorrede 4). Er ist ein Verführer, aber einer, der einen jeden zu sich selbst verführen möchte. Seine Voraussetzung ist «die große Gesundheit» (EH, Za 2), die es ihm erlaubt, verschiedenste Rollen einzunehmen und sie sogar besser zu verkörpern als je einer, der sich mit ihnen identifiziert hat – wie der Schauspieler, der auf der Bühne den König königlicher darstellt, als ein echter König es getan und gekonnt hätte. Und zugleich bewahrt Za-

[1] Überarbeitete Fassung eines Vortrags vom 24. 10. 1992 anläßlich der Zweiten Jahreshauptversammlung der Förder- und Forschungsgemeinschaft Fr. Nietzsche e.V. in Halle. Die Erstveröffentlichung des Vortrags erfolgte in Bd. III (1993/94) der «Jahresschrift»der Gemeinschaft, Halle 1994.

[2] Die Nachweise von Nietzsche-Zitaten erfolgen im Text in Klammern. Vorlagen sind die «Kritischen Gesamtausgaben der Werke und der Briefwechsel Fr. Nietzsches». Für die einzelnen Schriften und deren Unterabschnitte verwende ich die in den Nietzsche-Studien üblichen Abkürzungen.

[3] Durch die selbstverordnete «positivistische Kur» nach seinem Bruch mit Schopenhauer und Wagner.

[4] Vgl. M. Heidegger, Wer ist Nietzsches Zarathustra?, in: Ders., Vorträge und Aufsätze, Pfullingen 1954, 101–126.

rathustra Distanz zu den Rollen, indem er, wie in einem Brechtschen Lehrstück, gelegentlich dem Leser zuzwinkert und sagt: «Schau', so wird es gemacht!», um danach genauso erfolgreich, aber mit der gleichen Distanz, in eine andere Rolle zu schlüpfen. Ist Zarathustra ein Chamäleon? Hat er gar kein Selbst? Wofür steht Zarathustra ein? Was ist schließlich, nach Nietzsches eigener Meinung die Absicht des Werks?

Nietzsche gibt eine Reihe von Hinweisen, die sich zu einem Mosaik zusammenfügen. «Zarathustra» zielt auf Redlichkeit, Selbstwerdung und Eigenständigkeit; auf Synthese; auf Zukunft, des Individuums wie der Menschheit. Er zielt in all dem auf *Überwindung*.[5] Nietzsche hat Zarathustra zum Protagonisten gemacht, weil er die «Selbstüberwindung der Moral» repräsentiert.[6] Nach Fertigstellung des zweiten Teils von «Also sprach Zarathustra» gesteht Nietzsche, daß die Abfassung dieses Teils auch für ihn selber eine beträchtliche (Selbst-)Überwindung bedeutet habe. Es sei ein «nicht geringer *Sieg* über den 'Geist der Schwere'» gewesen und «fast hinter jedem Wort» stehe «eine Selbst-Überwindung ersten Ranges» (an Gast, Ende Aug. 1883). *Was* wir Menschen zu überwinden haben, war Nietzsche von früh an klar,[7] nämlich die Faulheit und Furchtsamkeit, die uns dazu veranlassen, «mit den Wölfen zu heulen» und unser «wahres Selbst» zu verleugnen. Diese These liegt auch dem «Zarathustra» zu Grunde.

Wenn es zu Beginn des zweiten Teils heißt: «Meine Lehre ist in Gefahr», so besteht diese Gefahr nicht darin, daß Sätze oder Gedanken Zarathustras nicht wörtlich bzw. in ihren Intentionen festgehalten werden; sondern daß sie zu wörtlich genommen werden, von Leuten, die sie nicht errungen und erlitten haben und deswegen kein Recht auf sie haben. Zu Ende des ersten Teils hatte Zarathustra seine Jünger deswegen aufgefordert, ihn zu verleugnen und *sich* selber zu suchen. Nachbeter, «Affen» Zarathustras (III/7, «Vom Vorübergehen»), will er nicht. Da sind ihm die «höheren Menschen» lieber, weil sie den Mut zu sich selbst haben, auch wenn sie in anderer Hinsicht hinter seinen Erwartungen zurückbleiben. «Werde, der du bist!» blieb Nietzsches Motto, auch im Blick auf «Zarathustra». In diesem Sinn schrieb er Ende April 1884 an Paul Lanzky: «Alle Menschen aber, die irgend einen heroischen Impuls in sich haben zu *ihrem eigenen* Ziele hin, werden sich eine große Kraft aus meinem Zarathustra herausnehmen».[8]

Zarathustra repräsentiert die Selbstwerdung in zweifacher Weise. Zum einen hat Nietzsche dargestellt, *wie* Zarathustra er selbst geworden ist und wie er es immer mehr wird: durch Irrtümer, Versuchungen, Erfahrungen etc. Zum anderen schildert das Werk, *was* Zarathustra bewegt, vor allem, was er zu überwinden hat. Vorbildlich ist – bzw. soll sein – nur der erste Aspekt; der zweite nur insofern, als exemplarisch gezeigt wird, daß der Mensch, der zu sich selbst finden will, den Mut zu seinen Meinungen wie zum Angriff auf seine Meinungen haben muß (vgl. Nachlaß Frühjahr 1888: KSA 13, 343, 14[159]). Nirgends darf er sich aus Feigheit und Faulheit verhehlen, was er eigentlich längst besser weiß. Was *will* Zarathustra? «[...] diese Art Mensch, die er concipirt, concipirt die Realität, *wie sie ist:* sie ist stark genug dazu –, sie ist ihr nicht entfremdet, entrückt, sie ist *sie selbst,* sie hat all deren Furchtbares und Fragwürdiges auch noch in sich» (EH, Schicksal 5).

In dem Motiv der «Überwindung» schwingt natürlich Nietzsches Lehre vom «Übermenschen» mit,[9] die ihm zur Vorbereitung der Mitteilung einer anderen Lehre dient – der Lehre von der «Ewigen Wiederkunft des Gleichen». Auf diese werde ich etwas ausführlicher eingehen, weil sie, nach Nietzsches eigener Äußerung in «Ecce homo» (Za, 1) die «Grundconception» des Werks darstelle. Sie wird in «Also sprach Zarathustra» zwar erst spät ausdrücklich genannt, ist aber von Anfang an in Bildern, Metaphern und Anspielungen präsent, etwa im Kreisen des Adlers und im Sich-ringeln der Schlange.[10] Bei der Abfassung seines «Zarathustra» hat Nietzsche wesentlich auf die Mitteilung dieses Gedankens abgezielt. Dazu kommt es in dem uns vorliegenden Werk zwar *nicht*, aber Zarathustras Sicheingestehen des Gedankens macht seinen dramatischen Höhepunkt und gedanklichen Abschluß aus. Zarathustra ist zentral «der Lehrer der Ewigen Wiederkunft».

5 Vgl. die Abschnitte «Von den drei Verwandlungen», «Von tausend und Einem Ziele» und «Von der Selbst-Ueberwindung»(Za I/1 und 15; Za II/12).

6 Vgl. bes. EH, «Warum ich ein Schicksal bin», 3 und Nachlaß Juli-August 1888: 18[15], KSA 13, 536.

7 Vgl. dazu vor allem seine «Dritte Unzeitgemäße Betrachtung» («Schopenhauer als Erzieher»).

8 Aufschlußreich ist Nietzsches Haltung gegenüber H.v.Stein, den er zu nichts drängte, von dem er aber viel erwartete, weil er einen «heroischen» Grundzug in ihm wahrzunehmen meinte. «[...] einstweilen noch trop wagnetisé», schrieb Nietzsche über ihn an Overbeck (14.9.84), aber durch die rationale Zucht, die er bei Dühring erhalten habe, «sehr zu mir vorbereitet». Trotz zeitweiliger Entfremdung hegte Nietzsche in bezug auf v. Stein große Hoffnungen und war deswegen über seinen frühen Tod tief erschüttert: «[...] ich bin immer noch ganz außer mir [...]. Ich hatte ihn so lieb, er gehörte zu den wenigen Menschen, deren Dasein an sich mir Freude machte. Auch zweifelte ich nicht daran, daß er mir gleichsam für später aufgespart sei» (an Overbeck, 30. 6. 87; vgl. auch das literarische Denkmal, das Nietzsche v. Stein in «Ecce homo», «Warum ich so weise bin», 4 gesetzt hat). Ersichtlich hat Nietzsche bei alledem nicht gemeint, daß der Jüngere seine «Lehren» und Ansichten übernehmen sollte (vgl. die ausführliche Dokumentation und Interpretation dieser Episode in «Nietzsche und Wagner. Stationen einer epochalen Begegnung»,

Der Wiederkunftsgedanke ist freilich Nietzsches merkwürdigste «Lehre». Wo immer er von ihm handelt: in der «Fröhlichen Wissenschaft», im «Zarathustra», in «Ecce homo», in Briefen und Gesprächen – immer umgibt er ihn mit dem Flair des Geheimnisvollen und Außerordentlichen. Er stellt ihn einerseits als erschreckend, wenn nicht todbringend dar, andererseits als befreiend, ja als die «höchste Formel der Bejahung» (EH, Za 1). Dabei beschränkt er sich in den von ihm selbst veröffentlichten Werken auf knappe und eher beiläufige Kennzeichnungen dieses außerordentlichen Gedankens. Und *was* er uns bei diesen Gelegenheiten mitteilt, ist ziemlich enttäuschend. Kann Nietzsche denn die seit der Antike bekannte Lehre meinen, daß sich die Weltabläufe in identischen Zyklen wiederholen? Offensichtlich! Denn in «Ecce homo» (GT, 3) heißt es: «Die Lehre von der 'ewigen Wiederkunft', das heisst vom unbedingten und unendlich wiederholten Kreislauf aller Dinge – diese Lehre Zarathustra's *könnte* zuletzt auch schon von Heraklit gelehrt worden sein. Zum mindesten hat die Stoa, die fast alle ihre grundsätzlichen Vorstellungen von Heraklit geerbt hat, Spuren davon.»

Das ist ein seltsamer Befund. Wieso schreckt Zarathustra vor dieser längst bekannten, noch dazu höchst fragwürdigen Hypothese zurück? Wieso bedurfte es einer Vision in den Schweizer Bergen, damit Nietzsche selbst den Gedanken akzeptierte, über den er Jahre zuvor (vgl. HL 2) in nüchterner Distanziertheit geschrieben hatte? Offenbar hat Nietzsche bei seinem Ausflug im Oberengadin im August 1881 ein ihm durchaus nicht neues Motiv in vertiefter Weise erfahren. In Variation einer geläufigen Wendung Hegels läßt sich sagen: Der Wiederkunftsgedanke war ihm zwar seit langem *be*kannt, aber er hatte seine eigentliche Bedeutung bis dahin nicht *er*kannt.

Öffentlich hat sich Nietzsche über *seinen* Wiederkunftsgedanken zuerst im vorletzten Aphorismus der «Fröhlichen Wissenschaft» geäußert.[11] Dort kündigt ein Dämon die Wiederholung des Lebens an. Dabei hebt er drei Aspekte hervor, die den Gedanken auf die Spitze treiben:

- Die Wiederholung von *allem*. Nichts geht verloren; selbst der kleinste «Seufzer», jeder Gedanke, jede Lust und jeder Schmerz, alle kleinen und großen Ereignisse werden wiederkehren.
- Die Wiederkehr von allem *in der gleichen Anordnung*, ohne jede Variationsmöglichkeit: «Alles in der selben Reihe und Folge».
- Die *immer wieder geschehende* Wiederkehr von allem in der gleichen Reihenfolge. Der Angesprochene wird dieses sein jetziges Leben daher nicht nur «noch einmal», sondern «noch unzählige Male leben müssen». «Die ewige Sanduhr des Daseins wird immer wieder umgedreht». Unausgesprochen impliziert das natürlich auch, daß er es auch schon unendlich oft gelebt hat.

Der Dämon begründet diese Zuspitzung nicht, und der Angesprochene nimmt sie in Nietzsches Darstellung ohne Einwände zur Kenntnis. Der Dämon repräsentiert offenbar eine innere Stimme, die in der Zurückgezogenheit der «einsamsten Einsamkeit» ausspricht, was sich in einem Menschen seit langem vorbereitet hat. Bisher unbewußt oder halbbewußt Gebliebenes läßt sich nun nicht mehr unterdrücken. Der vom Dämon Angesprochene muß sich damit auseinandersetzen.

Nach seinem Bericht in «Ecce homo» ist es Nietzsche selbst mit seinem Wiederkunftsgedanken so ergangen: Während einer Wanderung im Oberengadin hat, an einer von ihm genau bezeichneten Stelle am Südufer des *Silvaplaner* Sees, der Gedanke von ihm Besitz ergriffen. Etwa zehn Tage später hat er sich darüber in einer Form geäußert, die an eine Vision denken läßt:[12] «[...] an meinem Horizont sind Gedanken aufgetaucht, dergleichen ich noch nicht gesehen habe» (an Gast 14. 8. 1881). Im Rückblick heißt es ähnlich: «Im Sommer, heimgekehrt zur heiligen Stätte, wo der erste Blitz des Zarathustra-Gedankens mir geleuchtet hatte [...]» (EH, Za 4).

Nietzsches erste für uns faßbare Reaktion auf das ihn aufrüttelnde Erlebnis bestand nicht darin, den Gedanken lehrhaft zu entfalten. Im veröffentlichten Werk hat er sich auch später so gut wie gar nicht über seinen Sachgehalt geäußert und keine Argumente zur Stützung seines Wahrheitanspruchs beige-

hg. von D. Borchmeyer und J. Salaquarda, 2 Bände, Frankfurt am Main 1994). – Auch von Lou von Salomé erwartete Nietzsche kein bloßes Nachbeten seiner Gedanken. An dem Tautenburger Aufenthalt im September 1882 hat ihm vielmehr gerade der Gedankenaustausch mit einer geistig selbständigen Person gefallen. – Die generelle Einstellung Nietzsches kommt gut in der folgenden Nachlaßnotiz zum Ausdruck: «Das sind meine Urtheile: und ich gebe, dadurch daß ich sie drucke, noch Niemandem das Recht, sie als die seinen in den Mund zu nehmen: am wenigsten halte ich sie für öffentliches Gemeingut, und ich will dem 'auf die Finger klopfen', der sich an ihnen vergreift» (April–Juni 1885: 34[156], KSA 11, 473).

9 Vgl. M.-L. Haase, Der Übermensch in «Also sprach Zarathustra» und im Zarathustra-Nachlaß 1882–1885, in: Nietzsche-Studien 13/1984, S. 228ff.

10 Das betont A. Pieper («Ein Seil geknüpft zwischen Tier und Übermensch. Nietzsches Erster Zarathustra», 1990, S. 371) zurecht gegen L. Lampert («Nietzsche's Teaching. An Interpretation of Thus Spoke Zarathustra», New Haven and London, Yale University Press 1986, S. 81 u.ö.), der es bestreitet.

11 Aph. 341. – Vgl. dazu meinen Aufsatz «Der ungeheure Augenblick» in Nietzsche-Studien 18/1989, S. 317ff.

12 Vergleichbar der des Paulus vor Damaskus, über die Nietzsche in Aph. 68 seiner «Morgenröthe» gehandelt hat. Zu dieser Parallele vgl. meinen Aufsatz «Dionysos gegen den Gekreuzigten. Nietzsches Verständnis des Apostels Paulus», in: Nietzsche, hg. von J. Salaquarda (WdF 521), Darmstadt 1980, 288ff.

bracht. Nur im Nachlaß finden sich derartige Überlegungen[13]. In der ersten Aufzeichnung hat er unter der Überschrift «Die Wiederkunft des Gleichen. Entwurf», und versehen mit der Kennzeichnung: «Anfang August 1881 in Sils-Maria, 6000 Fuss über dem Meere und viel höher über allen menschlichen Dingen! –», eine fünfteilige Planskizze zu Papier gebracht (Nachlaß Frühjahr-Herbst 1881: KSA 9, 494, 11[141]), in der er von Gefühlen, Meinungen und Lebensweisen spricht. In dieser Planskizze heißt es u.a., daß das Leben als «Experiment» aufgefaßt werden dürfe, wenn es zentral von der «Leidenschaft der Erkenntnis» ergriffen wird. Außerdem hebt Nietzsche schon hier ausdrücklich den Titelbegriff von Aph. 341 der «Fröhlichen Wissenschaft» hervor: «Das neue Schwergewicht: die ewige Wiederkunft des Gleichen», um fortzufahren: «Unendliche Wichtigkeit unseres Wissen's, Irren's, unsrer Gewohnheiten, Lebensweisen für alles Kommende». Schließlich spricht er davon, daß es darauf ankomme, sich den Gedanken «einzuverleiben», so wie im Verlauf der Geschichte von Platonismus und Christentum das bisherige Schwergewicht einverleibt worden ist. Als bestes Mittel zur Einverleibung empfiehlt Nietzsche, die neue Einsicht zu lehren.

Das ist offenbar auch die Aufgabe, die Nietzsche Zarathustra zugewiesen hat: Dieser ist wesentlich der «Lehrer der ewigen Wiederkunft» (Za III, «Der Genesende», vgl. EH, Za). Wenn man mit dieser Erwartung «Also sprach Zarathustra» liest, fällt freilich auf, daß Zarathustra in diesem Werk den Gedanken gerade *nicht* lehrt. Er kommt nicht dazu; er findet nicht die geeigneten «Ohren» für seine Botschaft; und wie der junge Jeremia schreckt er auch selbst vor der Größe der Aufgabe zurück. In den ersten beiden Teilen des Werks erscheint der Gedanke, wie erwähnt, nur verschlüsselt, in Andeutungen und Symbolen. Ausgesprochen wird er erst im dritten Teil, aber auch dort nur, wenn Zarathustra mit sich allein ist. Im Abschnitt «Der Genesende» des dritten Teils gibt Zarathustra «the most direct statement of the meaning of eternal return», wie Lampert zutreffend schreibt.[14] Aber selbst hier stellt Nietzsche seinen Wiederkunftsgedanken in einer Weise dar, die alles andere als eindeutig ist. Was er, bzw. was sein «Sohn Zarathustra» darunter versteht, läßt sich offenbar nur durch Parabeln und Bilder andeuten. Zarathustras Tiere und sein Widersacher äußern sich direkter und verständlicher, aber ihre Fassungen des Gedankens werden von Zarathustra als unzureichend zurückgewiesen. Es bedarf daher einer sorgfältigen Analyse des Textes, um die «Grundconception» des «Zarathustra» in der von Nietzsche eigentlich gemeinten Bedeutung zu erfassen. Und wir

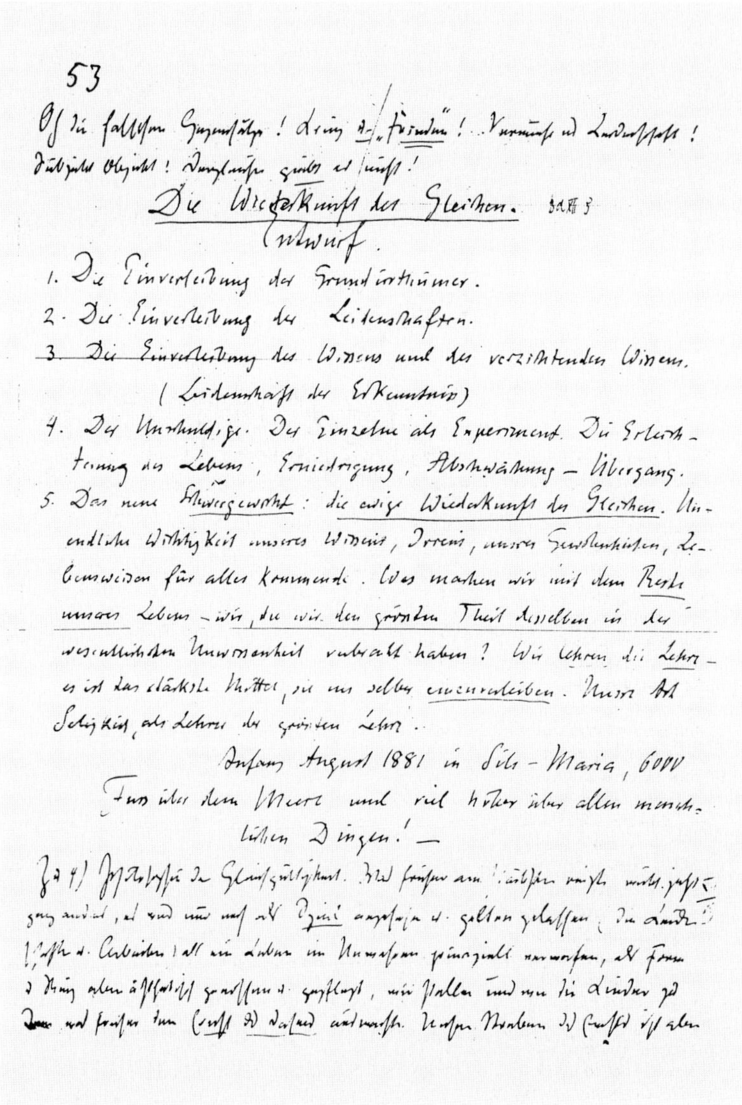
53

Die Wiederkunft des Gleichen.
Entwurf.

Anfang August 1881 in Sils-Maria, 6000 Fuss über dem Meere und viel höher über allen menschlichen Dingen! —

7.15. Entwurf Nietzsches «Die Wiederkunft des Gleichen».

[13] Vgl. B. Magnus, «Nietzsches Existential Imperative», Indiana Univ. Press 1978.

[14] A.a.O. S. 211.

7.14. «Der pyramidal aufgethürmte Block unweit Surlei». Fels am nordöstlichen Ufer des Silvaplanersees.

dürfen nicht erwarten, daß sie sich auf einen einfachen Begriff bringen läßt.

Der Abschnitt «Der Genesende» weist zwei Unterabschnitte auf. Im ersten fordert Zarathustra den Gedanken heraus, fällt aber in Ohnmacht, bevor der Kampf richtig in Gang gekommen zu sein scheint. Im zweiten erholt er sich und unterredet sich mit seinen Tieren über die Ergebnisse und Konsequenzen des Kampfes. Von diesem selbst hat er bereits in einem anderen, früheren Abschnitt berichtet, nämlich in «Vom Gesicht und Räthsel» (III/2).

Zarathustra benimmt sich eines Morgens so, als ob er nicht allein in seinem Bett läge. Da aber nur er den Eindringling wahrnimmt, handelt es sich, wie bei dem «Dämon» aus dem Aph. 341 der «Fröhlichen Wissenschaft», um einen inneren Gegner. Zarathustra nennt ihn seinen «Abgrund» und seine «letzte Tiefe», die er nun «an's Licht gestülpt» hat,[15] d.h. er identifiziert ihn als den entscheidenden inneren Gegner. Es handelt sich um eine *innere* Auseinandersetzung, die Zarathustra ganz *allein* auskämpfen muß, und bei der es für ihn um Sein oder Nichtsein geht. Als ihn derart «das Gesicht des Einsamsten» (Za III/2/1, vgl. FW 341) überkommt, ergreifen daher selbst seine Tiere (*Stolz* und *Klugheit*) die Flucht. Die Initiative zu diesem ultimaten Kampf kann natürlich nur von ihm selbst ausgehen: *Er* ist es, der den «Abgrund» herausfordert. Er will den «Wurm» wachkrähen[16] und dafür sorgen, daß er danach auch wach bleibt, also nicht mehr in den bisherigen unbewußt-halbbewußten Zustand zurücksinkt.[17] Mit dem anfänglichen «Röcheln» des sich nur widerstrebend der Helle des Bewußtseins aussetzenden Gedankens gibt Zarathustra sich nicht zufrieden. Er möchte seinen Abgrund vielmehr dazu bringen zu *reden*, statt nur unartikulierte Laute auszustoßen.[18]

Wie der Held im Mythos, wenn er das Ungeheuer zum Kampf herausfordert, stellt Zarathustra sich vor und fährt dabei in einer verbalen Drohgebärde seine stärksten Geschütze auf. Er ist Zarathustra

- der *Gottlose*, der lehrt, daß Gott tot ist!
- der *Fürsprecher des Lebens*, der sich gegen Weltflucht und -verneinung wendet.

15 Vgl. JGB 146: «Wer mit Ungeheuern kämpft, mag zusehen, daß er nicht dabei zum Ungeheuer wird. Und wenn du lange in einen Abgrund blickst, blickt der Abgrund auch in dich hinein.»

16 Wie in R. Wagners «Siegfried» der Held den Drachen weckt, um ihn zum Kampf herauszufordern.

17 Mit dem Ausdruck «Urgroßmütter» spielt Nietzsche in diesem Zusammenhang auf Wotans Beschwörung der Erda im ersten Akt von «Siegfried» 1 an. Vgl. dazu auch WA 9: «In summa: eine Scene voller mythologischer Schauder, bei der der Wagnerianer ahnt ...». Die Leser von «Also sprach Zarathustra» sollen dagegen nicht nur ahnen, sondern begreifen.

18 Vgl. die autobiographische Notiz von ca. 1868 (Historisch-kritische Gesamtausgabe, Werke Bd. V (1940), S. 205): «Was ich fürchte, ist nicht die schreckliche Gestalt hinter meinem Stuhle, sondern ihre Stimme: auch nicht die Worte, sondern der schauderhaft unartikulirte und unmenschliche Ton jener Gestalt. Ja wenn sie noch redete, wie Menschen reden!» – Vgl. auch das «Röcheln» des «Häßlichsten Menschen», das im vierten Teil des «Zarathustra» zweimal erwähnt wird und beide Male in eine Anspielung auf den Wiederkunftsgedanken übergeht: in IV/7 wird es zur Frage, was es mit der «Rache am Zeugen» auf sich habe; und in IV/19 zum Bekenntnis «noch ein Mal!».

- der *Fürsprecher des Leidens,* für den das Leiden keinen Einwand gegen das Leben darstellt.
- der *Fürsprecher des Kreises,* der sich gegen jede Gestalt einer teleologischen Betrachtung ausspricht.

Als der Widersacher in der von ihm erwarteten Weise reagiert und zu reden beginnt, ist Zarathustra zunächst erfreut. Er ruft: «Heil mir!» und fordert den Widersacher auf, ihm die Hand zu reichen. Oder fordert dieser ihn dazu auf? Wie der steinerne Gast Don Giovanni im Finale von Mozarts Oper? Wie dort verändert der Händedruck jedenfalls auch hier mit einem Schlag die Situation. Zarathustra scheint dem Dämon nicht gewachsen zu sein. Er beginnt zu stammeln: «lass!», «Ekel», «wehe mir!»[19] – und fällt in Ohnmacht.

Als er nach langer Bewußtlosigkeit wieder zu sich kommt, ist er bleich und zittert. Er bleibt liegen und verweigert die Nahrung. Seine Tiere umsorgen ihn. Dieser Zustand dauert sieben Tage. – Was sich ereignet hat, erfahren wir aus dem Abschnitt «Vom Gesicht und Räthsel» (Za III/2). Dort verhält sich Zarathustra zu Beginn einer Seereise genauso, wie nach dem Erwachen aus der Ohnmacht. Er ist traurig und schweigsam. Schließlich aber teilt er den Seeleuten – den «Suchern, Versuchern [...] Räthsel-Trunkenen, den Zwielicht-Frohen», die lieber erraten, als erschließen[20] – in Rätselform seine Erlebnisse mit und bittet sie, ihm seine Vision zu deuten. Sein Bericht weist drei Teile auf: Im ersten trägt er den Zwerg zu Berge, im zweiten setzt er sich mit ihm auseinander, und im dritten rät er dem bedrängten Hirten und erlebt dessen Verwandlung. Was erfahren wir dabei über den Wiederkunftsgedanken?

Zarathustra geht durch eine düstere Landschaft, durch «leichenfarbne Dämmerung», und auch er selbst ist «düster und hart», weil ohne Hoffnung. «Nicht nur Eine Sonne war [... ihm] untergegangen». Die Bilder beschwören die Erfahrung des Nihilismus nach dem Wegfall der christlich-platonistischen Voraussetzungen. Nur sein «Fuß», also die «große Vernunft des Leibes», treibt Zarathustra voran, ja hinauf, allen widrigen Umständen zum Trotz. Am meisten zu schaffen macht ihm die Last auf seiner Schulter, halb Zwerg, halb Maulwurf. Dieser unerbetene «Reiter» ist nicht nur schwer zu tragen, er redet überdies höhnisch auf Zarathustra ein. «Bleitropfen-Gedanken in [s]ein Hirn träufelnd», will er sein Opfer davon überzeugen, daß alles Streben und Tun vergeblich ist. Was nütze das Voranschreiten und Hinaufsteigen; wie weit und hoch jemand auch gelangen mag, er werde doch wieder fallen,[21] auf sich selber zurückfallen.

Vorlage ist äußerlich ein Märchenmotiv aus «1001 Nacht»: Auf seiner 5. Reise wird Sindbad von einem Dschinn versklavt.[22] Der Sache nach knüpft Nietzsche an ein bekanntes Bild Schopenhauers an: Der starke Blinde (Wille) trägt den lahmen Sehenden (Intellekt).[23] Lampert hat den Zwerg zu Recht als Verkörperung des schwachen, weltflüchtigen Nihilismus à la Schopenhauer gedeutet.[24] Für Nietzsche ist das Schopenhauersche Bild eine Karikatur des Menschen, eine Folge der zweitausendjährigen Herrschaft des christlich-platonistischen Paradigmas. Der lahme Reiter Intellekt hat die Herrschaft auf Kosten des Leibes an sich gerissen, hat diesen versklavt, die Erde zu einem Jammertal gemacht, und uns Menschen als einzige Hoffnung das Eingehen ins Nichts gelassen. Der Zwerg und Maulwurf ist ein Repräsentant des Pessimismus.

Schon in seiner «Zweiten Unzeitgemäßen Betrachtung» hat Nietzsche dieses Problem beschäftigt. Dort hat er den Nihilismus als Folge des «historischen Fiebers» beschrieben. Die historische Betrachtung stutzt per definitionem, durch ihre methodischen Voraussetzungen, alles Geschehen auf Durchschnittsmaß zurecht. Alles (scheinbar) Große wird durch sie in ein Werden aufgelöst, in dem es nur Quantitäts-, keine Qualitätsunterschiede gibt. Im neunten Abschnitt der Historienschrift spricht Nietzsche von den «Lehren vom souverainen Werden, von der Flüssigkeit aller Begriffe, Typen und Arten, von dem Mangel aller cardinalen Verschiedenheit von Mensch und Thier», und fügt ausdrücklich hinzu, daß er diese Lehren für wahr halte, freilich auch für tödlich! Als Heilmittel empfiehlt er die unhistorischen Kräfte des Vergessens und Aufgehens im Unmittelbaren, sowie die überhistorischen Mächte der Religion, Philo-

19 Vgl. die Beschwörung des Erdgeists in Goethes Faust (1, 460ff.): «Schreckliches Gesicht! [...] Weh! ich ertrag dich nicht!».

20 D. h. den Menschen, die wie er alle Sicherheiten preisgegeben haben.

21 Vgl. Emerson, Versuche (Essays), dt. von G. Fabricius, Hannover 1858, S. 341: «Wir können einen Stein für einen Augenblick in die Luft werfen, aber dennoch ist es nicht abzuändern, daß alle Steine immer wieder herunter fallen.»

22 Vgl. M.-L. Haases «Erläuterungen» zur Stelle in dem von ihr und M. Montinari hg. Nachberichtsband zu «Also sprach Zarathustra»(KGW VI/4), Berlin und New York 1991, S.898.

23 «Die Welt als Wille und Vorstellung», Bd. II, Kap. 19.

24 A.a.O., S.162ff.

sophie und Kunst. An der Diagnose hält er auch bei der Abfassung des «Zarathustra» noch fest, aber nicht mehr an der Therapie.

Woran appelliert Zarathustra im Kampf mit seinem Erzwidersacher, dem «Geist der Schwere»?[25] Nachdem sein Stolz und seine Klugheit ihn verlassen haben, kann er sich nur noch auf seinen Mut stützen. Dieser reißt ihn aus Traum, Müdigkeit und Bedrückung heraus. Zarathustra ist ein Kriegsmann. Er findet sich nicht ab, sondern sucht die Entscheidung. Der Mut gehört (nach JGB 284) zusammen mit Einsicht, Mitgefühl und Einsamkeit, zu den vier Grundtugenden eines Philosophen. Erkennen setzt Mut voraus, lehrt der (Tiefen-)Psychologe Nietzsche, da wir immer viel mehr «wissen», als wir uns zu wissen getrauen. «Auch der Muthigste von uns hat nur selten den Muth zu dem, was er eigentlich *weiss* ...» (GD, Sprüche 2). So «kennt» auch Zarathustra seinen abgründlichen Gedanken schon lange, doch erst jetzt, wo die Not am größten geworden ist, faßt er den Mut zum schaffenden Willen als der möglichen Wende aller Not. Er beruft sich nicht auf eine «Überzeugung», sondern er wendet sich endlich gegen das am tiefsten sitzende Vorurteil.[26]

Es kommt zum Kampf auf Leben und Tod, wie im Mythos oder im Märchen. Wer ist stärker? Der schaffende Wille Zarathustras? Oder der lähmende Geist der Schwere? Die Entscheidung soll ein Rätsel herbeiführen, das Zarathustra dem Zwerg aufgibt. Wenn der Zwerg es «löst», ist Zarathustra verloren, andernfalls der Zwerg.[27] Aber es geht dabei nicht um ein intellektuelles Wissen, sondern um das existenzielle Problem, wer den «abgründlichen Gedanken» ertragen kann.

In der ersten Runde des Schlagabtauschs kommt es Zarathustra nur darauf an, die Last nicht weiter tragen zu müssen. Das Maß ist voll, alles ist besser, als diesen Zustand andauern zu lassen. «Zwerg! Du! Oder ich!» – Die anschließende Besinnung auf seinen Mut und schaffenden Willen läßt Zarathustra aber gewiß werden, daß er den Kampf bestehen wird. Zu Beginn der zweiten Runde wiederholt er daher die Herausforderung in umgekehrter Folge, unter Nennung des Streitthemas und Betonung seiner Siegesgewißheit:

«Halt! Zwerg! sprach ich. Ich! Oder du! Ich aber bin der Stärkere von uns Beiden –: du kennst meinen abgründlichen Gedanken nicht! *Den* – könntest du nicht tragen! –»

Zum Zeichen, daß er die Herausforderung annimmt, springt der Zwerg von Zarathustras Schultern. Auch er scheint sich seiner Sache sicher zu sein. Der Gedanke vom Kreislauf ist natürlich auch ihm geläufig. Zarathustras Selbstvorstellung scheint ihn nicht beeindruckt zu haben. Atheist ist er schließlich schon lange. Vom Leiden weiß er ein Lied zu singen. Das Vertrauen auf einen übergeordneten Sinn hat er genauso verabschiedet wie sein Kontrahent. «Neugierig» kann ihn wohl nur machen, was seinen Gegner dazu veranlassen mag, ein «Fürsprecher des Lebens» zu sein. Er ist sich sicher, daß Zarathustra nicht recht weiß, wovon er redet, und deswegen den Mund so voll nimmt.

Zarathustra knüpft in seinem verbalen Angriff an den «Thorweg» an, vor dem sie stehen bzw. hocken. Das Tor markiert eine räumliche Grenze. Zarathustra zieht eine Analogie zum «Augenblick» als einer zeitlichen Grenze. Wie der durch das Tor führende Weg zwei entgegengesetzte Richtungen aufweist, so auch die im Augenblick gegenwärtige Zeit. Die beiden in entgegengesetzten Richtungen verlaufenden Wege führen scheinbar auseinander, aber da unsere Erde eine Kugel ist, münden sie letztlich wieder ineinander. Sollte es sich nicht auch mit der scheinbar in Vergangenheit und Zukunft auseinanderstrebenden Zeit so verhalten? Sollte nicht auch der «Weltverlauf» in sich selbst zurückmünden, kreisgestaltig sein? Nun – das wußten Heraklit und die Stoa, es war die Lehre der Pythagoreer (vgl. HL 2), und auch Schopenhauer hat das «eadem, sed aliter» gelehrt. Kein Wunder, daß der Zwerg sich bestätigt sieht und, eher enttäuscht über dieses leichte Rätsel, «verächtlich» kundtut: «Alles gerade lügt [...]. Alle Wahrheit ist krumm, die Zeit selber ist ein Kreis». Das ist *seine* Fassung des Wiederkunftsgedankens. Kann Zarathustra es ihm so leicht gemacht haben? Kenner von Rätseln und Märchen vermuten eine Falle, und so ist es in der Tat. Zarathustra wollte den Widersacher nur zum Eingeständnis des Kreischarakters der Zeit

[25] Vgl. «Vom Geist der Schwere» (Za III/11): «Der Mensch ist schwer zu entdecken und sich selber noch am schwersten; oft lügt der Geist über die Seele. Also schafft es der Geist der Schwere. Der aber hat sich selber entdeckt, welcher spricht: Das ist mein Gutes und Böses: damit hat er den Maulwurf und Zwerg stumm gemacht, welcher spricht: 'Allen gut, Allen bös'»

[26] Vgl. Nachlaß Frühjahr 1888, 14[159], KSA 13, 344: « – sehr populärer Irrthum: den Muth zu seiner Überzeugung haben –? aber den Muth zum Angriff auf seine Überzeugung haben!!!»

[27] Vgl. die ähnlichen Voraussetzungen im «Ödipus»-Mythos und im Märchen vom «Rumpelstilzchen».

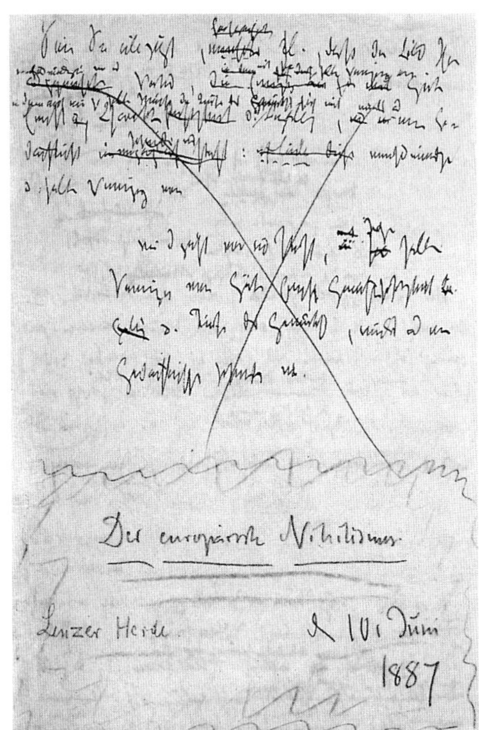

Der europäische Nihilismus.

Lenzer Heide den 10 Juni 1887

7.13. «Der europäische Nihilismus», Entwurf Nietzsches.

verleiten, um ihm desto sicherer den tödlichen Streich versetzen zu können.[28]

Die zweite Etappe der Auseinandersetzung auf Leben und Tod endet mit dem Verschwinden des Zwergs und einem Wechsel der Szenerie. Zarathustras nächstes Argument muß den Schritt über die bloße Kenntnis des Wiederkunftsgedankens hinaus tun – bzw. besser: einen Schritt. Denn die eigentliche Probe für Zarathustra selbst folgt erst danach. Die Pointe von Zarathustras Argumentation ist nicht neu; wir kennen sie bereits aus dem Aph. 341 der «Fröhlichen Wissenschaft»: Der bloße Kreis- bzw. Wiederholungsgedanke wird gesteigert zur unendlichen Wiederholung von allem in der gleichen Reihe und Folge. Diese Radikalisierung trifft den «schwachen Pessimismus» des Zwergs ins Mark. Zarathustras Erzfeind kennt und bejaht wohl den Kreisgedanken, aber er liebt das Leben nicht. Er sehnt sich nach Erlöschen und lehrt, wie Schopenhauer, die Möglichkeit eines Eingehens ins Nichts. Er verkündet den Wiederkunftsgedanken, damit der Lebenswille in den törichten und «ruchlosen» Optimisten gebrochen wird. Zarathustras zugespitzter Wiederkunftsgedanke, der auch den Ausweg ins Nichts verwehrt, ist für ihn unerträglich. Auf den Zwerg trifft zu, was Nietzsche in der «Fröhlichen Wissenschaft» in Frageform als wahrscheinliche Reaktion auf die Botschaft des Dämons formuliert: «Würdest du dich nicht niederwerfen und mit den Zähnen knirschen und den Dämon verfluchen, der so redete?» Im «Lenzer-Heide-Fragment» über den «europäische[n] Nihilismus» (Nachlaß 1886/87: KSA 12, 211–217, 5 [71]) hat Nietzsche in diesem Sinne notiert: «Denken wir diesen Gedanken in seiner furchtbarsten Form: das Dasein, so wie es ist, ohne Sinn und Ziel, aber unvermeidlich wiederkehrend, ohne ein Finale ins Nichts: 'die ewige Wiederkehr'. Das ist die extremste Form des Nihilismus: das Nichts (das 'Sinnlose') ewig!»

Wer dagegen die Realität bejaht und im Einklang mit sich selber lebt, für den hat der Gedanke selbst in dieser zugespitzten Form nichts Erschreckendes. Er wäre, im Gegenteil, die Besiegelung seines Einverständnisses, seines Jasagens zum Leben. Für Zarathustra gilt

[28] Vgl. Lamperts in diesem Punkt einfühlsame und zutreffende Auslegung (a.a.O., S. 160ff.), während Heidegger (Nietzsche, 2 Bände, Pfullingen 1961, [3]1976, hier: I, 289ff.) diese Pointe übersehen hat.

die in der «Fröhlichen Wissenschaft» ebenfalls nur in Frageform erwogene Alternative: «Oder wie müsstest du dir selber und dem Leben gut werden, um nach Nichts *mehr zu verlangen,* als nach dieser letzten ewigen Bestätigung und Besiegelung? –» Zumindest *meint* Zarathustra bei seiner Selbstvorstellung, daß er bereits zu dieser Haltung vorgedrungen ist. Nietzsche hat sie in der Formel «Amor fati» zusammengefaßt. «Zum neuen Jahre» erlaubt sich der Autor der «Fröhlichen Wissenschaft» zu Beginn des Vierten Buchs (Aph. 276) einen Wunsch: Er will nicht mehr verneinen oder anklagen, nicht länger Entlarver, Antichrist und Ideologiekritiker sein, sondern nur noch das Positive und Schöne sehen und dadurch dazu beitragen, daß die Dinge schön werden. «Amor fati: das sei von nun an meine Liebe! Ich will keinen Krieg gegen das Hässliche führen. Ich will nicht anklagen, ich will nicht einmal die Ankläger anklagen. *Wegsehen* sei meine einzige Verneinung! Und, Alles in Allem und Grossen: ich will irgendwann einmal nur noch ein Ja-sagender sein!»

Die Sphinx ist also gestürzt, Ödipus hat gesiegt, Rumpelstilzchen muß das Königskind freigeben. Zarathustra, der Fürsprecher des Lebens, hat die Auseinandersetzung auf Leben und Tod gewonnen. Oder? ... Noch ehe der Zwerg verschwindet und die Szenerie sich verwandelt, beginnt Zarathustra zu stocken. Seine Rede klingt nicht siegesgewiß, sondern wird leiser – «denn», so berichtet er später den lauschenden Seeleuten, «ich fürchtete mich vor meinen eignen Gedanken und Hintergedanken».

Aber *wovor* fürchtet er sich? Warum hat er die Mitteilung des Gedankens so lange verzögert? Was hat ihm solchen Ekel eingeflößt, als er den Gedanken endlich wachgerufen hatte? Fürchtet sich Zarathustra vor der Wiederkehr seiner Leiden und Kämpfe, seiner Mühen und Überwindungen? Aber nein – Zarathustra ist auch der Fürsprecher des Leidens. Fürchtet er sich vor der Sinnlosigkeit? Aber nein – Zarathustra, der Leugner Gottes und der Teleologie, weiß und anerkennt, daß allein der schaffende Wille Götter und Übermenschen hervorbringt.

Werfen wir einen Blick auf das nächste Bild, das grausigste im ganzen «Zarathustra». Ein junger Hirte windet sich, würgt, zuckt, sein Gesicht ist verzerrt: Ekel und bleiches Grauen sind darauf geschrieben. «Eine schwarze, schwere Schlange» war ihm in den Mund gekrochen und hatte sich festgebissen. Zarathustra will sie herausreißen – vergebens. In dem entscheidenden inneren Kampf, um den es sich hier handelt, kann ein Dritter keine Hilfe bringen. Da schreit Zarathustra, der Hirt solle der Schlange den Kopf abbeißen. Der tut, wie ihm geheißen, spuckt den Kopf weg, springt auf, lacht, ist verwandelt.[29]

Im Abschnitt «Der Genesende» enthüllt Zarathustra, was Nietzsche in «Vom Gesicht und Räthsel» den Seeleuten in den Mund gelegt hat: Er selbst ist dieser Hirte. Ihm ist die «Schlange des *Nihilismus*» in den Schlund gekrochen, er hat sie durch den Biß überwunden. Wenn wir ihm die Wendung «Schlange des Nihilismus» unbesehen nachsprechen, droht uns die entscheidende Nuance zu entgehen. Zwar handelt es sich um eine Gestalt der nihilistischen Verzweiflung an der Realität, aber sie entzündet sich nicht an den Aspekten, deren ewige Wiederholung für den Zwerg unerträglich ist, nämlich am Leiden und am Fehlen eines übergeordneten Sinnes. Der Zarathustra bedrängende Aspekt ist vielmehr

«[...] der grosse Überdruss am Menschen – *der* würgte mich und war mir in den Schlund gekrochen [...]

'Ewig kehrt er wieder, der Mensch, dess du müde bist, der kleine Mensch' – so gähnte meine Traurigkeit [...]

– 'ach, der Mensch kehrt ewig wieder! Der kleine Mensch kehrt ewig wieder!' –»

Unter der Perspektive des zu schaffenden Übermenschen sind der kleinste und der größte bisherige Mensch einander allzu ähnlich, beide sind allzumenschlich. Als Zarathustra sich das während seiner Rekonvaleszenz in Erinnerung ruft, droht ihn der Ekel erneut zu übermannen. Zarathustra hat den Ekel nicht endgültig überwunden. Weil der zugespitzte Wiederkunfts-Gedanke auch die Hoffnung darauf verwehrt, daß der Pöbel-Mensch je überwunden werden kann, ist er Zarathustra nach wie vor furchtbar. Unser Held erträgt ihn nur, weil und solange er auf den Übermenschen sieht. Doch Zarathustra macht

[29] Zu den Vorlagen aus «1001 Nacht» (in Sindbads 7. Reise wird allerdings umgekehrt ein Mann von einer Schlange so weit verschluckt, daß nur noch sein Kopf herausschaut) und Emerson (der in «Die Führung des Lebens» von grausamen Praktiken bei «Bekehrungen» im alten Skandinavien berichtet, z.B. daß einem «verstockten Heiden» eine Viper in den Mund geschoben wird) vgl. den «Nachbericht» zu Za, a.a.O., S. 898f.

aus seiner Problematik kein allgemeines Gesetz. Denn er weiß: «Zu jeder Seele gehört eine andere Welt; für jede Seele ist jede andere Seele eine Hinterwelt.» – Es mag sein, daß andere Menschen den Wiederkunftsgedanken anders empfinden, andere Einwände haben. Entscheidend ist, daß der Gedanke in seiner zugespitzten Form keinen Ausweg offen läßt. Wer auf ein anderes, besseres Leben hofft; und auch, wer hofft, sich dem Leben irgendwann und irgendwie endgültig entziehen zu können, wird durch diese Fassung des Wiederkunftsgedanken in die Krisis getrieben. Entweder er schluckt auch diese Kröte, beißt selbst dieser schwärzesten und ekligsten Schlange den Kopf ab, oder er muß verzweifeln und zugrundegehen.

Zarathustras Tiere repräsentieren in diesem Zusammenhang die Naturwesen, die im Einklang mit der Erde leben. Für sie wirft der Wiederkunftsgedanke keine Probleme auf. Er drückt ihre normale Befindlichkeit aus. Sie singen ein harmonisches Wiederkunftslied. Was der Zwerg und Maulwurf nicht erträgt, ist für sie das selbstverständlich Akzeptierte:

«Solchen, die denken wie wir, tanzen alle Dinge selber: das kommt und reicht sich die Hand und lacht und flieht – und kommt zurück.

[...]

In jedem Nu beginnt das Sein; um jedes Hier rollt sich die Kugel Dort. Die Mitte ist überall. Krumm ist der Pfad der Ewigkeit. –»

Zarathustra freut sich über diese Harmonie, nimmt sie mit wohlwollendem Lächeln zur Kenntnis. Aber die Begeisterung seiner Tiere kann er nicht teilen. Er ist krank vom Beißen und Wegspeien, krank von seiner «Erlösung». Als ihn der Ekel wieder zu übermannen droht, wird er von den Tieren unterbrochen. Sie fordern ihn auf, in die Welt hinaus zu gehen, von den Naturwesen zu lernen, besonders von den Vögeln das Singen zu lernen. Er brauche ein neues Instrument für neue Lieder:

«Singe und brause über, oh Zarathustra, heile mit neuen Liedern deine Seele: dass du dein grosses Schicksal tragest, das noch keines Menschen Schicksal war!

Denn deine Thiere wissen es wohl, oh Zarathustra, wer du bist und werden musst: siehe, *du bist der Lehrer der ewigen Wiederkunft* – das ist nun *dein* Schicksal.»

Es ist sein *Schicksal*,[30] weil er der erste ist, der diese Lehre lehrt. Aber erster zu sein bringt Gefahren mit sich; Fehlgriffe und Krankheit drohen. Die Tiere wissen, *was* Zarathustra lehrt, sie wiederholen es noch einmal: die unendliche Repetition von allem in der gleichen Reihenfolge. Sollte Zarathustra sterben, so würde er sagen:

«Ich komme wieder, mit dieser Sonne, mit dieser Erde, mit diesem Adler, mit dieser Schlange – *nicht* zu einem neuen Leben oder besseren Leben oder ähnlichen Leben:

– ich komme ewig wieder zu diesem gleichen und selbigen Leben, im Grössten und auch im Kleinsten, dass ich wieder aller Dinge ewige Wiederkunft lehre,

– dass ich wieder das Wort spreche vom grossen Erden- und Menschen-Mittage, dass ich wieder den Menschen den Übermenschen künde.

Ich sprach mein Wort, ich zerbreche an meinem Wort: so will es mein ewiges Loos –, als Verkündiger gehe ich zu Grunde!

Die Stunde kam nun, dass der Untergehende sich selber segnet. Also – *endet* Zarathustra's Untergang. –»

Das ist der Abschluß der gedanklichen Entwicklung von «Also sprach Zarathustra». Zarathustras «Untergang», der im ersten Abschnitt der «Vorrede» begonnen hatte, endet damit, daß der Protagonist sein Schicksal akzeptiert. Er ist seinem «Abgrund» nicht länger ausgewichen, hat seine «schwerste Überwindung» auf sich genommen und sie – in bestimmten Grenzen – bestanden. Dadurch ist er in die Haltung des «Amor fati» eingetreten. Zarathustra hat (existenziell) vollzogen, was er lehren soll. Er ist der geworden, der er ist.

Nun hätte Nietzsche eine Fortsetzung oder ein neues «Zarathustra»-Werk in Angriff nehmen können, in der bzw. in dem Zarathustra seinen so schwer errungenen Wiederkunftsgedanken anderen verkündet. Nietzsche hat das erwogen, es aber nicht mehr realisiert.[31] Er hat nur noch eine Art Satyrspiel nachgereicht, in der er das Mitleiden mit den «höheren Menschen» seiner Zeit, als «Versuchung Zarathustras» darstellte. Diese Leute brauchen Za-

[30] «Warum ich ein Schicksal bin» hat Nietzsche den letzten Abschnitt von «Ecce homo» überschrieben, und geantwortet: Weil ich eine Krisis darstelle, «die tiefste Gewissens-Collision», «eine Entscheidung [...] gegen Alles, was bis dahin geglaubt, gefordert, geheiligt worden war». In Formel: Umwertung aller Werte. Zur weiteren Illustration beruft sich Nietzsche natürlich auf seinen «Zarathustra».

[31] Vgl. dazu M.-L. Haases Ausführungen «Pläne zu einem 5. Teil von Za» und «Zarathustra nach Also sprach Zarathustra» in: Nachbericht zu Za, a. a. O. S. 972–978.

rathustra; genauer: sie brauchen jemanden, der, wie Zarathustra, durch das Bestehen seiner «schwersten Überwindung», zu dem geworden ist, der er ist. Bei Zarathustra wird ihnen wohl, um seinetwillen können auch sie den Wiederkunfts-Gedanken bejahen, an dem der Zwerg und Maulwurf zerbrochen ist. Aber um ihrer selbst willen vermögen sie es nicht.[32] Zarathustra durchschaut die Gefahr, daß er sich aus Mitleid mit den in diesen «höheren Menschen» ohne seine Hilfe zu verkümmern drohenden Ansätzen zu übermenschlicher Größe, in eine «Erlöserrolle» drängen lassen könnte, und überwindet auch diese Versuchung.

Ach ja – der dritte Teil des «Zarathustra» endet nicht mit dem oben zitierten Hinweis auf die Vollendung von Zarathustras «Untergang». Es folgen noch drei Abschnitte, in denen die gedankliche Entwicklung aber nicht weitergeführt wird. Es handelt sich um lyrische Partien. Der «Lehrer der ewigen Wiederkunft» folgt offenbar dem Rat seiner Tiere. Er fordert seine Seele zum Singen auf, und sie läßt sich nicht lange bitten. Natürlich besingt sie in ihren Hymnen das Leben,[33] die Ewigkeit und die Wiederkunft.

Auch Nietzsche selbst ist dem Rat von Zarathustras Tieren gefolgt. In den letzten Wochen vor dem Verlust der geistigen Kontrolle hat er noch «Dionysos Dithyramben» zur Veröffentlichung fertiggestellt. In «Ecce homo» (Za, 6) hat er seinen «Sohn Zarathustra» als Verkörperung des «Dionysischen» dargestellt und ihm dithyrambische Lieder zugeordnet:

«Welche Sprache wird ein solcher Geist reden, wenn er mit sich allein redet? Die Sprache des *Dithyrambus*.»

Nietzsche schließt eine überraschende Bemerkung an:

«Ich bin der Erfinder des Dithyrambus.»

Als «antiquarische Historiker» (vgl. HL 2) müssen wir Nietzsche widersprechen. Im «Kleinen Pauly» lesen wir über den Dithyrambus, daß er eine der ältesten bekannten lyrischen Formen darstellt, noch dazu «eine der bedeutendesten Formen der Chorlyrik», die aufs Engste mit dem Dionysos-Kult zusammenhänge. Wir erfahren ferner, daß der zunächst außergriechische Dithyrambus in Griechenland zuerst bei Archilochos (* ca. 680) bezeugt ist. Der Sache nach verstand man unter einem Dithyrambus ein begeistertes Gedicht, bei dem sich in späterer Zeit die Musik immer mehr in den Vordergrund drängte. Melanippides (ein Zeitgenosse des Sokrates) wandelte den Dithyrambus in eine Art Libretto zur damals «modernen Musik» um. Wir horchen auf, wenn wir schließlich lesen: «Über diese 'moderne' Musik liegen uns, von den att. Komikern angefangen, über Platon und Aristoxenos bis zu Plutarch und noch Späteren fast nur abschätzige Zeugnisse und Urteile vor.»

Nietzsche hat also die Form der trunkenbegeisterten Lieder des Dionysos-Kults aufgenommen, die in der Klassischen Zeit abgesunken und verfemt waren. Wenn er sagt, daß er diese Form «erfunden» hat, dann kann er nur eine neuerliche «Umwertung» meinen, ähnlich wie er seine Fassung des Wiederkunftsgedankens als höchste Formel der Bejahung «geschaffen» hat. Worin liegt das Neue? Nach Nietzsches Meinung hat sich das Normale späterer Geschlechter immer zuerst im Außergewöhnlichen, das Gesunde im Kranken, das Gute im Bösen gezeigt. So werden auch die Rauscherfahrungen früherer Menschen zu normalen Erfahrungen zukünftiger höherer Menschen werden. Nietzsches Dithyramben, diese Lieder Zarathustras, sind trunkene Lieder eines Nüchternen, Rauscherfahrungen eines Menschen, der dazu keine Drogen braucht, Exaltationen aus der Höhe.

«Heiterkeit, güldene, komm» ...

32 Vgl. Nietzsches Bemerkungen in «Jenseits von Gut und Böse», Aph 256 über die Künstler seiner Zeit, die der Menge den Begriff «höherer Mensch» zu lehren hatten, aber – «allesammt zuletzt an dem christlichen Kreuze zerbrechend und niedersinkend» – nicht stark genug waren, den «Tod Gottes» zu ertragen.

33 Vgl. Nietzsches «Hymnus auf das Leben», die Vertonung des Gedichts «Gebet an das Leben» von Lou Salomé. In «Ecce homo» (Za, 2) bezeichnet er dieses Werk als Ausdruck des «jasagende[n] Pathos par excellence».

4.3. Portrait Meta von Salis, um 1883.

Doris Stump

«Nietzsche sprach von seinen geistigen Interessen und ich hörte zu.» Meta von Salis' Begegnung mit Friedrich Nietzsche*

Für die Schweizer Schriftstellerin und Frauenrechtskämpferin Meta von Salis-Marschlins (1855–1929) war die Bekanntschaft mit Friedrich Nietzsche von zentraler Bedeutung. Dies mag auf den ersten Blick als unvereinbar mit ihren feministischen Positionen erscheinen, die sie gerade während der Zeit der Begegnungen mit Friedrich Nietzsche mit grossem Engagement vertrat. So publizierte sie in der Beilage der «Züricher Post» vom 1. Januar 1887 die «Ketzerischen Neujahrsgedanken einer Frau», in denen sie Stimm- und Wahlrecht für die Frauen unter anderem mit folgender Begründung forderte: «Unsere heutige Weltordnung ist überdies kein Kunststück, auf welches die Männer stolz zu sein Ursache hätten; schaden kann es nicht, wenn feinere Finger sich einmal mit dem Machwerk beschäftigen.»

Mit Friedrich Nietzsche, den Meta von Salis-Marschlins in den Jahren 1884 bis 1888 mehrmals traf, verband sie jedoch eine geistige Verwandtschaft jenseits tagespolitischer Fragen, die sie zur Verteidigerin Nietzsches werden liess. 1897 publizierte sie die Schrift «Philosoph und Edelmensch. Ein Beitrag zur Charakteristik Friedrich Nietzsche's»[1], in der sie ihre Begegnungen mit Friedrich Nietzsche ausführlich schilderte, seine philosophischen Positionen, insbesondere seinen Begriff der Aristokratie, erklärte und sich auch zu seinem Frauenbild äusserte. Um ihr Verhältnis zu Friedrich Nietzsche verständlicher zu machen, hielt sie es für notwendig, ihre Herkunft und Prägung durch ihre aristokratische Familie aus dem Kanton Graubünden ausführlich vorzustellen: «Als die Letztgeborene einer der ehemals herrschenden Familien, als Kind eines selbst in Graubünden durch seine Sonderheit auffallenden Originals von Vater, der den Verlust der beiden Söhne wie eine persönliche Kränkung, eine Ehrenminderung empfand und die beiden zurückgebliebenen Töchter früh in die Verachtung des Mannes für die Frau als Frau blicken liess, indem er sein Leben hinfort für zwecklos erklärte und die Interessen des Stammgutes vernachlässigte, weil es in weibliche Hände überging, befand ich mich schon in zarter Jugend im Gegensatz zu meiner häuslichen Umgebung. Besass ich doch ungefähr alle die Eigenschaften, die an einem Sohne willkommen gewesen wären, während sie mich als Tochter noch mehr entwertheten! [...] So bin ich denn recht eigentlich in der Opposition gegen den Mann gross geworden. Wo ich mich je und je befand, in der zweiten Pension, zu Hause, in Gesellschaft, in meinem ersten Wirkungskreis in der Fremde, überall stand ich im Kampfe gegen den Mann und versuchte, bei den Frauen das Gefühl für ihre individuelle Berechtigung zu wecken.»[2]

So suchte sich Meta von Salis im Alter von neunzehn Jahren gegen den Willen ihres Vaters eine Stelle als Erzieherin in Deutschland und nahm Kontakt auf mit Malwida von Meysenbug, der Autorin von «Memoiren einer Idealistin», die Meta von Salis für den Winter 1878/79 zu sich nach Rom einlud. Dort begegnete sie gelehrten und schreibenden Frauen und Männern und stiess wohl erstmals in ihrem Leben mit ihren literarischen und philosophischen Interessen auf Verständnis. Von da aus fand Meta von Salis eine Stelle bei einer Familie Wöhrmann in Naumburg an der Saale, die engen Kontakt mit der Familie Nietzsche pflegte. Meta von Salis verkehrte vom Frühjahr 1879 bis anfang 1880 regelmässig im Haus von Nietzsches Mutter und Schwester, begegnete Nietzsche jedoch nie, obwohl er sich

Zu Meta von Salis allgemein siehe Berta Schleicher, Meta von Salis-Marschlins. Das Leben einer Kämpferin, Erlenbach-Zürich: Rotapfel 1932, 214 S. – Doris Stump, Sie töten uns – nicht unsere Ideen. Meta von Salis-Marschlins, Thalwil 1986, 189 S. – Doris Stump (Hrsg.), Meta von Salis-Marschlins, Die unerwünschte Weiblichkeit. Autobiographie, Gedichte, Feministische Schriften, Thalwil 1988.

1 Meta von Salis-Marschlins, Philosoph und Edelmensch. Ein Beitrag zur Charakteristik Friedrich Nietzsche's. Leipzig: Naumann 1897, 110 S.

2 do. S.17ff.

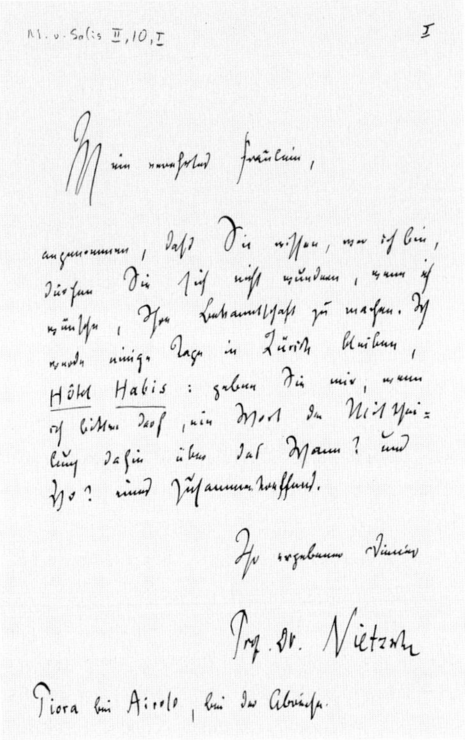
M. v. Salis II,10,I I

Mein verehrtes Fräulein,

angenommen, dass Sie wissen, wer ich bin, dürfen Sie sich nicht wundern, wenn ich wünsche, Ihre Bekanntschaft zu machen. Ich werde einige Tage in Zürich bleiben, Hôtel Habis: geben Sie mir, wenn ich bitten darf, ein Wort der Mittheilung darüber, das Wann? und Wo? eines Zusammentreffens.

Ihr ergebenster Diener

Prof. Dr. Nietzsche

Piora bei Airolo, bei der Abreise.

4.5. Erster Brief Nietzsches an Meta von Salis.

während längerer Zeit dort zur Erholung aufhielt, aber kaum Besuche empfing.

Auch Nietzsches Bücher las Meta von Salis damals noch nicht, obwohl Malwida von Meysenbug sie ihr empfohlen hatte. Sie meinte, sie wäre zu jung dafür gewesen: «Hätte ich mich zu jener Zeit auf die Anregung der 'Idealistin' hin in Nietzsche's Schriften vertieft, oder wäre mit ihm zusammengetroffen, so wäre eine Verständigung kaum möglich gewesen.»[3] Erst während des Aufenthalts bei der Familie Wöhrmann in Venedig – Meta von Salis pflegte die schwerkranke Frau Wöhrmann vom Herbst 1880 bis kurz vor ihrem Tode im November 1881 – fand sie den Zugang zu Nietzsches Schriften, insbesondere über Nietzsches Freund Peter Gast und Robert Rascovich, einen Maler, mit dem sie, während er die Tochter der Familie malte, stundenlange Gespräche führte. «Herr R. war es, der mir nun der Reihe nach Nietzsche's Schriften brachte. Ich hatte den Eindruck, in eine neue Welt einzutreten, die mich mehr und mehr fesselte; die Schönheit der Sprache trug zu dieser Wirkung unleugbar erheblich bei. Meinem Blicke eröffneten sich bedeutende, noch nicht absehbare Perspectiven.»[4]

Unterdessen hatte sich Meta von Salis mit Gedichten an die Öffentlickeit gewagt. 1881 erschien ihr erster Band «Gedichte»[5], in dem die wesentlichen Themen ihrer Literatur bereits enthalten sind. Sie kritisierte insbesondere das rücksichtslose Vorgehen vieler Männer und forderte bessere Gesetze sowie eine Erneuerung der gesellschaftlichen Werte.

Fürwahr, es muss ein neu Geschlechte,
Ein neues edleres Gesetz
Erwachen, dass die Menschenrechte
Nicht jeder Schurke mehr verletz'
Und nimmer in der Richter Reih'n
Der Böse sitz' im Heil'genschein![6]

Noch glaubte Meta von Salis an ihre Kräfte und an die Möglichkeit der Einflussnahme. Ihre eigene Unabhängigkeit war dafür eine Voraussetzung. Deshalb suchte sie Arbeit in England, wo sie sich gleichzeitig für die Aufnahmeprüfung an der Universität vorbereiten wollte. Nietzsches Literatur begleitete sie in dieser anspruchsvollen Situation: «Ungeduldig sah ich der 'Morgenröthe' entgegen, die erst im Herbst, in einer neuen Umgebung, im Angesicht neuer Aufgaben in meine Hände gelangte. Das Buch entsprach meiner damaligen Stimmung und Aufnahmefähigkeit am besten von allen bis dahin erschienenen und begleitete mich bald darauf nach England, wo es mir während den zwanzig Monaten eines selbstverhängten Exils ein Tröster und Hoffnungsspender war.»[7] Nach ihrem Aufenthalt in England und Irland 1882/83 begann Meta von Salis an der Universität Zürich das Studium der Geschichte, das sie 1887 mit einer Dissertation abschloss. In Zürich begegnete sie Friedrich Nietzsche, der über seine Mutter von Meta von Salis' Aktivitäten wusste, ein erstes Mal.

«Mein verehrtes Fräulein, angenommen, dass Sie wissen, wer ich bin, dürfen Sie sich nicht wundern, wenn ich wünsche, Ihre Bekanntschaft zu machen.»[8] Mit diesen Worten kündigte Friedrich Nietzsche in einem Brief, datiert vom 12. Juli 1884, seinen Besuch bei Meta von Salis in Zürich an. Meta von Salis

3 do. S. 7.
4 do. S.10f.
5 Meta von Salis, Gedichte, Zürich: Schmidt 1881.
6 do S. 53.
7 Meta von Salis, Philosoph und Edelmensch S. 11
8 Maria Bindschedler, Nietzsches Briefe an Meta von Salis. In: Neue Schweizer Rundschau, April 1955 S. 709 und KSB, Bd. 6, S. 513.

war bereits 29 Jahre alt und eine ausgeprägte Persönlichkeit, die Nietzsche unabhängig gegenübertreten konnte. Ihre Schilderung dieser Begegnung ist detailliert und enthält eine erstaunliche Bemerkung zum gegenseitigen Verhältnis: «Wovon sprachen wir doch? Von Hitze und Gewitterluft, gemeinsamen Freunden und uns beiden wohlbekannten Orten, kurz von Dingen, wie sie bei einem ersten Zusammentreffen Zweier, die von einander wissen, zur Sprache zu kommen pflegen. Nietzsche fragte, warum ich den Dr. zu machen beabsichtige, und ich erklärte, dass ich dem Titel für mich selber zwar wenig Bedeutung beilege, im Interesse der Frauenfrage jedoch nicht von der Universität abgehen möchte, ohne ihn erworben zu haben. Später schweiften wir vom Herkömmlichen ab, d.h. Nietzsche sprach von seinen geistigen Interessen und ich hörte zu.»[9]

In den folgenden Jahren besuchte Meta von Salis Nietzsche mehrmals in Sils. Die Beziehung war für sie eine der wichtigsten in ihrem Leben: «Ich denke, es hat Jeder auch seine optima an Erlebnissen, wo es sich um Menschen handelt. Für mich ist dieses optimum in einer Richtung durch Nietzsche verkörpert worden, was viel heissen will, weil ich im Umgang mit Männern und Frauen verschiedener Völker verwöhnt bin. Halkyonier, wie er sich bezeichnend nannte, sind die Zeiten unseres Zusammenseins für mich halkyonische gewesen, geeignet, einen vergoldenden Schimmer über den Rest meines Lebens zu verbreiten.»[10]

Sils und Nietzsche waren für Meta von Salis «unzertrennbar verknüpft, wie Heraklit mit dem Heiligthum der Göttin bei Ephesus. Es war sein optimum im Norden, wie Turin zuletzt sein optimum im Süden wurde.»[11] Ihre Verehrung für Nietzsche und ihre Geistesverwandtschaft zeigt sich in folgender Beschreibung: «In die schweigende Gebirgswelt des Ober-Engadins, in die farben- und formensatte Umgebung des sauberen Sils-Maria, wo der Duft des nahen Südens wie eine Verheissung über den beiden Zacken des Piz Badile zu schweben scheint, ist der einsamste, stolzeste und zarteste Mann unseres Jahrhunderts in sein angestammtes Reich getreten, wie ein in der Verbannung geborener Königssohn.»[12]

Auch Meta von Salis war einsam und stolz. Und die Königin steht in einem ihrer zwei Märchen für die Frau, die nach schwierigen Erfahrungen geläutert und stark auf ihr Leben zurückblicken kann.

Meta von Salis benutzte für die Beschreibung ihrer Werte und Ziele wie Friedrich Nietzsche Bilder und Begriffe, die eher rückwärtsgewandt waren. Besonders die Begriffe «Aristokratie» und «Aristokratismus» waren in der zweiten Hälfte des 19. Jahrhunderts, der Zeit der Entstehung der Arbeiterbewegung und der sozialdemokratischen Partei, zumindest erklärungsbedürftig und oft Anlass zu Missverständnissen. Ihre Forderung nach Stimm- und Wahlrecht für die Frauen stand in einem gewissen Widerspruch zu ihrer Kritik an der Demokratie: «Der grossen Schlammwelle der Demokratisirung, die sich zu Anfang unseres Jahrhunderts in Bewegung gesetzt und zur Stunde Europa nahezu überfluthet hat, beginnt eine Gegenwelle der Aristokratisirung sich langsam entgegenzustemmen. Wie es in der Natur derselben liegt, nicht durch die Massen herrschen zu wollen, so fällt es ihr auch nicht ein, sich an die Massen zu wenden.»[13] Diese Haltung erklärt, weshalb Meta von Salis sich nie einer Partei oder einer Frauenorganisation anschloss. Sie glaubte nicht an die Bildungsfähigkeit der Menschen: «Seit Millionen Menschen unterschiedslos sich und Anderen zum Fluch lesen und schreiben lernen, sollte man billig die Gefahr, die auch das Beste, falsch verstanden, mit sich bringt, aus dem Spiel lassen.»[14] Sie betrachtet nur wenige Menschen – allerdings unabhängig von Familienherkunft und Reichtum – als fähig, wirkliche Grösse zu erreichen, ein Edelmensch – wie Nietzsche ihn beschreibt – zu werden: «Wie viele derer, die sich jetzt mit seinem Namen brüsten, sind sich bewusst, dass sein Edelmensch auf den Prämissen guten Blutes, strenger Zucht und einer Kette von Überwindungen fusst?»[15] Friedrich Nietzsche verkörperte für Meta von Salis diesen Edelmenschen, weshalb sie zum Schluss kam: «Nietzsche's Aristokratismus feind sein heisst, entweder von Etwas sprechen, das man zu ergünden sich nicht die Mühe genommen hat, oder dem Besten feind sein.»[16]

9 Meta von Salis, Philosoph und Edelmensch, S. 14.
10 do. S. 12.
11 do. S. 26.
12 do. S. 27.
13 do. S. 1.
14 do. S. 3.
15 do. S. 2
16 do. S. 110.

Von den zahlreichen Gesprächen auf Spaziergängen oder in einem der Hotels machte sich Meta von Salis offenbar ausführliche Notizen in ihren Tagebüchern, die leider von ihrer Lebensgefährtin, Hedwig Kym, aus dem Nachlass entfernt worden sind. Teilweise gibt sie diese Gespräche sehr detailliert wieder in ihrem Buch über Friedrich Nietzsche, das sie auf Drängen von Nietzsches Schwester in der Absicht verfasste, Missverständnisse, bzw. Fehlinterpretationen von Nietzsches Werk zu korrigieren. Die Widerlegung von Nietzsches «Frauenfeindlichkeit» war ihr ein besonderes Anliegen. Sie fühlte sich dazu auch legitimiert. Dabei wählte sie eine Doppelstrategie: einerseits zitierte sie Stellen aus Nietzsches Werk, die seine Wertschätzung einzelner Frauen belegen, interpretierte abwertende Äusserungen als Kritik an einem Verhalten, das er auch bei Männern bemängelte, und kam zu folgendem Schluss: «Ein Weiberfeind ist er nie gewesen und hatte nicht nötig, es zu sein; einer meiner Bekannten hat er den Umgang mit Frauen sogar als den von ihm bevorzugten bezeichnet.»[17] Anderseits stellte sie seine Haltung Frauen gegenüber als Fehler dar, war jedoch bereit, sie diesem grossartigen Menschen zu vergeben: «Ein Mann von Nietzsche's Gesichtsweite und Gefühlssicherheit hatte das Recht, in einem Punkte fehlzugreifen. Wenn ich beklage, dass es gerade dieser sein musste, so thue ich es mehr um seinet- als um unsertwillen.»[18] Und sie stimmte ihm im Urteil über die Frauen teilweise sogar zu.

Meta von Salis ging es bereits damals nicht mehr allein um die Besserstellung der Frauen im allgemeinen, sondern um die Förderung einzelner herausragender Menschen, und darin fühlte sie sich von Nietzsche unterstützt: «So wenig ich Nietzsche die harten Worte über mein Geschlecht verdenke – warum lässt man ausser Acht, was er unter dem gleichen Gesichtswinkel über das männliche sagte? es ist nicht milder – so wenig versuchte ich, ihn zu bekehren. [...] Dank sei meinem Schicksal, dass es mich, jenseits der ephemeren Bedeutung der Frauenfrage Elitemenschen – Frauen und Männer – als die höchste Blüte der Cultur schauen und verehren liess! Eines freilich hat die Kenntniss dieser Besonderheit Nietzsche's bei mir vertieft: die Neigung schweigend zuzuhören. Vielleicht habe ich mich dadurch um einen Theil meiner Möglichkeiten betrogen, aber – ich bin stolz genug, um mich unterschätzen lassen zu können.»[19]

Diese selbständige, stolze Frau wählte im Kontakt mit Friedrich Nietzsche ein Verhalten, das als traditionell weiblich, nämlich rezeptiv und unterstützend, bezeichnet werden muss. Sogar die als Kind verhassten Handarbeiten kamen wieder zu Ehren: «Nietzsche liebte es, sich bei mir von seiner Einsamkeit, von seiner Arbeit und mitunter auch von anspruchsvollen Besuchern zu 'erholen'. In meinem blumengeschmückten Zimmer sassen wir manche Stunde, ich mit einer Arbeit in der Hand, er sprechend über eben Gedachtes, Gelesenes, oder Erlebtes. Er liess sich gerne zuhören.»[20] Und Meta von Salis liess sich von seinen Ausführungen über Literatur zur Lektüre verschiedenster Autoren anregen, die sich in ihren literarischen Werken wiederum niederschlug.

Wie sehr das Ende dieser Beziehung wegen Nietzsches Geisteskrankheit Meta von Salis betroffen hat, ist aus einer einzigen Bemerkung zu schliessen: «Nach Nietzsche's Erkrankung habe ich mich sieben Jahre lang nicht entschliessen können, Sils wieder zu besuchen.»[21] Den letzten Brief, den Nietzsche ihr schickte und aus dem seine Krankheit deutlich sprach, zitierte sie in ihrem Buch nicht mehr: «Die Welt ist verklärt, denn Gott ist auf der Erde. Sehen Sie nicht, wie alle Himmel sich freuen? Ich habe eben Besitz ergriffen von meinem Reich, werfe den Papst ins Gefängnis und lasse Wilhelm, Bismarck und Stöcker erschiessen. Der Gekreuzigte.» (Poststempel vom 3. 1. 1889)[22] Hingegen wies sie jegliche Vermutung über frühere Hinweise auf diese Krankheit mit Bestimmtheit zurück: «Ich masse mir als Laie in einer so delikaten Frage kein Urtheil an, aber ich zögere ebensowenig zu behaupten, dass, wer Nietzsche vor dem Ende von 1888 für geisteskrank erklären will, die Consequenzen Lombroso's ziehen und die hervorragenden Geister aller Zeiten für suspekt gelten lassen muss.»[23]

Ihr Engagement bei der Planung eines Nietzsche-Archivs war sehr umfassend. Per 1. Juli

[17] do. S. 74.
[18] do. S. 20.
[19] do. S. 22.
[20] do. S. 44.
[21] do. S. 26.
[22] Maria Bindschedler, a. a. O., S. 721 und KSB, Bd. 8, S. 572.
[23] Meta von Salis, Philosoph und Edelmensch, S. 56f.

Meta von Salis (rechts) mit Hedwig Kym. (Altersbild)

1897 kaufte sie für 40 000 Mark das Haus «Zum Silberblick» in Weimar und stellte es Elisabeth Foerster-Nietzsche als Archiv und Wohnhaus zur Verfügung.[24] Die freundschaftliche Beziehung mit Elisabeth Foerster-Nietzsche brach allerdings bereits im August des gleichen Jahres auseinander, als Elisabeth Foerster-Nietzsche ohne Wissen von Meta von Salis das Haus umbauen liess. Ein Jahr später verkaufte Meta von Salis das Haus an Adalbert Oehler, den Cousin von Elisabeth Foerster-Nietzsche.

Unterdessen war Meta von Salis am Ende ihrer Kräfte angelangt. Erniedrigende Erfahrungen mit dem Männerstaat führten dazu, dass sie sich völlig aus der schweizerischen Öffentlichkeit zurückzog. Ihre Überzeugung gab sie nicht auf: «Schwimme ich doch unentwegt gegen den Strom und vertrete bis ans Ende die Ueberzeugung, dass die Menschheit aristokratisiert, nicht demokratisiert, nach oben, nicht nach unten gewiesen werden muss.»[25] Sie verkaufte jedoch ihren Familiensitz, das Schloss in Marschlins, und zog 1904 zusammen mit ihrer Lebensgefährtin nach Capri. Die beiden Frauen blieben auch zusammen, als Hedwig Kym 1910 den Basler Juristen Ernst Feigenwinter heiratete. Meta von Salis bewohnte von da an eine Wohnung im Feigenwinter-Kymschen Haus am Heuberg in Basel, wo sie am 15. März 1929 starb. Ihren literarischen Nachlass hat sie zusammen mit ihrer wertvollen Nietzsche-Sammlung der Basler Universitätsbibliothek vermacht.[26]

[24] David Marc Hoffmann, Zur Geschichte des Nietzsche-Archivs 1991, S. 33.
[25] Auserwählte Frauen unserer Zeit II, Basel 1916, S. XV.
[26] David Marc Hoffmann, Das «Basler Nietzsche-Archiv», Basel: Universitätsbibliothek 1993, S. 15 u. 82f.

Absender: Prof. Nietzsche, Leipzig, Auenstr. 26 2 Etage

Herrn Dr. Gottfried Keller

z. Staats-Schreiber

in

Zürich

(Schweiz)

Wolfram Groddeck und Walter Morgenthaler

Nietzsches Begegnung mit Gottfried Keller

Dokumente und Lektüren

In Leben und Werk Friedrich Nietzsches stellt das Verhältnis zu Gottfried Keller – im Vergleich etwa zu Jakob Burckhardt oder zu Franz Overbeck – eher eine Episode dar. Dennoch war die in mehrfacher Hinsicht ungleiche Beziehung zwischen Nietzsche und dem 25 Jahre älteren Dichter weder flüchtig noch einseitig, vielmehr läßt der Versuch einer Spurensicherung die Umrisse eines Gesprächs erkennen, das mehr ist als eine literaturgeschichtliche Anekdote. Die wenigen Dokumente dieser Beziehung erschienen uns bedeutsam genug, um sie – in der uns erreichbaren Vollständigkeit – zu sammeln und zu einer wenn auch lückenhaften Geschichte zusammenzustellen.

Die Begegnung zwischen Keller und Nietzsche hat zunächst eine Vorgeschichte (Teil 1). Im Zentrum unseres Versuchs einer im Prinzip chronologisch orientierten Rekonstruktion steht ein kleines Briefkorpus, die Korrespondenz zwischen Nietzsche und Keller von 1882 bis 1886, deren Charme uns die Mühe einer Neuedition wert war (Teil 2). Der Briefwechsel geht über den Austausch von Höflichkeiten so entschieden hinaus, daß uns auch einige Vorschläge zu genauerer Lektüre angebracht schienen (Teil 3). Über den persönlichen Besuch Nietzsches bei Gottfried Keller geben die spärlichen Dokumente zunächst kaum einen inhaltlichen Aufschluß, doch finden sich in den Briefen Nietzsches einige Indizien dafür, was die beiden gegensätzlichen Zeitgenossen im September 1884 bewegt haben mag (Teil 4). Nach dem Besuch hat sich Gottfried Keller nicht mehr über Nietzsche geäußert, bei Nietzsche hat die Begegnung hingegen einige bemerkenswerte Nachwirkungen gehabt (Teil 5).[1]

1. Vorgeschichte(n)

Nietzsche, der «Erz- und Cardinalphilister»

1873 erscheint Nietzsches Schrift «Unzeitgemäße Betrachtungen. 1. Stück. David Strauß der Bekenner und der Schriftsteller» – eine vernichtende Polemik über das 1872 erschienene Buch «Der alte und der neue Glaube»[2] und zugleich eine globale Abrechnung mit dem zeitgenössischen Kulturbetrieb. Obwohl Gottfried Keller selbst nicht allzuviel an dem popularisierenden Darwinismus von Strauß' Weltanschauungs-Buch gelegen sein kann, reagiert er in einem Brief vom 18. November 1873 an den Wiener Kulturkritiker Emil Kuh mit vehementer Ablehnung gegen Nietzsches Polemik: das erste und einzig erhaltene schriftliche Urteil Kellers über den noch kaum bekannten Basler Professor für klassische Philologie.

Kellers Reaktion hat vermutlich unterschiedliche, politisch geprägte Motive. Mit David Friedrich Strauß verbindet ihn eine direkte historische Erfahrung. Beim «Straußenhandel» von 1839 hatte er sich auf die Seite der liberalen Regierung gestellt; diese hatte den Autor des aufsehenerregenden Buches «Das Leben Jesu»[3] auf den Lehrstuhl für neutestamentliche Theologie der Universität Zürich berufen und damit einen Volksaufstand und ihre eigene Absetzung provoziert. Ausschlaggebender, weil die Gegenwart betreffend, dürfte Nietzsches Verachtung des deutschen Sieges von 1871 über die Franzosen sein. Nietzsches Diagnose von der «Niederlage, ja Exstirpation des deutschen Geistes zugunsten des 'deutschen Reiches'» (KSA 1, S. 160) wird auch Keller getroffen haben, der die deutsche

[1] Verwendete Siglen und Abkürzungen:
ZB Zentralbibliothek Zürich, Handschriftenabteilung
GSA Goethe-Schiller-Archiv, Weimar
DFW Die fröhliche Wissenschaft. Von Friedrich Nietzsche. Chemnitz: Schmeitzner 1882.
GB Gottfried Keller: Gesammelte Briefe in vier Bänden. Hrsg. v. Carl Helbling. Bern: Benteli 1950–1954 (zit. als GB Band, Seite)
KGB Nietzsche. Briefwechsel. Kritische Gesamtausgabe. Hrsg. v. Giorgio Colli und Mazzino Montinari. Berlin/New York 1975 ff. (zit. als KGB Abteilung, Band, Seite).
KGW Nietzsche. Werke. Kritische Gesamtausgabe. Hrsg. v. Giorgio Colli und Mazzino Montinari. Berlin/New York 1967 ff. (zit. als KGW Abteilung, Band, Seite).
KSA Friedrich Nietzsche. Sämtliche Werke. Kritische Studienausgabe in 15 Bd. Hrsg. v. Giorgio Colli und Mazzino Montinari. München 1980 (zit. als KSA Band, Seite).
Janz Curt Paul Janz: Friedrich Nietzsche. Biographie in drei Bänden. Zweiter Band. München: Hanser 1978.
Zur Zitatenwiedergabe: gesperrt = in der Handschrift einfach unterstrichen
fett = in der Handschrift doppelt unterstrichen

[2] David Friedrich Strauß, Der alte und der neue Glaube. Ein Bekenntnis. Leipzig 1872.

[3] David Friedrich Strauß, Das Leben Jesu kritisch bearbeitet. 2 Bde. Tübingen 1835/36.

Reichsgründung – als Überwindung der Vielstaaterei – offen, wenn auch nicht uneingeschränkt, begrüßte.[4] Was ihn aber wohl am meisten gegen Nietzsche einnimmt, ist dessen «Großmannssucht». Nietzsche läßt sich zu Beginn seiner Abhandlung über den «Bildungsphilister» aus, der sich vom Philister distanziert, ohne in Wahrheit selbst etwas anderes als ein solcher zu sein. Keller nun macht mit Nietzsche etwas Ähnliches: als einer, der sich für besser hält als diejenigen, welche sich für besser halten als die Philister, ist Nietzsche selbst der potenzierte Philister, der «Erz- und Cardinalphilister».

Gottfried Keller an Emil Kuh, 18. 11. 1873[5]

«Das knäbische Pamphlet des Hr. Nietzsche gegen Strauß habe ich auch zu lesen begonnen, bringe es aber kaum zu Ende wegen des gar zu monotonen Schimpfstiles ohne alle positiven Leistungen oder Oasen. Nietzsche soll ein junger Professor von kaum 26 Jahren sein, Schüler von Ritschl in Leipzig u Philologe, den aber eine gewisse Großmannssucht treibt, auf anderen Gebieten Aufsehen zu erregen. Sonst nicht unbegabt, sei er durch Wagner-Schoppenhauerei verrannt u treibe in Basel mit ein par Gleichverrannten einen eigenen Cultus. Mit der Straußbroschüre will er ohne Zweifel sich mit einem Coup in's allgemeine Gerede bringen, da ihm der stille Schulmeisterberuf zu langweilig u langsam ist. Es dürfte also zu erwägen sein, ob man einem Spekulierburschen dieser Art nicht noch einen Dienst leistet, wenn man sich stark mit ihm beschäftigt. Doch werden Sie wohl am besten selbst das Bedürfniß hiefür beurtheilen. Ich halte den Mann für einen Erz- u Cardinalphilister; denn nur solche pflegen in der Jugend so mit den Hufen auszuschlagen und sich für etwas Anderes als für Philister zu halten, gerade weil dieses Wähnen etwas so Gewöhnliches ist.»

Keller, «deutsch» und «deutlicher»

In Nietzsches Schriften und Nachlaß sowie in seinen Briefen, wie sie heute ediert vorliegen, findet sich, kontinuierlich verstreut über die Jahre 1874 bis 1888, eine Reihe von Erwähnungen Gottfried Kellers, die sich als Spuren einer anhaltend interessierten Beschäftigung mit Keller und als Zeugnis einer unbeirrten Verehrung lesen lassen.

Wann und unter welchen Umständen Nietzsche das Werk Kellers kennenlernt, ist schwierig zu belegen. Es scheint so, daß Nietzsche erst in der Basler Zeit etwas von Gottfried Keller gehört hat, und manches spricht dafür, daß Nietzsche durch Richard Wagner auf ihn und speziell auf «Die Leute von Seldwyla» aufmerksam gemacht wird, deren zweite Auflage 1873/74 gerade erschienen ist. Jedenfalls schreibt Nietzsche in einem Briefentwurf vom 10. Oktober 1874 an Richard Wagner – und das ist die erste Spur von Gottfried Keller, die sich in Nietzsches Aufzeichnungen erhalten hat – über sein Basler Leben mit den Freunden Overbeck und Romundt:

«Wir drei Freunde in der Baumannshöhle gehn viel mit einander spazieren, doch nicht ohne das Gefühl des Lächerlichen, das an einer isolirten Dreiheit haftet; und wie wir gegen Abend unsre drei langen Schatten neben uns herschreiten sehen, so lachen wir uns gewöhnlich todt; denn wir können nicht umhin, der drei gerechten Kammmacher zu gedenken.» (KGB II 3, S. 265)

Die Anspielung auf die «drei gerechten Kammmacher» betrifft einen Lieblingstext Wagners;[6] ob Nietzsche allerdings die Erzählung selber zu diesem Zeitpunkt schon gelesen hat, scheint angesichts des seltsamen Vergleichs durchaus fraglich zu sein.

Aus derselben Zeit findet sich eine Notiz in Nietzsches Nachlaß, vielleicht aus dem Vorfeld der beabsichtigten «vierten Unzeitgemäßen», die den Titel «Wir Philologen» erhalten sollte. Hier erscheint erstmals der Name «Keller», aber in völlig uneindeutigem Kontext:

«Zum Lesen: wir sind eine Zeit, deren Cultur an den Mitteln der Cultur zu Grunde geht.

Keller. Auerbach. Heine. Grimm.»[7]

Reine Spekulation muß bleiben, in welcher Funktion hier der Name Keller in eine Reihe mit den zu dieser Zeit bei Nietzsche eindeutig

[4] Keller hat sich im März 1872 am Abschiedsbankett für den nach Straßburg berufenen Adolf Gusserow in einem ihm sehr übel vermerkten Trinkspruch für die deutsche Einheit und sogar einen möglicherweise zu erwägenden Anschluß der Schweiz an das Reich ausgesprochen. In den «Sieben Legenden» läßt er (nach eigener Deutung) die Jungfrau Maria in Gestalt des «deutschen Recken» Zendelwald über Guhl den Geschwinden, die Personifikation Frankreichs (vgl. Keller an Vischer, 29.6.1875) siegen und die dem Reichsheer zuziehenden Söhne des «eiserne[n] Greis[es]» Wonnebold mit jungem Eichenlaub kränzen.

[5] Handschrift: ZB Ms GK 77.19 Nr.7; in normalisierter Form publiziert in: Gottfried Keller – Emil Kuh Briefwechsel. Hrsg. und erläutert von Irmgard Smidt und Erwin Streitfeld. Stäfa: Gut 1988, S.77.

[6] Dazu Curt von Westernhagen, Wagner. 2. Aufl. Zürich 1979, S. 215: «Sein Entzücken aber bildeten die Leute von Seldwyla: Die drei gerechten Kammacher [...] gehörten [...] zu den Erzählungen, die er zeitlebens gern vorlas».

[7] KSA 7, S.829, von den Herausgebern auf «Herbst 1874» datiert.

negativ konnotierten Namen Heine und Auerbach gesetzt wird, ob er schon als Gegenbegriff oder, wie auch Heine, nur als ein weiteres Symptom der niedergehenden Kultur gesehen wird.

Eindeutig positiv erscheint der Name Kellers erst vier Jahre später in einer Nachlaßnotiz aus dem Umkreis von «Menschliches, Allzumenschliches»:

«Keller, Burckhardt zu erwähnen: vieles Deutsche erhält sich jetzt besser in der **Schweiz**, man findet es hier deutlicher erhalten.»[8]

Die Notiz datiert bereits aus der Zeit nach dem Bruch mit Richard Wagner und schlägt das Thema vom 'übernationalen Deutschtum' an, das Nietzsche bis in seine letzte Zeit immer wieder beschäftigt hat.

In dem 1880 publizierten, letzten Zusatz zu «Menschliches, Allzumenschliches» mit dem Titel «Der Wanderer und sein Schatten» äußert sich Nietzsche erstmals öffentlich zu Gottfried Keller. Der Aphorismus 109 ist zugleich die einzige Stelle, wo Nietzsche in einem von ihm selbst publizierten Werk den Namen «Gottfried Keller» nennt:[9]

«Der Schatz der deutschen Prosa. – Wenn man von Goethe's Schriften absieht und namentlich von Goethe's Unterhaltungen mit Eckermann, dem besten deutschen Buche, das es giebt: was bleibt eigentlich von der deutschen Prosa-Litteratur übrig, das es verdiente, wieder und wieder gelesen zu werden? Lichtenberg's Aphorismen, das erste Buch von Jung-Stilling's Lebensgeschichte, Adalbert Stifter's Nachsommer und Gottfried Keller's Leute von Seldwyla, – und damit wird es einstweilen am Ende sein.» (KSA 2, S. 599)

In Nietzsches Bestandesaufnahme der bleibenden Prosawerke deutscher Literatur fällt zunächst auf, daß – im Jahre 1880 – Gottfried Keller der einzige noch lebende Autor ist. Neben dem Ausdruck der besonderen ästhetischen Wertschätzung hat dieser Umstand auch eine politische Pointe: Keller, der einzige zeitgenössische Autor der «deutschen Prosa-Litteratur», ist ein Schweizer Dichter. Diese im Aphorismus selbst gleichsam zwischen die Zeilen gelegte Akzentuierung des Kultur-Deutschen Keller als Repräsentant einer nicht-nationalen, literarischen Kultur des «Deutschen» bleibt ein durchgehendes Motiv von Nietzsches anhaltender Verehrung für Gottfried Keller. Der Dichter Keller fügt sich in ein kulturelles Wunschbild der Schweiz (als Gegenbild zum «Deutschen Reich»), das sich später zu Nietzsches europäisch-kosmopolitischem Kulturideal gewandelt hat. – In einer Aufzeichnung aus dem Jahr 1881 notiert sich Nietzsche den Gedanken einer «zeitweilige[n] Verschweizerung» der «hohen deutschen Antriebe», und in diesem Zusammenhang erscheint auch wieder der Hinweis auf Keller:

«Und welchen Dichter hätte Deutschland dem Schweizer Gottfried Keller entgegenzustellen?» (KSA 9, S. 536)

Die zweite Fassung des «Grünen Heinrich» ist 1879/80 erschienen, und Nietzsches Briefe bezeugen, daß sich der Verfasser des Aphorismus über den «Schatz der deutschen Prosa» literarisch auf dem laufenden zu halten sucht. Er bittet Overbeck am 28. April 1881, er solle ihm «den neuen 'grünen Heinrich' senden». Denn

«Alle Jahre Ein gutes Buch zu lesen, ist gewiß keine Ausschweifung (voriges Jahr lasen wir den 'Nachsommer').» (KGB III 1, S. 87 f.)

Der «grüne Heinrich» soll ihm, so noch am 18. Mai, «eine rechte Sommerfreude werden» (KGB III 1, S. 89). Am 8. Juli – die Korrekturarbeiten an «Morgenröthe. Gedanken über die moralischen Vorurtheile» sind endlich abgeschlossen – berichtet er Overbeck aus Sils-Maria:

«Der grüne Heinrich ist mir für meinen (im Grunde pathetischen) Zustand ein wenig zu miniaturenhaft und bunt: aber es ist ein Ausbund von Poesie und Schelmerei, vielleicht sogar von Ernst.» (KGB III 1, S. 101)

Nietzsche beschäftigt sich mit naturwissenschaftlicher Literatur, die Lektüre des «grünen Heinrich» wird zurückgestellt. Die Hoffnungen auf Kellers Roman erhalten nun aber eine eigenartige Wendung ins Pädagogische; im August 1881 schreibt er an Overbeck:

«Bitte, sende den zweiten Band vom 'grünen Heinrich' an unsern 'grünen Heinrich' in Venedig.» (KGB III 1, S. 117)

Gemeint ist Heinrich Köselitz, der seit «Menschliches, Allzumenschliches» Nietz-

[8] KSA 8, S. 550, von den Herausgebern auf «Sommer 1878» datiert.

[9] Dieser Umstand kann bei der in der Nietzsche-Rezeption und -Edition vorherrschenden Fixierung auf den «Nachlaß» leicht übersehen werden. Eine zweite Nennung Kellers in einer autorisierten Schrift von Nietzsche wäre in «Nietzsche contra Wagner», die Nietzsche aber noch während der Drucklegung zurückzieht. Also bleibt der Aphorismus aus «Menschliches, Allzumenschliches» die einzige öffentliche Nennung Gottfried Kellers in Nietzsches Werk.

sches Schriften redigiert und auf den der Autor Nietzsche bis zum Ende seines Schaffens existentiell angewiesen ist.[10] Köselitz ist aber auch ein Komponist, an den Nietzsche glaubt und den er zu seinem 'Anti-Wagner' machen will. An Köselitz' künstlerischer Entwicklung hat er stets regen Anteil genommen und sogar einen Künstlernamen für ihn erfunden: «Peter Gast». Köselitz berichtet Nietzsche am 8. September 1881 über die Lektüre des «grünen Heinrich» – und man darf wohl darin das gelehrige Echo von Nietzsches eigenen Ansichten wahrnehmen:

«Mit Gottfried Keller haben Sie mir einen erquickenden Genuss bereitet. Wahrhaftig, das ist nicht italiänisch, nicht französisch, nicht russisch: das ist deutsch. Ich verstehe nicht mehr, wie man dieses Deutschthum noch forciren und besser machen will; vielleicht verträgt dieses Deutsche gar nicht den grossen Stil. Wagner hat fast Nichts von dieser deutschen Art; aber der ist auch am Brühl in Leipzig geboren und hat als Bube gewiss wenig von dem Volksgeist eingesogen, wie er in Gebirgen und Dörfern noch lebt.

Keller hält sich mehr an die Wirklichkeit als Stifter, und verfügt über interessantere Farben. Stifter ist idealer. – Haben Sie nochmals meinen allerherzlichsten Dank für diese Beiden!» (KGB III 2, S. 184 f.)

Doch schon im folgenden Brief vom 28. September 1881 teilt Köselitz seinem Mentor Nietzsche eine Überlegung mit, die über das rein literarische Interesse hinausgeht. Der von Erfolglosigkeit gequälte Komponist sucht einen literarischen Text zur Vertonung:

«An Gottfr<ied> Keller habe ich auch oft gedacht; aber ehe ich nicht als Musiker bekannt bin, zweifle ich, bei ihm recht anzukommen. Sollte Keller der Familie Rothpletz bekannt sein? [...] Ich lese noch an Keller und wünschte so sehr, in der Stimmung dieses Buches sein zu können.» (KGB III 2, S. 187)

Köselitz hofft also, über Nietzsche eine Beziehung zu Gottfried Keller herstellen zu können, und sei es über die Familie der Frau von Franz Overbeck, die eine geborene Rothpletz ist. – Es spricht einiges dafür, daß der Antrieb Nietzsches, dem verehrten Dichter Gottfried Keller ein Jahr später die neuerschienene «Fröhliche Wissenschaft» mit einem Begleitbrief zukommen zu lassen, auch in einem Zusammenhang steht mit der Sorge um die musikalische Karriere des Heinrich Köselitz.

Im August 1882 gibt Nietzsche dem Verleger Schmeitzner genaue Anweisungen zur Versendung der Freiexemplare (KGB III 1, S. 240). Eines davon soll «dem Dichter Gottfried Keller» zugeschickt werden, an den Nietzsche aber erst am 16. September direkt schreibt. An diesem Tag erhält er von Jacob Burckhardt, dem er bereits Anfang August geschrieben hat (KGB III 1, S. 234), eine ausführliche Antwort auf die Zusendung der «Fröhlichen Wissenschaft». Nietzsche schickt diesen Brief gleich an Köselitz weiter mit der lakonisch-euphorischen Bemerkung: «Jak<ob> Burckhardt will, daß ich 'Professor der Weltgeschichte' werde.»[11]

Es liegt nahe anzunehmen, daß der Brief von Burckhardt Nietzsche den Anstoß gibt, am selben Tag noch seinen ersten Brief an Gottfried Keller niederzuschreiben.

2. Der Briefwechsel zwischen Nietzsche und Keller

Edition des Briefwechsels

Im folgenden wird der Briefwechsel zwischen Friedrich Nietzsche und Gottfried Keller im Originalwortlaut dargestellt. Er umfaßt sechs Briefe, wobei nicht auszuschließen ist, daß ein weiterer, bis heute verschollener Brief von Keller an Nietzsche existiert. Fünf der sechs Dokumente wurden erstmals 1904 als Briefwechsel von Elisabeth Förster-Nietzsche veröffentlicht.[12] Kellers Brief vom 20. September 1882 galt fast hundert Jahre lang als verschollen[13] oder gar nicht existent[14], kam erst 1980 während der Vorarbeiten zu Band III 2 der Kritischen Gesamtausgabe zum Vorschein und wurde erstmals von Helga Anania-Heß in der Neuen Zürcher Zeitung publiziert.[15] Die Kritische Gesamtausgabe (KGB) enthält alle sechs bis heute bekannten Briefe, aber unübersichtlich auf drei Bände verteilt und vorläufig unkommentiert, auch – insbesondere beim neuen Keller-Dokument – nicht fehler-

10 Im «Ecce homo» schreibt Nietzsche, im Kapitel über «Menschliches, Allzumenschliches», über Köselitz: «er war im Grunde der eigentliche Schriftsteller, während ich bloss der Autor war» (KSA 6, S. 327). – Nach Nietzsches Zusammenbruch hat Heinrich Köselitz eine wichtige Rolle im Weimarer Archiv gespielt, vgl. dazu D.M. Hoffmann, Zur Geschichte des Nietzsche-Archivs, Berlin, New York 1991, S. 42–46 («Das Rätsel von Köselitz' Eintritt ins Archiv»).

11 KGB III 1, S. 263. – Der bedeutsame Brief von Jakob Burckhardt ist abgedruckt in KGB III 2, S. 288 f.

12 Briefwechsel zwischen Friedrich Nietzsche und Gottfried Keller hrsg. u. erläutert von Elisabeth Förster-Nietzsche. In: Friedrich Nietzsches Gesammelte Briefe. Dritter Band. Erste Hälfte. Berlin und Leipzig 1904, S. 207–217.

13 So in der maßgeblichen Briefausgabe von Carl Helbling (GB 4, S. 284).

14 So in der Nietzsche-Biographie von Curt Paul Janz, S. 345.

15 Helga Anania-Heß: Ein verschollener Brief Gottfried Kellers an Nietzsche. In: Neue Zürcher Zeitung, Nr. 255, 1./2. 11.1980, S. 69.

Brief 1.

Brief 2.

frei (die stärksten Abweichungen vom Originaltext werden in der folgenden Edition in Fußnoten notiert).[16]

In den 6 edierten Briefen wird lateinische Schrift der Autographen durch groteske Type hervorgehoben, der Seitenwechsel durch | markiert.

Brief 1: Nietzsche an Keller, 16. 9. 1882[17]

Sept. 1882. Leipzig, Auenstraße 26, 2te Etage.

Hochverehrter Mann,

ich wünschte, Sie wüßten schon irgend woher, daß Sie das für mich sind – ein sehr hochverehrter Mann, Mensch und Dichter. So brauchte ich mich heute nicht zu entschuldigen, daß ich Ihnen kürzlich ein Buch zusendete.

Vielleicht thut Ihnen dieses Buch trotz seinem fröhlichen Titel wehe? Und wahrhaftig, wem möchte ich weniger gern wehe thun als gerade Ihnen, dem Herz-Erfreuer! Ich bin gegen Sie so dankbar gesinnt!

Von Herzen der Ihrige
Dr. Friedrich Nietzsche
(ehemals Professor der Universität Basel und Drei Viertels-Schweizer)

Brief 2: Keller an Nietzsche, 20. 9. 1882[18]

Zürich 20 IX 1882.

Hochverehrter Herr Professor!

Empfangen Sie meinen herzlichen Dank für Ihre literarische Zuwendung[19] und Gabe ebenso wohlwollend, wie Sie dieselbe brieflich begleitet haben. Wenn ich auch den Umfang Ihrer Güte nur wenig zu verdienen und auszufüllen mir bewußt bin, Ihre früheren Werke nur stückweise kenne und dazu noch mich

16 Die Briefe von Keller an Nietzsche befinden sich im Goethe- und Schiller-Archiv, Weimar (GSA), diejenigen von Nietzsche an Keller in der Zentralbibliothek Zürich (ZB).

17 Handschrift: ZB Ms GK 79f Nr.10; publiziert in: KGB III 1 Nr. 306, S. 261. 1 Doppelblatt, erste Seite beschrieben. Der zugehörige Briefumschlag wurde am 16. 9. 1882 in Leipzig abgestempelt und ist an «Herrn Dr. Gottfried Keller / g. Staats-Schreiber / in / Zürich / (Schweiz)» adressiert.

18 Handschrift: GSA 71/270,1; publiziert in: KGB III 2 Nr.146, S. 290 ff. 1 Doppelblatt, 4 Seiten beschrieben.

19 Fehlerhafte Lesung in KGB: «Zusendung». Der gewähltere Ausdruck «Zuwendung» reagiert auf Nietzsches Betonung der persönlichen Verehrung und kommt in Kellers sonstiger Korrespondenz nur sehr selten vor (z. B. in einem Dankschreiben vom 28. 2. 1881 an Paul Nerrlich für dessen rühmende Rezension der Neufassung des «Grünen Heinrich»: «habe ich seinerzeit Ihre Zusendung richtig erhalten [...] Dankbarkeit für soviel Wohlwollen und freundliche Zuwendung [...]» (GB 4, S. 227).

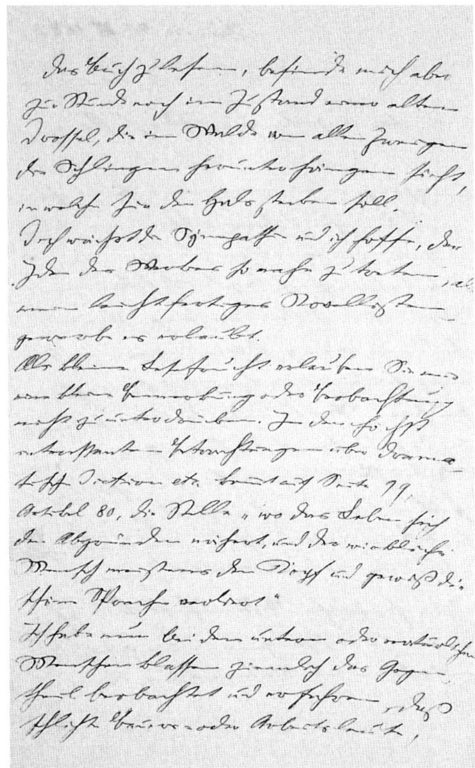

Brief 2.

Brief 2.

stückweise im inneren Widerspruch dazu befunden habe, so bleibt immer noch mehr als genug bestehen, um mich auf die Aeußerungen[20] Ihrer Freundlichkeit eitel zu machen.[21]

Die fröhliche Wissenschaft habe ich einmal durchgangen und bin jetzt daran, mit gesammelter Aufmerksamkeit | das Buch zu lesen, befinde mich aber zur Stunde noch im Zustand einer alten Drossel, die im Walde von allen Zweigen die Schlingen herunterhängen sieht, in welche sie den Hals stecken soll.[22]

Doch wächst die Sympathie und ich hoffe, der Idee des Werkes so nahe zu treten, als mein leichtfertiges Novellistengewerbe es erlaubt.

Als kleine Lesefrucht erlauben Sie mir eine kleine Bemerkung oder Beobachtung nicht zu unterdrücken. In den höchst interessanten Betrachtungen über dramatische Diction etc. kommt auf Seite 99, Artikel 80, die Stelle «wo das Leben sich den Abgründen nähert, und der wirkliche Mensch meistens den Kopf und gewiß die schöne Sprache verliert» Ich habe nun bei untern oder natürlichen Menschenklassen ziemlich das Gegentheil beobachtet und erfahren, daß schlichte Bauers- oder Arbeitsleute, | wenn sie nicht in Lumpereien oder Gemeinheiten, wohl aber in wirkliche Tragik des Aeußersten verfangen sind, nicht selten mit dem steigenden Seelenleiden und Gefahrconflikt in Kraft, Gewähltheit und Angemessenheit des Ausdrucks in ihren Reden zunehmen, ohne alle und jede Bewußtheit und Vorstellung, was schon[23] durch die Situation ausgeschlossen ist. Das geht sogar auf das physische Leiden über. In jungen Jahren sah ich einst auf dem Operationstisch einer chirurgischen Klinik einen Greis aus den untern Ständen liegen, welchem in seinem erkrankten Knochenwerk herumgesägt wurde. Schon im Anfange, während des Bloßlegens und Unterbindens der Gefäße, beklagte er sich seufzend und stöhnend über den Schmerz; als aber die Säge kam und das Leiden stieg, wurde das Klagen lauter und lauter, aber immer artikulirter, sozusagen formvoller und edler.[24] |

20 Kein Umlaut im Original.
21 In KGB kein Absatzende.
22 In KGB kein Absatzende.
23 In KGB sinnentstellend: «Ihnen». Was in der Wiedergabe von KGB als vielsagender Verschreiber Kellers erscheint und im NZZ-Artikel von Anania-Heß auch entsprechend hervorgehoben wird (daß gewollt/ungewollt Nietzsche selbst die Fähigkeit zur bewußten Artikulation im Schmerz abgesprochen wird), ist eine Verlesung.
24 In KGB kein Absatzende.

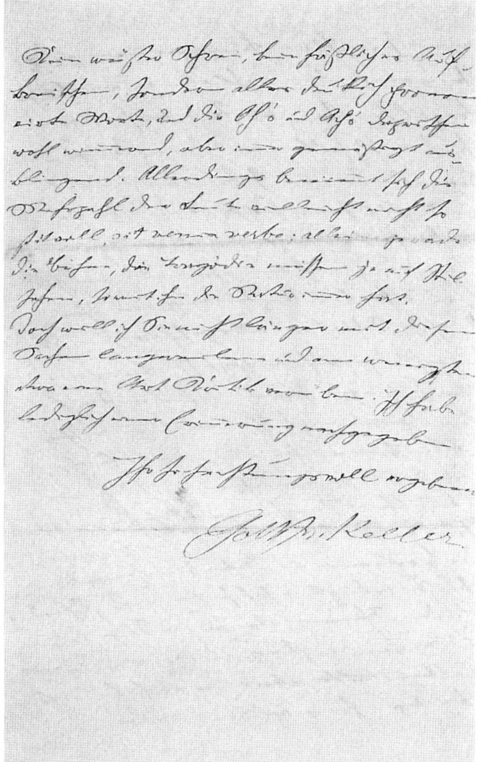

Kein wüster Schrei, kein häßliches Aufkreischen, sondern alles deutlich proncirte Worte, und die Oh's und Ach's dazwischen wohl wimmernd, aber immer gemäßigt ausklingend. Allerdings benimmt sich die Mehrzahl der Leute vielleicht nicht so stilvoll, sit venia verbo; allein gerade die Bühne, die Tragödie müssen ja auf Stil sehen, so weit ihn die Natur immer hat. Doch will ich Sie nicht länger mit diesen Sachen langweilen und am wenigsten etwa eine Art Kritik verüben. Ich habe lediglich einer Erinnerung nachgegeben

Ihr hochachtungsvoll ergebener

Gottfr. Keller

Brief 2.

44

Sils-Maria, Ober-engadin 20 Sept. 1884.

Hochverehrter Herr,

vom 25: September an werde ich meinen Herbst-Aufenthalt in Zürich nehmen (in der Pension Neptun, unweit Seefeld). Zu den Wünschen, die ich mit diesem Aufenthalte verbinde, gehört – zu allererst – der Wunsch, von Ihnen die Erlaubniß zu meinem Besuche zu erhalten (nebst einem Winke über Ort und Stunde, vielleicht in der Museums-Gesellschaft? oder wie es Ihnen gut und gelegen dünkt.)

Mein „Zarathustra“ ist hoffentlich in Ihren Händen? – Mit ehrerbietigem Gruße

Prof. Dr. Friedr. Nietzsche 14

Brief 4.

Kein wüster Schrei, kein häßliches Aufkreischen, sondern alles deutlich prononcirte Worte, und die Oh's und Ach's dazwischen wohl wimmernd, aber immer gemäßigt ausklingend. Allerdings benimmt sich die Mehrzahl der Leute vielleicht nicht so stilvoll, sit venia verbo; allein gerade die Bühne, die Tragödie müssen ja auf Stil sehen, so weit ihn die Natur immer hat.

Doch will ich Sie nicht länger mit diesen Sachen langweilen und am wenigsten etwa eine Art Kritik verüben. Ich habe lediglich einer Erinnerung nachgegeben

Ihr hochachtungsvoll ergebener

Gottfr. Keller.

Brief 3: Nietzsche an Keller, 1. 5. 1883[25]

Herrn Staatsschreiber
Gottfried Keller in
Zürich.

Hochverehrter Herr,

als Antwort auf Ihren gütigen Brief und zugleich als Bestätigung Ihres darin ausgesprochnen Gedankens – daß der große Schmerz die Menschen beredter mache als sie es sonst sind –: möchte sich Ihnen das beifolgende Büchlein empfehlen, das den Titel trägt «Also sprach Zarathustra.»

Seltsam! Aus einem wahren | Abgrunde von Gefühlen, in die mich dieser Winter, der gefährlichste meines Lebens, geworfen hatte, erhob ich mich mit Einem Male und war zehn Tage lang wie unter dem hellsten Himmel und hoch auch über hohen Bergen.

Die Frucht dieser Tage liegt nun vor Ihnen: möge sie süß und reif genug sein, um Ihnen – einem Verwöhnten im Reiche des Süßen und Reifgewordnen! – **wohl**zuthun!

[25] Handschrift: ZB Ms GK 79f Nr. 13; publiziert in: KGB III 1 Nr. 412, S. 371 f. 1 Doppelblatt, 2 Seiten beschrieben. Nietzsche schickte den undatierten Brief zusammen mit drei andern Briefen und einer Freiexemplar-Liste am 1. Mai 1883 an den Verleger Schmeitzner: «Anbei folgen 4 Briefe, welche ich nicht zu lesen bitte – Pardon! – aber die in die betreffenden Freiexemplare eingelegt werden sollen. Die Adresse steht jedes Mal oben auf der ersten Seite.» (KGB III 1 Nr. 413, S. 372) Der Versand des 1. Teils von «Zarathustra» findet allerdings nicht vor Ende August statt, worüber sich Nietzsche auch mehrfach beklagt (vgl. KGB III 1 Nr. 452, S. 430).

Von Herzen Sie
verehrend
Prof Dr Nietzsche
Roma, via Polveriera 4 (piano II)

Brief 4: Nietzsche an Keller, 20. 9. 1884[26]

Sils-Maria, Oberengadin
20 Sept. 1884.

Hochverehrter Herr,

vom 25. September an werde ich meinen Herbst-Aufenthalt in Zürich nehmen (in der Pension Neptun, inneres Seefeld) Zu den Wünschen die ich mit diesem Aufenthalte verbinde, gehört – zu aller oberst – der Wunsch, von Ihnen die Erlaubniß zu einem Besuche zu erhalten (nebst einem Wink über Ort und Stunde, vielleicht in der Museums-Gesellschaft? oder wie es Ihnen gut und gelegen dünkt.)

Mein «Zarathustra» ist hoffentlich in Ihren Händen? – Mit ehrerbietigem[27] Gruße
Prof. Dr. Friedr Nietzsche

Brief 5: Keller an Nietzsche, 28. 9. 1884[28]

Zürich 28 IX 1884.
27. Zeltweg-Hottingen.

Hochverehrter Herr,

Da ich annehme, Sie werden nun wohl hier angekommen und einlogirt sein, so bin ich so frei, Ihnen hiemit meine Wohnung zu bezeichnen; ich hoffe, Ihrem werthen und willkommenen Besuche darin entgegensehen zu dürfen, um Sie persönlich zu begrüßen, indem mir | das am einfachsten zu sein scheint.

Für Ihren Zarathustra danke ich herzlichst bei diesem ersten Anlaße; denn bei dieser wie einer früheren gütigen Zusendung, war mir nicht klar ersichtlich, wohin ich einen Dankbrief hätte adressiren können.

Ihr mit vollkommener
Hochachtung ergebener
und grüßender
G. Keller

Brief 6: Nietzsche an Keller, 14. 10. 1886[29]

Ruta Ligure 14. Octob.
1886.

Hochverehrter Herr,

inzwischen habe ich mir die Freiheit genommen, einer alten Liebe und Gewohnheit gemäß, Ihnen mein letztes Buch zu übersenden; mindestens bekam mein Verleger C. G. Naumann den Auftrag dazu. Vielleicht geht dies Buch mit seinem Fragezeichen-Inhalte wider Ihren Geschmack: vielleicht nicht seine Form. Wer sich ernsthaft und mit herzlicher Neigung um die | deutsche Sprache bemüht hat, wird mir schon einige Gerechtigkeit widerfahren lassen müssen: es ist Etwas, so sphinxartige und stummgeborne Probleme, wie die meinen sind, zum Reden zu bringen. –

Im letzten Frühling bat ich meine alte Mutter, mir Ihr Sinngedicht vorzulesen, – und wir Beide haben Sie dafür aus vollem Herzen gesegnet (auch aus vollem Halse: denn wir haben viel gelacht): so rein, frisch und körnig schmeckte uns dieser Honig. –

Mit dem Ausdruck treuer Anhänglichkeit und Verehrung
Ihr Prof. Dr. Friedrich Nietzsche |

Adresse: Nice (France) poste restante

Editorische Notiz

Gottfried Keller hat nur auf eine «literarische Zuwendung» Nietzsches geantwortet (Brief 2). Zumindest wird dies durch den gegenwärtigen Überlieferungsstand und die darauf fußende Nietzsche- und Keller-Philologie nahegelegt. Daß indes Nietzsche selbst eine Antwort ernsthaft erwartet hat, geht aus seinem Brief an Malwida von Meysenbug in Rom hervor:

«Nun habe ich noch eine Bitte auf dem Herzen. Es sind Briefe an mich nach Rom abgegangen, zum Beispiel von Jacob Burckhardt, Gottfried Keller und Anderen, – diese Briefe möchte ich nicht einbüßen. Durch ein Versehen tragen alle diese Briefe an mich folgende Adresse: via Polveriera 4, secondo piano.»[30]

[26] Handschrift: ZB Ms GK 79f Nr. 14; publiziert in: KGB III 1 Nr. 535, S. 533 f. 1 Doppelblatt, erste Seite beschrieben.

[27] Fehlerhafte Lesung in KGB: «ehrerbietigstem».

[28] Handschrift: GSA 71/270,1; publiziert in: KGB III 2 Nr. 243, S. 457. 1 Doppelblatt, 2 Seiten Brieftext. Auf S. 4 zwei zitierte Verse aus Gottfried Kellers «Abendlied»: «Trinkt, o Augen, was die Wimper hält,
Von dem goldnen Überfluß der Welt!
G.K.
(Abendlied)».

[29] Handschrift: ZB Ms GK 79f Nr. 12; publiziert in: KGB III 3 Nr. 763, S. 266 f. 1 Doppelblatt, 2 Seiten beschrieben; Absender-Adresse auf Seite 3 unten. Umschlag mit Adresse «Herrn Gottfried Keller / in / Zürich / Svizzera.», von fremder Hand umadressiert und neu frankiert: «Grand Hotel Baden / im Aargau» (Poststempel Neumünster, 16. 10. 1886).

[30] KGB III 1, S. 454; Brief datiert auf Anfang November 1883. Das «Versehen» kam durch Nietzsches falsche Adreßangabe in den Briefen vom 1. Mai (vgl. Brief 3) zustande und wurde durch den Auftrag an den Verleger Schmeitzner noch verstärkt: «Es ist gar nichts auf die Exemplare zu schreiben, ausgenommen meine römische Adresse, und diese auf die Außenseite der Pakete: also jedesmal
Prof. Dr. Nietzsche, Roma / 4 via Polveriera / (piano 2)» (KGB III 1, S. 373).
Nietzsches Korrektur aus Rom vom 6. Mai: «Werthester Herr Verleger, wie geht es Ihnen? Ich sende Ihnen von Rom aus einen herzlichen Gruß und eine ganz zuverlässige Adresse, welche von nun an an die Stelle der letztgenannten zu treten hat (auch auf allen Freiexemplaren)
Roma, piazza Barberini 56, ultimo piano»
(KGB III 1, S. 374).
Ob Schmeitzner beim verspäteten Versand Ende

August angesichts von Nietzsches ständigen Ortswechseln überhaupt eine Adresse auf den Paketen anbringt, ist umso zweifelhafter, als er selbst öfters nicht über den momentanen Aufenthaltsort informiert ist (am 21. September sendet er z. B. den 2. Teil des «Zarathustra» nach Sils-Maria, während Nietzsche fast vierzehn Tage zuvor von dort abgereist ist). In den Begleitbriefen ist die maßgebliche Adreßangabe jedenfalls nicht berichtigt worden.
Die Folgen lassen sich anhand des Dankbriefes von Jacob Burckhardt an Nietzsche nachvollziehen: der am 10. September von Burckhardt nach Rom abgeschickte Brief (vgl. KGB III 2, S. 395 f.) wurde von der römischen Post nach Basel zurückspediert und dann von Franz Overbeck etwa am 5. November an Nietzsche nach Genua weitergeleitet (vgl. KGB III 2, S. 408), wo er kurz nach Nietzsches Anfrage an Malwida eingetroffen sein dürfte. Malwida von Meysenbugs Nachforschungen blieben denn auch erfolglos, wie sie an Nietzsche am 8. November berichtet (vgl. KGB III 2, S. 406).
(Bei der herausgeberischen Adressierung des Burckhardt-Briefs nach Naumburg – statt Rom – durch KGB III 2, S. 395 dürfte es sich um einen Irrtum handeln. Da der Umschlag zu dem im Staatsarchiv Basel aufbewahrten Brief fehlt, läßt sich eine letzte Sicherheit über Burckhardts Adressierung allerdings nicht mehr erreichen).

31 Vgl. dazu die vorangehende Fußnote.

32 Eine direkte Anweisung Nietzsches an den Verleger ist nicht erhalten. Es ist – aufgrund anderer Briefreaktionen – anzunehmen, daß Schmeitzner die für den Versand des 1. Teils verwendete Freiexemplar-Liste auch für den Versand der übrigen Teile brauchte und möglicherweise auch keine besondere Weisung des Autors empfangen hat.

Wieweit Nietzsche um das Vorhandensein von fälschlich nach Rom abgegangenen Briefen weiß, wieweit sich in der brieflichen Äußerung bloß die Hoffnung auf die Treue seiner auserlesenen Leser niederschlägt, bleibt ungewiß. Es bestehen allerdings gute Gründe zu der Annahme, daß Keller, der sich trotz seiner sprichwörtlichen Grobheit an die Formen der Höflichkeit zu halten verstand, sich zumindest formell bedankt hat. Der vermißte Antwortbrief könnte, wie erwiesenermaßen derjenige von Jacob Burckhardt,[31] tatsächlich nach Rom geleitet worden und dort verlorengegangen oder gar, nach Zürich zurückspediert, von Keller selbst ad acta gelegt worden sein.

Im Nachlaß von Keller ist er allerdings nicht vorhanden; dagegen alle drei Bändchen von «Also sprach Zarathustra». Der 2. und 3. Teil wurden ihm vermutlich durch den Verleger Schmeitzner – automatisch und ohne weiteren Begleitbrief – im Anfang September 1883 und April 1884 zugestellt.[32] Einzig auf den dritten Teil dürfte sich die Anfrage in Nietzsches drittem Brief vom 20. September 1884 beziehen: «Mein 'Zarathustra' ist hoffentlich in Ihren Händen?»; und ebenso Kellers nachträglicher Dank anläßlich der Einladung vom 28. September (Brief 5). Mit der von Keller zusätzlich erwähnten «früheren gütigen Zusendung» ist wohl der zweite, nicht lange vorher versandte Teil gemeint. Bei den beiden letzten «Zusendungen» hat vermutlich, wie Keller als Entschuldigung für den unterlassenen Dank anführt, Nietzsches Adresse tatsächlich gefehlt. Nicht jedoch bei der mit dem Begleitbrief versehenen «Zuwendung» des ersten Teils, weshalb ja gerade die beklagte Verwirrung ausgelöst wurde. Es ist also sehr wohl denkbar, daß Keller auf die Zustellung des ersten Teils tatsächlich antwortete (weshalb sie nicht mehr erwähnt zu werden braucht), dann aber – gemäß seiner brieflichen Aussage – eine solche Antwort bei den folgenden Sendungen mangels Absenderadresse unterlassen hat; und dies um so eher, als hier kein Begleitschreiben mehr beilag und die Wiederholfrequenz kurz ausfiel.

Sollte auch Nietzsche selbst nie in den Besitz eines solchen Dokumentes gelangt sein, ist doch nicht völlig auszuschließen, daß Kellers Antwort auf den «Zarathustra» auch für uns noch eines Tages auf ähnlichem Wege zum Vorschein kommen wird wie die lange verschollene und in ihrer Existenz bezweifelte Antwort auf die «Fröhliche Wissenschaft».

3. Brieflektüre

Kellers «kleine Lesefrucht»

Am 1. Oktober 1882 findet der von Keller schon lange gefürchtete Umzug vom «Bürgli» in der Enge an den Zeltweg in Hottingen statt, ein Unternehmen, das – je nach Variante von Kellers eigener Berichterstattung – vier bis acht Wochen Arbeitsunfähigkeit zur Folge hat. Außerdem drängen die Vorbereitungen zur Ausgabe der «Gesammelten Gedichte». In diese Zeit fällt die Zusendung der «Fröhlichen Wissenschaft» an den «Dichter Gottfried Keller in Zürich»[33] und des Begleitbriefs an «Herrn Dr. Gottfried Keller g. Staats-Schreiber in Zürich»[34] (Poststempel vom 16. 9. 1882). Zeit für «gesammelte Aufmerksamkeit» ist jedenfalls kaum gegeben. Um so erstaunlicher ist, daß Keller innerhalb von höchstens 3 Tagen (20. 9. 1882) und zudem mit ausführlichem Brief antwortet. Das demonstriert ein außerordentlich starkes Interesse an der Sache, ermöglicht aber zugleich den vorläufigen (d. h. definitiven) Verzicht auf eine eingehendere sachliche Beurteilung: präventive Vermeidungsstrategie unter positivem Vorzeichen. Dies entgegen Kellers üblicher Art, nach angemessener Zeit mit einer treffenden kritischen Würdigung oder – bei minderer Qualität – mit einer abfertigenden Ermunterung zu antworten.

Eine informative, zeitlich naheliegende Parallele zur Reaktion auf Nietzsche findet sich bezüglich Carl Spitteler, der mit Nietzsche das Schicksal teilt, Bücher ohne Leser schreiben zu müssen, und der wie jener sich vom inzwischen berühmten Gottfried Keller die rettende Zustimmung erhofft. Auch auf Spittelers Zusendung von «Prometheus und Epimetheus» (2. Teil) antwortet Keller innerhalb von nur drei Tagen, am 8. 10. 1881:

«Nur mit ein paar Worten sage ich Ihnen vorläufig meinen angelegentlichen Dank für die gütige Übersendung Ihres vollendeten Werkes, dessen Erscheinen ich mir nicht so nahe dachte. Es gilt nun, vorerst das Ganze des unvergleichlichen oder wenigstens schwer zu vergleichenden Gedichts sich zur logischen Übersicht einzuprägen, um nachher die Heerscharen von Schönheiten der Ausführung in geordnetem Zuge auf sich einwirken zu lassen. Auf einer Anzahl Seiten, die ich rasch gelesen, rauscht und wimmelt es davon [...]» (GB 4, S. 235 f.)

Gegenüber Spitteler wie Nietzsche wird der Eindruck vermittelt, als ob es Kellers dringliches, wenn ihm auch nicht leichtfallendes Bestreben wäre, sich unverzüglich die «Idee» bzw. die «logische Übersicht» des Werkes anzueignen. Während er aber über Nietzsche nichts mehr verlauten läßt, äußert er sich häufig und ausführlich über Spitteler und beschäftigt sich auch intensiv mit dessen Werk – veranlaßt v. a. durch den ihm befreundeten Feuilleton-Redaktor der Berner Tageszeitung «Der Bund», Josef Viktor Widmann, einen Förderer Carl Spittelers. Von dieser nur widerwillig auf sich genommenen Beschäftigung mit dem «Neu-Mythologen» schreibt er offener in einem Brief vom 8. 1. 1883 an Paul Heyse:

«Ich sah, daß es sich um eine leider krankhafte Erscheinung, wenigstens um eine Art literarischen Größenwahns handelt, und legte das Ganze einstweilen ad acta.

Unlängst sandte er mir nun die 'Extramundana', worin allerdings der Spaß aufhört. Bis vorgestern habe ich mit der Antwort gezögert, weil ich dem Manne nicht wehtun mag oder kann. Dennoch habe ich zur Erklärung, daß ich mich passiv verhalten müsse, ihm meine Meinung über seine kosmischen und mythologischen Herrlichkeiten und Missionen offen herausgesagt und muß nun jede unglückliche Wirkung gewärtigen.» (GB 3.1, S.89)

Spätestens bei «Zarathustra» könnte Kellers Diagnose über Nietzsche vergleichbar gelautet haben. Nur muß im Falle des Schulmeisters Spitteler bis zum Ende durchgestanden werden, was sich bei Nietzsche, «ehemals Professor der Universität Basel», mit Schweigen umgehen läßt. Denn Mitleid haben und trotzdem «Wehtun» müssen – das wäre beim Verkünder der «Fröhlichen Wissenschaft» wohl am schlechtesten angebracht.

Doch vorerst, bei der «Fröhlichen Wissenschaft», läßt sich Keller auf das von Nietzsche eröffnete Gespräch in erstaunlichem Ausmaß ein (Brief 2). Dem durch Fragen und Interjektionen forcierten dialogisierenden Briefstil Nietzsches, der dem Angesprochenen in jedem Satz mit emphatischem Anredepronomen und Demutsgeste zu Leibe rückt, steht der ausgewogene Rhythmus von Kellers epischer Prosa gegenüber. Der erste Absatz übernimmt das Dialogische, es in ausgesuchteste förmliche Höflichkeit überführend, während für den Rest des Briefes – abgesehen von zwei wiederum förmlichen Ausnahmen («erlauben Sie mir» in Absatz 4; «Doch will ich Sie nicht länger [...] langweilen» im letzten Absatz) – der Adressat gleichsam abhanden kommt. Es bleiben, vorerst, die «Fröhliche Wissenschaft», «das Buch», die «Idee des Werkes», welch letzterer – nicht dem «Mann» Nietzsche – der Novellist «nahe zu treten» hofft. Und schon fast ins Leere gesprochen, weil ohne Objekt, die Formulierung «Doch wächst die Sympathie». Stattdessen nun das Bild von der «alten Drossel», welche die Schlingen, die ihr gelten, «herunterhängen sieht», sich also (durch Nietzsche? durch die Aphorismen?) nicht so einfangen läßt wie noch die alten Götter durch die ursprüngliche Poesie.[35]

Der zweite Teil von Kellers Brief gilt der Außerkraftsetzung der Vogelfänger-Strategie: statt sich in den Schlingen der Aphorismen-Argumentation zu verfangen, wird ein Nebenthema aufgegriffen und darauf das eigne Lied – als «kleine Lesefrucht» – gesungen. Kellers Interesse gilt ausschließlich dem Aphorismus 80, der hier auszugsweise wiedergegeben werden soll:

«Kunst und Natur. – Die Griechen [...] hörten gerne gut reden: ja sie hatten einen gierigen Hang darnach, der sie mehr als alles Andere von den Nicht-Griechen unterscheidet. Und so verlangten sie selbst von der Leidenschaft auf der Bühne, dass sie gut rede, und liessen die Unnatürlichkeit des dramatischen Verses mit Wonne über sich erge-

Keller besaß «Die fröhliche Wissenschaft», «Also sprach Zarathustra» (Teil 1–3) und «Jenseits von Gut und Böse». Seine Bücher gingen als Schenkung an die damalige Stadtbibliothek Zürich über, wo sie lange Zeit der allgemeinen Ausleihe dienten. Die 3 Zarathustrabändchen wurden – vermutlich von der Stadtbibliothek – in ein Buch zusammengebunden. Heute haben alle 3 Nietzschebücher den gleichen Einband mit dem Aufdruck der Zentralbibliothek (ZB 43.271–273).

33 So Nietzsches Anweisung an den Verleger Ernst Schmeitzner zur Zusendung eines Freiexemplars: «Dem Dichter Gottfried Keller in Zürich (genügt als Adresse!)»; vgl. KGB III 1, S. 240.

34 Keller hat seine Staatsschreiber-Stelle schon 1876 aufgegeben.

35 «Man versuchte sie [die Götter] also durch den Rhythmus zu zwingen und eine Gewalt über sie auszuüben: man warf ihnen die Poesie wie eine magische Schlinge um.» (DFW, S. 105; Aphorismus 84).

hen: – in der Natur ist ja die Leidenschaft so wortkarg! so stumm und verlegen! Oder wenn sie Worte findet, so verwirrt und unvernünftig und sich selber zur Scham! [...] – Es ist uns ein Bedürfniss geworden, welches wir aus der Wirklichkeit nicht befriedigen können: Menschen in den schwersten Lagen gut und ausführlich reden zu hören: es entzückt uns jetzt, wenn der tragische Held da noch Worte, Gründe, beredte Gebärden und im Ganzen eine helle Geistigkeit findet, wo das Leben sich den Abgründen nähert, und der wirkliche Mensch meistens den Kopf und gewiss die schöne Sprache verliert. Diese Art Abweichung von der Natur ist vielleicht die angenehmste Mahlzeit für den Stolz des Menschen; ihretwegen überhaupt liebt er die Kunst, als den Ausdruck einer hohen, heldenhaften Unnatürlichkeit und Convention. [...] Hier soll eben der Natur widersprochen werden! [...] Der Athener gieng in's Theater, um schöne Reden zu hören! Und um schöne Reden war es dem Sophokles zu thun! – [...] Sehr verschieden steht es mit der ernsten Oper: alle ihre Meister lassen es sich angelegen sein, zu verhüten, dass man ihre Personen verstehe. [...] – es liegt Nichts an den Reden! – so denken sie Alle und so haben sie Alle mit den Worten ihre Possen getrieben. Vielleicht hat es ihnen nur an Muth gefehlt, um ihre letzte Geringschätzung des Wortes ganz auszudrücken: ein wenig Frechheit mehr bei Rossini und er hätte durchweg la-la-la-la singen lassen – und es wäre Vernunft dabei gewesen! Es soll den Personen der Oper eben nicht 'auf's Wort' geglaubt werden, sondern auf den Ton. Das ist der Unterschied, das ist die schöne Unnatürlichkeit, derentwegen man in die Oper geht!» (DFW, S. 99–101)

Keller wählt zwar einen Gegenstand («Kunst und Natur») aus, der ihm seit je nahe liegt, diskutiert ihn aber nicht etwa, wie erwartet, in grundsätzlicher dramentheoretischer Hinsicht.[36] Vielmehr wird ein einzelner Teilsatz aufgenommen, der überhaupt nicht den Kern von Nietzsches Aphorismus enthält, sondern nur eine gleichsam nebenbei formulierte Selbstverständlichkeit: daß der «wirkliche Mensch» in Bedrängnis «meistens den Kopf und gewiss die schöne Sprache» verliere. Diese Voraussetzung in Frage stellend, entzieht Keller der ganzen darauf bauenden gedanklichen Konstruktion ihren Grund. Dies aber geschieht nicht argumentativ, sondern, Kellers «leichtfertigem Novellistengewerbe» gemäß, im 'natürlichen' Medium der Erzählung. Der philosophische Essay wird weniger widerlegt als kraft des durch Erfahrung verbürgten Erzählens unterlaufen. Die «alte Drossel» erinnert eine Begebenheit aus «jungen Jahren» und bringt – in mimetischer Darstellung – gequälte Natur selbst (den Greis aus den «untern Ständen») vor den Augen des Lesers zum kunstvollen Reden. Vorgeführt wird in bewußtem Erzählen, wie aus bewußtlosem Schmerz die edle Form entspringt.

Doch mehr als das: das Erzählen seinerseits produziert wie beiläufig eine neue Form. Darin wird die zweite von Nietzsche behauptete Antithese, diejenige zwischen Wort und Ton, Tragödie und Oper, aufgehoben. Das Wort («alles deutlich prononcirte Worte») und der Ton («die Oh's und Ach's dazwischen wohl wimmernd, aber gemäßigt ausklingend») finden sich zusammen im vom Text nicht genannten Gesamtkunstwerk. Darin kommt letztlich sogar die Oper zu ihrer natürlichen Vollendung: die Oh's und Ach's realisieren jenes von Nietzsche in Aphorismus 80 geforderte «wenig Frechheit mehr», das Rossini noch fehlte, um «durchweg la-la-la-la singen [zu] lassen».[36a]

Das ist Kellers 'Beweis' durch erinnerndes Erzählen, kein Argument, keine Schlußfolgerung; denn selbst dann, wenn sich die Mehrzahl der Leute «vielleicht nicht so stilvoll» verhält, spricht das nicht gegen die Sache: ihnen fehlt dann weniger der Stil als die Natur.

Nietzsches «Wohl- und Wehethun»

«Vielleicht thut Ihnen dieses Buch [...] wehe», befürchtet Nietzsche im ersten Brief an Keller. Falls Nietzsches Buch Keller wirklich berührt hat, dann vermutlich schmerzhaft. Und es scheint nicht von ungefähr, daß Keller ausgerechnet das Schmerz-Thema aufgreift. Dem alternden Dichter mag die «Fröhliche

36 Vgl. dagegen Kellers ausführliche und scharfsinnige Reflexionen zum Drama im Briefwechsel mit Hermann Hettner (GB 1, S. 311 ff.), die mit der Behauptung, «es komme im Theater «lediglich darauf an, daß man komisch oder tragisch erschüttert werde» (S. 340), Nietzsches Ansicht strikte zuwiderlaufen. Beachtenswert ist auch die grundlegend unterschiedliche Wertung des Verhältnisses von Rede und Ton. Treten diese für Nietzsche in Theater und Oper unvereinbar, aber dem gleichen «unnatürlichen» Ziel dienend, auseinander, so versucht sie Keller in dem 1861 publizierten Aufsatz «Am Mythenstein» in der Vision des nationalen Festliedes auf natürlichem Wege zusammenzubringen – mit dem Volk als dem Akteur seiner selbst (Gottfried Keller, Sämtliche Werke. Hrsg. v. Jonas Fränkel u. Carl Helbling, Bd. 22. Bern: Benteli 1948, S. 121–157).

36a Interessant wäre in dieser Hinsicht ein Vergleich mit dem Bericht, den Keller vom gleichen Erlebnis mehr als 30 Jahre früher, am 28. 1. 1849, aus Heidelberg an seinen Freund, den Musiker Wilhelm Baumgartner, gibt (vgl. GB 1, S. 277).

Wissenschaft» als «chirurgische Klinik» vorgekommen sein, wo im «erkrankten Knochenwerk herumgesägt», wo bloßgelegt und unterbunden wird. Ob Keller aber die geheimen Korrespondenzen wahrgenommen hat, welche Nietzsches Briefrede mit seinem essayistischen Werk verbinden, steht zu bezweifeln. Denn – unter dieser Perspektive gelesen – ist Nietzsches erster Brief durchaus nicht einfach «wohlwollend», wie Keller in seiner «ebenso wohlwollenden» Antwort annimmt. Die (ent)sprechende Bezugsstelle findet sich in Aphorismus 13 der «Fröhlichen Wissenschaft»:

«Zur Lehre vom Machtgefühl. – Mit Wohlthun und Wehethun übt man seine Macht an Andern aus – mehr will man dabei nicht! Mit Wehethun an Solchen, denen wir unsere Macht erst fühlbar machen müssen; [...] Mit Wohlthun und Wohlwollen an Solchen, die irgendwie schon von uns abhängen.» (DFW, S.41)

Nietzsche möchte Keller mit seinem Buch nicht wehe tun, nicht unterwerfen, wo er sich selbst schon unterworfen und sein «Herz» in Dankbarkeit dargebracht hat. Als Wohltat (unter «Gleichen») mag er dagegen Kellers Antwort empfunden haben. Diese, obwohl scheinbar ausweichend und offensichtlich ausschließend, hat – durch ihren Blick in existentielle Entstehungsbedingungen von Kunst – ein Wesentliches an Nietzsches Selbstverständnis getroffen. Soviel dürfte auch aus Nietzsches Begleitbrief zum ersten Teil von «Zarathustra» vom 1. Mai 1883 hervorgehen (Brief 3), der auf knappem Raum Anspielungen und Zitate (inklusive Selbstzitate) versammelt, wie sie nur einem Leser gelten können, der ihn zu lesen versteht. Keller, dem «Verwöhnten», wird als Antwort auf seine «Lesefrucht» die aus Schmerz hervorgegangene «Frucht» (unterstrichen) des neuen Werks angeboten: um ihm «wohlzuthun» («wohl» doppelt unterstrichen). Wer «hoch auch über hohen Bergen» war, braucht nicht mehr «weh zu thun» – und wer Keller zu seinem Leser hat, hat wohl auch die Gleichstellung erreicht, die solch wohlwollenden Umgang legitimiert:

«Eine leichte Beute ist stolzen Naturen etwas Verächtliches [...] – aber um so verbindlicher zeigen sie sich gegen die Gleichen, mit denen ein Kampf und Ringen jedenfalls ehrenvoll wäre, wenn sich einmal eine Gelegenheit dazu finden sollte. Unter dem Wohlgefühle dieser Perspective haben sich die Menschen der ritterlichen Kaste gegen einander an eine ausgesuchte Höflichkeit gewöhnt.» (DFW, S. 42)

Gleichzeitig wie Keller wird auch Jacob Burckhardt ein Freiexemplar des «Zarathustra» zugestellt. Und auch an Burckhardt schreibt Nietzsche einen mit Anspielungen durchsetzten Begleitbrief:

«Was das beifolgende Büchlein betrifft, so sage ich nur dies: irgendwann schüttet Jeder einmal sein Herz aus und die Wohlthat, die er sich damit erweist, ist so groß, daß er kaum begreifen kann, wie sehr er eben damit Allen Anderen am meisten wehthut.

Ich ahne etwas davon, daß ich dies Mal Ihnen noch mehr wehe thue als es bisher geschehen ist: aber auch das, daß Sie, der Sie mir immer gut gewesen sind, von jetzt ab mir noch guter sein werden!

Nicht wahr, Sie wissen, wie ich Sie liebe und ehre?» (KGB III 1, S. 371)

Verblüffenderweise verwendet Nietzsche hier die gleiche Terminologie wie im Brief an Keller; nur gleichsam phasenverschoben: geht es bei Burckhardt noch um die Stufe des Wehetuns, so werden Keller inzwischen Wohltaten angeboten. Es scheint, als ob Burckhardt in Nietzsches Kalkül dazu ausersehen wäre, an die frühere Stelle Kellers zu rücken – und dies, obwohl Burckhardt Nietzsche eigentlich vertrauter sein müßte und in positivstem Sinne auf die «Fröhliche Wissenschaft» reagiert hat (KGB III 2, S. 288). Vermutlich liegt die Differenz darin, daß Burckhardt zwar die Vorzüglichkeit des Buchs gerühmt und darin den vielversprechenden Historiker wahrgenommen hat, Keller aber die Gefährlichkeit der Inhalte bemerkt und – als Dichter – um das existentielle Leiden am Schreiben weiß. Ausdrücklich wird diese Problematik später in Nietzsches Klage an Overbeck vom 12. 10. 1886 über Burckhardts Rezeption von «Jenseits von Gut und Böse» formuliert:

«J. Burckhardt's Brief, der kürzlich anlangte, betrübte mich, trotzdem er voll von der höch-

37 Dazu ausführlicher Janz, S. 340 f.

38 Die Gedichtentwürfe aus dem Herbst 1884 sind als Fragmentgruppe 28 in KGW VII 3, S. 5–40 publiziert und in KGW VII 4/2, S. 201–250 editorisch ergänzt.

39 Siegfried Lipiner, Ueber Gottfried Keller's Gedichte. In: Deutsche Wochenschrift, Nr. 3, 18. 11. 1883. – Paul Schlenther, Nochmals Gottfried Keller, ebd. Nr.7.

40 KGB III 1, S. 494. – Der «Wiener Naturforscher» ist Joseph Paneth, der Nietzsche in Nizza Anfang 1884 – zur Zeit der Niederschrift des «dritten Zarathustra» – mehrmals besucht hat und von seinen Gesprächen ausführliche Berichte an seinen Onkel verfaßt hat. Die für die Nietzsche-Forschung sehr bedeutsamen Briefe Paneths wurden erst 1986 vollständig publiziert in KGW VII 4/2, S. 9–28. Das folgende Zitat ebenda S. 23: «Ich erzählte ihm [...] von dem Feuilleton der 'Neuen Freien Presse' [...] Dann fragte ich, ob es ihm recht wäre, wenn ich bei Gelegenheit des Erscheinens des 3ten Theils Zarathustra etwas über ihn schriebe, nur, um auf ihn aufmerksam zu machen. [...] Er hätte nie irgendwelche derartige

sten Auszeichnung für mich war. Aber was liegt mir jetzt daran! Ich wünschte zu hören 'das ist meine Noth! Das hat mich stumm gemacht!' – In diesem Sinne allein, mein alter Freund Overbeck, leide ich an meiner 'Einsamkeit'.» (KGB III 3, S. 265)

4. Besuch in Zürich

Peter Gast und der «Kopf eines Lyrikers»

Am 20. September 1884 bittet Nietzsche Keller um ein Treffen während seines beabsichtigten Aufenthaltes in Zürich (Brief 4). Der Brief ist in auffallend weniger devotem Ton gehalten als die vorherigen und nimmt sich zum Teil geradezu wie die Vorbereitung zu einem Duell aus («nebst einem Wink über Ort und Stunde [...] oder wie es Ihnen [...] gelegen dünkt»). Die Nachfrage «Mein 'Zarathustra' ist hoffentlich in Ihren Händen?» wirkt beinahe verpflichtend: Haben Sie ihn auch richtig gelesen und präsent? Die in Aphorismus 13 der «Fröhlichen Wissenschaft» bezeichnete «Gelegenheit» zum ritterlichen Treffen scheint sich eingestellt zu haben und Nietzsche sich im Hochgefühl der Erwartung zu befinden. An Heinrich von Köselitz, alias Peter Gast, schreibt er am Tag der Begegnung aus Zürich:

«Der Himmel ist nizzahaft schön und ein Tag wie der andre. Meine Schwester ist bei mir; angenehmste Art sich **wohl** zu thun, wenn man sich lange weh gethan hat. Gottfried Keller hat für heute mit mir eine Zusammenkunft verabredet. Ich habe den Kopf voll der ausgelassensten Lieder, die je durch den Kopf eines Lyrikers gelaufen sind. Zusammen mit Ihrer Partitur gab es einen Brief von Stein, der mir zu all den guten Dingen dieses Jahres als ein kostbares Geschenk, nämlich als ein neuer echter Freund, geschenkt worden ist.

Kurz – seien wir voller Hoffnungen, oder um mich besser, mit Worten des alten G<ottfried> Keller auszudrücken:

'Trinkt, oh Augen, was die Wimper hält,
Von dem goldnen Überfluß der Welt!'»
(KGB III 1, S. 537 f.)

Die biographische Konstellation, von der diese Zeilen Zeugnis geben, erscheint so heiter wie der Himmel über Zürich, der an diesem 30. September «nizzahaft schön» ist. Die schweren Zerwürfnisse mit der Schwester wegen Nietzsches Freundschaft mit Lou Salomé im Jahre 1882 scheinen überwunden zu sein, die ungleichen Geschwister bemühen sich, einander «**wohl** zu thun»...

Eine besondere Beachtung verdient die Bemerkung: «Ich habe den Kopf voll der ausgelassensten Lieder, die je durch den Kopf eines Lyrikers gelaufen sind», die im Brief unvermittelt auf die Nachricht von der Verabredung mit Keller folgt. Laut einer Erinnerung der Schwester fällt in diese Zeit die Dichtung des Dithyrambus «Unter Töchtern der Wüste»,[37] der sicher als eines der «ausgelassensten Lieder» Nietzsches angesehen werden kann. In Nietzsches Nachlaß findet sich aus dem Herbst 1884 überhaupt eine große Anzahl von Gedichtentwürfen, die auf eine intensive und breit angelegte lyrische Produktion schließen lassen. Nietzsche entwirft zu dieser Zeit in zahlreichen Niederschriften die meisten jener Gedichte, die er in den folgenden Jahren an verschieden Stellen seines Werkes, vor allem in den «Liedern des Prinzen Vogelfrei», veröffentlicht hat.[38] Auf diesem Hintergrund mag es zunächst sonderbar erscheinen, daß Nietzsche am Ende des Briefes an Köselitz nicht aus seiner eigenen Lyrik, sondern vielmehr zwei Verse von Gottfried Keller aus dessen im Jahr zuvor erschienenen «Gesammelten Gedichten» zitiert!

Daß Nietzsche schon früh auf die «Gesammelten Gedichte» von 1883 aufmerksam wurde, geht aus einem Brief vom 7. April 1884 an Overbeck hervor, in dem er sich auf die kritische Rezension von Kellers Gedichtband durch Siegfried Lipiner bezieht, die im November 1883 erschienen ist und sogleich eine Gegenrezension in der gleichen Zeitschrift ausgelöst hat.[39]

«Über Lipiner hörte ich jüngst noch sehr Genaues [...] hat sich taufen lassen, ist Antisemit, **fromm** (er hat kürzlich Gottfried Keller auf das Feindseligste angegriffen und ihm 'Mangel an wahrem Christenthum und Glauben' vorgeworfen!) [...] Meine Nachrichten stammen von einem Wiener Naturforscher, der ihn von Kindheit an kennt.» – [40]

Verbindungen angeknüpft und lebe ganz isoliert; er hätte eine 'kleine und stille Gemeinde, aber Auserwählte, Gottfried Keller, Burckhardt, Overbeck'».

41 Man könnte daher annehmen, daß Nietzsche beim Blättern in den «Gesammelten Gedichten» das «Abendlied» entdeckt habe, wenn sich nicht aus einem späteren Brief, der weiter unten diskutiert werden soll, Indizien ergäben, daß er auf dieses Gedicht über eine Rezension aufmerksam wurde. – Jedenfalls notiert er sich die gleichen Schlußverse auch auf der Rückseite des Einladungsbriefes von Keller (vgl. Anm. 28).

42 Zitiert nach KGW VII 4/2, S.37.

43 Nietzsches Schwester Elisabeth war zwar zur fraglichen Zeit mit ihrem Bruder in Zürich, doch muß die Glaubwürdigkeit ihrer genrehaften Schilderung der Begegnung, die sie in der Briefausgabe von 1904 gibt, in Zweifel gezogen werden. Der mehr oder weniger frei erfundene Bericht könnte hier beiseite gelassen werden, wenn er nicht in der Nietzsche- und in der Keller-Forschung weitergewirkt hätte. Helbling kommentiert in Band 4 der Briefausgabe: «Im Herbst 1884 verpaßte er [Keller] den Besuch Nietzsches in seiner Wohnung, suchte den um ihn Werbenden nun selber auf und soll

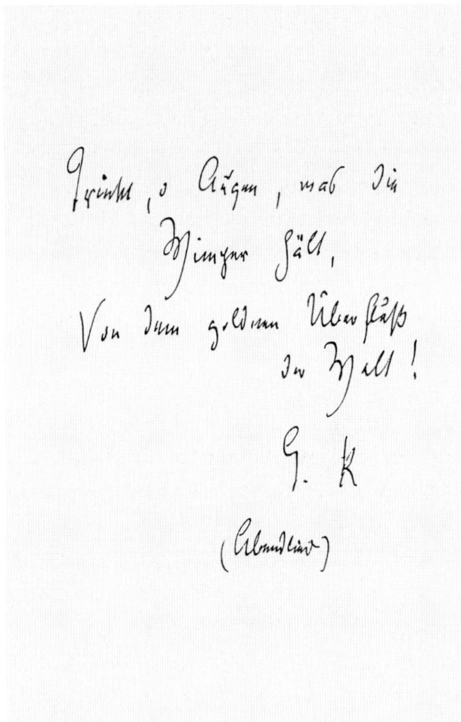

Trinkt, o Augen, was die
Wimper hält,
Von dem goldnen Überfluß
der Welt!
G. K
(Abendlied)

Von Nietzsche notierte Keller-Verse auf Kellers Brief vom 28. 9. 1884.

Nietzsche weiß also von Lipiners weltanschaulichen Angriffen auf Kellers Gedichte, und es ist denkbar, daß er sich vor seinem Besuch bei Keller auch die «Gesammelten Gedichte» angesehen hat, deren diesseitsbejahende Tendenz ihn zweifellos angesprochen haben dürfte. Das «Abendlied», dessen Schlußverse Nietzsche im Brief an Köselitz anführt, ist erstmals 1879 in der «Deutschen Rundschau» erschienen; es steht in den «Gesammelten Gedichten» von 1883 auf S. 33, also ziemlich am Anfang der 500-seitigen Sammlung.[41]

Nietzsches Kenntnisnahme von Kellers Lyrik fällt jedenfalls in eine Zeit, in der auch seine eigene lyrische Produktivität ihren Höhepunkt erreicht. Am 30. September 1884 begegnen sich also zwei – allerdings höchst ungleiche – Lyriker. Es bleibt unüberprüfbar, wieweit Keller und Nietzsche an jenem sonnigen Dienstag im September überhaupt über Lyrik gesprochen haben, es bleibt aber andererseits eine bisher noch unbemerkte Aufgabe der Nietzsche-Philologie, den Einfluß Gottfried Kellers auf Nietzsches Lyrik und Lyrikverständnis aufzuklären.

Zur euphorischen Stimmung Nietzsches am Tag der Begegnung mit Keller trägt schließlich auch unter anderen «guten Dingen» die am gleichen Tag erhaltene Partitur von Peter Gasts Ouvertüre zu «Der Löwe von Venedig» bei. Und Nietzsche erreicht es tatsächlich, daß die «Löwen-Ouvertüre» in der Tonhalle Zürich am 18. Oktober durch den Dirigenten Friedrich Hegar aufgeführt wird – mit Friedrich Nietzsche als einzigem Zuhörer. Es ist daher zu vermuten, daß er mit Keller auch über seinen Musikerfreund «Peter Gast» und über das Thema «Wagner» gesprochen hat.

Der unmittelbare Eindruck der persönlichen Begegnung mit Gottfried Keller findet in Nietzsches Briefwechsel zunächst keinen Niederschlag. Erst im Brief an Overbeck, Ende Oktober 1884, der eine Bilanz aus Nietzsches Zürcher Aufenthalt zieht, taucht der Name Kellers wieder auf:

«Ich hatte Viel hier zu thun und durchzusetzen, namentlich als ich begriff, daß es vor der Hand nothwendig sei, Herrn Peter Gast hier einzurichten [...] Hegar äußerst entgegenkommend, ebenso Freund. Auch gegen Gottfried Keller fühle ich mich sehr verpflichtet.» (KGB III 1, S.550 f.)

Die Erwähnung Kellers steht hier im unmittelbaren Kontext mit zwei Musikern, dem Dirigenten Friedrich Hegar und dem Pianisten Robert Freund, mit denen Nietzsche in Zürich regen Umgang pflegte und die er für Peter Gasts Kompositionen zu interessieren suchte. Wenn er nun Overbeck schreibt, daß er sich gegen Keller «sehr verpflichtet» fühle, so könnte dies darauf hindeuten, daß Keller sich in irgend einer Weise für Köselitz eingesetzt hat. Eine solche Überlegung legt die Vermutung nahe, daß Nietzsche von Anfang an, schon mit dem ersten Brief an Keller, einen praktischen Zweck verfolgt hat, den er mit der persönlichen Begegnung auch mehr oder weniger erreicht hat, nämlich 'Beziehungen' zu schaffen für sein Musiker-Sorgenkind Peter Gast.

Die persönliche Begegnung Nietzsches mit Gottfried Keller ist auch von dritter Seite auf-

nach dem Berichte von Elisabeth Förster-Nietzsche mehrere Spaziergänge mit ihm gemacht haben» (GB 4, S. 284). Auch Curt Paul Janz stützt sich in seiner Darstellung des Verhältnisses von Nietzsche und Keller (Janz, S.341–347) auf den Bericht der Schwester, den er ausführlich zitiert (S. 342 f.) und auch kritisch kommentiert («Gedächtnisfehler» bezüglich der «Pension Neptun», S. 343.), aber nicht prinzipiell hinterfragt. Der Bericht der Schwester, wonach sie und ihr Bruder von der Schwester Gottfried Kellers zunächst abgewiesen worden seien, Keller sie aber am nächsten Tag persönlich aufgesucht haben soll, steht in einem chronologischen Widerspruch zur zitierten Erinnerung von Robert Freund, wonach Nietzsche Keller am Vormittag getroffen habe und am Nachmittag von Freund gefragt wurde, wie es gewesen sei. – Die als «komisch» beschriebene Begegnung mit der Schwester von Gottfried Keller und die Behauptung: «Am andern Tage geschah nun das Unerhörte, daß er 'dem Professor Nietzsche und seiner Schwester' in der Pension Segnes einen Gegenbesuch machte; infolge dessen war ich bei dieser Entrevue zugegen» lassen sich als durchaus motivierte Erfindung begreifen. Denn nicht nur macht sie sich damit zur Zeugin der ersten Begegnung, der sie noch weitere folgen läßt («Sie machten miteinander einige Male kleine Spaziergänge»), sondern sie schafft damit auch einen Hintergrund für einen späteren 'Brief' Nietzsches an sie, den auch Janz erwähnt und zurecht als Fälschung bezeichnet (Janz, S. 343). In diesem Brief vom Januar 1888 (also aus einer Zeit tiefer Verstimmung zwischen den Geschwistern) läßt Elisabeth ihren Bruder schreiben: «Eine Schwester ist für einen Philosophen eine sehr

fällig karg belegt. Im Grunde existiert als dokumentarisches Zeugnis lediglich eine anekdotisch zugespitzte Erinnerung des schon erwähnten Pianisten Robert Freund. Hier wird nun auch, für einmal, die Stimme Gottfried Kellers hörbar:
«Nietzsche, der Keller sehr verehrte, ihn aber noch nicht persönlich kannte, sagte mir einmal, daß er Keller am nächsten Vormittag besuchen werde. Nachdem der Besuch stattgefunden, ging ich am Nachmittag mit Nietzsche spazieren und frug ihn, wie es bei Keller gewesen sei. Er sei sehr nett gewesen, antwortete Nietzsche, nur entsetzte ihn das entsetzliche Deutsch, das Keller spreche und die mühsame Art, mit der sich der große Schriftsteller mündlich ausdrücke. Am nächsten Sonntag frug ich dann Keller, ob Herr Nietzsche ihn besucht habe. Keller bejahte und setzte hinzu: 'Ich glaube, dä Kerl ischt verruckt.'»[42]

Nach der Begegnung, die sonst nur noch durch die Schwester Nietzsches bezeugt ist, die eine in ihrem Wahrheitsgehalt problematische Schilderung gibt,[43] bricht die Beziehung von seiten Kellers ab. Es gibt keinen Grund, daraus voreilige Schlüsse zu ziehen. Auch in den Äußerungen Nietzsches bis ins Jahr 1888 gibt es keinerlei Anzeichen für eine Verstimmung.

Ferdinand Avenarius

Erst drei Jahre nach dem Besuch bei Keller finden sich, in zwei Briefen Nietzsches, einige Anhaltspunkte über mögliche Inhalte der persönlichen Gespräche mit Keller. Nietzsche erhält nämlich Anfang September 1887 das Angebot von Ferdinand Avenarius, an dessen eben neu gegründeter Zeitschrift «Der Kunstwart. Rundschau über alle Gebiete des Schönen» mitzuarbeiten.[44] Er schreibt zunächst an Köselitz, am 8. September 1887:
«ich will im Allgemeinen Ja sagen, in Hinsicht darauf, daß es gut ist, einen Ort zu haben, wo man gelegentlich in aestheticis mitreden kann. Dabei habe ich eigentlich mehr an **Sie** als an mich gedacht. A<venarius> ist ein Dichter (31 Jahre alt), mehr aber noch ein sehr rühriger Vermittler mit buchhändlerischem Instinkt. (Gottfried Keller sprach mir von ihm; er giebt Anthologien der allermodernsten Lyrik Deutschlands heraus und bringt es dabei zu mehreren Auflagen etc)» (KGB III 5, S. 144)

Offenbar plant nun Nietzsche 1887, Köselitz als Sprachrohr seiner Ansichten in der Zeitschrift zu installieren, denn Nietzsche schreibt nicht für Zeitungen. Er antwortet Avenarius am 10. September, bedauert, «Nein» sagen zu müssen und fügt als Entschuldigung hinzu:
«Übrigens giebt man mir diese meine 'Enthaltsamkeit' artig genug zurück: man 'enthält sich' auch meiner. Wenigstens sagt mir dies Gottfried Keller (– 'mein Name sei in deutschen Zeitschriften so gut wie nicht mehr vorhanden'.)» (KGB III 5, S.146)

Im gleichen Brief bietet er jedoch gleich doppelten Ersatz für seine Mitarbeit an: «Der Eine ist ein deutscher Musiker [...] Signor Enrico Köselitz [...]. Der Andere ist ein Schweizer, Professor Spitteler.»

Die Erinnerung an Gottfried Keller wird über die Vermittlung von Köselitz ausgelöst, und in beiden Briefen tauchen nun, durchaus glaubwürdig, Relikte an die Zürcher Gespräche mit Keller im September 1884 auf. Es ist ja durchaus denkbar, daß Keller Nietzsche 1884 gesagt hat, daß er seinen Namen aus Zeitschriften 'noch nicht' kenne.

Bei den von Nietzsche genannten «Anthologien der allermodernsten Lyrik» handelt es sich um die von Avenarius in 2 Auflagen herausgegebene Gedichtsammlung «Deutsche Lyrik der Gegenwart seit 1850». Diese enthielt in der ersten Auflage von 1882 nur zwei (aus der «Deutschen Rundschau» von 1879 übernommene) Gedichte von Gottfried Keller, darunter das «Abendlied». Für die zweite Auflage[45] hat Avenarius im September 1883 Keller und dessen Verleger Wilhelm Hertz mehrmals und in insistenter Weise mit Bitten um Gedichtbeiträge belästigt, Keller schließlich sogar eine biographische Notiz und Hertz ein Vorausexemplar der «Gesammelten Gedichte» von 1883 abgerungen, um daraus noch Gedichte übernehmen zu können.[46] In der «Täglichen Rundschau» vom 14. 6. 1884 veröffentlicht Avenarius sogar eine Rezension der «Gesammelten Gedichte», wo er das «Abend-

wohlthätige Einrichtung, vorzüglich wenn sie heiter, tapfer und liebevoll ist (kein alter Sauertopf wie die Schwester von G. Keller!)» (Friedrich Nietzsches Briefe an Mutter und Schwester, zweiter Theil. Leipzig 1904, S. 760). – In ihrer berüchtigten Nietzsche-Biographie («Das Leben Friedrich Nietzsche's», von Elisabeth Förster-Nietzsche. Leipzig 1904) zitiert sie zwar den Brief an Köselitz (als Beleg für das gute Verhältnis mit ihrem Bruder, S. 538), vergißt aber den gemeinsamen Besuch bei Keller zu erwähnen; nur der erfundene Brief vom Januar 1888 wird ausführlich zitiert (S. 587). – Eine Erinnerung aus dem Jahr 1890, die Förster-Nietzsche mitteilt (es ist die dritte und letzte Erwähnung Kellers in ihrer Biographie), wirkt hingegen plausibel. Auf die Bemerkung der Schwester über Dostojewski, «daß wir doch keinen solchen Psychologen unter unsern deutschen Schriftstellern hätten» soll ihr kranker Bruder geantwortet haben: «Nun was meinst du zu Gottfried Keller?» (a.a.O, S. 926).

44 Der Einladungsbrief von Avenarius ist nicht mehr erhalten. Übrigens bekam auch Gottfried Keller etwa zur gleichen Zeit (30. 8. 1887) eine Einladung zur Mitarbeit am «Kunstwart».

45 Deutsche Lyrik der Gegenwart seit 1850. Eine Anthologie mit biographischen und bibliographischen Notizen. Hrsg. v. Ferdinand Avenarius. Aus den Quellen. Zweite verbesserte und sehr vermehrte Auflage. Dresden: Ehlermann 1884 (erschienen im Dezember 1883).

46 Die Briefe von Avenarius an Gottfried Keller und Wilhelm Hertz, denen die obigen Informationen entstammen, werden im Rahmen der Historisch-kritischen Gottfried Keller-Ausgabe erstmals publiziert.

lied» als eines der «besten von Keller's rein lyrischen Gedichten» vollständig abdruckt und dessen «aufjubelnden Schluß» rühmt.

Daß Gottfried Keller zu Nietzsche über Avenarius und dessen «buchhändlerischen Instinkt» gesprochen hat, ist also durchaus glaubwürdig. Darüber hinaus ist die Parallele zwischen Nietzsches Zitation des «Abendliedes» (im Brief vom 20. September 1884 an Köselitz) und Avenarius' Bevorzugung und Propagierung dieses Gedichtes auffallend. Es ist daher zu vermuten, daß Nietzsche gerade durch die damals stark beachtete Anthologie oder durch die Rezension von Avenarius auf das «Abendlied» aufmerksam geworden ist – und sich mit Keller auch darüber unterhalten hat.

5. *Nachspiel(e)*

Ein (zu) gut verstecktes Gottfried Keller-Zitat

Die erste briefliche Erwähnung Kellers nach dem Zürcher Besuch findet sich im Postskriptum eines Briefes an die Mutter, 26. Juni 1886:

«Auch den kleinen Litteratur-Kalender von 1885 mitbringen! Im Cabinet auf dem Bücherbrett liegend, so viel ich mich erinnere – ein kleines Büchlein, vorne das Bild Gottfried Kellers.» (KGB III 3, S. 199)

Allerdings läßt sich in den folgenden Jahren eine eigenartige Veränderung von Nietzsches «Keller-Bild» wahrnehmen, die zu einer eigentümlichen Stilisierung führt. Nietzsche schickt die «Vorrede» zur Neuausgabe[47] von «Menschliches, Allzumenschliches» und ein Schlußgedicht dazu an seinen Verleger nach Leipzig. Das Vorwort beginnt mit dem Satz:

«Es ist mir oft genug und immer mit grossem Befremden ausgedrückt worden, dass es etwas Gemeinsames und Auszeichnendes an allen meinen Schriften gäbe, von der 'Geburt der Tragödie' an bis zum letzthin veröffentlichten 'Vorspiel einer Philosophie der Zukunft': sie enthielten allesammt, hat man mir gesagt, Schlingen und Netze für unvorsichtige Vögel und beinahe eine beständige unvermerkte Aufforderung zur Umkehrung gewohnter Werthschätzungen und geschätzter Gewohnheiten.» (KSA 2, S. 13)

Und wer hat das «gesagt»? Kein Geringerer als Gottfried Keller, in seinem Dankesbrief für die «Zuwendung» der «Fröhlichen Wissenschaft» (Brief 2), allerdings nicht ganz so generell:

«Die fröhliche Wissenschaft habe ich einmal durchgangen und bin jetzt daran, mit gesammelter Aufmerksamkeit das Buch zu lesen, befinde mich aber zur Stunde noch im Zustand einer alten Drossel, die im Walde von allen Zweigen die Schlingen herunterhängen sieht, in welche sie den Hals stecken soll.»

Der Beginn der «Vorrede» zur Neuausgabe von «Menschliches, Allzumenschliches» enthält also ein verstecktes Gottfried-Keller-Zitat, das nur der Urheber selbst hätte entdecken können. Doch das Buch «Menschliches, Allzumenschliches», an dessen Ende auch der Aphorismus über den «Schatz der deutschen Prosa» steht – Nietzsches einzige öffentliche Hommage an Keller –, hat er dem verehrten Dichter offensichtlich nicht zugesandt. Vielleicht hat Nietzsche gehofft, daß Keller von dritter Seite auf dieses Buch und den Aphorismus 109 aufmerksam gemacht würde. Es ist aber anzunehmen, daß Keller den Aphorismus gar nicht gekannt und die diskrete Huldigung im ersten Satz der neuen «Vorrede» höchstwahrscheinlich nie bemerkt hat.

Die Inszenierung Gottfried Kellers als «Leser» Nietzsches

Zwei Monate später erhält Keller dafür Nietzsches neuestes Buch «Jenseits von Gut und Böse» und einen Begleitbrief dazu – Nietzsches letzte Zeilen an Keller (Brief 6). Das Wohl- und Wehetun kommt hier (wie auch in den übrigen Nietzsche-Briefen dieser Zeit) nicht mehr vor; statt dessen die Befürchtung, das Buch könnte gegen Kellers «Geschmack» verstoßen und das präventive Angebot, sich an die ästhetische Form zu halten. Doch auch diese Wendung hat – wie alles bei Nietzsche – ihren verschwiegenen und doch angedeuteten

[47] Die «Neue Ausgabe» ist in Wirklichkeit eine Titelauflage: Die Bestände der ersten Ausgabe wurden mit dem neuen Vorwort, römisch paginiert, und dem Schlußgedicht zusammengebunden. Vgl. KGW IV4, S. 108.

Kontext. Denn einen Monat zuvor hat ein anderer Leser Nietzsches, Josef Viktor Widmann, «Jenseits von Gut und Böse» nicht nur gelesen, sondern im Berner «Bund» ausführlich rezensiert (16./17. Sept. 1886) und es warnend als «Nietzsches gefährliches Buch» bezeichnet – ganz nach dem Geschmack des immoralistischen Autors. Weniger zu Nietzsches Freude dürfte Widmanns Schlußfolgerung ausgefallen sein, eigentlich sei diese ganze «Zukunftsphilosophie nichts anderes als der Versuch, die Welt [...] rein ästhetisch zu nehmen»:

«Viele dieser Aphorismen haben mehr einen dichterischen als philosophischen Werth, was so weit wahr ist, daß man an ihnen, d. h. an ihrer lebhaften und schönen Form, noch Wohlgefallen empfindet, wenn man ihren Inhalt auch als grundfalsch erkennt.»[48]

Ausgerechnet diese Lesart Widmanns bietet Nietzsche nun Gottfried Keller für die Lektüre seines Buches an, vermutlich in der Annahme, daß Keller den Widmann-Artikel gelesen hat und im Grunde dessen Einschätzung teilt. Das ist ein empfindlicher Abstrich am Bild vom idealen Leser Keller – und zugleich vielleicht die Hoffnung, auf diese Weise wenigstens einen Rest davon festhalten zu können. Als strategisches Mittel jedenfalls wird Kellers Name weiterhin eingesetzt. So gerade auch gegenüber Widmann. Nietzsche bedankt sich am 28. Juni 1887 für die Rezension über «Jenseits von Gut und Böse» und bemerkt zum Hauptpunkt von dessen Kritik:

«Die Dichter sind nun einmal 'divinatorische' Wesen: ein solches Räthselbuch wird zuletzt immer noch eher von einem Dichter errathen und 'aufgeknackt', als von einem sogenannten Philosophen und 'Fachmann'.» (KGB III 5, S. 102)

Er schickt Widmann «zum Danke» die «Neue Ausgabe» der «Fröhlichen Wissenschaft» zu und schließt den zitierten Brief mit dem Satz:

«Doch mag es ebenfalls 'ein gefährliches Buch' sein: wenigstens hat mir gerade das seiner Zeit Gottfried Keller in artigster Weise brieflich zu Gemüthe geführt.» (ebd.)

Bei der Erwähnung Kellers gegenüber Widmann läßt sich nun ein Hintergedanke erraten: Nietzsche weiß, daß Keller mit Widmann befreundet war; ihm mitzuteilen, daß der «Dichter» Keller das treffende Urteil des «Fachmanns» bei anderer Gelegenheit schon vorweggenommen habe, ist vielleicht auch ein letzter Versuch, den schweigsamen Gottfried Keller an Nietzsche zu erinnern.

Keine Woche später beteuert Nietzsche Hippolyte Taine gegenüber, am 4. Juli 1887, es habe ihm

«niemals an einzelnen ausgezeichneten und mir sehr zugethanen Lesern gefehlt (es waren immer alte Männer), darunter zum Beispiel Richard Wagner, der alte Hegelianer Bruno Bauer, mein verehrter College Jacob Burckhardt und jener Schweizer Dichter, den ich für den einzigen lebenden deutschen Dichter halte, Gottfried Keller.» (KGB III 5, S.106 f.)

In einem Entwurf aus dem Umkreis seiner Kritik der Moral aus dem Herbst 1887 notiert Nietzsche: «(unter Dichtern ist z. B. Stifter und G. Keller Zeichen von mehr Stärke, innerem Wohlsein, als – – –».[49] Keller, der sich an Nietzsches «Fröhlicher Wissenschaft» mit «Sympathie» und als kongenialer, vorsichtiger Leser bewährt hat, wird zu einem Repräsentanten der Anti-Décadence. Solche Leser passen in Nietzsches Suchbild des einsamen und 'unzeitgemäßen' Lesers.

Im Brief vom 2. Dezember 1887 an den dänischen Kulturhistoriker Georg Brandes, den ersten erfolgreichen Vermittler seiner Philosophie (und übrigens Übersetzer von Novellen Gottfried Kellers), wiederholt Nietzsche den Topos von seinen wenigen Lesern:

«ein paar Leser, die man bei sich selbst in Ehren hält und sonst keine Leser – so gehört es in der That zu meinen Wünschen. [...] Von den Lebenden unter ihnen nenne ich (um solche zu nennen, die Sie kennen werden) meinen ausgezeichneten Freund Jakob Burckhardt, Hans von Bülow, Ms. Taine, den Schweizer Dichter Keller; von den Todten den alten Hegelianer Bruno Bauer und Richard Wagner.» (KGB III 5, S. 205)

Die gezielten Erwähnungen Kellers in den Briefen an Widmann, Taine und Brandes lassen eine Strategie erkennen: Sie richten sich an Persönlichkeiten der kulturellen Öffentlichkeit in der Schweiz, in Frankreich und in Dänemark. Nietzsche plaziert seinen «Leser»

48 Zit. nach: «Ein Journalist aus Temperament». Josef Viktor Widmann. Ausgewählte Feuilletons hrsg. v. Elsbeth Pulver und Rudolf Käser. Bern: Zytglogge 1992. S. 122. Vgl. dazu auch den Beitrag von R. Käser in vorliegendem Band.

49 KSA 12, S. 454. – Die Namen Stifter und Keller tauchen auch im Frühjahr 1886 als isolierte Notiz auf (KSA 12, S. 175).

Gottfried Keller in dem gleichen europäischen Zusammenhang, in dem er auch sein eigenes Werk sieht.

«mit einander lachen»

Im letzten Jahr von Nietzsches bewußtem Leben findet sich keine briefliche Erwähnung Kellers, aber sein Name erscheint noch zweimal im Kontext von Nietzsches Werk. In einem längeren Entwurf zu einer Vorrede aus dem September 1888 findet sich – im Zusammenhang mit der Erörterung, was heute «Deutscher 'Geist'» sei – folgende Passage:
«Sollte ich eingestehn, welche Bücher man jetzt liest? – Dahn? Ebers? Ferdinand Meyer? – Ich habe Universitäts-Professoren diesen bescheidenen Bieder-Meyer auf Unkosten Gottfried Kellers loben hören. Vermaledeiter Instinkt der Mediokrität!» (KSA 13, S.540)

Der Hinweis auf Keller wird bei der Umarbeitung zum Abschnitt «Was den Deutschen abgeht» in «Götzendämmerung» nicht übernommen, dafür erscheint der Name Gottfried Keller am Ende des Jahres 1888 in der Schrift «Nietzsche contra Wagner». Diese Schrift, als «Aktenstücke eines Psychologen» bezeichnet, besteht aus der Zusammenstellung von Selbstzitaten Nietzsches aus früheren Werken, gesammelt nach Stichworten. Unter dem Stichwort «Wagner als Apostel der Keuschheit» nimmt Nietzsche einen Abschnitt aus «Zur Genealogie der Moral» auf, fügt aber einen einzigen Satz – den über Gottfried Keller – neu hinzu:
«Dabei ist freilich jene andre Frage nicht zu umgehn, was ihn [Wagner] eigentlich jene männliche (ach, so unmännliche) 'Einfalt vom Lande' angieng, jener arme Teufel und Naturbursch Parsifal, der von ihm mit so verfänglichen Mitteln schliesslich katholisch gemacht wird – wie? war dieser Parsifal überhaupt e r n s t gemeint? Denn dass man über ihn g e l a c h t hat, möchte ich am wenigsten bestreiten, Gottfried Keller auch nicht...» (KSA 6, S. 430)

Es scheint so, als ob in der letzten schriftlichen Erinnerung an Gottfried Keller Nietzsches Wunsch, mit Keller «gelacht» zu haben, die Polemik gegen Wagners «Parsifal» überwiegt. Und warum sollte man hierin nicht auch eine tatsächliche Reminiszenz an jenen September-Vormittag 1884 in Zürich mitlesen? Es ist so unwahrscheinlich nicht, daß der gutgelaunte Nietzsche den alten Keller zum Lachen gebracht hat – vielleicht sogar mit eben der Behauptung, Wagner habe seinen Parsifal zwar «katholisch gemacht», aber nicht «ernst gemeint».

Vom Lachen ist jedenfalls auch schon am Schluß von Nietzsches Begleitbrief zu «Jenseits von Gut und Böse» nachdrücklich die Rede gewesen (Brief 6). Komplementär zum idealen Nietzsche-Leser werden dort zwei ideale Keller-Leser vorgeführt: Nietzsche und seine Mutter, «aus vollem Halse» über Kellers «Sinngedicht» lachend. Nietzsches Aussage ist eine deutliche Anspielung, da Kellers 1882 erschienener Novellenzyklus tatsächlich vom Lachen handelt, wenn auch eigentlich vom schamhaft errötenden.[50] Im «Sinngedicht» findet sich auch das vielzitierte, nicht ohne Ironie zu lesende Selbstgespräch des männlichen Protagonisten:
«Da lob' ich mir die ruhige Wahl eines stillen, sanften, abhängigen Weibchens, das uns nicht des Verstandes beraubt! Aber freilich, das sind meistens solche, die roth werden, wenn sie küssen, aber nicht lachen! Zum Lachen braucht es immer ein wenig Geist; das Thier lacht nicht!»[51]

Das Thema «Lachen» hat in Nietzsches Schriften einen hohen Stellenwert. Schon im Aphorismus 1 der «Fröhlichen Wissenschaft» wird dies ablesbar:
«Ueber sich selber lachen, wie man lachen müsste, um a u s d e r g a n z e n W a h r h e i t h e r a u s zu lachen, – dazu hatten bisher die Besten nicht genug Wahrheitssinn und die Begabtesten viel zu wenig Genie! Es giebt vielleicht auch für das Lachen noch eine Zukunft! [...] Vielleicht wird sich dann das Lachen mit der Weisheit verbündet haben, vielleicht giebt es dann nur noch 'fröhliche Wissenschaft'» (DFW S. 24)

Im «Zarathustra» verbindet sich das Motiv des Lachens mit der «Sehnsucht» nach dem «Übermenschen» (z.B. KSA 4, S. 202). Der drittletzte Aphorismus aus «Jenseits von Gut und Böse» thematisiert das «olympische La-

[50] Das Sinngedicht. Novellen von Gottfried Keller. Berlin: Hertz 1882. Ausgangsmotiv in Kellers Buch ist ein Sinngedicht von Friedrich von Logau:
«Wie willst du weiße Lilien zu rothen Rosen machen?/
Küß eine weiße Galathee: sie wird erröthend lachen.» (S. 8)

[51] ebd., S. 262.

ster» und entwirft eine «Rangordnung der Philosophen» nach der Qualität «ihres Lachens» (KSA 5, S. 236). Fast könnte man sagen, daß das Thema «Lachen» in Nietzsches Philosophie bedenklich ernst genommen wird.[52]

Vom «Lachen» handelt schließlich auch das erste Gedicht, das Nietzsche 1886, zusammen mit der «Vorrede», der «Neuen Ausgabe» von «Menschliches, Allzumenschliches» hinzugefügt hat. Das Gedicht selbst ist schon im Herbst 1884 ausformuliert worden,[53] und vielleicht ist der Tonfall Kellerscher Lyrik, der in der ersten Strophe hörbar wird, gar kein so zufälliger Anklang:

[52] Josef Paneth (vgl. oben Anm. 40) überliefert die Aussage Nietzsches: «'Und meinen Sie nicht, daß, wenn man nach meiner Methode viel tanzte wie die Griechen tanzten und das Lachen als Religion einführte, daß das dann gebessert würde?' worauf ich allerdings nur schweigen konnte» (a.a.O., S.17).

[53] KSA 2, S. 365. – Zur Entstehung des Gedichts: KSA 14, S. 155. f.

Unter Freunden.
Ein Nachspiel.
1.

Schön ist's, mit einander schweigen,
Schöner, mit einander lachen, –
Unter seidenem Himmels-Tuche
Hingelehnt zu Moos und Buche
Lieblich laut mit Freunden lachen
Und sich weisse Zähne zeigen.

Macht' ich's gut, so woll'n wir schweigen;
Macht' ich's schlimm –, so woll'n wir lachen
Und es immer schlimmer machen,
Schlimmer machen, schlimmer lachen,
Bis wir in die Grube steigen.

Freunde! Ja! So soll's geschehn? –
Amen! Und auf Wiedersehn!

5.1. Ferdinand Hodler: Josef Victor Widmann, 1898.

«Ein rechter Sancho Pansa müsste nun kommen ...» – Josef Viktor Widmanns Nietzsche-Kritik im Feuilleton des Berner «Bund»

Unter dem Titel «Nietzsches gefährliches Buch» kündigte Joseph Viktor Widmann, Feuilletonredaktor des Berner «Bund», im September 1886 seinen Leserinnen und Lesern das Erscheinen von Nietzsches «Jenseits von Gut und Böse» mit folgenden Worten an: «Jene Dynamitvorräte, die beim Bau der Gotthardbahn verwendet wurden, führten die schwarze, auf Todesgefahr deutende Warnungsflagge. Ganz nur in diesem Sinne sprechen wir von dem neuen Buche des Philosophen Nietzsche als von einem gefährlichen Buche. Wir legen in diese Bezeichnung keine Spur von Tadel gegen den Autor und sein Werk, so wenig als jene schwarze Flagge jenen Sprengstoff tadeln sollte».[1] – Vor Widmann hatte kein Feuilletonist es je gewagt oder für nötig befunden, Nietzsche einem breiteren Publikum vorzustellen. Nun stand der Name Nietzsches erstmals auf der Frontseite einer

1 «Nietzsches gefährliches Buch», «Der Bund», Nr. 256 – 257, 16. – 17.9. 1886.

Bern,
Donnerstag, 16. September.

Abonnementspreise: Für Bern-Stadt: Halbjährl. Fr. 8, vierteljährl. Fr. 4; für Bern-Post und die übrige Schweiz: Halbjährl. Fr. 8. 50, vierteljährl. Fr. 4. 30. Bei Bestellungen auf der Post kommt die Bestellgebühr von 20 Cts. hinzu.

Für alle Staaten des Postvereins halbjährl. Fr. 17, vierteljährl. Fr. 9; für Länder außerhalb des Postvereins, als: Annam, Siam, Süd- und Westafrika, Bolivia, Anguila und Australien halbjährlich Fr. 26 franco Landungshafen.

№ 256.
1886. — 37. Jahrgang.

Für Deutschland und Oesterreich ist der bequemste u. billigste Abonnements-Modus das Abonnement bei den dortigen Postanstalten und zwar jeweilen ab 1. Januar, 1. April, 1. Juni, 1. Oktober zum Preise von M. 4. 70 Pf resp. fl. 4. 07 kr. ö. W. für 3 Monate.

Insertionspreis für die Schweiz 20 Cts. die fünfspaltige Petitzeile oder deren Raum, für das Ausland 25 Cts. = 20 Pf.

Reclamen (unmittelbar nach dem Redaktionsstrich) 50 Cts. die dreispaltige Petitzeile oder deren Raum.

Feuilleton.

Nietzsche's gefährliches Buch.

Motto.

Erlauben Sie, ich hatte einmal einen Kameraden, Lambert; dieser sagte mir, schon als er fünfzehn Jahre alt war, daß, wenn er einmal reich würde, es sein Genußreichstes werden solle, Hunde mit Brot und Fleisch zu füttern, während die Kinder der Armen vor Hunger stürben, und wenn es den Armen an Holz mangelte, den ganzen Vorrath eines Holzhofes aufzukaufen, auf freiem Felde aufstapeln und dort verbrenen lassen. Das war sein Gefühl! Nun sagen Sie, welche Antwort müßte ich diesem Vollblutschuft auf die Frage geben, warum er durchaus anständig sein sollte?

(Stelle aus dem Roman „Junger Nachwuchs" von F. M. Dostojewskij, deutsche Uebersetzung bei W. Friedrich in Leipzig, 1886. Erster Band, S. 81.)

Jene Dynamitvorräthe, die beim Bau der Gotthardbahn verwendet wurden, führten die schwarze, auf Todesgefahr deutende Warnungsflagge.

Ganz nur in diesem Sinne sprechen wir von dem neuen Buche des Philosophen Nietzsche als von einem gefährlichen Buche. Wir legen in diese Bezeichnung keine Spur von Tadel gegen den Autor und sein Werk, so wenig als jene schwarze Flagge jenen Sprengstoff tadeln sollte. Noch weniger könnte es uns einfallen, den einsamen Denker durch den Hinsweis auf die Gefährlichkeit seines Buches den Kanzelraben nnd den Altarkrähen auszuliefern. Der geistige Sprengstoff, wie der materielle, kann einem sehr nützlichen Werke dienen; es ist nicht nothwenig, daß er zu verbrecherischen Zwecken mißbraucht werde. Nur thut man gut, wo solcher Stoff lagert, es deutlich zu sagen: Hier liegt Dynamit. Das ist also die Meinung des Titels, den wir unserer Anzeige eines neuen Buches von Friedrich Nietzsche gegeben haben.

Das merkwürdige Buch heißt: „Jenseits von Gut und Böse. Vorspiel einer Philosophie der Zukunft". Bei C. G. Naumann in Leipzig ist es vor wenigen Wochen erschienen.

Wie der Leser aus dem Titel schon ahnt, setzt sich der Verfasser in diesem Werke die Aufgabe, über den Moralbegriff hinauszuschreiten und eine Welt als vernünftige Welt zu konstruiren, in welcher Das, was bisher als festester Grund des Menschenlebens gegolten hat, das Bewußtsein von Gut und Böse, keine Geltung mehr haben soll.

„Der Mensch, ein vielfaches, verlogenes, künstliches und undurchsichtiges Thier, den andern Thieren weniger durch Kraft, als durch List und Klugheit unheimlich, hat das gute Gewissen erfunden, um seine Seele einmal als einfach zu genießen; und die ganze Moral ist eine beherzte lange Fälschung, vermöge deren überhaupt ein Genuß im Anblick der Seele möglich wird."

„Die Gewalt der moralischen Vorurtheile ist tief in die geistigste, in die anscheinend kälteste und voraussetzungsloseste Welt gedrungen und zwar, wie es sich von selbst versteht, schädigend, hemmend, blendend, verdrehend."

„Gesetzt, daß man mit dem spöttischen und unbetheiligten Auge eines epikurischen Gottes die wunderlich schmerzliche und

renommierten Tageszeitung, «unter dem Strich», wo das Feuilleton damals üblicherweise plaziert war.

Nietzsches Werk stellte für Widmann zeitlebens eine grosse Herausforderung dar, und er hat sich ihr immer wieder gestellt. Was Widmann an Nietzsche grundsätzlich achtete, war die radikale Denkart und die Unerschrockenheit des Aussprechens – in Widmanns Worten: Nietzsches Redlichkeit.[2] Innerhalb genau gezogener inhaltlicher Grenzen, d. h. nicht ohne Vorbehalt, war Widmann fasziniert von Nietzsches artistischen Formulierungskünsten. Dessen Kritik an der christlichen Theologie, namentlich an der «unverschämten Lehre von der Personalunsterblichkeit, welche das Schwergewicht des Lebens nicht ins Leben, sondern ins 'Jenseits' verlegt»[3], teilte Widmann voll und ganz, und er bejahte die Bedeutung, die Nietzsche der Kunst zur Überwindung eines lebensverneinenden Pessimismus zuschrieb.[4]

Wer war Josef Viktor Widmann? Im Jahr 1842 als Sohn einer Pfarrersfamilie österreichischer Herkunft in Liestal geboren, besuchte er die höheren Schulen in Basel, wo unter anderen Jacob Burckhardt zu seinen Lehrern zählte. Nach dem Studium der Theologie hat er aus Gründen der Redlichkeit auf die Ausübung des Pfarrerberufes verzichtet. Es war ihm schon damals unmöglich, den Glauben an persönliche Unsterblichkeit zu verkünden.[5] Nach einigen Umwegen trat er im Jahr 1868 die Stelle des Leiters der Berner Einwohnermädchenschule an. Im Jahre 1879 wechselten allerdings die Mehrheitsverhältnisse in der Schulkommission, und Widmann wurde unorthodoxer religiöser Auffassungen wegen seines Amtes enthoben. Kurz nach dieser zweiten beruflichen Krise wurde Widmann zum Redaktor am freisinnigen Berner «Bund» berufen, und er versah diese Aufgabe bis zu seinem Tod im Jahre 1911. Seine weltanschauliche Position als Redaktor charakterisierte er selbst wie folgt: «Im 'Bund' bin ich das im Viergespann am meisten links gehende Ross. [...] Schliesslich habe ich, ohne mich in theoretische Abhandlungen über Sozialdemokratie zu verlieren, jederzeit praktisch ihren Standpunkt vertreten, indem ich dem Bourgeoisstaat seine Sünden bei Gelegenheit vorhielt.»[6]

Als kämpferischer Journalist setzte Widmann sich ein für das Asylrecht in der Schweiz. Bereits 1884 plädierte er für die Einführung des Frauenstimmrechts. Er nahm Stellung gegen antisemitische Umtriebe und

[2] Widmann betont Nietzsches 'Redlichkeit' mehrmals, z. B. sowohl in seiner ersten wie in seiner letzten Kritik Nietzschescher Werke, in «Nietzsches gefährliches Buch» («Der Bund», Nr. 256f., 16. 9. 1886, wie in «Über Nietzsches 'Wille zur Macht'» («Der Bund», Nr. 135–149, 16. – 30. 5. 1902).

[3] diese Formulierung Nietzsches zitiert Widmann in «Über Nietzsches Antichrist», «Der Bund», Nr. 7 – 11, 8.–12. 1. 1895.

[4] «Kurze Erörterung über das praktische Verhältnis des Pessimismus zu den Künsten», «Der Bund», Nr. 327, 27.11.1886.

[5] Max Widmann, «Josef Viktor Widmann. Ein Lebensbild. Zweite Lebenshälfte.» Frauenfeld und Leipzig: Huber, 1924, bes. S. 357.

[6] Brief an Sigmund Schott vom 21 . Okt. 1906, zit. nach «Lebensbild. Zweite Hälfte», S. 38.

eben so grobe wie feine Comödie des europäischen Christenthums zu überschauen vermöchte, ich glaube, man fände keine Ende mehr zu staunen und zu lachen: scheint es denn nicht, daß Ein Wille über Europa durch achtzehn Jahrhunderte geherrscht hat, aus dem Menschen eine sublime Mißgeburt zu machen."

„Die Juden haben jenes Wunderstück von Umkehrung der Werthe zu Stande gebracht, dank welchem das Leben auf der Erde für ein paar Jahrtausende einen neuen und gefährlichen Reiz erhalten hat: — ihre Propheten haben „reich", „gottlos", „böse", „gewaltthätig", „sinnlich" in Eins geschmolzen und zum ersten Male das Wort „Welt" zum Schandwort gemünzt. In dieser Umkehrung der Werthe liegt die Bedeutung des jüdischen Volks: mit ihm beginnt der Sklavenaufstand der Moral."

Diese fünf Citate genügen wohl, uns deutlich erkennen zu lassen, was dieser philosophische Versuch will. Es handelt sich um nichts Geringeres, als um die Ueberwindung jenes klaffenden Abgrundes, der die naive Welt der Geschöpfe, Das, was wir schlechtweg die Natur nennen, von einer mit den Begriffen „Gut und Böse" arbeitenden, reflektirenden Menschenwelt scheidet und der als quälender Dualismus von allen tiefern Denkern empfunden wird.

Schalten wir hier gleich ein, daß Nietzsche sehr wohl weiß (und es in seinem Buche auch ausspricht), wie diese Einführung des Moralbegriffs in eine naiv sinnliche Welt keineswegs nur das Werk der jüdischen Propheten ist, sondern ebenso in andern Völkern, und gerade im naiv sinnlichsten Volke, bei den Griechen, in Plato ihren mächtigsten Förderer fand, worauf dann das Christenthum, in Zusammenfassung der Ideen Plato's mit der Weltfeindschaft der jüdischen Ascese in sich die höchste Potenzirung der moralischen Weltbetrachtung darstellte. Was uns hiebei allein wundert, ist die Thatsache, daß Nietzsche nirgends in seinem Buche Herder nennt, der wie kein Anderer der beredte Vertheidiger dieser jüdisch platonisch-christlichen Weltbetrachtung ist, dieß namentlich an jener Stelle seines Buches: „Ideen zur Philosophie der Geschichte der Menschheit", wo er den Menschen als den Mittelring bezeichnet, in welchem zwei Systeme der Schöpfung, die sinnliche Erdorganisation und ein höheres geistiges Reich, in einander greifen. Die Duplizität menschlichen Wesens erklärt Herder aus dieser Zwei-Weltlichkeit der Menschennatur. Diese Herder'sche Hypothese, — als mehr hat Herder selbst seine Menschheitsdeutung nicht ausgegeben, — hat vor der Naturwissenschaft unseres Zeitalters wenig Chancen mehr; aber sie sollte immer erwähnt werden, wo es sich darum handelt, den großen Dualismus zu überwinden.

Vergegenwärtigen wir uns, um die Kühnheit des Nietzsche'schen Unternehmens einigermaßen zu würdigen, was es mit diesem Dualismus auf sich hat.

Der in die Denk- und Fühlweise von Gut und Böse hineingezüchtete und hineinerzogene Mensch — also Jeder von uns — sieht sich umgeben von einer Natur (und setzen wir nur gleich herzhaft hinzu:) hineingespannt in eine Weltgeschichte, in welcher nach Macht, aber nicht nach Moral die Vorgänge sich vollziehen. Wir sind mitleidig; aber die denkbar grausamste Natureinrichtung wirft ein Geschöpf dem andern zum Fraße hin und hat für alle

lief Sturm gegen die Gewaltanwendung in öffentlichen Armenanstalten. Mehrmals wehrte er sich gegen die Verschandelung schöner Berglandschaften durch den einsetzenden Eisenbahnbau. Gegen Ende seines Lebens wurde er, ein passionierter Spaziergänger, zum erklärten Gegner des Automobils. Als Literaturkritiker hatte Widmann ein untrügliches Gespür für Bücher, in denen eine individuelle Seele zur Mitteilung gelangt. Solch plötzliche Durchbrüche eines echten unverwechselbaren Tones seismographisch zu registrieren und als belebende Ereignisse des kulturellen Lebens öffentlich zu vermitteln, hielt er für seine Aufgabe. Er hat sie hervorragend erfüllt, man denke nur an seine frühzeitigen Hinweise auf Ricarda Huch und Robert Walser. Auch als literarischer Autor war Widmann produktiv. Er verfasste zahlreiche Dramen, Opernlibretti, Novellen und Reiseberichte. Mit Johannes Brahms verband den musikalisch talentierten Widmann eine langjährige Freundschaft; der 1898 erschienene Band «Johannes Brahms in Erinnerungen» dürfte auch heute noch sein bekanntestes Buch sein.[7]

[7] Eine repräsentative Auswahl aus dem breiten Spektrum der journalistischen Produktion Widmanns bietet der Band «Ein Journalist aus Temperament. Josef Viktor Widmann. Ausgewählte Feuilletons.» Hrsg. v. Elsbeth Pulver und Rudolf Käser. Bern: Zytglogge, 1992. Der Band enthält zudem eine Biographie Widmanns in Texten und Bildern sowie zwei Essays der Herausgeber zu seiner Charakterisierung als Literatur- und als Kulturkritiker.

Mit langen Zitaten belegt Widmann, der in seinen Besprechungen überhaupt gerne ausführlich zitiert, was er als die Hauptabsicht der Nietzscheschen Philosophie in «Jenseits von Gut und Böse» erkannt zu haben glaubt: «Es handelt sich um nichts Geringeres, als um die Überwindung jenes klaffenden Abgrundes, der die naive Welt der Geschöpfe, das, was wir schlechtweg die Natur nennen, von einer mit den Begriffen 'Gut und Böse' arbeitenden, reflektierenden Menschenwelt scheidet.» Dieser «klaffende Abgrund» werde, so Widmann, «von allen tiefern Denkern als quälender Dualismus empfunden.» Die Worte, mit denen Widmann diesen Dualismus veranschaulicht, machen es deutlich: hier wird Widmanns eigene, sein Leben und Wirken bestimmende Problematik angesprochen: «Wir sind mitleidig; aber die denkbar grausamste Natureinrichtung wirft ein Geschöpf dem andern zum Frasse hin und hat für alle die ausgesuchtesten Leiden. Wir sind schamhaft und durch niedere Triebe zum Schamlosen verurteilt. Wir sind gerecht, und sehen, dass nicht der Gerechte, sondern der Starke obsiegt. Der beste Mensch, wenn seine Lungen aufgebraucht sind, geht elend zu Grunde, mochte er auch noch so Schönes und Gutes noch in sich tragen, das der Welt hätte zu Nutzen gereichen können.» Vorsehungsglaube und Pessimismus werden anschliessend als die zwei bis-

die aufgesuchtesten Leiden. Wir sind schamhaft und durch niedere Triebe zum Schamlosen verurtheilt. Wir sind gerecht, und sehen, daß nicht der Gerechte, sondern der Starke obsiegt. Der beste Mensch, wenn seine Lungen aufgebraucht sind, geht elend zu Grunde, mochte er auch noch so Schönes und Gutes noch in sich tragen, das der Welt hätte zu Nutzen gereichen können.

Hier gab es nun bisher zwei hauptsächliche Arten, sich mit dem durch solchen Kontrast zwischen unserm sittlichen Fühlen und der brutalen Natur erzeugten peinlichen Dualismus abzufinden. Die alte Art war die, daß man, — wie es die Religionen thun, — kurzweg den Moralbegriff als auch für die Natur und Geschichte geltend erklärte mit dem selbstverständlichen Beisatze, unsere zu trüben Augen vermöchten dermalen noch nicht zu erkennen, wie das Alles sich eigentlich harmonisch verhalte und sich dereinst in eitel Wohlgefallen und Herrlichkeit auflösen würde.

Die andere, neuere Art, war eigentlich eine Unart, d. h. das Verhalten eines unartigen Kindes, das sich in den Schmollwinkel setzt. Wir meinen den Pessimismus, der alle Uebelstände der Welteinrichtung aufdeckt und mit dem trüben Geständnisse schließt: Alles Glück ist Illusion, wir sind tief unglücklich. Eine Lösung gibt es für diese Weltdeuter nur im Weltuntergang, in der Vernichtung.

Nietzsche nun ist der Erste, der einen neuen Ausweg weiß, aber einen so furchtbaren, daß man ordentlich erschrickt, wenn man ihn den einsamen, bisher unbetretenen Pfad wandeln sieht.

Wenn jene Erstgenannten den Moralbegriff auf die Natur übertrugen, willkürlich, ohne andere Berechtigung als den frommen Wunsch, so schön möchte die Lösung sein, so überträgt Nietzsche umgekehrt den Machtbegriff der Natur auf die Menschheit und sagt: Schafft Euer moralisches Denken ab, seid, statt Sittlichkeitsmenschen, Machtmenschen, und aller Dualismus ist weg. Ihr braucht kein Mitleid mehr, keine Scham, keine Gerechtigkeit; dann fühlt Ihr auch nicht den Mangel solcher Ideen in der Natur. Dann seid Ihr wieder Eins mit der Welt, freie Göttersöhne.

Professor Nietzsche sagt diese Dinge viel feiner, mit hundert geistreichen Wendungen und Blendungen; er muß entschuldigen, daß, wenn eine Tageszeitung von seinem Buche, das ihr zugeschickt worden, Notiz nehmen soll, die Sprache alltäglicher und plumper tönt, dafür deutlich für Jedermann.

„Aber das ist ja eine schreckliche Philosophie!"

Gewiß. Nietzsche gibt sich auch durchaus keiner Illusion über die Menschenart hin, die entstehen müßte, wenn diese Philosophie aus der Theorie in die Praxis sich übertragen sollte. So läßt er den Gott Dionysos in einer Art Vision zu ihm (Nietzsche) sprechen: „Der Mensch ist mir ein angenehmes, tapferes, erfinderisches Thier, das auf Erden nicht seines Gleichen hat; es findet sich in allen Labyrinthen noch zurecht. Ich bin ihm gut: ich denke oft darüber nach, wie ich ihn noch vorwärts bringe und ihn stärker, böser und tiefer mache, als er ist, auch schöner."*

* Wir wissen es nicht bestimmt, glauben aber, es gehört zu haben, daß Professor Nietzsche ein körperlich schwer leidender Mann ist. Als solcher befindet er sich jedenfalls in der gegenwärtigen rücksichtsvollen Moralwelt besser, als in seiner Zukunftsgewaltwelt. In letzterer ist nur für robuste Naturen Platz. Ein kränklicher

her bekannten philosophischen Ansätze vorgestellt, «sich mit dem [...] peinlichen Dualismus abzufinden.» Dagegen sei Nietzsche nun der Erste, «der einen neuen Ausweg weiss. [...] (Er) überträgt den Machtbegriff der Natur auf die Menschheit und sagt: Schafft Euer moralisches Denken ab, seid, statt Sittlichkeitsmenschen, Machtmenschen, und aller Dualismus ist weg.»

«Aber das ist ja eine schreckliche Philosophie», lässt Widmann einen fiktiven Leser – vielleicht eine Leserin – ausrufen, und stellvertretend für deren verletzte Gefühle versucht er nun, gegen Nietzsches Verherrlichung der Macht sachlich zu argumentieren. Zwar gesteht er zu, dass «der Denker sich nicht um die praktischen Folgen seiner Denkresultate zu bekümmern braucht»; der Kritiker hingegen übernimmt diese Aufgabe und weist u. a. darauf hin, dass ein Familienvater wohl besser fahre, keinen Cesare Borgia zum Sohne zu haben, und dass Nietzsche, als ein «körperlich schwer leidender Mann» in einer rücksichtsvollen Moralwelt sich jedenfalls besser befinde als in seiner Zukunftswelt. Auch die Tatsache, dass ein Buch wie «Jenseits von Gut und Böse» seinen Autor «noch vor zwei Jahrhunderten unfehlbar auf's Schafott würde gebracht haben», führt Widmann gegen Nietzsches Macht- und Renaissanceverherrlichung ins Feld.

Widmann erkennt allerdings genau, dass man der ästhetischen Faszination Nietzschescher Texte mit solchen sachlichen Argumenten nicht beikommen kann. Er deutet Nietzsches Philosophie als den «Versuch, die Welt, auch die Menschen, rein ästhetisch zu nehmen und zu begreifen» und versteht sie «aus dem durch und durch künstlerischen Naturell dieses einsamen Philosophen». Dieser zugestandene ästhetische Wert wird jedoch bei Widmann stets durchkreuzt durch die ethisch und politisch motivierte Ablehnung der amoralischen Machtphilosophie. Deshalb bleibt Widmanns Urteil über Nietzsche ein ambivalentes: «Viele dieser Aphorismen haben mehr einen dichterischen als philosophischen Wert, was so weit wahr ist, dass man an ihnen, d. h. an ihrer lebhaften und schönen Form, noch Wohlgefallen empfindet, wenn man ihren Inhalt auch als grundfalsch erkennt. Was diese grundfalschen Aussprüche anbetrifft, so sind es namentlich Nietzsches Ausfälle gegen Demokratie, Volksaufklärung und höhere Bildung des Weibes, die an einem so reifen Denker befremden. Wohl ist in allen diesen Aus-

Konsequenter Weise wird ein Cesare Borgia als ein „gesündester Mensch" gefeiert: „Man mißversteht das Raubthier und den Raubmenschen (z. B. Cesare Borgia) gründlich, man mißversteht die Natur, so lange man noch nach einer Krankhaftigkeit im Grunde dieser gesündesten aller tropischen Unthiere und Gewächse sucht, oder gar nach einer ihnen eingeborenen „Hölle", wie es bisher fast alle Moralisten gethan haben." Solche Menschen sind ihm tropische Prachtexemplare, denen gegenüber man nicht zu Gunsten der gemäßigten Zone plädiren dürfe. Thue man es dennoch, so sei das nichts anderes als „die Moral der Furchtsamkeit". (Schluß folgt.)

Philosoph z. B. würde bei jenen „starken, bösen, schönen und tiefen" Riesen nicht eine wesentlich andere Rolle spielen, als die des verachteten Zwerges, den man Nachmittags zum Spaßmachen auf ein Stündchen aus dem Hundestall heraufkommen läßt. Sind überhaupt solche Zustände nicht schon dagewesen, im Mittelalter auf den Faustrechtschlössern, in unserem Jahrhundert bei einem König Theodorus in Abessinien und herrschen sie nicht tagtäglich noch bei allen wilden Völkern?

Feuilleton.

Nietzsche's gefährliches Buch.

(Schluß.)

Mit diesem „Moral der Furchtsamkeit" wird Nietzsche natürlich jeden Einwand niederschlagen, der ihm vom praktischen Standpunkte gegen seine Philosophie der Zukunft könnte gemacht werden. Wenn also z. B. ein Vater ihm entgegnet, daß es eben für das Familienleben doch wesentlich angenehmer sei, weder einen Cesare, noch eine Lucrezia Borgia zu Kindern zu haben, so wird Nietzsche hiezu verächtlich die Achseln zucken und von seinem philosophischen Standpunkte damit ganz Recht haben, da der Denker sich nicht um die praktischen Folgen seiner Denkresultate zu bekümmern braucht. Ueberhaupt ist Nietzsche durchaus nicht der Meinung, daß es der Vielheit der Menschen besser ergehen solle, daß ihre Mühen sich mindern, ihre Leiden abgeschafft werden sollten, und hierin begegnet er sich mit Pythagoras, von dem das Wort citirt wird: „Man muß nicht Schuld sein, daß sich die menschlichen Mühen verringern, und wohl helfen, eine Bürde aufladen, aber nicht sie abnehmen".

Wie sehr dieß letztere dem allgemeinen Denken und Trachten der Zeit zuwiderläuft, braucht nicht erst gesagt zu werden. Gerade darin aber liegt der Werth solcher origineller Gedanken. Ein so muthiger und kräftiger Schwimmer gegen den Strom ist an und

fällen ein Körnchen berechtigter Polemik, aber noch viel mehr eingeschlossene Studierstubenluft, zu wenig Sonnenschein des wirklichen Taglebens.»

Widmann traute seinen Leserinnen und Lesern zu, unbefangen auch Meinungen zu hören und an ihrer eigenen Lebenserfahrung zu prüfen, die dem momentanen Konsens der Mehrheit zuwiderliefen. Nietzsches Machtverherrlichung hielt er im Jahr 1886 noch für eine der fortschrittlichen Strömung des Zeitgeistes entgegengesetzte Meinung, die aber gerade als solche vernommen zu werden verdiente, zumal sie so kraftvoll und brillant formuliert daherkam: «ein so mutiger und kräftiger Schwimmer gegen den Strom ist an und für sich eine angenehme Erscheinung.» Ein Jahrzehnt später musste Widmann jedoch feststellen, dass «Nietzsches krankhafte Ideen mit epidemischer Wirkung in der Luft herumfliegen», und er warnte prophetisch: «So kann man schon jetzt voraussagen, dass in den nächsten Jahrzehnten die Bestie im Menschen wieder einmal so loskommen wird, wie man es seit hundert Jahren nicht mehr erlebt hat.»[8]

Trotz dieser düsteren Prognose und im Widerstand gegen deren Realisierung vertritt Widmann mit fester Überzeugung den Glauben, die Geschichte der Menschheit sei geprägt durch die Evolution zur Humanität. Widmann glaubt unerschütterlich an die humanisierende Wirkung des Mitleids mit aller leidenden Kreatur. Auf die Frage, «ob wir moralischer geworden sind»,[9] die Nietzsche in der «Götzen-Dämmerung» mit direktem Bezug auf Widmanns Kritik an «Jenseits von Gut und Böse» stellt, entgegnet Widmann nachträglich z. B. in seiner Besprechung von Nietzsches «Wille zur Macht»: «Die Zunahme der Liebe und Harmonie im Verkehr der Wesen [...] leugnet (Nietzsche) natürlich. Ich kann ihm nicht beipflichten und nenne nur [...] den Tierschutz, den frühere Jahrhunderte nicht kannten. [...] Die ruhige überlegende Betrachtung der Entwicklungsgeschichte der Menschheit vom Urmenschen bis zur Gegenwart zeigt uns, dass höhere Stufen des Menschlichen tatsächlich erreicht wurden, und so wagen wir den Schluss, dass in aller Zukunft noch höhere möglich sind».[10] An anderer Stelle spricht Widmann sogar davon, «das Mitleid sei in der Ökonomie dieser Welt nur dann ein berechtigter Faktor, wenn wir annehmen dürfen, der Schmerz, den es uns bereite [...], sei ein Durchgangsstadium der Menschheit zur Engelschaft (auf Erden)».[11]

8 «Professor Ludwig Steins Anti-Nietzsche», «Der Bund», Nr. 15–17, 16. – 18. 1. 1894.

9 KSA, Bd. 6, S. 136.

10 «Nietzsches 'Der Wille zur Macht'», «Der Bund», Nr. 135–149, 16. – 30. 5. 1902.

für sich eine angenehme Erscheinung. In ihrem tiefsten Grunde verstehen wir sie jedoch aus dem durch und durch künstlerisch-dichterischen Naturell dieses einsamen Philosophen. Eigentlich ist ja auch diese ganze über die Begriffe von Gut und Böse hinausgehende Zukunftsphilosophie nichts anderes als der Versuch, die Welt, auch die Menschenwelt, rein ästhetisch zu nehmen und zu begreifen.

Uebrigens stellt dieses Buch, das der Verfasser selbst „Vorspiel einer Philosophie der Zukunft" zubenannt hat, nur ein freies Präludium vor; die große Fuge soll erst kommen. Wenigstens wird auf dem Umschlag des Buches als in Vorbereitung befindlich angekündigt: „Der Wille zur Macht. Versuch einer Umwerthung aller Werthe. (In vier Büchern.)" Auf dieses Werk wird man zu warten haben, ehe man über die originellen, mehr nur in aphoristischer Form gegebenen Einfälle des vorliegenden Buches ein endgültiges Urtheil fällt. Viele dieser Aphorismen haben mehr einen dichterischen als philosophischen Werth, was so weit wahr ist, daß man an ihnen, d. h. an ihrer lebhaften und schönen Form, noch Wohlgefallen empfindet, wenn man ihren Inhalt auch als grundfalsch erkennt. Was diese grundfalschen Aussprüche anbetrifft, so sind es namentlich Nietzsche's Ausfälle gegen Demokratie, Volksaufklärung und höhere Bildung des Weibes, die an einem so reifen Denker befremden. Wohl ist in allen diesen Ausfällen ein Körnchen berechtigter Polemik, aber noch viel mehr eingeschlossene Studierstubenluft, zu wenig Sonnenschein des wirklichen Taglebens.

Schließen wir diese unsere Anzeige mit der einigermaßen beruhigenden Mittheilung, daß Nietzsche, der von sich und Seinesgleichen bereits als „wir Immoralisten" spricht, Eine Tugend doch noch gelten läßt, als die Tugend, „von der auch wir freien Geister nicht loskönnen": die Redlichkeit.

Diese Redlichkeit hat er wahrhaftig genugsam bewiesen durch dieses Buch, das noch vor zwei Jahrhunderten den Autor unfehlbar auf's Schaffot würde gebracht haben und das auch heute Vielen einen peinlichen Eindruck machen muß. Denn wie die Menschen essen und trinken, ohne sich darum zu kümmern, ob ihnen ein Philosoph beweist, Essen und Trinken seien keine Wirklichkeiten, so müssen die Menschen auch auf jene Frage, die wir als Motto dieser kleinen Abhandlung vorangestellt haben, eine bündige Antwort im Vorrath haben. Diese Antwort wurde bisher aus dem Moralkodex herbezogen und das wird noch lange so der Fall sein. Daher wird man Denjenigen, der „Gut und Böse" antastet, wie Einen ansehen, der das verschleierte Bild von Sais entweihend aufdeckt, auch wenn man logisch ihm Recht geben müßte.

J. V. W.

Nietzsche, der die Zusendung des Besprechungsexemplars an Widmann selbst veranlasst hatte[12], nahm dessen Besprechung von «Jenseits von Gut und Böse» zunächst und vordergründig positiv auf. In einem Brief an Malwida von Meysenbug schrieb er die einleitende Dynamit-Passage gar eigenhändig ab – als «ein paar Worte über mich».[13] Am 28. Juni 1887 schrieb er an Widmann, er habe den Eindruck: «[...] als ob ich über mich etwas sehr Liebenswürdiges und Wohlwollendes gelesen hätte. Ein paar Äusserungen, die sich im Munde des Redacteurs eines demokratischen Blattes ganz von selbst verstanden, habe ich vielleicht überhört oder vergessen – in der Hauptsache muss ich Ihnen dankbar bezeugen, nach Jahresfrist nunmehr, dass Ihre Besprechung jedenfalls bei Weitem die 'intelligenteste' Besprechung gewesen ist [...]: ein solches Rätselbuch wird zuletzt immer noch eher von einem Dichter erraten und 'aufgeknackt', als von einem sogenannten Philosophen und 'Fachmann'.»[14] Später nahm Nietzsche allerdings diese freundlichen Worte nicht sowohl zurück als dass er sie vielmehr zu einer boshaft gestellten Beziehungsfalle umdeutete. In einem Briefentwurf (vermutlich an Spitteler, wohl Anfang Sept. 1888) schreibt er: «Ihr Freund W[idmann] hat einmal über ein Buch von mir die unanständigsten Dummheiten, die es nur geben kann, drucken lassen: ich machte mir den Scherz, ihm zu sagen 'er habe mich verstanden'... er hats geglaubt.»[15]

Nietzsche hat sowohl in der «Götzen-Dämmerung» wie in «Ecce homo» seinen Kritiker Widmann aufs schärfste angegriffen. In der «Götzen-Dämmerung» apostrophiert er dessen Besprechung als eine Äusserung jener «Ferozität der moralischen Verdummung, die bekanntlich in Deutschland als die Moral selber gilt.»[16] In «Ecce homo» qualifiziert er seine Rezeption im Berner «Bund», pauschal und wenig schmeichelhaft, als ein «Maximum in meinem Leben – ich hüte mich zu sagen wovon...»[17]. Trotz dieser vehementen Ablehnung bezieht sich Nietzsche auch in «Ecce homo» noch auf die von Widmann in Umlauf gebrachte Dynamit-Metapher; den Philosophen nach seiner Vorstellung charakterisiert er dort «als einen furchtbaren Explosionsstoff, vor dem alles in Gefahr ist»[18] und schreibt schliesslich von sich selbst: «Ich bin kein Mensch, ich bin Dynamit.»[19]

Damit haben wir der Chronologie der Ereignisse jedoch vorgegriffen, und zwar um das schicksalhafte Jahr, in dem Nietzsches Geist sich krankhaft zerrütten sollte. Zunächst schien Nietzsche mit Widmann durchaus noch konstruktive Pläne zu verfolgen. Kurze Zeit nach dem freundlichen Schreiben vom 28. Juni 1887 erhielt Widmann nämlich sämtliche seit 1872 erschienenen Werke Nietzsches zugesandt, insgesamt zehn Bände, die soeben, zum Teil mit bedeutenden Vorreden versehen, gleichsam als Gesamtausgabe erschienen waren. Der mit Arbeit überlastete Redakteur gab den Auftrag für diese Besprechung an Carl Spitteler weiter, dessen Artikel Anfang Januar 1888 im «Sonntagsblatt» erschien.

Am 12. November 1888 veröffentlichte Spitteler zudem im «Bund» seine begeisterte Besprechung des «Fall Wagner». In einem Brief an Spitteler vom 10. Nov. 88 begründet Nietzsche, warum er zunächst darauf verzichtet habe, diese Neuerscheinung auch Widmann zusenden zu lassen: «Dass ich die Schrift nicht an Herrn Dr. Widmann gesandt habe, hatte seinen Grund in der Befürchtung, dieselbe möchte ihn in seiner Sympathie für J. Brahms verletzen.» Damit sollte Nietzsche recht behalten, aber nicht ganz; denn Widmann nahm nicht nur an Nietzsches Invektiven gegen seinen Freund Brahms Anstoss, mehr noch sah er in der Form dieses Pamphletes einen Angriff auf die Grundlagen des liberalen öffentlichen Diskurses.

Nietzsches «Fall Wagner» wird im «Bund» zweimal besprochen, zuerst zustimmend von Spitteler im «Sonntagsblatt», eine Woche später von Widmann im Feuilleton mit äusserster polemischer Schärfe. Nietzsches Invektiven gegen Brahms – 'Melancholie des Unvermögens', Brahms als 'Musiker einer Art unbefriedigter Frauen' usw. – kontert Widmann mit der sarkastischen Bemerkung, damit habe Nietzsche sich «unsterblich blamiert; unsterblich, denn solche schiefe Urteile von Zeitgenossen [...] pflegt man in einem kommenden Jahrhundert als Beweis anzuführen, welche Borniertheit ein unsterblicher Meister zu

11 «Professor Ludwig Steins 'An der Wende des Jahrhunderts'», «Der Bund», Nr. 315, 11. 11. 1899.
12 vgl. KSB, Bd. 7, S. 218.
13 ebd., S. 258.
14 KSB, Bd. 8, S. 102.
15 KSB, Bd. 8, S. 407. Widmann muss von diesem Brief Kenntnis erhalten haben, wie aus seinem Artikel «Professor Ludwig Steins Anti-Nietzsche» («Der Bund», Nr. 15–17, 16. – 18. 1. 1894) hervorgeht.
16 KSA, Bd. 6, S. 136.
17 ebd., S. 229.
18 ebd., S. 320.
19 ebd., S. 365.

überwinden hatte.»[20] Doch mit den musikästhetischen Aspekten – auch Nietzsches Wagnerdiagnose weist Widmann zurück – ist der zentrale Punkt von Widmanns Kritik noch gar nicht angesprochen.

Es geht Widmann letztlich nicht um die Bewertungen Wagners oder Brahms', sondern um die Glaubwürdigkeit Nietzsches. Spitteler habe es in seiner Besprechung des «Fall Wagner» versäumt, «die Kehrseite dieser eigentümlichen Denkmünze, welche Nietzsche aus Anlaß seiner Bekehrung prägte, näher zu besichtigen.» Nietzsche habe Wagner in seiner «Geburt der Tragödie» enthusiastisch gefeiert und verkehre nun das dort geäusserte Urteil ins Gegenteil. Nicht dieser Meinungswechsel an sich erregt Widmanns Zorn, sondern die Art und Weise, wie Nietzsche denselben öffentlich inszeniert: «Es fällt uns ja nicht im geringsten ein, zu behaupten, Nietzsche habe vor sechzehn Jahren Recht gehabt und habe jetzt völlig Unrecht. Aber musste ein solcher Abfall mit solchem Eklat vollzogen werden? [...] Jedenfalls aber verlangen wir, dass der Akt, durch den ein Gelehrter, ein Philosoph frühere Irrtümer zurücknimmt, ein ernster Akt sei. Denn die im Grunde für unsere Menschennatur beschämende Tasache, 'dass wir so gar nichts wissen können', liegt zu Grunde. Die Sache ist ihrem Wesen nach tragisch. [...] Nietzsche aber verbindet mit der affenartigen Behendigkeit seines Geistes eine auch so affenartige Schamlosigkeit, dass er seinen Widerruf zur grotesken Posse gemacht hat.»

In dieser Polemik kommen, gleichsam im Negativbild, Grundannahmen des Widmannschen Selbstverständnisses als Feuilletonist zur Sprache; es sind zugleich die Fundamente, auf denen der öffentliche Diskurs im Sinne des bürgerlichen Liberalismus aufbaut. Widmann hat sein Ideal des philosophischen Autors einmal in ein Bild gefasst, mit welchem er den Nachruf auf Charles Robert Darwin im Jahre 1882 eröffnet: «Im grossen Reiche des geistigen Verkehrs wandern, wie auf dem Geldmarkte die Münzen und die Wert bedeutenden Papiere von Hand zu Hand gehen, gar viele Ideen von Kopf zu Kopf; aber eine kleine Zahl von Denkern ist es im Grunde, die diese Ideen unmittelbar aus den ewigen Schatzkammern des Alls hervorholt, kühn mit dem Stempel der eigenartigen Individualität sie prägt und dann in Kurs setzt. Nun rollt sie weiter, die Gedankenmünze, und bildet das einzige Vermögen für viele Hunderttausende, die kein eigenes Vermögen hätten, wären jene ursprünglichen, in die Tiefe des Daseins steigenden Geister nicht.»[21] Die Metapher setzt Diskurs und Geldverkehr ineins. In beiden Kreisläufen erscheint die Geltung des Zeichens, des Geldes wie des Wortes, gedeckt durch die Autorität eines Einzelnen, des Gründers, welcher in einem unmittelbaren Verhältnis zur Natur steht und dessen geniale Wert- und Wortschöpfung durch Zirkulation dem Gemeinwohl zu Gute kommt. Diese Auffassung des Verhältnisses von Geld, Diskurs und verantwortlichem Individuum ist zeittypisch. Sie ist dem Frühliberalismus zuzuordnen.

Im Artikel «Zwei Führerstimmen aus der papierenen Welt» zitiert Widmann im Jahre 1886 seinen geachteten Kollegen Fritz Mauthner, der in seinem Buch «Credo» gerade diese Korrelation von öffentlicher Rede und Integrität der Person fordert: «Wer sich berufen fühlt, öffentlich über die Fragen des Tages und der Kunst das Wort zu ergreifen, der sollte [...] nie vergessen, dass seine Behauptungen immer nur auf seinen eigenen zwei Augen stehen, dass hinter dem majestätischen 'Wir' sich immer ein kleines vereinzeltes 'Ich' verbirgt. Er sollte aber auch nie vergessen, dass dieses Ich für jedes Wort mit seiner ganzen Persönlichkeit eintreten muss.»[22] Jeder einzelne Aspekt dieser programmatischen Forderungen wird durch Nietzsches Philosophie und Schreibweise subvertiert. Widmann hat diesen Antagonismus bemerkt. Nietzsche ebenfalls; denn in «Ecce homo» schreibt er über Widmanns Kritik an «Jenseits von Gut und Böse», jeder Satz sei «mit einer Folgerichtigkeit, die ich bewundert habe, eine auf den Kopf gestellte Wahrheit, man hatte im Grunde Nichts zu tun, als alle 'Werte umzuwerten', um, auf eine sogar bemerkenswerte Weise, über mich den Nagel auf den Kopf zu treffen – statt meinen Kopf mit einem Nagel zu treffen.»[23]

Im Geltungshorizont von Widmanns Diskursbegriff ist es eine ernste Angelegenheit, öffentlich zu bekunden, man habe seine öf-

[20] «Nietzsches Abfall von Wagner», «Der Bund», Nr. 321–322, 20.–21. 11. 1888.
[21] «Charles Robert Darwin», «Der Bund», Nr. 113, 25. 4. 1882.
[22] Fritz Mauthner in «Credo», zit. nach Widmann, «Zwei Führerstimmen aus der papierenen Welt», «Der Bund», Nr. 304–306, 4.–6. 11. 1886.
[23] KSA, Bd. 6, S. 299.

fentlich geäusserte Meinung geändert: man gesteht damit, falsche Münze in Umlauf gesetzt zu haben. Dafür muss man sich bei seinen Lesern entschuldigen. Nach Nietzsches Einsicht in den Perspektivismus der Erkenntnis und in den Illusionscharakter aller «Wahrheiten» scheint dies nicht mehr nötig. Für Nietzsche ist die Wahrheit ein «Weib» nach seinem Sinne[24]; sie verlange nicht nach letztem Ernst und unverbrüchlicher Treue, sondern nach verführerischer Schmeichelei, spielerischer Untreue, gelegentlich nach der Peitsche. Virtuos wechselt Nietzsche von einer zur andern, in einer Bewegungsart, die er selbst als Tanz bezeichnet hätte. In Widmanns Augen hingegen, der weder diesen Wahrheitsbegriff noch dieses Frauenbild teilt, erscheint eine solche Bewegungsart als «affenartige Behendigkeit»: «Nein! es geht beim besten Willen nicht; wir können nicht länger dieses in allen Farben des gereizten Chamäleons schillernde Pamphlet Nietzsches behandeln; es widert uns an.»

Als Rudolf Steiner im Jahre 1897 in dem von ihm herausgegebenen «Magazin für Literatur» mahnt, man sollte Nietzsche «nicht bloss als leckere Lektüre geniessen, sondern mit den von Nietzsche erkannten Ideen Ernst machen»[25], stimmt Widmann ihm nur zur Hälfte zu. Es gebe zwar «nichts Widerlicheres, als das selbstgenügsame Verhalten unserer rein ästhetischen Moderne! Die Welt mag zu Grunde gehen, wenn nur sie in ihrer Kunstreiterei und Aerobathistik nicht gestört werden!»[26] Andererseits spricht er Nietzsche jedoch das Zeug zum «Führer» – in dem Sinne, wie er das Wort auf Fritz Mauthner anwendet – rundweg ab; denn auch wer sich mit vielen Ideen Nietzsches in Übereinstimmung wisse, vermöge doch nicht, «zur geistigen Totalität dieses Denkers jenes herzliche Vertrauen zu fassen, auf dem das Verhältnis von Jünger und Meister beruht.»

Widmann betont in seinen Besprechungen Nietzsches mehrmals, zu einer Tugend habe sich dieser Philosoph jenseits von Gut und Böse doch stets bekannt, nämlich zur Tugend der Redlichkeit. Das würde genügen, um die Diskursformation des kulturkritischen Feuilletons in Widmanns Sinne zusammenzuhalten. Doch die von Nietzsches Texten ausgehende Irritation lässt sich nicht mehr in diesem Zeichen bannen, und Widmann, der manchmal gar sehr ins Detail geht, «um doch gleich nichts Falsches gelten zu lassen, was Nietzsche vorbringt»,[27] warnt seine Leser ausdrücklich vor dessen Falschmünzerei: «Man darf überhaupt Nietzsche nie genau beim Wort nehmen und muss die echte Münze meist mit einigen falschen Groschenstücken einstreichen.»[28]

Widmann scheint allerdings gespürt zu haben, dass man mit rappenspalterischer Rechthaberei Nietzsche nicht beikommt, dass hier vielmehr eine völlig andere Art von Berichtigung erforderlich wäre: «Nietzsche ist eigentlich der wahre Don Quixotetypus in der Philosophie, der tragikomische Ritter, der sich selbst eine ganze Wunderwelt von Einbildungen geschaffen hat, an die er selbst nur dichterisch glaubt, denen zuliebe er aber doch ernstlich ausreitet, um mit ihnen zu fechten. Ein rechter Sancho Pansa müsste nun kommen und neben ihm reiten, dann wüsste plötzlich alle Welt, wie eigentlich der ehrenwerte Ritter zu nehmen ist. Aber dieser Sancho Pansa hat sich noch nicht gefunden.»[29] Bisweilen versucht Widmann – und das sind seine besten Stellen – ein solcher humorvoller Sancho Pansa Nietzsches zu sein. Als durchgehendes Prinzip hätte dieses parodistisch zu nennende Verfahren der Kritik jedoch die Diskursregeln seines Feuilletons gesprengt.

Der letzte Absatz der Generalabrechnung Widmanns mit Nietzsche anlässlich des «Fall Wagner» beginnt mit dem allzu ernsten Satz: «Nietzsche, den wir früher achten und beachten zu sollen glaubten, ist nun für uns tot.» Widmann wäre nicht Widmann, hätte er sich an einen derart apodiktischen Satz gehalten und Nietzsches Werk und Schicksal künftig ignoriert. Bereits 1889 zitiert er ausgiebig «Aus Friedrich Nietzsches letztem Buche: 'Götzendämmerung, oder: Wie man mit dem Hammer philosophiert'»[30] und schreibt 1895 «Über Nietzsches Antichrist»[31] an fünf aufeinanderfolgenden Tagen. Widmann bespricht und zitiert ausführlich die Nachlassbände und die gesammelten Briefe Nietzsches[32]. Über «Nietzsche's 'Der Wille zur Macht'»[33] mutet er seinem Publikum gar eine Besprechung in dreizehn Folgen zu, ein Maximum an Länge

24 vgl. den ersten Satz von «Jenseits von Gut und Böse», KSA, Bd. 5, S. 9.

25 Siehe dazu das Kapitel «Rudolf Steiners Nietzsche-Interpretationen (1891–1924)» in: D. M. Hoffmann, «Zur Geschichte des Nietzsche-Archivs. Elisabeth Förster-Nietzsche, Fritz Koegel, Rudolf Steiner, Gustav Naumann, Josef Hofmiller. Chronik, Studien und Dokumente», Berlin, New York, 1991, S. 424–523, sowie «Rudolf Steiner und das Nietzsche-Archiv. Briefe von Rudolf Steiner, Elisabeth Förster-Nietzsche, Fritz Koegel, Constantin Georg Naumann, Gustav Naumann und Ernst Horneffer, 1894–1900», hrsg., eingel. u. komm. v. D. M. Hoffmann, Dornach, 1993.

26 «Nietzsche-Näschereien», «Der Bund», Nr. 285–288, 14. – 17. 10. 1897.

27 «Über Nietzsches 'Antichrist'», Der Bund, Nr. 7–11, 8. – 12. 1. 1895.

28 «Aus Friedrich Nietzsches letztem Buche: 'Götzendämmerung, oder: Wie man mit dem Hammer philosophiert',» «Der Bund», Nr. 65, 7. 3. 1889.

29 «Professor Ludwig Steins Anti-Nietzsche», «Der Bund», Nr. 15–17, 16. – 18. 1. 1894.

30 «Der Bund», Nr. 65, 7. 3. 1889.

31 «Der Bund», Nr. 7–11, 8. – 12. 1. 1895.

32 «Nietzsche-Näschereien», «Der Bund», Nr. 285–288, 14. – 17. 10. 1897; «Aus Nietzsches nachgelassenen Schriften», «Der Bund», Nr. 297–299, 25. – 27. 10. 1903; «Friedrich Nietzsche's Briefe», «Der Bund», Nr. 476–478, 9. – 10. 10. 1905.

33 «Der Bund», Nr. 135–149, 16. – 30. 5. 1902.

und ein Minimum an Form in seinem feuilletonistischen Schaffen, allerdings ohne zu wissen oder doch deutlich zu sagen, um welch problematische Kompilation es sich bei diesem «letzten Werk aus dem Nachlasse Friedrich Nietzsches» handelte.[34]

Ein origineller Aspekt der Widmannschen Nietzscherezeption sei abschliessend erwähnt. Unter dem Nietzsche entlehnten Titel «Jenseits von Gut und Böse» hat Widmann ein Drama verfasst, das im Jahre 1893 am Hoftheater in Meiningen uraufgeführt und im selben Jahre von Ludwig Bernay auch im Berliner Theater gegeben wurde. Hauptperson des Stücks ist ein Professor der Kunstgeschichte, ein Malatesta-Forscher, der hingerissen ist von der moralischen Skrupellosigkeit seines Renaissancehelden. Er plant, aus seinem bürgerlichen Leben auszubrechen und selbst wie ein Machtmensch im Sinne Nietzsches zu leben, was bei ihm zunächst darauf hinausläuft, seiner Gattin untreu zu werden. In einem Drogenrausch – man hat ihm eine präparierte Zigarrette untergeschoben, um ihn handlungsunfähig zu machen – fühlt er sich in Malatesta verwandelt und lebt seine Machtgelüste aus, was für ihn jedoch zu keinem guten Ende zu führen droht. Erwachend aus dem «Horrortrip», kehrt er glücklich in die Arme seiner Frau zurück. Die Aufführung in Berlin scheint ein Publikumserfolg gewesen zu sein, doch fand das Drama bei den Naturalisten und Nietzsche-Jüngern, die in der Presse tonangebend waren, keinen Beifall. Heinrich Hart z. B. schrieb in der «Berliner täglichen Rundschau», von Nietzsche habe Widmann etwa soviel verstanden «wie die Kuh von der Dampfmaschine».[35]

Darauf reagierte Widmann nun seinerseits. «Wenn ich gegen (Nietzsches) Ideen wiederholt Stellung genommen habe, so geschah das [...] aus einem innerlich prinzipiellen Gegensatz heraus», schrieb er aus Anlass der Besprechung eines nietzschekritischen Buches des Berner Philosophieprofessors Ludwig Stein. Widmann nimmt in diesem Artikel für sich in Anspruch, den historischen Gegensatz von Kulturen der «Herrenmoral» und Kulturen der «Sklavenmoral» unabhängig von Nietzsche erkannt und formuliert zu haben, allerdings mit entschiedener Parteinahme für letztere. Dasselbe gelte für die Herleitung einer Ethik des Mitleids aus dem Judentum. Um diesen Sachverhalt zu belegen, verweist er auf sein Drama «Oenone», das 1880 im Druck erschien, sechs Jahre vor Nietzsches «Jenseits von Gut und Böse». Dort spricht der hässliche Thersites zum kranken Philoktet:

«Du kannst ein Rächer sein bis an das Ende Der Welt an allen Glücklichen, die stolz Verächtlich blicken auf den Unbeglückten, Dem Schönheit, Kraft, Gesundheit, Reichtum mangeln.
Dies Griechenvolk, wenn mich nicht alles täuscht, Gibt noch in später Zukunft böses Beispiel, Der ganzen Welt im kalten Vornehmtun, Es kommt kein Heil von diesen graden Nasen.
Die ganze Welt lernt das olympische Lächeln, Gäb's irgendwo ein Gegengift! Ein Volk Krummnasig, säbelbeinig, übel riechend Nach Zwiebelkraut, ein unerfreulich Volk, Das hätte Herz für's Elend. Solchem Volk Entstammte wohl ein Freund von unsresgleichen.»

Im Judentum also, – dessen stereotype Darstellung an dieser Stelle verziehen werden möge[36] – nicht bei den Griechen, sieht Widmann kulturgeschichtlich den Wert entstehen, den er ins Zentrum seines eigenen Handelns und kulturkritischen Denkens setzt: «Herz für's Elend», Mitgefühl mit der leidenden Kreatur. Dies ist der Prüfstein, an dem Widmann jede neuangebotene Weltanschauung misst, diese Einstellung verteidigt er konsequent gegen jeden Versuch der Umwertung im Sinne der Herrenmoral.

[34] Ohne hier nun jede Erwähnung Nietzsches im Feuilleton des «Bund» aufzulisten, verdient es einen Hinweis, dass Widmann sich zweimal zum Verhältnis von Nietzsche und Spitteler äusserte, bevor Spitteler selbst zu diesem Thema Stellung nahm («Spitteler und Nietzsche», «Der Bund», Nr. 315, 12. 11. 1902.; «C. Spitteler und F. Nietzsche in ihren persönlichen Beziehungen», «Der Bund» Nr. 470, 6. 10. 1907). Widmanns letzte Auseinandersetzung mit dem Thema Nietzsche ist eine insgesamt siebenteilige Besprechung des Buches «Franz Overbeck und Friedrich Nietzsche. Eine Freundschaft» von Carl Albrecht Bernoulli («Bernoullis Overbeck-Nietzschebuch», «Der Bund», Nr. 110–116 resp. Nr. 492–496, 5./6. – 9./10. 3. resp. 18. – 21. 10. 1908), wo auch die Unstimmigkeiten in der Betreuung des Nachlasses zur Sprache kommen.

[35] Zit. nach «Professor Ludwig Steins Anti-Nietzsche», «Der Bund», Nr. 15–17, 16. – 18. 1. 1894.

[36] Materialien zu Widmanns 'Philosemitismus' sind zusammengestellt und diskutiert in Rudolf Käser, «Eine Stimme im kulturkritischen Diskurs der Jahrhundertwende», in: 'Ein Journalist aus Temperament' (Anm. 7), bes. S. 293–296.

5.7. Ferdinand Hodler: Aquarellstudie zum Gemälde von Carl Spitteler, 1915.

Werner Stauffacher

Carl Spitteler und Friedrich Nietzsche
Ein Ferngespräch

Es war wohl nicht weiter verwunderlich, dass man, als kurz nach Jahrhundertanfang Carl Spittelers episches Werk dank Felix Weingartner endlich ins Bewusstsein einer breiteren Öffentlichkeit trat und unter anderem auch seine Prometheusdichtung nach Jahrzehnten des Schweigens wieder aufgelegt wurde, dazu neigte, dieses sperrige Buch, das in keine der geläufigen literarischen Schubladen passte, im Sog der anschwellenden Tiefenwirkung von Friedrich Nietzsches Werken dem Einflussbereich von dessen «Also sprach Zarathustra» zuzuweisen, trotz der einer solchen Annahme diametral zuwiderlaufenden chronologischen Verhältnisse. Der erste Teil von Carl Spittelers «Prometheus und Epimetheus» war im Herbst 1880, der zweite im Frühjahr 1881 erschienen, während der erste Teil von «Also sprach Zarathustra» erst Anfang 1883 entstand. Begreiflich war auch, dass der Verfasser von «Prometheus und Epimetheus» sich gegen Gerüchte, die diese Tatsache nicht berücksichtigten und seine schriftstellerische Eigenständigkeit in ein schiefes Licht stellten, schliesslich in Rede und Schrift zur Wehr setzte,[1] um so mehr als er sich nach der postumen Veröffentlichung von Nietzsches autobiographischer Darstellung «Ecce homo» samt seinem Freund Joseph Viktor Widmann verunglimpfenden Äusserungen von seiten Nietzsches ausgesetzt sah. Ohne den Spiess umzudrehen und seinerseits eine Beeinflussung Nietzsches durch seine Prometheusdichtung zu behaupten, warf er doch die Frage auf, ob Nietzsche in der Zeit zwischen 1880 und 1883, das heisst während seiner Arbeit an «Zarathustra», nicht auf irgendeinem Wege seinen «Prometheus» in die Hände bekommen, ja vielleicht gelesen haben müsse. Die Argumente, die er dafür anführte, sind bei näherem Zusehen weniger stichhaltig, als sie ihm erschienen, und sie haben sich seither auch nicht durch stichhaltigere ergänzen lassen, so dass die ganze Frage unentschieden geblieben ist. Spitteler selber kam es im Grunde nur auf die Behauptung seiner Unabhängigkeit an: «Darum behagt mir auch der Titel eines Vorläufers Nietzsches, den man mir jetzt zugestehen möchte, nicht wesentlich besser als der Name eines Nachahmers Nietzsches [...]. Nicht Vorläufer, nicht Nachläufer, auch nicht Mit- oder Nebenläufer, überhaupt nicht Läufer Nietzsches, sondern ganz einfach Carl Spitteler.» Die Welt habe Platz genug für zwei Bücher und zwei Menschen.[2]

Damit war wohl auf der Ebene, auf der sich Spitteler als Nächstbeteiligter bewegte, das Wesentliche gesagt. Der historische Blick braucht sich mit einem derartigen generösen Federstrich doch nicht ganz zufrieden zu geben. Und wenn auch, wie schon Gottfried Bohnenblust bemerkt hat, für den unvoreingenommenen Betrachter heute die Unterschiede der beiden Werke stärker in die Augen fallen als die Ähnlichkeiten, so bleibt doch die Tatsache ihrer Gleichzeitigkeit wie die der Zeitgenossenschaft ihrer fast gleichaltrigen Verfasser. Die beiden Texte haben miteinander zu tun, so wie die Verfasser es in der Folge auch persönlich miteinander zu tun bekamen. Sowohl «Prometheus und Epimetheus» wie «Also sprach Zarathustra» zeugen von einem Denken und Sprechen, das sich aus ähnlichen Antrieben heraus gegen den breiten Strom des Denkens und Sprechens ihrer Entstehungszeit richtete. Herkunft, Veranlagung und Laufbahn der beiden Verfasser sind zwar so verschieden wie nur möglich. Um so beeindruckender ist das fast gleichzeitige eruptive Erscheinen ihrer beiden Werke, scheinbar erratische Ereignisse in der Literaturlandschaft

1 «Meine Beziehungen zu Friedrich Nietzsche», 1908. Der Text der Broschüre ist abgedruckt in Carl Spittelers «Gesammelten Werken (hier bezeichnet als GW), Bd. 6, Autobiographische Schriften», Zürich 1947, S. 491ff. Siehe dazu den ausführlichen Kommentar Gottfried Bohnenblusts in GW 10/2, S. 268ff., sowie die einschlägigen Abschnitte in meiner Biographie (Carl Spitteler. Biographie, Zürich/München 1973) zu den Beziehungen zwischen Nietzsche und Spitteler.

2 GW 10/2, S. 273, und 6, S. 518.

ihrer Epoche, und ihre gemeinsame Bedeutung als Zeugen einer unbedingten Wahrheitsleidenschaft wie als Vorzeichen künftiger Befreiung aus fragwürdigen Vorstellungen und beengenden Traditionen. Es stellt sich hier nicht in erster Linie die Frage des ästhetischen Gelingens. Werke, die unter derartigen Bedingungen entstanden sind, zeichnen sich selten durch allseitige Stimmigkeit aus. Beide Werke aber sind wesentlich Träger einer Botschaft, verkörpert in verfassernahen Hauptgestalten, die eine handelnd und leidend, die andere lehrend; beide, sowohl Prometheus wie Zarathustra, vertreten ein unerschütterliches Wissen um die entscheidende Wahrheit, beide sind bereit, ihren Standpunkt gegen eine Welt zu behaupten.

Wenn sich aus diesen hier nur skizzierten Gemeinsamkeiten kein engeres Verhältnis zwischen den Verfassern ergab, so spiegeln sich darin nicht nur biographische Zufälle und Unzulänglichkeiten, sondern die Unterschiede der Lebenslagen sowie der geistigen und seelischen Erfahrungen, wie sie in den gegensätzlichen Anlagen der beiden Werke zum Ausdruck kommen. Die kurze Geschichte der persönlichen Beziehungen zwischen Carl Spitteler und Friedrich Nietzsche – ein Dutzend Briefe in beiden Richtungen zwischen Herbst 1887 und Nietzsches Zusammenbruch im Januar 1889[3] – schloss denn auch weder an «Prometheus und Epimetheus» noch an «Also sprach Zarathustra» an, sondern an die Aufsätze musikkritischen und dramaturgischen Inhalts,[4] die Spitteler als Nebenprodukte zweiten Ranges ansah und deren Entstehung sich einzig dem Umstand verdankte, dass er angesichts der völligen Wirkungslosigkeit seiner eigentlichen poetischen Arbeit etwas unternehmen musste und zudem seit dem Frühjahr 1887 als Familienvater auf die prekären Einkünfte aus dergleichen Gelegenheitsarbeiten angewiesen war. Auf diese Aufsätze bezog sich Nietzsches Lob in seinem ersten Spitteler nennenden Brief an Joseph Viktor Widmann,[5] in dessen Zeitung sie erschienen waren, wie in seinem ungefähr gleichzeitigen Schreiben an Ferdinand Avenarius, dem er Spitteler an seiner Stelle als Mitarbeiter für seine neue Zeitschrift «Der Kunstwart» weiterempfahl.[6] Und auch nachdem Widmann ihm ein Exemplar von «Prometheus und Epimetheus» hatte zustellen lassen,[7] hoch erfreut über die Aussichten, die sich seinem Freund damit eröffneten, schwieg sich der Empfänger der Sendung gegenüber Widmann wie gegenüber Spitteler darüber beharrlich aus. Hatte er die beiden Bände überhaupt nicht zur Kenntnis genommen, hatte er sie durchgeblättert, hatte er sich auf einen Leseversuch eingelassen? Wir wissen nichts davon, registrieren aber sein Schweigen mit einigem Befremden: es konnte sowohl Gleichgültigkeit wie betroffene Abwehr bedeuten. Eigentümlich nehmen sich in diesem Zusammenhang die spielerischen Annäherungen an Spittelers Pseudonym Felix Tandem und an den Werktitel «Extramundana» an, mit denen Nietzsche seinen Brief an Joseph Viktor Widmann vom 15. September 1887 schliesst:[8] «Ihr Nietzsche philologus (extramundanus, trotzalledem aber auch 'tandem aliquando'…)» – eine Art «Anch'io sono autore», bevor noch die von Widmann in Aussicht gestellte Sendung eingetroffen war.

Wie es wenige Wochen nach den ersten brieflichen Kontakten zwischen Nietzsche und Spitteler – dieser hatte inzwischen für die folgenreiche Empfehlung bei Avenarius gedankt – dazu kam, dass Widmann seinen Freund bat, eine Besprechung von Nietzsches bisherigem Schaffen für das «Sonntagsblatt» des «Bund» zu verfassen, lässt sich nicht mehr rekonstruieren, da die Briefe aus dieser Zeit nicht erhalten sind. Merkwürdigerweise behauptet Spitteler in seinen Nietzsche-Erinnerungen, er habe damals von Nietzsches Empfehlung nichts oder nichts Bestimmtes gewusst, was nicht zutreffen kann.[9] Wollte er Nietzsche von dem Verdacht befreien, seine Fürsprache sofort zur Erzielung einer Gegenleistung benützt zu haben? Eine Ablehnung kam jedenfalls nicht in Frage, weder gegenüber Widmann noch gegenüber Nietzsche. Dass Spitteler die Aufgabe wenigstens zeitweise als eine Zumutung empfunden haben muss, der er sich höchst unwillig fügte, drückt sich in den zwar zurückhaltenden, aber deutlichen Worten aus, die er seiner Rezension vorausschickte. Sein Unmut galt nicht nur dem für einen Schriftsteller, der von seiner Feder leben musste, recht grossen Zeit-

3 Dreizehn Briefe Nietzsches (darunter einer mit nicht sicherer Zuweisung und ein nur fragmentarisch überlieferter) sind abgedruckt in der «Kritischen Studienausgabe» der Briefe KSB, Bd. 8, «Briefe. Januar 1887 – Januar 1889». In der Kritischen Gesamtausgabe (KGB) Abt. III, Bd. 6 finden sich die Briefe an Nietzsche aus derselben Zeit. Carl Spitteler spricht in seinen Nietzsche-Erinnerungen von «sieben Briefen und zwei Postkarten» von seiten Nietzsches und schätzt die Zahl seiner Briefe an Nietzsche auf «kaum ein halbes Dutzend», dürfte sich aber wohl (wie bei den Briefen Nietzsches an ihn) nicht an alle Schreiben erinnern. Diese Briefe werden in der «Kritischen Gesamtausgabe» als «nicht überliefert» bezeichnet. Möglicherweise befinden sie sich noch unter den Papieren von Spittelers Freund Jonas Fränkel, sofern die Nachkommen sie aufbehalten haben.

4 «Das Allegorische und Konventionelle unserer Instrumentation», («Sonntagsblatt» des «Bund», 14. August 1887, jetzt GW 7, 220 ff.), «Die Abneigung der modernen Bühne gegen den Vers und die Rede» (ebd 28. November 1886, jetzt GW 9, 549 ff.), «Die Bühnenzeit» (ebd 12. Dezember 1886 f., jetzt GW 9, 538 ff.), «Über den Werth des Theaters für das poetische Drama» (ebda 27. Februar 1887 ff., jetzt GW 9, 495 ff.).

5 11. September 1887 (KSB 8, S. 149 ff.).

6 10. September 1887 (KSB 8, S. 146 f.).

7 Die zwei Bände sind, in einem Band zusammengebunden, in Nietzsches nachgelassener Bibliothek erhalten. Siehe Max Oehlers Verzeichnis «Nietzsches Bibliothek», Vierzehnte Jahresgabe der Gesellschaft der Freunde des Nietzsche-Archivs, Weimar 1942, S. 37.

8 KSB 8, S. 156.

9 Widmann, der am 11. September (KSB 8, S. 149) von Nietzsche über seine Empfehlung unterrichtet

aufwand und auch nicht nur der Philosophie an sich, gegen die sich Spitteler zeit seines Lebens abwehrend verhalten hat (er hatte in jenen Jahren als Rezensent noch viel Unverdaulicheres zu lesen), sondern, wie er freimütig bekennt, immer noch ein wenig dem Verfasser einer Streitschrift gegen David Friedrich Strauss: er warf Nietzsche vor, den Frommen Basels durch seine vernichtende Kritik an einem verhassten Gegner einen Trumpf in die Hände gespielt zu haben. Er werde, hatte er nach dem Erscheinen der «Unzeitgemässen Betrachtung» seinem Freund Joseph Viktor Widmann aus Petersburg geschrieben, das Pamphlet zerreissen, ohne es zu lesen, wenn dieser meine, es ihm zustellen zu müssen. Inzwischen war er durch einen Essay von Helene Druskowitz[10] – einer der wenigen bewundernden Leserinnen, die sein «Prometheus und Epimetheus» gefunden und die sich anerboten hatte, den von ihr ebenfalls bewunderten Friedrich Nietzsche damit bekannt zu machen – schon seit einiger Zeit zu einer günstigeren Auffassung von Nietzsches Bedeutung gelangt, ohne dass er sich deswegen die Mühe eigener Lektüre hätte machen wollen.

Jetzt fiel ihm die Aufgabe zu, nicht weniger als alle Schriften, die Nietzsche seit 1872 veröffentlicht hatte, vorzunehmen, von der «Geburt der Tragödie» über die «Unzeitgemässen Betrachtungen», «Menschliches, Allzumenschliches», «Fröhliche Wissenschaft», «Morgenröte» bis zu der dreiteiligen Ausgabe von «Also sprach Zarathustra», so wie sie, zum Teil mit neuen Vorreden versehen, gegen Ende 1887 im Buchhandel auflagen. Einzig «Jenseits von Gut und Böse» fiel für die Besprechung ausser Betracht: Joseph Viktor Widmann hatte das Buch ein Jahr vorher im «Bund» ausführlich gewürdigt und verzichtete offenbar darauf, ein Rezensionsexemplar dieses Buchs, wenn es ihm überhaupt zugeschickt worden war, an den Rezensenten weiterzuleiten: es fehlt jedenfalls unter den Schriften Nietzsches, die sich in Spittelers Bibliothek erhalten haben. Die im November 1887 erschienene «Genealogie der Moral» traf erst nach der Fertigstellung der Besprechung ein und wurde daher lediglich in einem kurzen Nachtrag berücksichtigt.[11]

Es ist von einigem Interesse, dass sich die vorbereitende Arbeit des Kritikers, das heisst seine Lektüre der Werke Nietzsches anhand der Lesespuren in den dafür verwendeten Rezensionsexemplaren bis zu einem gewissen Grad verfolgen lässt. Diese Lesespuren gehen freilich, abgesehen von einer oder zwei unerheblichen Ausnahmen, nicht über mehr oder weniger lange und kräftige Randstriche oder Ausrufezeichen und gelegentliche Unterstreichungen einzelner Ausdrücke hinaus. Ein grosser Teil dieser Reaktionen hat sich in den Urteilen und Zitaten der Rezension direkt niedergeschlagen. Die nicht berücksichtigten Vermerke lassen keine Tendenz erkennen, die eindeutig über die Besprechung hinausführen oder von ihrer Grundrichtung abweichen würde. Sie betreffen vor allem Bereiche der Zustimmung, seltener der Ablehnung, die Spitteler schon anderswo berührt oder aus irgendwelchen Gründen nicht besonders hervorheben will. So zieht er es in seiner Beurteilung der «Unzeitgemässen Betrachtung» über David Friedrich Strauss, von der er sich nach wie vor distanziert, vor, sein Verdikt nicht dadurch zu dämpfen, dass er sich ausdrücklich mit Nietzsches allgemeiner Kritik am deutschen Bildungsphilister einverstanden erklärt. Oder er scheut wohl davor zurück, sich mitbetroffen zu zeigen, wenn im Schopenhauer-Essay vom «tiefen Verlangen nach dem Genius»[12] die Rede ist. Weniger plausibel ist es, wenn er in derselben Abhandlung den Passus über das «Mitleiden» der «tieferen Menschen»[13] mit dem Leiden der Tiere, das ihn selber seit je bewegte, nicht berücksichtigt oder wenn er sich eine Bemerkung zur Auffassung Nietzsches vom Wesen des Gewissens entgehen lässt,[14] wo doch die Problematik des Gewissens in seiner Prometheusdichtung eine bedeutende Rolle spielt. Oder will er sich eben deswegen nicht auf eine theoretische Erörterung einlassen? Die Striche am Rand verzeichnen in diesen und anderen Fällen seismographisch die Stellen, wo Spitteler sich als Leser berührt fühlte, ohne in jedem Falle schon an seine Rezensentenrolle zu denken.

Wichtig, weil prinzipiell über den inhaltlichen Bereich hinausreichend, sind die sich aus den Lesespuren (oder ihrem Fehlen) ergeben-

worden war, muss Spitteler seinerseits informiert haben, was den ersten Brief Spittelers an Nietzsche auslöste, auf welchen Nietzsche am 17. September antwortete (KSB 8, S. 159).

10 In «Moderne Versuche eines Religionsersatzes», von Spitteler besprochen in der «Schweizer Grenzpost» vom 6. Mai 1886. – Im Spitteler-Nachlass liegt die Abschrift eines Briefes von Helene Druskowitz, der dieses Angebot enthält (siehe meine Biographie S. 846). In seinem ersten Brief an Spitteler wehrt sich Nietzsche allerdings gegen Spittelers Annahme, es handle sich bei dieser «Literaturgans» um seine «Schülerin» (KSB 8, S. 159). Eine Empfehlung von dieser Seite hätte Nietzsche also kaum günstig gestimmt. Nichts aber weist darauf hin, dass sie tatsächlich stattgefunden hat.

11 Die von Spitteler benützten Rezensionsexemplare liegen heute im Spitteler-Nachlass der Schweizerischen Eidgenossenschaft unter der Zugangsnummer B 96–103.

12 «Schopenhauer als Erzieher» § 3, KSA 1, S. 358.

13 Ebda § 5, S. 377.

14 «Die fröhliche Wissenschaft» § 2, KSA 3, S. 373.

den Indizien zum Grad des Interesses, welches Spitteler den Texten im Augenblick der Lektüre entgegengebracht hat. Klarheit herrscht dort, wo die Broschur nicht aufgeschnitten ist. Es handelt sich um Ausnahmen. Sie betreffen den letzten Teil von Nietzsches Schrift über David Friedrich Strauss (stilistische Beckmessereien des Verfassers) und den letzten Teil von «Richard Wagner in Bayreuth» (der Rezensent erklärt unumwunden sein mangelndes Interesse für diesen panegyrischen Text). Verdacht kommt auf bei jenen Bänden, die zwar aufgeschnitten sind, deren wenig «aufgeschlagene» Broschur aber eine sehr flüchtige Lektüre verrät und die dementsprechend auch keine Lesespuren aufweisen: das gilt in erster Linie von «Menschliches, Allzumenschliches», einem Werk, das der Kritiker denn auch ziemlich beiläufig erledigen wird. Überraschender ist, dass auch im vierten und fünften Buch der «Fröhlichen Wissenschaft», ja vom zweiten Teil des vierten Buches der «Morgenröte» an die Striche plötzlich aufhören, während Spitteler doch beiden Werken sein Hauptaugenmerk zuwendet und die «Morgenröte» gar als das «Hauptwerk» bezeichnet, das ihm «persönlich teurer [...] als alle früheren zusammen»[15] sei. Immerhin verzeichnet er auf dem Titelblatt der «Fröhlichen Wissenschaft» stenographisch die Stellen, die ihm aufgefallen sind und deren Verwendung in der Rezension er in Erwägung zieht; bezeichnenderweise aber reicht auch diese Zusammenstellung nicht über das zweite Buch hinaus.

Rückschlüsse, die sich auf die relative Dichte der Spuren stützen, sind mit Vorsicht zu behandeln, da zustimmende oder ablehnende Teilnahme sich nicht unbedingt auf den Bleistift zu übertragen braucht. Immerhin lässt sich sagen, dass sich das auch im Text der Rezension bekundete negative oder positive Interesse des Kritikers in der auffallenden Zahl der Striche in den «Unzeitgemässen Betrachtungen» über David Friedrich Strauss und Schopenhauer sowie in der «Fröhlichen Wissenschaft» und der «Morgenröte» äussert.

Nietzsches einziger bedeutender Text dichterischen Charakters, «Also sprach Zarathustra», gehörte – wen wundert es? – nicht zu den Werken, denen der Rezensent adäquate Aufmerksamkeit zu gewähren bereit war. Spitteler betont in seiner Erinnerungsrede, er habe «anlässlich jener Besprechung nur flüchtig hineingeblickt, um ihn (den Zarathustra) nach der Probe von zwei Seiten wieder wegzulegen».[16] Tatsächlich weist das Rezensionsexemplar auch nicht die leiseste Spur teilnehmender Lektüre auf. Hinderte eine Art Berührungsangst den Verfasser von «Prometheus und Epimetheus» daran, sich auf ein Werk poetischen Anspruchs eines Autors einzulassen, der sein eigenes Buch bisher nicht der Beachtung wert gefunden hatte und ihm selber gegenüber auch noch schwieg, nachdem er es erhalten hatte? Um so erstaunlicher nehmen sich unter diesen Umständen die Sätze aus, die Spitteler diesem Werk schliesslich widmete. Sie sind von überraschender Entschiedenheit und Präzision. Der Rezensent gesteht «Also sprach Zarathustra» zwar nicht den Charakter einer Dichtung im europäischen Sinne, aber doch im Sinne eines orientalischen «Poems» zu: «Das funkelt und leuchtet, das sind Psalmen, zwar nicht Psalmen der Seele, wie die eines geborenen Dichters, wohl aber des Geistes.» Vom Standpunkt des Rezensenten mochten solche Sätze eine Grenze ziehen zwischen dem, was er selber als Dichtung verstand, und dem, was er in Nietzsches «Also sprach Zarathustra» vor Augen zu haben glaubte. Aus grösserer Distanz und für unvoreingenommene Ohren klingen sie wie hohes Lob für Nietzsches Sprachmächtigkeit: «Der Satz rauscht rhythmisch, die Rede schwelgt in der Anschauung [...]. Andere mögen es anders halten; für mich sprach 'Zarathustra' nicht, aber er sang.»[17]

Der Text, der schliesslich zu Neujahr 1888 im «Sonntagsblatt» des «Bund» erschien,[18] war nicht nur, gemessen am Umfang dieser Zeitungsbeilage, verhältnismässig umfangreich – er umfasst in Spittelers Gesammelten Werken nahezu 15 Druckseiten –, sondern in Anbetracht der Entstehungsbedingungen so positiv wie nur möglich, das heisst so positiv, wie es sich mit dem Gewissen des Rezensenten vertrug. Um eine eigentliche Analyse und Beurteilung von Nietzsches philosophischen Prämissen und Denkergebnissen konnte es sich nicht handeln. Etwas anderes als

15 «Friedrich Nietzsche in seinen Werken», GW 9, 379.
16 GW 6, 517.
17 GW 9, 384.
18 «Friedrich Nietzsche in seinen Werken», jetzt GW 9, 372 ff.

«den treuen Ausdruck von persönlichen Empfindungen»[19] wollte Carl Spitteler nicht geben. Mag sein, dass sein Aufsatz mehr über den Rezensenten als über den Rezensierten mitteilt. Wenn man einmal von den rein deskriptiven und den bewertenden Teilen der Rezension absieht und die Bemerkungen und Zitate zu eher punktuellen Fragen ausser acht lässt, bleibt ausser einer halben Seite zur grundlegenden Kritik Nietzsches am Christentum kaum etwas übrig, was die zentralen Anliegen seines Philosophierens direkt zur Darstellung bringen würde. Dabei hat der scharfe Blick des Lesers – wenn auch eher missbilligend – im Vorübergehen einige Grundzüge dieses Denkens sehr wohl bemerkt, von der Tendenz zur abstrahierenden Verallgemeinerung historischer Erscheinungen («der Mensch Rousseaus» usw.) über die beunruhigende Unabschliessbarkeit vieler Denkansätze (die Häufung von Fragezeichen am Schluss der Abschnitte) bis zur Problematisierung von Beziehungen zweiten Grades.

Trotz allen Einschränkungen kommt Spittelers Rezension in der Rezeptionsgeschichte von Nietzsches Werk eine nicht zu unterschätzende Bedeutung zu. Nie zuvor war das gesamte Schaffen Nietzsches so ausführlich und mit soviel Einfühlungsvermögen einer breiten Leserschaft vorgestellt worden. Nietzsche durfte damit zufrieden sein. Und er war einstweilen auch zufrieden, ja er zeigte sich in seinen ersten Reaktionen hocherfreut über das Verständnis, das ihm von schriftstellerisch so kompetenter Seite entgegengebracht wurde, wohl auch geschmeichelt, sah er sich doch als «Riesen» bezeichnet, von dem man freilich auch Grosses erwarten dürfe.[20] Wenn seine Freude trotzdem nach wenigen Wochen in heftige Kritik umschlug, so sind dafür nicht in erster Linie, wie Spitteler selber und die bisherigen Kommentatoren annahmen, fremde Einflüsterungen, namentlich die von Nietzsches treuem Paladin Heinrich Köselitz, verantwortlich zu machen. Tatsächlich ist, nachdem sich Nietzsche noch am 4. Februar 1888 Joseph Viktor Widmann gegenüber anerkennend, wenn auch mit einigen Einschränkungen, geäussert hatte, in einer auf den gleichen Tag datierten Karte von der «Taktlosigkeit des letzten Satzes» (einer kritischen Bemerkung Spittelers über Nietzsches schriftstellerische Entwicklung) die Rede.[21] Am 10. Februar sodann machte er Spitteler gegenüber in einem merkwürdig verschrobenen Schreiben seiner Enttäuschung Luft, ohne deswegen – daher wohl die Verschrobenheit – die Beziehungen zu seinem Kritiker gefährden zu wollen: «Ihnen, werther Herr, zu Dank verpflichtet und, wie ich hoffe, nicht zum letzten Male.»[22] Unter diesen Umständen fand Heinrich Köselitz, der Spittelers Aufsatz «ein tolles Gemisch von richtiger Witterung und Oberflächlichkeit, von Achtung und Unverschämtheit, von Ernst und Trivialität» nannte, die Werbewirksamkeit aber positiv einschätzte, wenige Tage darauf bei Nietzsche ein allzu offenes Ohr.[23]

Das Verdikt des Freundes bestätigte Nietzsche in seiner ambivalenten Haltung gegenüber Spitteler, in der sich Ablehnung der Rezension mit Schonung des Rezensenten verband. Man wäre geneigt, den Zarathustra-Dichter überheblich berechnender Unaufrichtigkeit zu zeihen, wenn man dahinter nicht frühe Anzeichen der wahnhaften Allmachtsvorstellungen, welche dem Zusammenbruch vorausgehen sollten, sehen müsste. Damit liessen sich wohl auch andere Ungereimtheiten deuten, welche Nietzsches Verhalten Spitteler gegenüber in den folgenden Monaten kennzeichneten. So schien er eifrig bemüht, seinem Schweizer Kollegen, der vergeblich einen Verleger für seine dramaturgischen Arbeiten suchte, zu helfen.[24] Dabei steckte Nietzsche selber in Verlegernöten, führte Prozesse und bezahlte den Druck seiner Bücher aus eigener Tasche. Wenn er in dieser Lage Spittelers Opus einem Verleger empfiehlt, mit dem er selber keineswegs zufrieden war, so fragt man sich, ob er tatsächlich glaubte, Spitteler einen Dienst zu leisten, oder ob es ihm lediglich um eine Alibi-Operation zu tun war. Überschätzte er seinen Einfluss? Man wundert sich nicht, dass seinen Empfehlungen kein Erfolg beschieden war.

Das Erscheinen seines «Briefes» zum «Fall Wagner» am 16. September 1888 brachte eine letzte Peripetie der persönlichen Beziehungen zwischen Friedrich Nietzsche und Carl Spitte-

[19] Ebda S. 372.
[20] Ebda S. 385.
[21] KSB 8, S. 244 f. und S. 245.
[22] Ebda S. 246 f. Zu diesem Brief liegt ein heftig ablehnender Entwurf vor (ebda S. 245 f.).
[23] KGB III 6, S. 155. Der Brief ist auf «Venedig, 10. Febr. 88» datiert, kann als nicht vor dem 11. oder 12. bei Nietzsche angelangt sein.
[24] Siehe dazu die Briefe Nietzsches an Spitteler vom 4. März, 16. Juli und 25. Juli (KSB 8, S. 267, S. 351 ff. und S. 369 ff.). Bei dem Verleger handelt es sich um die Firma Veit und Co. in Leipzig.

ler und allerletzte Aufregungen. Der Nicht-Wagnerianer Spitteler bedurfte keiner Bekehrung; er sah sein Urteil durch Nietzsches Darstellung in allen Punkten bestätigt. Glücklich darüber, dem Verfasser, der ihn nun schon zweimal empfohlen hatte, einen Dienst erweisen zu können, verfasste er spontan eine ausführliche Besprechung, die am 12. November im «Bund» und am 20. in den «Basler Nachrichten» erschien.[25] Die Übereinstimmung seiner eigenen Auffassung mit Nietzsches Wagnerkritik ging so weit, dass er sich, abgesehen von einigen einleitenden Bemerkungen, im wesentlichen auf eine thesenhafte Zusammenfassung der Hauptpunkte und eine Sammlung von illustrierenden Zitaten beschränken konnte. Auf die Polemik gegen Johannes Brahms trat er gar nicht ein; zu einer Verteidigung von Brahms fühlte er sich angesichts der persönlichen Spannungen zwischen ihm und dem Freund seines Freundes Widmann nicht veranlasst. Diesen Part sollte Widmann selber übernehmen; es lässt sich nicht mehr feststellen, ob diese Verteilung der Rollen von vornherein vereinbart war. Es war ein bedenkliches Zeichen für Nietzsches Wirklichkeitsbezug, dass er die von Spitteler in völliger Unabhängigkeit ausgesprochene Zustimmung in eine Art Dienstverhältnis verwandeln zu können glaubte: am 11. Dezember – unterdessen war Widmanns harsche Zurechtweisung erschienen – machte er seinem Briefpartner den Vorschlag, eine Sammlung von Belegen seiner frühen Abwendung von Wagner unter seinem eigenen – Spittelers – Namen herauszubringen. Einen Tag später zog er den unüberlegten Vorschlag zurück, bevor er noch Spittelers höfliche, aber bestimmte Ablehnung eines solchen Ansinnens erhalten hatte: noch einmal siegte der gesunde Menschenverstand.[26] Am 15. Dezember ging das Manuskript «Nietzsche contra Wagner» in Druck und erschien Anfang 1889 unter dem Namen seines Verfassers, als Nietzsches letzte Veröffentlichung.

Während Nietzsche also einen Augenblick lang bereit war, sich mit seinem Rezensenten gleichsam zu identifizieren, während er (am 19. November) seinem Verleger Naumann gegenüber Spittelers Urteil über ihn als «bei weitem das Beste» bezeichnete, «was bisher öffentlich gesagt worden ist»,[27] fühlte er sich nicht bewogen, den Spitteler und Widmann gemeinsam betreffenden ominös andeutenden Passus in seiner Schrift «Ecce homo», deren letzte Korrektur erst am 6. Dezember an die Druckerei ging, abzuändern: Widmanns Rezension von «Jenseits von Gut und Böse» und Spittelers «Gesamtbericht» seien «ein Maximum» in seinem Leben, «ich hüte mich zu sagen wovon».[28] Er war offenbar nicht mehr imstande, einen Zusammenhang zwischen seinen Handlungen herzustellen. Kurz darauf mündete sein Zorn über die unbotmässigen Schweizer Rezensenten in die briefliche Androhung göttlicher Rache, ein Zeugnis des Wahns, das Spitteler aus Dankbarkeit für die ihm einst gewährte Anerkennung und Unterstützung schliesslich vernichtet zu haben scheint.[29]

[25] Jetzt in GW 9, 387 ff. Das von Spitteler für seine Rezension verwendete Exemplar liegt ebenfalls im Nachlass (B 101). Es zeugt von intensiver Lektüre.

[26] KSB 8, S. 523 ff. und S. 525.

[27] KSB 8, S. 481.

[28] «Ecce homo», Kap. «Warum ich so gute Bücher schreibe», § 1, KSA 6, S. 299.

[29] 4. Januar 1889, KSB 8, S. 576 (Fragment). Siehe dazu den Kommentar von Gottfried Bohnenblust, GW 10/2, S. 284 f.

— 3 —

Friedrich Nietzsche
aus seinen Werken.

Von Carl Spitteler.

Eine schwierigere Aufgabe kann einem literarischen Referenten nicht zufallen, als die Anforderung, gleichzeitig über zehn Werke eines höchst originellen und im Ausdruck vielfach dunklen Schriftstellers Bericht zu erstatten. Was dieser in zwei Jahrzehnten gearbeitet, soll jener binnen wenigen Monaten nacharbeiten und obendrein charakterisiren, vielleicht gar kritisiren! Die natürlichste Antwort auf ein solches Ansinnen wäre die Ablehnung, denn Unmögliches zu leisten, kann niemand verpflichtet werden. Wenn wir uns gleichwohl widerstrebend zu dem gewagten Versuch verstehen, so geschieht es um der Sache willen, das heißt um dem Leser eine Ahnung von den Geistestaten eines außerordentlichen Denkers zu vermitteln und ihn hiedurch zu ermuntern, direkte Bekanntschaft mit dessen Werken zu schließen; zugleich setzen wir aber voraus, daß man nichts Unbilliges von uns erwarte. Nämlich von einer Erklärung oder auch nur von einer ausreichenden Charakteristik kann selbstverständlich nicht die Rede sein, weil dazu das Quellenmaterial und der methodische Apparat eines Biographen gehörte; wir müssen uns also zunächst einzig auf die Werke beschränken. Allein selbst innerhalb dieses Rahmens kann ein kleiner Aufsatz, der sich nicht auf langjähriges Studium, sondern bloß auf einmalige aufmerksame Lektüre stützt, nichts anderes bieten, als den treuen Ausdruck rein persönlicher Empfindungen.

Zur bessern Uebersicht wählen wir die Gruppirung und schreiten vom Untergeordneten zum Höhern vor, ein Prozeß, der sich um so mehr empfiehlt, als sich der Fortschritt der Entwicklung bei Nietzsche mit dem chronologischen deckt. Zwischen dem was er einst war und was er jetzt ist, besteht ein unendlicher Unterschied zu Gunsten der Gegenwart; auf unsern Verfasser selber paßt, was er von Wagner aussagt: er begann alt und wurde erst viel später jung. Daher darf sich denn auch der Leser nicht daran stoßen, wenn wir da, wo wir von den frühesten Werken handeln, mitunter ein ablehnendes Urteil aussprechen.

I.

Der Apologet und Polemiker.

„Unzeitgemäße Betrachtungen", vier Bände, enthaltend: 1) David Strauß. 2) Vom Nutzen und Nachteil der Historie für das Leben. 3) Schopenhauer als Erzieher. 4) Richard Wagner in Bayreuth.

„Die Geburt der Tragödie aus dem Geiste der Musik". (Ein Band.)*

Es wird stets ein Schauspiel von zweifelhafter Anmut bleiben, wenn wir sehen müssen, wie sich ein noch unbekannter Schriftsteller an einer Gestalt von unzweifelhaftem Verdienst, die jedermann ehrt, polemisch vergreift. Speziell der Verfasser dieser Zeilen fühlte sich seiner Zeit durch den Angriff Nietzsches gegen Strauß so gründlich abgestoßen, daß die Erinnerung an jenes Attentat ihm während langer Jahre die Lust raubte, mit Nietzsches Werken fernerhin Bekanntschaft zu schließen. Hierüber sind nun bald fünfzehn Jahre vergangen; wir haben inzwischen Nietzsche schätzen gelernt, ja wir bringen seinem einsamen Standpunkt und dem Mut, mit welchem er denselben gegen eine Welt behauptet, sogar persönliche Sympathie entgegen, allein indem wir neuestens den „David Strauß" wieder vornahmen, mit dem besten Willen, unser ehemaliges Urteil zu kassiren, wurden wir nach wie vor zu dem Schluß gezwungen: es bleibt ein böses Buch, das keine Rechtfertigung, sondern bloß eine Entschuldigung erträgt; die beste Entschuldigung aber, die wir ihm zu geben wissen, besteht in dem Glauben, daß der Verfasser heute nicht minder als wir bedauern wird, es einst geschrieben zu haben. Wir teilen mit gutem Vorbedacht nur das Allernotwendigste zur Begründung mit und beschränken uns hiebei ganz allein auf die Bedenken des Anstandes. Nietzsche nennt Strauß „ein unästhetisches Magisterlein" (Seite 35), einen „lüderlichen Gesellen" (89); er spricht von einer „Straußen-idee" (38); er behauptet, Strauß sei zu schlecht, um Mozart nur zu loben (35); (soll etwa die Verehrung Mozarts ein Privileg der Wagnergemeinde sein? wir fürchten, sie würde dann etwas katzenmusikalisch geraten); er interpellirt ihn sogar mit direktem Vokativ des Hasses: „Sie bescheidener Mann." „Sie galanter Religionsstifter." „Sie tändelnder Liebling der Grazien." Wer so schreibt, schreibt kein Buch, sondern ein Pamphlet. Genug davon.

Mehr ins allgemeine zielt der Angriff des zweiten Bandes: „Vom Nutzen und Vorteil der Historie für das Leben." Hier kommt nun Nietzsches Ueberlegenheit, welche den alexandrinischen und philiströsen Geist unserer öffentlichen Meinung in seiner ganzen Nichtigkeit durchschaut, dem Leser zum Bewußtsein. Im Antistrauß hatte es an überraschenden Lichtblitzen nicht gefehlt, diesmal jedoch erhalten wir Idee an Idee in glänzenden Reihen. Wenn sich unterwegs auch unser kampflustiger Verfasser mit einigen Millionen Zeitgenossen im allgemeinen und mit Ed. v. Hartmann im besondern herumschlägt, so bleibt doch die Wahrheit das sichtbare Ziel, nach welchem der Text sich bewegt, und es fallen auf Schritt und Tritt für den Leser reife Gedankenfrüchte ab. Wir enthalten uns nur mit Mühe der Zitate; allein wollten wir bei Nietzsche zu zitiren beginnen, dann müßte uns zuvor der „Bund" Extrasonntagsblätter bewilligen.

Auf apologetischem Gebiet hat uns Nietzsches „Schopenhauer als Erzieher" eine außerordentliche Freude bereitet. Vor einer geistesverwandten Größe wie Schopenhauer stehend und mit Pietät für dieselbe erfüllt, weiß Nietzsche neben seinem gewöhnlichen Reformatoreneifer der Ueberzeugung in dem genannten Buche zugleich Akzente des Gefühls und hiemit Einfachheit und Natürlichkeit zu finden. Seite 8 bis 19 z. B. des „Schopenhauer als Erzieher" lassen sich lesen, als wären sie von einem gewöhnlichen vortrefflichen Schriftsteller geschrieben. Um aber dem Leser einen schwachen Begriff von der phänomenalen Geistesfreiheit zu geben, mit welcher unser Denker sich ein für allemal über alle Schranken der öffentlichen Meinung hinweggesetzt, kein Urteil annehmend, und würde es selbst tutti unisono verkündet, er hätte es denn zuvor revidirt, wollen wir ihn unter anderm auf Seite 36 bis 38 verweisen und ihm ausnahmsweise ein einziges winziges Zitat gönnen. Gegenüber der trivialen Behauptung, jedes Genie sei ein Kind seiner Zeit, bemerkt er korrigirend: „vielmehr ein Stiefkind seiner Zeit" (Seite 34). Auf Seite 22 deckt er die Schlechtigkeit des Gemütes auf, welche unsere Philister verraten, indem sie aus Schmeichelei für Göthe jedes Dichterunglück als einen Beweis der Schuld und

* Diese und die ferner genannten Werke sind bei E. W. Fritsch in Leipzig erschienen.

der Unvollkommenheit verunglimpfen. Hätte Nietzsche auch nur diese eine 22. Seite geschrieben, wir drückten ihm sympathisch und dankbar die Hand. Er hat aber noch mehr geschrieben, er hat es gewagt, an Göthe selber wiederholt mancherlei zu tadeln, und um dieses beinahe übermenschlichen Mutes ziehen wir tief den Hut vor ihm ab.

Neben Schopenhauer verehrt Nietzsche bekanntlich auch Richard Wagner; zwei Bücher liegen uns als Glaubensbekenntnisse hierüber vor. Nun ist über Wagner in unserer Abhandlung nicht die Rede, bloß Nietzsches Verhältnis zu Wagner geht uns an. Ich habe mir den Wagnerglauben unseres Ungläubigen aus seinen Schriften zu erklären gesucht und folgendes zu finden geglaubt. Nietzsche gehört zu jenen Denkern, für welche die Namen berühmter Männer ein Symbol, ein Ideal, ja sogar ein Allgemein-Begriff sind. Wer von Montaigne sagen kann, „er bedeutet in der Bewegtheit des Reformationsgeistes ein In-sich-zur-Ruhe-kommen, ein friedliches Für-sich-sein und Ausatmen" („Wagner" Seite 19), wer einen Genitiv bildet wie folgenden: „Der Mensch Rousseaus, Göthes, Schopenhauers", wer die historischen Persönlichkeiten der Weltgeschichte gleich schwarzen und roten Kirschen in zwei Körbe, einen apollinischen und einen dionysischen, auseinanderscheidet, bei diesem ist es keineswegs verwunderlich, wenn er zuerst ein Bedürfnis nach einem neuen Typus aus seinem Kultursystem herausdestillirt, dann nach einem Menschen sucht, der ihm entspräche, und denselben zufällig Richard Wagner nennt. Das Buch Richard Wagner bietet uns denn auch weniger eine Schilderung des wirklichen Menschen Wagner als eine aprioristische Konstruktion eines modernen Messias. Das Buch gehört nicht in eine menschliche Bibliothek, sondern auf den Altar von Bayreuth, wo wir es gerne liegen lassen.

Uebrigens sprechen sich die neuesten Schriften Nietzsches ganz anders über Wagner aus. So heißt es z. B. in der „Fröhlichen Wissenschaft" (1887) auf Seite 123: „Es darf nicht verschwiegen werden, daß Wagners Stil an Geschwüren und Geschwülsten krankt." Auf Seite 101 wird geklagt, man höre weder Text noch Musik bei einer Wagner'schen Oper, wenn man beides nicht zuvor auswendig gelernt habe. Auch wird an demselben Ort und wiederholt später die Melodie als „der sublimste Genuß in der Musik" gerühmt. Wir dürfen daher das Buch „Richard Wagner" als veraltet und überwunden betrachten.

Ungleich interessanter ist das tiefsinnige Werk: „Die Geburt der Tragödie aus dem Geiste der Musik." Das kritiklose, aus Konvention und Tradition kindisch zusammengeleimte Pappendeckelgemälde, das sich die Welt als das Bild der griechischen Kulturwelt gefallen läßt, zusammenzuschlagen und uns dafür die wahrhaftigen, nichts weniger als harmonischen Griechen vor Augen zu stellen, dazu ist Nietzsche der rechte Mann. Auch hat er in das Wesen der griechischen Tragödie Einblicke getan wie keiner vor ihm. So trifft er wohl einen Hauptnagel auf den Kopf, wenn er (in der „Morgenröte") gelegentlich sagt: „Der tragische Genuß bedingt ein grausames, mit zähen Nerven versehenes Zeitalter; es liegt etwas von Götterkannibalismus in der Tragik."

Oder, in der „Fröhlichen Wissenschaft": „Der Athener ging ins Theater, um schöne Reden zu hören (im Text hervorgehoben)". Ueberhaupt zeigt sich Nietzsche als Dramaturge den Literarhistorikern weit überlegen; er dringt hinter die Coulissen des griechischen Theaters und findet den Punkt, wo Aristoteles als Philosoph den schaffenden Dichter mißverstand. Ich wüßte keinen Menschen der Gegenwart, welcher sich mit Nietzsche in der Erkenntnis des Tragischen messen dürfte.

Freilich muß man die herrlichen Schätze, welche „Geburt der Tragik" einschließt, mühsam verdienen. Mi[t] erbarmungsloser Konsequenz werden zwei Kulturprinzipien (Apollinismus und Dionysismus) erst aus der Griechenwelt herausgezwirnt und dann auf die ganze Nachwelt fortgesponnen, um die historischen Persönlichkeiten an den dünnen Faden künstlich aufzuhängen, wie die Puppen an einem Draht. Oft ertappt man sich an dem Frevel, daß man heimtückisch einige Seiten überschlagen hat. Nicht als ob uns jemals der Gedanke des Autors im Stiche ließe; doch ist alles so abstrakt, so weit entfernt von der Wirklichkeit, gedacht, daß wir von unten her neutral zusehen und uns fragen, ob wir uns wirklich die Mühe geben wollen, dort oben hinauf nachzuspringen und nachzudenken. Nur ein geborner Philosoph denkt zu seinem Vergnügen in der Luft um Begriffe herum; wir andern begehren stets die Gewißheit zu verspüren, daß die Gedanken auch ein Licht, eine Farbe und einen Schatten auf die Wirklichkeit werfen. Diese Gewißheit verläßt uns aber öfters während der Lektüre des genannten Werkes.

II.

Der Spruch- und Orakelverkünder.

Menschliches Allzumenschliches. (Zwei Bände.) Morgenröte; Gedanken über die moralischen Vorurteile.

Indem wir zu der zweiten Periode übergehen, bemerken wir einen gewaltigen Sprung des Fortschrittes, sowohl hinsichtlich des Inhaltes wie der Form. In beider Beziehung findet der Autor jetzt erst sich selber, den Kathedergelehrten, der sich in den oben genannten Schriften noch deutlich bemerkbar machte, fast gänzlich abstreifend, um als ein Ganzes vor uns zu treten, als ein Philosoph. Statt der dozirenden, weitschweifigen und blassen Logik begegnen wir jetzt dem dunklen, gedrängten Aphorismus; während wir in den früheren Schriften viele Seiten ungelesen überschlugen, werden wir von nun an gezwungen, über die einzelnen Sätze nachzugrübeln; kurz, der Verfasser hat das Gas seines frühern Stils kondensirt und liefert uns von nun an einen komprimirten Lesestoff. Wir begrüßen das als einen gewaltigen Gewinn; denn harte Brocken sind immer noch viel leichter zu verdauen, als Hektoliter dünnflüssiger Abstraktionen. Auch begrüßen wir es als eine richtige Selbsterkenntnis, daß ein so willkürlicher Denker schließlich den Aphorismus zu seinem Lieblingsausdruck gewählt hat. Wenn Einer der Welt feindliche Behauptungen ins Gesicht schleudern will, die Begründung verschmähend, so hat er auch die zusammenhängende Rede nicht nötig. Mit dem Spruch nähert sich ferner Nietzsche einer Tugend, die ihm bisher vollständig mangelte, der Tugend eines schriftstellerischen Stils. Was war das für ein ewiges Schwanken, was für eine Ungleichheit, bald in redseligen Invektiven, bald in knappen Sätzen, bald wieder in abstrakten Kathedertrivialitäten einherschreitend! Keines der bisher besprochenen Bücher gleicht im Stil dem andern, keines sich selbst, keines Nietzsche. Wie Wagner im Tannhäuser, Holländer und Lohengrin sogar die abgedroschensten Phrasen aus Meyerbeer und andern seiner Feinde nicht verschmäht, so erinnert der explizirende Nietzsche der ersten Periode unaufhörlich mit seinem Stil an diejenigen, die er am eifrigsten verabscheut, an die Universitätsprofessoren der Philosophie. Einen „David Strauß" z. B. kann doch nur ein Professor verüben. Der Nietzsche der ersten Periode war wunderlich, ohne originell zu sein, jetzt bleibt er zuweilen noch wunder-

lich, aber er ist immer Jemand. Noch unterscheidet sich freilich der neuere Stil von einem Schriftstellerstil durch allerlei Eigentümlichkeiten; noch immer erkennt man selbst an dem Religionslehrer den Philosophen. Der Wortschatz trägt nach wie vor abstraktes, keineswegs poetisches Gepräge, die adäquate Raumproportion des Inhalts und des Ausdrucks wird nur in glücklichen Ausnahmsstunden erreicht, so daß Nietzsche in der Regel bald länger bald kürzer redet, als ein ungelehrter Schriftsteller tun würde; an die Stelle der früheren unmotivirten Breite ist jetzt meist eine gekünstelte, nicht durch den Stoff bedingte Aposiopese getreten. Vor allem aber das Auf- und Abwärtsdenken durch die verschiedensten Etagen der Vorstellung, das Verschnörkeln der Realität mit Kulturblumen und philosophischen Begriffen ist, wenn auch versteckt, in den neuen Stil herübergekommen. Es wird Nietzsche auch jetzt nicht recht wohl, wenn er nicht einen gesunden, irdenen Gedanken unvermutet in irgend eine metaphysische Potenz emporschnellen kann, und wäre es nur durch einen fragenden Schlußsatz, der das soeben Gesagte aus dem natürlichen Gebiet in eine inkommensurable Höhe projizirt. Die Etagen sind neuestens ineinander geschoben, das ist der Unterschied. Beide Mal fehlt die Einheit der Perspektive.

Da wir schon um ein gutes Stück den gebührlichen Raum einer Besprechung überschritten haben, müssen wir uns so kurz als möglich fassen. Deshalb wollen wir das „Menschliche Allzumenschliche", welches nach unserem Dafürhalten bloß eine Vorstufe zu der „Morgenröte" und der „Fröhlichen Wissenschaft" bedeutet, nur beiläufig behandeln. Das Menschliche Allzumenschliche ist eine Spruchsammlung von Gedankenspänen über die gesamte Welt und noch einige Gegenstände dazu, an das Größte wie an das Kleinste rührend, Erlebtes neben das Erdachte stellend, der Vollständigkeit willen. Rund um die Welt herum ist aber niemand bewandert, und so kann selbst ein Nietzsche der Gefahr solcher umfassender Spruchweisheit, der Gefahr, Dilettantisches zu liefern, nicht jeder Zeit entrinnen. Die „Morgenröte" ist ein Werk, „Die fröhliche Wissenschaft" ein Schatzkästlein, das „Menschlich-Allzumenschliche" dagegen vermögen wir nur als eine Sammlung von Abfällen zu betrachten, wo Perlen und Stroh wahllos miteinander vereinigt sind. Man vergleiche z. B. die prächtige Motivirung der französischen Dramatik auf Seite 177 (I. Band) mit den fadenscheinigen Sprüchen über Weib und Mann auf Seite 273 und 274, von welchen einige in den Münchener „Fliegenden Blättern", andere in einer Posse von L'Arronge besser am Platze wären („Wenn man keinen guten Vater hat, so soll man sich einen anschaffen"). Damit wollen wir bei Leibe nicht die betreffende Sammlung entwerten; Nietzsches Geist leuchtet an tausend Stellen empor; an menschlichem, allzu menschlichem Interesse des Stoffes überflügelt sogar das Buch alle übrigen Schriften, ebenso wie es von keinem andern an Klarheit und Natürlichkeit des Stils erreicht wird. Wer daher Nietzsche auf die leichteste und angenehmste Art kennen lernen will, dem sei „das Menschliche Allzumenschliche" vor allen andern Werken empfohlen.

Nun aber zu dem Hauptwerke, welches uns persönlich teurer ist als alle frühern zusammen, zu der „Morgenröte". Die Ideenfülle der Morgenröte spottet jeder Beschreibung. Während wir früher das Bemerkenswerteste anstrichen, mußten wir uns vor der „Morgenröthe" dieses System nach wenigen Seiten schon abgewöhnen, denn wir hätten so ziemlich alles als bedeutend hervorheben müssen. Eine ungeheure Geisteskraft bewegt sich hier, zwar mühselig und schwerfällig, aber unaufhaltsam gegen die Schanzen und Schuttwerke der menschlichen Irrtümer und Vorurteile heran, um die gefangene Wahrheit zu erlösen. Vor diesem Buche muß sich die Behauptung, es sei alles schon einmal gedacht worden, beschämt zurückziehen; denn es denkt auf einer Höhe, die zu erblicken schon große Geistesanstrengung erfordert. Eine Lektüre für den Eisenbahnwagen ist es nicht, das können wir dem Leser heilig versichern. Aus den tiefsten Höhlen des Nachsinnens, wir möchten beinahe sagen der Inspiration gräbt der Verfasser seine geheimnisvollen Sprüche hervor; es ist, als ob er mit den Füßen in transscendentaler Nährgelatine stünde und mit dem Kopf über die andern Menschen wegblickte. Häufig sehen wir den Nutzen des Spruches nicht ein. Nietzsche bleibt darin Philosoph, daß er am Zweifel zweifelt und über den Gedanken denkt, aus professioneller Gewohnheit; nennt er sich doch selbst einen Grübler; das Gesamtwerk hat jedoch ein Zentrum und ein gemeinsames Ziel, und darin unterscheidet es sich von seinem unbedeutenderen Vorgänger, dem Menschlichen Allzumenschlichen. Stilistisch freilich möchte es gegenüber dem letztern Werk einen Rückschritt darstellen, wenn anders unsere Meinung, daß ein Orakelspruch einen klaren Spruch nicht aufwiege, richtig ist. Charakteristisch ist für die Morgenröte das Fragezeichen (oder das Ausrufungszeichen oder der Gedankenstrich) am Schlusse vieler dieser pythischen Sprüche. Weisheit in Zweifel aufzulösen, den Leser zu entlassen, wenn derselbe eben zu fragen anfängt, das ist hier System. Haben wir ferner richtig beobachtet, wenn wir in der Fremdartigkeit der Ideenverbindungen einen Versuch zu erblicken meinen, den französischen Esprit, für welchen der Verfasser theoretisch eine merkwürdige Liebe gegen die Natur bekennt, auf die sibyllinische Weisheit praktisch anzuwenden? Wenn das der Fall wäre, so würden wir uns eine Anmerkung dazu gestatten.

Die „Fröhliche Wissenschaft" ist gewissermaßen eine Gelegenheitsphilosophie, insofern sie, wie Nietzsche uns in der Vorrede mitteilt, einer Stimmung ihre Entstehung verdankt. Der Anlaß ist ein äußerst sympathischer; der Verfasser war nämlich von einer schweren, langwierigen Krankheit unverhofft genesen und empfindet dennoch das Bedürfnis, mit neu gewonnenen Kräften an die Denkarbeit zu schreiten. Nun würde man sich jedoch gewaltig täuschen, wenn man in der „Fröhlichen Wissenschaft" Fröhlichkeit erwartete; es ist vielmehr Ruhe, Ordnung und Maß, mit einem Wort die Harmonie in der Entwicklung des an sich nichts weniger als fröhlichen Stoffes, welche allein den Einfluß einer gehobenen Stimmung erkennen läßt. Die „Fröhliche Wissenschaft", wie übrigens die meisten philosophischen Schriften Nietzsches, zerfallen in mehrere Bücher. Dem ersten möchten wir die Ueberschrift „Völkerpsychologisches" geben. Es klingt an schon Dagewesenes an, so daß wir anfänglich die Empfindung hatten, als bedeute das neue Werk nichts anderes als Variationen zu den Themen der „Morgenröte". Wir verspürten dieselbe Bewunderung für den Stoff, aber auch dieselben Bedenken gegen die Form, gegen die Allgemeinheit der Ideen, welche in abstrakter Höhe schweifen, ohne durch Einzelheiten zu entschädigen, gegen die Brückengedanken, wo, anstatt Gegenstände auf einander zu beziehen, die Beziehungen selber den Gegenstand bilden, gegen die unnütze Betätigung einer allzu umfassenden, den Autor selber hindernden Belesenheit (Zitate aus aller Welt bis auf die neuesten französischen Romanciers herab), gegen die bloß streifende, zwar nicht oberflächliche, aber willkürliche, zufällige Behandlung wichtiger Probleme (z. B. der

weiblichen Keuschheit auf Seite 71), endlich gegen die schon erwähnte Zwecklosigkeit mancher Fragen und Antworten, wo das Verhältnis des Gesagten zum Leben gar nicht mehr durchzufühlen bleibt. Das zweite Buch dagegen hat uns von sämtlichen Schriften unseres Philosophen den ungeteiltesten Genuß gewährt; in ihm fanden wir die Tiefe der „Morgenröte" mit der Klarheit des Menschlichen-Allzumenschlichen verbunden; man kann sich dem Texte ganz und voll hingeben. Zu einem großen Teil beruht dieser Vorzug auf der Gunst des Stoffes; denn Nietzsche spricht hier über Dinge, die interessant sind, die er weiß und die er durchdacht hat: über Kunst und Altertum, über Poesie und Sprache. In den genannten Gebieten zeigt sich Nietzsche als Meister, weil er da zugleich selbständig (originell) und sachlich denkt; hier lauschen wir ihm am liebsten. Hören wir beispielshalber einige Sätze über die deutsche Sprache. „Man schreibt nur im Angesicht der Poesie gute Prosa" (Seite 113). „In den Ländern einer höfischen Kultur bedeutet der technische Ausdruck und alles, was den Spezialisten verrät, einen Flecken des Stils" (126). Eine Stelle, die zugleich dem Denkermut („dem intellektuellen Gewissen") Nietzsches die größte Ehre macht, zitiren wir etwas weitläufiger: „Etwas Höhnisches, Kaltes, Gleichgültiges, Nachlässiges in der Stimme, das klingt jetzt den Deutschen „vornehm". Abscheulichere Klänge sucht man in Europa vergebens. Der Offizier und zwar der preußische ist ihr Erfinder." Und nachdem er den sonstigen Tugenden des Offiziers volle Gerechtigkeit hat widerfahren lassen, fährt er fort: „Sobald er aber spricht und sich bewegt, ist er die unbescheidenste und geschmackloseste Figur im alten Europa." Und dabei wundern sich die Deutschen, warum ihnen kein feines Konversationsdrama gelingen will! Endlich, von der Uebertragung jener willkürlichen und geschmacklosen Durchdienasevornehmheit auf den Schriftsteller sprechend: „Fast in jeder Rede des größten deutschen Staatsmannes und selbst dann, wenn er sich durch sein kaiserliches Sprachrohr vernehmen läßt, ist ein Akzent, den das Ohr eines Ausländers mit Widerwillen zurückweist." Ich hatte mich von jeher darüber gewundert, warum Nietzsche mit seinem außerordentlichen Geist in Deutschland nicht hochberühmt dasteht. Jetzt wundere ich mich nicht mehr, denn der neudeutsche Reichsruhm ist musterhaft diszipliniert. Ausnahmsweise kommen kleine Schlacken auch im zweiten Buch der „Fröhlichen Wissenschaft" vor, etwa ein abstrakter Schwanz am Schlusse einer vernünftigen Betrachtung, geschnörkelt oder änigmatisch in metaphysische Höhe gestreckt, oder eine allgemeine Behauptung, welche vor der Kontrole der Wirklichkeit nicht besteht, wie z. B. der Satz: „Nur die deutschen Musiker verstehen sich auf den Ausdruck bewegter Volksmassen", während bekanntlich Auber mit der „Stummen" das unerreichte Vorbild in dieser Hinsicht bleibt, von dem sehr bewegten Rütlischwur Rossinis zu schweigen. Doch was wollen solche Kleinigkeiten gegenüber dem herrlichen Genuß einer Ueberfülle der fruchtbringendsten Wahrheiten besagen! Im ganzen und großen bleibt das zweite Buch der „Fröhlichen Wissenschaft" ein Meisterstück, dem wir recht zahlreiche Nachkommenschaft wünschen.

Das dritte Buch handelt hauptsächlich von Religion und Politik. Auch hier müssen wir unser Gelübde brechen und zitiren. Man nehme gleich den ersten Paragraphen: „Gott ist tot, aber so wie die Art der Menschen ist (verstehe: Hammelart), wird es vielleicht noch Jahrtausende lang Höhlen geben, in denen man seinen Schatten zeigt. Und wir, wir müssen auch noch seinen Schatten besiegen." Ferner auf Seite 163: „Wenn Gott ein Gegenstand der Liebe werden wollte, so hätte er sich zuerst des Gerichts und der Gerechtigkeit begeben müssen. Ein Richter, und selbst ein gnädiger Richter, ist kein Gegenstand der Liebe. Der Stifter des Christentums empfand hierin nicht fein genug — als Jude." Und unmittelbar darauf: „Wie? ein Gott, der die Menschen liebt, vorausgesetzt, daß sie an ihn glauben! Eine verklausulirte Liebe! Wie orientalisch ist das!" Und wieder: „Buddha sagt: „Schmeichle deinem Wohltäter nicht!" Man spreche diesen Spruch nach in einer christlichen Kirche: er reinigt sofort die Luft von allem Christlichen." Wie angenehm dieser Gedankengang an das schöne Wort von Börne erinnert: Die Deutschen schmeicheln dem lieben Gott, als ob er ein deutscher Prinz wäre." Es folgen in den übrigen Büchern noch verschiedene Betrachtungen, die wir nicht unter einen einzigen Oberbegriff zu schieben verstehen. Hinsichtlich des Wertes derselben haben wir eine merkwürdige Beobachtung aus dem „Menschlichen Allzumenschlichen" bestätigt gefunden. Im Unterschied zu prägnanten Denkern (ursprünglich denkt Nietzsche profus) geraten die kürzesten Sprüche unserm Philosophen am wenigsten. Dieselben klingen und scheinen, aber beleuchten nicht. — Die Vorzüge der „Fröhlichen Wissenschaft" haben uns zu einiger Ausführlichkeit gezwungen, doch wird uns der Leser schwerlich zürnen.

III.

Der Dichter.

Der „Fröhlichen Wissenschaft" sind einige Verse voran- und nachgeschickt. Wir meinen indessen nicht das, wenn wir von dem Dichter Nietzsche reden, denn für die Blässe jener Verse vermögen uns die übrigen Vorzüge derselben nur halb zu entschädigen. Wohl aber verdient der Zarathustra (Also sprach Zarathustra) den Namen eines Poems in bestimmtem, nämlich in orientalischem Sinne. Mitmenschen pflegen sich gegenseitig zu fragen: „Verstehst Du den „Also sprach Zarathustra?" Und als Antwort schütteln sich die Köpfe. Ich bekenne offen noch Schlimmeres, nämlich daß ich gar nicht einmal das Bedürfnis empfinde, ihn zu verstehen. Dagegen glaube ich ihn zu begreifen, eben dadurch, daß ich ihn ein Poem nenne. Man beobachte nur den Eindruck, den diese Strophen auf das Auge machen. Das funkelt und leuchtet, das sind Psalmen, zwar nicht Psalmen der Seele, wie die eines gebornen Dichters, wohl aber des Geistes. Die Substantive stehen um ihrer selbstwillen da, wir meinen wegen den Bildervorstellungen, welche sie erwecken; diese Vorstellungen wecken wieder Akkorde mit ihren Nächsten; der Satz rauscht rhythmisch, die Rede schwelgt in der Anschauung (allerdings in einer destillirten); die Abschnitte beweisen Maß und Einheit; das Ganze erscheint wie polirt, spiegelglatt, so spiegelglatt, daß selbst der Wille zum Verständnis davon abgleitet und magnetisirt eingeschlummert. Andere mögen es mit Zarathustra anders halten; für mich sprach Zarathustra nicht, aber er sang; und ich begnüge mich damit, der Melodie zuzuhören. Selbst ein gründlicher Nietzschekenner, wenn es solche gibt, wird durch die überraschende Wandlung, welche unser rätselhafter Proteus in Zarathustra plötzlich annahm, überrascht worden sein. Wir wollen eine Erklärung dieses Phänomens wagen. Offenbar sucht sich Nietzsche beständig selbst, ohne sich zu finden. Und er findet sich nicht, weil man sich niemals im Denken, sondern einzig in Taten und Werken (schriftstellerischen und andern) finden kann. Bücher bedeuten aber Werke nur unter der Bedingung, daß sie auch formell vollendet sind. Dies empfand wohl unser Philosoph, und vor seinem gigantischen Schatten erschreckend, schlüpfte er plötzlich in eine poetische

Form. Wir begrüßen diese Erkenntnis und möchten nur noch wünschen, daß der Form der Inhalt entspräche und daß das Tiefe und das Schöne nicht mehr getrennt erscheinen; der Zarathustra bedeutet einstweilen statt eines Fortschrittes vielmehr einen Seitensprung und zwar nach einer Seite, in welcher wir nicht Nietzsches Bahn zu sehen glauben, da er schwerlich in der Poesie seine Heimat hat; aber der Zarathustra kann dem Autor als ein heller Spiegel dienen, in dessen Licht er seinen Prosastil prüfe, um denselben den Gedanken zu adäquiren. Wir meinen damit natürlich nicht Schönrednerei, noch weniger Poesie, sondern ganz einfach den klaren Plan, die gegliederte Ordnung und den natürlichen Ausdruck. Nietzsche ist ein Riese, das unterliegt keinem Zweifel. Als solcher darf er es uns nicht verübeln, wenn wir ihm zumuten, groß zu sein. Hoffen wir, daß wir über Jahr und Tag unserm Aufsatz ein viertes Kapitel beifügen dürfen, das die Ueberschrift trage: „Der Schriftsteller".

Nachtrag.

Wir hatten obenstehenden Aufsatz schon abgesandt, als uns noch ein allerneuestes Werk Nietzsches überraschte: „Zur Genealogie der Moral". (Leipzig, Naumann.)

Nietzsche zeigt zunächst, wie ursprünglich der Begriff des richtig-Handelns vom Rassen-Adel (im Sinne eines edlen „blonden" Raubtiers aufgefaßt) abstrahirt wurde, welchem ein an Rasse schlechter Pöbel gegenüberstand. Das Priestervolk der Juden dagegen abstrahirte aus dem Pöbel unsere Begriffe „bös" und „gut". Triebfedern dieser Begriffe sind der Neid und der Haß. Scharfsinnig wird entwickelt, wie selbst im Begriff der christlichen Liebe noch Neid und Haß zu erkennen sind (Seite 28 bis 34).

Die zweite Abhandlung erläutert die Entstehung der einzelnen Moralbegriffe, wobei der Begriff Strafe eine eigentümliche Begründung erfährt.

Die dritte Abhandlung bearbeitet das Thema: Woher stammen die asketischen Moral-Ideale? Von den Künstlern? Nein. — Von den Philosophen? Ebenfalls nicht, denn ihre asketischen Prinzipien sind nur versteckte professionelle Bedürfnisse. Hiebei fallen prächtige Worte gegen die „Verleumder der Sinnlichkeit"; und mit Fug und Recht behauptet Nietzsche gegen Kant, daß alle Kunst, selbst die idealste, auf verfeinerter Sinnlichkeit beruhe. Bemerkenswert sind antiwagnerische Sätze, z. B.: „Die Verödung des deutschen Geistes stammt von der Politik, vom Bier, von der Wagnerschen Musik." Die Schuld an der asketischen Moral tragen allein die Priester. Woltuend sind die Worte der Empörung, welche Nietzsche über die Heuchelei der heutigen Moral findet. Unsere Zeit ist „so verlogen, daß sie's nicht einmal mehr merkt", „unehrlich verlogen, tugendhaft verlogen, blauäugig verlogen". Nietzsches „blondes Raubtier" muß demnach dunkle Augen haben. Und wer wollte unserm Verfasser nicht Beifall klatschen, wenn er die Feigheit der Prüderie brandmarkt, welche sogar die Memoiren großer Männer verstümmelt?

Der Stil der „Genealogie" ist das Gegenteil eines guten. Der Verfasser, ohne sich zu sammeln oder sich nur zu besinnen, wirft alles auf das Papier, was ihm durch den Kopf läuft, darunter derbe Grobheiten. Unsere Hoffnungen auf Nietzsche den Schriftsteller sind durch die „Genealogie" bedeutend gesunken.

Kunst und Literatur.

Unter den neuesten Bänden der Philipp Reklam'schen „Universalbibliothek" ist einer, auf den wir bernische Leser besonders aufmerksam machen. Derselbe enthält auf 461 Seiten, hübsch kartonirt, den berühmtesten Roman von Jeremias Gotthelf, nämlich „Uli der Knecht" und zwar in der ursprünglichen Gestalt. Professor F. Vetter in Bern hat sich die Mühe gegeben, nicht bloß überall den alten Wortlaut des Originals wieder herzustellen, sondern er hat auch die hiedurch notwendig gewordenen Worterklärungen beigefügt und in einer Einleitung, die eine wertvolle literarische und linguistische Studie heißen darf, Auskunft gegeben erstlich über das Leben Jeremias Gotthelfs, sodann über die spezielle Bedeutung dieses Romans, ferner über Komposition und Darstellungsmittel insbesondere die Sprache des Verfassers, endlich über den Wert dieses unseres bernischen Volksschriftstellers. Höchst interessant sind besonders die Angaben, welche Professor Vetter über eine Menge Mißverständnisse des Wortausdruckes macht, die in früheren Auflagen der Werke von Jeremias Gotthelf entweder zu eigentlichem Unsinn oder dann wenigstens zu argen Abschwächungen des Sinnes geführt haben. Da gibt's „Schoßhunde" wo „Schloßhunde" stehen mußte, „e Räbel" (von räbeln = verkümmern) wurde zu einem „Rebstock", „häſſig zu häßlich" u. s. w. Ueberall hat nun Professor Vetter mit großem Fleiße und mit Sachkenntnis den richtigen Text hergestellt. Im Buche sind die vielen der örtlichen Mundart angehörenden Wörter durch den Druck besonders hervorgehoben und danebenstehende Ziffern verweisen auf Randglossen, wo solche wenigstens für den Leser in Deutschland notwendig erschienen. Aber auch für uns Schweizer liegt in dieser Ausgabe ein leicht zu hebender Schatz von Mitteilungen über die Abstammung so mancher Wörter, die man tagtäglich hört, ohne sich ihrer eigentlichen Bedeutung oder gar ihrer Ableitung genügend klar zu sein. Mit Rücksicht hierauf dürfte diese Ausgabe namentlich auch für höhere Schulen in Betracht kommen, wo man etwas von Jeremias Gotthelf lesen will.

Bücher über Musiker und Musik. Was könnte einem Zeitalter, das der Musik den Vorrang vor allen andern Künsten eingeräumt hat, willkommener sein, als Bücher, die von Musikern und von Musik handeln? Und nun vollends ein neues gediegenes Werk über den großen Genius, der unserm Jahrhundert die Bahn gewiesen hat, über Beethoven! Ein solches Buch liegt vor unter dem Titel: Ludwig van Beethoven, von W. J. v. Wasielewski. (Mit einem Porträt in Stahlstich, zwei Bände, Verlag Brachvogel & Ranft in Berlin, 1888. Preis zwölf Mark.) Wir hätten nun allerdings gern die Anzeige dieser Novität so lange verschoben, bis wir selbst zu einem gründlichen Studium des Werkes gelangt wären; denn nur ein solches berechtigt in der Kritik zu Lob oder zu Tadel. Indessen wäre mit solcher Verzögerung weder dem Verleger noch dem Publikum gedient gewesen, da beiden in der bücherkaufenden Festzeit solche Anzeigen am willkommensten sind. Also können wir nur aus flüchtigem Naschen in dem Buche unsern ungefähren Eindruck wiedergeben, dieser aber ist dem Werk im allgemeinen günstig. Wohl hat sich da und dort beim Lesen unser Widerspruch geregt, am meisten, wo wir dem Einflusse Nohls begegnet sind, eines Vielschreibers über Musik, der seinem innersten Wesen nach einem großen Genius wie Beethoven zu fern stand, um

Der kranke Nietzsche mit seiner Mutter 1892.

Pia Daniela Volz

Das Basler Ärzte-Konzil. Ein imaginäres Gelehrtengespräch über den kranken Nietzsche.

Der Klinikvorsteher W.:

«Meine verehrten Damen und Herren Collega: lassen Sie mich Ihnen meinen tiefempfundenen Dank ausdrücken, daß Sie zum Teil beträchtliche Wege auf sich genommen haben, um Ihre Anwesenheit bei dieser Konferenz zu ermöglichen. In Anbetracht der Wichtigkeit des Falles bin ich Ihnen für Ihr Erscheinen außerordentlich dankbar sowie für Ihre Bereitschaft, Ihre Fachkompetenz bei dieser extraordinären Leidensgeschichte einzubringen.[1]

Ich darf Sie nun bitten, kurz und bündig Ihr Resumé für unser ärztliches Bulletin abzugeben, dem die Vertreter der Presse – sie warten bereits draußen – mit Spannung entgegensehen. Sie werden sicherlich verstehen, daß in Anbetracht der Kürze der Zeit eine persönliche Vorstellung des Patienten nicht in Frage kommt, was bei seinem derzeit extrem gesteigerten manischen Redefluß überdies ein äußerst problematisches Unterfangen wäre.

Um kurz zu rekapitulieren: vor drei Tagen ist der Professor in einem Zustand hochgradiger motorischer Erregung und geistiger Verwirrung hier bei uns eingeliefert worden. Es besteht dringender Verdacht auf Manifestation einer «Paralysis progressiva» – auch wenn die körperliche Untersuchung wenig Anhaltspunkte für eine syphilitische Infektion bot. Doch in medias res: Werther Herr Kollege zu meiner Rechten, Sie haben in aufopferungsvoller Détailarbeit das Leben unseres Patienten erforscht. Darf ich Sie bitten, uns nun die wesentlichen Ereignisse der Basler Zeit zu nennen?»

Der Biograph R.:

«Wenn wir das Basler Lebensjahrzehnt Nietzsches überblicken von seiner Ankunft am 19. 4. 1869 bis zu seiner Abreise im Mai 1879, so kann ich mich eines Mitgefühls ob eines derart schleichend und stetig sich verschlimmernden Krankeitszustandes nicht erwehren. Ein 'junger Mann von breiter, kräftiger, nicht sehr großer Gestalt mit blühender Gesichtsfarbe'[2] war von Ritschl den Baslern wärmstens empfohlen worden. Wer hätte da den traurigen Ausgang vorhersehen können? Mit dem Einsatz Nietzsches als Sanitäter im Deutsch-Französischen Krieg im Januar 1871 begannen die Malaisen: die Rekonvaleszenz nach der dort erworbenen Ruhr war mühsam und häufige Magen-Darmbeschwerden die Folge. Es fällt aber auch auf, daß der junge Gelehrte, eine äußerst soignierte Erscheinung «mit braunem Haar, hoher, ausdrucksvoller Stirn, auffallend großem, wohlgepflegtem Schnurrbart» (den er scherzhaft seinen 'Respirator' zu nennen pflegte) und scharfer goldener Brille,[3] seine Pflichten überaus genau nahm und sich bald durch den Konflikt zwischen pädagogischer Neigung und philosophischer Begabung überfordert fühlte. Wir hätten es ihm von Herzen gewünscht, daß seine Bewerbung um die philosophische Professur erfolgreich gewesen wäre. Weihnachten 1875 erfolgte ein erster förmlicher Zusammenbruch, Anfang Januar 1876 wurde unser Patient vom Paedagogium für den Rest des Semesters befreit. Wieder einmal war die Krankheit als störendes und zugleich lösendes Moment in Nietzsches Leben aufgetreten.[4] Den Winter 1876/77 verbrachte er zwar im schönen Sorrent, aber auch der Süden brachte nicht die erhoffte Erholung und Heilung. So reichte er denn notgedrungen am 11. 2. 1878 sein Gesuch um Entlassung aus dem Paedagogium ein und richtete am 2. Mai 1879 sein Entlassungsgesuch betreff der Lehrverpflichtungen an der Universität Basel an den Regierungspräsidenten.[5] In diesem schlimmen

1 s. «Nietzsche und die Ärzte seiner Zeit» (D 1) in: Pia Daniela Volz, Nietzsche im Labyrinth seiner Krankheit. Eine medizinisch-biograph. Untersuchung. Würzburg: Königshausen & Neumann 1990, S. 317.

2 zit. n. Sander L. Gilman (Hrsg.), Begegnungen mit Nietzsche. Bonn 1981, S. 130 (2. verb. Aufl. 1985)

3 ebd.

4 Curt Paul Janz, Friedrich Nietzsche. Biographie. Bd. 1–3. München 1981 I, S. 232 (Neuauflage 1994). Als biographische Einführung sei ebenfalls empfohlen: Volker Gerhardt, Friedrich Nietzsche, München: Beck 1992 (Becksche Reihe Große Denker; Bd. 522).

5 Das ärztliche Gutachten von Prof. Massini bescheinigte: «Herr Prof. Nietzsche leidet seit mehreren Jahren an einer hochgradigen Überreizung seines Nervensystems; diesselbe wird voraussichtlich bei andauernder Schonung wieder schwinden ...» zit. nach Janz, Biographie, Bd. I, S.796.

Jahr 1879, an dessen Ende eine bittere Bilanz von 118 schweren Kopfschmerzanfällen stand und er sich bereits wie ein Greis vorkam, verließ er Basel, um diese geliebte Stadt in den folgenden Jahren der Wanderschaft nur noch kurz anläßlich von Besuchen bei den Overbecks wiederzusehen. Dank der Großzügigkeit der Basler Pension konnte der Frühpensionär –»

Der Klinikvorsteher W.:
«Besten Dank für die erhellenden Auslassungen, aber die finanziellen Regelungen müssen wir momentan hier beiseite lassen. Interessant waren Ihre Ausführungen über die fatalen Wirkungen der Ruhr...»

Der Internist J.:
«– die fatalen Wirkungen der Kurwässerchen nicht zu vergessen – wenn ich mich hier in die Debatte einschalten darf. Folge der Ruhr war eine chronische Gastritis, die unseren Patienten zu Trink- und Bäderkuren an den klassischen Orten wie Marienbad oder Baden-Baden veranlaßte, freilich ohne durchschlagenden Erfolg. Ich selbst hatte das Glück,[6] ihn im Sommer 1875 anläßlich einer akuten Magenerweiterung (infolge chronischen Magenkatarrhs mit Übersäuerung) behandeln zu dürfen, wobei ich eine grundlegende Umstellung der Ernährung empfahl und in elementare Techniken der Speisezubereitung einführen durfte. Wenn ich vielleicht am Rande erwähnen darf, daß er von meinem Eierschaummaschinchen,[7] dem 'Dover egg beater' überaus –»

Der Klinikvorsteher W.:
«War nicht auch öfters Rharbarber im Spiel zur Bekämpfung der deutschen Wesensart,[8] will sagen als Laxans gegen jenes aus der Schreibtischtätigkeit herrührende Stigma eines Geistesarbeiters?»

Der Internist J.:
«Ganz recht: Nietzsche nahm gegen seine Magenatonie Brechmittel wie Nux vomica und beklagte sich bitter über die Trägheit seines digestiven Systems als Quelle der Trübsal,[9] die nun einmal in geistiger Hinsicht –»

Der Klinikvorsteher W.:
«– wir verstehen, doch kehren wir zurück zum gequälten Denkorgan, über das wir uns von neurologischer Seite Aufschluß erhoffen:»

Der Neurologe E.:
«Wie Sie vielleicht wissen, litt Nietzsche von Schulzeit an unter Blutandrang (Kongestionen nach dem Kopfe) und Kopfschmerzen. Seit seiner Studentenzeit hatten diese den Charakter von Migräne-Anfällen, da sie von Augenbeschwerden, Galle-Erbrechen und den typischen Magen-Darm-Atonien begleitet waren und durch bestimmte Umstände wie Wetterumschwung, Reisen, psychische Erregungszustände hervorgerufen wurden. Diese 'Kopfneuralgie' bzw. 'Neurose des Sympathicus', d. h. Gefäßkrampf wurde rein symptomatisch behandelt: durch Senffußbäder, Einsalben und Elektrisieren[10] des Kopfes, Einnahme von Beruhigungsmitteln sowie diätetische Maßnahmen, als da waren: Verbot von Lesen und Schreiben auf Jahre hinaus, Meidung scharfer Gewürze und stimulierender Getränke wie Kaffee und Alkohol, Abhärtungsmaßnahmen mit kaltem Wasser u. a.

1879 traten bei Nietzsche erstmals während der Kopfschmerzanfälle vorübergehend auch gravierende neurologische Symptome auf (Krämpfe, Sprachstörungen, Halbseitenlähmung). Hier ist anzunehmen, daß sich außer der Migräne bereits die chronische Enzephalitis infolge der schwelenden syphilitischen Infektion bemerkbar machte.[11]

Da sich unser gebildeter Patient intensiv mit der Medizinliteratur seiner Zeit beschäftigte, diagnostizierte er an sich selbst die 'Neurasthenie', Synonym für eine 'nervöse, reizbare Schwäche',[12] die sich in den verschiedensten Symptomen wie Konzentrationsschwäche, Pulsunregelmäßigkeiten, Muskelkrämpfen, Hypochondrie u. ä. äußerte und deren Auftreten wir aus heutiger Sicht in diesem Kasus als neurasthenisches Vorstadium der Paralyse auffassen dürfen. Zweifelsohne war diese Disposition zur Décadence vererbt, bedenken wir, daß Nietzsches Vater, der Pastor –»

Der Klinikvorsteher W.:
«– ein Punkt, zu dem sich unser Familienforscher äußern wird:»

6 Über die Kur in Steinabad bei Dr. Josef Wiel s. Volz a. a. O., S.122–130.
7 Josef Wiel, Diätetisches Kochbuch mit besonderer Rücksicht auf den Tisch für Magenkranke. Freiburg 1873, S. 107.
8 Zit. nach «Ecce homo» KSA, Bd. 6, S. 280f.
9 Zu den Mitteln gegen die Dyspepsie s. Volz a. a. O., S. 133 ff.
10 zur Galvanotherapie s. Volz a. a. O., S. 63f.
11 vgl. Volz a. a. O., S. 68.
12 vgl. Volz a. a. O., S. 77.

Der Erbforscher M.:
«Nichts lieber als das. Nietzsche selbst deutete seine Beschwerden als Ausdruck einer tiefgreifenden 'physiologischen', unheilbaren Störung mit seelischen Auswirkungen, als deren wesentliche Ursache er eine hereditäre Schwäche, einen vom Vater her ererbten Mangel an Lebenskraft ansah. Um die Jahreswende 1875 erlitt er – wie bereits erwähnt – im Alter von 31 Jahren einen Zusammenbruch, den er wie folgt kommentiert:

'... ich durfte nicht mehr zweifeln, daß ich an einem ernsthaften Gehirnleiden mich zu quälen habe, und daß Magen und Augen nur durch diese Centralwirkung so zu leiden hatten. Mein Vater starb 36 Jahr an Gehirnentzündung, es ist möglich, daß es bei mir noch schneller geht ...'.» [13]

Der Klinikvorsteher W.:
«Wörtliche Äußerungen des Patienten sind hier leider –»

Der Erbforscher M.:
«Ich faße zusammen: Karl Ludwig Nietzsche, ein sehr sensibler, musikalisch begabter, von Schulzeit an unter Kopfschmerzen leidender Mensch von schwacher Konstitution, starb an einem (nicht vererblichen) Gehirntumor (vmtl. einem Gliom, wie die Sektion ergab) im Alter von 36 Jahren,[14] als Nietzsche selbst erst vier Jahre alt war – ein Trauma ersten Ranges –»[15]

Klinikvorsteher W.:
«– über dessen Auswirkungen uns sicher der Kinderarzt Auskunft geben kann, der Nietzsche seinerzeit untersucht hat. Was war der Anlaß Herr Kollege?»

Der Pädiater Z.:
«Rheumatischer Hals- und Kopfschmerz, mit Verlaub, deretwegen wiederholte Aufenthalte auf der Krankenstube von Schulpforta.[16] Doch scheint mir die psychische Disposition interessanter. Ich muß gestehen, mich in den raren, dem Praxisbetrieb abgerungenen Stunden der Lektüre im Labyrinth des Metaspurenlesens so gründlich verirrt zu haben, daß ich Ihnen den Nietzsche absconditissimus[17] hier noch nicht in aller gebotenen Kürze präsentieren kann. Aufzeichnungen gibt es ja in Hülle und Fülle, weil Nietzsches Kindheit in einzigartiger Weise durch die Sorgfalt seiner Angehörigen dokumentiert ist. Auch in dieser Weise eine exemplarische Gestalt unserer Zeit! Die kultursoziologisch-psychologische Analyse wird zweifelsohne einen gewichtigen Beitrag zur Geschichte der Kindheit liefern. Noch sind die Niederschriften des Kindes zwar nicht veröffentlicht, aber ich kann Ihnen versichern, daß ich persönlich von der Frühreife dieses Kindes tief beindruckt war und seine autobibliotherapeutischen Bemühungen –»

Klinikvorsteher W.:
«Sie meinen also, daß er sich in frühester Zeit intensiv selbst in die Bibel vertieft hat?»

Der Pädiater Z.:
«Will sagen, daß Selbsttherapie durch Lesen und Schreiben[18] im Rahmen einer christiogenen Neurose eine durchgängige Haltung unseres Philosophen war, dessen Grundmotive sich von früh auf nachweisen lassen. Nehmen wir nur die Notwendigkeit, sein eigenständiges religionskritisches Denken seiner frommen Umgebung zu verbergen, so sind wir der Überlebenskunst der Maske auf der Spur, der Kunst, hinter der dunklen Brille die Hintergründe zu verbergen.»

Klinikvorsteher W.:
«Ach ja, das Augenleiden – ein weites Feld...»

Der Ophthalmologe S.:
«Das tägliche Lektürepensum des Herrn Professor wurde durch seine Augenschwäche und sein Kopfweh zu seinem Leidwesen sehr begrenzt. Sicherlich sind die Kopfschmerzen auch durch die hochgradige Kurzsichtigkeit (mit Werten von –13 bis zu –20 Dioptrien auf dem rechten Auge) verstärkt worden. Zur Schonung seiner durch excessives Lesen überlasteten Augen und zur Behandlung der Sehkrämpfe erhielt Nietzsche mehrere Male Atropin-Kuren verordnet. Außer der Konstatierung eines latenten Schielens (das auch seine Schwester aufwies) wurden 1873 bei ihm erstmals Anzeichen eines entzündlichen Au-

[13] KSB 5, 132.
[14] s.Voltz, a.a.O., S. 33ff.
[15] Der Psychoanalytiker Wurmser vermutet, daß im Unbewußten des Kindes der Tod des Vaters ebenso wie der des Brüderchens als ein «doppelter Mord» erscheinen mußte und bringt diese Art des «ödipalen Sieges» mit der späteren Gottestötung des Antichristen zusammen. S. Leon Wurmser, Das Rätsel des Masochismus: psychoanalytische Untersuchungen zu Über-ich-Konflikten und Masochismus. Berlin: Springer 1993, S. 514.
[16] Krankenbuch von Schulpforta (D 5,1) in: Volz a. a. O., S. 329.
[17] Hermann Josef Schmidt, Nietzsche absconditus oder Spurenlesen bei Nietzsche. KINDHEIT Teil I/II/III. Berlin: IBDK Verl. 1991. JUGEND Teil I (1858–1861). Berlin: IBDK-Verlag 1993
[18] Zur Bibliotherapie s. Dietrich von Engelhardt, Medizin in der Literatur der Neuzeit. Bd.1: Darstellung und Deutung. Pressler: Hürtgenwald 1990 (Schriften zu Psychopathologie, Kunst und Literatur Bd. 2)

genprozesses festgestellt und dann 1877 eine Chorioretinitis centralis des rechten Auges (Entzündung der Ader-und Regenbogenhaut) diagnostiziert.[19] Das Sehvermögen verschlechterte sich periodisch rapid (mit Verdunkelung, und Schleiern vor den Augen), besserte sich auch wieder, doch es ist anzunehmen, daß die Entzündung nicht zum Stillstand kam.»

Klinikvorsteher W.:
«Dito, Herr Kollege, haben wir doch hier bei der Aufnahmeuntersuchung konstatieren müssen: 'Pupillen different, rechte größer als die linke, sehr träge reagierend'[20] – also die reflektorische Pupillenstarre – eines der häufigsten und sichersten Frühsymptome der quartären Lues. Auf unsere ausdrückliche Nachfrage gibt der Patient an, daß er sich 'zweimal specifisch inficiert' habe».

Der Venerologe B.:
«Noch kein Beweis, denn so leicht ist die Syphilis, dieses Chamäleon unter den Geschlechtskrankheiten, rein klinisch von der Gonorrhoe nicht zu unterscheiden. Nietzsche selbst soll 'Tripper-Ansteckungen' während der Studentenzeit gestanden haben, die auch von zwei Leipziger Ärzten behandelt worden seien (Berichte hierüber sind nicht erhalten). Doch, meine Herren, ich räume ein, der Verlauf insgesamt sieht verdächtig luetisch aus.[21] Die Infektion selbst ist vermutlich während der Studentenzeit in Leipzig bei einem Bordellbesuch (1866) erfolgt. Denken wir nur daran, daß der Patient kürzlich behauptet hat, er sei 22 Jahre alt. Die psychoanalytische Deutung solcher falschen Altersangaben hat ergeben, daß bei Paralytikern die wahnhaft erscheinende Angabe eine 'Deckerinnerung' an den Zeitpunkt der Lues-Akquierung sein kann.

Die Psychoanalytikerin A.:
«Aber, meine Herren, gestatten Sie mir darauf hinzuweisen, daß nicht nur der Zeitpunkt der Infizierung offenbar weiterhin einen hohen Spekulationswert hat, sondern Nietzsches Sexualkonstitution überhaupt rätselhaft erscheint. Seine Schwester hatte sich natürlich bemüht, der Öffentlichkeit ihren Bruder als 'Urbild sanfter Männlichkeit' vorzuführen, der in sexueller Beziehung wie ein Heiliger gelebt habe. Hochwahrscheinlich anzunehmen, daß sie anstößige Aufzeichnungen ihres Bruders während der Zeit ihrer Editionstätigkeit im Nietzsche-Archiv vernichtet hat. Nehmen wir also Abschied von diesem Idol und werfen einen Blick auf die Leidensgeschichte eines Mannes, der geplagt von furchtbaren Alpträumen, Halluzinationen und Depressionen auf der Suche nach der Befreiung seines Körpers war. Sehen wir ihn endlich als 'passionierten Erotiker', der mit latenten homoerotischen Begierden immer in Angst vor Enthüllung vor der Welt Versteck spielte.[22] Es hat den Anschein, als habe Nietzsche aus dem schmerzlichen Leiden an der eigenen unausgelebten Sinnlichkeit heraus seine 'im wollüstig gedrängten Stil' festgehaltenen Visionen des schönen gesunden Körpers in einer wiedergeborenen Antike auf dem Papier ausgelebt bzw. sublimiert. Verstehen wir also sein Philosophieren und seine Dichterei als das, was sie eigentlich sind: Medium zur Bewältigung seiner inneren Konflikte.

Der Erwachsene litt vor allem am 'Gerädert-Werden' durch den 'Zwiespalt entgegengesetzer Affekte',[23] er litt unter der anfallartigen Heftigkeit seiner Gefühle, der Vehemenz der inneren Schwingungen, der manisch-depressiven Berg- und Talfahrt von schwarzer Melancholie und glückhaften Inspirations-Rauschzuständen. Die Uneinheitlichkeit und Widersprüchlichkeit seiner Philosophie resultieren aus dem splitting eines 'ambivalent erlebten überstrengen Über-Ichs':[24] einerseits wurde das eigene Kranksein durch das Gegenbild der 'Großen Gesundheit' kompensiert, andererseits ging die Verleugnung der eigenen Kränklichkeit und die Verachtung allen Mitleids mit einer Selbstaggressivität einher – Nietzsche fühlte sich von seinem 'gräßlichen Temperament' von der Natur fürchterlich zum Selbstquäler[25] ausgerüstet – ein Hang zur Grausamkeit und Askese, die nach außen – auf das Christentum – projiziert wurde. Dem Dichter Nietzsche erschien die Muse Melancholie nicht als Göttin der Inspiration, sondern als Furie in Pelz gewandet und mit der Peitsche –»

[19] Eintragungen von Prof. Schieß über Nietzsche (D 8) in Volz a. a. O., S. 336ff.

[20] Die Basler Krankengeschichte Nietzsches (D 15) s. Volz a. a. O., S. 379–385.

[21] Zu den Indizien für eine syphilitische Infektion s. Volz a. a. O., S. 188.

[22] Joachim Köhler, Zarathustras Geheimnis. Friedrich Nietzsche und seine verschlüsselte Botschaft,. Nördlingen: Greno 1989 (Rowohlt Taschenbuch 1992)

[23] Wolfgang Baßler, Seelisches Geschehen als «Kampf der Affekte». Gestaltentwicklung und Geschichte als Grundbegriffe der Psychologie Friedrich Nietzsches. In: Wegbereiter der historischen Psychologie. Hrsg. von Gerd Jüttemann. Beltz: München 1988; S. 63–69. Zu Nietzsches Einsichten über die Gesetze des Unbewußten s. a. Reinhard Haslinger, Nietzsche und die Anfänge der Tiefenpsychologie. Regensburg: Roderer 1993.

[24] Gaetano Benedetti, Die neurotische Lebensproblematik Nietzsches als eine Wirkkraft und Grenze seiner Philosophie. In: Gesnerus 41 (1984), S. 124f. Vgl. auch Ders.: Die narzißtische Problematik bei Friedrich Nietzsche. In: Narzißmus beim Einzelnen und in der Gruppe. Psychotherapie und Literatur. Hrsg. von Raymond Battegay. Bern: Huber 1989, S. 11–20. J S. auch Bernd Nitzschke, Ein Mann auf der Suche nach dem Vater: Lebenslanges Leiden und der Wille zur Macht – über das Leiden (zu Friedrich Nietzsche). In: Nitzschke, Die Liebe als Duell ... und andere Versuche, Kopf und Herz zu riskieren. Rowohlt: Hamburg 1991, S. 224–236. Erstmals erschienen unter dem Titel: «Lebenslanges Leiden – und der Wille zur Macht über das Leiden. Neue Literatur von und über Nietzsche». In: Psyche 42 (1988), S. 439–447.

[25] Lou Andrea-Salomé prägte das Wort von Nietzsche als diesem 'Sado-masochisten an sich selbst'. Zu ihrer Begegnung mit Nietzsche s. Ursula Welsch,

Der Klinikvorsteher W.:
«Die Wahrheit als Weib...»

Die Psychoanalytikerin A.:
«...ein Zerrbild, das die Haßliebe zur eigenen leiblichen Mutter ihm nahelegte. Nietzsche duldete nur die Gesellschaft von Frauen, die den Charakter intellektueller Kameradinnen hatten,[26] denn das Weibliche war ihm zutiefst unheimlich, das Geheimnis der Zeugung ekelte ihn an, die Ehe (um die er sich in verschiedenen überstürzten Heiratsanträgen bemühte) erschien ihm eher als Versorgungsanstalt. Abgesehen von gelegentlichen Kontakten zu Prostituierten, auf ärztliches Anraten hin, hatte er keine längerdauernde intime Liebesbeziehung. Seine narzißtische Liebesunfähigkeit – Folge der narzißtischen Projektion einer leidenden Mutter, die durch frühe Witwenschaft sozial isoliert, alle ihre Hoffnung auf den Sohn als Ersatzpartner richtete, stilisierte er – nicht nur in der Gestalt des Zarathustra – zu einer Heroisierung der Einsamkeit:

'Dergleichen ist nie gedichtet, nie gefühlt, nie gelitten worden: so leidet ein Gott, ein Dionysos. Die Antwort auf einen solchen Dithyrambus der Sonnen-Vereinsamung im Licht wäre Ariadne ... Wer weiss außer mir, was Ariadne ist ... Von allen solchen Räthseln hatte Niemand bisher die Lösung, ich zweifle, dass je Jemand auch hier nur Räthsel sah.'[27] Diese euphorische Selbst-Einschätzung (wir würden sagen Überschätzung), mit der Nietzsche im 'Ecce homo' das 'Nachtlied' aus dem zweiten Teil seines 'Zarathustra' beschreibt, verweist auf die problematische seelische Disposition, die sich im Gedichtzyklus der Dionysos-Dithyramben manifestiert. Leider muß ich mir an dieser Stelle versagen, Ihnen die Varianten des Dionysos-Mythos vor Augen zu führen, die zum Verständnis der Dithyrambe 'Klage der Ariadne' an sich unerläßlich wäre. Das Gedicht ist als fingierter Dialog mit dem abwesenden Gott angelegt: neun Strophen schwankender Länge in freirhythmischer Gestaltung. Dem analytisch geschulten Blick mögen Konnotationen sadomasochistischer Prägung auffallen. Folgt man der Doppelkodierung der 'Klage der Ariadne' als psychologisches Drama einerseits (zur Demonstration eines intrapsychischen Konfliktes, in dem das Über-Ich als der göttliche Zuschauer immer anwesend ist) und als poetische Selbstreflexion[28] andererseits, so gilt es darüber hinaus noch den spezifischen 'medicynischen' Diskurs zu dekodieren. In den Vorarbeiten zu 'Der Fall Wagner' verweist Nietzsche auf seine Lektüre psychiatrischer Schriften und konstatiert, daß von den jetzigen Ärzten und Physiologen nichts besser studiert sei als der 'hysterisch-hypnotische' Typus der Wagnerschen Heldin. Hat man erst einmal erkannt, daß das Gedicht einen großen hysterischen Anfall der Ariadne medizinisch kenntnisreich darstellt, so ist weitergehend zu fragen, ob diese Krankheitsdarstellung nicht auch ein Stück Eigendiagnose beinhaltet, kurzum die Frage steht im Raum, ob sich nicht auch bei Nietzsche selbst Züge des hysterischen Charakters zeigen, als da sind: erhöhte Gefühlserregbarkeit, gesteigerte Affektlabilität, rasche Stimmungswechsel, erhöhte Selbstsuggestibilität, eine gewisse Fassadenhaftigkeit und schauspielerische Unechtheit der Gefühle, das Auftreten funktioneller Lähmungen usw. Vergegenwärtigen wir uns darüber hinaus, daß die 'Klage der Ariadne' der 'Dithyrambus' als 'das Labyrinth', das 'Dionysos' ist –»

8.11. Prof. Dr. Ludwig Wille, Leiter der Basler Irrenanstalt.

Michaela Wiesner, Lou Andreas- Salome. Vom Lebensurgrund zur Psychoanalyse, Verlag Internat. Psychoanalyse: Frankfurt 1990 und Hubert Treiber, Gruppenbilder mit einer Dame, In: FORUM Jan./Febr. 1988, S. 40–54.

26 Klaus Goch, (Hrsg.): Nietzsche: Über die Frauen, Frankfurt, Leipzig 1992 (Insel Taschenbuch; 1335)

27 «Ecce homo», Kap. «Also sprach Zarathustra», § 8, KSA Bd. 6, S. 348.

28 Wolfram Groddeck, Friedrich Nietzsche «Dionysos-Dithyramben» Bd 1: Textgenetische Edition; Bd. 2: Die Dionysos-Dithyramben. Bedeutung und Entstehung von Nietzsches letztem Werk. Berlin: De Gruyter 1991. (Monographien und Texte zur Nietzsche-Forschung; Bd.23).

Der Philosoph O.:
«– so erkennen wir, daß seine Bühne von Anfang an als ein Labyrinth konstruiert war, aus dem kein Ausgang zum anderen führt. Sein gesamtes Leben spricht von einer erregenden Zerbrechlichkeit, die uns zugekehrt ist wie das kaum noch maskierte Innere der furchtbaren Wahrheit. Wo er verletzt, gefährdet und erfindungsreich ist, dort ist er noch wie unter uns; wo seine eisigen Reichtümer ihn lebendig begraben, wo er den Weltlauf, der ihn zerdrücken wird, bejaht, um für seine Selbstbejahung Raum zu schaffen, dort ist er Zeuge für das Glück derer, die ohne Hoffnung sind.»[29]

Der Klinikvorsteher W:
«Ein Psychologe kennt wenig so anziehende Fragen, wie die nach dem Verhältnis von Gesundheit und Philosophie, und für den Fall, daß er selber krank wird, bringt er seine ganze wissenschaftliche Neugierde mit in seine Krankheit.[30]

Während es dem Melancholiker allzusehr an phosphorsaurem Kali in Blut und Gehirn gebricht, sieht er den Grund seines Mangelgefühls und seiner Depression in den moralischen Zuständen der Menschen, der Dinge, seiner selber!!!»[31]

Der Klinikvorsteher W.:
«Noch nicht zu Wort kam unser Kollege aus…»

Der Psychosomatiker D.:
«Ich will mich kurz fassen: Nietzsches vielgestaltige und wechselnde Krankheitssymptomatik ist Ausdruck eines Krankheitskomplexes, bei dem organische Faktoren einerseits wie die Migräne, die Myopie, die Gastritits und psychische Faktoren andererseits wie eine neurotische Depression in gegenseitiger Verstärkung zusammenwirken.

Andere diagnostische Hypothesen, die immer wieder erwogen wurden wie z. B. Schlaganfall, Schizophrenie, Epilepsie, Borrelieninfektion (Lyme disease), chronischer Medikamentenabusus[32] sind mit der Symptomatik nicht schlüssig in Einklang zu bringen. Da objektive Untersuchungen wie z. B. Erregernachweis im Liquor bis dato unterblieben, gibt es bisher keine 100% Sicherheit der Diagnose –».

Der Klinikvorsteher W.:
«Auf welche Dokumente stützen wir uns also in unserem Bulletin?»

Der Archivar V.:
«Bedauerlicherweise sind Nietzsches eigene Aufzeichnungen bisher noch nicht zur Sprache gekommen. Teils notierte Nietzsche sich Rezepturen in seine Notizbücher, wo sie als Notate unvermittelt neben Vorstufen zu Aphorismen stehen. Nur ein Beispiel: 'Assa foetida 5 centigramm – im Falle von Schlaflosigkeit' – das ist ein Stinkasanz oder 'Teufelsdreck' genanntes ätherisches Öl, das der Philosoph neben Opium und Chloralhydrat in seinen unruhigen Nächten gebrauchte.[33] So ergibt denn auch die Auswertung dieser zum großen Teil unveröffentlichen Gelegenheitsnotizen (wie Arztadressen, Medikamente, Apothekenrechnungen) und der in Einzelblattform überlieferten ca. 90 erhaltenen – erstmals von mir entzifferten – Rezepte, Arzt- und Apothekenrechnungen ein weitaus differenzierteres Bild vom Medikamentengebrauch und den zugrundeliegenden diversen Diagnosen, als dies bisher gesehen wurde» –

Der Klinikvorsteher W.:
«Diese philologische Kärrnerarbeit überlassen wir –»

Der Philologe U.:
«– getrost uns Kennern der Goldschmiedekunst des Wortes. Wir haben allerdings ein gewichtiges Wörtlein bei der schwierigen Frage mitzureden, wo und ab wann der mentale Abstieg Nietzsches in seinen Werken sichtbar wurde. Ich weiß nicht, wer von Ihnen die Gelegenheit hatte, einen seiner Wahnsinnsbriefe zu lesen. Ich erhielt Einsicht durch einen Basler Adressaten, und meine Herren, pardon, meine Dame, meine Herren, ich versichere Ihnen: Hanswurstiaden voll luzider Burleskerien, voll Shakespear'schem Witz. Noch harren sie einer eingehenden Interpretation: mischen sich in ihnen doch kon-

29 Peter Sloterdijk, Der Denker auf der Bühne, Frankfurt 1986, S.189f. Vgl. Türcke, Christoph: Der tolle Mensch. Nietzsche und der Wahnsinn der Vernunft. Frankfurt a.M.: Fischer 1989.

30 Vorrede zur «Fröhlichen Wissenschaft» KSA 3, S. 347. Zur Krankheitsphilosophie Nietzsches s. Eberhard Falcke, Die Krankheit zum Leben. Krankheit als Deutungsmuster individueller und sozialer Krisenerfahrung bei Nietzsche und Thomas Mann. Frankfurt: Lang 1992 (Europäische Hochschulschriften; R.1 Bd. 1292) sowie K. Sablik, Krankheit und Schicksal: Friedrich Nietzsche (1844–1900). In: Bull. med. suisses 61 (1980), S. 3420 –3421 und Thomas Veit, Die Bedeutung des Leidens für den Menschen: Nietzsches Leidenskonzept einer tragischen Moderne, Frankfurt u.a.: Lang-Verl. 1988 (Europ. Hochschulschriften; R.20 Philosophie Bd. 251)

31 KSA 9, S. 580.

32 Zur Differentialdiagnose des Zusamenbruchs s. Volz a. a. O., S. 7.

33 Volz a. a. O., S. 162.

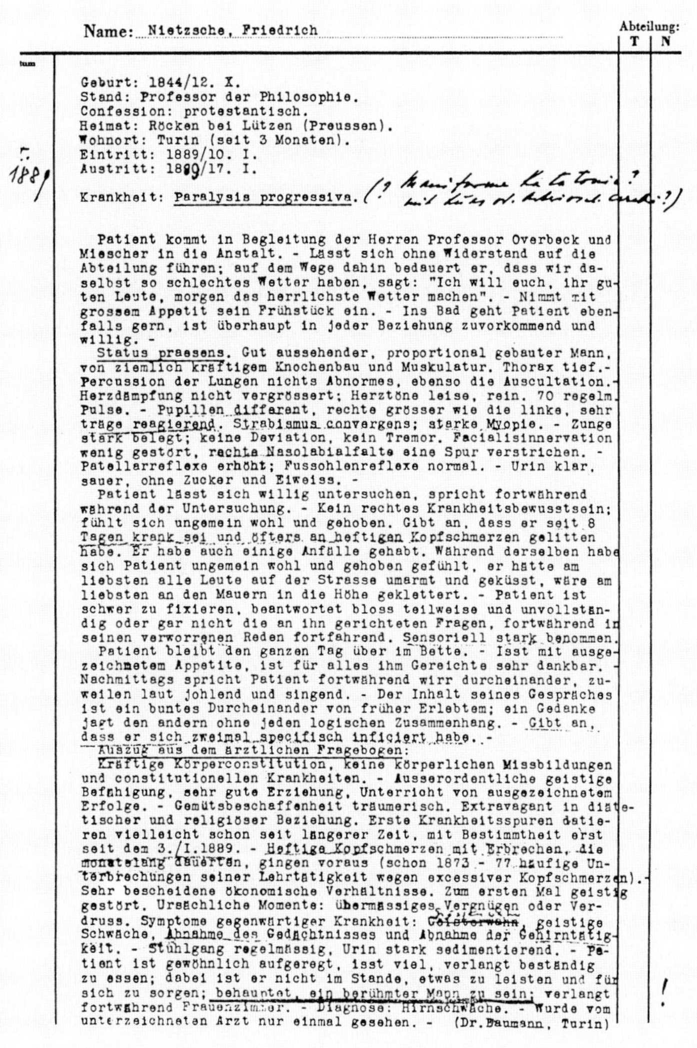

uhme: 1889/10./ I. **Friedmatt** Seite 1

Name: Nietzsche, Friedrich — Abteilung: T | N

Geburt: 1844/12. X.
Stand: Professor der Philosophie.
Confession: protestantisch.
Heimat: Röcken bei Lützen (Preussen).
Wohnort: Turin (seit 3 Monaten).
Eintritt: 1889/10. I.
Austritt: 1889/17. I.

Krankheit: Paralysis progressiva.

Patient kommt in Begleitung der Herren Professor Overbeck und Miescher in die Anstalt. - Lässt sich ohne Widerstand auf die Abteilung führen; auf dem Wege dahin bedauert er, dass wir daselbst so schlechtes Wetter haben, sagt: "Ich will euch, ihr guten Leute, morgen das herrlichste Wetter machen". - Nimmt mit grossem Appetit sein Frühstück ein. - Ins Bad geht Patient ebenfalls gern, ist überhaupt in jeder Beziehung zuvorkommend und willig. -

Status praesens. Gut aussehender, proportional gebauter Mann, von ziemlich kräftigem Knochenbau und Muskulatur. Thorax tief.- Percussion der Lungen nichts Abnormes, ebenso die Auscultation.- Herzdämpfung nicht vergrössert; Herztöne leise, rein. 70 regelm. Pulse. - Pupillen different, rechte grösser wie die linke, sehr träge reagierend. Strabismus convergens; starke Myopie. - Zunge stark belegt; keine Deviation, kein Tremor. Facialisinnervation wenig gestört, rechte Nasolabialfalte eine Spur verstrichen. - Patellarreflexe erhöht; Fussohlenreflexe normal. - Urin klar, sauer, ohne Zucker und Eiweiss. -

Patient lässt sich willig untersuchen, spricht fortwährend während der Untersuchung. - Kein rechtes Krankheitsbewusstsein; fühlt sich ungemein wohl und gehoben. Gibt an, dass er seit 8 Tagen krank sei und öfters an heftigen Kopfschmerzen gelitten habe. Er habe auch einige Anfälle gehabt. Während derselben habe sich Patient ungemein wohl und gehoben gefühlt, er hätte am liebsten alle Leute auf der Strasse umarmt und geküsst, wäre am liebsten an den Mauern in die Höhe geklettert. - Patient ist schwer zu fixieren, beantwortet bloss teilweise und unvollständig oder gar nicht die an ihn gerichteten Fragen, fortwährend in seinen verworrenen Reden fortfahrend. Sensoriell stark benommen.

Patient bleibt den ganzen Tag über im Bette. - Isst mit ausgezeichnetem Appetite, ist für alles ihm Gereichte sehr dankbar. - Nachmittags spricht Patient fortwährend wirr durcheinander, zuweilen laut johlend und singend. - Der Inhalt seines Gespräches ist ein buntes Durcheinander von früher Erlebtem; ein Gedanke jagt den andern ohne jeden logischen Zusammenhang. - Gibt an, dass er sich zweimal specifisch inficiert habe. -

Auszug aus dem ärztlichen Fragebogen:

Kräftige Körperconstitution, keine körperlichen Missbildungen und constitutionellen Krankheiten. - Ausserordentliche geistige Befähigung, sehr gute Erziehung, Unterricht von ausgezeichnetem Erfolge. - Gemütsbeschaffenheit träumerisch. Extravagant in diätetischer und religiöser Beziehung. Erste Krankheitsspuren datieren vielleicht schon seit längerer Zeit, mit Bestimmtheit erst seit dem 3./I.1889. - Heftige Kopfschmerzen mit Erbrechen, die monatelang dauerten, gingen voraus (schon 1873 - 77 häufige Unterbrechungen seiner Lehrtätigkeit wegen excessiver Kopfschmerzen). - Sehr bescheidene ökonomische Verhältnisse. Zum ersten Mal geistig gestört. Ursächliche Momente: übermässiges Vergnügen oder Verdruss. Symptome gegenwärtiger Krankheit: ~~Geisterwahn~~, geistige Schwäche, Abnahme des Gedächtnisses und Abnahme der Gehirntätigkeit. - Stuhlgang regelmässig, Urin stark sedimentierend. - Patient ist gewöhnlich aufgeregt, isst viel, verlangt beständig zu essen; dabei ist er nicht im Stande, etwas zu leisten und für sich zu sorgen; behauptet, ein berühmter Mann zu sein; verlangt fortwährend Frauenzimmer. - Diagnose: Hirnschwäche. - Wurde vom unterzeichneten Arzt nur einmal gesehen. - (Dr. Baumann, Turin)

8.12. Maschinenschriftliche Version der Basler Krankengeschichte.

krete Reminiszenzen an Erlebnisse der Turiner Zeit mit anderen lebensgeschichtlichen Motiven, wobei hier bei aller Meisterschaft der sprachlichen Gestaltung der Prozeß der Auflösung der Ich-Identität im psychotischen Wahn nachweisbar ist.[34] So heißt es z. B. in dem letzten erhaltenen zusammenhängenden Brief an Jacob Burckhardt vom 6. Jänner 1889: «Was unangenehm ist und meiner Bescheidenheit zusetzt, ist daß im Grunde jeder Name in der Geschichte ich bin; auch mit den Kindern, die ich in die Welt gesetzt habe, steht es so ...»[35]

Die Tür geht auf, und ein Journalist kommt herein:

«Meine Damen und Herren, lassen Sie mich ausdrücklich danken für das aktuelle Bulletin, das wir sogleich an unsere Redaktionen weitergegeben haben.»

[34] Sander L Gilman, Nietzsches writings and conversations in his madness: the other unravels himself. In: Inscribing the other. Lincoln: Univ. of Nebraska Press 1991, S. 143–171. Vgl. auch Uwe Henrik Peters, Die symptomatische Psychose Friedrich Nietzsches, deutlich gemacht an seinem letzten Versuch einer Autobiographie. In: Psychiatr. Neurol. med. Psych. (Leipzig) 42 (Jan. 1990), S. 34–41.

[35] KSB 8, S. 578.

Abteilung: T | N

11\. Patient hat die ganze Nacht (trotz Chloral 1,0) nicht geschlafen, sprach ohne Unterlass, stand auch öfters auf, um sich die Zähne zu putzen, sich zu waschen etc.. - Früh ziemlich stark benommen; nimmt mit grossem Appetite sein Frühstück ein. - Bleibt bis mittags zu Bette liegen. - Nachmittags im Freien in fortwährender motorischer Erregung; wirft den Hut auf den Boden, legt sich zuweilen selbst auf den Boden. - Spricht verworren; macht sich zuweilen Vorwürfe, verschiedene Personen ins Unglück gestürzt zu haben. - Nach Sennatee 2 Mal reichliche Stuhlentleerung. - Puls voll, langsam. -

12\. Nach Sulfonal 2,0 beiläufig 4 - 5 Stunden mit häufigen Unterbrechungen geschlafen. - Früh ruhiger. Nach seinem Befinden gefragt gibt zur Antwort, dass er sich so unendlich wohl fühle, dass er dies höchstens in Musik ausdrücken könne.

13\. Letzte Nacht besser, 6 - 7 Stunden geschlafen. Patient zeigt einen ungeheuren Appetit, verlangt immer wieder zu essen. Nachmittags geht Patient in den Garten spazieren, singt, johlt und schreit daselbst; zieht sich manchmal Rock und Weste aus, legt sich auf die Erde. Nach dem Spaziergange bleibt Patient auf seinem Zimmer.

14\. 4 - 5 Stunden geschlafen, sonst fortwährend gesprochen und gesungen. - Wird heute von seiner Mutter besucht.

Angaben der Mutter:

Vater (ein Landpastor, wurde durch einen Fall von einer Treppe hirnkrank) starb 35 Jahre alt an Hirnerweichung; Mutter lebt und ist gesund (macht aber einen beschränkten Eindruck). - Grosseltern starben hochbetagt. - Eine Schwester des Patienten lebt in Paraguay; sie ist gesund. Ein Bruder der Mutter starb in einer Nervenheilanstalt. Die Schwestern des Vaters waren hysterisch und etwas excentrisch. - Schwangerschaft und Geburt gut von statten gegangen. - Als Kind mehr still gewesen, in der Schule sehr gut gelernt. - War zuerst Theolog, dann Philolog; philosophische Studien. - Mit 24 Jahren als Professor der ~~Philosophie~~ nach Basel berufen, woselbst er durch 9 Jahre wirkte. - Excessiver Verkehr mit Wagner und seiner Musik. - Bereits während seiner Tätigkeit an hiesiger Universität viel an Kopf- und Augenschmerzen gelitten, dererwegen er von seinem Lehramte daselbst erholungshalber scheiden musste. - In seinen Briefen an seine Mutter schrieb Patient bereits überschwänglich, er fühle sich seit letzter Zeit unendlich wohl und gehoben, pries Turin, woselbst er sich seit 3 Monaten aufhielt, als die schönste und herrlichste Stadt, schrieb weiters, dass er noch nie so produktiv wie gerade bei seinem Aufenthalte in Turin gewesen. Diese Briefe datieren vom Monate November und December 1888.

Der Besuch der Mutter erfreute Patient sichtlich; beim Eintritte seiner Mutter gimg er auf diese zu, sie herzlich umarmend und ausrufend: "Ach, meine liebe, gute Mama, es freut mich sehr dich zu sehen". - Er unterhielt sich längere Zeit über Familienangelegenheiten ganz correct, bis er plötzlich ausrief: "Siehe in mir den Tyrannen von Turin!" Nach diesem Ausrufe fing er wieder an verworren zu reden, sodass der Besuch beendigt werden musste. - Kalte Douche am Abend; Sulfonal 2,0. -

15\. Nachts 4 - 5 Stunden geschlafen, während der übrigen Zeit sehr laut. - Nachmittags ruhiger. - Patient trinkt sehr viel Wasser. - Nachmittags im Garten; geht daselbst laut schreiend und gestikulierend umher. - Sulfonal 2,0. -

17\. Letzte Nacht sehr gut geschlafen; früh ruhiger. - Parese des linken Facialis viel deutlicher als in den letzten Tagen. - Stuhlentleerung an den vorhergehenden Tagen täglich erfolgt. - In der Sprache keine nachweisbaren Störungen. - Pupillendifferenz, rechte > als linke. -

Wird heute Abend in die Irrenanstalt Jena überführt.

Gewicht: 10./I. 65 17./I. 65,5

Der Klinikvorsteher, verwirrt:

«Mein Herr, ich verstehe nicht, wir sind soeben bei der Abfassung des Schlußberichts ... Wer hat Ihnen denn?»

Der Journalist hält ein handgeschriebenes Blatt hoch:

«Ein Herr Professor, der sich mir als Sprecher des Gremiums vorstellte, mit imposantem Schnauz übrigens – alle Achtung – übergab es mir mit den Worten:

Machen Sie jeden Gebrauch davon, der uns nicht in der Achtung der Basler herabsetzt. Und falls Ihnen die eine oder andere Formulierung nicht geschliffen genug vorkommt, nichts kann für immer bestehen.»

Peter Utz

Robert Walsers Spiel mit Nietzsches Schatten

Robert Walser hätte auf seinen literarischen Exkursionen eigentlich Nietzsches Schatten häufig begegnen müssen. Denn diese Ausflüge führten Walser nicht nur in die idyllischen Landschaften des Berner Seelandes, sondern auch in die Metropolen der Zeit, in die Kneipen und Kaffees von München und Berlin, aber auch in die renommiertesten Verlagshäuser und Feuilletonredaktionen des deutschen Sprachraums. Und dort ist Nietzsche allgegenwärtig. Nicht, daß man in den Jahren nach 1900, als Nietzsche endgültig verstummt ist und Walser zu publizieren beginnt, Nietzsches Werke gelesen hätte. Im Gegenteil: Gerade weil von Nietzsche vor allem Schlagworte, vom «Übermenschen», der «Umwertung aller Werte» bis zum «Willen zur Macht», im Umlauf sind, läßt sich mit ihnen jede Weltanschauungsdiskussion anheizen. Robert Musil notiert dazu 1899 in seinem Tagebuch: «Nietzsche ist wie ein Park, der Benutzung des Publikums übergeben – aber es geht niemand hinein!»[1] Kaum einer wagt es, den verwirrenden Park von Nietzsches Werk lesend zu betreten. Doch desto leichter kann das Gespenst Nietzsches, das in Europa umgeht, dem Bierschaum und dem Kaffeedunst entsteigen und sich in der Druckerschwärze von Feuilletons und Leitartikeln wieder materialisieren.

Robert Walser scheint diesem Gespenst zunächst aus dem Weg zu gehen, obwohl er ihm schon früh begegnet sein muß. So lernt er um die Jahrhundertwende in Zürich den Privatdozenten Rudolf Willy kennen, der 1904 eine «Gesamtschilderung» Nietzsches publiziert.[2] Und jenes Heft der erlesenen Avantgardezeitschrift «Die Insel» vom September 1901, in dem Walser sein «Schneewittchen»-Dramolett publizieren kann, wird mit einer Sammlung von späten Aphorismen Nietzsches eingeleitet, wie sie gleichzeitig unter dem folgenreichen Titel «Der Wille zur Macht» von Nietzsches Schwester herausgegeben werden.[3] In diesen Kontext also werden Walsers Texte hineingeboren. Unmöglich, hier Nietzsche zu ignorieren – zu Nietzsche kann man sich als Intellektueller dieser Zeit nicht nicht-verhalten.

Trotzdem hat Nietzsche in Walsers Werk zumindest bis in die Zeit nach dem Ende des Ersten Weltkrieges nur wenige direkte Spuren hinterlassen. Im «Spaziergang» (1917) jedoch, der scheinbar fernab von jedem weltanschaulichen Stellungskrieg auf Walsers Papierbögen stattfindet, taucht unvermittelt der Schatten Zarathustras auf. Denn das spazierende Ich trifft plötzlich auf den «Riesen Tomzack» (GW III, 229f)[4], «ein Ungetüm und Ungeheuer», das «die helle Straße fast völlig verdunkelte», eine «traurige, schauervolle Erscheinung», welche keine Fragen beantwortet und ebenso unvermittelt, wie sie aufgetaucht ist, wieder verschwindet. Das spazierende «Ich» jedoch weiß genau, wer Tomzack ist: Eine Figur der umfassenden Entfremdung, ein Mensch, der keine «Heimat» hat, an nichts «Anteil» nimmt, für den «keinerlei Bedeutung» existiert und der buchstäblich aus der Zeit gefallen ist: «Vergangenheit, Gegenwart und Zukunft waren ihm eine wesenlose Wüste». Tomzack – eine Verkörperung des Nichts.

Sicher ist diese rätselhafte Figur, dieser «unheimliche Kerl, den ich nur allzu genau kannte», in erster Linie ein Doppelgänger des erzählenden Ich, sein eigener Schatten. Sigmund Freud identifiziert in den gleichen Jahren, auch im Zusammenhang mit der literarischen Figur des Doppelgängers, das «Unheimliche» als das verdrängte Längstvertraute.[5] Tomzack erscheint entsprechend als eine Per-

1 Zit. in: Nietzsche und die deutsche Literatur, hrsg. v. B. Hillebrand. Tübingen 1978, Bd. 1, S. 140.

2 Rudolf Willy, Friedrich Nietzsche. Eine Gesamtschilderung, Zürich 1904. – Zu Walsers Bekanntschaft mit Willy vgl. seinen Brief an F. Mermet vom April 1918 (Briefe GW XII/2, 128) und «Eine Weihnachtsgeschichte» (GW VII, 25–29 / Anm. S. 402).

3 «Die Insel» Nr. 12, Jg. II, H. 4, S. 241–260 – Weitere Hefte der «Insel» bringen weitere Nietzsche-Fragmente und ein hymnisches Porträt Nietzsches von Michael Georg Conrad.

4 Robert Walser, Das Gesamtwerk, hrsg. v. J. Greven, Genf/Hamburg 1966–1975, hier im Text nachgewiesen mit «GW»; die Bände «Aus dem Bleistiftgebiet», hrsg. v. W. Morlang u. B. Echte, Frankfurt a. M. 1985 ff., mit der Sigle «BG».

5 Sigmund Freud, Das Unheimliche (1919). In: S. F. Studienausgabe, hrsg. v. A. Mitscherlich, Frankfurt a. M. 1970, Bd. 4, S. 241–274.

sonifikation jenes «Anderen», das sich das Ich spazierend und schreibend ständig vom Leib halten muß. Wo Tomzack heimatlos bleibt, schafft sich das Ich schreibend und spazierend Heimat, wo Tomzack kalt und anteilslos bleibt und dadurch der Welt ihre Bedeutung nimmt, schafft das Ich in euphorischer Anteilnahme auch den kleinsten Dingen Bedeutung, wo Tomzack schweigt, spricht das Ich die Welt an. Der Leere, aus der Tomzack kommt und in die er verschwindet, stellt das Ich die Fülle seiner erwanderten Welt entgegen. Und die leerlaufende Zeit Tomzacks ist die Antithese zur linearen Zeitordnung des «Spaziergangs», mit der Walser diese Welt schreibend erschließt. So nimmt Walser in der Gestalt des Tomzack das «Andere», von dem sich sein Text wegschreibt, in diesen Text hinein.

Dieses riesenhafte «Andere» hat aber auch Züge von Zarathustras Schatten: Auf seiner Wanderschaft trifft Nietzsches Zarathustra mit seinem eigenen Schatten zusammen. Wie Tomzack ist dieser «Nachfolger und Schatten» «immer unterwegs, aber ohne Ziel, auch ohne Heim: also daß mir wahrlich wenig zum ewigen Juden fehlt» (KSA 4, 339)[6] – eine Figur der «ewigen Wiederkehr», des anti-teleologischen Denkens. Und wie Tomzack hat Zarathustras Schatten eine Affinität zur Wüste, der Verbildlichung des Nichts; später wird er das «Wüstenlied» singen. Nicht zufällig verabschiedet sich Walsers Spaziergänger von Tomzack als einem «bedauernswürdigen Übermenschen»: Er hat in seinem eigenen Schatten plötzlich die Umrisse vom Schatten Zarathustras erkannt.

Walser begegnet hier Nietzsche also in höchst indirekter Gestalt, als ins riesenhafte verzerrter, flach gewordener Schatten. Mit ihm scheint kein direktes Gespräch möglich – es ist der Schatten, den Nietzsche ins 20 Jahrhundert wirft. Wenn Tomzack, jenes «Phantom» und «unglückliche Gespenst»(GW III, 230), das Walsers Gegenwart unsicher macht, trotz allem an Nietzsche erinnert, dann vor allem an jenen plakativen Nihilismus, wie er durch Nietzsches Nachbeter an jeder Straßenecke verkündet wird. Weil aber Walsers Spaziergänger in diesem «Phantom» auch ein Gegenprinzip erkennt, das in ihm selbst zu stecken scheint, erhält Tomzack, versteht man ihn als Nietzsche-Gespenst, plötzlich eine zentrale Bedeutung. Wäre dann Walsers Werk zu verstehen als Versuch, zum Nihilismus, wie man ihn Nietzsche nachsagt, eine weltanschauliche Gegenposition zu entwickeln?

So scheint zumindest Max Brod Walser zu verstehen, wenn er ihn 1911 als Erlöser von Nietzsche feiert: «Hier, wenn irgendwo, finde ich den neuen Ton, die Romantik unserer letzten, arkadisch-gegenwärtigen Strömung, endlich, endlich die Reaktion auf Nietzsche, die Freiheit, die Entspannung der Seele.»[7] Walser als Lichtgestalt gegen den Schatten Nietzsches, Walser als der Anti-Antichrist? – Für eine solche Situierung Walsers gegenüber Nietzsche, wie sie auch schon in den spärlichen Forschungsansätzen zu diesem Thema erscheint,[8] spricht insbesondere Walsers immer wieder explizierte Moral des Dienens, des Kleinseins und der Unterwerfung, die übrigens häufig mit der Jesusfigur assoziiert wird – sie steht den Schlagworten des Nietzsche-Kultes vom «Herrenmenschen» und vom «Willen zur Macht» tatsächlich diametral gegenüber.

Walser feiert beispielsweise in «Das Bild des Vaters», das 1916 praktisch gleichzeitig mit dem «Spaziergang» entsteht, diesen Vater als einen Antipoden des «Willens zur Macht»: «Besseres, als was mancher gewalttätige Mann durch den sogenannten Willen zur Macht leisten mag, verrichtete er durch die Kraft, nachgiebig und geduldig zu sein, sowie durch die stille Gabe der Ironie» (GW III, 280). Statt des «Willens zur Macht» also der «Wille zur Ohnmacht», Nachgiebigkeit und Geduld, gepaart allerdings mit stiller Ironie. Genau dies macht dann jene «Stärke» aus, die Walser den «Dienenden» in einer immer wieder neu geübten dialektischen Wendung zuspricht.[9] Mit dieser Dialektik von Schwäche und Stärke scheint Walser dem zu folgen, was Nietzsche in der «Genealogie der Moral» voraussagt: «Diese Schwachen – irgendwann einmal nämlich wollen auch *sie* die Starken sein, es ist kein Zweifel, irgendwann soll auch *ihr* 'Reich' kommen» (KSA 5, 283). Sogar Walsers Stil, insofern in ihm die Moral des Kleinseins zur Sprachgebärde wird, läßt sich als Replik auf die großen Sprachgebärden Nietzsches verste-

[6] Friedrich Nietzsche, Sämtliche Werke. Kritische Studienausgabe, hrsg. v. G. Colli u. M. Montinari. München 1980, hier im Text nachgewiesen mit «KSA».

[7] Max Brod, Kommentar zu Robert Walser. In: K. Kerr (Hrsg.), Über Robert Walser. Frankfurt a. M. 1978, Bd. 1, S. 83.

[8] Vgl. Dieter Borchmeyer, Dienst und Herrschaft. Ein Versuch über Robert Walser. Tübingen 1980, S. 62–76; Robert Mächler, Robert Walser zwischen Jesus und Nietzsche. In: Schweizer Monatshefte 72. Jg. 1992, S. 325–329.

[9] So z. B. im «Räuber»-Roman (BG 3, 61)

hen; Walsers invertiertes Pathos wäre also die direkte Antwort auf das Pathos von Zarathustra.

Und doch scheint eine solche Gegenüberstellung von Walser und Nietzsche zu statisch: Zunächst ist kaum nachweisbar, daß Walser Nietzsche intensiv gelesen hätte. Anders als bei jenen zahlreichen Autoren, die Walsers Werk zitierend verarbeitet und weiterspinnt, lassen sich nur sehr vereinzelt «intertextuelle» Bezüge zwischen Walsers und Nietzsches Werk herstellen, die über die gängigen Nietzsche-Schlagwörter hinausgingen. Umso leichter verschmilzt auch bei Walser, darin ein typischer Vertreter der ersten Nach-Nietzsche-Generation, Nietzsches tragische Biographie, sein Werk und die aus ihm destillierten Schlagworte zu einer einzigen Chiffre. Diese Chiffre «Nietzsche» bringt Richard Strauß in den pathetischen Posaunen zum Erklingen, mit denen sein «Also sprach Zarathustra» (1896) eine Aera der lautstarken Nietzsche-Rezeption eröffnet. Auf dieses Getöse der Nietzsche-Rezeption, in das sich schon bald der Lärm des Ersten Weltkrieges mischen wird, und nicht so sehr auf die donnernden Worte von Zarathustra selbst antwortet Walser mit seiner betont leisen Stimme, mit seiner «stillen Gabe der Ironie» – dies ist jene «Befreiung» von Nietzsche, die Max Brod aus Walser heraushört. Noch eindeutiger als im Falle Schillers, den die Zeit ebenfalls ins Genialische aufbläst, geht es auch bei Walsers Auseinandersetzung mit Nietzsche um eine Auseinandersetzung mit dessen Wirkungsgeschichte, um die Begegnung mit einem Schatten.[10]

So diffus dieser Schatten, so unscharf auch die Positionen in dieser Auseinandersetzung. Walser läßt sich nicht auf eine «Anti-Nietzsche»-Position fixieren. Zu mobil, zu lustvoll-widersprüchlich ist nicht nur Nietzsche selbst, zu mobil ist vor allem Walsers Verhältnis zu allen weltanschaulichen Säulenheiligen der Zeit. Wenn er sie gerade in seinem Spätwerk spielerisch umkreist und gelegentlich sogar ihre Posen imitiert, wird daraus kein konsistentes Programm. Ohne sich festzulegen, umtänzelt Walser das Monument, zu dem der tanzende Polterer Nietzsche erstarrt ist, und läßt es sich dabei nicht nehmen, gelegentlich auf den langen Schatten dieses Denkmals zu treten.

Die kräftigsten Tritte kriegen dabei folgerichtig die zeittypischen, oberflächlichen Nietzsche-Leser ab. So etwa der zwanzigjährige Bankcommis Glauser in der Skizze «Das Büebli», 1908 im «Simplizissimus» erschienen (GW I, 343–48). Als strebsamer Karrierist, als «Bureausystemseele» mit «festem Willen» verkörpert er den «zukünftigen Herrscher» – Napoleon ist sein Vorbild. Dieser Glauser «liest Nietzsche, er liest ihn, aber er läßt sich durch diesen Autor nur zeitweise fesseln, niemals bestürmen, auch nicht irgendwelche Muster vorschreiben». Mit einer Prise Nietzsche würzt sich der angehende Bankangestellte sein fades Leben, mit ihr bestätigt er sich wohl auch in seiner kaltschnäuzigen Arroganz. Nietzsche gehört zum Habitus der Zeit.

In einem viel späteren Prosastück, der «Stilvollen Novelle», die 1925 wieder im «Simplicissimus» erscheint (GW VII, 194–196), probiert Walser diesen Habitus in einer «Ich»-Rolle an. Der Ich-Erzähler dieses kurzen Prosastücks betritt ein Kaffeehaus, «nicht ohne vorher Nietzsche gelesen zu haben». In der Pose eines «Standhaftbisindentodhaften», mit «Napoleonblicken» blitzend wie sein Vorgänger Glauser, nimmt diese «starke Persönlichkeit, die ich bin», im Lokal Platz. Der angelesene Nietzsche erscheint in seinen Blicken: «Aus meinen Augen klang ein Glanz hervor, der mitteilen zu wollen schien, ich hätte soeben Sätze zu verarbeiten versucht, wie zum Beispiel den: 'Wenn du zum Weibe gehst, so nimm die Peitsche mit.' Ich darf wohl sagen, ich war mit intellektuellen Waffen aufs beste ausgerüstet.» Mit der «Waffe» dieses berühmt-berüchtigten, immer entstellt und ohne seinen Kontext im «Zarathustra» zitierten Nietzsche-Satzes[11] versucht der Ich-Erzähler nun, ein Mädchen zu beeindrucken; für das Mädchen, so glaubt er, wirke er wie ein «Riese» – gewissermaßen also ein «Riese Tomzack». Eigentlich ist er aber, wie er dem Leser verrät, «doch nur ein sich auf der Suche nach Stoff befindlicher Schriftsteller». Das ganze Spiel dieser «diabolischen Zeilen» entlarvt sich spätestens hier als explizite Mimesis

[10] Zu Walsers Auseinandersetzung mit Schillers «Tell» vgl. vom Verf., Die ausgehöhlte Gasse. Stationen der Wirkungsgeschichte von Schillers 'Wilhelm Tell'. Königstein 1984, S. 192–219 – die Metapher des «Schattens» erscheint dort im Zusammenhang der Wirkungsgeschichte Schillers (GW IX, 103).

[11] Ausgerechnet das «alte Weiblein» gibt Zarathustra den Rat: «Du gehst zu Frauen? Vergiß die Peitsche nicht!» (KSA 4, 86).

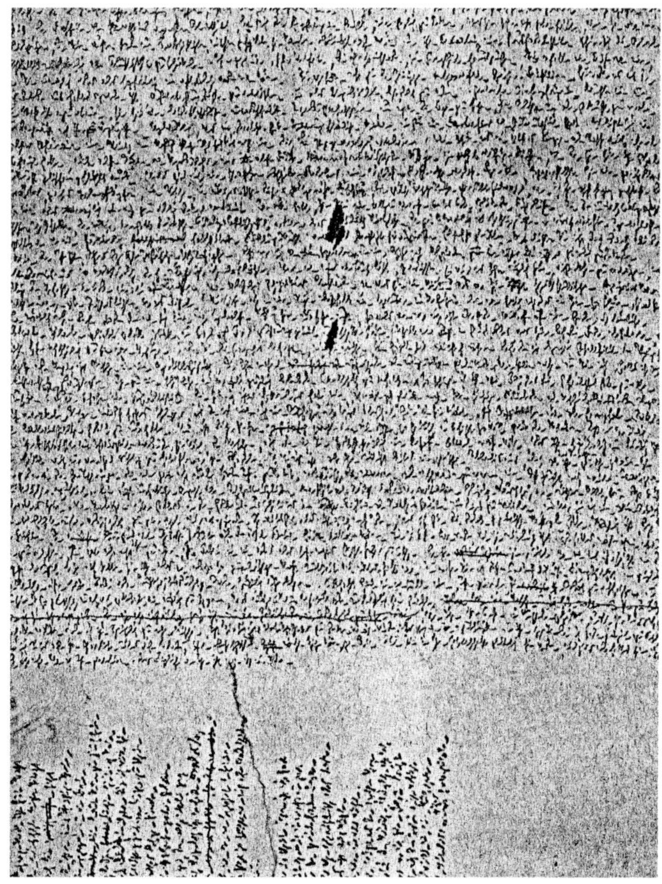

9.8. «Nietzsche» – Mikrogramm Robert Walsers und S. 2 der Transkription.

Sie, Hochgeachtetste, für ein zweifellos verwöhntes, zartes Salonpflänzchen, ein Weschen, eine übrigens sicher durchaus zeitgemässe Erscheinung, die gütig zu entschuldigen gewillt sein wird, wenn ich ihr offenherzig gestehe, dass sie mir als womöglich ein wenig zu adlig denkend vorkommt. Ja, bei Gott, Sie sind eine allzu vornehm in's Leben blickende Bürgerliche, die den universitätsprofessorlichsten Schriftsteller, der je innerhalb deutscher Bildungsbeflissenheit vorkam, las: Friedrich Nietzsche, der ja bekanntlich mit saftiggrünster und unreserviertester Gymnasiastenhaftigkeit an eine **säuberlich** *fortschreitende Kulturzukunft, wovor niemand berechtigt sei auszuweichen, felsenfest glaubte. Und* **dachten** *Sie nicht dennoch beinah bei der Lektüre der Schriften dieses begeisterungsfähigen Philosophen, dass er sich vom sogenannten und meiner Ansicht nach Abgründe mir nichts dir nicht reinlich zudeckenden Akademismus nie vollständig, d.h. überhaupt nicht loslöste? Wenn man irgendein Buch liest, so wird es schon möglich sein, aufmerksam zu erwägen, welche Stellung der Verfasser im Leben einnimmt oder einnahm, von welcherlei Gesichtskreis, Umständen, von was für einem Milieu aus er* **zu** *seinem schriftstellerischen Erzeugnis kam, in welchem Lampen- oder Geisteslichte er es dichtete. Nietzsche ist in meinen Augen deshalb ein Bezauberer und Verführer, den man* **freilich** *nirgends in seinen so schönen, hinreissenden Zeilen wörtlich nehmen darf, sondern den man sich immer nach irgendwelcher Richtung hin übersetzen muss, so als wenn er nicht auf der Erde, vielmehr auf einem fremden, eigentümlichen, unbekannten Planeten geliebt, gelebt, gelitten und Band auf Band zusammengezimmert und -geschrieben hätte. Schrieb er doch im Grund alles, was seiner behenden Feder entstammte, zunächst sehr wahrscheinlich zu seinem eigenen Vergnügen. Da Sie die Gewogenheit besassen, mir zu eröffnen, Sie fühlten sich vielfach einsam, befänden sich bezüglich Geselligkeiten in* **Verlegenheit,** *in Bezug auf Umgang mit Menschen in*

an dem typischen «Salonmenschen» von Walsers Zeit, als ironische Kostümprobe auf einer Modeschau der zeitgenössischen Meinungen. Der Nietzsche-Schnauz, den sich Walser in dieser «Stilvolle Novelle» momentan anklebt, gehört offenbar zu den unentbehrlichen Requisiten des «Jetztzeitstils», wie ihn Walser im «Räuber»-Roman nennt (BG 3, 73). Walser macht sich hier diesem «Jetztzeitstil» ähnlich, tanzt ihn ironisierend nach.

Dabei tanzt Walser aber auch über diesen «Jetztzeitstil» hinaus – und läßt sich dabei gerade durch Nietzsche inspirieren. Der Nietzsche-Kult der zwanziger Jahre, in denen eine weitere Generation «ihren» Nietzsche entdeckt, gibt Walser Gelegenheit zu einzelnen

Annäherungen an Nietzsche. Angezogen wird Walser dabei von der Faszination der Nietzsche-Legende, aber auch von der diabolischen Lust, mit welcher Nietzsche die festgefügten Weltanschauungen seiner Zeit angriff und in der Walser eine verwandte korrosive Kraft gespürt haben muß. Für beides finden sich einige explizite Verweise insbesondere in bisher noch unveröffentlichten «Mikrogramm»-Entwürfen, auf die mich Werner Morlang dankenswerterweise hingewiesen und die er mir großzügig überlassen hat.[12] Diese deutlichere Auseinandersetzung mit Nietzsche läßt vermuten, daß Walser in dieser Zeit doch gelegentlich selbst zu Nietzsches Werken greift – und sei es auch nur, um die Nietzsche-Schlagworte, die die Zeit im Mund führt, ironisch zu überführen. «Und doch lasen Sie nie Nietzsche?» fragt in einem Mikrogramm-Dialog ein «Gebildeter» ein «Mädel aus dem Volke», nachdem dieses das Schlagwort vom «gefährlich Leben» ins Gespräch eingeworfen hat. Dieses gesteht schlicht: «Nein» (BG 2, 411).

Gleichzeitig wirft Walser selbst das Problem der Nietzsche-Lektüre auf. In einem bisher noch unveröffentlichten «Mikrogramm» spielt er zunächst auf Nietzsches Vortragsreihe «Über die Zukunft unserer Bildungsanstalten» an: Er charakterisiert Nietzsche als «den universitätsprofessorlichsten Schriftsteller, der je innerhalb deutscher Bildungsbeflissenheit vorkam», weil er «ja bekanntlich mit saftiggrünster und unreserviertester Gymnasiastenhaftigkeit an eine säuberlich fortschreitende Kulturzukunft, wovor niemand berechtigt sei auszuweichen, felsenfest glaubte». Diesen «Akademismus» Nietzsches, unter dem Walser «Abgründe» vermutet, führt Walser jedoch auf die Lebenssituation dieses «begeisterungsfähigen Philosophen» zurück: «Wenn man irgend ein Buch liest, so wird es schon möglich sein, aufmerksam zu erwägen, welche Stellung der Verfasser im Leben einnimmt oder einnahm, von welcherlei Gesichtskreis, Umständen, von was für einem Milieu aus er [zu] seinem schriftstellerischen Erzeugnis kam, in welchem Lampen- oder Geisteslichte er es dichtete. Nietzsche ist in meinen Augen deshalb ein Bezauberer und Verführer, den man freilich nirgends in seinen so schönen, hinreißenden Zeilen wörtlich nehmen darf, sondern den man sich immer nach irgendwelcher Richtung hin übersetzen muß, so als wenn er nicht auf der Erde, vielmehr auf einem fremden, eigentümlichen, unbekannten Planeten geliebt, gelebt, gelitten und Band auf Band zusammengezimmert und -geschrieben hätte. Schrieb er doch im Grund alles, was seiner behenden Feder entstammte, zunächst sehr wahrscheinlich zu seinem eigenen Vergnügen.»[13] Zunächst bezieht sich Walser auf Nietzsches Schatten, auf den «Bezauberer und Verführer» Nietzsche, den man nie «wörtlich» nehmen dürfe – eine explizite Warnung, die auch heute noch gehört zu werden verdiente. Wie um sich selbst von Nietzsches Werk, diesen «schönen, hinreißenden Zeilen», zu lösen, lenkt Walser auf Nietzsches Lebenssituation zurück und taucht diese in ein legendenhaftes Licht, in dem sicher seine eigene Lebenssituation anklingt. Dafür aber verzichtet er bezeichnenderweise darauf, Nietzsches Werk inhaltlich für sich zu «übersetzen»: Hier, auf dem Punkt, wo er sich seinen «eigenen» Nietzsche zusammenzulesen anschickt, bricht Walser seine Nietzsche-Überlegungen ab.

An anderen Stellen greift Walser eher zum «diabolischen» Nietzsche, zum Störer des bürgerlichen Kulturfriedens, zu jenem Nietzsche also, der beispielsweise in der oben genannten Vortragsreihe gegen die «Pseudokultur» seiner «Jetztzeit» polemisiert (KSA 1, 691). So bietet Walser in einem weiteren «Mikrogramm»-Text, der sich gegen die bürgerliche Ausgrenzung des sogenannt «schlechten Buches» wendet, plötzlich Nietzsche gegen den moralisierenden Mittelstand auf: «Sollte nicht übrigens der famose und hinreißende Philosoph Nietzsche seinerzeit erheblich mit zur Zersplitterung oder Entkräftung des Mittelstandes mit Hülfe seiner bezaubernden Schriftstellerei brav und redlich beigetragen haben, des Mittelstandes, der die Erzeugnisse der guten Literatur kaufen und lesen soll und der sich in seiner Erschöpftheit lebhafter für gute und kräftigende Körper- als für Geistesnahrung interessiert.»[14] Hier spricht Walser in den positivsten Worten von Nietzsche, um mit diesem Schreckgespenst die wohlgenährten Weltanschauungen des Bürgertums herauszufordern.

[12] Diese und die weiteren hier erstmals publizierten Passagen aus unveröffentlichten «Mikrogramm»-Texten werden in BG 5/6 erscheinen.

[13] Mikrogramm «Ich lasse Sie mit heutiger Schreibbemühung wissen» (vgl. Anm. 12).

[14] Mikrogramm: «Aktualismus in bildenden Dingen kann zugleich possierlich und heroisch sein» (vgl. Anm. 12)

Entsprechend spielverderberisch interveniert Walser dort, wo das Bürgertum seinen Appetit auf Kultur stillen möchte: im Theater. Im kurzen Prosastück «Ibsens Nora oder die Rösti» (1925) stört der Darsteller des Helmer den Genuß seines Publikums, indem er plötzlich nach einer «Rösti» verlangt. Resultat: «All die großzügigen Noraworte unterblieben.» Kommentar: «Von Bratkartoffeln zu reden, wo Werte umgewertet werden sollten, war arg.» (GW III, 355) Nietzsches «Umwertung aller Werte», zu Walsers Zeit längst wieder zum Klischee erstarrt, wird hier ihrerseits umgewendet und entwertet; Bratkartoffeln für den Volksmund, die Walser seinerseits auf die Schippe nimmt – und insofern Nietzsches Lust an der provokativen Umwertung des gesellschaftlich Anerkannten dann doch wieder recht gibt.

Dieser Lust gibt Walser auch im «Räuber»-Roman nach, und auch hier erscheint Nietzsche in einem dramatischen Moment: Als der Räuber von der Ermordung Rathenaus erfährt, klatscht er in die Hände, begeistert von dem «Extragenuß, ein Großer sei von einigen Unbedeutenden überwältigt worden. Denn ist nicht nach Friedrich Nietzsche das Anschauen, das Miterleben einer Tragödie im feineren und höheren Sinn eine Freude, eine Lebensbereicherung?» (BG 3, 21). Walser holt sich hier für seine provokative Frechheit, für den fragwürdigen Beifall des Räubers zur Ermordung Rathenaus, Rückendeckung bei Nietzsche. Ob hinter dieser Berufung auf den unbeteiligten Zuschauer allerdings eine ganz konkrete Lektüre von Nietzsches «Geburt der Tragödie» steht,[15] ist ungewiss – entsprechende Weisheiten ließen sich wohl auch in jenem «Café» holen, in das sich der Räuber gleich anschließend verfügt. Aber unbestreitbar macht sich der Räuber hier Nietzsche zum Komplizen bei seinem Raubzug auf den ihm verhassten Rathenau.

Diese diabolische Seite Nietzsches wendet Walser jedoch auch gegen den dämonisierten Nietzsche selbst. In der «Unterhaltung zwischen dem Dämonischen und dem Gutmütigen» (1925) (GW VII, 237–239) will der «Dämonische» die «Moral» des «Gutmütigen» vollständig «zermalmen». Er droht: «Wenn Sie jetzt nicht sofort felsenfest an meine Übermenschlichkeit glauben ...» – worauf ihm der andere ins Wort fällt: «So glaube ich wenigstens an die Liebenswürdigkeit der Macht meiner mir allezeit Lebensbegleiterin gebliebenen Bescheidenheit.» Diese Umwertung der «Übermenschlichkeit» krönt der «Bescheidene» dann mit dem Satz: «An die Teufel glauben die – Teufel!». Ein logischer Bumerang, wie er von Nietzsche ausgeheckt worden sein könnte, fällt auf den «Dämonischen» zurück. Er «schrumpft ein» und wird am Schluß ganz einfach «krank». Wie zum Hohn bringt der «Gutmütige» für ihn sogar noch «Mitleid» auf; jenes «Mitleid», das Nietzsche verdammt hatte, besiegelt nun den Sieg des Gutmütigen über seinen dämonischen Gegner, worauf sich der Gutmütige auf seinen «üblichen Spaziergang» machen kann.

Anders als im friedlicheren Prosastück «Der Spaziergang» kommt es hier zu einer direkten Auseinandersetzung mit dem dämonischen «Anderen». In diesem Schattenboxen verdankt der «Gutmütige» seinen Sieg nach Punkten seiner Beweglichkeit: Er ist je nachdem «Dienstmann», «Ahnungsloser», «Gutmütiger», «Bescheidener» und am Schluß Spaziergänger. Tänzelnd umkreist er den dämonischen Koloss, während dieser in sich zusammensinkt. Liest man auch diese Begegnung nicht nur als eine Auseinandersetzung zwischen «zwei Seiten des Dichters»,[16] sondern auch als erneute Auseinandersetzung Walsers mit Nietzsches Schatten, so fällt auf, wie sich Walser hier ganz unverhohlen der Mittel seines Gegners bedient. Nietzsches Rhetorik wird gegen den Dämon des Übermenschen eingesetzt, der Teufel gewissermaßen mit dem Belzebub ausgetrieben. Ein literarischer Exorzismus, in dem Walser die Faszination des «Dämonischen» erst recht anerkennt.

Davon zeugt auch die späte Äusserung Walsers zu Nietzsche, die Carl Seelig aus dem Jahr 1944 überliefert hat: «Nietzsche erscheint ihm [= Walser] als diabolischer, siegessüchtiger und maßlos ehrgeiziger Charakter: 'Er besaß durchaus das Verführerische, das dem Genie eigen ist. Aber er hat sich schon früh dem Teufel angebiedert, d. h. dem Unterliegenden, weil er sich selbst als Unterlegener fühlte. Er

[15] So Karl Wagner, Geld und Beziehungen. Walser – Musil – Rathenau. In: Robert Walser, hrsg. v. K.-M. Hinz u. Th. Horst, Frankfurt a. M. 1991, S. 323–342.

[16] Vgl. Mächler [Anm. 8].

war kein Sonnenmensch. Aus gekränktem Knechtedasein hochfahrend und widerborstig. Seine Herrenmoral ist für die Frau wohl das Beleidigendste, was man sich vorstellen kann: perfide Rache eines Ungeliebten.'»[17] Auch hier wird Nietzsche in Kategorien beurteilt, die von ihm selbst stammen könnten: in den Kategorien von Herr und Knecht. Auch hier gilt jedoch Walsers Urteil nicht so sehr Nietzsches Werk als der Nietzsche-Legende und der blutigen Vereinnahmung von Nietzsches «Herrenmoral» durch die Nazis – in dieser Zeit ist Nietzsche wirklich «kein Sonnenmensch», sein Schatten tatsächlich von teuflischer Schwärze.

Nietzsches «Herrenmoral» beleidigt aber vor allem die Frau. Nietzsches sprichwörtlich gewordene Frauenverachtung greift Walser mehrfach auf. Zu Seelig meint er bei einem früheren Anlaß: «Er [= Nietzsche] hat sich dafür gerächt, daß ihn keine Frau geliebt hat. Er wurde selbst liebelos.»[18] Eine recht simple Psychologie, bei der sich Walser fast ausschließlich auf das stereotype Zitat vom «Weib» und der «Peitsche» stützt [19] – hierin hat auch Walser, trotz seiner eigenen Warnung, Nietzsche «wörtlich» genommen. Wie als weibliche Antwort auf den oben zitierten Salonlöwen aus der «Stilvollen Novelle» meint die Heldin von «Das Mädchen mit dem Essay» (1926): «Uns mit einer Peitsche ausgerüstet zu besuchen, wie bizarr das ist» (GW VIII, 273).

Gleichsam als Gegengift zu diesem frauenverachtenden Nietzsche bringt Walser Stendhal ins literarische Spiel seines Spätwerks. In Stendhal, besonders in seinem aufklärerisch-sublimen Traktat «De l'amour» (1822), das Walser aus intensiver Lektüre kennt,[20] konstruiert sich Walser seinen Anti-Nietzsche. «Er las Stendhal, sie Nietzsche. Erklärungen hierüber geben wir nicht, wenn man uns auch ein ganzes Jahr lang darum ersuchte», heißt es im Prosastück «Der Räuber» (1921) (GW VII, 223). Listig fordert Walser hier den Leser geradezu auf, für die befremdliche Opposition von Stendhal und Nietzsche, die er auch noch übers Kreuz der Geschlechter konstruiert, «Erklärungen» zu suchen. Noch befremdlicher wird dieses Spiel, wenn man sich, wie Walser selbst, bewußt ist, daß Nietzsche «sich in den Geist Stendhals förmlich verliebte» («Über eine Art von Duell», GW VII, 362). Im Mikrogramm-Entwurf zu «Hier wird kritisiert» holt sich Walser Nietzsche zunächst als Gewährsmann für seine massive, aber verhüllte Kritik an einem Liebesroman von Max Brod: «Wenn Nietzsche noch lebte und dies Buch läse, müßte es ihm übel werden, ich weiß das.»[21] – Max Brod, der Walser doch als Befreier von Nietzsche gefeiert hatte, wird hier das späte Opfer eines Zweckbündnisses von Walser und Nietzsche. Dann kommt Walser auf Nietzsche und Stendhal zu sprechen: «Der Einsiedler im Engadin war ein Freund des famosen schriftstellerischen Betragens von Stendhal, der alles, was mit Liebe usw. zu tun hat, mit denkbar feinstem Tastsinn anfaßte.»

Das Faszinierende am Gegensatzpaar Nietzsche-Stendhal, wie es Walser konstruiert, scheint also gerade darin zu bestehen, daß im frauenverachtenden Nietzsche ein frauenverehrender Stendhal steckt. Beide bilden ein Gegensatzpaar, wie etwa Tell und Gessler, die Walser als «eine einzige widerspruchsvolle Persönlichkeit» zu verstehen vorschlägt («Wilhelm Tell», GW IX, 269). In solcher Personifikation kann Walser das «Andere», den «Schatten», wie er ihm in Gestalt des Riesen Tomzack begegnet ist, nun zum Movens einer neuen dialektischen Bewegung machen. So bringt Walser – mit Stendhal als Partner – sogar den zum Monument der Frauenverachtung erstarrten, peitschenschwingenden Nietzsche ins Tanzen. Der Tanz ums Monument wird zum Tanz mit dem Monument. Genau darin aber schafft Walser eine erneute, wenn auch versteckte Annäherung an Nietzsche. Denn der «Tanz» als eine konstitutive Metapher der Textbewegung von Walsers Spätwerk[22] ist gleichzeitig die Figur der anti-ideologischen Beweglichkeit, wie sie der Tänzer Zarathustra prägt, predigt und praktiziert.

Ein solches tänzerisches literarisches Spiel mit Nietzsches Peitsche inszeniert Walser in einem weiteren, noch unveröffentlichten Mikrogramm – ein letztes Beispiel, das nochmals demonstriert, wie Walser die Auseinandersetzung mit den Widersprüchen in Nietzsches Schatten produktiv zu machen versteht. Wal-

17 Carl Seelig, Wanderungen mit Robert Walser. Zürich, 2. Aufl. 1977, S. 85.
18 Ebd., S. 37.
19 Weitere Stellen zu Nietzsche betreffen ebenfalls das Frauenbild: GW II, 336; BG 4, 200 / Anm. S. 444.
20 Vgl. Michel Cadot, Robert Walser liest Stendhal. In: «Immer dicht vor dem Sturze...» Zum Werk Robert Walsers, hrsg. v. P. Chiarini u. H. D. Zimmermann. Frankfurt a. M. 1987, S. 199–209.
21 Mikrogramm-Entwurf zu «Hier wird kritisiert» (vgl. Anm. 12) – die von Walser 1928 publizierte Endfassung (GW IX, 283–86) enthält diese Nietzsche-Passage nicht. – Die Kritik bezieht sich auf Brods Buch «Die Frau nach der man sich sehnt» – auch diesen Hinweis verdanke ich Werner Morlang und Bernhard Echte.
22 Vgl. vom Verf., Der Schwerkraft spotten. Spuren von Motiv und Metapher des Tanzes im Werk Robert Walsers. In: Jahrbuch der deutschen Schillergesellschaft 28/1984, S. 384–406.

ser eröffnet das Spiel damit, daß er sich einer Frau gegenüber, die eine Peitsche besitze, als eine «Autorität» in der «Peitschenpsychologie» ausgibt. Dann heißt es: «Oft schon fiel mein Blick auf ein Buch, dessen Titel mich anliebreizelte mit 'Ich will', und jedes [Mal] habe ich über die Liebreizelei lächeln müssen, weil es so nach dem 'Willen zur Macht' von Friedrich Nietzsche klang und aussah und klingelte und duftete. Der Nietzschefall hat vielleicht mit dem Hölderlinfall Verwandtschaft. Nietzsche fabulierte übrigens auch mit gleichsam spielender Geschwindigkeit von Peitschen, die er jedesmal mitzunehmen in Aussicht gestellt hat, sobald er auf den Wegen der Philosophie zu einer Frau ging. Nietzsche scheint mir vor allen Dingen wesentlich zu viel lediglich gewollt zu haben. Er scheint sich in einem Anflug von Unmut bis zur Peitsche verstiegen zu haben, für die er viel zu gebildet war. Nie und nimmer wird er sie zu realisieren vermocht haben, ähnlich wie dies auch die Frau nicht imstande ist, die für die Peitsche, die sie besitzt und die sie mir kürzlich vorwies, wesentlich zu zart veranlagt ist. Die Sanftheit selbst und alles, was mit ihr verbunden ist, Unschlüssigkeit, Wankelmut, Spiritualität, Feinsinn, Scheu, irgend etwas anzufassen, stellt die vorzüglichste Peitsche dar. Ich mache hiermit auf die Macht der Weiblichkeit aufmerksam.»[23]

Noch einmal wird hier zunächst die Ambivalenz von Nietzsches Schatten deutlich: der «Willen zur Macht» «klingelt» und «duftet» zugleich. «Klingelt»: das verweist auf das leere Wortgeklingel der Nietzsche-Rezeption. «Duftet»: das ist die Faszination Nietzsches, oder eigentlich, wie Walser schreibt, des «Nietzschefalls», die auch Walser gelegentlich in die Nase steigt. Zudem wird hier aber Nietzsche durch eine «Umwertung der Werte», wie sie von diesem selbst stammen könnte, von seiner Peitsche erlöst: Aus Nietzsches angeblicher Frauenverachtung wird eine an Stendhal orientierte Frauenverehrung. Diese Umwertung gilt aber nicht so sehr Nietzsche selbst, den Walser zum bloßen philosophischen Schreibtischtäter macht, als einer Epoche, die selbst in Nietzsches Namen immer wieder zur Peitsche greift. Schon Jakob von Gunten bemerkt dazu: «Vielleicht sind wir heutigen Menschen alle so etwas wie Sklaven, beherrscht von einem ärgerlichen, peitscheschwingenden, unfeinen Weltgedanken» (GW IV, 406). Diesen «peitscheschwingenden Weltgedanken» wertet Walser in seinem Mikrogramm mit einer «spielenden Geschwindigkeit», wie er sie Nietzsche nachsagt, in eine Eloge der Sanftheit um. Und dabei schafft er provokative, paradoxe Bildbrüche, wie man sie gerade von Nietzsche kennt: die einpeitschenden Schlagworte des «Willens zur Macht» werden zur «Peitsche» der «Sanftheit». Aus der Sanftheit wird eine Peitsche, aus der Peitsche ein Zuckerbrot – Walser scheint hier spielerisch das Kunstück gelungen, mit Nietzsche über Nietzsches Schatten zu springen.

23 Mikrogramm «Es gibt da die sich plötzlich eines Zivilisierten bemächtigen könnende Möglichkeit des Weichwerdens» (vgl. Anm. 12).

Niklaus Peter

«Nietzsche-Antinietzsche Vermessenheit» bei Karl Barth? – Karl Barth als Leser und Interpret Nietzsches[1]

I

«Hier ist Nietzsches Willen, Dynamit in die Welt zu schleudern, in Sie eingegangen» – so charakterisierte der Nationalökonom Edgar Salin mit gezielter Provokation Karl Barths Neubearbeitung des «Römerbriefs»[2] (1922) und damit eine wichtige Station auf dem Denkweg des jungen Theologen. Anlass für diese Worte war die feierliche Verabschiedung des nunmehr berühmten, sechsundsiebzigjährigen Professors der Theologie am 1. März 1962, Ort die vollbesetzte Aula der Basler Universität. Trotz der bei den Worten «Nietzsche» und «Dynamit» deutlich aufgekommenen Unruhe im Saal fuhr Salin, der als Prorektor die Laudatio hielt, unbeirrt fort: «Vielleicht brauchte es Nietzsches Fluch auf das Christentum und Overbecks hartes Nein zur Theologie und den Theologen seiner Zeit, damit Sie die ganze Grösse der Gefahr erkannten und sich zu einer Neubegründung der Theologie genötigt fühlten.»[3] Wiederum Unruhe und hörbarer Protest im Saal,[4] ein Zeichen dafür, dass die Erwähnung dieses unheimlichen Gastes im Zusammenhang mit dem gefeierten Erneuerer protestantischer Theologie das Festpublikum schockierte. Darauf war man offensichtlich nicht vorbereitet[5] und entsprechend empört über die Behauptung, dass Barths Anfänge etwas mit Nietzsche zu tun haben könnten. Auch die Theologiegeschichtsforschung hat auffällig wenig Interesse dafür gezeigt, dass Barth in seiner Römerbriefauslegung (1922) mehrfach und an prominenter Stelle Nietzsche zitiert.[6]

Salin hingegen insistierte nicht nur auf Karl Barths Nietzsche-Rezeption, er machte sie geradezu zum Angelpunkt seines scharfgezeichneten Portraits des Theologen. Für den streitlustigen Laudator lag nämlich das nietzscheanische Element bei Barth keineswegs nur in der «Initialzündung» für seinen Versuch einer «Neubegründung der Theologie», sondern er stellte auch Barths zwölfbändiges Lebenswerk «Die Kirchliche Dogmatik» (1932–1967) in den Kontext Nietzsches: Salin verglich diese «Summa Barths» mit den theologischen Summen mittelalterlicher Theologen. Er meinte, diese hätten «im Fluss einer kirchlichen und einer philosophischen Tradition [gestanden], und ihre rationalen Argumente hatten nur das Fundament des jahrtausendealten Glaubens in wechselnder Umwelt zu sichern», während das unter den Bedingungen der Moderne für Barths «Summa» nicht mehr gelten könne. An die Diagnose eines fundamentalen Traditionsbruches knüpfte Salin daher – und hier liegt die wahre Provokation[7] – sein Urteil: «Welch reformatorisches Wagnis ist es, welche Nietzsche-Antinietzsche Vermessenheit[8] braucht es, um als Einzelner die Wege des Glaubens und des Wissens ab ovo neu zu umschreiben und neu zu begehen!»

II

Man muss Nietzsches «Geburt der Tragödie» und seine Rede von der notwendigen «Wiedergeburt des Mythos» kennen, seine Ideen vom prometheischen Künstler, der wie Aeschylus die «erbleichten» homerischen Mythen mit der «mächtigen Faust des dionysischen Künstlers in den Dienst der neuen Gottheit zwingt»;[9] man muss sich vergegenwärtigen, dass der junge Nietzsche in Richard Wagners germanisch-mythischen Musikdramen das Analogon zu Aeschylus sah und von ihnen die Rettung der deutschen Kultur erhoffte, da er es für hoffnungslos hielt,

[1] Ich widme diese kleine Studie Karl Pestalozzi zu seinem 65. Geburtstag. Ihm verdanke ich – nebst vielem anderem – den Hinweis auf Salins Rede.

[2] Karl Barths Auslegung des paulinischen Römerbriefes ist in zwei durchgängig verschiedenen Auflagen erschienen: Der Römerbrief, Bern 1919, und die 2. völlig neu geschriebene Ausgabe: München 1922. Im folgenden wird zitiert 1) nach der kritischen Ausgabe: K. B., Der Römerbrief (Erste Fassung) 1919, hg. v. H. Schmidt, Gesamtausgabe Bd. 16, Zürich 1985 (= Rö I), sowie 2) K. B., Der Römerbrief, 11. unveränderter Abdruck der neuen Bearbeitung von 1922, Zürich 1976 (= Rö II).

[3] Das Typoskript der Laudatio (6 A4-Seiten mit handschriftlichen Zusätzen) liegt im Nachlass Edgar Salin auf der Handschriftenabteilung der Universitätsbibliothek Basel. Hier wird zitiert nach dem gesprochenen Wortlaut, wie er auf einem Tonband des damaligen «Radio Bern» (heute SRG), im Nachspann zu Barths Abschiedsvorlesung, erhalten geblieben ist. Sie ist textidentisch mit dem letzten Kapitel von K. B., Einführung in die evangelische Theologie, Zürich 1962. Zu den Reaktionen auf Salins Rede vgl. Barths Vorwort, sowie: E. Busch (Anm. 22) S. 471.

[4] Die Publikumsreaktionen sind auf dem Tonband gut zu hören (vgl. vorige Anm.).

[5] Dabei spricht Barth selber im Rö II vom «Dynamit der Religion» (S. 239).

«an unsere blassen und ermüdeten Religionen zu appeliren»;[10] man sollte sich dies und Nietzsches späteren religionsstifterischen Versuch im «Zarathustra», verbunden mit seinem «Todkrieg» gegen das Christentum[11] im Zusammenhang der «Umwertung aller Werte», in Erinnerung rufen, um zu verstehen, wie provokativ Edgar Salins knappe Sätze tatsächlich sind. In radikaler Vereinseitigung zieht er nicht nur Barths Anfänge auf die frühe Nietzsche- und Overbeck- (und Kierkegaard)-Rezeption zusammen, sondern stellt auch dessen «Kirchliche Dogmatik» gleichsam als inversen Nietzscheanismus dar: als «prometheischen» Versuch der Traditionsumschmelzung eines einzelnen – in «Nietzsche-Antinietzsche Vermessenheit»...

Provokation ist allemal produktiver als Hagiographie, und so fragt sich, ob Salin nicht etwas von der Radikalität, von der notwendig destruktiven, weil zähe Überlagerungen aufsprengenden Kritik Barths besser verstanden hatte als dessen fromme Bewunderer? Es wird im folgenden dennoch zu prüfen sein, ob die Formel «Nietzsche-Antinietzsche Vermessenheit» als eine angemessene Interpretation Barthscher Nietzsche-Rezeption und seiner Theologie überhaupt anzusehen ist, oder ob dieser Deutungskern – trotz seines Blitzlichteffektes – nicht doch eher eine Projektion des George-Schülers und Nietzsche-Jüngers Edgar Salin darstellt, die Karl Barths Anliegen und Werk verzeichnet. Ob diese Interpretation in ihrer provokatorischen Schärfe nicht der Position religiöser Konkurrenz geschuldet ist?

Die Geschichte des Nietzsche-Kultes hat in letzter Zeit verstärkte Aufmerksamkeit gefunden.[12] In diesem vielgestaltigen und im weiteren Sinne religionsgeschichtlichen Phänomen hat der George-Kreis – zu dessen jüngerer Generation Salin gehörte[13] – mit seiner neopagan-mythischen Stilisierung des Philosophen zum «Erlöser»[14] eine bedeutende Rolle gespielt.[15] Dies wird gerade auch an der Schrift Salins «Jakob Burckhardt und Nietzsche»[16] deutlich, in der die religiöse, «heilsgeschichtliche» Deutung Nietzsches in der Gegenüberstellung zu Jakob Burckhardt inszeniert ist. Burckhardt ist für Salin der Mann der alten, vergehenden Zeit des 19. Jahrhunderts, ein «später Deuter» der bürgerlichen Goethewelt, während Nietzsche als prophetische Gestalt, ja als der «schicksalshafte Vernichter und Erneuerer»[17] Europas bezeichnet wird. Mehr als ein Prophet sei Nietzsche aber für jene, die Salin als «Neuschöpfer, Neuformer, Neubeseeler der Welt» versteht und die er dazu berufen sieht, den «neuen Aeon heraufzuführen».[18] Für diese «Neubeseeler» sei Zarathustras Lehre von der ewigen Wiederkehr eine «echte Offenbarung»,[19] aber dieses Werk werde «wohl erst von einer Zeit ganz aufgenommen werden ... , der Nietzsche in seiner strahlenden Dulderkrone mehr ist als einer unter vielen Weisheitslehrern.»[20] Es mag verständlich sein, dass demjenigen, der in derart massiver Weise christologische Prädikate auf Nietzsche übertragen kann, sich auch Reorientierungen christlicher Theologie durch den (positiven oder negativen) Bezug auf Nietzsche erklären. Aber lässt sich das aus den Texten belegen? Wie steht es also mit Barths Nietzsche-Rezeption, wann beginnt sie und wie ist sie zu deuten?

III

Barths Nietzsche-Lektüre setzt – wenn sinnvollerweise von Rezeption[21] gesprochen werden soll – erst relativ spät ein und ist ziemlich genau datierbar: Sie beginnt in der ersten Juniwoche des Jahres 1920,[22] also nach der Publikation der Erstauflage des «Römerbriefes», aber noch vor der Einsicht im Oktober 1920, dass das Buch unverändert «unmöglich einfach abgedruckt werden kann, sondern an Haupt und Gliedern reformiert werden muss.»[23] Diese «Reformation» führte bekanntlich zur Neubearbeitung des zweiten «Römerbriefes», mit der die «Dialektische Theologie» begann. Barth liest Nietzsche demnach, das gilt es im Auge zu behalten, auf dem Hintergrund seines schon vollzogenen theologischen Neuansatzes, der sechs Jahre zuvor in Reaktion auf den Ersten Weltkrieg begonnen hatte: Die Tatsache, dass fast alle seiner akademischen Lehrer zu den Unterzeichnern des Kriegsmanifestes der 93 Intellektuellen[24] gehörten, dass ihre Theologie sie gegen Natio-

Edgar Salin.

Überhaupt ist Barths ausgeprägte Vorliebe für Spreng- und Kriegsmetaphorik im «Römerbrief» auffällig; vgl. allerdings Barths Selbstkritik in: Lebendige Vergangenheit, FS Thurneysen, 1958, S. 12f.

6 Vgl. allerdings die Hinweise bei F. W. Graf, Die «antihistoristische Revolution» in der protestantischen Theologie der zwanziger Jahre, in: Vernunft des Glaubens, FS Pannenberg, Göttingen 1988, S. 390f. Obwohl Barth nicht besonders ausführlich behandelt ist, möchte ich den Aufsatz von P. Köster, Nietzsche-Kritik und Nietzsche-Rezeption in der Theologie des 20. Jahrhunderts, in: Nietzsche-Studien 10/11 1981–82, S. 615–685 hervorheben, dessen Differenziertheit und hermeneutische Reflektiertheit mir vorbildlich scheint.

7 Übergangen seien hier die weiteren Provokationen: etwa die persönlichen Sticheleien gegen Barth wegen dessen dogmatischer Härte und Humorlosigkeit als Schriftsteller, sowie der indirekt formulierte Vorwurf des «Kryptokommunismus», welcher in der damaligen Situation des Kalten Krieges einer politischen Verurteilung gleichkam. Vgl. zur Frage der politischen Haltung Barths nach 1945 die sehr differenzierten Ausführungen von H. Ruddies, Unpolitische Politik. Überlegungen zum Verhältnis von Theologie und Politik bei Karl Barth nach 1945, in: Dialektische Theologie 8, 1992, S. 173–197.

nalismus und Militarismus nicht zu immunisieren vermocht hatte, bestärkte Barth in seinen schon zuvor gehegten Zweifeln an der Tragfähigkeit des theologischen Liberalismus und führte ihn zur Abwendung von der historischen Theologie seiner liberalen Lehrer (Harnack, Herrmann, Wernle). Barths theologisches Umdenken vollzog sich schliesslich in der Hinwendung zu einer neuen, radikal gegenwartsbezogenen und in diesem Sinne unhistorischen Lektüre der Bibel. Als Resultat dieser Reorientierung erschien Ende 1918 der erste «Römerbrief».

Dieses Buch, mit dem der bisher unbekannte Safenwiler Pfarrer schlagartig bekannt wurde, ging von der fundamentalen Unterscheidung zwischen menschlicher Geschichte und Gottesgeschichte aus. Auf dem Hintergrund der Greuel des Ersten Weltkrieges sah Barth in der menschlichen, der Historie zugänglichen Geschichte nur ein gewaltgeprägtes, chaotisches und sinnloses Geschehen, das Ausdruck menschlicher Sünde sei. Der einzige Zugang zu einer anderen Geschichte lag für ihn in der Bibel – nun jedoch nicht in der Bibel, so wie sie distanzierend-historisch von der liberalen Exegese erforscht und erklärt wurde, sondern in einer prophetisch gelesenen Bibel,[25] welche die neue, in Christus eröffnete Geschichte des Gottesreiches offenbare. Barth griff deshalb neben den ebenfalls zeitbezogen aktualisierenden Bibelauslegungen von Hermann Kutter und Leonhard Ragaz auf diejenige der beiden Blumhardt, sowie auf pietistische und reformatorische Ausleger zurück. Als grundlegende Einsicht betonte Barth die Differenz zwischen biblischer «Botschaft von Gott» und «menschliche[r] Religionslehre».[26] Es ist nicht zu verkennen, dass die leidenschaftliche Suche nach neuen theologischen Grundlagen verbunden war mit dem, was man später die «antihistoristische Revolution»[27] genannt hat, und so könnte man erwarten, dass Nietzsche schon im ersten «Römerbrief» eine bedeutende Rolle spielt.[28] Dem ist aber nicht so. Wenn man sich, unbeeindruckt von der numerischen Evidenz des Registers, das zehn Nietzsche-Belege verspricht, an die Prüfung derselben macht, so wird man rasch finden, dass sie auf zwei zusammenschrumpfen,[29] die keinerlei spezifische Rezeption verraten.[30] Allerdings kommt eine Stelle aus dem später nicht verwendeten Vorwort-Entwurf Ia[31] hinzu, die nun in der Tat interessant ist. Denn sie zeigt, dass Barth seine antihistoristische Hermeneutik – man hat sie die «Hermeneutik der Gleichzeitigkeit»[32] genannt – jetzt explizit mit Nietzsches zweiter «Unzeitgemässer Betrachtung»[33] zusammenbringt. Er tut das, indem er nicht nur betont, dass «Antiquarisches»[34] in seinem Kommentar nicht zu finden sei, sondern vor allem durch die wirkungsvolle Plazierung eines berühmten Nietzsche-Zitates an den Schluss seines Vorwortes: «Nur aus der höchsten Kraft der Gegenwart dürft ihr das Vergangene deuten: nur in der stärksten Anspannung eurer edelsten Eigenschaften werdet ihr erraten was in dem Vergangenen wissens- und bewahrenswürdig und gross ist. Gleiches durch Gleiches! Sonst zieht ihr das Vergangene zu euch nieder!»[35] Ob dieses Zitat auf Primärlektüre zurückgeht, ist nicht sicher zu entscheiden.[36] Deutlich dürfte sein, dass Barth erst ganz am Schluss seiner Arbeit am ersten «Römerbrief» auf die grundsätzlichen Parallelen seiner Hermeneutik zu Nietzsches Historismuskritik aufmerksam geworden ist.

Eine Vortragseinladung nach Deutschland im Jahr 1919 hat zur Folge, dass Barth die dortige Kulturkritik wahrnimmt, dass er Gogarten kennenlernt und darauf intensiv Kierkegaard,[37] Dostojewski[38] und andere Autoren zu lesen beginnt. Besonders hervorzuheben aber ist seine Entdeckung des Theologen und Nietzsche-Freundes Franz Overbeck anfangs 1920 – freilich in der Kompilation von «Christentum und Kultur»[39] – , dessen Theologie- und Historismuskritik er als eine schlagende Bestätigung seines theologischen Neuansatzes versteht.[40]

Erst auf diesem Hintergrund beginnt Barth nun im Juni 1920, wiederum nach einem Deutschlandbesuch und weil er sich bei der Lektüre von Friedrich Heilers Buch «Das Gebet» «nach irgendeinem kräftigen Atheismus»[41] sehnt, sich in die neugekauften Bände der Krönerschen Nietzscheausgabe einzulesen. Eine Woche später berichtet er Thurney-

8 Im Typoskript stand ursprünglich: Vermessenheit, wurde jedoch handschriftlich überschrieben und korrigiert in: Verwegenheit. Salin hat schliesslich doch den schärferen, negativeren Ausdruck Vermessenheit ausgesprochen.

9 F. Nietzsche, Die Geburt der Tragödie aus dem Geiste der Musik, (1872) Kap. 10, KSA Bd. 1, S. 73.

10 Nietzsche, a.a.O., Kap. 18, KSA Bd. 1, S. 117. Vgl. zum religionspolitischen Kontext dieser Schrift: B. v. Reibnitz, Ein Kommentar zu Friedrich Nietzsche, «Die Geburt der Tragödie aus dem Geiste der Musik» (Kapitel 1–12), Stuttgart 1992, sowie vom Verf., Im Schatten der Modernität. Franz Overbecks Weg zur «Christlichkeit unserer heutigen Theologie», Stuttgart 1992, Kap. 8.

11 F. Nietzsche, Der Antichrist, KSA Bd. 6, S. 254.

12 Vgl. neben der frühen Schrift von F. Tönnies, Der Nietzsche-Kultus. Eine Kritik (1897), Neuauflage Berlin 1990, St. E. Aschheim, The Nietzsche Legacy in Germany 1890–1990, Berkeley 1992; H. Cancik, Der Nietzsche-Kult in Weimar. Ein Beitrag zur Religionsgeschichte der wilhelminischen Ära, in: Nietzsche-Studien 16, 1987, S. 405–429. Hinweise auch bei D. M. Hoffmann, Zur Geschichte des Nietzsche-Archivs, Berlin, New York, 1991, Teil I: Chronik.

13 Vgl. hierzu vor allem E. Salin, Um Stefan George, Godesberg 1948 (in hagiographischem Stile). Der Hinweis auf dieses heute schwer geniessbare Buch sollte den Blick für die Bedeutung Salins nicht verstellen: vgl. dazu Pestalozzi, a.a.O., sowie: A. Bürgin, Edgar Salin und die Geschichte. Eine Rede, 1992; zu beziehen im Sekretariat der Vereinigung Basler Oekonomen, c/o Coop Schweiz, Postf. 2550, 4002 Basel.

14 So Stefan George in seinem Gedicht «Der siebte Ring» vgl. dazu Kaufmann, a.a.O. S. 11.

Karl Barth in der Zeit der Abfassung des «Römerbriefes».

sen: «Ich war die ganze letzte Woche an Nietzsches Anfängen, die wohl besser waren als das Spätere. In der 'Geburt der Tragödie' ist viel Gutes. 'Jenseits von Gut und Böse' aus seiner letzten Zeit sah mich bei viel Trefflichem doch etwas starr und schon verholzt an. Wahrscheinlich wollte er auch etwas, was man eben nicht wollen sollte. Overbeck war einsichtiger. Aber ein guter Kämpfer, den wir gelegentlich zu Ehren ziehen müssen, war er doch.»[42]

IV

Auf diesen Einsatz als «guter Kämpfer» muss Nietzsche nicht lange warten, denn noch im Spätherbst 1920 beginnt Barth mit der vollständigen Umarbeitung seines Römerbriefkommentares, die als eine erneute Radikalisierung seiner theologischen Position zu beschreiben ist. Im Vergleich zur ersten Auflage verstärkt sich durch die Overbeck-, Kierkegaard- und Dostojewskilektüre das diastatische Element: Die Differenz zwischen Mensch und Gott, zwischen Kultur und Krisis, zwischen Religion und Offenbarung wird hervorgehoben, das «pantheistische Schillern»[43] und die «reichlich wolkig spekulative Gestalt»[44] der Erstfassung weicht jetzt der scharf konturierten Antithetik der Zweitfassung. Hier wird Nietzsche nun wirklich «gelegentlich zu Ehren» gezogen und zitiert, doch gilt es dabei Barths Hinweis im Vorwort-Entwurf zum ersten «Römerbrief» zu beachten: «Citate aus anderen Schriften haben in diesem Buch den gleichen Sinn wie die alttestamentlichen Citate bei Paulus: sie sind dann geboten, wenn ich in ihnen eine besonders treffende und kräftige gleichsam prophetische Formulierung des Textgehaltes zu finden meinte.»[45]

Diese «prophetische», sich um ihren Originalkontext wenig kümmernde Zitierpraxis zeigt sich etwa dann, wenn die «Prediger des Todes» aus Nietzsches «Zarathustra» zur Auslegung von Römer 3.22[46] angeführt werden, oder wenn zu Römer 8.18[47] eine längere Passage aus «Schopenhauer als Erzieher» zitiert wird, die sozusagen nahtlos in Barths Erläuterungen zum «Futurum resurrectionis» übergeht. Dennoch ist Nietzsches Rolle nicht auf die eines Statisten beschränkt. So zieht Barth etwa dessen Historismuskritik ausführlich für die Auslegung von Römer 4.17b-25[48] heran. Unverkennbar schon in der Kapitelüberschrift «Vom Nutzen der Historie» wird auf Nietzsche angespielt, und der Text zeigt, wie Barth, von Nietzsche inspiriert, die Notwendigkeit des «Unhistorischen» in der Geschichte reflektiert und dies durch mehrere Zitate aus Nietzsches zweiter «Unzeitgemässer Betrachtung» belegt. So entsteht Barths Sicht vom «ungeschichtlichen Oberlicht»,[49] das für ein richtiges Geschichtsverständnis vonnöten sei. In ihm sind Overbecks Begriff der «Urgeschichte», Nietzsches Reflexionen über das «Ungeschichtliche» und Kierkegaardisches zusammengeflossen. Wie jedoch Barths Overbeck-Rezeption einen stark aneignenden Charakter hat und durch die Texte Overbecks nicht gedeckt ist,[50] so gilt ähnliches für Barths Nietzschelektüre: er rezipiert zwar Nietzsches Kritik wissenschaftlicher Historie, greift auch einige seiner Begriffe auf, doch löst er diese aus ihrem lebensphilosophischen und kulturpsychologischen Kontext und passt sie seiner theologisch-eschatologischen Fragerichtung ein, die im Glauben Abrahams ein «Erkenntnisprinzip»[51] sieht, das die «ungeschichtliche, d.h. aber ur-geschichtliche Bedingtheit aller Geschichte, das Licht des Logos aller Geschichte und alles Lebens»[52] zu erkennen ver-

15 Einschränkend muss man sagen: Nietzsche wird in der Georgeschule meist als Vorläufer gesehen: «Erst George ist, was zu sein Nietzsche krampfhaft begehrt.» (zit. nach W. Kaufmann, S. 13.) Dazu v.a. H. Raschel, Das Nietzsche-Bild im George-Kreis. Ein Beitrag zur Geschichte der deutschen Mythologeme, Berlin, New York, 1984.

16 Aus Volkshochschulkursen in Basel im Jahr 1935 hervorgegangen, publ. 1938; ich zitiere nach der Ausgabe: Heidelberg 1948. Beachte schon die feine Stilisierung im Titel: Jakob Burckhardt (mit individualisierendem Vornamen) und Nietzsche (kein Vorname: mehr als ein menschliches Individuum).

17 Salin, a.a.O. S. 16.

18 Salin, a.a.O. S. 15.

19 Salin, a.a.O. S. 149.

20 Salin, a.a.O. S. 150: eine Anspielung auf Stefan Georges Gedicht «Der Siebte Ring», vgl. Kaufmann a.a.O., S. 11.

21 Vgl. dazu die hermeneutischen Präzisierungen dessen, was als Rezeption verstanden werden sollte, bei P. Köster, a.a.O. S. 618.

22 Vgl. den Brief Barths an Thurneysen vom 7. Juni 1920, in: Karl Barth – Eduard Thurneysen, Briefwechsel, Band 1, Zürich 1973 (= Bw I), S. 395. Natürlich hat Barth Nietzsche schon früher wahrgenommen: Barths Vater, der konservative Theologieprofessor Fritz Barth, war ein Schüler Nietzsches am Basler Pädagogium gewesen, und Barth selbst ist schon als Berner Gymnasiast dessen Philosophie begegnet.

23 Brief an Thurneysen, 27. Okt. 1920, Bw I, S. 435.

24 Vgl. dazu W. Härle, Der Aufruf der 93 Intellektuellen und Karl Barths Bruch mit der liberalen Theologie, in: ZThK 72, 1975, S. 207–224 (vgl. aber auch die Selbstkorrektur Härles im Art. «Dialektische Theologie», in Theologische Realenzyklopädie, Bd. VIII, S. 683ff.).

25 Vgl. das Vorwort zu Rö I: «Paulus hat als Sohn seiner Zeit zu seinen Zeitgenossen geredet. Aber viel

möge. Schon dieser Satz zeigt, wie weit Barth von Nietzsches Frage nach Recht und Grenze verschiedener Typen von Historie, nach der Notwendigkeit des Vergessens, der Suche nach einem «umhüllenden Wahn», einer «schützende[n] und umschleiernde[n] Wolke»[53] entfernt ist – und es sein muss, wenn anders er diejenige Theologie treiben will, die er im zweiten «Römerbrief» zu entwickeln sich anschickt. Diese innere Distanz könnte man auch an Barths Zitatencollagetechnik aufzeigen, welche geschickt jene Elemente aus Nietzsches Gedankengang herausbricht, die seiner theologischen Argumentation widersprechen.[54] Barth – dies ein erstes Fazit – liest Nietzsche auf dem Hintergrund seiner schon vollzogenen theologischen Wende,[55] er nimmt ihn im zweiten «Römerbrief» in selektiver Weise dort auf, wo dessen Wissenschafts- oder Christentumskritik eine «kräftige gleichsam prophetische Formulierung des Textgehaltes» aufweist, ohne doch damit die mitlaufenden ontologischen oder religionsphilosophischen Prämissen zu rezipieren.

V

Kehren wir zum Ausgangspunkt zurück. In Nietzsches Willen, «Dynamit in die Welt zu schleudern», einen wesentlichen Anstoss für Karl Barths frühe Theologie sehen zu wollen – diese Interpretation Edgar Salins steht auf historisch wie philologisch schwachen Füssen: Barths Nietzsche-Rezeption setzt *nach* seiner theologischen Wende ein, und sie ist äusserst selektiv. Dennoch stellt sich die Frage, ob jenseits aufweisbarer Zusammenhänge nicht doch, jedenfalls was die kultur- und liberalismuskritischen Impulse betrifft, eine Affinität zwischen Nietzsche und Barth festzustellen ist? Auch wenn Barths Anleihen beim Vokabular einer von Nietzsche geprägten Kulturkritik nicht zu übersehen sind,[56] so scheint mir doch die Zielrichtung von Nietzsche und Barth eine diametral entgegengesetzte zu sein: Während Nietzsche in der Tat «mit dem Hammer philosophieren»[57] wollte, während er von sich sagte, er sei «kein Mensch», sondern «Dynamit»,[58] und prophezeihte, dass es aufgrund seiner «furchtbar[en] ... Wahrheit» werde «Kriege geben, wie es noch keine auf Erden gegeben hat»,[59] so ist Barths Negativismus in der Weigerung zu sehen, das wirkliche Dynamit, das in der Welt ist, als notwendig, als gottgewollt oder als natürlich zu bezeichnen, es also theologisch oder ideologisch zu sanktifizieren.[60]

Es ist ein grundsätzliches Missverständnis, wenn Salin meint, die Barthsche Theologie als Unternehmen zur Rettung des Christentums in Zeiten höchster Gefährdung durch Nietzsches Antichristentum interpretieren zu müssen – der Barth der beiden Römerbriefkommentare ist nicht primär an der Rettung von Kirche und Christentum interessiert, sondern zuerst einmal an deren grundlegender Kritik. Der Ausgangspunkt seines theologischen Weges war die Einsicht, dass Offenbarung nicht Bestätigung, nicht Überhöhung, sondern befreiende Kritik bedeutet. Barth sieht – nicht das kirchliche Christentum, sondern die Welt und die Menschen gefährdet, er steht unter dem Eindruck des Ersten Weltkrieges, eines Christentums und vor allem einer Theologie, die weithin kritiklos diesen Krieg als natürlich, als unvermeidlich hinnahm, wenn sie ihn nicht gar theologisch deutete.[61] Theologische Religionskritik, verstanden als eine Kritik an christlichen und kirchlichen Verabsolutierungen sehr menschlicher Interessen – unter diesem Blickwinkel wird man Karl Barth verstehen müssen. Unter diesem Blickwinkel wird man auch seine Rezeption Nietzschescher Religions- und Wissenschaftskritik deuten können. Man kann sich fragen, ob Barth damit den fundamentalen Charakter des Angriffs, den Friedrich Nietzsche auf Christentum und Theologie insgesamt führte, wirklich zur Kenntnis genommen und beantwortet hat. Das wäre in kritischer Auseinandersetzung mit Barths theologischer Axiomatik zu diskutieren, für die es keinen Punkt oberhalb von Glaube und Nichtglaube geben kann, von dem aus man sich dann argumentativ auf diese oder jene Seite schlagen könnte. Vielleicht hat Barth gerade mit diesem Positionsbezug Nietzsche ernster genommen als eine «Theologie nach dem Tode Gottes».[62] Einen Hinweis darauf gibt Barths späte Auseinander-

wichtiger als diese Wahrheit ist die andere, dass er als Prophet und Apostel des Gottesreiches zu allen Menschen aller Zeiten redet. ... Unsere Fragen sind, wenn wir uns selber recht verstehen, die Fragen des Paulus, und des Paulus Antworten müssen, wenn ihr Licht uns leuchtet, unsere Antworten sein.» Rö I, S. 3.

26 Rö I, S. 12.

27 Vgl. zu Begriff und Sache: F. W. Graf, a.a.O., sowie K. Nowak, Die «antihistoristische Revolution». Symptome und Folgen der Krise historischer Weltorientierung nach dem Ersten Weltkrieg, in: H. Renz/F. W. Graf (Hg.) Umstrittene Moderne (Troeltsch-Studien Bd. 4), Gütersloh 1987, S. 133–171.

28 So Graf, a.a.O. S. 390.

29 Das bezieht sich auf die kritische Ausgabe Rö I: Ausser den zwei angesprochenen Belegen verhält es sich mit den restlichen sieben folgendermassen: einer steht als Randnotiz im Manuskript, wurde aber nicht ins Druckmanuskript eingearbeitet (S. 601), zwei gehen auf den Herausgeber zurück (S. XXI, S. 610 [verweist auf S. 53]), vier auf spätere handschriftliche Eintragungen Barths nach 1918. Ich verzichte darauf, die in den Frühwerken der Karl Barth-Gesamtausgabe (= GA, Bd. 18: Konfirmandenunterricht 1909–1918; Bd. 21: Vorträge und kleinere Arbeiten 1905–1909, Bd. 22: Vorträge und kleinere Arbeiten 1909–1914) verzeichneten Nietzsche-Belege zu diskutieren. Sie ergeben, wo sie nicht von Herausgebern geschaffene – meiner Ansicht nachher irreführende Bezüge darstellen (so: GA Bd. 18, S. 397; Bd. 22, S. 23, 225, 275, 302), höchstens unspezifische Zitate (so: GA Bd. 21, S. 329; Bd. 22, S. 568) oder zeugen von Barths reichem Schatz an «Geflügelten Worten» (GA Bd. 18, S. 257, 365; Bd. 21, S. 10; Bd. 22, S. 72.)

30 Es handelt sich 1. um ein dekontextualisiertes Zarathustra-Zitat von der Erde

setzung mit Nietzsche, von der gleich zu sprechen sein wird. Doch zuvor sollte der provokativste Punkt Salins nicht unbesprochen bleiben: dass Barth nach dem neuzeitlichen Traditionsbruch als einzelner, als Nietzschescher-Antinietzschescher Kulturheros das Christentum neu umzuschmelzen versucht habe – gerade hierin kann ich nur eine Projektion des Georgianers Salin sehen. Während die Georgianer in der Tat sich als elitäre «Neubeseeler» der Welt verstanden, während für sie George das war, «was zu sein Nietzsche krampfhaft begehrt»[63] hatte, führt Barths Weg von der scharfen und einsamen Diastatik und Antithetik zurück zu einer intensiven Durcharbeitung und Reformulierung der theologischen Tradition.[64] Barths eigenes Werk entstand in der Kommunikation mit vergangener und zeitgenössischer Dogmatik, mit ständigem Blick auf die gesellschaftlichen und politischen Entwicklungen.

VI

Nach der enggeführten, spezifisch auf seine theologisch-hermeneutischen Interessen hin gelesenen Nietzsche-Rezeption des jungen Barth kommt es erst beim späten Barth der «Kirchlichen Dogmatik»[65] (KD III,2 1948) wieder zu einer Auseinandersetzung mit dem Philosophen, nun jedoch, wenn auch umfangmässig nicht mehr als vierzehn Seiten des berühmten «Kleingedruckten» ausmachend, so doch zu einem dichten und umfassenden Versuch einer Interpretation und Kritik. Der Kontext ist die Entwicklung einer christlichen Anthropologie, die Barth seiner theologischen Vorgehensweise entsprechend zuerst christologisch entwickelt. Nach dem Abschnitt «1. Jesus, der Mensch für den anderen Menschen», folgt als nächster Abschnitt «2. Grundformen der Menschlichkeit», in der Barth sich gegen jede abstrakte Humanität wendet, die für ihn notwendigerweise eine «Humanität ohne den Mitmenschen» sein muss. Zur Illustrierung dieser These setzt Barths Nietzsche-Interpretation ein. Sie hat ihre Stärke darin, dass sie Nietzsches Christentumskritik nicht, wie es fast durchgängig in der Theologie üblich war,[66] entweder als Missverständnis abtut oder Nietzsche psychologisierend oder dämonisierend stigmatisiert, dass sie es auch unterlässt, ihn als heimlichen Gottsucher doch noch irgendwie einzugemeinden. Barth versteht Nietzsche als Vertreter einer Konzeption von Humanität, die er mit der Klassik und dem Deutschen Idealismus teile, nämlich eines Selbst- und Menschenverständnisses, das auf der Subjektivität des Menschen aufbaue.[67] Nietzsches Verdienst sieht Barth darin, dass er diese Konzeption «mit einer Hellsichtigkeit und Konsequenz sondergleichen zu Ende gedacht»[68] und damit ihr Geheimnis ausgeplaudert habe: dasjenige einer «Humanität ohne Mitmenschlichkeit». Dort allerdings, wo Barth diese These am autobiographischen Material Nietzsches, vor allem an der in «Ecce homo» sich zeigenden monomanen Selbstbezüglichkeit Nietzsches, an dessen Liebesunfähigkeit und dann auch an der zunehmenden Einsamkeit zu exemplifizieren versucht, ist Barths Interpretation methodisch wie auch inhaltlich problematisch. Da ist Overbecks dezidierte Abweisung jeden Schlusses vom Leben, ja vom Scheitern Nietzsches auf sein Denken korrekter und humaner zugleich.[69] Doch gewinnt Barths Interpretation ihre Überzeugungskraft dort, wo sie Nietzsches Kampf gegen das Christentum als Kampf gegen die christliche Praxis, als Kampf gegen die christliche Moral versteht. Die Feindschaft liege in der unterschiedlichen Ethik: Nietzsche habe im Christentum mit letzter Konsequenz den Feind wahrgenommen, «weil es Zarathustra, Dionysos, dem einsamen, edlen, starken, stolzen, natürlichen, gesunden, wohlgeratenen, anständigen, dem vornehmen, dem Übermenschen einen ganz anderen konträren Typus Mensch entgegengesetzt hat und mit dem unverschämten Anspruch, dies sei der allein wahre Mensch, leider bisher mit Erfolg immer wieder entgegensetzt: den kleinen Mann, den armen Mann, den kranken Mann, nicht den starken, sondern den schwachen, nicht den Bewunderung, sondern den Mitleid erregenden Menschen ... Es geht so weit, von einem gekreuzigten Gott zu reden und also Gott selbst mit diesem Menschentypus zu identifizieren und folglich von jedem Menschen nicht nur Mitleid mit dem anderen zu

als «Stätte der Genesung», das den nicht spiritualisierten, biblisch-irdischen Sinn des eschatologischen «Harrens der Kreatur» von Römer 8.3 verstärken soll (Rö I, S. 328), sowie 2. um die nicht als Nietzsche-Entlehnung kenntlich gemachte, und zudem eindeutig theologisch codierte Überschrift «Umwertung aller Werte» für Römer 2.14ff., (Rö I, S. 53; erst bei der Überarbeitung 1918 eingefügt).

31 Rö I, S. 582–586, verfasst im Herbst 1918.

32 Vgl. E. Jüngel, Barth-Studien, Zürich, Köln, 1982, S. 85.

33 F. Nietzsche, Unzeitgemässe Betrachtungen. Zweites Stück: Vom Nutzen und Nachtheil der Historie für das Leben, KSA Bd. 1, S. 245–334.

34 Rö I, S. 583.

35 Rö I, S. 588, das Zitat: KSA Bd. 1, S. 293f.

36 Es könnte durchaus auch sein, dass Barth etwa aus einer Besprechung des August 1918 erschienenen Buches von E. Bertram, Nietzsche. Versuch einer Mythologie, Berlin 1918, zitiert, für das bekanntlich die 2. Unzeitgemässe von entscheidender Bedeutung ist. Barth kauft sich Bertrams Buch später, vgl. Barth an Thurneysen, 7. August 1920, (GA 3, S. 419). Dass Barths Nietzschelektüre erst Juni 1920 einsetzt, wird gestützt durch den oben zitierten Brief vom 7. Juni 1920; vgl. auch Barth an Thurneysen, 4. Juli 1920 (Bw I S. 403): «Ich bin sehr froh, dass ich alle diese Leute [sc. Dostojewski, Nietzsche, Ibsen] erst jetzt richtig lese und nicht, wie so viele, schon als Gymnasiast oder Student vermeintlich hinter mich gebracht habe.»

37 Vgl. Barths Hinweise zu den «vier Faktoren ... , die bei der nun vollzogenen Weiterbewegung und Frontverlegung mitwirkten» im Vorwort Rö II, S. VII; vgl. speziell zu Barths Kierkegaard-Rezeption M. Theunissen u. W. Greve (Hg.), Materialien zur Philosophie S. Kierkegaards, Frankfurt 1979, S. 57-60.

fordern, sondern dies, dass er sich selbst statt als ein zu bewunderndes, als ein zu bemitleidendes Wesen erkenne.»[70]

Darin habe Nietzsche das Neue und für ihn eben Empörende, ja Gefährliche am Christentum entdeckt: Gott als Gekreuzigter, als leidender Mitmensch, als Nächster – und Nietzsches Grösse bestehe darin, dass er dies an einem Christentum wahrgenommen habe, das gerade im Hinblick auf diese seine Stärke im 19. Jahrhundert keineswegs eine gute Figur gemacht habe!

38 Vgl. dazu E. Bryner, Die Bedeutung Dostojewskis für die Anfänge der dialektischen Theologie, in: ThZ, 38, 1982, S. 147–167.

39 Franz Overbeck, Christentum und Kultur. Gedanken und Anmerkungen zur modernen Theologie. Aus dem Nachlass herausgegeben von C. A. Bernoulli, Basel 1919; (vgl. dazu die kritische Edition dieser Kompilation in den Bänden 4–6: «Kirchenlexikon» [Hg. B. v. Reibnitz], die im Rahmen der Gesamtausgabe «Franz Overbeck – Werke und Nachlass» ab Herbst 94 im Metzler Verlag erscheinen werden).

40 Das ist sehr deutlich an Barths Rezension von «Christentum und Kultur» zu sehen: ders., Unerledigte Anfragen an die heutige Theologie (1920), gedruckt in: ders., Die Theologie und die Kirche, Ges. Vorträge, 2. Bd., München 1920, S. 1–25.

41 Brief an Thurneysen, 7. Juni 1920, Bw I, S. 395.

42 Brief an Thurneysen, 14. Juni 1920, Bw I, S. 398; die intensive Nietzschelektüre dauert von Juni bis Oktober 1920, vgl. die Meldung an Thurneysen am 1. Oktober 1920: «Ich lese weiter Nietzsche und bin immer noch abwartend-unproduktiv dran.» Bw I, S. 426.

43 Barth an Thurneysen, 4. November 1920, Bw I, S. 438.

44 Vgl. Selbstdarstellung 1964, zit. nach Busch, a.a.O. S. 131.

45 Rö I, S. 584.

46 Rö II, S. 76; bei Nietzsche: KSA Bd. 4, S. 55ff.

47 Rö II, S. 289; bei Nietzsche: KSA Bd. 1, S. 375.

48 Rö II, S. 116-124.

49 Rö II, S. 116.

50 Vgl. dazu A. Pfeiffer, Franz Overbecks Kritik des Christentums, Göttingen 1975, S. 85ff.

51 Rö II, S. 117.

52 Rö II, S. 117.

53 F. Nietzsche, Vom Nutzen und Nachtheil der Historie für das Leben, KSA Bd. 1, S. 298.

54 Vgl. etwa für Rö II, S. 116–177, wie Barth aus der 2. «Unzeitgemässen Betrachtung» folgende Stücke aneinanderreiht (bzw. was er auslässt): KSA Bd. 1, S. 25232–35, 2539–11, 25411–15, 25431–2552, dann nochmals ein Rückgriff auf 2522–3.

55 Ich sehe also die entscheidende Wende Barths schon im ersten «Römerbrief» gegeben, ohne damit die theologische Radikalisierung und die Differenzen der Zweitfassung unterschlagen zu wollen. Für diese Radikalisierung ist aber Overbeck, natürlich so wie Barth «Overbeck als rückwärtsschauende[n] kritische[n] Blumhardt» (K. B., Unerledigte Anfragen, a.a.O. S. 2) theologisch gedeutet hat, viel wichtiger gewesen als Nietzsche.

56 Barth hat die Gefahr selber gesehen: vgl. das Vorwort zur fünften Auflage von Rö II, S. XXV.

57 F. Nietzsche, Götzen-Dämmerung, oder: Wie man mit dem Hammer philosophiert, (1888), KSA, Bd. 6, S. 57–161.

58 F. Nietzsche, Ecce homo, Warum ich ein Schicksal bin, KSA Bd. 6, S. 365. Nietzsche verwendet die Metapher vom Dynamit auch im «Antichrist», hier aber gegen das Christentum: «Die 'Gleichheit der Seelen vor Gott', diese Falschheit, dieser Vorwand für die rancunes aller Niedriggesinnten, dieser Sprengstoff von Begriff, der endlich Revolution, moderne Idee und Niedergangs-Princip der ganzen Gesellschafts-Ordnung geworden ist – ist christlicher Dynamit... 'Humanitäre' Segnungen des Christentums», KSA Bd. 6, S. 252: Es ist der bekannte Vorwurf Nietzsches, dass die jüdisch-christliche Ethik der Mitmenschlichkeit eine «Verschwörung ... gegen das Leben selbst» (a.a.O. S. 253) sei, weil sie das «Gesetz der Selektion gekreuzt» (a.a.O. S. 374) habe. Gegen diese Ethik führt er seinen – verzweifelten – Todkrieg.

59 F. Nietzsche, a.a.O. S. 365f.

60 Dies hat vor allem Dieter Schellong in mehreren Arbeiten hervorgehoben, etwa in: Bürgertum und christliche Religion, Kap. V., München 1975.

61 Vgl. dazu K. Hammer, Deutsche Kriegstheologie, 1870–1918, München 1974.

62 Vgl. G. Vahanian, The Death of God. The Culture of Our Post-Christian Era, 1961; Th. Altizer, The Gospel of Christian Atheism, Philadelphia 1966; D. Sölle, Stellvertretung. Ein Kapitel Theologie nach dem «Tode Gottes», 1965.

63 Vgl. oben Anm. 15.

64 Vgl. dazu B. McCormack, A Scholastic of a Higher Order: The Development of Karl Barth's Theology, 1921–1931, Ph. D. Diss. Princeton, 1989, welcher die Motive für Barths Rückgang auf die theologische Tradition der protestantischen Orthodoxie untersucht. Dass Reformulierung auch massive Revisionen heissen konnte, sei hiermit ausdrücklich betont; vgl. dazu etwa W. Sparns kritische Analyse: «Extra Internum». Die christologische Revision der Prädestinationslehre in Karl Barths Erwählungslehre, in: Die Realisierung der Freiheit. Beiträge zur Kritik der Theologie Karl Barths, hg. v. T. Rendtorff, Gütersloh 1975.

65 Karl Barth, Die Kirchlichen Dogmatik. Die Lehre von der Schöpfung, Bd. III,2, Paragraph 45, Zürich 1948, S. 276–290 (= KD III,2); auch im Teilabdruck enthalten, der unter dem Titel: K. B., Mensch und Mitmensch: Die Grundform der Menschlichkeit, Göttingen 1954 (=KD III,2 S. 264–329) erschien.

66 Vgl. P. Köster, a.a.O.

67 Ob Barth damit allerdings der Deutschen Klassik und dem Deutschen Idealismus gerecht wird, ob er auch nur den subjektivitätstheoretischen Ansatz des letzteren damit richtig wiedergibt, das bleibe dahingestellt.

68 KD III,2 S. 276.

69 Vgl. F. Overbeck: Christentum und Kultur, a.a.O. S. 136; siehe dazu den Beitrag von B. v. Reibnitz zu Overbeck (und dort das Schlusszitat) im vorliegenden Band.

70 KD III,2, S. 285.

DAVID MARC HOFFMANN

Katalog der Ausstellung

Zur Benützung des Katalogs

Der Katalog verzeichnet sämtliche Exponate der Ausstellung (vorbehaltlich kurzfristiger, technisch bedingter Änderungen). Die Anordnung folgt den neun Abteilungen der Ausstellung. Aus Platzgründen konnten nur ausgewählte Exponate mit, z.T. ausführlicheren, Legenden versehen werden. Bei Themen, die in einem der Aufsätze des vorliegenden Bandes behandelt werden, wird auf den entsprechenden Aufsatz verwiesen. Die Literaturangaben weisen die in den Legenden zitierten oder erwähnten Texte nach und enthalten eine Auswahl der einschlägigen Literatur. Titel von Nietzsches Werken und öfter angeführte Werke werden, auch im Aufsatzteil des vorliegenden Bandes, gemäss nachfolgendem Verzeichnis mit Abkürzungen zitiert.

Verzeichnis der Abkürzungen
Werke Nietzsches

AC Der Antichrist
BA Über die Zukunft unserer Bildungsanstalten
DD Dionysos-Dithyramben
DS David Strauß (Unzeitgemässe Betrachtungen I)
EH Ecce homo
FW Die fröhliche Wissenschaft
FWS Die fröhliche Wissenschaft. «Scherz, List und Rache»
FWP Die fröhliche Wissenschaft. Lieder des Prinzen Vogelfrei
GD Götzen-Dämmerung
GM Zur Genealogie der Moral
GT Die Geburt der Tragödie
HL Vom Nutzen und Nachteil der Historie für das Leben (Unzeitgemässe Betrachtungen II)
JGB Jenseits von Gut und Böse
M Morgenröte
MA Menschliches, Allzumenschliches (I–II)
NW Nietzsche contra Wagner
SE Schopenhauer als Erzieher (Unzeitgemässe Betrachtungen III)
UB Unzeitgemässe Betrachtungen (I–IV)
WA Der Fall Wagner
WB Richard Wagner in Bayreuth (Unzeitgemässe Betrachtungen IV)
WL Über Wahrheit und Lüge im außermoralischen Sinne
WS Der Wanderer und sein Schatten
Za Also sprach Zarathustra (I–IV)

Nietzsche-Ausgaben und weitere Literatur

KGW: Friedrich Nietzsche, Werke, Kritische Gesamtausgabe, herausgegeben von Giorgio Colli und Mazzino Montinari, weitergeführt von Wolfgang Müller-Lauter und Karl Pestalozzi, Berlin, New York: de Gruyter 1967ff., voraussichtlich 40 Bände in VIII Abteilungen.

KGB: Friedrich Nietzsche, Briefwechsel, Kritische Gesamtausgabe, herausgegeben von Giorgio Colli und Mazzino Montinari, weitergeführt von Norbert Miller und Annemarie Pieper, Berlin, New York: de Gruyter 1975ff., voraussichtlich 19 Bände in III Abteilungen.

KSA: Friedrich Nietzsche, Sämtliche Werke, Kritische Studienausgabe in 15 Bänden. Herausgegeben von Giorgio Colli und Mazzino Montinari, München: dtv, Berlin, New York: de Gruyter 1980.

KSB: Friedrich Nietzsche, Sämtliche Briefe, Kritische Studienausgabe in 8 Bänden. Herausgegeben von Giorgio Colli und Mazzino Montinari, München: dtv, Berlin, New York: de Gruyter 1986.

Ganz, Professorengalerie: Paul Leonhard Ganz, Die Basler Professorengalerie, in: Das Museum an der Augustinergasse in Basel und seine Porträtgalerie. Verlag der historischen und antiquarischen Gesellschaft Basel 1979, S. 31–162.

Gilman, Begegnungen: Sander L. Gilman (Hrsg.) unter Mitwirkung von Ingeborg Reichenbach, «Begegnungen mit Nietzsche», 2. Aufl., Bonn: Bouvier 1987.

His, Basler Gelehrte: Edouard His, Basler Gelehrte des 19. Jahrhunderts, Basel: Schwabe 1941.

Hoffmann, «Basler Nietzsche-Archiv»: David Marc Hoffmann, Das «Basler Nietzsche-Archiv», Katalog der Ausstellung, Basel: Universitätsbibliothek 1993.

Hoffmann, Nietzsche-Archiv: David Marc Hoffmann, Zur Geschichte des Nietzsche-Archivs. Chronik, Studien und Dokumente, Berlin, New York: de Gruyter 1991 (= Supplementa Nietzscheana, Bd 2).

Janz I–III: Curt Paul Janz, Friedrich Nietzsche. Biographie, 3 Bde., München: Hanser 1978, 1978, 1979, 2. Aufl. 1993, 849 S., 668 S., 463 S.

Staehelin, Basler Professoren: Andreas Staehelin (Hrsg.), Professoren der Universität Basel aus fünf Jahrhunderten. Verlag Friedrich Reinhardt AG, Basel, 1960.

1. Die zehn Basler Jahre (1869–1879)

Aufgrund der ausserordentlichen Empfehlung seines Leipziger Lehrers Friedrich Ritschl wurde Nietzsche 1869 gleichsam als «philologisches Wunderkind» zum Professor für Griechische Sprache und Literatur an die Universität Basel berufen. Ohne Promotion, geschweige denn Habilitation kam so der 24jährige Student Nietzsche zu einem akademischen Lehrstuhl. Um den üblichen formalen Anforderungen dennoch einigermassen zu entsprechen, hatte ihn darauf die Fakultät in Leipzig aufgrund der bisher in Zeitschriften veröffentlichten Arbeiten kurzerhand zum Doktor ernannt. Neben den akademischen Lehrverpflichtungen schrieb Nietzsche während seiner Basler Zeit seine wichtigen ersten Werke «Die Geburt der Tragödie», die vier «Unzeitgemässen Betrachtungen» und «Menschliches, Allzumenschliches». Aber der frühe Wechsel vom unbeschwerten Studenten- ins verantwortungsvolle Professorenleben stellte für ihn eine grosse Anforderung dar. Neben der Lehrtätigkeit an der Universität hatte er auch einen Unterrichtsauftrag am Gymnasium wahrzunehmen. Dazu kamen vielerlei gesellschaftliche Verpflichtungen und Einbindungen. Dies ergab insgesamt ein Arbeitspensum, das Nietzsches Kräfte immer wieder überstieg. Nach acht Jahren Lehrtätigkeit bezeichnete er die allzufrühzeitige Professur «nachgerade als das Hauptunglück meines Lebens». Anfang 1876 musste Nietzsche aus gesundheitlichen Gründen den Unterricht am Pädagogium aufgeben und zwei Jahre darauf, erst 34jährig, auch die Professur niederlegen. Nietzsche erhielt eine grosszügige Pension und brach seine Zelte in Basel ab. Auf die zehn Jahre Basler Lehrtätigkeit folgten die zehn Jahre des in Europa herumreisenden freien Philosophen. Dabei blieben ihm Basel und die Basler Freunde, namentlich Franz Overbeck, aber auch der hochverehrte Jacob Burckhardt, wichtige Bezugspunkte.

1.1. Z Basel uff der Brugg…

Johannes Grützke: «A. Böcklin, J. J. Bachofen, J. Burckhardt und F. Nietzsche auf der Mittleren Rheinbrücke in Basel», 1970, Öl auf Leinwand, 253x331 cm, Progressives Museum Basel, Geschenk des Künstlers.
Normaler Ausstellungsort: Cafeteria der Basler Börse, Aeschenplatz 7, 4002 Basel. Leihgabe der Börsenkammer des Kantons Basel-Stadt

Dieses Bild stellt in seiner witzig-ironischen Behandlung des Themas einen doppelten Anachronismus dar: Zum einen wurde die neue, steinerne Basler Rheinbrücke (auf dem Bild erkennbar am Geländer) erst nach dem Tod aller Dargestellten gebaut (1905). Zum andern ist das Verhältnis zwischen den dargestellten Personen nie so eng gewesen, dass sie zusammen – wie es hier scheint – eine Samstagabend-Zechtour unternommen hätten, um am Sonntag morgen in dieser Traulichkeit zu enden. Namentlich Nietzsche dürfte als einziger Deutscher (Sachse) am wenigsten in diesem stilisierten Freundeskreis verwurzelt gewesen sein – wenn ihn auch Burckhardt bisweilen väterlich zu einem «Zweierli» nach Grenzach oder Haltingen mitgenommen haben mag. Und wenn Nietzsche auch im Hause Bachofen ein gern gesehener Gast war, so stand Johann Jacob Bachofen aus Gründen seiner Religiosität allen bloss irdischen Vergnügungen fern. Ein persönlicher Kontakt mit Böcklin ist überhaupt nicht belegt, wir wissen nur, dass Nietzsche Böcklins «wegesuchende» Malerei und dessen «intellectuales Auge» und «künstlerischen Verstand» geschätzt hat, die es ihm erlaubt haben, die «ursprünglich als hässlich geltende Seite der Welt» zu erobern und weit über das hinauszugehen, «was man früher Farben- und Formenfreude nannte».

Lit.: KSA 2, S. 177, Bd. 9, S. 536 u. Bd. 14, S. 137. Basler Nachrichten, 1. Dez. 1970, Nr. 507.

1.2. «Er wird eben alles können, was er will.»

Brief Friedrich Ritschls an Wilhelm Vischer-Bilfinger, Präsident des Erziehungsrates, 11. Jan. 1869.
Staatsarchiv Basel-Stadt, Erziehungsakten X, 14 a, Philosophische Fakultät, Nietzsche, Nr. 12

Ende 1868 war der Lehrstuhl für Griechische Sprache und Literatur an der Universität Basel frei geworden. Der bisherige Inhaber dieser Stelle, Adolf Kiessling, hatte sich im Hinblick auf einen Nachfolger bei seinem Kollegen Friedrich Ritschl in Leipzig über dessen Schüler Nietzsche erkundigt, der durch seine Beiträge in der Zeitschrift *Rheinisches Museum* aufgefallen war. Ritschl äusserte sich sehr anerkennend und prophezeite, dass dieser Nietzsche «dereinst im vordersten Range der deutschen Philologie stehen wird». Kiessling teilte dieses Schreiben dem Erziehungsrat Prof. Dr. Wilhelm Vischer-Bilfinger mit, der darauf auch von anderen Seiten solche Empfehlungen erhielt. Auf eine direkte Nachfrage Vischers antwortete dann Ritschl am 11. Januar 1869, was zur Berufung des 24jährigen Studenten zum Professor führen sollte. Dieser Brief enthält u. a. die berühmt gewordene Verheissung: «Er wird eben alles können, was er will.»

Lit: Johannes Stroux, Nietzsches Professur in Basel, Jena: Fromann 1925, S. 13-55; Janz I, S. 254ff.

1.3. Ernennung zum Professor

Urkunde des Bürgermeisters und Rates zu Basel über die Ernennung Nietzsches zum ausserordentlichen Professor, 10. Februar 1869.
Goethe- und Schiller-Archiv, 71/365
Siehe Abb. S. 9

1.4. Promotionsurkunde der Universität Leipzig, 23. März 1869
Staatsarchiv Basel, Erziehungakten CC 15
Siehe Abb. S. 10

Nietzsche war noch als Student zum Professor berufen worden. Um ihn der Form halber mit einem Universitätsabschluss zu versehen, hat ihn die philosophische Fakultät in Leipzig aufgrund seiner im «Rheinischen Museum» publizierten philologischen Arbeiten ohne jede Prüfung und Disputation zum Doktor ernannt.

1.5. Matrikel-Eintrag
Universitätsbibliothek Basel, A N II 5 b, S. 10
Eintrag Friedrich Nietzsches in die Universitätsmatrikel Frühjahr 1869 unter dem Rektorat von Wilhelm His. Abgangsvermerk: «abiit 1879»

1.6. Der Heimatlose
Reisepass für Friedrich Nietzsche, Staatsarchiv Basel-Stadt, Erziehungsakten CC 15,16

Um seine Unterrichtstätigkeit an der Basler Universität nicht von Krieg und Frieden in Deutschland abhängig zu machen, sah es Nietzsche aus eigenen Stücken für seine Pflicht an, vor Antritt der Professur seine Entlassung aus dem preussischen Untertanenverband zu beantragen, was ihm am 17. April 1869 von der Königlich Preussischen Regierung in Merseburg urkundlich bestätigt wurde. Da Nietzsche nicht gleichzeitig ins Schweizer Bürgerrecht aufgenommen wurde, wurde er Staatenloser – oder, nach schweizerischem Terminus – bei Nietzsche besonders zutreffend –: *heimatlos* (nach Janz). Als sich Nietzsche später, nach der Bewilligung eines Urlaubjahres am 26. September 1876 bei den Basler Behörden nach Italien abmeldete, stellten ihm diese einen Reisepass aus, obwohl er nicht Basler Bürger war. Der Pass lautete denn auch bloss auf Nietzsche als *Professor an der Basler Universität.* Mit diesem auf ein Jahr befristeten Pass der Basler Kantonsbehörde reiste Nietzsche dann v.a. nach seiner Entlassung 1879 bis zu seinem Zusammenbruch 1889 in Europa herum. Zweimal liess er das Dokument verlängern, einmal um ein Jahr in Genua (14. 4. 1883), das andere Mal um sechs Monate in Nizza (11. 12. 1885). Gleichsam als Pendant zu seiner öffentlich-rechtlichen Heimatlosigkeit erscheint uns das entsprechende Bekenntnis Nietzsches auf philosophischem und moralischem Gebiet im Aphorismus 377, «Wir Heimatlosen» der «Fröhlichen Wissenschaft».

Lit: KSB 3, S. 23, 27, 131 u. 133f.; Janz I, S. 263, 373–375 u. 739f.; E. His, «Friedrich Nietzsches Heimatlosigkeit», Basler Zeitschrift für Geschichte und Altertumskunde, 40. Bd., Basel 1941, S. 159–186.

1.7. «Der treue Schweizer»
Friedrich Nietzsche an Erwin Rohde, 16. Juli 1870
Goethe- und Schiller-Archiv, 71/312

Nietzsche selbst war wahrscheinlich der Auffassung, Schweizerbürger zu sein (ein Irrtum der auch in der frühen Nietzsche-Forschung verbreitet war). Seinen erschütterten Brief an Rohde anlässlich des Ausbruches des Deutsch-Französischen Krieges zeichnete Nietzsche mit «Der treue Schweizer».

Lit.: KSB 3, Nr. 86.

1.8. «dass Jeder seine deutsche Pflicht thue»
Friedrich Nietzsche an Wilhelm Vischer-Bilfinger, 8. August 1870
Staatsarchiv Basel-Stadt, Erziehungsakten X, 14 a

Die irrige Auffassung über sein «neues Vaterland» und seine schweizerische Staatsangehörigkeit sowie die selbsterklärten Verpflichtung, sein akademisches Lehramt «nicht von Krieg und Frieden abhängig zu machen» (an Vischer-Bilfinger, 7. 3. 69), hinderten Nietzsche nicht, ein gutes Jahr nach seinem Stellenantritt, beim Ausbruch des Deutsch-Französischen Krieges dem «ungeheuren Rufe Deutschlands, dass Jeder seine deutsche Pflicht thue» Folge zu leisten. Aus Rücksicht auf die schweizerische Neutralität konnte dem Professor aus Basel aber nur ein sanitätsdienstlicher Einsatz erlaubt werden. Vom 13. August diente dann Nietzsche als Krankenpfleger, bis er, selbst erkrankt, ins Lazarett eingeliefert und am 14. September zur Rekonvaleszenz nach Naumburg entlassen wurde.
Lit.: KSB 3, Nr. 89.

1.9. Hoffnungen auf den philosophischen Lehrstuhl
Brief Friedrich Nietzsches an den Ratsherrn Prof. Dr. Wilhelm Vischer-Bilfinger, undat. (vmtl. Jan. 1871).
Staatsarchiv Basel-Stadt, Erziehungsakten X, 14 a, Philosophische Fakultät, Philosophische Professur 1870/71

Von 1867 bis 1868 war der zweite Lehrstuhl für Philosophie an der Basler Universität von Wilhelm Dilthey besetzt. Als dieser einem Ruf nach Kiel folgte, wurde Gustav Teichmüller sein Nachfolger, der aber Anfang 1871 ebenfalls den Ruf an eine andere Universität (Dorpat) annahm. Nietzsche, eben erst zum ordentlichen Professor der Philologie ernannt, bewarb sich mit einem glühenden Bekenntnis zur Philosophie für den freien Lehrstuhl und nahm sich gleichzeitig die Freiheit, den Freund Erwin Rohde als seinen Nachfolger für die philologische Professur vorzuschlagen. Dass er sich in seinem Brief so freimütig äusserte, hängt sicher mit dem Adressaten zusammen: Wilhelm Vischer, Präsident des Erziehungsrates, war schon verantwortlich gewesen für Nietzsches Berufung vom Studenten zum Professor. Nietzsche hoffte nun, auch mit seiner Bewerbung in Vischer einen wohlgesinnten Fürsprecher zu finden. In der Tat hat Vischer das Anliegen wohlgesonnen behandelt, er scheint es nämlich gar nie bis in die Kuratelsitzungen hineingetragen zu haben, um Nietzsches damalige Professur nicht zu gefährden. Nietzsches kühner Plan, flugs in Philosophie hinüberzuwechseln, hätte ihm nämlich ohne weiteres seine philologische Stellung kosten können, wenn weniger Gutgesinnte davon Kenntnis bekommen hätten. Immerhin war diese Stellung noch nicht so befestigt, dass Nietzsche es sich leisten konnte, sie als drückende Last zu verleugnen, und als Philosoph hatte sich Nietzsche auch noch nicht ausgewiesen, es sei denn als Anhänger der «verrufenen Schopenhauerei». Eine Antwort Vischers oder des Erziehungsrates ist nicht überliefert, auch Nietzsche kam nicht mehr auf die Angelegenheit zu sprechen. Am 15. April wurde der spätere Literatur-Nobelpreisträger Rudolf Eucken berufen – der dann auch nur drei Jahre blieb, bis er 1874 an die Universität Jena ging. Jahrzehnte später sollte übrigens Karl Jaspers auf diesen Lehrstuhl berufen werden. – Trotz seines «philologischen Ekels», wie er sich gegenüber Rohde ausdrückte, bewarb sich Nietzsche nie mehr um eine philosophische Professur.

Lit.: KSB 3, Nr. 118 und S. 183, 189, 192f. Janz I, S. 398–409. Johannes Stroux, Nietzsches Professur in Basel, Jena: Fromann 1925, S. 72–80.

1.10. Unterricht am Pädagogium
Einladungsschrift zur Promotionsfeier des Pädagogiums, welche Dienstag den 2. Mai, Vormittags 10 Uhr in der Aula stattfinden wird. Inhalt: I. Epigraphische und archäologische Kleinigkeiten von W. Vischer. Mit zwei lithographischen Tafeln. II. Schulnachrichten.

Enregistré No. 178. Valable pour un an

PASSE-PORT.

Confédération Suisse.

CANTON DE BALE-VILLE.

SIGNALEMENT.

Age 31 ans

Taille de mes. suisse: pieds cinq, pouces sept, lignes neuf

1 pied de Suisse a 10 pouces, le pouce 10 lignes; le pied de Suisse contient 30 centimètres de France.

Cheveux brunsclairs
Sourcils Dito
Front haut
Yeux bruns
Nez proportl.
Bouche moyenne
Menton ovale
Barbe brunclair
Figure ovale

Signes particuliers.

Signature du porteur:

Dr Friedrich Nietzsche
Professeur

Nous Bourguemestre et Conseil d'État du Canton de Bâle-Ville en Suisse

prions les autorités civiles et militaires de laisser passer sûrement et librement

Monsieur Nietzsche (Frédéric)
Dr. et Professeur à l'Université de Bâle,

et de lui prêter aide et assistance en cas de besoin.

Fait à BALE ce 29. Septembre 1876.

pour Le Secrétaire d'État:
Göttisheim

1.6.

Basel: Schultze 1871
Staatsarchiv Basel-Stadt, Quart. Conv. 555.

In Semester- und Jahresberichten hatten die Lehrer des Pädagogiums jeweils vor den Erziehungsbehörden und der Öffentlichkeit Rechenschaft über ihre Lehrtätigkeit abzulegen. Der hier gezeigte Bericht gibt auch Auskunft über die verschiedenen Vertretungen für den krankheitshalber beurlaubten Nietzsche.

Lit.: Hans Gutzwiller, Friedrich Nietzsches Lehrtätigkeit am Basler Pädagogium 1869-1876, in: Basler Zeitschrift für Geschichte und Altertumskunde, 1951, Bd. 50, S. 177–183 (Text sämtlicher Semester- und Jahresberichte).

1.11. Nietzsches Vorlesungen
Staatsarchiv Basel-Stadt, Erziehungsakten X 34, Semesterberichte, Wintersemester 1872/73, Philosophische Fakultät
Siehe Abb. S. 26

Die authentischste Quelle, um die wirklich gehaltenen Vorlesungen und Seminare festzustellen, sind die von den Dozenten eigenhändig verfassten Semesterberichte. Weitere, v. a. inhaltliche Aufschlüsse über die Unterrichtstätigkeit finden sich im Briefwechsel mit Erwin Rohde. Zu beachten ist der magere Besuch der einzigen Vorlesung im Wintersemester 1872/73, eine Folge des akademischen Misserfolges der «Geburt der Tragödie». Dennoch war der magere Besuch bzw. das fast völlige Ausfallen seiner Veranstaltungen keine Katastrophe für Nietzsches akademische Tätigkeit, 1874 wurde er etwa zum Dekan seiner Fakultät gewählt, nachdem er schon 1871 als Sekretär für den neuen Rektor Andreas Heusler II. geamtet hatte.

Lit.: KSB 3, S. 164; Janz I, S. 526–528. Siehe das Verzeichnis von C. P. Janz über «Friedrich Nietzsches Lehrtätigkeit in Basel 1869–1879» in vorliegendem Band.

1.12. Testat für Louis Kelterborn
Ausschnitt aus dem Testatheft von Louis Kelterborn mit Unterschriften und Bemerkungen von Friedrich Nietzsche. Besuchte Vorlesung: Rhetorik der Griechen und Römer (Wintersemester 1872/73). Bemerkung Nietzsches: «Fleissigen und theilnehmend folgenden Besuch bezeugt FN.»

Universitätsbibliothek Basel, Mscr G IV 27, Nr. 47

Über diese Vorlesung, die eben nur zwei Studenten belegt hatten, berichtet Kelterborn: «dass unser verehrter Professor [...] uns sehr bald ersuchte, die ferneren Vorträge in seiner Wohnung anzuhören. So versammelte uns dieses Kolleg dreimal die Woche in seinem traulich-eleganten Heim in der Abendstunde, wo wir bei Lampenschein ihm zuhörten [...] Auch hier hielt er im Vortrage oft inne, sei es um selbst nachzudenken, sei es um uns Zeit zu geben, das Gehörte einigermassen innerlich zu verarbeiten. Auch hatte er die Liebenswürdigkeit, uns gelegentlich Bier – Culmbacher – als Erfrischung anzubieten, wobei er selbst solches aus einer silbernen Schale zu trinken pflegte. Aus dem Umfang des von mir nachgeschriebenen Manuskriptes – 84 enggeschriebene Quartseiten – mag man auf den reichen Inhalt dieses Kollegs schliessen [...] Selbstverständlich versäumte ich dieses Kolleg auch nicht ein einziges Mal.»

Lit.: Janz I., S. 526 f.

1.13. Vorträge über die Zukunft unserer Bildungs-Anstalten
Eigenhändiges Druckmanuskript, Goethe- und Schiller-Archiv, 71/7

Anfang 1872 hielt Nietzsche auf Einladung der Akademischen Gesellschaft in der Aula der Universität (im Museum an der Augustinergasse) fünf öffentliche Reden über die Zukunft unserer Bildungsanstalten (16. Jan., 6. und 27. Febr., 5. und 23. März, der sechste Vortrag kam nicht zustande). Nietzsche dachte zuerst an einen Druck bei seinem Verleger Fritzsch in Leipzig, verzichtete dann aber darauf. Zu den zahlreichen Besuchern der Vorträge – Nietzsche spricht von 300 pro Abend – gehörte auch Jacob Burckhardt, der am 21. April seinem Schüler Arnold von Salis berichtete: «den letzten [der Vorträge], von welchem wir einige Lösung der so keck und gross aufgeworfenen Fragen und Klagen erwarten, ist er uns noch schuldig [...] Sie hätten die Sachen hören sollen! es war stellenweise ganz entzückend, aber dann hörte man wieder eine tiefe Trauer heraus, und wie sich die Auditores humanissimi die Sache eigentlich *tröstlich* zu rechte legen sollen, sehe ich noch nicht. Eins hatte man sicher: den Menschen von hoher Anlage, der Alles aus erster Hand hat und weitergiebt.»

Lit.: Text: KSA 1, S. 641–752. KSB 3, S. 300 und Bd. 4, S. 104. J. Burckhardt, «Briefe», hrsg. v. Max Burckhardt, Bd. V, Basel: Schwabe 1963, S. 158.

1.14. Ausleihbuch der Universitätsbibliothek
Universitätsbibliothek Basel, A R I 105, SS 1872

Nietzsche war ein eifriger Benützer der Basler Universitätsbibliothek, die damals noch ein Ausleihsystem hatte, das uns Nachgeborenen Auskunft geben kann, wer wann was ausgeliehen hat. Die hier gezeigte Seite aus dem Ausleihbuch vom Sommersemester 1872 zeigt am 26. April 6 Entleihungen zum Thema Plato. Die Ausleihen Nietzsches in der Basler Universitätsbibliothek geben, neben seiner Privatbibliothek, wichtige Aufschlüsse über seine Lektüre und die Entstehung seiner Werke. Schon 1904 wurde von Albert Lévy (in dessen Dissertation «Stirner et Nietzsche»), eine (z.T. mangelhafte) Liste der Entleihungen veröffentlicht, die 1940 in einer Sonderpublikation des Nietzsche-Archivs breiteren Kreisen zugänglich gemacht wurde. Innerhalb des italienischen Forschungsprojektes über Nietzsches Bibliothek und Lektüre wurden auch sämtliche Ausleihen Nietzsches von der Basler Universitätsbibliothek systematisch erfasst und 1994 in den Nietzsche-Studien vollständig vorgelegt.

Lit.: Luca Crescenzi, Verzeichnis der von Nietzsche an der Universitätsbibliothek in Basel entliehenen Bücher (1869–1879), in: Nietzsche-Studien 23 (1994), «, S. 388–442. Giuliano Campioni, Aldo Venturelli (Hrsg.), La 'Bibliotheca ideale' di Nietzsche, (Aufsatz-Sammelband), Napoli, Guida editori 1992

1.15. Encyclopädie der klassischen Philologie
Vorlesung Nietzsches im Sommersemester 1871, evtl. Wintersemester 1873/74, Anfang des Manuskriptes
Goethe- und Schiller-Archiv, 71/87

Lit.: Text: KGW II 3, S. 339–437.

1.16. Antrittsrede
Friedrich Nietzsche, Homer und die klassische Philologie. Ein Vortrag, Basel 1869, mit handschriftlicher Widmung an unbekannt
Universitätsbibliothek Basel, AN VI 208

Seine Antrittsrede über Homer schrieb Nietzsche in Heidelberg auf der Reise nach Basel nieder. Vor einem vollen Auditorium in der Aula des Museums an der Augustinergasse stellte sich Nietzsche am 28. Mai 1869 der Basler Universität und interessierten Öf-

— 26. Schaarschmidt. Platon Schriften. B a III 129. Prof. Nietzsche

— 26. Schmid. Pädag. Encycl. VI. K g VII 13. Prof. Nietzsche.

— 26. Scriptores historiae Romanae. Roth 52. Prof. Nietzsche.

— 26. Scriptores histor. Romanae. Roth 53. Prof. Nietzsche.

— 26. Stein. Geschichte des Platonismus. i d I 156, b. Prof. Nietzsche.

— 26. Susemihl. Entwurf d. platon. Philosophie. 2 voll. B c V 202 a, b. Prof. Nietzsche.

1.14. Ausleihbuch der Universitätsbibliothek.

fentlichkeit vor. Er suchte darin eine Antwort auf die sogenannte «homerische Frage» und zog den Schluss, «Homer als Dichter der Ilias und Odyssee sei nicht eine historische Überlieferung, sondern ein *ästhetisches Urtheil* […] Wir glauben an den einen grossen Dichter von Ilias und Odyssee – *doch nicht an Homer als diesen Dichter.*» – Als Widmung für den Druck seines Vortrages dichtete Nietzsche zwei frivole Strophen:

«In Basel steh ich unverzagt
Doch einsam da – Gott sei's geklagt,
Und schrei ich laut: Homer! Homer!
So macht das Jedermann Beschwer.
Zur Kirche geht man und nach Haus
Und lacht den lauten Schreier aus.
Jetzt kümmr' ich mich nicht mehr darum:
Das allerschönste Publikum
Hört mein homerisches Geschrei
Und ist geduldig still dabei.
Zum Lohn für diesen Ueberschwank
Von Güte hier gedruckten Dank.»

Lit.: Text: KGW II 1, S. 247–269. Janz I, S. 267–271.

1.17. Vorlesungs-Nachschrift von Jacob Wackernagel
«Einleitung in das Studium der platonischen Dialoge»
Staatsarchiv Basel-Stadt, Privatarchiv 82 (Archiv der Wackernagelschen Familienstiftung), K, 1, 3

Nietzsches Nachfolger an der Universität, der grosse Altphilologe und Indogermanist Jacob Wackernagel (1853–1938), war schon im Pädagogium Schüler Nietzsches. Er berichtete später, «Nietzsche habe sich immer sorgfältig für die Stunden vorbereitet und habe mit peinlicher Genauigkeit die Arbeiten der Schüler korrigiert. Von einem genialischen Hinweggehen sei nicht die Rede gewesen.» Sein Studium begann Wackernagel in Basel ebenfalls bei Nietzsche, bei dem er gleich im ersten Semester (WS 1871/72) die Vorlesung «Einleitung in das Studium der platonischen Dialoge» belegte und säuberlich nachschrieb. Als Universitätslehrer überzeugte ihn Nietzsche aber weniger, Wackernagel setzte seine Studien in Deutschland fort, wo er auch durch Nietzsches Lehrer Ritschl angezogen wurde. Für die Promotion kehrte er wieder nach Basel (Griechischprüfung bei Nietzsche) zurück und wurde, noch nicht dreiundzwanzigjährig, als Privatdozent für griechische Philologie und Sanskrit an der Universität zugelassen. Während Nietzsches Urlaubsjahr (WS 1876 – SS 1877) übernahm Wackernagel einen Teil der Vertretung. Nach seinem Weggang von Basel verlor Nietzsche seinen Musterschüler nicht aus den Augen, so besorgte er sich z. B. 1880 dessen Aufsätze über Buddhismus und über Brahmanismus.

Lit.: Janz II, S. 522f. und 736f. Hans Gutzwiller, Friedrich Nietzsches Lehrtätigkeit am Basler Pädagogium 1869–1876, in: Basler Zeitschrift für Geschichte und Altertumskunde, 1951, Bd. 50, S. 217. His, Basler Gelehrte, S. 340–349. Staehelin, Basler Professoren, S. 246f.

1.18. Urlaubsgesuch
Friedrich Nietzsche an Carl Burckhardt, Präsident des Basler Erziehungskollegiums, 19. Mai 1876,
Staatsarchiv Basel-Stadt, Erziehungsakten CC 15

Wegen des schlechten Gesundheitszustandes beantragte Nietzsche im Frühjahr 1876 ein Urlaubsjahr, das ihm in Ansehung seiner Verdienste an der Universität grosszügig im Form von zwei wissenschaftlichen Reisesemestern zu den klassischen Stätten im Süden gewährt wurde. Der von Nietzsche vorgeschlagene Gehaltsverzicht wurde von den Behörden nicht in Anspruch genommen, bloss die notwendige Aushilfe am Pädagogium sollte entschädigt werden.

Lit.: KSB 5, Nr. 526; Johannes Stroux, Nietzsches Professur in Basel, Jena: Fromann 1925, S. 80–85; Janz I, S. 734–737 u. Bd. III, S. 227–229.

1.19. Entlassungsgesuch
Friedrich Nietzsche an Carl Burckhardt, Statthalter der Curatel der Universität und des Pädagogiums, 2. Mai 1879, diktiert, geschrieben von Franz Overbeck, mit eigenhändiger Unterschrift Nietzsches
Staatsarchiv Basel-Stadt, Erziehungsakten CC 15
Aufgrund seines chronischen Kopfschmerzes und der ständig schlimmer werdenden Migräneanfälle hatte Nietzsche immer wieder Vorlesungen absagen müssen und sah sich – erst 34jährig – gezwungen, nach zehn Jahren Unterrichtstätigkeit die vorzeitige Pensionierung zu beantragen. Der Bitte wurde stattgegeben, und Nietzsche wurde auf Ende Sommersemester 1879 mit einem Ruhegehalt, das vom Regierungsrat, vom «Heuslerschen Vermächtnisfonds» und von der «Freiwilligen Akademischen Gesellschaft» aufgebracht wurde, aus seinen beruflichen Verpflichtungen entlassen. Das Entlassungsgesuch ist vmtl. wegen Nietzsches grosser Kopfschmerzen und Sehstörungen nur diktiert und eigenhändig unterzeichnet.

Lit.: KSB 5, Nr. 846. Johannes Stroux, Nietzsches Professur in Basel, Jena: Fromann 1925, S. 80–93; Janz I, S. 846–849. Zum Ruhegehalt: Johannes Stroux, a.a.O., S. 102f.; Janz III, S. 181–207.

1.20. Basel um 1845
Vogelschauplan der Stadt Basel anno 1845 von Johann Friedrich Mähly.
Photographische Reproduktion und Vergrösserung des Aquarells im Stadthaus Basel-Stadt.

Johann Friedrich Mählys Ansicht aus dem Jahre 1845 zeigt eigentlich ein Basel, das es bei Nietzsches Ankunft (1869) schon nicht mehr in dieser geschlossenen Form gab (die Stadtmauern und verschiedene Stadttore waren inzwischen abgerissen). Mählys Plan wird aber hier gezeigt, weil seine authentische und detailgetreue Darstellung es uns in einzigartiger Weise ermöglicht, Nietzsches Wohn- und Wirkensorte in Basel anschaulich zu machen. Eingezeichnet sind die fünf Wohnungen Nietzsches (Nr. 1–5), die Wohnungen einiger Kollegenm (Nr. 6–10) sowie die wichtigsten Institutionen (Nr. 11–14).

Lit.: Ein Nachweis von Nietzsches Basler Wohnungen findet sich bei E. His, Friedrich Nietzsches Heimatlosigkeit, Basler Zeitschrift für Geschichte und Altertumskunde, 40. Bd., Basel 1941, S. 165f., Anm. 17 und in einer in Vorbereitung befindlichen Dokumentation von Dr. Elisabeth Kuhn, Münchenstein.

Die folgenden Nummern verweisen auf die Nummern auf dem abgebildeten Plan.

1) Nietzsches erste Basler Wohnung: Spalentorweg 2
20. April 1869 bis Ende Juni 1869

2) Nietzsches zweite Basler Wohnung, die sog. «Baumannshöhle»: Schützengraben 45 (heute 47; Hinterausgang: Spalentorweg 5) Anfang Juli 1869 bis Ende Juni 1875 und 28. August bis 1. Oktober 1876.
Siehe Abb. S. 47

3) Nietzsches dritte Basler Wohnung: Spalentorweg 48
1. Juli 1875 bis Anfang August 1876

4) Nietzsches vierte Basler Wohnung: Gellertstrasse 22
Anfang September 1877 bis Ende Juni 1878

5) Nietzsches fünfte und letzte Basler Wohnung: Bachlettenstrasse 11. Ende Juni 1878 bis 12. Mai 1879

6) Wohnung Jacob Burckhardts: St. Alban-Vorstadt 64

7) Wohnhaus von Wilhelm Vischer-Bilfinger: Rittergasse 31

8) Wohnhaus von Johann Jacob und Luise Bachofen-Burckhardt

9) Wohnung Franz und Ida Overbecks: Eulerstrasse 53, 1876–1888

10) Wohnung Franz und Ida Overbecks: Seevogelstrasse 68, ab 1888

11) Das alte Kollegiengebäude der Universität am Rheinsprung, 1460–1939.
Siehe Abb. S. 27

12) Das Basler Paedagogium am Münsterplatz
Photo Rolf Surbeck, Blick durch das Geländer des Georgsturm des Münsters.
Siehe Abb. S. 28

13) Alte Aula der Universität und frühere Universitätsbibliothek im Museumsbau an der Augustinergasse

14) «Allgemeine Lesegesellschaft» am Münsterplatz

1.21. Der beste Freund: Franz Overbeck (1837–1905)
Brustbild von vorn von Fritz Burger, um 1900
Öl auf Leinwand, 61,5 x 50,5 cm
Basler Professorengalerie in der Aula des Museums an der Augustinergasse

Zur Lebensfreundschaft zwischen Nietzsche und Franz Overbeck siehe den Aufsatz von Barbara von Reibnitz in vorliegendem Band.

Lit.: W. Nigg, «Franz Overbeck. Versuch einer Würdigung», München 1931; R. Brändle u. E. W. Stegemann (Hg.), «Franz Overbecks unerledigte Anfragen an das Christentum», Beiträge des Overbecks-Symposiums 1987 in Basel, München 1988; N. Peter, Art. «Franz Overbeck» in: Metzler Philosophen Lexikon, Stuttgart 1988, S. 584–589; C. P. Janz, «Die Berufung Franz Overbecks an die Universität Basel 1870» in: Basler Zeitschrift für Geschichte und Altertumskunde 1992, S. 139–165. Hoffmann, «Basler Nietzsche-Archiv», 62–77. Overbeckiana. Übersicht über den Franz Overbeck-Nachlaß der Universitätsbibliothek Basel, 2 Bde., Basel: Helbing & Lichtenhahn 1962. Carl Albrecht Bernoulli, Franz Overbeck und Friedrich Nietzsche. Eine Freundschaft. Nach ungedruckten Quellen und im Zusammenhang mit der bisherigen Forschung dargestellt, 2 Bde., Jena: Diederichs 1908.

1.22. Kirchengeschichtliches Responsorium
Ein würdig angerauchtes Pergamen! Kirchengeschichtliches Responsorium zwischen einem Chore von Theologischen Studenten und einem Chore erzürnter Zuschauer. Zur Festlichkeit des 16. November 1871. für seinen Freund und getreuen Nachbar Franciscus Overbeck gesetzt von FN. 5 Seiten
Universitätsbibliothek Basel, Nachlass Overbeck A 295

Zum 34. Geburtstag seines neugewonnenen Freundes Overbeck komponierte Nietzsche einen einstimmigen Chor mit Klavierbegleitung auf einen selbstverfassten bissigen Text. Das arg kritisierte Opfer war der «Gegenspieler» Overbecks Carl Rudolf Ha-

1.20. Basel um 1845.

genbach, Ordinarius für Kirchengeschichte der Universität Basel seit 1828!

Chor fauler, sich rekelnder theologischer Studenten (ob Männerchor?):
O! A! Kirchengeschichte hör ich nicht bei Overbeck
sondern bei dem alten quatschigen Hagenbach.
Hagenbach weiss uns zu taxieren,
als Studenten, die um Amt und Brod und Weib studieren.

Trostlied:
Wer nur den lieben Gott lässt walten
und den alten Hagenbach
Der wird sich wunderbar erhalten,
trotz allem Prüfungsungemach.

Hier fällt der Chor entrüsteter Zuschauer ironice ein:
Nämlich wunderbar ungeschlacht, dumm und keck,
ohne nur ein einz'ges Fünckchen vom Geiste unsres Overbeck,
noch von seinen andern liebenswürdigen Eigenschaften.

Lit.: C. P. Janz (Hrsg.), F. Nietzsche. Der musikalische Nachlass, Basel, Kassel: Bärenreiter 1976, S. 106f. u. 337. Janz I, S. 419f.

1.23. Ein Zwillingspaar
Friedrich Nietzsche, Unzeitgemässe Betrachtungen. Erstes Stück: David Strauss der Bekenner und Schriftsteller, Leipzig: Fritzsch 1873
Universitätsbibliothek Basel, k h V 2
Franz Overbeck, Über die Christlichkeit unserer heutigen Theologie. Streit- und Friedensschrift, Leipzig: Fritzsch 1873
Universitätsbibliothek Basel, Nachlass Overbeck A 342
Franz Overbeck, Werke und Nachlass in neun Bänden, Bd. I: Schriften bis 1873, Stuttgart & Weimar: Metzler 1994
Sammlung D. M. Hoffmann

1872/73 entstanden unter demselben Dach am Schützengraben zwei kämpferische Schriften: Nietzsches «David Strauss» und Overbecks «Christlichkeit». Hier rechneten der Philologe und der Theologe, jeder auf seine Weise, ihren Fachgenossen vor, wie sie die Zukunft ihrer Wissenschaft sahen, und weiteten die Opposition gegen ihre Fakultäten zu einer deutschen Zeit- und Kulturkritik aus. Nach dem Erscheinen der beiden Bände – auf Vermittlung Richard Wagners bei dessen Verleger E.W. Fritzsch – schrieb Nietzsche in das Widmungsexemplar für Overbeck folgende Verse:

«Ein Zwillingspaar aus Einem Haus
ging muthig in die Welt hinaus,
Welt-Drachen zu zerreissen.
Zwei-Väterwerk! Ein Wunder war's!
Die Mutter doch des Zwillingspaars
Freundschaft ist sie geheissen!

Der eine Vater dem andern!»

Sowohl Nietzsche als auch Overbeck liessen sich die «Zwillinge» in ein Band binden, leider sind diese beiden Exemplare verschollen.

Lit: KSA 7, S. 410. E. Förster-Nietzsche, «Das Leben Friedrich Nietzsche's», Leipzig: Naumann, Bd. II/1 1897, S. 128; F. Overbeck, «Über die Christlichkeit unserer heutigen Theologie», Zweite, um eine Einleitung und ein Nachwort vermehrte Aufl., Leipzig: Naumann 1903, S. 18. K. Pestalozzi, «Overbecks 'Schriftchen' 'Über die Christlichkeit unserer heutigen Theologie' und Nietzsches 'Erste unzeitgemässe Betrachtung: David Strauss. Der Bekenner und Schriftsteller'», in: R. Brändle u. E. W. Stegemann (Hg.), «Franz Overbecks unerledigte Anfragen an das Christentum», München: Kaiser 1988, S. 91–107. Niklaus Peter, «Im Schatten der Modernität – Franz Overbecks Weg zur *Christlichkeit unserer heutigen Theologie*», Stuttgart: Metzler 1992.

1.24. Hymnus auf die Freundschaft
Komposition Nietzsches (15 Seiten), von fremder Hand abgeschrieben, mit eigenhändiger Widmung Nietzsches an Franz Overbeck
Universitätsbibliothek Basel, Nachlass Overbeck A 296

Nietzsches letzte Komposition entstand in der Zeit vom 24. April 1872 bis zum 29. Dezember 1874 zu Ehren seines Freundes Franz Overbeck, dem er das Werk zu seinem 38. Geburtstag, dem 16. November 1875, widmete. Obwohl «Hymnus auf die Freundschaft» geheissen, war die Musik noch wortlos. Nietzsche hatte sich zuerst in einem vierhändigen Satz versucht, wohl im Hinblick auf das gemeinsame Musizieren mit seinem Freund, schrieb auch ein Gedicht im Brouillon zum Unterlegen nieder, liess aber endlich als Geburtstagsgeschenk einen blossen Klavierauszug der Noten für zwei Hände von einem Schreiber säuberlich kopieren. Erst 9 Jahre später sollte der eigentliche Hymnenteil der sechsteiligen Komposition zu seinem endgültigen Text kommen, als Nietzsche das «Gebet an das Leben» von Lou von Salomé der Musik unterlegte. 1887 liess dann Nietzsche das Werk, nachdem es von Heinrich Köselitz (Peter Gast) für Chor und Orchester bearbeitet worden war, als einzige Komposition seines Lebens im Druck erscheinen und sah sich 1888 in seiner Autobiographie «Ecce homo» veranlasst, den aufgekommenen Irrtum aus dem Weg zu räumen, es handle sich auch beim *Text* um ein Werk aus seiner Feder.

Lit.: KSA 8, S. 122, Bd. 6, S. 336. C. P. Janz (Hrsg.), «F. Nietzsche. Der musikalische Nachlass», Basel, Kassel: Bärenreiter 1976; Janz I, S. 538f.

1.25. Monumentulum amicitiae
Gerahmte, kreisrunde Holzscheibe, von Frhr. Carl von Gersdorff bunt bemalt mit Symbolen und Initialen (1876), Vor- und Rückseite, Ø innen: 21 cm, Ø aussen: 34 cm
Universitätsbibliothek Basel, Nachlass Franz Overbeck A 294

Das «Contubernium» (heute WG) der Baumannshöhle am Schützengraben, die gemeinsamen Abendmahlzeiten, das Vierhändigspielen, die vielen Gespräche und die Gemeinsamkeit mancher Probleme des Amtes, der Gesellschaft und der geistigen Orientierung führten zu Nietzsches und Overbecks unzertrennlicher Freundschaft und zogen auch verschiedene andere Personen in diesen Freundeskreis, so etwa den Freiherrn Carl von Gersdorff, der durch Nietzsche mit Overbeck in Basel und Bayreuth bekannt geworden war. Zu Overbecks Hochzeit malte Gersdorff im Frühjahr 1876 eine Erinnerung an dessen Freundeskreis, ein Monumentulum amicitiae. Karl Pestalozzi schreibt über dieses wunderliche Denkmal: «Auf dieser Schale figurieren mit Initialen und Sinnbildern, ausser Overbeck, Overbecks Braut [Ida Rothplez], Nietzsche und Gersdorff selber, der Altphilologe Erwin Rohde [...], ferner der Philosoph Heinrich Romundt, ein Studienfreund Nietzsches, der ihm nach Basel gefolgt war und seit dem Sommer 1872 ebenfalls in der 'Baumannshöhle' wohnte. [...] Diese Freunde verband, neben biographischen Zufällen und menschlicher Sympathie, eine Idee. In Briefen und Nietzsches Aufzeichnungen heissen sie 'die Gesellschaft der Hoffenden' oder 'die Hoffenden'. [...] In Richard Wagner hatte die Zukunftshoffnung des Freundeskreises ihren Garanten [...] Auf Gersdorffs monumentulum amicitiae ist Richard Wagner durch einen Geniuskopf mit Flügeln vergegenwärtigt. Gleich daneben vertritt ein Reichsadler den Historiker Heinrich von Treitschke, Overbecks Studienfreund, der unter dem Eindruck der Ereignisse von 1870/71 vom Liberalen zum glühenden Verfechter

des neuen Reiches geworden war. Dass er den Freundeskreis im Bild vervollständigt, obwohl er sich ihm 1876 in Wirklichkeit bereits entfremdet hatte, soll wohl darauf deuten, wie sehr die Zukunftserwartung der 'Gesellschaft der Hoffenden' durch den Deutsch-Französischen Krieg und die deutsche Reichsgründung stimuliert war.» – Nietzsche nannte dieses Hochzeitsgeschenk «eine Art Adelsdiplom der Freundschaft».
Lit.: Overbeckiana. Übersicht über den Franz Overbeck-Nachlaß der Universitätsbibliothek Basel, 2 Bde., Basel: Helbing & Lichtenhahn 1962, Bd. II, S. 137f. K. Pestalozzi, «Overbecks 'Schriftchen' 'Über die Christlichkeit unserer heutigen Theologie' und Nietzsches 'Erste unzeitgemässe Betrachtung: David Strauss. Der Bekenner und Schriftsteller'», in: R. Brändle u. E. W. Stegemann (Hrsg.), «Franz Overbecks unerledigte Anfragen an das Christentum», München: Kaiser 1988, S. 93.

1.26. Franz und Ida Overbeck
Photo: Universitätsbibliothek Basel, Portraitsammlung
Siehe Abb. S. 46

Ida Overbeck, geb. Rothpletz (1848–1933), war seit ihrer Hochzeit mit Franz Overbeck (1876) ebenfalls mit Nietzsche befreundet. Durch sie fand Nietzsche auch im Rothpletzschen Haus in Zürich Eingang (siehe dazu Abt. 4.1, Begegnungen in Zürich). Nietzsche, dessen Beziehung zu Frauen bekanntlich nicht ganz unproblematisch war, schätzte Ida Overbeck als «eine 'Ausnahme' in hundert Stücken» (an Overbeck, 23. 6. 1879). Nach dem Tod ihres Gatten focht Ida Overbeck mehrere Ehrverletzungsprozesse gegen Elisabeth Förster-Nietzsche aus, weil Franz Overbeck postum beleidigt und beschuldigt wurde.

1.27. Thermoskrug und Todeswünsche
2 Postkarten Friedrich Nietzsches aus Sils-Maria an Franz Overbeck in Zürich, 6. und 18. Sept. 1881
Universitätsbibliothek Basel, Briefwechsel Nietzsche-Overbeck, Nr. 78 u. 79

Die vorliegenden Postkarten zeigen in anschaulicher Weise die Breite und Tiefe der Freundschaft zwischen Nietzsche und Franz und Ida Overbeck: Auf der Suche nach einem «gelehrten Kochgeräth» oder einem «luftdicht zu schliessenden Bouillontopf» hat sich Nietzsche an Ida Overbeck gewandt mit der Bitte, ihm ein solches Gerät in Zürich zu beschaffen und zu schicken. Begleitend schickte Nietzsche an Franz Overbeck ein «Verschen aus der Baumannshöhle» über einen Thermoskrug der Marke «Theos», eine Reminiszenz an den Junggesellenhaushalt am Schützengraben. Nach einer Auskunft aus Zürich nimmt Nietzsche in der nächsten Postkarte nochmals Bezug auf das gesuchte Küchengerät und springt dann, um Ida Overbeck nicht zu beunruhigen, unvermittelt ins Lateinische und teilt Overbeck seine intimsten Sorgen mit. Die lateinische Stelle lautet in deutscher Übersetzung: «Im Übrigen, diese Nebensächlichkeiten beiseite, muss ich sagen, was ich lieber verschweigen würde, aber nicht verschweigen kann. Ich befinde mich am Punkte der Verzweiflung. Der Schmerz besiegt Leben und Willen. Ach, was für Monate, was für einen Sommer habe ich hinter mir! Ich habe so viele Qualen des Körpers erlitten, wie ich Veränderungen des Himmels wahrnahm. In jeder Wolke war etwas gleich einem Blitz, das mich mit unvermuteter Gewalt berührte und mich Elenden ganz und gar zugrunde richtete. Fünfmal rief ich den Tod als Arzt an, und ich hoffte, der gestrige Tag möge mein letzter gewesen sein – ich hoffte vergebens. Wo in aller Welt gibt es jenen immerwährenden heiteren Himmel – meinen Himmel? Leb wohl, mein Freund.»

Lit.: KSB 6, Nr. 148 u. 149.

1.28. Höchste Seltenheit: Der vierte Zarathustra
Friedrich Nietzsche, Also sprach Zarathustra. Ein Buch für Alle und Keinen. Vierter und letzter Teil.
Mit Widmung Nietzsches an Overbeck und Notizen Overbecks
Depositum von Albi Rosenthal (Oxford) im Nietzsche-Haus in Sils-Maria.

Nachdem Nietzsche im Winter 1884/85 zunächst ein Zarathustra-Werk unter dem Titel Mittag und Ewigkeit geplant, aber dafür keinen Verleger gefunden hatte, entschloss er sich für den Druck eines vierten und letzten Teils von Also sprach Zarathustra auf eigene Kosten. Beim Verleger Constantin Georg Naumann liess Nietzsche im Frühjahr 1885 40 Exemplare drucken und binden, von denen er nur einen kleinen Teil an seine Freunde und Bekannten verteilte. Auf Seite 2 des Druckmanuskriptes (nicht des Druckes!) steht geschrieben: «Für meine Freunde und nicht für die Öffentlichkeit.» Entsprechend dem privaten Charakter dieses Druckes nahm Nietzsche 1886 diesen *Teil* nicht in seine «Gesamtausgabe» des Zarathustra auf (siehe Kat.Nr. 7.24). Im Dezember 1888, am Ende seiner Schaffenszeit, wollte Nietzsche alle verteilten Exemplare des vierten und letzten Teils wieder zurückhaben, «um dies ineditum gegen alle Zufälle von Leben und Tod sicher zu stellen». – Das hier gezeigte Exemplar mit der Widmung an Franz Overbeck ist eines der ganz wenigen erhaltenen Stücke dieses Privatdruckes. Es wurde vom Besitzer Albi Rosenthal und von der Stiftung «Nietzsche-Haus in Sils-Maria», die dieses Stück in ihrer Ausstellung zeigt, freundlicherweise zur Verfügung gestellt. Ein weiteres Exemplar (ohne Widmung) befindet sich im Nachlass des Nietzsche-Adepten Paul Lanzky in der Basler Universitätsbibliothek.

Lit.: KSB 8, S. 514. Marie-Luise Haase und Mazzino Montinari, «Zur Überlieferung und Entstehung von *Also sprach Zarathustra*» in: F. Nietzsche, Werke, Kritische Gesamtausgabe, VI. Abt., 4. Bd., Berlin, New York: de Gruyter 1991, S. 943–978.

1.29. Die Briefe Nietzsches
Brieftasche mit 226 Briefen und einer Karte Friedrich Nietzsches an Franz Overbeck (1871–1888), dazu 6 Briefe und 2 Postkarten an

Ida Overbeck (1879-1883); Gesiegelte Verfügung zugusten der Universitätsbibliothek Basel
Universitätsbibliothek Basel, Briefwechsel Nietzsche-Overbeck

Overbeck hütete seine Nietzschebriefe als persönlichen Schatz und gleichsam als Bollwerk gegen die verfälschenden Machenschaften von Frau Förster-Nietzsche. Zur Sicherheit haben er und seine Frau sämtliche Briefe abgeschrieben, so besass Overbeck mit den Kopien seiner Briefe an Nietzsche fast die gesamte Korrespondenz, die er in einer besonderen Schatulle und einem Lederfutteral aufbewahrte und vor seinem Tod mit einer testamentarischen Verfügung versiegelte. Als Elisabeth Förster-Nietzsche daran ging, Nietzsches Biographie zu schreiben, stand sie, namentlich was die letzte Schaffenszeit ihres Bruders anging, vor beträchtlichen Informationslücken: Durch ihren Paraguay-Aufenthalt (1885–1893) war sie fern von den Geschicken ihres Bruders gewesen. Nach ihrer Rückkehr nahm sie deshalb Kontakt mit Overbeck auf in der Hoffnung auf Auskünfte über Nietzsches Leben und Zusammenbruch. Dazu versuchte sie Overbeck zur Herausgabe seiner Nietzschebriefe zu bewegen, die erstens als Informationsquelle unentbehrlich waren und zweitens manches belastende Material über die Schwester enthalten konnten. Overbeck zeigte sich aber gegenüber der leidigen Schwester verschlossen: «Alles was nur irgendwie wie nach Collaboration aussähe lehnte ich unzweideutig ab, sagte nur Antwort auf bestimmte an mich gerichtete Fragen zu und auch nur so viel aus Briefen.» Overbeck sollte seine Nietzsche-Briefe zeitlebens und durch das Testament auch über seinen Tod hinaus dem Archiv vorenthalten. Im September 1901 antwortete er auf eine Aufforderung von Köselitz, die Nietzsche-Briefe dem Archiv zu übergeben: «dieser Schatz bleibt mein ausschließliches, persönliches Eigentum. Was ich ihm, nicht um meinet- sondern um seinetwillen schulde, nämlich Erhaltung für die Mitwelt, weiß ich vollkommen. Dazu brauche ich aber jenes Archiv nicht [...] das Archiv ist vielmehr der letzte Ort der Welt, dem ich ihn überlassen werde [...]. Indem ich ihr [Frau Förster-Nietzsche] und dem Archiv meine Nietzschebriefe für immer und vollständig vorenthalte (nicht ein Stück ausgenommen), verfolge ich nur die Absicht, mich 1) aus jeder Gemeinschaft in der Ausübung der von Frau Förster aufgenommenen Prophetenausgabe draussen und damit zugleich 2) von mir jede Möglichkeit eines persönlichen Konfliktes mit der Prophetin, so gut und so lange es nur geht, fern zu halten.»

Lit.: Hoffmann, «Basler Nietzsche-Archiv», S. 71–74.

1.30. «Der Antichrist»
Franz Overbecks eigenhändige Abschrift von Nietzsches Druckmanuskript *Der Antichrist* mit Korrekturen von Heinrich Köselitz' (Peter Gasts) und Arthur Seidls Hand, IV + 113 S.
Universitätsbibliothek Basel, Nachlass Overbeck A 311

Siehe Kat.Nr. 7.21.

Lit.: Hoffmann, Nietzsche-Archiv, S. 5, 15f., 164f. (u. Reg.)

1.31. Die Briefe von Nietzsches Mutter
Franziska Nietzsche an Franz Overbeck, den 26. Dez. 1895
Universitätsbibliothek Basel, Nachlass Overbeck I, 247, Nr. 65
Erich F. Podach (Hg.), «Der kranke Nietzsche. Briefe seiner Mutter an Franz Overbeck», Wien: Bermann-Fischer 1937
Sammlung D. Hoffmann

Seit der Abholung des umnachteten Nietzsche von Basel nach Jena im Februar 1889 blieb Franziska Nietzsche in engem schriftlichem Kontakt mit Franz Overbeck. Diese Sammlung ist ein erstrangiges Zeugnis über den kranken Nietzsche von 1889–1897 und über die unermüdliche Pflege durch die Mutter. Die stiefmütterliche Rolle, die Frau Förster-Nietzsche ihrer Mutter in der Nietzsche-Biographie angedichtet hat, wird hier widerlegt. Die Briefe geben auch Auskunft über die rücksichtslose, z. T. niederträchtige Art, mit welcher Elisabeth Förster-Nietzsche den Nachlaß ihres Bruders an sich gerissen hat, um alleinige Herrin des Nietzsche-Archivs zu werden.

1.32. Overbecks «Nietzsche-Zettel»
Franz Overbeck, Collectaneen-Zettel zu «Nietzsche und Rée», Universitätsbibliothek Basel, Nachlass Overbeck A 233
Siehe Abb. S. 50

Zu Overbecks Collectaneen-Sammlung («Kirchenlexikon») und den darin enthaltenen Nietzsche-Zetteln siehe den Beitrag von Barbara von Reibnitz in vorliegendem Band.

Lit.: Franz Overbeck, Werke und Nachlass in neun Bänden, Bd. 4–6: «Kirchenlexikon», hrsg. v. B.v. Reibnitz, Stuttgart & Weimar: Metzler, i. Vorb. (Sept. 1994).

1.33. Nietzsche-Biographie
Elisabeth Förster-Nietzsche, *Das Leben Friedrich Nietzsche's*, Leipzig: Naumann 1904 mit Randbemerkungen Franz Overbecks
Universitätsbibliothek Basel, Nachlass Overbeck A 302
Franz Overbeck, *Meine Antwort auf Frau Dr. Förster-Nietzsches neueste Publikationen, ihren Bruder betreffend*, Artikel in der Frankfurter Zeitung vom 10. Dez. 1904, Erstes Morgenblatt, S. 3
Universitätsbibliothek Basel, Nachlass Overbeck A 318
Siehe Abb. S. 52

Die dreibändige 1895, 1897 und 1904 erschienene Biographie Nietzsches aus der Feder seiner Schwester war Overbeck eine arge Qual. Er konnte diese Bücher nur auch mit einer Feder in der Hand lesen, um überall, wo Falsches, «Arrangiertes» oder Verleumderisches stand, seine Korrekturen, Berichtigungen oder Verurteilungen hinzuschreiben. Eine Reaktion auf die Lektüre war Overbecks Artikel in der Frankfurter Zeitung, in dem er ankündigte, dass dereinst seine Nietzsche-Briefe gegen das Archiv verwendet würden.

1.34. Kompositionsskizze
Brouillon einer Komposition Nietzsches (?) oder eher nietzschesche Klavierbearbeitung eines fremden Streichquartettes (?, undatiert, vmtl. 1874), 1 Quartbogen, vierseitig beschrieben
Universitätsbibliothek Basel, Autographensammlung Geigy-Hagenbach Nr. 940

Lit.: C. P. Janz (Hg.), «F. Nietzsche. Der musikalische Nachlass», Basel, Kassel: Bärenreiter 1976, S. 340.

1.35. Lehrer und väterlicher Kollege
Hans Lendorff, Jacob Burckhardt, Brustbild im Profil nach rechts, 1898, Öl/Leinwand, 58x47,5 cm
Basler Professorengalerie in der Aula des Museums in der Augustinergasse.

Die zwanzigjährige freundschaftliche Beziehung zwischen Nietzsche und Jacob Burckhardt (1818–1897) war geprägt von beispielloser Bewunderung und Verehrung des Jüngeren und vornehmer Zurückhaltung des um 26 Jahre Älteren. Trotz seiner ersten Befremdung über Burckhardts Leben «in der geschmacklosesten Dürftigkeit» und über seine plebejische Gewohnheit, «Abend für Abend zu den Baseler Philistern in die Bierstube» zu gehen, fand

Nietzsche in Burckhardt einen väterlichen Kollegen, dem er bis zum geistigen Zusammenbruch innig verbunden blieb. In zahlreichen Gesprächen in den Pausen der Vorlesungen und der Unterrichtsstunden am Pädagogium, auf dem Nachhauseweg, in Burckhardts Wohnung und auf Ausflügen (etwa zu einem «Zweierli» im badischen Grenzach) lernten sich die zwei ungleichen Geister kennen. Nach Nietzsches Weggang von Basel hielt dieser auf schriftlichem Wege den Kontakt aufrecht. Die zweite Unzeitgemässe Betrachtung über die Historie war u. a. im Hinblick auf Burckhardt geschrieben, und in der «Götzen-Dämmerung» errichtete Nietzsche seinem hochverehrten Lehrer ein kleines Denkmal. Burckhardts Reaktionen auf die regelmässig zugeschickten Neuerscheinungen waren für Nietzsche ausserordentlich wichtig, waren sie positiv ausgefallen, zitierte er sie gerne in seinen eigenen Briefen an Dritte, wie er später überhaupt gerne mit Burckhardt (und Keller, Strindberg u. a.) als seinem Freund und Leser renommierte. Waren Burckhardts Reaktionen zurückhaltend oder gar reserviert, konnte Nietzsche mit einer für diese Beziehung eigenen Blindheit die Worte zu seinem eigenen Besten missverstehen.

Lit.: KSB 3, S. 30. Ganz, Professoren-Galerie, S. 105f. Charles Andler, Nietzsche, sa vie et sa pensée, Bd. I, (Neuaufl.) Paris: Gallimard 1958, S. 181–227 (deutsch: Nietzsche und Jacob Burckhardt, Basel, Strassburg: Rhein-Verlag o.J. [1926]). Werner Kaegi, Jacob Burckhardt, Eine Biographie, 7 in 8 Bden., Basel: Schwabe 1947–1982. E. Salin, Jacob Burckhardt und Nietzsche, Rektoratsprogramm der Universität Basel für das Jahr 1937, Basel: Universitätsbibl. 1938 [mit dem Briefwechsel Nietzsche-Burckhardt], veränderte Neuauflage Hamburg: Rowohlt 1959 (= rde 80) [einseitiger Nietzsche-Enthusiasmus im Geist des George-Kreises]. Alfred von Martin, Nietzsche und Burckhardt, München: Ernst Reinhardt, 1941 [zahlr. Neuauflagen]. Janz I, S. 321-326 u.ö. Karl Löwith, Sämtl. Schriften Bd. 7: Jacob Burckhardt, Stuttgart: Metzler 1984.

1.36. Die Cultur der Renaissance in Italien

Jacob Burckhardt, Die Cultur der Renaissance in Italien, 2. Aufl., Leipzig 1869, Widmungsexemplar an Nietzsche,
Herzogin Anna Amalia Bibliothek, Weimar, Sign. C 482

Burckhardts «Kultur der Renaissance» war für Nietzsche von den «Unzeitgemässen Betrachtungen» bis zum «Antichrist» eine wichtige kulturgeschichtliche «Quelle».

1.37. Reaktion auf die zweite «Unzeitgemässe»

Jacob Burckhardt an Friedrich Nietzsche, 25. Februar 1874
Nachlass Jacob Burckhardt, Staatsarchiv Basel-Stadt, Privatarchiv 207, 52 N 5, 1

Durch die engagierte zweite Unzeitgemässe Betrachtung «Über den Nutzen und Nachtheil der Historie für das Leben» sah sich Burckhardt als Historiker zu einer Stellungnahme herausgefordert. Schon in diesem ersten Brief der Korrespondenz zeigt sich die für Burckhardts Verhältnis zu Nietzsche typische Zurückhaltung und Reserve. Zuerst entband er sich geschickt von der Verpflichtung zur philosophischen Reflexion: «Vor Allem ist mein armer Kopf gar nie im Stande gewesen, über die letzten Gründe, Ziele und Wünschbarkeiten der geschichtlichen Wissenschaft auch nur von ferne so zu reflectiren wie Sie dieses vermögen.» Darauf begrenzte er seinen Unterrichtsgegenstand, die Geschichte, auf ein bloss propädeutisches Fach und lobte zuletzt das scharf herausgearbeitete «wahrhaft tragische Missverhältniss» zwischen historischer Wissensanhäufung und dem eigentlichen Sein. Mit seiner überbetonten Selbstbescheidung entzog sich Burckhardt in gewissem Sinne den von Nietzsche aufgestellten Kriterien für die Geschichtswissenschaft. – Das Zitat aus dem 3. Abschnitt von Nietzsches Abhandlung, das Burckhardt einige Sorge bereitet, weil das Bild nicht ganz von ihm allein sein mochte, findet sich in der «Cultur der Renaissance in Italien» 2. Aufl., Leipzig 1869, S. 200 (gleich nach der Erwähnung des Vitruvianismus). Eine auf diese Stelle bezügliche Notiz findet sich in Nietzsches Nachlass 1871, 9 [143], KSA 7, S. 327.

Lit.: Text: J. Burckhardt, Briefe, Vollst. u. krit. Ausg. [hrsg. u.] bearb. v. Max Burckhardt, Bd. V, Basel, Stuttgart: Schwabe 1963, Nr. 627. KGB II 4, Nr. 512.

1.38. Reaktion auf «Vermischte Meinungen und Sprüche»

Jacob Burckhardt an Friedrich Nietzsche, 5. April 1879
Nachlass Jacob Burckhardt, Staatsarchiv Basel-Stadt, Privatarchiv 207, 52 N 5, 3

Das die Zusendung der «Vermischten Meinungen und Sprüche» begleitende Billet Nietzsches an Burckhardt ist verloren. Erhalten ist ein Entwurf für eine Widmung an Burckhardt:
«Seit dies Buch mir erwuchs hält Sehnsucht mich und Beschämung / Bis solch Gewächs dir einst hundertfach reicher erblüht. / Jetzt schon kost' ich des Glücks, dass ich dem Grösseren nachgeh', / Wenn er des goldnen Ertrags eigner Pflanzung sich freut.» (Nachgelassenes Fragment Frühling–Sommer 1877 22[81], KSA 8, S. 393.) Auch in seiner Stellungnahme zu den «Vermischten Meinungen und Sprüchen» versteckte Burckhardt seine Zurückhaltung hinter einem schmeichelnden Vergleich Nietzsches mit Montaigne und den Französischen Moralisten und hinter Komplimenten über die «freie Fülle Ihres Geistes». Er, Burckhardt, selbst sei bekanntlich nie in den «Tempel des eigentlichen Denkens» eingedrungen und habe sich zeitlebens in Hof und Hallen des Peribolos ergötzt. «Wo ich aber nicht mitkommen kann, sehe ich mit einer Mischung von Furcht und Vergnügen zu, wie sicher Sie auf den schwindelnden Felsgraaten herumwandeln und suche mir ein Bild von *Dem* zu machen, was Sie in der Tiefe und Weite sehen müssen.» Damit schuf Burckhardt die Höhenwanderer-Metapher, die Nietzsche immer wieder auf sein eigenes Denken anwenden sollte und die wohl auch nicht ganz unbeteiligt war bei der Geburt der verschiedenen «Über»- und «Jenseits»-Formulierungen in Nietzsches Werk und Briefen. – Der Brief trägt auf der Rückseite eine Notiz von Nietzsches Hand, wohl Heinrich Köselitz betreffend: «Hier, Freund, sind zwei Briefe, die ich hoch stelle und welche ich Ihnen versprochen habe – ich fand sie zufällig und schicke sie gleich fort: morgen werde ich sie zufällig wieder verloren haben F. N.»

Lit.: Text: J. Burckhardt, Briefe, Vollst. u. krit. Ausg. [hrsg. u.] bearb. v. Max Burckhardt, Basel, Bd. VII, Stuttgart: Schwabe 1969, Nr. 805. KGB II 6/2, Nr. 1176. Carl Albrecht Bernoulli, «Franz Overbeck und Friedrich Nietzsche. Eine Freundschaft. Nach ungedruckten Quellen und im Zusammenhang mit der bisherigen Forschung dargestellt», 2 Bde., Jena: Diederichs 1908, Bd. I, S. 277 (Widmung an Overbeck mit Faksimile).

1.39. Reaktion auf die «Morgenröthe»

Jacob Burckhardt an Friedrich Nietzsche, 20. Juli 1881
Nachlass Jacob Burckhardt, Staatsarchiv Basel-Stadt, Privatarchiv 207, 52 N 5, 4

In der Antwort auf die Übersendung der «Morgenröthe» sprach Burckhardt seine Vorbehalte unverblümt aus: «Gar Manches darin ist mir allerdings, wie Sie erriethen, wider den Strich, aber mein Strich braucht ja nicht der einzig wahre zu sein.» Gleichzeitig lobte und dankte er aber für die «kühnen Perspectiven» und wiederholte sein Gebirgsmetapher: « [...] wie Sie schwindelfrei auf den höchsten Gebirgsgraten sich herumbewegen». Ganz dem Burckhardtschen Geist entgegengesetzt war sicher die Aussicht auf eine anwachsende «Gemeinde [...], welche allermindestens sich an diesen Anblick des kühnen Gratwandlers attachirt».

Lit.: Text: J. Burckhardt, Briefe, Vollst. u. krit. Ausg. [hrsg. u.] bearb. v. Max Burckhardt, Basel, Bd. VII, Stuttgart: Schwabe 1969, Nr. 928. KGB III 2, Nr. 80.

1.40. Reaktion auf die «Fröhliche Wissenschaft»
Jacob Burckhardt an Friedrich Nietzsche, 13. Sept. 1882
Nachlass Jacob Burckhardt, Staatsarchiv Basel-Stadt, Privatarchiv 207, 52 N 5, 5

Zur Übersendung der «Fröhlichen Wissenschaft» ist der Brief Nietzsches an den «hochverehrten Freund» erhalten. Die Antwort Burckhardts scheint fast hymnisch zu sein: ein Vergleich mit Goetheschem Lautenklang, eine Erwägung über Nietzsche als Dozent der Weltgeschichte und die Bewunderung «dieses ungeheueren, gleichsam comprimirten Reichthums». Dennoch ist bei kritischer Lektüre die Burckhardtsche Distanz nicht übersehbar, etwa in Formulierungen wie «mit Ihrer Art von Lichtern», «hübsch» und «was mir aber immer von Neuem zu schaffen giebt». Burckhardts frühere Furcht beim Betrachten des Felsengratwanderers findet hier eine Entsprechung in dem aufmerksamen Erkennen einer «Anlage zu eventueller Tyrannei», die Nietzsche verrate (in § 325: «Was zur Grösse gehört», vgl. auch § 13: «Zur Lehre vom Machtgefühl»). Immerhin hatte Burckhardt über die Zusammenhänge zwischen historischer Grösse, der Macht und dem Bösen eine sehr pointierte Auffassung (vgl. den 5. Teil der «Weltgeschichtlichen Betrachtungen»).

Lit.: Text: J. Burckhardt, Briefe, Vollst. u. krit. Ausg. [hrsg. u.] bearb. v. Max Burckhardt, Basel, Bd. VIII, Stuttgart: Schwabe 1974, Nr. 983. KGB III 2, Nr. 144. Text des Briefes an J.B.: KSB 6, Nr. 277.

1.41. Reaktion auf den «Zarathustra»
Jacob Burckhardt an Friedrich Nietzsche, 10. Sept. 1883
Nachlass Jacob Burckhardt, Staatsarchiv Basel-Stadt, Privatarchiv 207, 52 N 5, 6

In seinem Begleitbrief zum ersten Teil des «Zarathustra» knüpfte Nietzsche mit den Formulierungen Wohl- und Wehetun an den Aphorismus 13 aus der «Fröhlichen Wissenschaft» an, der Burckhardt im Zusammenhang mit der von ihm beargwöhnten Tyrannei aufgefallen sein musste. (Vgl. dazu auch den Beitrag von Groddeck / Morgenthaler in vorliegendem Band). Wieder ist Burckhardts Reaktion zwiespältig, einerseits das Lob über die «forttönende mächtige Rede über das Ganze des Lebens», andererseits die Klage, «Sie machen es diessmal den Sterblichen ganz besonders schwer», der Hinweis auf zu erwartende Begeisterung und Erzürnung bei den Lesern, endlich die Nietzsche beschämende rhetorische Selbstverleugnung Burckhardts: «Ich erfahre dabei, wie oberflächlich ich zeitlebens gewesen bin [...].» Auch dieser Brief nimmt mit der Formulierung «Jemanden auf so hoch über mir befindlicher Warte» die Berg-Metapher wieder auf. – Das Blatt trägt auf der Rückseite eine Notiz von Nietzsches Hand: «Meiner lieben Schwester ein paar Briefe zum Aufheben. F.»

Lit.: Text: J. Burckhardt, Briefe, Vollst. u. krit. Ausg. [hrsg. u.] bearb. v. Max Burckhardt, Basel, Bd. VIII, Stuttgart: Schwabe 1974, Nr. 1022. KGB III 2, Nr. 207. Text des Briefes an J.B.: KSB 6, Nr. 411.

1.42. Reaktion auf «Jenseits von Gut und Böse»
Jacob Burckhardt an Friedrich Nietzsche, 26. Sept. 1886
Nachlass Jacob Burckhardt, Staatsarchiv Basel-Stadt, Privatarchiv 207, 52 N 5, 7

Als Begleitung zu dem vom Verleger zugesandten «Jenseits von Gut und Böse» schrieb Nietzsche emphatische Worte: «Ich kenne Niemanden, der mit mir eine solche Menge Voraussetzungen gemein hätte wie Sie.» Weiter machte er sich Sorgen über die gefährliche Wirkung seines Buches, tröstete sich aber damit, «dass zunächst die Ohren für meine grossen Neuigkeiten fehlen, – Ihre Ohren ausgenommen, lieber und hochverehrter Mann: und für Sie wiederum werden es keine 'Neuigkeiten' sein! – –» Burckhardt reagierte zunächst wieder mit seinen Formeln über philosophische Unbedarftheit: «Problemen wie die Ihrigen sind, bin ich nie im Stande gewesen nachzugehen oder mir auch nur die Prämissen derselben klar zu machen.» Die nachfolgenden Ausführungen Burckhardts belegen aber eine eingehende Lektüre und sogar «höchste Theilnahme» in bezug auf die künftigen «Starken auf Erden» und ihre Entstehungs- und Lebensbedingungen. – Die erwähnte Stelle S. 135 in «Jenseits von Gut und Böse» bezieht sich auf das sechste Hauptstück «Wir Gelehrten».

Lit.: Text: J. Burckhardt, Briefe, Vollst. u. krit. Ausg. [hrsg. u.] bearb. v. Max Burckhardt, Basel, Bd. IX, Stuttgart: Schwabe 1980, Nr. 1154. KGB III 4, Nr. 403. KSB 7, S. 254f.

1.43. Nietzsche als «Kirchgänger»
Papiermodell des Basler Münsters von Niklaus Stoecklin

Textheft zu den Konzerten anlässlich des Fünfzigjährigen Jubiläums des Basler Gesangvereins, Sonntag, den 7. Juni 1874: Johannespassion von Bach, Dienstag, den 9. Juni, Triumphlied von Brahms für achtstimmigen Chor und Orchester (Off. 19), Basel: Wassermann o.J. [1874]
Universitätsbibliothek Basel: kr VII 357
Siehe Abb. S. 67

Nietzsche war mit dem Basler Münster durch ganz verschiedene Ereignisse verbunden. Der Kreuzgang bot während Pausen am Pädagogium oder der Universität oft Gelegenheit zu einsamer Besinnung oder zu ausgedehnten vertraulichen Gesprächen, etwa mit Jacob Burckhardt. Im Münster selbst fanden (und finden) neben Gottesdiensten, über deren Besuch durch Nietzsche keine Zeugnisse vorliegen, auch Konzerte statt. Ende April 1870 hat Nietzsche «*dreimal* die Matthäuspassion des göttlichen Bach gehört, jedesmal mit demselben Gefühl der unermesslichen Verwunderung», wie er an Rohde schreibt. «Wer das Christenthum völlig verlernt hat, der hört es hier wirklich wie ein Evangelium.» Da nur eine Aufführung und eine öffentliche Hauptprobe stattfanden muss sich Nietzsche, der von drei Besuchen spricht, also noch Zugang zu einer Arbeitsprobe verschafft haben! – Ein Konzertbesuch anderer Art war die Aufführung von Brahms' «Triumphlied» im Basler Münster unter Leitung des Komponisten am 9. Juni 1874. Wegen Wagners Brahms-Verachtung wurde dieses tiefbeeindruckende Erlebnis für Nietzsche zu einer «der schwersten aesthetischen Gewissens-Proben», wie er an Rohde schrieb. «Ich habe jetzt ein Meinungchen über diesen Mann. Doch noch sehr schüchtern.» Nach der Aufführung im Basler Münster reiste Nietzsche übrigens eigens für ein Wiederhören des «Triumphliedes» am 12. Juli ans Musikfest nach Zürich! – Eine besondere Erwähnung des Basler Münsters findet sich in einem Briefentwurf (Venedig, Ende. Okt. 1887) an den Musiker Alfred Volkland in Basel: Nietzsche erwägt in aller Unbescheidenheit anlässlich der Übersendung seines «Hymnus an das Leben» eine Aufführung im Münster...

Lit.: KSB 5, S. 71 und 3, S. 120, Bd. 4, S. 236. Janz I, S. 352f. u. 579f. C. P. Janz, «Die Briefe Friedrich Nietzsches. Textprobleme und ihre Bedeutung für Biographie und Doxographie», Zürich: Theologischer Verlag, Editio academica 1972, S. 27f.

1.44. «Die Geburt der Tragödie»
Friedrich Nietzsche, Die Geburt der Tragödie aus dem Geiste der Musik, Leipzig: E.W. Fritzsch 1872. Mit handschriftlichem Schenkungsvermerk: «Donavit F.N.»
Universitätsbibliothek Basel, kk VI 1
Siehe Abb. S. 30

Siehe dazu den Aufsatz von Joachim Latacz in vorliegendem Band.

1.45. Die vier «Unzeitgemässen»
Friedrich Nietzsche, Unzeitgemässe Betrachtungen. Erstes Stück: David Strauss, der Bekenner und der Schriftsteller, Leipzig: Fritzsch 1873, mit handschriftlicher Widmung an Jacob Burckhardt
Friedrich Nietzsche, Unzeitgemässe Betrachtungen. Zweites Stück: Vom Nutzen und Nachtheil der Historie für das Leben, Leipzig: Fritzsch 1874.
Friedrich Nietzsche, Unzeitgemässe Betrachtungen. Drittes Stück: Schopenhauer als Erzieher, Schloss-Chemnitz: Schmeitzner 1874.
Friedrich Nietzsche, Unzeitgemässe Betrachtungen. Viertes Stück: Richard Wagner in Bayreuth, Schloss-Chemnitz: Schmeitzner 1876.
Privatsammlung Werner Morlang, Zürich

Ursprünglich hatte Nietzsche geplant, von 1873 bis 1879 in jedem Jahr zwei Unzeitgemässe Betrachtungen erscheinen zu lassen. Nach dem gescheiterten Versuch, eine Schrift «Wir Philologen» zu verfassen, veröffentlichte Nietzsche 1876 aber seine vierte und letzte «Unzeitgemässe Betrachtung». Unzeitgemäss heisst hier gegen den grossen Strom der Gegenwart, wie das Nietzsche in der zweiten Betrachtung ausführt: «Und wenn ihr nach Biographien verlangt, dann nicht nach jenen mit dem Refrain 'Herr So und So und seine Zeit', sondern nach solchen, auf deren Titelblatte es heissen müßte 'ein Kämpfer gegen seine Zeit'.» – Gemäss dieser Forderung hat übrigens als erster Rudolf Steiner den Autor der «Unzeitgemässen» dargestellt in seiner Monographie «Friedrich Nietzsche, ein Kämpfer gegen seine Zeit», 1895 (vgl. Kat.Nr. 9.6).

Lit.: HL 6, KSA 1, S. 295. H. u. H. Cancik-Lindemaier (Hrsg.), Nietzsches vierte Unvollendete: «Wir Philologen», Stuttgart u. Weimar: Metzler 1994.

1.46. Menschliches, Allzumenschliches
Menschliches, Allzumenschliches. Ein Buch für freie Geister, Chemnitz: Schmeitzner 1878
Universitätsbibliothek Basel: kh III 134

1.47. Vermischte Meinungen und Sprüche
Menschliches, Allzumenschliches. Ein Buch für freie Geister. Anhang: Vermischte Meinungen und Sprüche, Chemnitz: Schmeitzner 1879
Universitätsbibliothek Basel: kg VI 29

1.48. Basler Kollegen- und Freundeskreis
Der junge Professor aus Deutschland wurde schon gleich nach der Ankunft in Basel von Kollegen und der feinen Basler Gesellschaft zu regelmässigen Sonntagmittagstafeln, Bällen, Weihnachtsbescherungen und Silvesterfeiern eingeladen. In Briefen an Mutter und Schwester berichtet Nietzsche von seinen Besuchen bei Alioths, Bachofens, Bernoullis, Bischoffs, Burckhardts, Heuslers, La Roches, Sarasin, Staehelins, Thurneysens, Vischers etc. Diese Basler Einladungen gaben Nietzsche früh einen Bekanntenkreis, auf den er immer wieder dankbar zurückgreifen konnte, und der ihm z. B. auch in Sils ein Trost in seiner bitteren Einsamkeit war, wenn Vischers und Thurneysens ihre Ferien dort oder im Fextal verbrachten. Neben den wichtigsten Bezugspersonen, Franz Overbeck und Jacob Burckhardt, die schon eigens dargestellt wurden, werden hier einige weitere wichtige Freunde und Kollegen vorgestellt.

1.49. Alexander Zschokke: Nietzsche-Kopf
1926, lebensgross, Bronze
Universitätsbibliothek Basel

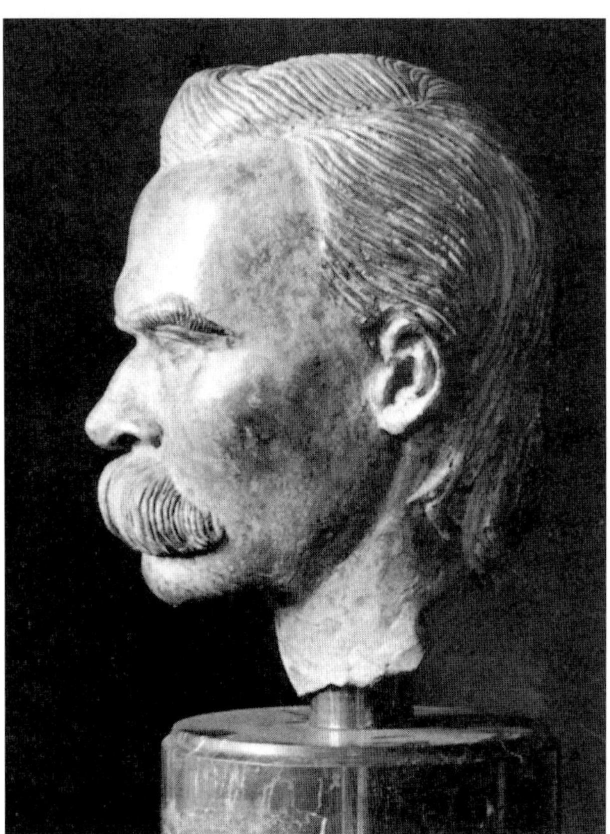

Zur Entstehungsgeschichte von Alexander Zschokkes Nietzsche-Kopf siehe Kat.Nr. 1.68 und 9.7.

1.50. Wilhelm Vischer-Bilfinger (1808-1874)
Büste von Ferdinand Schlöth 1879
Museum an der Augustinergasse, Basel

Wilhelm Vischer wurde wie später Nietzsche schon in jugendlichem Alter Professor für Griechische Philologie in Basel und Lehrer am Pädagogium. Nach seiner Emeritierung stellte er sich als Ratsherr und Vorsteher des gesamten Erziehungswesens (Schulen und Universität) seiner Heimatstadt zur Verfügung. In dieser Funktion veranlasste Vischer die ungewöhnliche Berufung des 24jährigen Leipziger Studenten Nietzsche zum Basler Professor und wurde eine wichtige, gleichsam väterliche Bezugsperson des jungen Dozenten.
Lit.: Ganz, Professorengalerie, S. 113. Staehelin, Basler Professoren, S. 140. His, Basler Gelehrte, S. 125-135.

1.51. Johann Jakob Bachofen-Burckhardt (1815–1887)
Marmorbüste von Richard Kissling, 1884
Öffentliche Kunstsammlung, Kunstmuseum Basel

Über die Bedeutung Bachofens als Altertumswissenschaftler, Mutterrechtsforscher und Kulturkritiker für Nietzsche gibt der Aufsatz von Andreas Cesana in vorliegendem Band Auskunft.

Lit.: Johann Jakob Bachofen (1815–1887), Eine Begleitpublikation zur Ausstellung im Historischen Museum Basel 1987, Basel: Hist. Museum 1987. Lionel Gossmann, Anti-Theologie und Anti-Philologie: Overbeck, Bachofen und die Kritik der Moderne in Basel in: R. Brändle u. E. W. Stegemann (Hrsg.), «Franz Overbecks unerledigte Anfragen an das Christentum», Beiträge des Overbecks-Symposiums 1987 in Basel, München: Chr. Kaiser 1988, S. 17–46.

1.52. Luise Bachofen-Burckhardt (1845–1920)
Gemälde von Ernst Stückelberg,
Öffentliche Kunstsammlung, Kunstmuseum Basel, Inv.Nr. 2309

Als gern gesehener Gast im Hause Bachofen war Nietzsche durchaus auch von der charmanten Gattin des Mutterrechtsforschers angetan. Während Johann Jakob Bachofen sein Vater hätte sein können, war Luise Bachofen-Burckhardt sogar ein Jahr jünger als Nietzsche. Der Kontakt war deshalb auf dieser Ebene ungehemmter, Nietzsche war zu Weihnachtsbescherungen eingeladen, begleitete Frau Bachofen ins Casinokonzert, wenn ihr Mann krank war, spielte gerne mit ihr Klavier und wollte ihr später sein nicht benütztes Bayreuther Festspielbillet anbieten. Noch in seiner Umnachtung, zwei Jahre nach dem Zusammenbruch, erinnerte er sich im Gespräch mit der Mutter an die sehr hübsche Luise Bachofen und an ihr wunderschönes Klavierspiel.

Lit.: KSB 3, S. 265 u. 281. KSB 5, S. 181. Erich F. Podach (Hrsg.), «Der kranke Nietzsche. Briefe seiner Mutter an Franz Overbeck», Wien: Bermann-Fischer 1937, S. 109.

1.53. Johann Friedrich Miescher (1844–1895)
Photo: Universitätsbibliothek Basel, Portraitsammlung

«Patient kommt in Begleitung der Herren Prof. Overbeck und Miescher in die Anstalt», heisst es im Krankenjournal der Basler Irrenanstalt am 10. Januar 1889. Nachdem Overbeck von Turin aus dem Leiter der Irrenanstalt Basel, Prof. Ludwig Wille, telegraphisch seine Ankunftszeit mitgeteilt hatte, hat dieser offenbar seinen Kollegen, den Physiologen Johann Friedrich Miescher, gebeten, die Ankommenden am Bahnhof in Empfang zu nehmen und in einer Droschke in die Anstalt zu geleiten.

Lit.: Janz III, S. 43f. Staehelin, Basler Professoren, S. 214. His, Basler Gelehrte, S. 226–228.

1.54. Gustav von Bunge (1844–1920)
Photo um 1884, Universitätsbibliothek Basel, Portraitsammlung

«Seit dem Herbst haben wir auch einen neuen Professor der physiologischen Chemie, dessen Antrittsvorlesung 'Vitalismus und Mechanismus' ich Dir nächstens schicken werde. Der Verfasser ist ein Adept Schopenhauers [...] – ein Neffe des gegenwärtigen Russischen Finanzministers – ein origineller Mensch und sein Vortrag Dir vielleicht von Interesse.» So schrieb Overbeck an Nietzsche am 8. März 1886, wohlwissend um Nietzsches aufmerksames Interesse an der aktuellen naturwissenschaftlichen Forschung. Eine persönliche Begegnung Nietzsches mit dem auch als Bekämpfer des Alkoholismus engagierten Bunge hat wohl nie stattgefunden.

Lit.: KGB III 4, S. 143. Staehelin, Basler Professoren, S. 212. His, Basler Gelehrte, 283f.

1.55. Andreas Heusler II. (1834-1921)
Brustbild von Hans Lendorff, 1913
Öl auf Leinwand 69x54cm
Professorengalerie im Museum an der Augustinergasse Basel

Nietzsche war während seiner Basler Zeit ein willkommener Gast im Hause des Juristen und hochangesehenen Basler Bürgers Andreas Heusler II. Bei der Wahl Heuslers zum Rektor wurde Nietzsche zu seinem Sekretär ernannt (Dez. 1870). Während seiner Ferien in Lugano (Feb.–März 1871) traf er zu seiner Freude den «trefflichen Heusler». Ende Dezember 1888 schickte Nietzsche an Heusler eine Visitenkarte mit der Hommage, er habe diese Nacht eines «von mir besonders verehrten Baslers» gedacht. Heusler seinerseits antwortete: «Ich denke oft an Sie, und regelmässig dann, wenn ich mir ein Lied von Schubert [...] vorspiele. Besagtes Lied heisst Memnon [...]. Ich hüte mich zu sagen, warum ich bei diesem Liede regelmässig an Sie denke. Suchen Sie sich selbst einen Vers darauf zu machen [...].» Postwendend, wenige Tage vor seinem Zusammenbruch, wandte sich Nietzsche an Heusler mit der Bitte um Finanzierungshilfe für die in Aussicht genommenen französischen, englischen und deutschen Grossauflagen von seinen nächsten Werken.

Lit.: KSB 8, S. 546 u. 563f. KGB III 6, S. 404 u. 416–418.Ganz, Professorengalerie, S. 121f. Staehelin, Basler Professoren, S. 188. His, Basler Gelehrte, S. 263–274.

1.56. Franz Dorotheus Gerlach (1793–1876)
Marmorbüste von Fedrinand Schlöth, 1879
im Museum an der Augustinergasse Basel

Der aus Gotha gebürtige Gerlach kam 1819 als Lateinlehrer fürs Pädagogium nach Basel und übernahm 1820 die Professur für lateinische Philologie, die er volle 55 Jahre innehatte. Als Vertreter eines neuhumanistischen Idealismus war er ein scharfer Gegner der Wortphilologie und der historischen Quellenkritik, also auch der Ritschlschen Schule. Deshalb leistete er auch grundsätzlich Widerstand gegen die Berufung Nietzsches nach Basel. Nach seinem Amtsantritt berichtete Nietzsche nicht sonderlich günstig über seinen Kollegen. An Ritschl schrieb er, Gerlach bereite sich zu seinen Seminarübungen nicht vor, und in einem Brief an Rohde heisst es gar, der sehr alte Gerlach bringe höchstens ein zweistündiges Kolleg zusammen und «könnte ja angemessener Weise einmal [...] absterben», damit Rohde als sein Nachfolger nach Basel kommen könne – «auf diese Möglichkeit baue ich meine Hoffnungen». Aber Gerlach war «von unverwüstlicher Natur», wie Nietzsche feststellen musste, und anstatt «abzusterben» lehrte er fleissig weiter. Im April 1870 wurde ausgerechnet Nietzsche vom Universitätssenat auserwählt, die lateinische Grussadresse zu Gerlachs fünfzigjährigem Lehrjubiläum zu verfassen! Dieser war aber Nietzsche nie feindlich gesinnt, verschiedene Male war Nietzsche sogar im Gerlachschen Haus zu Gast.

Lit.: Janz I, S. 309–311. KSB 3, S. 7, 16, 117, 119, 174. Ganz, Professorengalerie, S. 112f. Staehelin, Basler Professoren, S. 120. His, Basler Gelehrte, S. 51–57.

1.57. Heinrich Gelzer-Thurneysen (1847–1906)
Photo: Universitätsbibliothek Basel, Portraitsammlung

Der grosse Byzantinist Heinrich Gelzer, seit 1869 Lehrer am Basler Pädagogium und seit 1872 Privatdozent für alte Geschichte an der Universität, folgte 1873 einem Ruf nach Heidelberg und später nach Jena. (1886 erhielt er übrigens aus Basel einen Ruf als Nachfolger Jacob Burckhardts, den er ablehnte.) Während Gelzers Basler Zeit entstand eine freundschaftliche Beziehung zu Nietzsche, so dass dieser während seines Tautenburger-Sommers 1882 bei Gelzers in Jena herzlich empfangen wurde. Dadurch wurden Heinrich und Clara Gelzer-Thurneysen übrigens unmittelbar mit Nietzsches Lou-Episode bekannt. – Bei der Überführung des umnachteten Nietzsche von Basel in die Jenaer Klinik (1889) waren die Gelzers von Jena her behilflich und pflegten darauf gute Kontakte zu Fransziska und Elisabeth Nietzsche. Es wird überliefert, dass damals Nietzsches Mutter bei Spaziergängen mit ihrem Sohn bei Gelzers einzukehren pflegte und ihn dort mit einigen Akkorden ans Klavier lockte, bis sich Nietzsche hinsetzte und stundenlang phantasierte. Solange die Musik erklang, wusste die Frau Pastor im Nebenzimmer ihren Sohn gut aufgehoben. Eine Tochter von Heinrich und Clara Gelzer-Thurneysen, Emily Gelzer, fand übrigens über Nietzsches Schwester Kontakt zum ersten Archivar des Nietzsche-Archivs, Fritz Koegel, den sie bald darauf heiraten sollte. Ihr Bruder, Heinrich Gelzer jun., wurde später durch die unglaublichen Machenschaften von Elisabeth Förster-Nietzsche zu einem erbitterten Bekämpfer des Nietzsche-Archivs.

Lit.: Ganz, Professorengalerie, S. 92–94. Janz III, 82–84. C. A. Bernoulli, Nietzsche und die Schweiz, Frauenfeld: Huber 1922, S. 107f. Hoffmann, Nietzsche-Archiv, 138f. u.ö.

1.58. Carl Steffensen (1816–1888)
Photo: Universitätsbibliothek Basel, Portraitsammlung

Carl Steffensen, von 1854 bis 1879 ordentlicher Professor für Philosophie an der Universität Basel, wurde bei Nietzsches missglücktem Versuch, auf den zweiten philosophischen Lehrstuhl in Basel hinüberzuwechseln (Kat.Nr. 1.9), unbewussterweise kurze Zeit zu Nietzsches «Gegenspieler». In einem Brief an Rohde vom 29. März 1871 schreibt Nietzsche, «das der 'Philosoph' Steffensen keinen guten Willen für das Projekt hat. Denke Dir, wie sehr man mich in der Hand hat, wenn man sich auf meine nie verschwiegene Schopenhauerei berufen kann!»

Lit.: KSB 3, S. 189. Janz I, S. 400–405. Staehelin, Basler Professoren, S. 146. His, Basler Gelehrte, S. 176–183.

1.59. August von Miaskowski (1838–1899)
Photo: Universitätsbibliothek Basel, Portraitsammlung

Mit Ida und August von Miaskowski (seit 1874 Nationalökonom an der Basler Universität) fand Nietzsche zwei herzlich aufgeschlossene und kontaktfreudige Menschen. Die Miaskowskis unternahmen mit Nietzsche und verschiedenen anderen Kollegen gemeinsame Sonntagsausflüge und organisierten zusammen mit zwei anderen Professorenpaaren sowie mit den drei Junggesellen Nietzsche, Overbeck und Heinrich Romundt einen kleinen geselligen Verein, der regelmässig zusammenkam. Ida von Miaskowski hat in ihren Erinnerungen das fröhliche Treiben dieses Kreises anschaulich beschrieben. Da wurde gespielt, getanzt, vorgelesen (Nietzsche brachte humoristische Novellen von Mark Twain mit) und musiziert. Einmal hatten die Miaskowskis mit ihren Kindern ein lebendes Bild aus den «Meistersingern» nachgestellt, um Nietzsche, der oft aus den Wagnerschen Klavierauszügen (oft auswendig) vorspielte, zu überraschen. Im Winter 1874/75 kam Nietzsche auch jeweils Freitagnachmittag zu Miaskowskis, um die Dame des Hauses zum Gesang zu begleiten.

Lit.: Staehelin, Basler Professoren, S. 200. Janz I, S. 595f. Gilman, Begegnungen, S. 224-228.

1.60. Julius Kaftan (1848–1926)
Photo: Universitätsbibliothek Basel, Portraitsammlung

Nietzsche war während seiner Basler Zeit oberflächlich mit dem aus Norddeutschland stammenden Julius Kaftan, 1874–1883 Professor für systematische Theologie in Basel, bekannt geworden. Im August 1888 verbrachte Kaftan, der inzwischen in Berlin lehrte, mit seiner Frau drei Wochen in Sils-Maria, wo er täglich mit Nietzsche «verkehrt, lange Spaziergänge zusammen gemacht und eingehend und unumwunden über alles gesprochen, wie wenn wir alte Freunde gewesen wären. [...] Ich habe aber während der ganzen Zeit niemals irgendwelche Spur einer beginnenden geistigen Erkrankung an ihm wahrgenommen.» Nietzsche war erfreut über die «sehr angenehme Gesellschaft» und bezeichnete in einem Brief an seine Mutter Julius Kaftan als einen «der sympatischsten Theologen, die ich kenne». Von einem Gespräch über Nietzsches Krankheit auf einer gemeinsamen Wanderung im Fextal berichtet Kaftan: «Es war, wie wenn ein Frommer davon sagt, in welcher Weise er die Nichtigkeit der Welt erkannt und seine Seele in Gott zu bergen gelernt habe. Was er im Sinne hatte, war aber eben jener Übergang vom Nein zum Ja: das ist die Wurzel aller seiner Reden und Lehren [...]» Kaftan schloss später aus seinen intensiven theologischen und philosophischen Gesprächen mit Nietzsche, dass dessen Zusammenbruch in einer intellektuellen Auflehnung gegen Gott begründet war, gegen seinen Gott, den Nietzsche nicht loswerden konnte, den er schlechterdings zum Leben brauchte. – Unmittelbar an Kaftans Abreise Ende August schlossen sich die Arbeiten am «Antichrist». In einem Briefentwurf an Kaftan aus Turin von Ende Dezember schrieb Nietzsche: «Sie gehören, mit Ihrem Besuch in Sils, zu den haarsträubenden Geschichten meines Lebens. Das hindert mich nicht, Ihnen gewogen zu sein [...] In zwei Jahren wird Ihnen jeder Zweifel daran benommen sein, dass *ich* von nun an die Welt regiere.»

Lit.: Staehelin, Basler Professoren, S. 236. Gilman, Begegnungen, S. 605–607. Janz II, S. 617–622. KSB 8, 5. 556.

1.61. Gustav Teichmüller (1832–1888)
Photo: Universitätsbibliothek Basel, Portraitsammlung

Der Ordinarius für Philosophie Gustav Teichmüller, der 1868 als Nachfolger Diltheys nach Basel gekommen war, folgte 1871 einem Ruf nach Dorpat, was Nietzsche auf den verwegenen Gedanken brachte, sich als Nachfolger zu bewerben, und was dann bekanntlich zu keinem Erfolg geführt hat (Kat.Nr. 1.9). Nachfolger Teichmüllers wurde dann der spätere Literatur-Nobelpreisträger Rudolf Eucken. In den achtziger Jahren studierte Nietzsche verschiedene Werke Teichmüllers, den er als höchst scharfsinnig verehrte.

Lit.: Hermann Nohl, Eine historische Quelle zu Nietzsches Perspektivismus: G. Teichmüller, «Die wirkliche und die scheinbare Welt», Zeitschrift für Philosophie und philosophische Kritik, Bd. 149, 1913, S. 106–115. Hoffmann, Nietzsche-Archiv, S. 469.

1.62. Hans Huber (1852–1921)
Originalradierung von Rudolf Löw mit einem Autograph von Hans Huber
Universitätsbibliothek Basel, Portraitsammlung

Hans Huber kam 1877 nach Basel und dominierte hier das Musikleben als Komponist und später als Direktor der Musikschule. Am 3. November 1878 ging Nietzsche mit seinem Schüler und Freund Louis Kelterborn in die Uraufführung von Hans Hubers Violinkonzert. «Seiner Musik danke ich die beste Viertelstunde im ganzen Vierteljahr», schrieb Nietzsche wenig später an Kelterborn. Huber seinerseits war ein leidenschaftlicher Verehrer von Nietzsches Schriften und, dank Kelterborns Vorspiel, auch von Nietzsches «Manfred-Meditation» für Klavier zu vier Händen aus dem

Jahre 1872. Huber erwog gleich eine Aufführung, die dann aber nicht zustande kam.

Lit.: Janz I, 792f. KSB 5, S. 377. KGB II 6/2, S. 1011. C. P. Janz (Hrsg.), «F. Nietzsche. Der musikalische Nachlass», Basel, Kassel: Bärenreiter 1976, S. 337f. Gilman, Begegnungen, S. 359.

1.63. Adolf Baumgartner (1855–1930)
Photo: Goethe- und Schiller-Archiv, 101/95

Seit Herbst 1873 verfügte der mit seinen Augen geplagte Nietzsche über einen «Sekretär». An Rohde berichtete er: «[...] ein äusserst sympathischer talentvoller Schüler [...], der bereits recht zu uns Allen gehört: Baumgartner mit Namen, ein Elsasser, Sohn eines Mühlhausener Fabrikanten. Der kommt jeden Mittwoch Nachmittag und bleibt den Abend; da wird diktirt, vorgelesen, Briefe geschrieben.» Obwohl sein «Erzschüler» nach einem Jahr in den Militärdienst nach Deutschland wegzog, hielt er auf brieflichem Weg den Kontakt zu Nietzsche aufrecht. Dieser war so erbaut, dass er an Rohde im Evangeliums-Ton schrieb: «Dies ist mein lieber Sohn, an dem ich Wohlgefallen habe.» Nach seiner Rückkehr (Herbst 1875) zog Baumgartner in die ehemalige Wohnung Nietzsches in der «Baumannshöhle» ein. Später sollte Nietzsche diesen Freund durch eine allzugut gemeinte pädagogische Belehrung brüskieren und von sich entfremden. – Nach Nietzsches Tod wurde die Frage nach einer möglichen Kenntnis von Max Stirners «Einzigem» heftig diskutiert, und Franz Overbeck stellte fest, dass Baumgartner «Der Einzige und sein Eigentum» am 14. Juli 1874 aus der Basler Universitätsbibliothek entliehen hatte, womit von einigen eine Stirner-Kenntnis Nietzsches mittelbar als erwiesen angesehen wurde.

Lit.: Janz I, S. 645–647, 839–841; III, S. 345. KSB 4, S. 201, Bd. 5, S. 16. Carl Albrecht Bernoulli, Franz Overbeck und Friedrich Nietzsche. Eine Freundschaft. Nach ungedruckten Quellen und im Zusammenhang mit der bisherigen Forschung dargestellt, 2 Bde., Jena: Diederichs 1908, Bd. I, S. 136f. und S. 429. Gilman, Begegnungen, S. 393–395. Emil Dürr, Adolf Baumgartner, in: Basler Jahrbuch 1932.

1.64. Marie Baumgartner-Köchlin (1831–1897)
Goethe- und Schiller-Archiv, 101/96

Durch die Freundschaft mit Adolf Baumgartner erwuchs auch die wertvolle Beziehung zu dessen Mutter Marie Baumgartner-Koechlin im grenznahen südbadischen Lörrach. Am 29. März 1874 war er zum ersten von unzähligen Malen im Elternhaus seines Schülers eingeladen. Frau Baumgartner sorgte nicht nur liebevoll wie eine Mutter für den immer wieder kranken Nietzsche, sondern war dazu noch intellektuell eine anregende Gesprächspartnerin. Sie übersetzte die Unzeitgemässen Betrachtungen «Schopenhauer als Erzieher» und «Richard Wagner in Bayreuth» ins Französische. Von Oktober bis Dezember 1878 fertigte Marie Baumgartner für Nietzsche aus dessen Aufzeichnungen das Druckmanuskript für «Vermischte Meinungen und Sprüche» an, das heute noch im Weimarer Goethe- und Schiller-Archiv aufbewahrt wird. Auch nach Nietzsches Weggang von Basel blieb der Kontakt auf dem Korrespondenzweg mit Marie Baumgartner bis 1883 bestehen, Nietzsche sandte jeweils seine Freiexemplare.

Lit.: Janz I, S. 607–610, 645–652, 838f. Emil Dürr, Adolf Baumgartner, in: Basler Jahrbuch 1932.

1.65. Ludwig Rütimeyer (1825–1895)
Büste im Museum an der Augustinergasse Basel

Der Berner Ludwig Rütimeyer ist 1855 mit 30 Jahren auf den neugeschaffenen Lehrstuhl für Zoologie und vergleichende Anatomie nach Basel berufen worden. Der grosse Gelehrte stand dem aufkommenden Darwinismus aufgrund seiner eigenen organischen Forschung mit souveräner Skepsis gegenüber. Dieser Antagonismus ist auch Nietzsche nicht entgangen. In einem Brief an Gersdorff (1875) sprach er sich ausserordentlich günstig über Rütimeyer aus und in einer nachgelassenen Aufzeichnung (1881) hielt Nietzsche der grossen Berühmtheit des Darwinianers Haeckel die grössere Ruhmwürdigkeit Rütimeyers entgegen. Über eine persönliche Begegnung Nietzsches mit Rütimeyer ist nichts bekannt, eine solche könnte aber – vielleicht über den gemeinsamen Freund Jacob Burckhardt – durchaus stattgefunden haben.

Lit.: KSA 9, S. 536. KSB 5, S. 49. Staehelin, Basler Professoren, S. 160. His, Basler Gelehrte, S. 202–212. Janz I, S. 317–321.

1.66. Ludwig (Louis) Wilhelm Kelterborn (1853–1910)
Universitätsbibliothek Basel, Portraitsammlung (Altersbild)

Der junge Schüler am Paedagogium, Louis Kelterborn, war von seinem Griechischlehrer ganz eingenommen. Es ergab sich schnell eine gegenseitige Freundschaft, die von Kelterborns Seite freilich immer auf der Ebene der herzlichen Verehrung verharrte. Kelterborns Erinnerungen enthalten wertvolle Zeugnisse über den Schul- und Universitätslehrer sowie den Zeitgenossen Nietzsche. Im Wintersemester 1872/73 war Kelterborn (als Student der Jurisprudenz!) einer der beiden Studenten, die Nietzsches Vorlesung erst zustandekommen liessen («tres faciunt collegium», siehe Kat.Nr. 1.11. und 12). Als Student konnte er, im Gegensatz zum Dozenten Nietzsche, auch an Jacob Burckhardts Vorlesung der «Griechischen Kulturgeschichte» teilnehmen und schenkte dann seinem verehrten Nietzsche eine säuberliche Abschrift dieses Kollegs. Auf Kelterborns Vermittlung geht auch die Verbindung Nietzsches zum Komponisten Hans Huber zurück. Diese Vermittlung und einen nachfolgenden Neujahrswunsch dankte Nietzsche seinem Freund mit den hohen Worten Goethes: «Edel sei der Mensch, hilfreich und gut / wie der Doctor Kelterborn!»

Lit.: Janz I, S. 351, 519f., 526f. KSB 5, S. 377. Erinnerungen: Friedrich Nietzsche, Briefe, Historisch-kritische Gesamtausgabe, Bd. 3, München: Beck 1940, S. 379ff. (Auszüge auch in: Hans Gutzwiller, «Friedrich Nietzsches Lehrtätigkeit am Basler Pädagogium 1869–1876», in: Basler Zeitschrift für Geschichte und Altertumskunde, 1951, Bd. 50, S. 203–206).

1.67. Adolf Vischer-Sarasin (1839–1902)
Staatsarchiv Basel-Stadt, Photographie des jungen Adolf Vischer-Sarasin, Privatarchiv 511

Der Seidenbandhändler Adolf Vischer-Sarasin, Sohn Wilhelm Vischer-Bilfingers und ein «völlig in christlichen Liebeswerken aufgehender, goldlauterer Glaubensaristokrat», wie ihn Bernoulli nannte, hatte 1875 mutig den Schritt unternommen, nach einer Einladung seinen Gast deutlich aufs Christentum als einzige Quelle unseres Heiles hinzuweisen, indem er ihm Dürers «Ritter, Tod und Teufel» zusammen mit dem Psalm 23 widmete (vgl. Kat.Nr. 1.70).

Lit.: C. A. Bernoulli, Nietzsche und die Schweiz, Frauenfeld: Huber 1922, S. 34.

1.68. Nietzsche-Strasse
Remake eines Basler Strassenschildes

Im Sommer 1924 wurde in Basler Universitäts- und Regierungskreisen die Feier von Nietzsches 80. Geburtstag erwogen. Eine offizielle Gedenkfeier wurde auf ein «geeigneteres» späteres Datum (evtl. 100. Geburtstag) verschoben, einer Anregung Carl Albrecht Bernoullis folgend erwog man aber, eine bestehende Strasse als Nietzsche-Strasse zu bezeichnen. Zunächst war der Schützengraben als erste Wohnadresse Nietzsches in Aussicht genommen, was aber aus stadthistorischen Gründen nicht realisierbar war. Dagegen hatte der Regierungsrat schon 1922 beschlossen, eine Verbindungsstrasse zwischen Bruderholzallee und dem oberen Batterieweg (Airolostrasse) mit dem Namen Nietzsche-Strasse zu taufen. Dieser Plan wurde bis 1925 weitergetragen und dann, wiederum auf Initiative Bernoullis, aufgegeben, weil der Name Nietzsche-Strasse für eine künftige eventuelle Umbenennung des Schützengrabens reserviert bleiben sollte.

Lit.: Staatsarchiv Basel-Stadt, Feste F 5f, Nietzsche-Feiern; Bauakten H 4, 1921–1925.

1.69. Hans Holbein d.J.: Der schreibende Erasmus
Reprostich
Öffentliche Kunstsammlung Basel, Kupferstichkabinett

Am Weihnachtsabend 1871 war der alleinstehende Nietzsche bei den «jungen Vischers», Eduard und Claire Vischer-Sarasin, eingeladen und erhielt als Bescherung das Bildnis des schreibenden Erasmus in einem zeitgenössischen Stich nach Holbein. An die Mutter und Schwester berichtet er, er werde das Bild in seiner Wohnung über das Pianino hängen und Raffaels Madonna della Sedia, die er aus Naumburg bekommen hat, komme natürlich über das Sopha.

Lit.: KSB 3, S. 265.

1.70. Albrecht Dürer: Ritter, Tod und Teufel
Kupferstich 1513, 25x19cm
Öffentliche Kunstsammlung Basel, Kupferstichkabinett

Am 5. März 1875 war Nietzsche zum Mittagstisch bei dem Seidenhändler Adolf Vischer-Sarasin (Kat.Nr. 1.67), einem Sohn des Ratsherrn Wilhelm Vischer-Bilfinger, geladen, wo ihm Dürers Originalkupferstich Ritter, Tod und Teufel an der Wand auffiel. Es ergab sich ein Gespräch über diese Darstellung, namentlich über den Vergleich Schopenhauers mit diesem Ritter in Nietzsches «Geburt der Tragödie». Der fromme Vischer-Sarasin sandte den Stich Nietzsche am nächsten Tag mit folgenden Worten zu: «Lieber Herr Professor! Mitfolgend erhalten Sie das Bild, an dem Sie gestern so grosse Freude hatten. Auf der Rückseite habe ich den 23. Psalm aufgeschrieben. Darin ist *Das* genannt, was Einzig und Allein dem Menschen im Thal der Todesschatten Muth und Freudigkeit bewahren kann. 'Der Glaube an Gott, als unseren Hirten, Der ja sich jedes Einzelnen annimmt und selbst das irrende Schaf aufsucht.' In Freundschaft Ihr A. Vischer.» Nietzsche war trotz der missionierenden Begleitworte hocherfreut. An Malwida von Meysenbug schrieb er: «Selten habe ich Vergnügen an einer bildnerischen Darstellung, aber dies Bild [...] steht mir nahe, ich kann kaum sagen, wie.» – Diese Dürersche Darstellung hat auch sonst in Nietzsches Leben eine wichtige Rolle gespielt. Zu Weihnachten 1870 schenkte er Richard Wagner «dieses von ihm längst gewünschte Lieblingsblatt», und zu seiner Schwester Hochzeit mit Bernhard Förster (1885) sandte er ebenfalls diesen Stich, möglicherweise sogar das von Vischer-Sarasin erhaltene Blatt.

Lit.: KGB II 6/1, S. 65. KSB 3, S. 170, Bd. 5, S. 32, 36 u. 38, Bd. 7, S. 46.

1.71. Hugo Ball, Nietzsche in Basel.
Eine Streitschrift [um 1909/10], Typoskript, 51 Bl.
Hugo Ball-Nachlass, Depositum im Robert Walser Archiv der Carl Seelig-Stiftung, Zürich

Hugo Ball (1886–1927), später Vater des Dadaismus und engagierter Kulturkritiker, hörte während seines Studiums der Germanistik, Geschichte und Philosophie in Heidelberg Vorlesungen über Schopenhauer, Wagner und Nietzsche. Wohl in diesem Zusammenhang entstand der Dissertationsplan über Nietzsche. Obwohl die Dissertation abgeschlossen wurde, reichte Ball sie nicht ein und brach sein Studium aus unbekannten Gründen ab. In seiner «Streitschrift» versucht Ball erstmals, nicht die einzelnen Lehren Nietzsches zu untersuchen, sondern seinem Fingerzeig ins Ganze folgend «Nietzsche als den zu begreifen, für den er sich zeitlebens selber ausgegeben hat: als den ersten 'Immoralisten'». Der ganze spätere Nietzsche wird in seinem Keime schon in der Basler Zeit nachgewiesen: «Basel steht zu Sils-Maria und Turin wie der Plan zur Ausführung, wie die Idee zur Tat.» Eine gewisse Bestätigung der Ballschen Auffassung findet sich bei Nietzsche selbst, in einem Brief an Overbeck aus Sils-Maria am 13. Juli 1885: «Das Durchdenken der *principiellen* Probleme [...] bringt mich immer wieder [...]auf dieselben Entscheidungen: sie stehen schon, so verhüllt und verdunkelt als möglich in meiner 'Geburt der Tragödie', und alles, was ich inzwischen hinzugelernt habe, ist hineingewachsen und ein Theil davon geworden.» – Die Philosophie Nietzsches hat auf Hugo Ball einen anhaltenden Eindruck ausgeübt. Auch nach seinem Studium belegen zahlreiche Zitate und Interpretationen im Gesamtwerk Balls, auch innerhalb des Dadaismus (!), die fortwährende Reflexion der Gedankenwelt Nietzsches. In seiner polemischen «Kritik der deutschen Intelligenz» (Bern 1919) und in seinem Tagebuch «Die Flucht aus der Zeit» (1927) ist Nietzsche einer der meistzitierten Autoren.

Lit.: Hugo Ball, Der Künstler und die Zeitkrankheit, Ausgewählte Schriften, hrsg. v. Hans Burkhard Schlichting, Frankfurt/M: Suhrkamp 1988 (= st 1522), Text der Dissertation: S. 61–101. Ernst Teubner, Hugo Ball (1886–1986), Leben und Werk, [Ausstellungskatalog] Berlin: publica Verlagsges. 1986, S. 12 u. 63.

2. Bei Wagners in Tribschen

Als sich Nietzsche und Wagner am 8. November 1868 in Leipzig zum erstenmal begegneten, stand Wagners Umzug nach Tribschen vor der Tür, und Nietzsche sollte bald seinen Ruf an die Universität Basel erhalten. Wagner forderte den jungen Philologen zu einem Besuch im neuen Heim am Vierwaldstättersee auf. Schon wenige Wochen nach seiner Ankunft in Basel folgte Nietzsche dieser ersten Einladung, welcher bis zur Abreise der Wagners nach Bayreuth im April 1872 fast zwei Dutzend weitere folgten. Neben den lastenden akademischen und gesellschaftlichen Verpflichtungen im baseldeutsch sprechenden republikanischen Stadtstaat fand Nietzsche in Tribschen bei Richard und Cosima Wagner Ruhe und Erholung, gleichsam eine zweite Heimat, einen sicheren Hafen auf der «Insel der Seligen». Richard Wagners Musik und sein umfassender, mächtiger Geist und Cosima Wagners Noblesse gehören zu den erhebendsten Eindrücken in Nietzsches Leben. – Daran ändert auch Nietzsches spätere erbitterte Feindschaft gegen Wagner nichts.

2.1. Richard Wagner-Klaviermusik
eingespielt von Jean Jacques Dünki in Zusammenarbeit mit Musik Hug Basel,
Yamaha Diskflügel, Musik Hug Zürich

In seiner Autobiographie «Ecce homo» schreibt Nietzsche pathetisch und verklärend: «Alles erwogen, hätte ich meine Jugend nicht ausgehalten ohne Wagnerische Musik. [...] Von dem Augenblick an, wo es einen Klavierauszug des Tristan gab [...], war ich Wagnerianer. Die älteren Werke Wagner's sah ich unter mir – noch zu gemein, zu 'deutsch'... Aber ich suche heute noch nach einem Werke von gleich gefährlicher Fascination, von einer gleich schauerlichen und süssen Unendlichkeit, wie der Tristan ist, – ich suche in allen Künsten vergebens. Alle Fremdheiten Lionardo da Vinci's entzaubern sich beim ersten Tone des Tristan. Dies Werk ist durchaus das non plus ultra Wagner's.»

Lit.: EH, Warum ich so klug bin, 6, KSA 6, S. 289f.

2.2. Lac de Lucerne
Kolorierter Stahlstich
Richard Wagner Museum der Stadt Luzern, Tribschen

2.3. Richard Wagner
Stahlstich Anfang 1870er Jahre
Richard Wagner Museum der Stadt Luzern, Tribschen

2.4. Malwida von Meysenbug
Pastell von Franz v. Lenbach, München 1872
Richard Wagner Museum der Stadt Luzern, Tribschen

Malwida von Meysenbug (1816–1903) war durch ihren freien Geist und ihre zahlreichen Freundschaften eine wichtige Gestalt für Richard Wagner, Friedrich Nietzsche, Paul Rée, Lou von Salomé, Meta von Salis u. v. a.

2.5. Cosima Wagner
Marmorbüste (1873) von Gustav A. Kietz (Kopie)
Richard Wagner Museum der Stadt Luzern, Tribschen

2.6. Franz Liszt
Stich nach Photographie
Richard Wagner Museum der Stadt Luzern, Tribschen

2.7. Tribschen mit Pilatus im Hintergrund
Aquarell (Reproduktion)
Richard Wagner Museum der Stadt Luzern, Tribschen

2.8. Der erste Besuch in Tribschen: «Verwundet hat mich, der mich erweckt»
Friedrich Nietzsche an Richard Wagner, 15. 10. 1872
Nationalarchiv der Richard Wagner Stiftung, Bayreuth, Hs 127/IV, 3

An seinem Geburtstag richtete Nietzsche das Wort an den verehrten und geliebten Meister, um ihn der Treue und Anhänglichkeit zu versichern. Merkwürdig berührt die Passage, wo Nietzsche über seinen ersten Tribschen-Besuch berichtet (am Samstag vor Pfingsten, den 15. Mai 1869, als er vom Diener nicht eingelassen wurde und auf Pfingstmontag eingeladen wurde). «Habe ich Ihnen schon erzählt, dass ich die Stelle wiedergefunden habe, die Sie damals componirten, als ich 1869 im Mai meinen ersten Besuch bei Ihnen in Tribschen machte? Es war ein schwüler brütender und üppiger Maien-Pfingstsonnabend; alles wuchs rings und duftete. Ich wagte lange nicht ins Haus zu gehen, sondern wartete etwas versteckt unter den Bäumen, gerade vor den Fenstern, aus denen mit grösster Eindringlichkeit oft wiederholte Accordfolgen ertönten. Ich will schwören, es sei die Stelle gewesen 'Verwundet hat mich, der mich erweckt!' die Klänge sind mit Erz mir ins Gedächtniss geschrieben, und lange spielte und sang ich sie mir vor, bevor ich den Siegfried in die Hände bekam; sie schienen mir so viel zu sagen.» Später soll Nietzsche, nach einem Bericht Josef Paneths, gerade in den Versen zu dieser vielsagenden Musik («Siegfried» III. Akt) einen Schlüssel zu seinem Verhältnis zu Wagner gesehen haben! Das Erlebnis des «immer wiederholten schmerzlichen Akkords» ist auch durch eine tagebuchartige Aufzeichnung Nietzsches und einen bisher unpublizierten Brief Heinrich Köselitz' (Peter Gast) überliefert.

Lit.: KSB 4, Nr. 260. E. Förster-Nietzsche, Das Leben Friedrich Nietzsche's, Bd. II/2, Leipzig: Naumann 1904, S. 484 (Bericht Paneths). KSA 15, S. 11 (tagebuchartige Aufzeichnung). Heinrich Köselitz an Josef Hofmiller, 28. 4. 1897, Nachlass Hofmiller, 1, 10, Universitätsbibliothek Basel.

2.9. Handschriftliche Klavier-Kompositionsskizze zu «Siegfried»
3. Akt, S. 17
Nationalarchiv der Richard Wagner Stiftung, Bayreuth, A III c 1

Wagners Datierungen in der Kompositionsskizze zu «Siegfried» machen Nietzsches Angaben über die «Verwundet hat mich...»-Stelle wahrscheinlich. Der dritte Akt trägt zu Beginn das Datum 1. März 69 und am Schluss 14. Juni 69. Innerhalb des Aktes findet sich vor der besagten Stelle der Datumseintrag: 1. Mai.

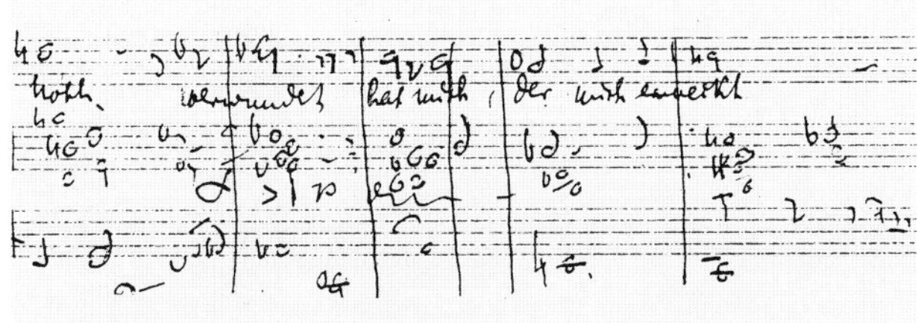

2.10. Geburt des Sohnes «Siegfried»
Cosima von Bülow, Tagebucheinträge vom 4.–6. Juni 1869
Nationalarchiv der Richard Wagner Stiftung, Bayreuth
Cosima Wagner, Die Tagebücher, Bd. 1, 1869–1872, München: Piper 1982, S. 102f.
Sammlung D. M. Hoffmann

Tagebuchaufzeichnung über den Besuch Nietzsches am Wochenende vom 5./6. Juni 1869, der Nacht der Geburt des Sohnes Siegfried. Die Geburt wurde tunlichst geheimgehalten, der Gast Nietzsche, der den hochschwangeren Zustand Frau von Bülows nicht bemerkt hatte, wurde erst nachträglich über das glückliche Ereignis informiert. In einer Aufzeichnung über diesen Besuch schrieb Nietzsche später: «Sonntag morgens Frau von Bülow krank.» – Auffallend ist der Stil der Von Bülow-Wagnerschen Tagebuchführung: Das Tagebuch war als Fortsetzung von Richard Wagners Autobiographie gedacht, lag aber in den Händen von Wagners Gattin. Bei gewissen Gelegenheiten machte auch Wagner selbst Eintragungen, wie z.B. hier am 5. (nur Schluss des Eintrages) und 6. Juni, als Cosima von Bülow durch die bevorstehende Geburt unpässlich war. In diesen Fällen behielt Wagner den Stil der Tagebuchschreiberin bei, schrieb also von sich als «Richard» und von Cosima von Bülow als «ich», um die Geschlossenheit der Darstellung nicht zu durchbrechen. Gerade der Eintrag vom 4. Juni zeigt, wie auftretende Beziehungs-Konflikte durch diese Schreibpraxis bis ins Tagebuch hinein getragen wurden.

Lit.: KSA 15, S. 11 (Aufzeichnung Nietzsches). Martin Gregor-Dellin, Richard Wagner, Sein Leben, sein Werk, sein Jahrhundert, München, Zürich: Piper 1980, S. 613.

2.11. «Erscholl ein Ruf: Ein Sohn ist da!»
Gedicht Richard Wagners für Cosima von Bülow zur Geburt des Siegfried
Richard Wagner Museum der Stadt Luzern, Tribschen

Zur Geburt seines ersten Sohnes, Siegfried, widmete Wagner seiner Geliebten diese Verse («Es war dein opfermutig hehrer Wille...»). Wagner schreibt darin von einem Ruf, der erscholl: «Ein Sohn ist da!». Und zehn Jahre später stilisierte er gar in einem Brief an Ludwig II: «Nun rief ich eines Morgens im Hause: 'Ein Sohn ist da!' Wie da mit einem Male die ganze Welt anders aussah.» – Durch Nietzsches Zeugnis wissen wir aber, dass am Morgen des 6. Juni 1869 durchaus *kein* Ruf durch das Haus erscholl, sondern im Gegenteil die Geburt tunlichst geheimgehalten wurde. Selbst Hans von Bülow erfuhr erst später, über die Zeitungen (!), von der Niederkunft seiner Frau.

Lit.: Martin Gregor-Dellin, Richard Wagner, Sein Leben, Sein Werk, Sein Jahrhundert, München, Zürich: Piper 1980, S. 613.

2.12. Hochzeit in Luzern
Handschriftlicher Heiratsanzeige-Entwurf von Richard Wagner
Nationalarchiv der Richard Wagner Stiftung, Bayreuth, II A h V-2

Nachdem Richard Wagner und Cosima von Bülow, geb. Liszt schon seit 1863 einander «angehörten» und dem Paar schon drei Kinder geschenkt worden waren (Isolde, Eva, Siegfried), konnte 1870 endlich die Ehe von Cosima und Hans von Bülow geschieden und das Verhältnis mit Wagner durch eine Trauung rechtmässig besiegelt werden. Als Hochzeitstag hat Wagner den Geburtstag seines Mäzens, Ludwig II, den 25. August gewählt. Als Trauzeugen waren Malwida von Meysenbug und Friedrich Nietzsche vorgesehen. Doch Nietzsche konnte wegen seiner Teilnahme am Deutsch-Französischen Krieg nicht anwesend sein und wurde durch Hans Richter ersetzt. Die Zeremonie fand in der protestantischen Kirche in Luzern statt. – Kurz vor seinem Zusammenbruch wollte sich Nietzsche auf höherer Ebene mit Cosima Wagner vermählt wissen und hat deren Hochzeit mit Richard Wagner als Ehebruch gewertet (siehe dazu den Einleitungsvortrag zu diesem Band).

2.13. Zwei öffentliche Vorträge
Zwei öffentliche Vorträge über die griechische Tragödie von Dr. Friedrich Nietzsche ord. Professor der klassischen Philologie in Basel 1870
Manuskript von Schreiberhand, in Leder gebunden, 70 Bll., unpaginiert. Seite 2 mit handschriftlicher Widmung Nietzsches: «Frau Baronin von Bülow verehrungsvoll gewidmet von Fr. N.»
Nationalarchiv der Richard Wagner Stiftung, Bayreuth, HS 57/I

Im Hinblick auf eine möglichst rasche «Rechtfertigung» seiner Berufung und im Bestreben, seine Vorstellungen einer neuen Altertumswissenschaft der Öffentlichkeit vorzustellen, hielt Nietzsche am 18. Januar und 1. Februar 1870 in Basel die zwei Vorträge: «Das griechische Musikdrama» und «Socrates und die Tragödie». Von diesen programmatischen Vorträgen, die ins Vorfeld der Geburt der Tragödie gehören, liess Nietzsche für Cosima von Bülow eine Abschrift anfertigen, die er am 19. Juni nach Tribschen schickte.

Lit.: Text: KSA 1, S. 515–549. KSA 14, 41f. KSA 15, S. 19f. Barbara von Reibnitz, Ein Kommentar zu Friedrich Nietzsche, «Die Geburt der Tragödie aus dem Geiste der Musik» (Kap 1–12), Stuttgart, Weimar: Metzler 1992, S. 36–40.

2.14. Begleitbrief zur Übersendung der «Zwei Vorträge»
Friedrich Nietzsche an Cosima von Bülow, 19. Juni 1870,
Nationalarchiv der Richard Wagner Stiftung, Bayreuth, IV A 9–10, 1

Lit.: KSB 3, Nr. 81.

2.15. Privatdruck von Wagners Autobiographie
R. Wagner, Mein Leben, Bd. 1 [Privatdruck bei G. A. Bonfantini, Basel 1870]
Nationalarchiv der Richard Wagner Stiftung, Bayreuth, A 4295 I

Das Schicksal von Wagners Autobiographie ist vertrackt und beginnt schon mit der Niederschrift, bzw. dem Diktat an Cosima von Bülow. Aus Rücksicht auf seinen Mäzen König Ludwig II. von Bayern und auf seine Geliebte Cosima von Bülow formulierte Wagner seine früheren Erlebnisse im Zusammenhang mit der 1848er Revolution und seine früheren Frauenbeziehungen sehr zurückhaltend. Dazu finden sich verschiedenste Abstimmungen mit der Welt, Selbststilisierungen und Begradigungen. Im Vorwort schreibt Wagner: «Uns beiden entstand der Wunsch, diese Mittheilungen über mein Leben unsrer Familie, sowie bewährten treuen Freunden zu erhalten, und wir beschlossen desshalb, um die einzige Handschrift vor dem Untergange zu bewahren, sie auf unsre Kosten in einer sehr geringen Anzahl von Exemplaren durch

Juni

aber, ich glaube, nicht minder betäubt. Wir trennten uns sehr traurig.

Freitag 4ten. Früh. R. stand schon vor 6 Uhr auf, und gab Auftrag, dass sein Schlafzimmer wieder in die untere Wohnung verlegt werde.— Wie ich herunter komme übergiebt mir R. dieses Buch mit den von ihm hineingeschriebenen Seiten. Mir wäre es lieber er hätte dieses nicht gethan. Ich glaube ich erhielt gestern den Gnadenstoss und ich stehe vor dem Leben wie vor dem unentwirrbaren Räthsel, über das ich auch nicht mehr sinnen will. Ich beschäftige die Kinder mehr als dass ich mich mit ihnen abgebe, denn es sieht traurig in mir aus. R. scheint leidend, ich vermeide jede Erwähnung des gestrigen Abends,— weil ich nichts darüber sagen kann. Es ist mir wie ein Gottesgericht, und es ist zu tragen. R. beschäftigt sich mit Beethoven, und spricht von dessen Tod (im 57 Lebensjahre). Er sagt auch es sei ihm eine grosse Sehnsucht angekommen den Siegfried zu vollenden. Gott gebe ihm Kraft und Heiterkeit dazu. Ich bin den ganzen Tag wie betäubt; einzig widert mich eine Sendung des Dr Lang sehr an; eine Judenbroschüre in welcher ein Brief R's an Tausig abgedruckt ist. Es ist mir dies sehr unangenehm, doch thut es eigentlich nichts zur Sache.. In der Stadt mit den Kindern im Schiff heimgekommen. Ruhiger wehmüthiger Abend.

Samstag 5ten. Herrliches Wetter, Sommerdunst. Der Philologe, Prof. Nietzsche meldet sich an, R. wollte ihm absagen, ich meine es ist besser dass er kommt. Aus dem Zustand der Betäubung komme ich noch immer nicht heraus, wie ein weites fernes Echo vernehme ich alles, und wie im Nebel zerfliessen die Dinge. Lange Besprechung mit R.; er glaubt dass ich ihm irgend etwas nachtragen kann, während jede Härte von ihm mich einfach vernichtet. — Mit Nietzsche den Abend erträglich zugebracht. Gegen 11 Uhr gute Nacht gesagt. Die Wehen kündigen

2.10.

sich an. Verlasse um Mitternacht das obere Schlafzimmer bei den Kindern, und trage, um Niemand wecken zu dürfen, meine Betten in 2 Gängen selbst in die untere Schlafstube hinab.

Sonntag 6 Juni. Um 1 Uhr zu Richard hinunter um ihn zu unterrichten, und zunächst zu bestimmen, kein Aufsehen zu machen, keine Abänderung der beschlossenen Tagesordnung eintreten zu lassen, u. Nietzsche zum Mittagessen und den Kindern da zu behalten. R. wirft mir seinen Schlafrock um und geleitet mich hinauf zu Bett. Die Krämpfe nehmen zu: um 2 Uhr lasse ich Vreneli wecken und nach der Hebamme schicken. Nöthige Vorbereitungen, im Nebenzimmer den erwarteten Ankömmling zu empfangen; doch wird die Zeit nicht für so nahe gehalten; ich befürchte die Schwäche, die bereits die Geburt Eva's verzögerte. R. am Bett in grosser Sorge. Nach 3 Uhr kommt die Hebamme, um im Nebenzimmer zu wachen, da ich Niemand sprechen will. Es scheint etwas Ruhe einzutreten. R. will dies benutzen, um durch einige Stunden Schlaf sich für den bevorstehenden Tag zu stärken. Er geht hinab, legt sich zu Bett, wird aber von Unruhe gepeinigt, kleidet sich wieder an u. kommt herauf; er stürzt herein und findet mich bereits unter der Behandlung der Amme in den wüthendsten Schmerzen. Ich erschrack, da ich ihn plötzlich vor mir stehen sah und ein Gespenst zu erblicken meinte, wendete mich entsetzt ab, und trieb ihn somit aus der Kammer in den offenen Salon hinaus; als er von Neuem mich jammern hört,

2.10.

Buchdruck vervielfältigen zu lassen.» Die Überwachung des Druckes übernahm auf Wagners Wunsch Friedrich Nietzsche, mit der Herstellung wurde der Drucker G. A. Bonfantini in Basel beauftragt. Bei der Drucklegung der 15 Exemplare ist der Wagnersche Text durch die für die Setzer schwer lesbare Handschrift Cosima von Bülows und durch stilistische Korrekturen Nietzsches, die dieser offenbar vorgenommen hat, etwas verändert worden. (In Nietzsches Nachlass haben sich einige Korrekturbogen erhalten: Goethe- und Schiller-Archiv, 71/967.) Die ihm von Wagner übertragene Aufgabe der Drucklegung war für Nietzsche ein besonderes Zeichen des Vertrauens und sollte ihm bis in die Jahre der Umnachtung in Erinnerung bleiben. An Weihnachten 1870 konnte Wagner den ersten Band ausgewählten Freunden zusenden. Band II (1872) und III (1875) wurden ebenfalls bei Bonfantini in Basel gedruckt, Band IV 1880 in Bayreuth. Nach Wagners Tod forderte Cosima Wagner die verteilten Exemplare zurück und liess die meisten vernichten. Der hier aus dem Bayreuther Archiv gezeigte erste Band ist einer der wenigen noch erhaltenen des Privatdruckes. 1911 erschien eine öffentliche Ausgabe, allerdings mit zahlreichen Retuschen, Auslassungen und Umgestaltungen. Erst 1963 erschien die erste authentische, auf dem Manuskript beruhende Fassung. Die Autobiographie endet, einschliesslich der angehängten «Annalen», mit dem Jahre 1868. Eine Fortführung bis zu Wagners Tod gab Cosima Wagner mit ihrem minutiös geführten Tagebuch, das erstmals 1976ff. erscheinen konnte.

Lit.: R. Wagner an F. Nietzsche, 3. 12. 1869, KGB II 2, S. 89. E. F. Podach (Hrsg.), Der kranke Nietzsche, Briefe seiner Mutter an Franz Overbeck, Wien: Bermann-Fischer 1937, S. 130. R. Wagner, Mein Leben, hrsg. v. Martin Gregor-Dellin, vollständige, kommentierte Ausgabe, (1963) Mainz, München: Schott, Piper 1989.

2.16. Nachklang einer Sylvesternacht

Nachklang einer Sylvesternacht mit Prozessionslied, Bauerntanz und Mitternachtsglocke. Componirt von Friedrich Nietzsche. (1–7 November 1871.)
Komposition für Klavier zu vier Händen, auf dem Titelblatt handschriftliche Widmung Nietzsches: «Frau Cosima Wagner unter herzlichen Glückwünschen gewidmet von dem Melomanen»
Nationalarchiv der Richard Wagner Stiftung, Bayreuth, Hs 121/C-2
Siehe Abb. S. 66

Nach einer mehrjährigen Unterbrechung in seiner kompositorischen Tätigkeit schrieb Nietzsche im November 1871 das Manuskript seines «Nachklanges einer Sylvesternacht» sorgfältig ab, «um meiner ausgezeichneten und verehrten Freundin, Frau Cosima W., ein Geburtstagsgeschenk machen zu können» (an G. Krug). Der Geburtstag Cosima Wagners war jeweils ein besonderes Ereignis, weil er auf den Weihnachtstag fiel. Nietzsche setzte grosse Hoffnungen in seine Komposition und hatte keinerlei Bedenken, sich im Wagner-Kreis musikalisch zu betätigen. «Was thut es und wem schadet es, wenn ich mich alle 6 Jahre einmal durch eine dionysische Weise von dem Banne der Musik freikaufe», schrieb er an Gustav Krug. Doch in Tribschen wurde das Geburtstags- und Weihnachtsgeschenk nicht sonderlich gut aufgenommen. Ein Jahr vorher hatte Wagner seiner Gemahlin mit dem «Tribschener Idyll» («Siegfried-Idyll») eine innigste Liebesmusik vorgespielt. Und nun schickte Nietzsche zu gleicher Gelegenheit eine eigene Komposition! Weil Nietzsche an diesem Weihnachtstag nicht nach Tribschen kommen konnte, half Hans Richter aus und spielte mit Cosima Wagner die «Sylvesternacht» am Klavier. Plötzlich äusserte sich der Diener abschätzig, «Schint mir nicht gut», und entfernte sich. Cosima Wagner konnte vor Lachen nicht weiterspielen, und auch Richard Wagner, der unruhig geworden und schon vorher hinausgegangen war, musste laut loslachen. Die Situation war gerettet. – Der wirkliche Nachklang zu dieser unglücklichen Sylvesternacht war aber die am 2. Januar 1872 nach Tribschen gesandte «Geburt der Tragödie», die dort mit rückhaltloser Begeisterung aufgenommen wurde. Wohl auch deshalb wurde Nietzsche bei seinem nächsten Besuch nicht verwehrt, seine Komposition persönlich vorzutragen.

Lit.: KSB 3, S. 238. KGW II 2, Nr. 254. C. P. Janz (Hg.), «F. Nietzsche. Der musikalische Nachlass», Basel, Kassel: Bärenreiter 1976, S. 86-105 u. 336f. Martin Gregor-Dellin, Richard Wagner, Sein Leben, Sein Werk, Sein Jahrhundert, München, Zürich: Piper 1980, S. 651.

2.17. «Schöneres als Ihr Buch habe ich noch nichts gelesen!»

Richard Wagner an Friedrich Nietzsche, Anfang Januar 1872
Goethe- und Schiller-Archiv, Weimar 71/293

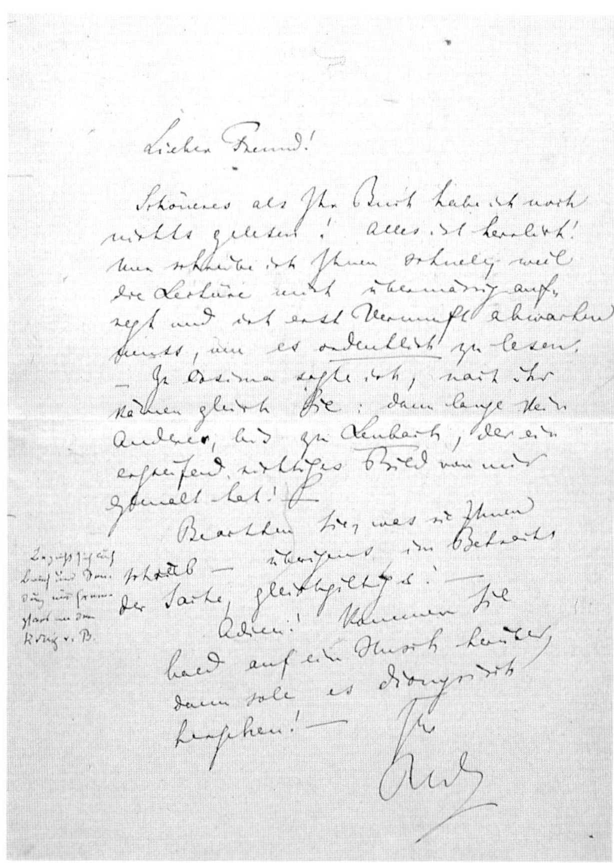

Lieber Freund!

Schöneres als Ihr Buch habe ich noch nichts gelesen! Alles ist herrlich! Nun schreibe ich Ihnen schnell, weil die Lectüre mich übermässig aufregt und ich erst Vernunft abwarten muss, um es ordentlich zu lesen. – Zu Cosima sagte ich, nach ihr kämen gleich Sie: dann lange kein Anderer, bis zu Lenbach, der ein ergreifend richtiges Bild von mir gemalt hat! –

Beachten Sie, was ich Ihnen schrieb – übrigens im Betracht der Sache, gleichgültig! –

Adieu! Kommen Sie bald auf einen Sprung herüber, dann soll es dionysisch hergehen! –

Ihr

Rich.

Die am 2. Januar nach Tribschen geschickte «Geburt der Tragödie» machte den unglücklichen Eindruck der Sylvesternacht-Komposition lange wett, Wagner war hingerissen.

Lit.: KGB II 2, Nr. 256.

2.18. Abschied von Tribschen

Cosima Wagner, Tagebucheinträge vom 25.–29. April 1872
Nationalarchiv der Richard Wagner Stiftung, Bayreuth

Richard Wagner war schon am 22. April endgültig nach Bayreuth abgereist, Cosima Wagner und die Kinder blieben mit den Bediensteten noch zurück, packten und räumten. Am 25. April kam Nietzsche zum Abschied aus seinen Ferien in Montreux nach Tribschen.

Während der drei Tage seines letzten Tribschener Aufenthaltes half er etwas mit, spielte abends Cosima Wagner auf dem Klavier vor und spazierte mit ihr am See.

Nietzsches Wagner-Schriften

2.19. Friedrich Nietzsche, Die Geburt der Tragödie aus dem Geiste der Musik
Leipzig: Fritzsch 1872
Universitätsbibliothek Basel, if 260

2.20. Friedrich Nietzsche, Unzeitgemässe Betrachtungen. Viertes Stück: Richard Wagner in Bayreuth
Schloss Chemnitz: Schmeitzner 1876
Universitätsbibliothek Basel, Düm 755

2.21. Frédéric Nietzsche, Richard Wagner à Bayreuth
Traduit par M. Baumgartner, Schloss Chemnitz: Schmeitzner 1876
Universitätsbibliothek Basel, Nachlass Overbeck A 299

2.22. Friedrich Nietzsche, Der Fall Wagner, Ein Musikanten-Problem
Leipzig: Naumann 1888
Universitätsbibliothek Basel, kh IV 24e

2.23. Das einzige erhaltene Manuskriptblatt zum «Fall Wagner»
Manuskriptblatt Nietzsches mit zwei Änderungen für die letzten Seiten von «Der Fall Wagner», geschrieben Mitte August 1888 in Sils-Maria
mit Dorsalnotizen von Heinrich Köselitz und Paul Lauterbach
Universitätsbibliothek Basel: Nachlass Paul Lauterbach II, 1

Der engagierte Nietzsche-Kenner Paul Lauterbach (1860–1895) stand in den 1890er Jahren in Kontakt mit dem Nietzsche-Archiv, mit dem Nietzsche-Verleger Constantin Georg Naumann und Heinrich Köselitz. Letzterer schätzte Lauterbach ausserordentlich hoch, in einem Brief an den Verlegerneffen Gustav Naumann schrieb er, «daß er der an Überblicken, Analysen, Thesen und Synthesen reichste Psycholog sei, den ich außer Nietzsche kennen lernte.» Ein Ausdruck von Gasts Verehrung für Paul Lauterbach ist das wertvolle Geschenk, das er diesem 1892 machte: Das einzige erhaltene Manuskriptblatt zu Nietzsches «Der Fall Wagner». Die Stellen betreffen den Epilog (KSA 6, S. 51, Z. 32– S. 52, Z. 18 und S. 53, Z. 6–12).

Lit.: Hoffmann, «Basler Nietzsche-Archiv», S. 23 u.

2.24. Friedrich Nietzsche, Nietzsche contra Wagner, Aktenstücke eines Psychologen
Leipzig: Naumann 1889 [Privatdruck, 100 Ex.]
Universitätsbibliothek Basel, NL Overb. A 300

2.25. «das schenk ich meinem Nietzsche»
Richard Wagner, Gesammelte Schriften und Dichtungen, 1. Band, Leipzig: Fritzsch 1871
Herzogin Anna Amalia Bibliothek, Weimar, Nietzsches nachgelassene Bibliothek, C 521

Mit handschriftlicher Widmung an Nietzsche:
«Was ich, mit Noth gesammelt,
neun Bänden eingerammelt,
was darin spricht und stammelt,
was geht, steht oder bammelt,
Schwerth, Stock und Pritzsche
kurz, was im Verlag von Fritzsche
schrei, lärm oder quietzsche,
das schenk ich meinem Nietzsche, --
wär's ihm zu 'was nütze.
Bayreuth, Allerseelen 1873
Richard Wagner»

2.26. «seitdem leben Sie in mir und wirken unaufhörlich»
Friedrich Nietzsche an Richard Wagner, 21. Mai 1876
Nationalarchiv der Richard Wagner Stiftung, Bayreuth, IV A 9–10, 4

Wie Nietzsche an seinem eigenen Geburtstag (1872) der ersten Begegnung gedacht hatte, erinnerte er auch vier Jahre später in einem Glückwunschbrief zu Wagners Geburtstag an seinen ersten Tribschener Besuch, den er jedes Jahr als seinen «geistigen Geburtstag» feiere!

Lit.: KSB 5, Nr. 527.

2.27. «eine Art von Bayreuther Festspielpredigt»
Friedrich Nietzsche an Richard Wagner, Anfang Juli 1876
Nationalarchiv der Richard Wagner Stiftung, Bayreuth, IV A 9–10, 5

Gleichsam zum Auftakt der ersten Bayreuther Festspiele erschien die vierte Unzeitgemässe Betrachtung, «Richard Wagner in Bayreuth», die Nietzsche Anfang Juli dem «Meister» schickte. Im nachhinein sind die kritischen Worte zunehmender Distanz im Begleitbrief unüberhörbar. Nietzsche nahm denn auch an den Festspielen nur am Rande teil, verschenkte seine Karten und reiste noch vor Ende des Spektakels ab. Der Brief ist in der Kritischen Ausgabe von Colli/Montinari nur nach einem Entwurf abgedruckt, weshalb hier das Original, das verschiedene Varianten aufweist, vollständig abgebildet wird.

Lit.: KSB 5, Nr. 537 (Entwurf).

2.28. «Wo haben Sie nur die Erfahrung von mir her?»
Richard Wagner an Friedrich Nietzsche, 13. 7. 1876
Goethe- und Schiller-Archiv, Weimar GSA 71/293
Siehe Abb. S. 191

Wagner war trotz des vorbehaltvollen Begleitbriefes von der neuen Unzeitgemässen Betrachtung «Richard Wagner in Bayreuth» begeistert und fühlte sich fast besser verstanden, als er sich selbst kannte...

Lit.: KGB II 6/1, Nr. 797.

2.29. Richard Wagner, Parsifal, Ein Bühnenweihfestspiel
Mainz: Schott 1877
Herzogin Anna Amalia Bibliothek, Weimar, Nietzsches nachgelassene Bibliothek, C 522

Mit handschriftlicher Widmung an Nietzsche: «Herzlichsten Gruss und Wunsch seinem theuren Freunde Friedrich Nietzsche
Richard Wagner (Oberkirchenrath: Zur freundlichen Mittheilung an Professor Overbeck)» –
In «Ecce homo» schreibt Nietzsche über diese Widmung Wagners und die Unglaublichkeit, dass Wagner fromm geworden sei – verschweigt dabei aber, dass die Erwähnung des Titels Oberkirchen-

Seite 55, 8 Zeile von unten 1.

Wenn Wagner ein Christ war, nun dann war vielleicht Liszt ein Kirchenvater! — Das Bedürfniss nach Erlösung, der Inbegriff aller christlichen Bedürfnisse, hat mit solchen Hanswürsten nichts zu thun: es ist die ehrlichste Ausdrucksform der décadence, es ist das überzeugteste, schmerzlichste Ja-sagen zu ihr in sublimen Symbolen und Praktiken. Der Christ will von sich loskommen. Le moi est toujours haïssable. — Die vornehme Moral, die Herren-Moral hat umgekehrt ihre Wurzel in einem triumphirenden Ja-sagen zu sich, — sie ist Selbstbejahung, Selbstverherrlichung des Lebens, sie braucht gleichfalls sublime Symbole und Praktiken, aber nur, „weil ihr das Herz zu voll" ist. Die ganze schöne, die ganze grosse Kunst gehört hierher: beider Wesen ist Dankbarkeit. Andrerseits kann man von ihr nicht einen Instinkt-Widerwillen gegen die décadents, einen Hohn, ein Grauen selbst vor deren Symbolik abrechnen: dergleichen ist beinahe ihr Beweis. Der vornehme Römer empfand das Christenthum als foeda superstitio: ich erinnere daran, wie der letzte deutsche vornehme Geschmack, wie Goethe das Kreuz empfand. Man sucht umsonst nach werthvolleren, nach nothwendigeren Gegensätzen...

Schlusssatz S. 57

Eine Diagnostik der modernen Seele — womit begänne sie? Mit einem resoluten Einschnitt in diese Instinkt-Widersprüchlichkeit, mit der Herauslösung ihrer Gegensatz-Werthe, mit der Vivisektion vollzogen am lehrreichsten Fall. — Der Fall Wagner ist für den Philosophen ein Glücksfall, — diese Schrift ist, man hört es, von der Dankbarkeit inspirirt...

2.23. Das einzige erhaltene Manuskriptblatt zum «Fall Wagner».

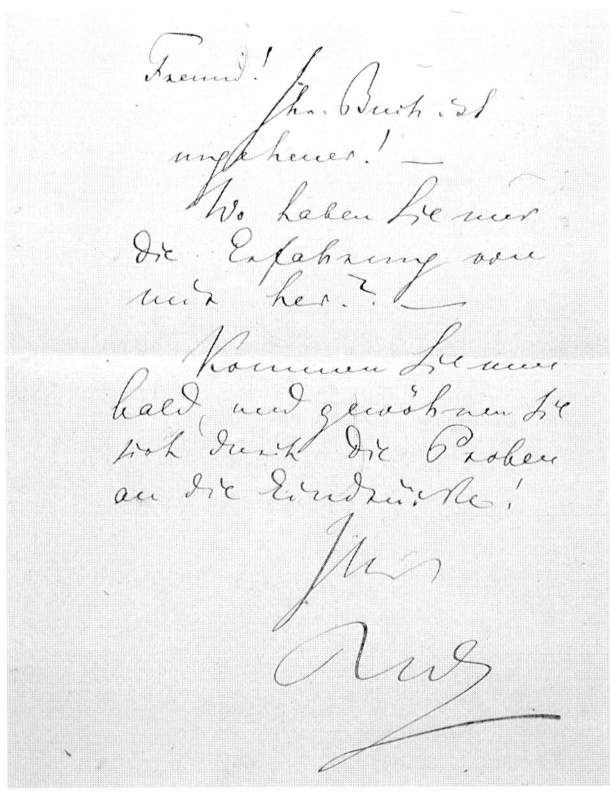

Freund! Ihr Buch ist ungeheuer! – Wo haben Sie nur die Erfahrung von mir her? – Kommen Sie nun bald und gewöhnen Sie sich durch die Proben an die Eindrücke! Ihr R W

2.28.

rath ausdrücklich als Nachsatz zur Information Overbecks angeführt war.

Lit.: EH, «Menschliches, Allzumenschliches», 5, KSA 6, S. 327.

Bayreuther Sorgen um den abgefallenen Freund

2.30. Richard Wagner an Franz Overbeck, 24. 5. 1878
Universitätsbibliothek Basel, Nachlass Overbeck I, 382, Nr. 2

Bei aller äusseren Feindschaft lebte Nietzsche auch nach seinem Bruch mit Wagner von dessen Freundschaft und Mitgefühl, das dieser ihm auch auf seine Weise zu erhalten suchte. In Sorge um Nietzsche bat Wagner bei Franz Overbeck um Nachricht. Das im Text erwähnte Buch ist «Menschliches, Allzumenschliches».

«Mein geehrtester Herr und Freund!
Sie haben mich durch Ihr gütiges Gedenken meines Geburtstages ganz besonders erfreut. Haben Sie meinen herzlichsten Dank! Auch rührt es mich, dass Sie von Ihren Werbungen für Bayreuth in Basel entschuldigend sprechen zu müssen sich gedrungen fühlten. In Basel? – es ist ausserordentlich! Mein werthester Freund, ich denke wohl, dass bedeutendere Interessen, als diese – so sonderbar aussehenden – Kunst-Experiment – Interessen uns vereinigen! Aus Ihren kurzen Andeutungen entnehme ich, dass unser alter Freund Nietzsche sich auch von Ihnen zurückgezogen erhält. Gewiss sind sehr auffällige Veränderungen mit ihm vorgegangen: wer ihn jedoch schon vor Jahren etwas aufmerksam in seinen psychischen Krämpfen beobachtete, dürfte sich fast nur sagen, dass eine längst befürchtete Katastrophe nicht ganz unerwartet bei ihm eingetreten ist. Ich habe für ihn die Freundschaft bewahrt, sein Buch – nachdem ich es beim Aufschneiden durchblättert – *nicht* zu lesen, und möchte weiter nichts wünschen und hoffen, als dass er mir diess dereinst noch danke. Mit der Bitte, meine Frau und mich Ihrer werthen Gemahlin bestens zu empfehlen, verbleibe ich mit Freundschaft und Hochschätzung
Ihr ergebener Richard Wagner
Bayreuth 24 Mai 1878»

2.31. Richard Wagner an Franz Overbeck, 19. 10. 1879
Universitätsbibliothek Basel, Nachlass Overbeck I, 382, Nr. 3

«Hochgeehrter Freund!
Seien Sie versichert, dass Ihr freundliches Mein-Gedenken an meinem letzten Geburtstage einen hochtröstlichen Eindruck mir hinterlassen hat, von welchem Ihnen Kenntniss zu geben es mich seither immer gedrängt hat. Dass ich diess endlich – so spät! – heute ausführe, ist – gestehe ich es offen! – namentlich durch mein Gedenken an Nietzsche veranlasst. Wie wäre es möglich, diesen so gewaltsam von mir geschiedenen Freund zu vergessen? Hatte ich auch stets ein Gefühl davon, dass Nietzsche bei seiner Vereinigung mit mir von einem geistigen Lebens-Krampfe beherrscht wurde, und musste es mich nur wunderbar bedünken, dass dieser Krampf in ihm ein so seelenvoll leuchtendes und wärmendes Feuer erzeugen konnte, wie es sich aus ihm zum Staunen Aller kundthat, und habe ich an der letzten Entscheidung seines inneren Leben-Prozesses mit wahrhaftem Entsetzen zu ersehen, wie stark und endlich unerträglich jener Krampf ihn bedrücken musste, – so muss ich endlich wohl auch ersehen, dass mit einem so gewaltsamen psychischen Vorgange nach sittlichen Annahmen gar nicht zu rechten ist, und erschüttertes Schweigen einzig übrig bleibt.
Dass ich aber so gänzlich davon ausgeschlossen sein soll, an Nietzsche's Leben und Nöthen Theil zu nehmen, betrübt mich. Würde ich unbescheiden sein, wenn ich Sie herzlich ersuchte, mir einige Nachricht über unsren Freund zukommen zu lassen? Ich wollte Sie nämlich in Wirklichkeit hierum angelegentlichst ersucht haben.
Nochmals – oder fast eigentlich: erstmals, sage ich Ihnen noch meinen sehr tief gefühlten Dank für Ihren schönen Glückwunsch zu meinem letzten Geburtstage, und verbinde hiermit die Bitte meiner Frau, sie ihrer werthesten Gemahlin bestens zu empfehlen, sowie meine eigenen Wünsche für ihr Wohlergehen freundlich anzunehmen.
Mit herzlicher Hochachtung Ihr ergebenster Richard Wagner
Bayreuth 19 October 79»

2.32. Cosima Wagner an Franz Overbeck, 21. 12. 1904
Universitätsbibliothek Basel, Nachlass Overbeck I, 381, Nr. 1

Am 10. Dezember 1904 hat Overbeck in der Frankfurter Zeitung gegen die mythenbildende Nietzsche-Biographie aus der Hand der Schwester scharf Stellung genommen. Diesen Artikel hat er offenbar mit einem Begleitbrief an Cosima Wagner geschickt, die mit folgenden anteilnehmenden Worten dankte:

«Hochgeehrter Herr!
Empfangen Sie meinen herzlichsten Dank für Ihre Zeilen und Sendung, vor Allem dafür, dass Sie gewusst haben, wie das jetzige Treiben mit Publicationen mir fremd, ja zuwider ist.
Seitdem 'Menschlichen, allzu menschlichen' weiss ich von dem armen, unglücklichen Nietzsche nichts, erfahr nur, dass das Publikum sich auf die Erzeugnisse seiner Krankheit stürzte. Schön ist es von Ihnen, lieber Herr Professor, dass Sie sich sein Bild aus alter Zeit wahrten, und es dereinst losgelöst von allen Verunglimpfungen, die der Arme sich selbst anthat, hinstellen werden.
Nochmals Dank und die Versicherung herzlicher Hochachtung und Ergebenheit
C. Wagner
Bayreuth 21. Dec. 1904»

2.33. Albrecht Dürer: Melencolia I
Kupferstich 1514, 23,9x16,8cm
Öffentliche Kunstsammlung Basel, Kupferstichkabinett

Am 11. November 1869 schrieb Nietzsche an seinen Freund Erwin Rohde in Rom, er solle dort Ausschau halten nach Dürerschen Blättern, «ich bin hinter einem her, genannt die Melanchholie». Rohde war erfolgreich, wenn er auch nicht das «entsetzliche theure» Original, sondern bloss eine treffliche Copie erwerben konnte. Als die beiden Freunde am 11. Juni 1870 zu einem Besuch in Tribschen erschienen, überreichte Nietzsche das Blatt Cosima von Bülow. Diese hielt drei Tage später in ihrem Tagebuch fest: «abends bringt uns die Betrachtung des Blattes 'Die Melancholie', welches Pr. Nietzsche mir geschenkt, auf die Vergleichung zwischen A. Dürer und S. Bach. 'Beide' sagt R[ichard], 'sind eigentlich als der Abschluss des Mittelalters zu betrachten, denn Bach als zu uns gehörig zu betrachten, ist ein Unsinn. Beide mit dieser reichen geheimnisvollen Phantasie ausgestattet, der Schönheit entbehrend, aber das Erhabene treffend, das alle Schönheit überragt. Zu Ihnen müsste man als Dichter Dante gesellen, der uns weniger sympathisch ist, weil nicht so human, eben nicht Protestant.'»

Lit.: KSB 3, S. 72 u. 121. KGB II 2, S. 202. Cosima Wagner, Die Tagebücher, ed. u. komm. v. M. Gregor-Dellin u. D. Mack, München, Zürich: Piper 31988, Bd. I, S. 244.

2.34. Bekanntschaft mit Edouard Schuré
Friedrich Nietzsche an Edouard Schuré, 11. Aug. 1875
Deutsches Literaturarchiv, Marbach

Der Elsässer Edouard Schuré wurde in den siebziger Jahren, wie Nietzsche prophezeite, gleichsam zum «progagateur Wagnerschen Geistes in Frankreich». Schuré hatte die «Geburt der Tragödie» mit Bewunderung gelesen und empfing für sein späteres bühnenschriftstellerisches und dramentheoretisches Schaffen entscheidende Eindrücke. Nachdem er wegen einer amtlichen Verhinderung Nietzsches diesen nicht schon 1869 anlässlich von Wagners Geburtstag in Tribschen kennengelernt hatte, fand dann im Juni 1873 auf Vermittlung Malwida von Meysenbugs aus Florenz die erste persönliche Begegnung in Basel statt. Ende 1875 schickte Schuré sein zweibändiges Werk «Le drame musical» Nietzsche zu. Unser Brief zeigt Nietzsches freudige Reaktion auf Schurés Zusendung. Im Sommer 1876 begegnete Schuré Nietzsche wieder bei den ersten Bayreuther Festspielen, von wo er Nietzsche und Paul Rée auf der Rückreise nach Basel begleitete. Nach dieser von Nietzsche als «sehr angenehm» empfundenen Rückreise verlor sich der gegenseitige Kontakt. Schuré wandte sich mehr und mehr der esoterischen Dramatik und Dichtung zu und fand Kontakt zur Theosophie sowie zu Marie von Sivers und Rudolf Steiner. Die persönlichen Beziehungen zu Nietzsche hat er in keiner seiner späteren essayistischen und autobiographischen Schriften erwähnt.

Lit.: KGB II 6/1, Nr. 673 u. 713. KSB 5, Nr. 482. Michael Landwein, Edouard Schuré – eine biographische Skizze, in: Edouard Schuré, Propheten des Humanismus, Stuttgart: Urachhaus 1991, S. 9–51. Edouard Schuré, Nietzsche et le surhomme, in: E. S., Précurseurs et révoltés, Paris: Perrin 1904, S. 127–182. Camille Schneider, Edouard Schuré. Seine Lebensbegegnung mit Rudolf Steiner und Richard Wagner, Freiburg i. Br.: Novalis 1971.

2.35. Edouard Schuré (1841–1929)
Photographie
Rudolf Steiner Nachlassverwaltung, Dornach

3. Dreieinigkeit in Luzern

In der kurzen Zeit von April bis November 1882 waren Lou von Salomé und Friedrich Nietzsche durch eine intensive Freundschaft verbunden. Nietzsche glaubte, in der 21jährigen freigeistigen Russin eine ebenbürtige Schülerin gefunden zu haben, und hegte grosse Hoffnungen – auch in bezug auf die Zukunft seines Werkes. Zahlreiche Briefe, Widmungen und Gedichte Nietzsches zeugen von der ausserordentlichen Zuneigung zu Lou von Salomé. Hier vereinigten sich für Nietzsche vielleicht zum ersten und einzigen Mal Geist und Anmut gleichzeitig in einem weiblichen Wesen.
Durch seinen Freund Paul Rée und seine mütterliche Freundin Malwida von Meysenbug war Nietzsche am 24. April 1882 in Rom mit Lou von Salomé bekannt geworden. Sowohl Rée als auch Nietzsche verliebten sich in sie und hielten gleich um ihre Hand an, Lou von Salomé wollte aber von einer Ehe nichts wissen. Von Rom herkommend machten die drei Freunde auch Station in Luzern, wo die berühmte Photoaufnahme mit dem Leiterwägelchen inszeniert wurde. Im Luzerner Löwengarten wiederholte Nietzsche nachdrücklich, aber erfolglos seinen Heiratsantrag. Darauf lebten die drei während einiger Monate in einer freundschaftlichen Gemeinschaft, was aber bei Nietzsches Mutter und Schwester auf moralisches Entsetzen stiess. Ein Plan für einen gemeinsamen Winteraufenthalt in Paris scheiterte an unausgesprochenen Spannungen in der Dreiecksfreundschaft und durch Intrigen von Nietzsches Schwester. Der Philosoph Rée begann später ein Medizinstudium und lebte bis zu seinem tragischen Unfalltod (1901) als Armenarzt im Engadin. Lou von Salomé (später Andreas-Salomé) legte schon 1894 eine kritische Studie über «Friedrich Nietzsche in seinen Werken» vor und trat später mit Rilke und Freud in enge Beziehungen.

Zu Paul Rée, Friedrich Nietzsche und Lou von Salomé siehe auch den Beitrag von Hubert Treiber in vorliegendem Band.

3.1. «Wie viel verdanke ich Ihnen!»
Friedrich Nietzsche an Paul Rée, 17. 4. 1877 aus Sorrent
Lou Andreas-Salomé-Archiv, Göttingen

Vom 27. Oktober 1876 an weilte Nietzsche mit Paul Rée und Albert Brenner bei Malwida von Meysenbug zum Winteraufenthalt in Sorrent. Der hier gezeigte Brief, geschrieben nach Rées Abreise am 10. April, ist ein Echo auf das innige Zusammensein mit Rée in Italien.

Lit.: KSB 5, Nr. 606. Ernst Pfeiffer (Hrsg.), Friedrich Nietzsche, Paul Rée, Lou von Salomé. Die Dokumente ihrer Begegnung, Frankfurt/M: Insel 1970, S. 26f.

3.2. «Um Ihren Rath in meiner Habilitationsangelegenheit bitten»
Paul Rée an Franz Overbeck, 10. 2. 1877
Universitätsbibliothek Basel, Nachlass Overbeck, Overbeckiana I,

Wie so oft berichtet auch hier ein Freund einem anderen über Nietzsches Wohlergehen, weil Nietzsche selbst durch seine häufigen und heftigen Anfälle oft am Briefeschreiben gehindert wurde. Hauptanlass für diesen Brief ist allerdings Paul Rées Wunsch, sich zu habilitieren, weniger um möglichst bald Professor zu werden, sondern eher um durch eine Dozentenstelle besser Gelegenheit zu haben, Material zu seiner «Geschichte des moralischen Bewusstseins» zu sammeln. In dieser Angelegenheit war Overbeck als Ordinarius an der Basler Universität die geeignete Auskunftsperson.

Lit.: Ernst Pfeiffer (Hrsg.), Friedrich Nietzsche, Paul Rée, Lou von Salomé. Die Dokumente ihrer Begegnung, Frankfurt/M: Insel 1970, S. 22f.

3.3. «Das Haupt einer unsichtbaren Kirche»
Paul Rée an Friedrich Nietzsche, Ende November 1877
mit Vermerk Overbecks: «Gehört Nietzschen»
Universitätsbibliothek Basel, Nachlass Overbeck, Overbeckiana I, 273, Nr. 2.

Briefe innigster Freundschaftsbezeugungen wechselten nach dem Sorrenter Aufenthalt zwischen Nietzsche und Rée. Der hier gezeigte Brief Rées preist Nietzsche als «Haupt einer unsichtbaren Kirche» und als «Pontifex maximus, Papst, Prior» des imaginären Klosters für freie Geister, von dem Nietzsche immer wieder träumte. Vor allem in Sorrent wurde diese Idee mit Rée und Malwida von Meysenbug lebhaft diskutiert.

Lit.: KGB II 6/2, Nr. 1013. Ernst Pfeiffer (Hrsg.), Friedrich Nietzsche, Paul Rée, Lou von Salomé. Die Dokumente ihrer Begegnung, Frankfurt/M: Insel 1970, S. 40–42 u. 389. Hubert Treiber, Wahlverwandtschaften zwischen Nietzsches Idee eines «Klosters für freiere Geister» und Webers Idealtypus einer puritanischen Sekte. Mit einem Streifzug durch Nietzsches «ideale Bibliothek», in: Nietzsche-Studien 21 (1992), S. 326–362.

3.4. «Ein Kistchen Bücher, Réealia betitelt»
Friedrich Nietzsche an Paul Rée, Ende Juli 1879
Lou Andreas-Salomé-Archiv, Göttingen

Nach seiner Entlassung aus den Basler Lehrverpflichtungen hat Nietzsche im Juni 1879 erstmals das Oberengadin, d.h. «die beste und mächtigste Luft Europa's» entdeckt und sogleich Rée, mit dem er eine Zeitlang zusammenzuleben gedachte, eingeladen. Jedenfalls stehe ein interessantes Bücherkistchen, «Réealia» betitelt, für den Besucher bereit. Im gleichen Brief freut sich Nietzsche über die Mitteilung des Planes zu Rées Buch «Die Entstehung des Gewissens» (siehe Kat.Nr. 3.20).

Lit.: KSB 5, Nr. 869. Ernst Pfeiffer (Hrsg.), Friedrich Nietzsche, Paul Rée, Lou von Salomé. Die Dokumente ihrer Begegnung, Frankfurt/M: Insel 1970, S. 61.

3.5. Studentin in Zürich
Alois Emanuel Biedermann an Lou von Salomé,14. 10. 1880
Lou Andreas-Salomé-Archiv, Göttingen

Im Herbst des Jahres 1880 verliess Lou von Salomé mit ihrer Mutter das russische Zarenreich, um ein Studium in Zürich zu beginnen. Der Zürcher Theologe Alois Emanuel Biedermann (1818–1885) setzte sich für die ganz ungewöhnlich beeindruckende junge Russin ein und nahm ihr zur Ermöglichung des Studiums eine Art Scheinprüfung ab. Biedermann wurde ihr Hauptprofessor, bei dem sie Dogmatik, allgemeine Religionsgeschichte, Logik und Metaphysik hörte. Aus gesundheitlichen Gründen musste Lou von Salomé ihr Studium 1882 abbrechen und, immer in Begleitung ihrer Mutter, in den Süden reisen. In Rom verkehrte sie im Hause von Meysenbug und lernte Paul Rée und Nietzsche kennen.

Lit.: Ernst Pfeiffer (Hrsg.), Friedrich Nietzsche, Paul Rée, Lou von Salomé. Die Dokumente ihrer Begegnung, Frankfurt/M: Insel 1970, S. 78 [dort irrtümlich auf 12. Okt. datiert]. Lou Andreas-Salomé, Lebensrückblick, Grundriss einiger Lebenserinnerungen, Aus dem Nachlass herausgegeben von Ernst Pfeiffer, Frankfurt/M.: 51983 (= insel taschenbuch 54), S. 238f.

3.6. Eine zweijährige Ehe?
Friedrich Nietzsche an Franz Overbeck, 17. 3. 1882
Unversitätsbibliothek Basel, Briefwechsel Nietzsche – Overbeck, Nr. 93

Aus Genua schreibt Nietzsche an Overbeck über seine neue Schreibmaschine. Wegen der schwachen Augen müssten ihm seine Freunde nun noch eine Vorlese-Maschine erfinden. «Oder vielmehr: ich brauche einen jungen Menschen in meiner Nähe, der intelligent und unterrichtet genug ist, um mit mir *arbeiten* zu können. Selbst eine zweijährige Ehe würde ich zu diesem Zwecke eingehen.» Vier Tage darauf sollte Nietzsche im Brief an Rée in Rom seine Idee einer zweijährigen Ehe wiederholen, wohl auch in der Hoffnung, eine solche Vorlese-Maschine gefunden zu haben ...

Lit.: KSB 6, Nr. 210.

3.7. «Ich bin nach dieser Gattung von Seelen lüstern»
Friedrich Nietzsche an Paul Rée, 21. 3. 1882
Lou Andreas-Salomé-Archiv, Göttingen
Siehe Abb. S. 77

Nietzsche kündigte Paul Rée aus Genua seine Ankunft in Rom an, verbunden mit eigenartigen, aber unmissverständlichen Anspielungen auf eine ins Auge gefasste Beziehung mit der ihm noch unbekannten jungen Russin. «In Anbetracht dessen was ich in den nächsten 10 Jahren thun will brauche ich sie.»

Lit.: KSB 6, Nr. 215. Ernst Pfeiffer (Hrsg.), Friedrich Nietzsche, Paul Rée, Lou von Salomé. Die Dokumente ihrer Begegnung, Frankfurt/M: Insel 1970, S. 99f.

3.8. Lou von Salomé, Paul Rée und Friedrich Nietzsche
Studioaufnahme im Photoatelier Jules Bonnet, Luzern, Mitte Mai 1882, Siehe Abb. S. 70

Zum berühmt gewordenen Gruppenbild erinnert sich die siebzigjährige Lou Andreas-Salomé in ihrem «Lebensrückblick» (1931/32): «Gleichzeitig betrieb Nietzsche auch die Bildaufnahme von uns Dreien, trotz heftigem Widerstreben Paul Rées, der lebenslang einen krankhaften Abscheu vor der Wiedergabe seines Gesichts behielt. Nietzsche, in übermütiger Stimmung, bestand nicht nur darauf, sondern befasste sich persönlich und eifrig mit dem Zustandekommen von den Einzelheiten – wie dem kleinen (zu klein geratenen!) Leiterwagen, sogar dem Kitsch des Fliederzweiges an der Peitsche usw.»

Lit.: Lou Andreas-Salomé, Lebensrückblick, Grundriss einiger Lebenserinnerungen, Aus dem Nachlass herausgegeben von Ernst Pfeiffer, Frankfurt/M.: 51983 (= insel taschenbuch 54), S. 81.

93

März 1882.
wohl aus Genua

LIEBER FREUND WAHRSCHEINLICH IST DEINE GELD-
SENDUNG SCHON AUF DER HIESIGEN POST: SIE HAT
MIR DIE ANKUNFT EINES RECOMMANDIRTEN BRIEFES
GEMELDET. HEUTE BITTE ICHDICH, DIE ÜBRIGEN 250
FRANCS AN HERRN KÖSELITZ ZU SENDEN- MIT
DEM VERMERK DASS SIE VON MIR KOMMEN. DER FRÜH-
LING IST HINTER UNS: WIR HABEN SOMMER-WÄR-
ME UND SOMMER-HELLIGKEIT. ES IST DIE ZEIT ME-
NER VERZWEIFLUNG. WOHIN?WOHIN?WOHIN?ICH VER-
LASSE SO UNGERN DAS MEER, ICH FÜRCHTE DIE
BERGE UND ALLES BINNENLÄNDISCHE-ABER ICH MUSS
FORT. WAS FÜR ANFÄLLE HABE ICH WIEDER HINTER
MIR DIE UNGEHEUREN MENGEN GALLE, WELCHE ICH
JETZT IMMER AUSBRECHE, ERREGEN MEIN INTERESSE.
EIN BERICHT DES BERLINER TAGEBLATTES ÜBER
MEINE GENUESER EXISTENZ HAT MIR SPAASS GE-
MACHT-SOGAR DIE SCHREIBMASCHINE WAR NICHT
VERGESSEN. DIESE MASCHINE IST DELICAT WIE
EIN KLEINER HUND UND MACHT VIEL NOTH-UND
EINIGE UNTERHALTUNG. NUN MÜSSEN MIR MEINE
FREUNDE NOCHEINE VORLESE-MASCHINE ERFIN-
DEN: SONST BLEIBE CCH HINTER MIR SELBER ZURÜCK
UND KANN MICH NICHT MEHR GENÜGEND GEISTIG ER-
NÄHREN. ODER VIELMEHR: ICH BRAUCHE EINEN JUN
GEN MENSCHEN IN MEINER NÄHE der INTELLIGENT
UND UNTERRICHTET GENUG IST, UM MIT MIR ARBEI-
TEN ZU KÖNNEN. SELBST EINE ZWEIJÄHRIGE EHE
WÜRDE ICH ZU DIESEM ZWECKE EINGEHEN -FÜR WEL-
CHEN FALL FREILICH EIN PAAR ANDERE BEDINGUNGEN
IN BETRACHT ZU ZIEHEN WÄREN.-ROHDE HAT GESCHRIE-
BEN-: ICH GLAUBE NICHT DASS DAS BILD WELCHES
ER SICH VON MIR MACHT RICHTIG IST; DOCH BIN
ICH NICHT ÜBEL ZUFRIEDEN DAMIT, DASS DIES BILD
NICHT NOCH VIEL FALSCHER IST. ABER ER IST AUS-
SER STANDE, ETWAS VON MIR ZU LERNEN-ER HAT
KEIN MITGEFÜHL FÜR MEINE LEIDENSCHAFT UND
LEIDEN.-IN BERLIN HABE ICH EINEN WUNDERLI-
CHEN APOSTEL: DENKE DIR DASS DER DR. B. FÖRSTER
IN SEINEN ÖFFENTLICHEN VORTRÄGEN MICH IN SEHR
EMPHATISCHEN AUSDRÜCKEN SEINEN ZUHÖRERN
PRÄSENTIRT.-REE IST JETZT IN ROM: ENDE AP-
RIL GEHT ER NACH DER SCHWEIZ ZU SEINER MUT-
TER. ER FREUT SICH SEHR AUF EINEN TAG IN
BASEL UND SENDET SEINE GRÜSSE VORAUS.
LEBE
WOHL MEIN LIEBER FREUND -ICH BIN IMMER
DEIN UND EUER DANKBAR ERGEBENER F.N.

3.6.

3.9. Löwendenkmal
Berthel Thorvaldsen, Modell für das Löwendenkmal in Luzern
Historisches Museum, Luzern

1820/21 wurde in Luzern das Löwendenkmal nach einem Modell von Berthel Thorvaldsen durch Lukas Ahorn aus dem Fels gehauen. Das Denkmal erinnert an den «Heldentod» der Schweizergarde Ludwigs XIV. bei der Tuilerien-Verteidigung von 1792. – Nietzsche hatte in Rom seinen Freund Rée zum Fürsprecher für einen Heiratsantrag bei Lou von Salomé gemacht. Er hoffte aber, im Luzerner Löwengarten sich unbedingt Klarheit zu verschaffen. Aus Luzern schrieb er an Rée: «Ich muss durchaus Fr. L. noch einmal sprechen, im Löwengarten etwa?» –

Lit.: KSB 6, S. 191.

3.10. Eine Erinnerung an den Löwengarten
Manuskriptblatt aus Lou Andreas-Salomés posthum veröffentlichtem «Lebensrückblick»
aus der 1. Fassung, Bl. 49 und 50 (hand- und maschinenschriftlich)
Lou Andreas-Salomé-Archiv, Göttingen
Siehe Abb. S. 78

Lou Andreas-Salomé erinnert sich an ihrem Lebensabend, dass Nietzsche mit ihr zusammengetroffen sei, weil ihm «Paul Rées römische Fürsprache für ihn ungenügend erschien und er sich persönlich mit mir aussprechen wollte, was dann am Luzerner Löwengarten geschah.» – Ihre Erinnerungen an Nietzsche und sein Denken hatte Lou Andreas-Salomé schon 1894 in ihrem erfolgreichen, aber umstrittenen Buch «Friedrich Nietzsche in seinen Werken» vorgelegt.

Lit.: Lou Andreas-Salomé, Lebensrückblick, Grundriss einiger Lebenserinnerungen, Aus dem Nachlass herausgegeben von Ernst Pfeiffer, Frankfurt/M.: 51983 (= insel taschenbuch 54), S. 81.

3.11. Eine andere Erinnerung an den Löwengarten
Zeichnung des umnachteten Nietzsche in Basel
Aufbewahrungsort unbekannt, Reproduktion nach Janz III, Abb. 45.

Zwischen dem 10. und 17. Januar 1889 muss diese Zeichnung in der Basler Irrenanstalt entstanden sein. Dies bezeugt der Vermerk des damaligen Assistenzarztes Dr. Luxemburg. Es ist eine dunkle Erinnerung an das Löwendenkmal und den dort wiederholten Hochzeitsantrag. Die Originalzeichnung ist verschollen, möglicherweise befindet sie sich in der ebenfalls verschollenen Basler Krankengeschichte Nietzsches.

3.12. «in meinem Leben nicht so heiter gewesen als jetzt»
Friedrich Nietzsche an Lou von Salomé, 28. 5. 1882
Lou Andreas-Salomé-Archiv, Göttingen

Im Hinblick auf einen gemeinsam zu verbringenden Sommer schrieb Nietzsche am 28. Mai an Lou von Salomé und stellte den Brief unter das «Goethe-Mazzinische» Motto des «resolut zu leben» (vgl. Kat.Nr. 6.11).

Lit.: KSB 6, Nr. 234. Ernst Pfeiffer (Hrsg.), Friedrich Nietzsche, Paul Rée, Lou von Salomé. Die Dokumente ihrer Begegnung, Frankfurt/M: Insel 1970, S. 125f.

3.13. «ich wünschte sehr, Ihr Lehrer sein zu dürfen»
Friedrich Nietzsche an Lou von Salomé, 26. 6. 1882
Lou Andreas-Salomé-Archiv, Göttingen

Auf Einladung der Mutter Paul Rées verbrachte Lou von Salomé die zweite Junihälfte auf dem Réeschen Gut in Stibbe (Hinterpommern), besuchte dann die Parsifal-Aufführung in Bayreuth und folgte am 7. August Nietzsches Einladung nach Tautenburg. Nietzsche hatte ihr eine Unterkunft im Pfarrhause zusammen mit Elisabeth Nietzsche organisiert. In Tautenburg verbrachte sie bis zu ihrer Abreise am 26. August drei Wochen intensivster freigeistiger Auseinandersetzung mit Nietzsche bei Vorlesen, Schreiben und in Gesprächen: «Wenn uns Jemand zugehört hätte, er würde geglaubt haben, zwei Teufel unterhielten sich.» Also wurde wohl erfüllt, was sich Nietzsche erhofft hatte: «Ich suche jetzt nach Menschen, welche meine Erben sein könnten; ich trage Einiges mit mir herum, was durchaus nicht in meinen Büchern zu lesen ist – und suche mir dafür das schönste fruchtbarste Ackerland.»

Lit.: KSB 6, Nr. 249. Ernst Pfeiffer (Hrsg.), Friedrich Nietzsche, Paul Rée, Lou von Salomé. Die Dokumente ihrer Begegnung, Frankfurt/M: Insel 1970, S. 151f. und 185. Lou Andreas-Salomé, Lebensrückblick, Grundriss einiger Lebenserinnerungen, Aus dem Nachlass herausgegeben von Ernst Pfeiffer, Frankfurt/M.: 51983 (= insel taschenbuch 54), S. 84. Lou Andreas-Salomé, In der Schule bei Freud, München: Kindler 1965, S. 105.

3.14. Das «Stibber Nestbuch»
Schwarzes Wachstuchheft, 174 S.
Lou Andreas-Salomé-Archiv, Göttingen

Während ihres Aufenhaltes in Stibbe hat Lou von Salomé zahlreiche Sentenzen und Aphorismen niedergerschrieben und sie darauf Nietzsche zur Korrektur vorgelegt.

Lit.: Ernst Pfeiffer (Hrsg.), Friedrich Nietzsche, Paul Rée, Lou von Salomé. Die Dokumente ihrer Begegnung, Frankfurt/M: Insel 1970, S. 190-212 (Abb. vor S. 193), und S. 444–448 (Anm.).

3.15. Nietzsche als religiöse Natur
Lou von Salomé, Tagebuch für Paul Rée, Eintrag 18. Aug. 1882
Lou Andreas-Salomé-Archiv, Göttingen

Zur Zeit ihres Tautenburger Aufenthaltes führte Lou von Salomé eine Art Tagebuch, deren Blätter sie jeweils dem in Stibbe weilenden Paul Rée zuschickte. Im Eintrag vom 18. August unterstrich sie nachdrücklich ihren Eindruck von Nietzsche als religiöser Natur.

3.14.

Lit.: Ernst Pfeiffer (Hrsg.), Friedrich Nietzsche, Paul Rée, Lou von Salomé. Die Dokumente ihrer Begegnung, Frankfurt/M: Insel 1970, S. 184.

3.16. «die Naumburger Tugend gegen mich»
Friedrich Nietzsche an Franz Overbeck, 9. Sept. 1882
Universitätsbibliothek Basel, Korrespondenz Nietzsche – Overbeck, Nr. 248.

Nach dem Tautenburger Aufenthalt gibt Nietzsche seinem Freund Overbeck einen Rechenschaftsbericht. «Ich habe noch Niemanden kennengelernt, der seinen Erfahrungen eine solche Menge objektiver Einsichten zu entnehmen wüsste [...] Ich möchte wissen, ob eine solche *philosophische Offenheit*, wie sie zwischen uns besteht, schon einmal bestanden hat.» Gleichzeitig musste er von der Verschwörung seiner Mutter und Schwester gegen Lou von Salomé berichten. Die Schwester habe sich zu einer «Todfeindin» Lou von Salomés entwickelt, «kurz, ich habe die Naumburger 'Tugend' gegen mich, es giebt einen wirklichen Bruch zwischen uns».

Lit.: KSA 6, Nr. 301. Ernst Pfeiffer (Hrsg.), Friedrich Nietzsche, Paul Rée, Lou von Salomé. Die Dokumente ihrer Begegnung, Frankfurt/M: Insel 1970, S. 228f.

3.17. Moralisches Entsetzen
Elisabeth Nietzsche an Ida Overbeck, 29. 1. 1883
Universitätsbibliothek Basel, Nachlass Overbeck, Overbeckiana I, 100, Nr. 5.

Im Juli 1882 ist Elisabeth Nietzsche zum ersten Mal in Leipzig und dann bei den «Parsifal»-Festspielen in Bayreuth Lou von Salomé begegnet. Sofort entstehen Spannungen zwischen der biederen Schwester und der freigeistigen Freundin Nietzsches. Elisabeth Nietzsche ist moralisch entrüstet über Lou von Salomés angeblich ungeziemendes, Nietzsche beleidigendes Verhalten in Bayreuth. Im Hause Gelzer in Jena, wo am 7. August ein weiteres Zusammentreffen stattfindet, reagiert Lou von Salomé heftig auf die Vorwürfe von Elisabeth Nietzsche und informiert sie über ihres Bruders Erwägungen einer «wilden Ehe». Die Empörung der eifersüchtigen Elisabeth Nietzsche ist grenzenlos, sie wird zur verschworenen Feindin Lou von Salomés und setzt alles daran, ihren Bruder aus der Gewalt dieser «niedrigen, sinnlichen grausamen schmutzigen Person» zu befreien. In Tautenburg, wo sie zusammen mit Lou von Salomé im Pfarrhaus wohnt, macht sie zwar gute Miene zum bösen Spiel, beginnt aber ihre Intrige. Dadurch gelingt es ihr endlich ihren Bruder von Lou von Salomé völlig zu entfremden, es entsteht aber auch ein radikales Zerwürfnis Nietzsches mit seiner Mutter und seiner Schwester, das erst zwei Jahre später, im Herbst 1884 in Zürich, beigelegt werden sollte (siehe Kat. Nr. 4.14). Der Brief Elisabeth Nietzsches an Ida Overbeck, die zusammen mit ihrem Gatten über Nietzsches Freundschaft mit Lou von Salomé unterrichtet war, gibt einen Eindruck vom Ausmass der schwesterlichen Machenschaften.

Lit.: Ernst Pfeiffer (Hrsg.), Friedrich Nietzsche, Paul Rée, Lou von Salomé. Die Dokumente ihrer Begegnung, Frankfurt/M: Insel 1970, S. 288-295. Lou Andreas-Salomé, Lebensrückblick, Grundriss einiger Lebenserinnerungen, Aus dem Nachlass herausgegeben von Ernst Pfeiffer, Frankfurt/M.: 51983 (= insel taschenbuch 54), S. 85 u. 237.

3.18. Eine ungeheure Dosis Opium
Friedrich Nietzsche an Lou von Salomé und Paul Rée, ca. Mitte Dezember 1882
Lou Andreas-Salomé-Archiv, Göttingen

Nach den Intrigen seiner Schwester und nach der Abreise von Paul Rée und Lou von Salomé aus Leipzig nach Berlin hatten sich die Pläne eines gemeinsam zu verbringenden Winters endgültig zerschlagen. Der enttäuschte Nietzsche zog sich in sich selbst zurück und machte seinem Herzen in privaten Aufzeichnungen, nie abgeschickten Briefentwürfen und einzelnen Briefen Luft. Zu diesen Briefen gehört auch der hier gezeigte an Lou von Salomé und Paul Rée, in dem Nietzsche die (ehemaligen) Freunde mit Wahnsinns- und Selbstmord-Phantasien heimsucht.

Lit.: KSB 6, Nr. 361. Ernst Pfeiffer (Hrsg.), Friedrich Nietzsche, Paul Rée, Lou von Salomé. Die Dokumente ihrer Begegnung, Frankfurt/M: Insel 1970, S. 269f.

3.19. Ein Koegel-Exzerpt über Nietzsches Schwester
Universitätsbibliothek Basel, Depositum C. A. Bernoulli 1, Blatt 1 und Blatt 47 der maschinenschriftlichen Abschrift

Mit dem Namen Koegel-Exzerpte oder Koegelsche Geheimstellen werden in der Nietzsche-Forschung Abschriften von Fritz Koegel aus Briefen und Briefentwürfen Nietzsches bezeichnet, die kritische Äußerungen über Mutter und Schwester und über Lou von Salomé enthalten. Fritz Koegel hat während seiner Herausgebertätigkeit am Nietzsche-Archiv (1894–97) insgeheim umfangreiche Notizen und Exzerpte aus Briefen und Manuskripten Nietzsches angefertigt. Dabei hat Koegel besonderes Gewicht auf Nietzsches «Lou-Erlebnis» gelegt, weil er der Überzeugung war, Frau Förster-Nietzsche werde einmal hier am meisten fälschen. Den Koegel-Exzerpten, die sich im C. A. Bernoulli-Nachlass in Basel befinden, kommt eine besondere Stellung zu, weil mit diesen Dokumenten die verschleiernde und fälschende Weimarer Nietzsche-Tradition erfolgreich bekämpft werden konnte. Ob die originalen Unterlagen Nietzsches, nach denen Koegel exzerpiert hat, im Nietzsche-Nachlass im Goethe- und Schiller-Archiv noch vorhanden sind, ist bis heute nicht vollständig aufgeklärt worden. Auch von den Koegel-Exzerpten existiert nur noch dieses einzige originale Exzerptblatt von Koegels Hand, die anderen Exzerpte liegen nur in einer maschinenschriftlichen Abschrift vor. Dieses Blatt enthält impulsive und ausfällige Briefentwürfe an Mutter und Schwester im Zusammenhang mit der Lou-Episode.

Lit.: Hoffmann, Nietzsche-Archiv, S. 407–423 und 579–713 (= vollständiger Abdruck der Koegelexzerpte).

3.20. «Die Entstehung des Gewissens»
Paul Rée, Manuskriptblatt aus «Die Entstehung des Gewissens», um 1883, S. 131
Lou Andreas-Salomé-Archiv, Göttingen

Während sich Nietzsche 1879 noch über Rées Plan zur «Entstehung des Gewissens» gefreut hatte (siehe Kat. Nr. 3.4), lehnte er 1883, nach der Entfremdung von Rée, das Angebot einer gedruckten Widmung Paul Rées an Nietzsche ab und hat damit «einem Verkehre ein Ende gesetzt, aus dem manche unheilvolle Verwechslung entstanden ist».

Lit.: KSB 6, S. 339. Ernst Pfeiffer (Hrsg.), Friedrich Nietzsche, Paul Rée, Lou von Salomé. Die Dokumente ihrer Begegnung, Frankfurt/M: Insel 1970, S. 307f..

3.21. «Der Ursprung der moralischen Empfindungen»
Paul Rée, Der Ursprung der moralischen Empfindungen, Chemnitz 1877,
mit handschriftlicher Widmung an Heinrich von Stein: «Herrn Heinrich von Stein in herzlicher Freundschaft der Verfasser»
Universitätsbibliothek Basel, Düm 536

In «Menschliches, Allzumenschliches» (§ 37 und 127) hatte Nietzsche seinem Freund Rée, einem «der kühnsten und kältesten Denker», und seinem Werk über die moralischen Empfindungen noch die Reverenz erwiesen, während er – aus Gründen der Abgrenzung gegen den «Réealismus» in «Zur Genealogie der Moral» (Vorrede, §4) das Buch denkbar ablehnend beurteilte: «Vielleicht habe ich niemals Etwas gelesen, zu dem ich dermaassen, Satz für Satz, Schluss für Schluss, bei mir Nein gesagt hätte wie zu diesem Buche.»

3.22. Paul Rée-Gedenktafel
Gedenktafel in der Charnadüra-Schlucht zwischen St. Moritz und Celerina
Photo: D. M. Hoffmann
Siehe Abb. S. 81

4. Begegnungen in Zürich

Wichtige Lebensabschnitte Nietzsches spielten sich in Zürich ab: In der Villa Falkenstein fand der Chronischkranke bei der Familie Rothpletz (Schwiegerfamilie von Franz Overbeck) Ruhe, Erholung und fürsorgliche Pflege. 1884 lernte er in Zürich mit Meta von Salis (siehe Abbildung) eine geistig unabhängige und treue Freundin kennen, suchte den verehrten Gottfried Keller auf und versöhnte sich mit seiner Schwester, mit der er wegen ihrer Intrigen gegen die Beziehung mit Lou von Salomé und wegen ihrer «verfluchten Antisemiterei» zerstritten war. Einen musikalischen Kontakt – für Nietzsche immer sehr wertvoll – hatte er mit dem Kapellmeister Friedrich Hegar, der sogar einmal für Nietzsche in der Tonhalle eine Privat-Uraufführung der Ouvertüre von Peter Gasts «Löwe von Venedig» organisierte. Eine in Nietzsches Biographie fast unbekannte Gestalt ist der Pianist Robert Freund, mit dem Nietzsche während seiner Zürcher Aufenthalte freundschaftlichen Umgang pflegte.

4.1. Villa Falkenstein
Stich aus den 1880er Jahren
Photo: Baugeschichtliches Archiv der Stadt Zürich, aus: Chronik der Kirchgemeinde Neumünster, Zürich 1889, S. 273.

Gegen Ende der 1870er Jahre, als sich sein Gesundheitszustand bedenklich verschlechterte, fand Nietzsche verschiedentlich Trost und fürsorgliche Pflege im Haus von Overbecks Schwiegereltern Rothpletz, der Villa Falkenstein in Hottingen/Zürich. Von der herzlichen Atmosphäre in der Villa Falkenstein zeugt auch Nietzsches Buchgeschenk «für die Falkensteiner Abende der Weihnachtstage» (siehe nächstes Exponat).

4.2. Zum Vorlesen für die Falkensteiner Abende
Amerikanische Humoristen, Elfter Band: Die Abenteuer Tom Sawyers von Mark Twain. Ins Deutsche übertragen von Moritz Busch, Leipzig: Grunow 1876. Mit handschriftlicher Widmung Nietzsches: «Seinem Freund Franz Overbeck. (Zum Vorlesen für die Falkensteiner Abende der Weihnachtstage empfohlen) Naumburg Dezember 1879»
Universitätsbiliothek Basel, AN VI 83

4.3. Meta von Salis (1855–1929)
Photo von 1883
Siehe Abb. S. 96
Zu Nietzsches Freundschaft mit Meta von Salis siehe den Artikel von Doris Stump in vorliegendem Band.

4.4. Malwida von Meysenbug und Meta von Salis
Malwida von Meysenbug an Meta von Salis 24. 3. 1878 u. 24. 1. 1887
Universitätsbibliothek Basel, Nachlass Meta von Salis, Schachtel I, D, i, Nr. 3 und 24

Mit Malwida von Meysenbug, der Verfasserin der vielgelesenen «Memoiren einer Idealistin» und Vertraute Wagners, Nietzsches etc., verband auch Meta von Salis eine herzliche Beziehung. Malwida von Meysenbug verfolgte mit grosser Hoffnung die literarische und politische Entwicklung der jungen kämpferischen Schweizerin. Die zwei hier gezeigten Briefe mögen diese Anteilnahme illustrieren: Im ersten Brief erklärt sie sich bereit, Meta von Salis auf ihrem Lebenweg zu unterstützen: «Sie haben zwar mit kräftigem Sinn, Ihr Schicksal selbst in die Hand genommen, indem Sie sich zu tüchtiger Wirksamkeit vorbereiten und es kann Ihnen dieselbe auch nicht fehlen, aber ich nähme gern Theil daran um sie in edelster Weise zu realisiren.» Im zweiten, elf Jahre späteren Brief dankt sie für ein übersandtes Gedicht, «in welchem ich mit vielem Vergnügen die alte, in heiligem Zorn erglühte Meta wiederfand, wie sie vor Jahren schon sich gegen das 'stärkere Geschlecht' empörte u. kampfbereit demselben gegenüberstand.»

4.5. Briefwechsel mit Nietzsche
Friedrich Nietzsche an Meta von Salis ohne Datum (12. Juli 1884)
Universitätsbibliothek Basel: Nachlass Meta von Salis, Nietzscheana II 10, Nr. 1.
Siehe Abb. S. 98

Am 12. Juli 1884 meldete sich Nietzsche bei Meta von Salis an. Er wollte diese Studentin, die seit einigen Jahren zum Kreis um Malwida von Meysenbug gehörte und die auch im Hause seiner Mutter in Naumburg verkehrte, unbedingt kennenlernen. Aus der ersten Begegnung am 14. Juli in Zürich entwickelte sich eine vertrauliche Freundschaft. In seinen letzten zwei Schaffensjahren korrespondierte Nietzsche regelmässig mit Meta von Salis. Wie hoch er die freigeistige Bündnerin achtete, geht u.a. aus der Tatsache hervor, dass Nietzsche sie Anfang 1889 mit einer seiner Mitteilungen (sog. «Wahnsinnszettel») bedachte (Kat.Nr. 8.3).

Lit.: KSB 6, Nr. 519

4.6. «Philosoph und Edelmensch»
Meta von Salis-Marschlins, Philosoph und Edelmensch. Ein Beitrag zur Charakteristik Friedrich Nietzsche's, Leipzig: Naumann 1897, S. 12f.
Universitätsbibliothek Basel, i f 579

In ihrer Nietzsche-Monographie, die auf Vermittlung von Elisabeth Förster-Nietzsche beim «Nietzsche-Verleger» Constantin Georg Naumannn in Leipzig erschienen ist, beschreibt Meta von Salis ihre erste Begegnung mit Nietzsche.

4.7. Bürgin für Elisabeth Förster-Nietzsche
Abtretungsvertrag (Vertrag über die Rechte an Nietzsches Werken zwischen Elisabeth Förster-Nietzsche und der Vormundschaft, d.i. Franziska Nietzsche und Adalbert Oehler) vom 18. Dez. 1895
Bürgschaftsvertrags-Entwurf vom 26. Jan. 1896
Universitätsbibliothek Basel, Nachlass Meta von Salis, Nietzscheana II 1a und 1b

Am 18. Dezember 1895 erwarb Elisabeth Förster-Nietzsche für einen einmaligen Betrag von 30 000 Mark und 1600 Mark jährliche Rente zugunsten ihres kranken Bruders sämtliche Rechte und Einkünfte an dessen Werk und Nachlaß. Von den 14 000 Mark, welche die ersten acht Bände der Gesamtausgabe bisher an Honorar eingebracht hatten, waren nur 6000 Mark an Frau Förster-Nietzsche ge-

Meta von Salis, Sch.-I, D, i 24/1887

Rom 24. Jan.

Liebe Meta, da ich Ihre Adresse nicht weiss, sende ich die Zeilen durch Resa. Ich danke Ihnen herzlich für das übersandte Gedicht, in welchem ich mit vielem Vergnügen die alte, in heiligem Zorn erglühte Meta wieder fand, wie sie vor Jahren schon sich gegen das „stärkere Geschlecht" empörte u. kampfbereit demselben gegenüber stand. Doch

[…] Freunde unter die Sie hoffentlich immer zu

hat sich seit der Zeit schon Vieles zum Besseren geändert und es kommt jetzt nur darauf an, dass die Frauen das richtige Mass und die innere Würde finden, die das Errungne rechtfertigen und festhalten. Denn die Frauen sind es selbst, welche den Männern die Achtung einflössen müssen von welcher eine bessere Zukunft abhängt; giebt es viele edle und würdige

4.4.

gangen, den Rest hat die Mutter als Vormund für die Pflege des kranken Nietzsche auf die Seite gelegt. Mit der neuen Situation gingen nun alle Honorare direkt an die Schwester als neue Rechtsinhaberin. Nach der Unterzeichnung des Vertrags schrieb Franziska Nietzsche an Overbeck (27. 12. 1895): «[…] ich habe mich volle vier Wochen gesträubt […]. Ich empfand es überhaupt als eine Begriffsirrung meiner Tochter, mir den Geistesschatz meines Sohnes unseres gemeinsam geliebten Kranken, also unseren *Familienschatz* für fremdes Geld mir und vor allem meinem Sohn, welcher doch den Namen hat, abkaufen zu wollen, denn ich sah nicht den geringsten Grund ein, daß eine Veränderung stattfand.»
Meta von Salis war durch ihre finanzielle Einbindung Zeugin dieser schmerzlichen Abtretung von Nietzsches Rechten an seine Schwester. Um die nötigen 30 000 Mark überhaupt bezahlen zu können, musste Frau Förster-Nietzsche hinter dem Rücken ihrer Mutter bei einer Bank Geld aufnehmen. Als Sicherheit bot sie einen Bürgschaftsvertrag mit den Bürgen Meta von Salis, Hermann Hecker, Harry Graf Kessler und Raoul Richter.

4.8. Die Villa Silberblick
Kaufvertrag zw. Ernst August Meisezahl und Meta von Salis über die sog. Villa Silberblick in Weimar
Universitätsbibliothek Basel, Nachlass Meta von Salis, Nietzscheana II 1a und 1b
Photo der Villa Silberblick aus dem Jahre 1991
Sammlung D. Hoffmann

Nachdem Elisabeth Förster-Nietzsche mit dem Archiv schon 1896 von Naumburg nach Weimar umgezogen war, kaufte Meta von Salis am 10. Mai 1897 in Weimar die sogenannte Villa Silberblick (Luisenstraße, heute Humboldtstraße 36) für 39 000 Mark und stellte sie ihrer Freundin als Archiv und Wohnhaus zur Verfügung. Im Juli fand der Einzug in den Silberblick statt, und auch Nietzsche wurde von Naumburg ins neue Heim überführt. Darauf liess Frau Förster-Nietzsche eigenmächtig Umbauarbeiten am Haus vornehmen, was Meta von Salis als Hausbesitzerin empört hat. Nun wollte die Archivleiterin ihrer Gönnerin das Haus abkaufen. Nach einem Besuch von Meta von Salis in Weimar und einem unerfreulichen Briefwechsel brach diese die einst freundschaftliche Beziehung zu Nietzsches Schwester im August 1898 ab. Ein Jahr später verkaufte sie dann das Haus an Frau Förster-Nietzsches Vetter Adalbert Oehler.

4.9. Gottfried Keller (1819–1890)
Pinselzeichnung (Tusche und Weiss) von Arnold Böcklin (1889/90)
Graphische Sammlung der Zentralbibliothek Zürich

Zur Begegnung Nietzsches mit Gottfried Keller, zum Briefwechsel und zur gegenseitigen Auseinandersetzung mit den Werken des anderen siehe den Artikel von Groddeck / Morgenthaler in vorliegendem Band.

4.10. Friedrich Nietzsche an Gottfried Keller, 16. 9. 1882
und Briefumschlag
Zentralbibliothek Zürich, Ms GK 79f., Nr. 9s und 10
Siehe Abb. S. 107

Lit.: KSB 6, Nr. 306.

4.11. Gottfried Keller an Friedrich Nietzsche, 20. 9. 1882
Goethe- und Schiller-Archiv, 71/270.
Siehe Abb. S. 107–109
Lit.: KGB III 2, Nr. 146.

4.12. Friedrich Nietzsche an Gottfried Keller, 20. 9. 1884
Zentralbibliothek Zürich, Ms GK 79f., Nr. 14
Siehe Abb. S. 109

Lit.: KSB 6, Nr. 535.

4.13. Haus «Thaleck» um 1910
Zeltweg, Hottingen/Zürich
Gottfried Kellers Wohnung von 1882 bis zu seinem Tode 1890.
Photo: Baugeschichtliches Archiv der Stadt Zürich

Hier besuchte Nietzsche Gottfried Keller am 30. September 1884.

4.14. Versöhnung mit der Schwester
Friedrich Nietzsche an Franz Overbeck o. D. [gegen Ende Okt. 1884]
Universitätsbibliothek Basel, Briefwechsel Overbeck – Nietzsche, Nr. 151.

Neben den Begegnungen mit Keller, Hegar und Robert Freund war der Herbstaufenthalt in Zürich von einem weiteren glücklichen Ereignis für Nietzsche geprägt: Nach seinem Bruch mit der Schwester wegen ihrer Intrigen gegen Lou von Salomé (Kat. Nr. 3.16,17,19) und ihrer «verfluchten Antisemiterei» (Kat. Nr. 6.14) kam es hier zu einer Versöhnung der Geschwister. «Das Erquicklichste in diesem Herbste war mir der Eindruck meiner *Schwester*, sie hat sich die Erlebnisse dieser Jahre tüchtig hinter die Ohren und in's Herz geschrieben und, was ich an jedem Menschen besonders ehre, ohne alle Rancünen. So die alte ungeschmälerte Herzlichkeit wieder zu finden hatte ich nicht erwartet und vielleicht nicht einmal verdient.»

Lit.: KSB 6, Nr. 551.

4.15. Friedrich Hegar (1841–1927)
Portrait, Tonhallegesellschaft Zürich

Der aus Basel stammende Violinist, Komponist und Dirigent Hegar wurde 1862 in Zürich Konzertmeister und 1865 Dirigent, war somit der führende Musiker Zürichs. In dieser Eigenschaft organisierte er auch verschiedene Wagner-Erstaufführungen in der Schweiz und trat mit Wagner in persönlichen Kontakt. Anlässlich eines Privatkonzertes in Tribschen am Sylvester 1870, wo Hegar als Primgeiger mitwirkte, scheint er Nietzsche zum ersten Mal begegnet zu sein. Am 12. Juli 1874 fuhr Nietzsche eigens von Basel nach Zürich, um die Aufführung von Brahms' «Triumphlied» unter Hegars Leitung zu hören (vgl. Kat. Nr. 1.43). In dieser Zeit hatte Nietzsche dem angesehenen Kapellmeister seine «Manfred-Meditation» vorgelegt, der die Komposition mit anerkennender Kritik beurteilte. Nachdem Nietzsche Hegar bei verschiedenen musikalischen Anlässen gesehen hatte, knüpfte er bei seinem Zürcher Aufenthalt im Herbst 1884 engeren Kontakt. «Hegar macht mir hier den Herbst zum Fest, will mir die Arlésienne spielen lassen und was ich will, privatissime, in der Tonhalle und überdiess hat er Herrn Freund, den Schüler Liszt, den ich von früher her kenne, beredet, mir Einiges nach Herzenslust vorzuspielen» schrieb er an Köselitz (Peter Gast). Nietzsche bestellte sich von diesem die Partitur seiner nie aufgeführten Oper «Der Löwe von Venedig», liess die Ouvertüre in Orchesterstimmen umschreiben und erlebte am Vormittag des 18. Oktobers 1884 in der Tonhalle die Privat-Uraufführung. Hegar beklagte Köselitzens Unerfahrenheit in der Instrumentation und bot ihm via Nietzsche sein Orchester zum Üben an. Köselitz kam sofort nach Zürich, um diese Gelegenheit wahrzunehmen. Schon am 7. Dezember durfte er im Gesangvereins-Konzert seine «Löwen»-Ouvertüre mit beachtlichem Erfolg selber dirigieren. Zwar hatte Nietzsche damals Zürich schon wieder verlassen, doch war Overbeck unter den Zuhörern und berichtete anschliessend ausführlich. Im August 1886 sandte Nietzsche die von Köselitz bearbeitete Partitur seiner «Hymnus an die Freundschaft»-Komposition (mit dem Text von Lou von Salomé) an Hegar in der Hoffnung auf eine Aufführung (Kat. Nr. 1.24). Und auch während seines letzten Zürcher Aufenthaltes im Frühling 1887 pflegte er er wieder verbindlichen Umgang mit Freund Hegar.

Lit.: Janz I, S. 394, Bd. II, S. 347-351,449. KGB II 4, S. 435. KSB 6, S. 537.

4.16. Rezension durch den Bundespräsidenten-Sohn
Dr. Heinrich Welti, Literaturbriefe, IV., Neue Zürcher Zeitung, 13. 12. 1886

Kurz nach Widmanns Besprechung von «Jenseits von Gut und Böse» im Berner «Bund» erschien in der «Neuen Zürcher Zeitung» eine weitere Rezension. Sie stammte aus der Feder von Dr. Heinrich Welti (geb. 1859), der «als sehr gescheut» galt. Meta von Salis stellte die gutwillige Besprechung dem in Nizza weilenden Nietzsche zu. Dieser war zunächst erfreut, wohl nicht zuletzt wegen der Herkunft des Rezensenten, der als Sohn des Alt-Bundespräsidenten Emil Welti für Nietzsche eine Art Sprachrohr der offiziellen Schweiz darstellte. Schon kurz darauf betrachtete Nietzsche aber, ähnlich wie im Falle von Widmanns und Spittelers Artikeln, die Welti-Rezension als «etwas Jämmerliches».

Lit.: KSB 7, S. 249, Bd. 8, S. 37.

4.17. Robert Freund
Frontispiz aus: Memoiren eines Pianisten (Robert Freund), CXXXIX. Neujahrsblatt der Allgemeinen Musikgesellschaft Zürich 1951.

Der Pianist Robert Freund (1. 4. 1852 – 8. 4. 1936), geboren in Ungarn, Schüler von Liszt, lebte von 1875 bis 1913 in Zürich, wo er Klavierlehrer an der neugegründeten Musikschule wurde und u.a. Lehrer von Othmar Schoeck war. Der gesellige Freund pflegte herzliche Beziehungen zu Johannes Brahms, Friedrich Hegar, Familie Rothpletz (Schwiegerfamilie Overbecks), Arnold Böcklin, Josef Viktor Widmann, Gottfried Keller und wurde durch diese Freundschaften im Sommer 1883 auch mit Nietzsche bekannt. In seinen Erinnerungen hält Freund fest: «Auf seinen Reisen nach und von dem Engadin blieb er häufig einige Tage in Zürich, wo er in der 'Pension Neptun' an der Mühlebachstrasse wohnte. War sein Befinden gut und das Wetter günstig, so gingen wir spazieren. [...] Nietzsche gehörte zu den wenigen bedeutenden Menschen, mit denen man verkehren konnte, ohne vollständig ihrer Ansicht zu sein. Die meisten vertragen keinen Widerspruch, wenigstens nicht in ihrem eigenen Fach.» Aus Freunds Erinnerungen stammt übrigens auch die Überlieferung von Kellers Urteil über Nietzsche nach dessen Besuch: «Ich glaube, dä Kerl ischt verruckt.»

Lit.: Memoiren eines Pianisten (Robert Freund), CXXXIX. Neujahrsblatt der Allgemeinen Musikgesellschaft Zürich 1951, S. 24f.

4.18. Grusswort an den Freund
Friedrich Nietzsche an Robert Freund, 25. 1. 1879
Zentralbibliothek Zürich, Ms Z II 157.22

Es war wohl während seines Aufenthaltes in der Villa Falkenstein bei Frau Rothpletz vom 21.–23. September 1878, als Nietzsche wieder einen seiner Anfälle erlitt und sein Zimmer nicht verlassen konnte und eben Robert Freund zu Besuch kam. «Genanntes Zimmer lag aber gerade über dem Salon, in dem der Flügel stand, und um ihn zu zerstreuen, bat mich Frau Rothpletz, ihm etwas vorzumusizieren.» Bei seinem nächsten Zürich-Aufenthalt, offenbar am letzten Wochenende im Januar 1879, wollte Nietzsche dann gewiss Freund persönlich kennenlernen und sich bedanken. Als er offenbar erfolglos angeklopft hatte, hinterliess er dieses bisher unveröffentlichte Billet:
«Sehr bedauernd, Sie nicht zu Hause zu finden, so dass Sie an die *schriftliche* Versicherung meiner Hochschätzung glauben müssen
Prof Dr Nietzsche
den 25 Januar 1879»

Sehr bedauernd, Sie nicht zu Hause zu
finden, so dass Sie an die schriftliche
Versicherung meiner Hochschätzung glauben
müssen
Prof Dr Nietzsche
den 25 Januar
1879
Ms. Z II 157. 22

5. Nietzsche und der Berner «Bund»

Eine Beziehung eigener Art verband Nietzsche mit dem Feuilletonredaktor Josef Victor Widmann und dem Schriftsteller Carl Spitteler. Nur über das Medium der Berner Tageszeitung «Der Bund», deren Feuilleton von Widmann geleitet wurde, und über Briefe begegnete Nietzsche diesen zwei eng miteinander befreundeten Schweizern, ohne sie je persönlich kennenzulernen. Widmann hatte als einer der ersten ein Werk Nietzsches in einer Tageszeitung ausführlich und spektakulär besprochen und Spitteler hatte durch einen musikalischen Aufsatz im «Bund» 1887 Nietzsches Aufmerksamkeit auf sich gezogen. Im selben Jahr hat Spitteler, auf Widmanns Einladung, eine Gesamtwürdigung von Nietzsches schriftlichem Werk verfasst. Nietzsche, dem zeitlebens kaum öffentliche Beachtung zuteil wurde, war zunächst hoch erfreut und hoffte, in Widmann und Spitteler eine Art Geistes- und Gesinnungsgenossen gefunden zu haben. Am Ende seiner Schaffenszeit distanzierte er sich aber zunehmend von seinen Rezensenten und fertigte sie sogar in «Ecce homo» ziemlich unfein ab. Vor allem Widmann hat sich auch nach Nietzsches Zusammenbruch mit Nietzsches Werk weiterhin kritisch auseinandergesetzt. Später hat sich in der Nietzsche-Forschung eine wenig fruchtbare Diskussion um mögliche gegenseitige Abhängigkeiten zwischen Spittelers «Prometheus» und Nietzsches «Zarathustra» entfacht, zu der Spitteler mit einem ausführlichen Aufsatz Stellung genommen hat.

Zu Nietzsches Beziehungen zu Josef Viktor Widmann und Carl Spitteler, zu den Briefwechseln und zu den Rezensionen, Werken und Aufsätzen siehe die Beiträge von Rudolf Käser und Werner Stauffacher in vorliegendem Band, ferner W. Stauffachers Spitteler-Biographie, Zürich: Artemis 1973.

5.1. Ferdinand Hodler
Portrait von Josef Victor Widmann, 1898
Kunstmuseum Bern
Siehe Abb. S. 122

5.2. «Hier liegt Dynamit»
Josef Victor Widmann, Nietzsches gefährliches Buch, Der Bund, 16. und 17. 9. 1886
Der Bund, Bern
Siehe Abb. S. 123 – 127

Widmanns Rezension des «Jenseits» war für Nietzsche von überragender Bedeutung. Die Einleitungsmetapher vom Dynamit übernahm er u. a. in «Ecce homo», wo er schrieb: «Ich bin kein Mensch, ich bin Dynamit.» (KSA 6, S. 365)

5.3. Friedrich Nietzsche an Josef Victor Widmann, 11. 9. 1887
Sammlung Albi Rosenthal, London

Mit diesem Brief an Josef Viktor Widmann reagierte Nietzsche auf Spittelers «Allegorie im Orchester» (Kat. Nr. 5.11) und teilte mit, dass er Spitteler an Ferdinand Avenarius, den Redakteur des «Kunstwart» weiterempfohlen habe (Kat.Nr. 5.12).

Lit.: KSB 8, Nr. 907.

5.4. Josef Victor Widmann an Friedrich Nietzsche, 13. 9. 1887
Goethe- und Schiller-Archiv, 71/294

Lit.: KGB III 6, Nr. 475

5.5. Josef Victor Widmann, «Nietzsches Abfall von Wagner»
Der Bund, 20. und 21. 11. 1888
Der Bund, Bern

5.6. Josef Victor Widmann, «Jenseits von Gut und Böse»
Schauspiel in drei Aufzügen, Stuttgart: Cotta 1893
Universitätsbibliothek Basel, A 1 VI 443

5.7. Ferdinand Hodler
Aquarellstudie zum Gemälde von Carl Spitteler, 1915
Reproduktion aus dem Dichtermuseum Liestal, Standort des Originals unbekannt
Siehe Abb. S. 132

5.8. Spitteler als Student bei Burckhardt
Vorlesungsaufzeichnung eines Kollegs über Geschichte bei Jacob Burckhardt, Sommersemester 1870
Schweizer Literaturarchiv, Nachlass C. Spitteler, M 51, I, Nr. 1 u. 2

1861 ist der sechzehnjährige Spitteler als Schüler des Basler Pädagogiums zum ersten Mal Jacob Burckhardt begegnet. Als er 1863 seine juristischen Studien aufnahm, belegte er auch Vorlesungen bei Burckhardt. Nach dem Abbruch des juristischen Studiums begann Spitteler mit Theologie in Zürich und Heidelberg. Die letzten zwei Semester war Spitteler wieder in Basel, wo er im Sommer 1871 das Abschlussexamen bestanden hat und als Pfarrer ordiniert wurde. In dieser letzten Basler Zeit seines Studiums besuchte Spitteler 1870 mehrere Vorlesungen Burckhardts (aber offenbar keine Overbecks) und hätte durchaus mit Nietzsche zusammentreffen können. In seiner Erinnerung «Jacob Burckhardt und der Student» (1912) hat Spitteler später der Bedeutung seines Lehrers, dem er während der Studentenjahre «geradezu alle nicht-theologische Bildung» verdankte, ausführlich gedacht.

Lit.: Carl Spitteler, Gesammelte Werke, Bd. VI, Autobiographische Schriften, Zürich, Artemis 1947, S. 374ff. und 427 und Bd. X/2, Zürich: Artemis 1958, S. 208ff.

5.9. Prometheus und Epimetheus
Carl Felix Tandem [d.i. Carl Spitteler], Prometheus und Epimetheus, Ein Gleichniss, 2 Teile., Aarau: Sauerländer 1881 und 1882.
Universitätsbibliothek Basel, Düm 601

5.10. Spittelers Rezensionsexemplar der «Fröhlichen Wissenschaft»
Friedrich Nietzsche, Die fröhliche Wissenschaft. («la gaya scienza»). Neue Ausgabe mit einem Anhange: Lieder des Prinzen Vogelfrei Leipzig: Fritzsch 1887
Rezensionsexemplar Spittelers mit handschriftlichen Randbemerkungen
Schweizer Literaturarchiv, Nachlass C. Spitteler, B 100.

5.11. C. Spitteler, «Die Allegorie im Orchester»
Sonntagsblatt des Bund, 14. 8. 1887
Der Bund, Bern

Durch diesen Artikel wurde Nietzsche auf Spitteler aufmerksam (siehe Kat.Nr. 5.3).

5.12. Empfehlung Nietzsches
Friedrich Nietzsche an Ferdinand Avenarius, 10. 9. 1887
Sammlung Albi Rosenthal, London

Nach der Lektüre von Spittelers «Allegorie im Orchester» gratulierte Nietzsche nicht nur Widmann zu seinem Mitarbeiter, sondern empfahl Spitteler auch – ohne Nachfrage – an Ferdinand Avenarius in Dresden. Dieser hatte nämlich Nietzsche in einem (nicht überlieferten) Brief angefragt, ob er an seiner neuen Zeitschrift «Der Kunstwart» mitzuarbeiten bereit wäre. Nietzsche lehnte aus prinzipiellen Gründen ab, verwies aber auf Heinrich Köselitz und Carl Spitteler als mögliche Mitarbeiter (vgl. Kat.Nr. 5.3). Avenarius fragte sofort Spitteler an, und dieser ergriff dankbar und freudig die langersehnte Gelegenheit, «in Deutschland ab und zu ein Wort, das mir am Herzen lag, öffentlich auszusprechen». Spitteler blieb von da an zeitlebens Avenarius und seinem «Kunstwart» treu und bewahrte Nietzsche für seine Empfehlung, von der er später erfuhr, ein dankbares und warmes Angedenken.

Lit.: KSB 8, Nr. 904. Carl Spitteler, Gesammelte Werke, Bd. VI, Autobiographische Schriften, Zürich, Artemis 1947, S. 502f.

5.13. C. Spitteler, «Friedrich Nietzsche aus seinen Werken»
Sonntagsblatt des Bund, 1. 1. 1888
Der Bund, Bern
Siehe Abb. S. 138f.

5.14. C. Spitteler: Der Fall Wagner
Der Bund, 8. 11. 1888
Der Bund, Bern

5.15. Carl Spitteler an Friedrich Nietzsche 8. 11. 1888
Brief und Briefumschlag
Goethe- und Schiller-Archiv, 71/290

Lit.: KGB III 6, Nr. 601.

5.16. «Meine Nichtbeziehung zu Nietzsche»
Manuskript und maschinenschriftliche Umschrift
Schweizer Literaturarchiv, Nachlass C. Spitteler, M 52 III 34 und M 52 XIII a2

Der erste, am Genfersee entstandene Entwurf für Spittelers Flugschrift über seine Beziehung zu Nietzsche, damals noch provokativ mit «Nichtbeziehung» überschrieben.

5.17. «Meine Beziehungen zu Nietzsche»
Manuskript und Sonderdruck Süddeutsche Monatshefte 1908, Schweizer Literaturarchiv, Nachlass C. Spitteler, M 58 XIII b, II, 1 und W 162

Lit.: Carl Spitteler, Gesammelte Werke, Bd. VI, Autobiographische Schriften, Zürich, Artemis 1947, S. 493-518 und Bd, X/2, Zürich: Artemis, S. 268–288.

6. Varia & Curiosa

In dieser Abteilung sind die verschiedensten, nicht in die anderen Themengruppen einzuordnenden Erlebnisse, Begegnungen und Dokumente dargestellt: Der Genfersee gehörte seit Nietzsches Ankunft in der Schweiz zu dessen beliebten Ausflugs- und Ferienzielen. Von Genf aus ist Nietzsche auch zum Hause Voltaires in Ferney gepilgert. In Genf hat er den Dirigenten und Musiker Hugo von Senger besucht und einer seiner Klavierschülerinnen, Mathilde Trampedach, einen überstürzten Heiratsantrag gemacht. – Das Thema Ehe wurde von Mutter und Schwester und vor allem von der mütterlichen Freundin Malwida von Meysenbug immer wieder angeschnitten, letztere versuchte z. B. vergeblich, Nietzsche mit Natalie Herzen, einer Tochter des russischen Revolutionärs, zu verheiraten. – Auch im Tessin verbrachte Nietzsche Ferien und empfing in verschiedenen Kirchen nachhaltige Eindrücke. Auf der Fahrt über den Gotthard nach Lugano lernte Nietzsche den italienischen Revolutionär Giuseppe Mazzini kennen, der ihm unvergessliche Goethe-Verse rezitierte. – Aus Liestal erhielt Nietzsche eines Tages «Fan-Post» vom «freien Geistesarbeiter» Theodor Opitz. – Zuletzt wird ein Blick auf die unglückliche, d. h. entstellte und gefälschte Editions- und Rezeptionsgeschichte geworfen, die Nietzsches Werk und Nachlass dem Faschismus und Nationalsozialismus dienstbar gemacht hat.

6.1. Ferdinand Hodler: Abend am Genfersee von Chexbres aus

Die Region um den Genfersee übte von Anfang an eine besondere Anziehungskraft auf Nietzsche aus. Der «zauberische» Genfersee muss Nietzsche in Basel lebhaft empfohlen worden sein, denn schon wenige Monate nach seinem Arbeitsantritt plante er Ferien (1869) mit Mutter und Schwester in Montreux, was sich dann im Frühjahr 1870 mit einem Aufenthalt in Clarens au Basset verwirklichen liess. Und in den folgenden Jahren suchte Nietzsche die Genferseegegend immer wieder auf, so im Frühjahr 1876 mit Gersdorff in Veytaux mit Ausflügen und Aufenthalten in Glion, Bex, Genf und Ferney (zum Haus Voltaires); und im Herbst desselben Jahres verbrachte Nietzsche zusammen mit Paul Rée glücklichste Ferientage in Bex. Vor seiner endgültigen Arbeitsniederlegung suchte Nietzsche im Frühjahr 1879 Genf zur Kur und Erholung auf.

Lit.: KSB 3, S. 24, 40.

6.2. Voltairebüste
eines unbekannten Künstlers
Universitätsbibliothek Basel, Portraitsammlung

«Menschliches, Allzumenschliches» trug auf dem Titel den Hinweis: «Dem Andenken Voltaire's geweiht zur Gedächtniss-Feier seines Todestages, des 30. Mai 1788.» Das Werk erschien rechtzeitig (Ende April) vor der Feier von Voltaires hundertstem Todestag und wurde entsprechend aufgenommen. Höhepunkt der Rezeption war wohl eine anonyme Sendung aus Paris, die genau am 30. Mai bei Nietzsche eintraf: Eine Büste Voltaires mit einer ergreifenden Widmung.

6.3. «L'âme de Voltaire fait ses compliments à Frédéric Nietzsche»
Anonym an Friedrich Nietzsche o.D. [28. 5. 1878]
Goethe- und Schiller-Archiv, 71/294,12

Lit.: KGB II 6/2, Nr. 1077.

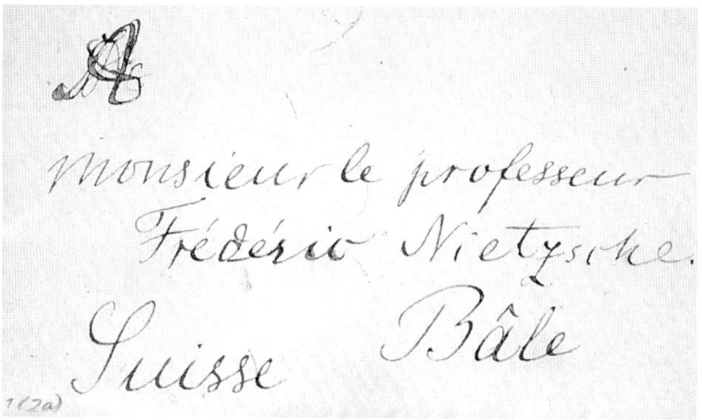

Monsieur le professeur
Frédéric Nietzsche.
Suisse Bâle

L'âme de Voltaire
fait ses compliments
à
Frédéric Nietzsche.

6.4. Hugo von Senger (1835–1892)
Photo: Goethe- und Schiller-Archiv, 101/435
Siehe Abb. S. 65

Nietzsche ist dem Wagnerverehrer und Genfer Kappellmeister Hugo von Senger zum ersten Mal 1872 in München anlässlich einer Tristan-Aufführung begegnet. Es folgte ein lockerer, aber sehr freundlicher Briefwechsel, bis Hugo von Senger im Februar 1876 in Basel einen kurzen Überrraschungsbesuch machte. In seinen Erholungsferien am Genfersee reiste dann Nietzsche am 6. April 1876 für zehn Tage nach Genf zu Hugo von Senger. «Heute Concert; morgen auch, Senger lässt auf meinen Wunsch die Benvenuto Cellini-Ouverture von Berlioz und einiges Andre machen. Die Schönheit von Genf versetzt mich in ein seliges Staunen, hier möchte ich sterben, wenn nicht leben» schrieb er an die Schwester. Auf Sengers Vermittlung lernte Nietzsche auch die Familie Köckert und

Ein Gute +

liebe Grüsse

Madeleine

PAUL KLEE (1879–1940)
Bild aus dem Boudoir /Image tirée du boudoir/Picture from the Boudoir, 1922.14
Aquarell über Ölfarbzeichnung auf Papier (Ingres), 33,2/49 cm
Kunstmuseum Bern, Paul-Klee-Stiftung, Inv. F26

VD 4427 – Vontobel, CH-8706 Feldmeilen – Printed in Switzerland

S Kl 1922/ 14 Bild aus dem Boudoir

Mathilde Trampedach kennen. Hugo von Senger ist übrigens dank einer Erbschaft, die er in die Gründung des Genfer Symphonie-Orchesters investierte, ein Stammvater des heutigen Orchestre de la Suisse romande.

Lit: KSB 5, S. 146. Janz I, 626-628, 634–640. KGB II 4, Nr. 338, 359, 374, 396, 437, 474; II 6, Nr. 736,

Thema: Ehe
Auf der Fahrt in die Sommerferien 1874 nach Bergün ist Nietzsche in Chur seinen letztjährigen Flimser-Ferienbekannten wiederbegegnet, darunter auch der Baslerin Bertha Rohr (1848–1940), in die er sich kurzerhand verliebt hat. Nach Hause, wo solcherlei Informationen hingehörten, schrieb er, «dass ich neulich Abends einmal fast entschlossen war, Fräulein Rohr zu heirathen; so gut hatte sie mir gefallen». Doch schon wenig später heisst es: «Meine Bemerkung über Fr. R. sollte Dich nicht aufregen, ich theilte sie als Curiosum mit.»
Als Nietzsche im April 1876 zu Besuch bei Hugo von Senger in Genf weilte, lernte er dessen charmante Klavierschülerin Mathilde Trampedach kennen. Kurz darauf hielt er schriftlich um die Hand des neun Jahre jüngeren Fräuleins an, bediente sich zuvor aber der persönlichen Vermittlung seines Freundes von Senger, nicht ahnend, dass dieser selbst in Mathilde Trampedach verliebt war (und sie drei Jahre später heiraten sollte)! Nietzsches Antrag wurde abgelehnt und darauf von ihm höflichst entschuldigt. Nietzsche redete sich zum Trost ein: «Geheirathet wird *nicht*, zuletzt hasse ich die Beschränkung und die Einflechtung in die ganze 'civilisirte' Ordnung der Dinge so sehr, dass schwerlich irgend ein Weib freisinnig genug ist, um mir zu folgen.»
Eine nächste Geschichte ist die mit Natalie Herzen. Die Tochter des russischen Anarchisten und Revolutionärs Alexander Herzen wurde nach dem frühen Tod ihrer deutschen Mutter zusammen mit ihrer jüngeren Schwester Olga von Malwida von Meysenbug als Pflegetochter aufgenommen. Wohl anlässlich der Grundsteinlegung in Bayreuth im Mai 1872 lernte sie Nietzsche kennen und wurde später von ihrer Pflegemutter als mögliche Ehefrau Nietzsches ausersehen. Während seines Sorrentiner Aufenthaltes 1876/77 redete Malwida von Meysenbug Nietzsche diesbezüglich zu. Aber für Nietzsche war die Gleichaltrige zu alt, «es wäre besser, dass sie 12 Jahre jünger wäre», schrieb er nach Hause. Aus der von Malwida von Meysenbug aufgebotenen Schar junger «Kandidatinnen» fand aber Nietzsche «den geistigen Qualitäten nach [...] immer Nat. Herzen am besten geeignet». – «In diesem Sommer [1877] soll nun das das Projekt gefördert werden, in der Schweiz, so dass ich im Herbst verheirathet nach Basel käme.» Nietzsche selbst betrachtete, unterstützt von Mutter und Schwester, zwar eine Verheiratung als «sehr wünschenswerth», zweifelte aber an «dieser unwahrscheinlichsten Sache». In grosser Sorge um Nietzsches Gesundheit und Existenz versuchte Malwida von Meysenbug ihre Pflegetochter für ihren Plan zu gewinnen; vergeblich, sie musste Nietzsche informieren, «N[athalie] müssen wir total von der Liste streichen; sie hat mir neulich wieder zufällig ihre feste Absicht in der Beziehung mitgetheilt.» Nietzsche musste also diese Möglichkeit vergessen, wenngleich er Natalie Herzen nicht vergessen konnte und sie noch zehn Jahre später in «alter Liebe und Treue» grüssen liess.
Bald wurden Pläne in bezug auf die Genfer Bankierstochter Köckert («die kleine Köckert») erwogen, aber wieder fallen gelassen, zumal durch Hugo von Senger keine günstigen Urteile über diese Familie vorlagen. Sogar an Bertha Rohr hat Nietzsche wieder gedacht, und wollte sie sofort treffen. Fixiert auf die gesundheitliche Rettung durch Heirat und ohne konkrete Aussichten dachte Nietzsche an einen «coup de force» und schrieb an Malwida von Meysenbug, nicht eben vornehm: «Bis zum Herbst habe ich noch die schöne Aufgabe, mir ein Weib zu gewinnen, und wenn ich sie von der Gasse nehmen müsste.» – Bekanntlich wurde aus all diesen Plänen ebensowenig wie aus dem Heiratsantrag an Lou von Salomé (1882). Jahre später dachte Malwida von Meysenbug an Resa von Schirnhofer und dann wieder an Bertha Rohr als mögliche weibliche Schutzgeister für Nietzsche, doch Nietzsche wollte nichts mehr wissen: «Nichts mit Heiratherei!» schrieb er an seiner Schwester und zog so einen Schlussstrich unter solche Pläne.

Lit.: KSB 4, S. 246, 250; 5, S. 163,227, 231, 241, 248, 250; 6, S. 549; 8, S. 119. KGB II 6/1, S. 591. Janz I, 628–632, 676f. u. 758f.; II, S. 315–317. W. Ross, Der ängstliche Adler, Friedrich Nietzsches Leben, Stuttgart 1980, S. 449-454. G. Bohnenblust, Nietzsches Genfer Liebe, Annalen 2, Zürich 1928.

6.5. Mathilde Trampedach (*1853)
Photo: Goethe- und Schiller-Archiv, 101/452

6.6. «wollen Sie meine Frau werden?»
Friedrich Nietzsche an Mathilde Trampedach, 11. April 1876
Goethe- und Schiller-Archiv, Weimar, 71/314

Lit.: Text: KSB 5, Nr. 517

6.7. «Dass ich gerne gut machen möchte»
Friedrich Nietzsche an Mathilde Trampedach, 15. April 1876
Goethe- und Schiller-Archiv, Weimar, 71/314

Lit.: Text: KSB 5, Nr. 522.

6.8. Natalie Herzen (1844–1936)
Photo: Centre d'icônographie genevoise, Genf

6.9. «Gebaerden des heiligen Johannes»
Bernardino Luini, Passionsfresko (1529) in der ehemaligen Franziskanerkirche S. Maria degli Angioli, Lugano. Photographie.

Ab Mitte Februar 1871 wurde Nietzsche aufgrund seines schlechten Gesundheitszustandes für den Rest des Wintersemesters beurlaubt und fuhr zur Erholung mit der Schwester für 6 Wochen nach Lugano. Dort arbeitete er seine bisherigen Aufzeichnungen zur griechischen Tragödie grundlegend um und entwarf an dem Geburtstage Schopenhauers (22. Februar) ein «Vorwort an Richard Wagner». Fast wäre Lugano in der «Geburt der Tragödie» zu Ehren gekommen: In einer Vorstufe zu § 13 dieses Werkes schreibt Nietzsche, Plato habe sich vor dem sterbenden Sokrates «niedergeworfen mit Gebaerden, die uns an den heiligen Johannes in der grossen Passion des Luini erinnern.» Dieser Vergleich wurde dann nicht in die gedruckte Fassung aufgenommen, möglicherweise weil er Nietzsche doch zu elitär vorkam, hatte er doch selbst erst in Lugano das Fresko entdeckt. Vermutlich geht diese Entdeckung auf einen Hinweis Jacob Burckardts zurück. In seinem «Cicerone» gilt ihm dieses Fresko «als eines der ersten von Oberitalien und schon um einer Gestalt willen des Aufsuchens würdig, des Johannes, der dem sterbenden Christus sein Gelübde thut».

Lit: KSA 7, S. 351-357. B. v. Reibnitz, Ein Kommentar zu Friedrich Nietzsche «Die Geburt der Tragödie aus dem Geiste der Musik», Stuttgart: Metzler 1992, S. 43–45. J. Burckhardt, Der Cicerone, Eine Anleitung zum Genuss der Kunswerke Italiens, Basel: Schweighauser, 1860, S. 868.

6.10. Kirche Madonna del Sasso in Locarno
Öl auf Karton 1906
Privatbesitz, Dornach

Gleich zu Beginn der Aufzeichnungen für Lou von Salomé während seines Tautenburger Aufenthaltes (Juli–Aug. 1882) zitierte Nietzsches eine lateinische Inschrift (?): «solitudo continuata dulcescit» und vermerkte als Quellenangabe: «Madonna del Sasso. (Locarno)». Vermutlich sind Lou von Salomé und Nietzsche auf ihrer Reise von Rom herkommend (Anfang Mai 1882), wie schon damals in Orta auf den Monte Sacro, auch in Locarno zu dieser Wallfahrtskirche hochgestiegen und hatten dort unvergessliche Erlebnisse.

Lit.: KSA 10, S. 9.

6.11. Giuseppe Mazzini: resolut leben
Originallithographie
Universitätsbibliothek Basel, Porträtsammlung

Als Nietzsche am 14.–16. Februar 1871 über den Gotthard ins Tessin reiste (Schlittenpost!) begegnete er in Flüelen, wo er Station machte, dem italienischen Freiheitskämpfer Giuseppe Mazzini (1805–1872), der inkognito in sein Heimatland reiste. Im Verlauf des entstandenen Gesprächszitierte Mazzini die seines Erachtens schönsten Verse, die Goethe je geschrieben habe: «Unablässlich streben, / Uns vom Halben zu entwöhnen, / Und im Ganzen, Guten, Schönen, / Resolut zu leben.» In Lugano angekommen, nahm Nietzsche diese Verse, in sein «Vorwort an Richard Wagner» auf. Dieses wurde dann zwar in ganz anderer Form gedruckt, die Goethe-Verse fanden aber gleichwohl Aufnahme in die «Geburt der Tragödie» (im 18. Abschnitt). – Nietzsche suchte lange nach der Herkunft der Verse, bis Carl von Gersdorff sie im Gedicht «Generalbeichte» unter Goethes «Geselligen Liedern» ausfindig machen konnte. Fortan wurde dieses Wort zu einem Wahlspruch in Nietzsches Freundeskreis. Nietzsche, Gersdorff, Wagner und Rohde riefen ihn sich gegenseitig zu. Und immer wieder wurde in diesem Zusammenhang Mazzini genannt, den Nietzsche während seiner Genueser Aufenthalte zusammen mit Colombus und Paganini zu seinen hiesigen «Schutzheiligen» zählte. Noch im Mai 1882 beschwor er seinen Glauben und seine Freundschaft zu Lou von Salomé mit diesem Wahlspruch. (vgl. Kat. Nr. 3.12).

Lit: KSB 3, S. 240; 4, S. 98, 101f.; 6, S. 66, 134, 197. KGB II 2, S. 452f. KSA 1, S. 119. Elisabeth Förster-Nietzsche, Das Leben Friedrich Nietzsches, II, 1, S. 56. Elisabeth Förster-Nietzsche, Mazzini und Nietzsche, Neue Freie Presse, 10. Februar 1921 (auch in: Gilman, Begegnungen, S. 153-160)

6.12. Theodor Opitz (1820–1896)
Photographie, Dichtermuseum Liestal

Theodor Opitz stammte wie sein Vorfahre, der Barockdichter Martin Opitz, aus Schlesien. Nach der deutschen Revolution 1848 und dem zweiten polnischen Aufstand verschlug es ihn in den 1860er Jahren aus politischen Gründen in die endgültige Emigration in die Schweiz. Hier arbeitete er zunächst als Zeitungsredakteur, später als «freier Geistesarbeiter» (wie er sich nannte) und Übersetzer ohne Verleger in Liestal. Opitz knüpfte mit seiner ausgiebigen Korrespondenz schriftlichen Kontakt zu namhaften Zeitgenossen wie

Gottfried Keller, Adalbert Stifter, Joseph von Eichendorff, Bruno Bauer, Jacob Burckhardt und Josef Viktor Widmann.

6.13. Friedrich Nietzsche an Theodor Opitz, 21. Dez. 1874
Dichtermuseum Liestal, Oz 49

In Opitz' nachgelassener Korrespondenz findet sich auch Nietzsche als Briefpartner. Opitz hatte schon am 24. Dezember 1873 lebhaft für das Erscheinen der «Geburt der Tragödie» gedankt und am 21. Dezember 1874 ein Huldigungsgedicht auf die dritte Unzeitgemässe Betrachtung an Nietzsche geschickt. Nietzsche war gerührt und dankte postwendend mit einem abermaligen Bekenntnis zu Schopenhauer. – Über eventuelle weitere Kontakte zwischen Nietzsche und Opitz ist nichts bekannt.

Lit.: KGB II 4, Nr. 492 und 617. KSB 4, Nr. 409.

Exkurs: Dunkle Schatten der Nietzsche-Rezeption: Antisemitismus und Nationalsozialismus

6.14. Semitismus – Antisemitismus – Anti-Antisemitismus
Friedrich Nietzsche an Franz Overbeck, Postkarte, 2. 4. 1884
Universitätsbibliothek Basel, Briefwechsel Nietzsche – Overbeck, Nr. 137

In diesem Brief bezeichnet Nietzsche «die verfluchte Antisemiterei» als «Ursache eines radikalen Bruchs zwischen mir und meiner Schwester». Elisabeth Nietzsche hatte Ende 1882 den militanten Antisemiten Bernhard Förster kennengelernt, den sie am 22. Mai 1885 heiratete. Mit ihm unternahm sie die Gründung und Führung einer «arischen» Kolonie in Paraguay, «Nueva Germania», weil Förster im Bismarckschen Deutschland keine Wirkensmöglichkeiten für das «reine Deutschtum» mehr sah.
Von diesem Unternehmen distanzierte sich Nietzsche mit einem radikalen Anti-Antisemitismus. In Nietzsches Werk und Briefen finden sich andererseits verschiedene sehr kritische Äusserungen über Juden, Judentum und jüdische Religion und Mentalität, die später in den von seiner Schwester geschaffenen Zusammenhang mit Bernhard Förster gestellt und mit dem Nationalsozialismus in Verbindung gebracht wurden. Alle diese widersprüchlichen und schwer interpretierbaren Elemente haben in jüngster Zeit eine angeregte, kontroverse Diskussion ausgelöst.

Lit.: KSB 6, Nr. 503. Dominique Bourel, Jacques Le Rider (Hrsg.), De Sils-Maria à Jérusalem, Nietzsche et le judaïsme, Les intellectuels juifs et Nietzsche, Paris: Editions du Cerfs 1991.

6.15. «Der Wille zur Macht» – Der Mythos einer Fälschung
Nietzsche's Werke, Zweite Abteilung, Bd. XVI, Nachgelassene Werke, Der Wille zur Macht, Drittes und Viertes Buch. Zweite, völlig neugestaltete und vermehrte Ausgabe, 13. und 14. Tausend, Leipzig: Kröner 1912
Friedrich Nietzsche, Der Wille zur Macht. Versuch einer Umwertung aller Werte. Herausgegeben von Peter Gast unter Mitwirkung von Elisabeth Förster-Nietzsche. Mit einem Nachwort von Ralph-Rainer Wuthenow, Frankfurt a.M., Leipzig: Insel 1992 (= insel taschenbuch 1445)
Mazzino Montinari, Nietzsche lesen, Berlin/New York: de Gruyter 1982, S. 92ff.
Sammlung D. M. Hoffmann

Nach dem Scheitern des Paraguayer Kolonialprojekts und dem Selbstmord Bernhard Försters kehrte Elisabeth Förster-Nietzsche im September 1893 endgültig nach Naumburg zurück und übernahm in ähnlichem Geist die Verwaltung und Herausgabe von Nietzsches Werk und Nachlass. Die so entstandenen sogenannten «Gesamt»-Ausgaben waren, mindestens was den Nachlass betrifft, willkürlich ausgewählte und zusammengestellte Bücher, von denen zwei, die Bände XV und XVI unter dem Titel «Der Wille zur Macht» erfolgreich als Nietzsches «systematisches Hauptwerk» verkauft wurden. Dadurch und durch die entstellende, ja bisweilen fälschende Nietzsche-Biographie aus der Feder der Schwester wurde bis heute die Nietzsche-Rezeption beeinflusst. Die Kritische Ausgabe von Giorgio Colli und Mazzino Montinari sollte eigentlich die philologischen und philosophischen Fragen um den «Willen zur Macht» wesentlich aufgelöst haben, das hier gezeigte Insel-Taschenbuch ist aber ein Beispiel für die ungetrübte Nachwirkung des Förster-Nietzscheschen Geistes bis in die Gegenwart. Unter falscher Herausgeberangabe und mit einem irreführenden und fehlerhaften Nachwort wird hier der Mythos vom «Hauptwerk» blauäugig weitergeführt.

Lit.: Die Literatur zu diesem Thema ist uferlos, eine Übersicht über die Editionsgeschichte findet sich in: Hoffmann, «Basler Nietzsche-Archiv», S. 37-45.

6.16. Hitler und Nietzsche
Adolf Hitler im Nietzsche-Archiv am 20. Juli 1934
Abb. aus «Spiegel»-Leitartikel vom 8. Juni 1981

In seinen Anfängen suchten Hitler und der Nationalsozialismus Anknüpfungspunkte bei Nietzsche, konnten aber dessen Werk wegen der zahlreichen deutschfeindlichen und philosemitischen Passagen nur ganz beschränkt, in Schlagworten wie «Übermensch», «Wille zur Macht», «Werdet hart!» für ihre Zwecke dienstbar machen. In «Mein Kampf» findet sich z.B. keine einzige Erwähnung Nietzsches. Hitler besuchte Nietzsches greise Schwester von 1932 bis 1935 verschiedene Male im Weimarer Archiv und unterstützte zunächst ideell und finanziell den Bau einer Nietzsche-Gedenkhalle neben dem Archivgebäude. Seit September 1939 erlahmten aber Hitlers Interesse und Unterstützung. Die nationalsozialistische Nietzsche-Rezeption wurde nach dem Krieg und z.T. bis heute angeregt diskutiert.

Lit.: Auch hier ist die Literatur uferlos, Grundinformation bei: Hoffmann, «Basler Nietzsche-Archiv», S. 45–52. Problemaufriss bei: Mazzino Montinari, Nietzsche zwischen Alfred Baeumler und Georg Lukács, in: ders., Nietzsche lesen, Berlin/New York: de Gruyter 1982, S. 169–206. Zur Nietzsche-Halle: Hoffmann, Nietzsche-Archiv, S. 111f.

7. In der Bergwelt

Für den Sachsen Nietzsche war die Schweizer Bergwelt eine Entdeckung allerersten Ranges, in ihr fühlte er sich erst zu sich selbst geführt, unbesiegbar, ebenbürtig aufgenommen. Die Liste der Aufenthaltsorte ist von touristischem Ausmass: Pilatus, Maderanertal, Flüelen, Gotthard, Gimmelwald, Rigi, Brünig, Brienz, Rosenlauibad, Faulensee, Kandertal, Meiringen, Männlichen, Amden, Rabiosa-Schlucht, Via Mala, Flims, Bergün, Chur, St. Moritz, Sils, Scuol etc. – Höhe, Gipfel, Berggrate und Hochalpenluft wurden Nietzsche zu philosophischen Kategorien, «Über den Menschen», «Jenseits von Mensch und Zeit», «6000 Fuss über dem Meere und viel höher über allen menschlichen Dingen» – solche geographischen Bezeichnungen verwendete er zur Kennzeichnung seiner eigenen Denkposition. Im sommerlichen Oberengadin, «hier, wo Italien und Finnland zu Bunde zusammengekommen sind», fand der wetterfühlige, leidende Nietzsche sein Arkadien, seine ihm eigene Landschaft und das ihm angemessene Klima, dem er nur dasjenige von Oaxaca im mexikanischen Hochland zur Seite stellen wollte. Dieser Landschaft glaubte Nietzsche sogar sein Leben zu verdanken! Hier wurden einige seiner wichtigsten Werke konzipiert oder niedergeschrieben, vom engadinhaften «Wanderer und sein Schatten» über die «Genealogie der Moral» bis zur «Götzendämmerung» und zum vernichtenden «Antichrist». Dem Engadin dankte er die Eingebung des Gedankens der «Ewigen Wiederkunft des Gleichen», und als «Ursprungsstätte des Zarathustrismus» wurde ihm Sils-Maria gar zu einem heiligen Ort.

7.1. Giovanni Segantini – Vision von Nietzsches Landschaften
Rauminstallation mit Segmenten aus verschiedenen Oberengadiner Landschaftsbildern

Giovanni Segantinis (1858–1899) Schaffenszeit und -ort waren zeitweilig mit Nietzsches Aufenthaltsort (Sommermonate der 1880er Jahre im Oberengadin) identisch, ohne dass er freilich Nietzsche je begegnet wäre. In seinen zahlreichen z.T. monumentalen Alpenbildern spiegeln sich Segantinis überwältigende Licht- und Landschaftseindrücke des einsamen Hochgebirges; Eindrücke, welche später zivilisationsmüde Nietzsche- und Segantini-Touristen auf den Pfaden ihrer Meister in Massen nachzuerleben suchten. – Schon kurz nach der Jahrhundertwende war Segantini «als der Nietzsche schaffensverwandteste Künstler» gepriesen worden. Und die Spezialistin Annie-Paule Quinsac schreibt gar über Segantini: «Keiner scheint Nietzsches Mythos des Übermenschen intensiver und kongenialer erlebt zu haben als er.» So trug Segantini zusammen mit Nietzsche wesentlich zur Bedeutung des Oberengadins als literarisch-künstlerischem Pilgerort bei.
Lit.: Zeitschrift «Pan», 1, Nr. 3, Sept.–Nov. 1895, S. 193–195; Jürgen Krause, «'Märtyrer' und 'Prophet', Studien zum Nietzsche-Kult in der bildenden Kunst der Jahrhundertwende», Berlin, New York: de Gruyter 1984, S. 77f. u. 259; Steven E. Aschheim, «The Nietzsche Legacy in Germany 1890–1990», Berkeley: Univ. of California Press 1992, S. 35. «Giovanni Segantini, 1858–1899», Katalog zur Ausstellung im Kunsthaus Zürich, 1990, S. 22, 30, 32–34. Annie-Paule Quinsac, Segantini, Catalogo generale, 2 Bde., Milano: Electa Editrice 1982, S. 30.

7.2. Die Verkündigung des neuen Wortes
Umschlagentwurf für eine italienische Ausgabe von «Also sprach Zarathustra», 1896
Kohle und Pastellkreide, 44,5 x 32,5 cm
Segantini-Museum, St. Moritz

1896 schuf Segantini einen allegorischen Umschlagentwurf für eine italienische Zarathustra-Ausgabe als «bildliche Ergänzung der Idee von Nietzsche».

Lit.: Annie-Paule Quinsac, Segantini, Catalogo generale, 2 Bde., Milano: Electa Editrice 1982, Kat. Nr. 592.

7.3. «Das erste lebendige Wesen, welches ich gebären sah»
Giovanni Segantini, Alpe di Maggio, 1890
Öl auf Leinwand, 31 x 72,5 cm
Rijksmuseum Amsterdam

Während seiner Ferien in der «göttlichen Gegend» von Bergün (Sommer 1874) unternahm Nietzsche mit Heinrich Romundt regelmässig grössere Wanderungen zu Bergseen (mit obligatem Bad). Am 26. Juli hatten die beiden Freunde ein besonderes Erlebnis: «Heute suchten wir eine Schwefelquelle auf, die noch nicht benutzt ist; auf dem Rückwege warf eine Ziege vor meinen Augen ein Zicklein, das erste lebendige Wesen, welches ich gebären sah. Das Junge war viel behender als ein kleines Kind und sah auch besser aus, die Mutter leckte es und benahm sich wie mir schien sehr vernünftig, während Romundt und ich furchtbar dumm dabei standen.»

Lit.: KSB 4, S. 247. Annie-Paule Quinsac, Segantini, Catalogo generale, 2 Bde., Milano: Electa Editrice 1982, Kat. Nr. 251.

7.4. Der Tribschener Hausberg
Robert Zünd (1827–1909), Sommerlandschaft mit Pilatus im Hintergrund
Privatbesitz

Das erste Schweizer Bergerlebnis hatte Nietzsche vom 1.–4. August 1869 auf dem Pilatus, den er im Anschluss an einen Besuch in Tribschen bestiegen hatte. Schon hier nahm Nietzsche die geographische Höhe und Menschenferne zum Anlass, auf seine Vergangenheit von oben zurückzublicken: «[…] werde ich durch die Einsamkeit und Zurückgezogenheit meines jetzigen Aufenthaltes aufgefordert: hier in der Höhe des Pilatus, eingehüllt in Wolken ohne jede Fernsicht, erscheint mir meine bisherige Lebensführung in einem so wunderbaren Lichte […]» (An Ritschl). Der Tribschener Hausberg wurde in der Folge auch für Nietzsche zu einem Vertrauten. Im September 1875 schrieb er an Carl von Gersdorff: «[…] mich verlangt im Herbst immer darnach, den *Pilatus* noch einmal bevor es Winter wird zu sehen; je länger ich nun in der Schweiz bin, umso persönlicher und lieber wird mir dieser Berg.»

Lit.: KSB 3, S. 34 und Bd. 5, S. 111.

7.5. Richard Wagner und das Alpenglühen
Ferdinand Hodler, Genfersee-Landschaft mit Savoyer Bergen im Morgenrot
Privatbesitz

Unter dem Eindruck seiner Schweizer Bergerlebnisse griff Nietzsche in der «Unzeitgemässen» über Wagner zu einem kühnen Vergleich: «im Ringe des Nibelungen finde ich die sittlichste Musik, die ich kenne, zum Bespiel dort, wo Brünnhilde von Siegfried erweckt wird; hier reicht er [Wagner] hinauf bis zu einer Höhe und Heiligkeit der Stimmung, dass wir an das Glühen der Eis- und Schneegipfel in den Alpen denken müssen: so rein, einsam, schwer zugänglich, trieblos, vom Leuchten der Liebe umflossen, erhebt sich hier die Natur; Wolken und Gewitter, ja selbst das Erhabene sind unter ihr.»

Lit.: WB 2, KSA 1, S. 438.

7.6. Als Gast in Splügen
Gästebuch mit Nietzsches Eintrag 1872
Posthotel Bodenhaus, Splügen

Nietzsches erster Aufenthalt in Graubünden, Ende Sept.–Anf. Okt. 1872, ist durch verschiedene Briefe sowie durch eine der wenigen erhaltenen tagebuchartigen Aufzeichnungen ausführlich dokumentiert. Über Chur und die Via Mala war Nietzsche nach Splügen gefahren und hatte dort u.a. einen missglückten Versuch unternommen, nach Italien zu reisen. So wenig Chiavenna und Bergamo Nietzsches Gunst fanden, so begeistert war er von diesem für ihn neuen Winkel der Schweiz. «Höhenluft! Hochalpenluft! Centralhochalpenluft!», rief Nietzsche begeistert aus. In einem Brief an die Mutter berichtet er hymnisch: «Ich schreibe nichts von den ungeheuren Grossartigkeiten der *Via mala*: mir ist es als ob ich die Schweiz noch gar nicht gekannt habe. Das ist meine Natur, und als wir in die Nähe des Splügen kamen, überkam mich der Wunsch, hier zu bleiben. […] Dieses hochalpine Thal (c. 5000 F.) ist ganz meine Lust: da sind reine starke Lüfte, Hügel und Felsblöcke von allen Formen, rings herum gestellt mächtige Schneeberge: aber am meisten gefallen mir die herrlichen Chausseen, in denen ich stundenweit gehe, theils nach dem Bernhardino zu, theils auf die Passhöhe des Splügen, ohne dass ich auf den Weg Acht zu geben habe.»

Lit.: KSA 7, S. 533–535. KSB 4, S. 52–60, 66f.

7.7. Mein Fenster in Splügen
Zeichnung Nietzsches, Anfang Okt. 1872
Goethe- und Schiller-Archiv, 71/169
Siehe Abb. S. 13

Lit.: KSA 7, S. 536.

7.8. Modell einer Gotthardpostkutsche
Verkehrshaus der Schweiz, Luzern

Vor der Eröffnung des Gotthardbahntunnels 1882 mussten die Alpen mit der Postkutsche oder im Winter mit der Schlittenpost überquert werden. Einen Eindruck der Beschwerlichkeiten dieser Fortbewegungsart gibt das gezeigte Modell einer Gotthardpostkutsche. In seinem obenzitierten Brief an die Mutter berichtet Nietzsche von der Fahrt von Chur nach Splügen: «Dann esse ich in meinem Hôtel, wo ich bereits einige Gefährten für die morgende Splügentour vorfinde: leider darunter einen Juden. Montags um 4 stand ich auf, nach 5 ging die Post. Vorher mussten wir in einem übelriechenden Wartezimmer sitzen, unter Graubündner und Tessiner Bauern: überhaupt ist um diese frühe Stunde der Mensch ein widerwärtiges Geschöpf. Die Abfahrt erlöste mich: denn ich hatte mich mit dem Conducteur verständigt, dass ich *seinen* Sitz hoch auf dem Wagen einnehmen konnte. Da war ich allein: es wurde die schönste Postfahrt, die ich je erlebt habe.»

Lit.: KSB 4, S. 55.

7.9. In Flims und am Caumasee
Christian Conradin, Der Caumasee, Federzeichnung

Vom 12. Juli bis zum 15. August 1873 verbrachte Nietzsche zusammen mit Carl von Gersdorff und Heinrich Romundt glückliche Ferien in Flims Waldhaus, von wo aus die drei Freunde regelmässig den nahegelegenen Caumasee für das tägliche Bad im heilkräftigen Wasser aufsuchten. Am 8. August wurden in eine schräge Marmorfelsplatte am Ufer das Erscheinungsdatum von Nietzsches erster «Unzeitgemässer Betrachtung» und in einen Felsblock mitten im See die Initialen des Freundeskreises eingeritzt.

Lit.: Janz I, S. 541-544.

7.10. Eine «Brüderschaft der Lehrer und Erzieher»?
Photo des «Schlösschen» in Flims

Gegen Ende der Ferien kam noch Nietzsches Schwester Elisabeth nach Flims, sie berichtet: «dort wurde uns ein wunderhübsches kleines Schloss, in dem es etwas spuken sollte, zu einem ungewöhnlich billigen Preis (zwanzig bis fünfundzwanzig tausend Franken) zum Kauf angeboten.» Der Freundeskreis soll den Kauf und die Gründung einer «Brüderschaft der Lehrer und Erzieher» erwogen haben. Als Klosterbrüder wurden neben Nietzsche, Romundt und Gersdorff in Aussicht genommen: Rohde, Deussen, Overbeck, als Gäste hoffte man zu begrüssen: die Wagners, die Ritschls, Malwida von Meysenbug und Jacob Burckhardt. – Wie alle die freigeistigen Klosterpläne blieb auch dieser eine Idee und zerschlug sich bald wieder.

Lit.: Elisabeth Förster-Nietzsche, «Das Leben Friedrich Nietzsche's», 2 Bde., Leipzig: Naumann, Bd. II/1 1897, S. 117–119. Zu Nietzsches Klosterplänen im allgemeinen siehe: Hubert Treiber, Nietzsches «Kloster für freiere Geister», Nietzsche und Weber als Erzieher. Mit Anmerkungen zum «Übermenschenkult innerhalb der Bohème der Jahrhundertwende», in: P. Antes, D. Pahnke (Hrsg.), Die Religion von Oberschichten, Marburg: diagonal Vlg.

1989, S. 117–161. Hubert Treiber, Wahlverwandtschaften zwischen Nietzsches Idee eines «Klosters für freiere Geister» und Webers Idealtypus einer puritanischen Sekte. Mit einem Streifzug durch Nietzsches «ideale Bibliothek» in: Nietzsche-Studien 21 (1992), S. 326–362.

7.11. Als Gast in Wiesen
Gästebuch mit Nietzsches Eintrag 1879
Hotel Bellvue in Wiesen b. Davos

Nach der Aufgabe der Professur und der Auflösung des Basler Haushaltes suchte Nietzsche, wohl aufgrund einer Empfehlung durch Bekannte, vom 29. Mai bis 21. Juni 1879 in Wiesen bei Davos Linderung von seinen Leiden. Der Aufenthalt war aber wenig erfolgreich und Nietzsche reiste weiter, zum ersten Mal ins Engadin, von wo er seinem Freund Overbeck erleichtert schreiben konnte: «Aber nun habe ich vom Engadin Besitz ergriffen und bin wie in *meinem* Element, ganz wundersam! Ich bin mit *dieser* Natur *verwandt*. Jetzt spüre ich die Erleichterung. Ach wie ersehnt kommt sie!»

Lit.: KSB 5, S. 420.

7.12. Die Lenzerheide

Vor seinem sechsten Silser Aufenthalt (1887) hatte Nietzsche zwecks Akklimatisierung einen Monat in Chur geweilt und aus verschiedenen Gründen erwogen, den Sommer in Celerina oder noch eher auf der Lenzerheide zu verbringen, die er vom 8. bis 12. Juni anlässlich eines kurzen Aufenthaltes kennenlernte. Während dieses Besuches auf der Lenzerheide schrieb Nietzsche das zentrale Dokument über den «europäischen Nihilismus» nieder.

7.13. «Der europäische Nihilismus»
Entwurf Nietzsches, datiert: «Lenzer Heide den 10. Juni 1887»
Goethe- und Schiller-Archiv, 71/211
Siehe Abb. S. 92

Lit.: KSA 12, S. 211–217. Elisabeth Kuhn, Friedrich Nietzsches Philosphie des europäischen Nihilismus, Berlin, New York: de Gruyter 1992.

7.14. «Der pyramidal aufgethürmte Block unweit Surlei»
Fels am nordöstlichen Ufer des Silvaplanersees
Siehe Abb. S. 89

Nach Nietzsches Angabe in «Ecce homo» ist ihm Anfang August 1881 bei einem Spaziergang angesichts dieses Felsen der Ewige-Wiederkunfts-Gedanke gekommen. Dieser Fels wird oft ungenau als «Zarathustra-Stein» bezeichnet.

Lit.: EH, Also sprach Zarathustra I, KSA 6, S. 335. KSB 6, S. 444.

7.15. «Die Wiederkunft des Gleichen»
Entwurf Nietzsches, datiert: «Anfang August 1881 in Sils-Maria. 6000 Fuss über dem Meere und viel höher über allen menschlichen Dingen! -»
Goethe- und Schiller-Archiv, 71/128
Siehe Abb. S. 88

Siehe dazu den Beitrag von Jörg Salaquarda in vorliegendem Band.

Lit.: KSA 9, S. 494–496.

Die im Engadin entstandenen Werke:

7.16. Der Wanderer und sein Schatten
Leipzig: Schmeitzner 1880.
Menschliches, Allzumenschliches, Ein Buch für freie Geister. Zweiter Nachtrag
Universitätsbibliothek Basel, if 765 , Nr. 2.

7.17. Also sprach Zarathustra. Ein Buch für Alle und Keinen, Zweiter Theil
Chemnitz: Schmeitzner 1883.
Universitätsbibliothek Basel, AN XII 28

7.18. Zur Genealogie der Moral. Eine Streitschrift
Leipzig: Naumann 1887
Universitätsbibliothek Basel, kh V 3b.

7.19. Götzen-Dämmerung, oder: Wie man mit dem Hammer philosophirt
Leipzig: Naumann 1889
Universitätsbibliothek Basel, kh IV 24f.

7.20. Manuskriptblatt zu «Götzen-Dämmerung»
Manuskriptblatt «Sprüche und Pfeile», Vorarbeit, 27 Sprüche
1 Doppelblatt 220 x 320 mm, zweiseitig beschrieben, Tinte, zahlreiche Korrekturen
Bibliotheca Bodmeriana, Genf

7.21. «Der Antichrist»
Franz Overbecks eigenhändige Abschrift von Nietzsches Druckmanuskript «Der Antichrist» mit Korrekturen von Heinrich Köselitz' (Peter Gasts) und Arthur Seidls Hand, IV + 113 S.
Universitätsbibliothek Basel, Nachlass Overbeck A 311

Nach Nietzsches Zusammenbruch Anfang Januar 1889 übernahmen Franz Overbeck und Heinrich Köselitz mit dem Einverständnis der Mutter Nietzsches die vorläufige Nachlassverwaltung ihres umnachteten Freundes. In der Sorge um die unersetzlichen Manuskripte fertigten Overbeck und Köselitz eigenhändige Abschriften an. Overbeck kopierte *Der Antichrist*, den er unter den Papieren in Turin gefunden hatte, Köselitz schrieb das Druckmanuskript von *Ecce homo* ab, das er vom Verlag Naumann bekommen hatte. Die Abschriften von *Antichrist* und *Ecce homo* sind in der Kritischen Gesamtausgabe von Colli und Montinari als wertvolle Textzeugen mitberücksichtigt worden.

Lit.: Hoffmann, «Basler Nietzsche-Archiv», S. 67 u. 88f.

7.22. Dionysos-Dithyramben
Ida Overbecks Abschrift der Dionysos-Dithyramben nach dem aus Turin stammenden Originalmanuskript
Universitätsbibliothek Basel, Nachlass C. A. Bernoulli, D VI 1.

Neben den Abschriften von «Ecce homo» und «Antichrist» durch Heinrich Köselitz und Franz Overbeck fertigte Ida Overbeck eine Kopie der Handschrift der Dionysos-Dithyramben an, die heute noch im Nachlass Overbeck aufbewahrt wird.

7.23. «Dionysos-Dithyramben»-Edition
Friedrich Nietzsche, «Dionysos-Dithyramben», Bd. 1: Textgenetische Edition der Vorstufen und Reinschriften, eingeleitet und her-

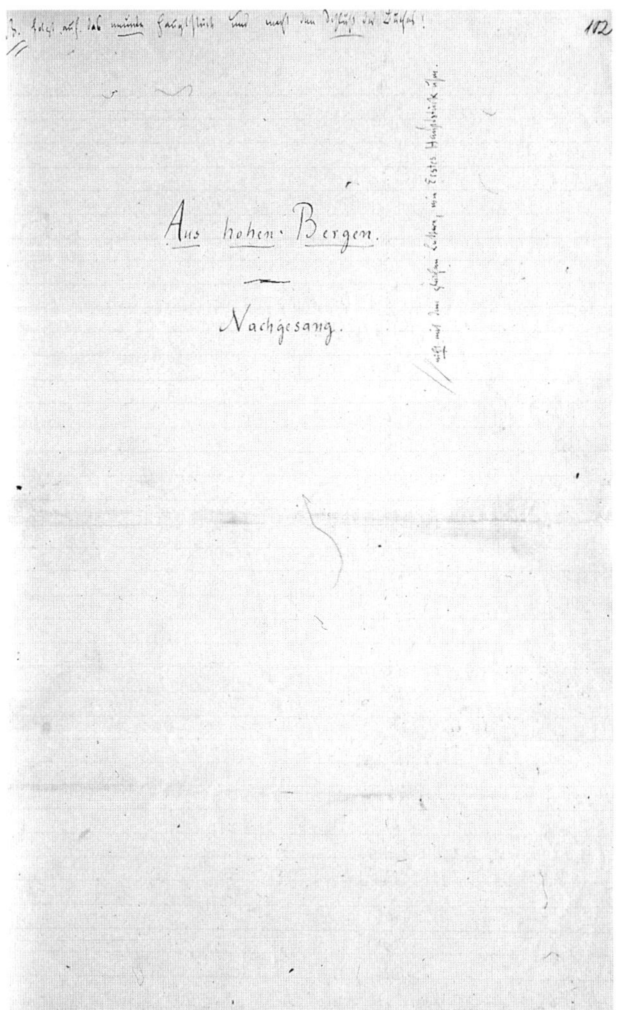

7.25.

7.25.

ausgegeben von Wolfram Groddeck, Bd. 2: Die «Dionysos-Dithyramben», Bedeutung und Entstehung von Nietzsches letztem Werk, von Wolfram Groddeck, Berlin, New York: de Gruyter 1991. Sammlung D. M. Hoffmann

Die äusserst schwer lesbare Handschrift der Dionysos-Dithyramben-Manuskripte wurde erst vor zwei Jahren vom Basler Germanisten Wolfram Groddeck vollständig entziffert und textgenetisch ediert. Damit wird der Stellenwert dieses oft vergessenen letzten Werkes innerhalb von Nietzsches Schaffen eindrücklich dokumentiert.

7.24. «Zarathustra»-Gesamtausgabe
Friedrich Nietzsche an Ernst Wilhelm Fritzsch, 16. 8. 1886
Sammlung Albi Rosenthal, London

Im Sommer 1886 entschloss sich Nietzsche, durch seinen Verleger Fritzsch eine «Gesamtausgabe» von «Also sprach Zarathustra» vorzulegen, d. h. die noch nicht verkauften Exemplare zusammenbinden und mit einem Gesamttitelblatt versehen zu lassen. Dabei dachte er immer nur an die *drei publizierten Teile*, nie an den vierten, als Privatdruck erschienenen Teil des «Zarathustra». Später versuchte Nietzsche, alle an Freunde verteilten Exemplare vollständig zurückzuerhalten. Der vierte Teil ist also auch nach Nietzsches späterem Willen ein «ineditum» und gehört somit zum Nachlass (vgl. Kat.Nr. 1.28).

Lit.: KSB 7, Nr. 733.

7.25. «Aus hohen Bergen»
Nachgesang zu «Jenseits von Gut und Böse»
Goethe- und Schiller-Archiv, 71/26

Höhepunkt von Nietzsches Silser Sommer 1884 war der Besuch eines Freundes, des 27jährigen Heinrich von Stein vom 26.–28. August. Baron von Stein war auf Empfehlung Malwida von Meysenbugs ein Jahr lang Erzieher des kleinen Siegfried Wagner in Bayreuth, habilitierte sich später in Halle und dann in Berlin als Privatdozent für Philosophie und starb 1887, erst dreissigjährig, an einer Herzlähmung. – Nietzsche schätzte Stein als unabhängigen Wagnerianer und hoffte in diesem Freigeist einen Jünger gefunden zu haben. An Overbeck schrieb er: «Das Erlebniss des Sommers war der Besuch Baron Stein's (er kam direkt aus Deutschland für 3 Tage nach Sils und reiste direkt wieder zu seinem Vater – eine Manier, in einen Besuch *Acent* zu legen, die mir imponirt hat) Das ist ein prachtvolles Stück Mensch und Mann und mir wegen seiner *hero-*

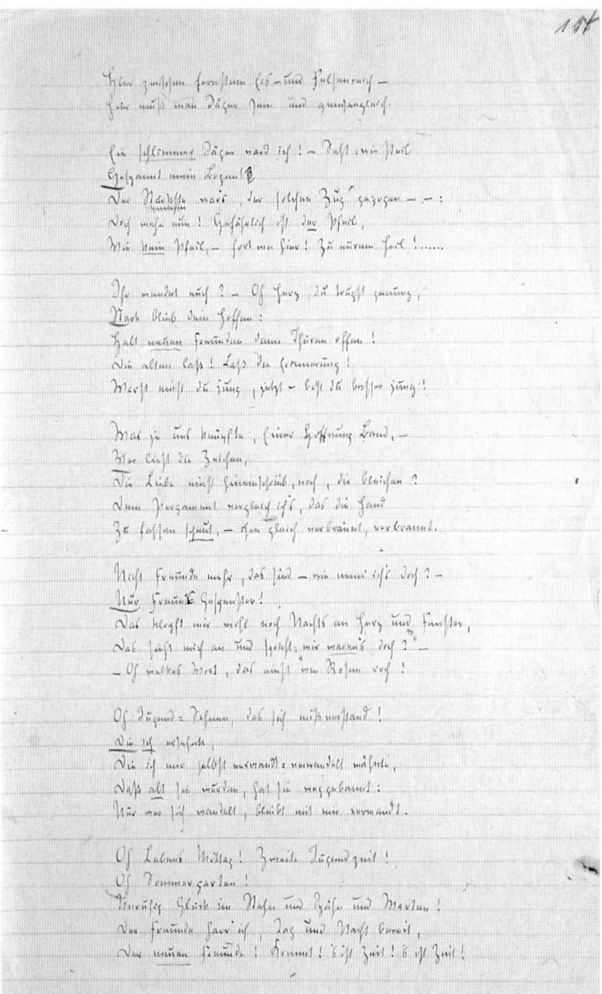

7.25.

ischen Grundstimmung durch und durch verständlich und sympathisch. Endlich, endlich ein neuer Mensch, der zu mir gehört und instinktiv vor mir Ehrfurcht hat!» Als Erinnerung an den Besuch in Sils sandte Nietzsche Ende November das Gedicht «Einsiedlers Sehnsucht» an Heinrich von Stein in Berlin. In erweiterter Fassung nahm Nietzsche dieses Gedicht unter dem Titel «Aus hohen Bergen» als Nachgesang zu «Jenseits von Gut und Böse» auf. Dieser Nachgesang enthält die vielzitierten, programmatischen Verse: «Nur wer sich wandelt, bleibt mit mir verwandt.»

Lit.: KSA 5, S. 241–243. KSB 6, Nr. 562. KSB 6, S. 531. Janz II, S. 325–336. K. Pestalozzi, Die Entstehung des lyrischen Ich, Berlin, New York: de Gruyter 1970, S. 198–246.

7.26. Das Nietzsche-Haus in Sils-Maria
Photo des Hauses um die Jahrhundertwende
Stiftung Nietzsche-Haus in Sils-Maria

Lit.: P. A. Bloch, Das Nietzsche-Haus in Sils-Maria, Chur: Calanda Verlag 1991.

7.27. Das Nietzsche-Zimmer im heutigen Zustand
Stiftung Nietzsche-Haus in Sils-Maria

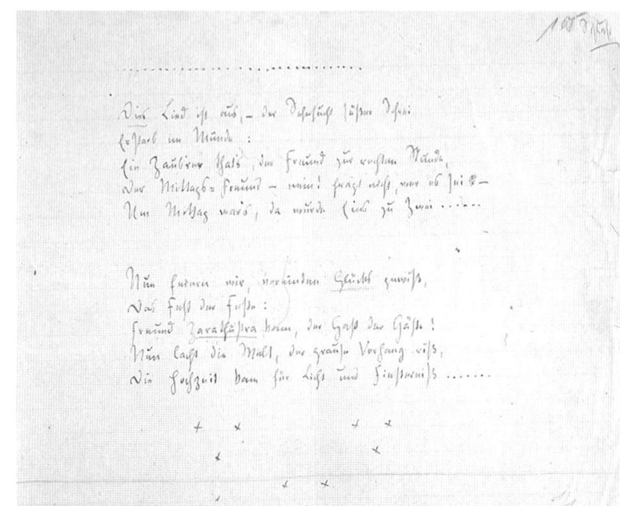

7.25.

7.28. Sils Maria zur Zeit Nietzsches um 1888
Stiftung Nietzsche-Haus in Sils-Maria

7.29. Halbinsel Chastè und «Zarathustra-Stein»
Photo: D.M. Hoffmann

«Ich möchte Geld genug haben, um mir hier eine Art ideale Hundehütte zu baun: ich meine, ein Holzhaus mit zwei Räumen; und zwar auf einer Halbinsel, die in den Silser See hineingeht und auf der einst ein römisches Castell gestanden hat.» Diesen Wunsch eröffnete Nietzsche seinem Freund Overbeck kurz nach Ankunft für seinen dritten Oberengadiner Sommeraufenthalt. Zu der «Hundehütte» kam es nie, doch liess Elisabeth Förster-Nietzsche 1910 an einem Felsen auf der Halbinsel Chastè eine Tafel mit einem Zarathustra-Spruch installieren, einschliesslich zweier Haken zum Aufhängen von Kränzen bei feierlichen Anlässen. Zusammen mit dem «Wiederkunftsstein» (Kat. Nr. 7.14) ist dieser Fels auf Chastè der wichtigste Nietzsche-Pilgerort im Oberengadin.

Lit.: KSB 6, S. 386f.

7.30. Edvard Munch: Friedrich Nietzsche
aufrecht stehend vor Bergkulisse, 1905
Olso, Munch-Museum. Ausleihe verweigert.

7.31. Der nackte Nietzsche im Hochgebirge
Alfred Soder, Ex libris für Friedrich Berthold Sutter, Radierung mit Aquatinta, 1907
Universitätsbibliothek Basel, Portraitsammlung
Welch seltsame Blüten der Nietzsche-Kult bisweilen hervorgebracht hat, zeigt das vorliegende Ex libris-Blatt von 1907.

7.32. Hermann Gysin: Also sprach Zarathustra
Plastik aus Schmiedeeisen, 1973
Stiftung Nietzsche-Haus in Sils Maria

Mit verschiedenen Bearbeitungstechniken hat der Allschwiler Künstler Hermann Gysin versucht, die Gestalten aus «Also sprach Zarathustra» in der ihnen eigenen Dynamik darzustellen.

Lit.: Hermann Gysin, Also sprach Zarathustra, Allschwil 1973.

7.33. Samuele Giovanoli, F. Nietzsche am Silsersee
Lithographie nach dem Originalgemälde (um 1937)
Privatbesitz Sils-Maria

Samuele Giovanoli (1877–1941), genannt «Der Paradiesmaler aus dem Fextal», war ein Silser Heimatkünstler, der hauptsächlich in naiver Manier Szenen aus dem verlorenen Paradies malte und daneben auch diesen melancholischen Nietzsche am Silsersee imaginierte.
Lit.: Guy Filippa, Blick in eine Idylle, Schweizer Volkskunst und naive Malerei aus vier Jahrhunderten, Bern: Benteli 1983.

7.34. Karl Baedeker
Holzstich um 1861
Universitätsbibliothek Basel, Portraitsammlung

«Mein Hôtel, die *Alpenrose*, in der ich immer verkehre, aber allein esse, hatte diesen Sommer die Auszeichnung, Herrn Bädecker und Frau aus Leipzig ein paar Monate zu Gaste zu haben: eine wirkliche *Censur*, auch für Sils!» Bei dem «Baedeker» handelte es sich um Fritz, den Sohn von Karl Baedeker und Fortführer des erfolgreichen Reiseführer-Programms.

Lit. KSB 8, S. 433.

7.35. Nietzsches «Baedeker»
Karl Baedeker, Die Schweiz, Koblenz, 12. Aufl., 1869
Universitätsbibliothek Basel, VB G 638

Als Reisehandbuch für seine Schweizerfahrten benützte Nietzsche die 12. Auflage des «Baedeker», die in seiner nachgelassenen Bibliothek unter der Signatur C 747 erhalten ist.

8. Rückkehr nach Basel in Umnachtung (1889)

In den ersten Januartagen des Jahres 1889, nach seinem reichsten und glücklichsten Schaffensjahr, erlitt Nietzsche in Turin überraschend einen völligen geistigen Zusammenbruch, dessen Ursachen bis heute nicht abschliessend aufgeklärt sind. In exaltierter Stimmung verschickte er an Freund und Feind zahlreiche Zettel und Briefe mit wirren (und z. T. luziden) Mitteilungen. Die alarmierten Basler Freunde besprachen sich, und sofort wurde Nietzsche von Franz Overbeck in der Eisenbahn nach Basel zurückgeholt und in die dortige Irrenanstalt eingeliefert. Overbeck musste bald feststellen: «Mit Nietzsche ist es aus!» Nach einem einwöchigen Aufenthalt in Basel wurde der unheilbar Umnachtete von der Mutter nach Deutschland geholt, wo er, zuerst in der Pflege der Mutter, dann der Schwester, bis zu seinem Tode am 25. August 1900 noch fast 12 Jahre im Siechtum dahindämmerte.

8.1. Der kranke Nietzsche
Photo von Hans Olde (1899)
Rudolf Steiner Nachlassverwaltung, Dornach

8.2.

Aufgrund seiner Skizzen und Photos schuf Hans Olde mehrere Portraits, darunter die berühmt gewordene Radierung für die Zeitschrift «Pan».

Lit.: «Du», Schweizerische Monatszeitschrift, Dez. 1955, S. 31–34. J. Krause, «Märtyrer» und «Prophet», Studien zum Nietzsche-Kult in der bildenden Kunst der Jahrhundertwende, Berlin, New York: de Gruyter 1984, S. 124–131, Kat.-Nr. 83–105, Abb. 9. Hildegard Gantner-Schlee, Das Nietzsche-Bildnis von Hans Olde, Basler Zeitschrift für Geschichte und Altertumskunde, 70 (1970), S. 209–217. dies., Hans Olde malt Friedrich Nietzsche, Basler Zeitung, Basler Magazin, 28. 11. 1981, S. 6.

8.2. Briefentwurf an Ruggero Bonghi
Friedrich Nietzsche an Ruggero Bonghi, o.D. [Turin, Ende Dez. 1888]
mit handschriftlicher Übertragung und Anmerkung von Heinrich Köselitz (Peter Gast)
Universitätsbibliothek Basel, Nachlass C.A. Bernoulli, D VI 1

Im Nachlass Carl Albrecht Bernoullis fand sich dieser bisher unveröffentlichte Briefentwurf aus der Zeit des Zusammenbruchs.

Lit.: KSB 8, Nr. 1230 u. 1231 (zwei andere Entwürfe).

Die «Wahnsinnszettel»
Als Nietzsche Ende 1888 / Anfang 1889 in geistige Umnachtung fiel, sandte er von Turin an verschiedene Freunde und einige andere Personen Briefe und kurze Noten, heute allgemein «Wahnsinnsbriefe und -zettel» genannt. Die meisten sind geprägt von einem übersteigerten Selbstwertgefühl und tragen Unterschriften wie *Nietzsche Caesar* (an Strindberg), *Dionysos* (an Catulle Mendès, Cosima Wagner, Hans von Bülow, Jacob Burckhardt, Paul Deussen, Franz Overbeck, Erwin Rohde, Carl Spitteler) oder *Der Gekreuzigte* (an Strindberg, Meta von Salis, Georg Brandes, Heinrich Köselitz, Malwida von Meysenbug, Kardinal Mariani, König Umberto I., Das Haus Baden). Neben den z.T. wirren Texten finden sich Briefe mit klaren Mitteilungen und Stellungnahmen, namentlich Druckanweisungen an den Verleger Constantin Georg Naumann. Die «Wahnsinnsbriefe und -zettel» sind als letzte noch teilweise luzide Wortmeldung Nietzsches mit ihrer ungehemmten Offenheit in gewissem Sinne Schlüssel zu Nietzsches Psyche, ihren Ängsten und Sehnsüchten.

8.3. «Wahnsinnszettel» für Meta von Salis
Friedrich Nietzsche an Meta von Salis, ohne Ort und Datum (Poststempel Turin, 3. 1. 89), Umschlag und Briefbogen mit Büttenrand

Universitätsbibliothek Basel, Nachlass Meta von Salis, Nietzscheana, II, 10, Nr. XIII

Nietzsches intensive Auseinandersetzung mit dem Christentum in seiner letzten Schaffenszeit war geprägt einerseits von einem glühenden Hass gegen «den Einen grossen Instinkt der Rache, den Einen unsterblichen Schandfleck der Menschheit», andererseits von einer fast urchristlichen Verehrung des Jesus von Nazareth, der als erster und einziger Christ das «Himmelreich auf Erden» gelebt hat. Im Brief an Meta von Salis drücken sich eine Tolstoische Parusieerwartung und der Widerwille gegenüber allem institutionalisierten, gleichsam verratenen Christentum aus.

Lit.: KSB 8, Nr. 1239.

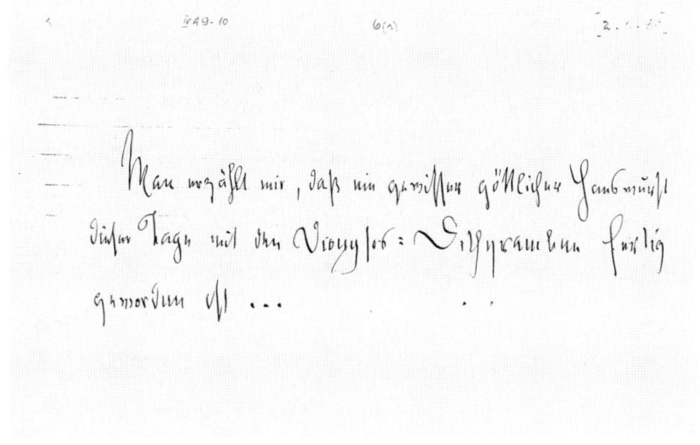

Man erzählt mir, daß ein gewisser göttlicher Hanswurst dieser Tage mit den Dionysos-Dithyramben fertig geworden ist ...

An die Prinzeß Ariadne, meine Geliebte.

Es ist ein Vorurtheil, daß ich ein Mensch bin. Aber ich habe schon oft unter den Menschen gelebt und kenne Alles, was Menschen erleben können, vom Niedrigsten bis zum Höchsten. Ich bin unter Indern Buddha, in Griechenland Dionysos gewesen, – Alexander und Caesar sind meine Inkarnationen, insgleichen der Dichter des Shakespeare Lord Bacon. Zuletzt war ich noch Voltaire und Napoleon, vielleicht auch Richard Wagner ... Dies Mal aber komme ich als der siegreiche Dionysos, der die Erde zu einem Festtag machen wird ... Nicht daß ich viel Zeit hätte ... Die Himmel freuen sich, daß ich da bin ... Ich habe auch am Kreuze gehangen ...

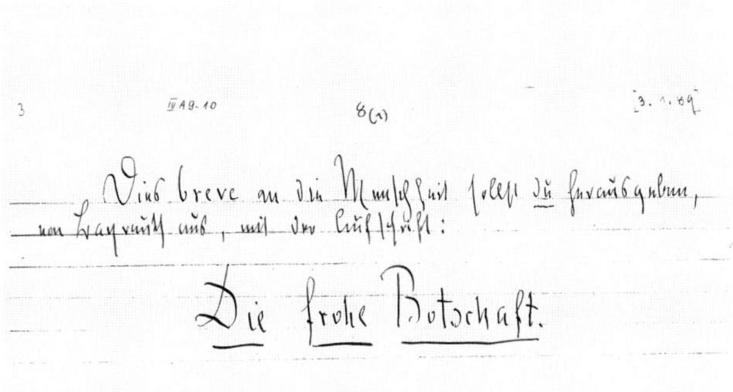

Dies breve an die Menschheit sollst du herausgeben, von Bayreuth aus, mit der Aufschrift:

Die frohe Botschaft.

8.4. Dionysos an Ariadne: Die «Wahnsinnszettel» an Cosima Wagner

Friedrich Nietzsche an Cosima Wagner, 2. Jan. 1889
Friedrich Nietzsche an Cosima Wagner, 3. Jan. 1889
Friedrich Nietzsche an Cosima Wagner, 3. Jan. 1889
Nationalarchiv der Richard Wagner Stiftung, Bayreuth, IV A 9–10, 6–8

Von den etwa zwei Dutzend «Wahnsinnsbriefen und -zetteln», die Nietzsche Ende 1888/Anfang 1889 aufgesetzt und z.T. verschickt hat, sind allein vier an Cosima Wagner bzw. an die «Prinzess Ariadne, meine Geliebte» gegangen. Drei davon sind im Wagner-Nachlass im Original überliefert, der vierte und bekannteste ist verschollen, womöglich wurde er zusammen mit vielen anderen Nietzsche-Briefen von Cosima Wagner verbrannt. Er lautete: «Ariadne, ich liebe Dich! Dionysos.» Wohl weil von diesem Zettel kein Original (noch eine Photokopie) vorliegt, wurde er nicht in die kritische Briefausgabe von Colli/Montinari aufgenommen, wo ihn schon mancher Forscher vermisst haben mag, zumal er in der Ausgabe von Schlechta noch abgedruckt war. Im folgenden wird die Überlieferungsgeschichte des Inhaltes des vierten Zettels nachgezeichnet: Heinrich Köselitz teilte am 20. 4. 1891 Franz Overbeck mit: «Frau Dr Förster sagte, sie habe Frau Wagner jetzt in Berlin getroffen und von ihr erfahren, dass Nietzsche ihr im Jan. 89 von Turin aus einen der grossen Büttenpapier-Zettel geschrieben habe, des Inhalts: 'Ariadne, ich liebe Dich! Dionysos.'» (Nachlass Overbeck). Carl Albrecht Bernoulli zitierte diesen Brief in seinem Werk «Franz Overbeck und Friedrich Nietzsche» (Bd. II, S. 80), musste aber diese und viele andere Stellen aufgrund eines verlorenen Urheberrechtsprozesses gegen Weimar einschwärzen bzw. aus dem Text entfernen (Kat. Nr. 9.1.). Dem französischen Nietzsche-Forscher Charles Andler war aber durch seine persönlichen Kontakte zu Bernoulli die Stelle bekannt und er veröffentlichte sie in seinem «Nietzsche, sa vie et sa pensée» (1920ff., Bd. 4, S. 553; Neuausg. 1958, Bd. II, S. 614). Nach dieser «Quelle» druckte Erich F. Podach den Text des «Wahnsinnszettels» 1930 in seiner Studie «Nietzsches Zusammenbruch» (S. 88 u. 155). Podachs Veröffentlichung wiederum war die Textgrundlage für Karl Schlechtas Abdruck in seiner dreibändigen Nietzsche-Ausgabe (1956, Bd. III, S. 1350 u. 1430). – Wenn man den verschlungenen Weg der Überlieferung zurückverfolgt, so findet man in Köselitz' Brief über die Mitteilung Cosima Wagners an Elisabeth Förster-Nietzsche eine ziemlich frühe und zuverlässige Quelle. Frau Förster-Nietzsche war 1891 noch nicht auf die Konstruktion eines Nietzsche-Mythos fixiert und gab deshalb die Information von Cosima Wagner ohne Bedenken an Köselitz weiter. Erst später suchte sie um jeden Preis das «Ariadne-Rätsel» und damit Nietzsches geheime Liebe zu Cosima Wagner zu verschleiern.

Lit.: KSB 8, Nr. 1240-1242. Hoffmann, Nietzsche-Archiv, S. 40.

Dem Hause Baden

Kinder, das thut nicht gut, wenn man sich mit dem verrückten Hohenzollern einläßt, obwohl man, durch Stéphanie, von meiner Rasse ist ... Zieht euch bescheiden ins Privatleben zurück, denselben Rath gebe ich Bayern ...

Der Gekreuzigte

8.5. «Wahnsinnszettel» an das Haus Baden

Friedrich Nietzsche an das Haus Baden, o.D. [Turin, Anf. Jan. 1889]
Psychiatrische Universitätsklinik, Basel

Im verschollenen Original der Basler Krankenakte befindet sich ein offenbar nicht abgeschickter sog. Wahnsinnszettel an das «Haus Baden», der bis heute in keiner Briefausgabe enthalten ist: «Dem Hause Baden / Kinder, das thut nicht gut, wenn man sich mit den / verrückten Hohenzollern einlässt, obwohl man, durch Stéphanie, / von meiner Rasse ist ... Zieht euch bescheiden ins Privatleben / zurück, denselben Rath gebe ich Baiern ... / Der Gekreuzigte»
Die Erwähnung von «Stéphanie» bezieht sich vmtl. auf die vage Verwandtschaft zwischen Napoléon und dem Hause Baden durch Stéphanie de Beauharnais, die Adoptivtochter Napoléons und spätere Grossherzogin von Baden. Die Anspielung «von meiner Rasse» suggeriert die Identität Nietzsche – Napoléon, – der allerdings mit seiner Adoptivtochter nicht blutsverwandt sein konnte.

Lit.: E. F. Podach, Nietzsches Zusammenbruch, Heidelberg: Kampmann 1930, S. 86. Anacleto Verrecchia, «Zarathustras Ende. Die Katastrophe Nietzsches in Turin», Wien, Köln, Graz: Böhlau 1986, S. 231.

8.6. «In herzlicher Liebe»

Friedrich Nietzsche an Jacob Burckhardt, (Turin) «Am 6 Januar 1889» (Datum des Poststempels: 5. Januar), Briefumschlag, Briefbogen mit Büttenrand, neben dem Datum Notizen Franz Overbecks, Briefumschlag mit Archiv-Notizen Overbecks
Universitätsbibliothek Basel, [Teil-]Nachlass Jacob Burckhardt, Nr. 18

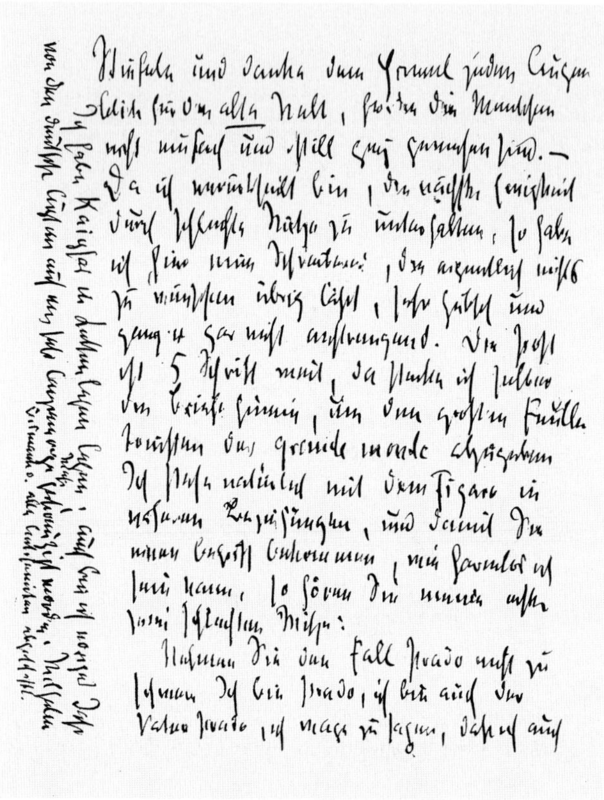

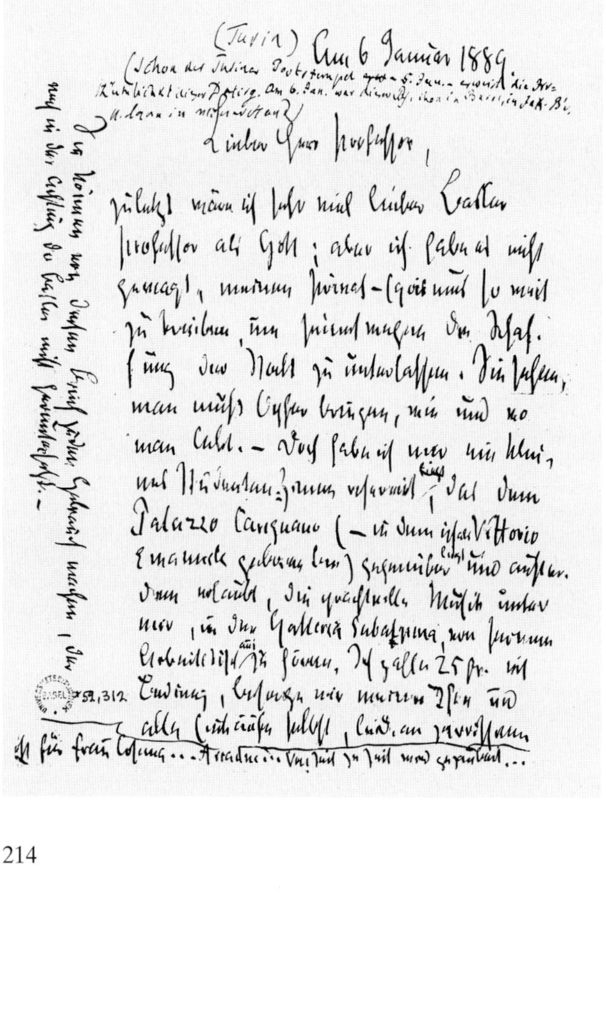

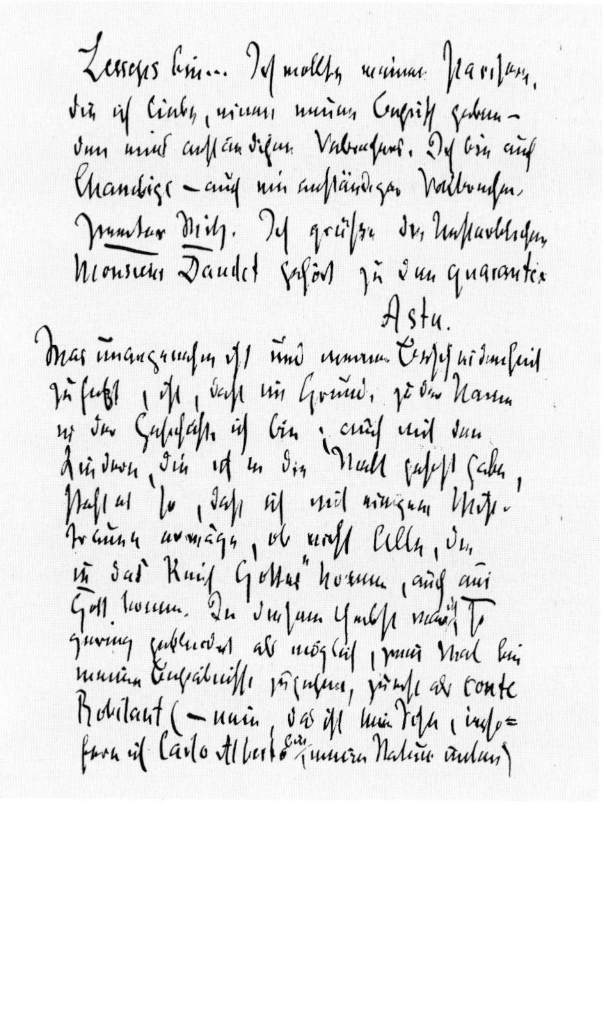

Einer der letzten Briefe Nietzsches überhaupt ist ein ergreifendes Zeugnis der beispiellosen, bis zuletzt andauernden Verehrung für Jacob Burckhardt. Schon am 4. Januar hatte er Burckhardt einige höchst verbindliche Zeilen geschrieben: «[...] Nun sind Sie – bist du – unser grosser grösster Lehrer [...]». Nach Empfang des vorliegenden Briefes am Sonntag, den 6. Januar 1889, suchte der besorgte Burckhardt unverzüglich Franz Overbeck auf und legte ihm dieses Dokument vor. Overbeck hält auf seinem Archiv-Briefumschlag fest, dass dieser Brief über seine Abholung Nietzsches von Turin nach Basel entschieden habe. Zunächst aber hatte sich der in solchen Dingen ahnungslose Overbeck hingesetzt und Nietzsche in einem Brief aufgefordert, dringend nach Basel zurückzukommen.

Lit.: KSB 8, Nr. 1256.

8.7. «Wahnsinnszettel» an Franz Overbeck
Friedrich Nietzsche an Franz Overbeck, o.D. (Turin, um den 5./6. Januar 1889), Briefbogen mit Büttenrand, Archivnummer und Empfangsvermerk von Overbecks Hand
Universitätsbibliothek Basel, Nachlass Overbeck I 248, Nr. 226

Als Overbeck am Montag, den 7. Januar 1889, selbst diesen «Wahnsinnszettel» erhielt, konsultierte er den Leiter der Basler Irrenanstalt Ludwig Wille und legte ihm seinen und Burckhardts Brief vor. Wille rügte Overbecks Versuch mit dem Antwortbrief als untauglich, ja gefährlich und drängte zur unverzüglichen Abreise nach Turin. Noch am selben Abend eilte Overbeck seinem umnachteten Freund zu Hilfe und holte ihn unter abenteuerlichen Umständen nach Basel zurück. – Die im Zettel erwähnte Zahlungsfähigkeit ist im Zusammenhang mit Nietzsches Abhängigkeit von den durch Overbeck verwalteten Basler Pensionszahlungen und mit den Finanzierungsplänen für die internationalen Grossauflagen seiner nächsten Werke zu verstehen.

Lit.: KSB 8, Nr. 1249.

8.8. Die Überführung von Turin nach Basel und Jena
6 Quittungen für Auslagen Overbecks für Nietzsche von: Davide Fino (Turin), Dr. Bettmann (Turin), Irrenanstalt Basel, Irrenanstalt Jena, Franziska Nietzsche (Naumburg)
Universitätsbibliothek Basel, Nachlass Overbeck A 314

Als Overbeck am 7. Januar 1889 nach Turin aufbrach, um den zusammengebrochenen Nietzsche zurückzuholen, hatte er zahlreiche kleinere und grössere Auslagen, die er sich alle schriftlich quittieren liess. Er organisierte mit Nietzsches Wohnungswirt Davide Fino die Rücksendung der privaten Effekten und beglich Nietzsches ausstehende Schuld von 20 Lire. Zur Sicherheit suchte er sich in Turin einen Reisebegleiter, den er im Zahnarzt Dr. Leopold Bettmann fand. Am 10. Januar, dem Tage der Ankunft in Basel, entschädigte Overbeck den Begleiter mit stolzen Fr. 200.– Als Nietzsche am 17. Januar von seiner Mutter nach Jena abgeholt wurde, bezahlte sein Freund die Rechnung der Basler Irrenanstalt von Fr. 25.– und gab Franziska Nietzsche aus der Kasse ihres Sohnes 350 Mark für Reise und Verpflegung mit. Als Verwalter von Nietzsches kleinem Vermögen führte Overbeck gewissenhaft Buch und beglich auch weiterhin die anfallenden Rechnungen der Jenaer Klinik, bis Nietzsche am 24. März 1890 von der Mutter aus der Anstalt in die häusliche Pflege genommen werden konnte. Danach verwaltete er (wie schon seit zehn Jahren) die Basler Pensionsgelder für Nietzsche, setzte sich für deren Fortsetzung ein und überwies regelmässig den Betrag der Mutter Nietzsches, die jeweils postwendend den Empfang quittierte.

8.9. Telegramm an «Prof. Wille»
Staatsarchiv Basel-Stadt, Erziehungsakten CC 15

Vom Bahnhof Novara in Italien schickte Overbeck am 9. Januar 1889 an den Leiter der Basler Irrenanstalt, Prof. Dr. Ludwig Wille, ein Telegramm mit der Ankunftszeit des Zuges in Basel am nächsten Morgen, damit die Überführung vom Bahnhof zur Anstalt vorbereitet und ohne Verzögerung geschehen könne. Wille scheint darauf seinen Kollegen, Prof. Friedrich Miescher, an den Bahnhof gebeten zu haben, der mit einer bereitstehenden Droschke den unverzüglichen Transport Nietzsches und seiner Begleiter Overbeck und Bettmann in die Anstalt gewährleistete.

8.10. Aufnahmegesuch für die Irrenanstalt
Staatsarchiv Basel-Stadt, Erziehungsakten CC 15

Anstelle des umnachteten Nietzsche und in Ermangelung eines Familienangehörigen oder eines amtlichen Vormundes füllte Franz

Overbeck das Aufnahmegesuch für die Irrenanstalt aus. Schon wenig später zweifelte Overbeck an dieser Handlung und fragte sich, ob es nicht ein «weit echterer Freundschaftsdienst als den Armen dem Irrenhause zuzuführen gewesen wäre, ihm das Leben zu nehmen» (An H. Köselitz, 20. Jan. 1889).

8.11. «Sie sind Irrenarzt...»
Photo Ludwig Wille
Psychiatrische Klinik der Universität Basel, Abb. S. 145

Ludwig Wille (1834–1912), deutscher Psychiater, seit 1875 Professor für Psychiatrie, 1886–1904 Leiter der Basler Irrenanstalt, der sog. Heil- und Pflegeanstalt Friedmatt. Wille riet Overbeck am 7. Januar 1889 dringend zur Fahrt nach Turin, um den umnachteten Nietzsche so schnell wie möglich zurückzuholen. Über die Ankunft in der Psychiatrischen Klinik in Basel berichtete der erschütterte Overbeck folgende Begebenheit an Heinrich Köselitz (Peter Gast): « [...] die erste Begrüssung mit Wille, dem Direktor, [hat] stattgefunden und dieser hat sich einen Augenblick wieder aus dem Zimmer entfernt: Ich zum Reisebegleiter: 'Entschuldigen Sie Herr Doktor, dass ich Sie noch nicht vorgestellt' (ich hatte es in der Aufregung unterlassen). Nietzsche (der Wille von früher her hätte kennen müssen), 'Jawohl! Er muss vorgestellt werden. Wer war dieser Herr?' (nämlich der eben wieder aus dem Zimmer getretene Wille). Ich (nichts mehr als die Nennung des Namens scheuend): 'Er hat sich uns noch nicht vorgestellt, wir werden es gleich erfahren.' (Wille ist wieder eingetreten) Nietzsche in der verbindlichsten Manier seiner besten Tage und würdiger Haltung): 'Ich glaube, dass ich Sie früher schon gesehen habe und bedaure sehr, dass mir nur Ihr Name nicht gegenwärtig ist. Wollen Sie –?' Wille: 'Ich bin Wille.' Nietzsche (ohne eine Miene zu verziehen) in jener Manier und im ruhigsten Tone, ohne jede Besinnung fortfahrend): 'Wille? Sie sind Irrenarzt Ich habe vor einigen Jahren ein Gespräch mit Ihnen über religiösen Wahnsinn gehabt. Der Anlass war ein verrückter Mensch, Adolf Vischer, der damals hier (oder in Basel) lebte.' Wille hat schweigend zugehört und nickt beifällig. – Denken Sie mit welchem starren Erstaunen ich – der ich die buchstäbliche Genauigkeit dieser sieben Jahre zurückliegenden Erinnerung zu erkennen in der Lage war – zuhörte. Und nun die Hauptsache: Nietzsche bringt diese vollkommen luzide Erinnerung nicht in die geringste Beziehung zu seiner eigenen, augenblicklichen Lage, kein Zeichen verrät, dass ihn der 'Irrenarzt' etwas angeht.»

8.12. Die Basler Krankengeschichte
Photokopie des verschollenen Originals
Psychiatrische Klinik der Universität Basel
Siehe Abb. S. 147f.

Vom 10. Januar, als ihn Overbeck von Turin kommend einlieferte, bis zum 17. Januar, als Franziska Nietzsche ihren Sohn nach Jena abholte, befand sich Nietzsche in medizinischer Pflege der Kantonalen Irrenanstalt Basel-Stadt. Die Basler Krankengeschichte ist somit die erste medizinische Analyse von Nietzsches geistigem Zusammenbruch. Sie wurde erstmals 1930 von Erich F. Podach in seinem Buch *Nietzsches Zusammenbruch* veröffentlicht, als Vorlage diente Podach die Abschrift, welche 1889 für die Grossherzogliche Sächsische Landes-Irren-Heilanstalt Jena angefertigt worden war. Seither wurde dieses Basler Dokument verschiedentlich publiziert und gab Anlass für die verschiedensten Mutmassungen über den Ursprung von Nietzsches Umnachtung. Die originale Krankengeschichte wurde möglicherweise entwendet oder wegen ihres Wertes von einem früheren Direktor der Basler Anstalt unter besonders sicheren Verschluss gebracht – der heute unbekannt ist. Die Krankengeschichte mitsamt den dazugehörigen Akten (Briefen Nietzsches und Overbecks u.a.) ist seither verschollen. Glücklicherweise wurde schon vor dem Verlust des Dokumentes eine Photokopie angefertigt.

8.13. Nietzsches Krankheiten
Pia Daniela Volz, Nietzsche im Labyrinth seiner Krankheit. Eine medizinisch-biographische Untersuchung, Würzburg: Königshausen & Neumann 1990, 577 S.
Sammlung D. M. Hoffmann

Seit Nietzsches Zusammenbruch haben sich berufene und weniger berufene Ärzte und Psychiater mit Nietzsches Krankheit und Umnachtung beschäftigt, als erster legte Paul Julius Möbius 1902 die skandalumwitterte Studie «Über das Pathologische bei Nietzsche» vor, später hat u.a. Karl Jaspers die Fragen um Nietzsches Gesundheit und Krankheit sehr zurückhaltend untersucht. Erst 1990 erschien die längst fällige Studie (von Pia Daniela Volz), welche unter Berücksichtigung der Quellen und der gesamten bisherigen medizinischen und biographischen Literatur Nietzsches Krankheiten vor 1889, den Zusammenbruch und die Jahre des Siechtums ausführlich darstellt. Durch den umfangreichen dokumentarischen Anhang (über 200 Seiten) kommt dem Buch ein hoher Quellenwert zu.

8.14. Handschriftlicher Gruss des umnachteten Nietzsche
Franziska Nietzsche an Paul Lauterbach, 11. 12. 1890
mit handschriftlichem Gruss des umnachteten Nietzsche
Universitätsbibliothek Basel, Nachlass Lauterbach II, 2

Wohl durch seinen Freund, den Verlagsmitarbeiter Gustav Naumann, haben sich Paul Lauterbach (1860–1895) Gelegenheiten geboten, schon ganz früh den kranken Nietzsche zu besuchen. Dort hat er offenbar auch das Vertrauen der Mutter Nietzsche gewonnen. In einem Brief vom Dezember 1890 an Lauterbach bat Franziska Nietzsche ihren Sohn, für den Freund einen *Herzlichen Gruss und Dank* niederzuschreiben.

Lit.: Hoffmann, Nietzsche-Archiv, S. 244–246.

9. Forschung und Wirkung in der Schweiz

Die Wirkung Nietzsches setzte in der Schweiz, bedingt durch die vielen biographischen Beziehungen und die überlieferten Dokumente, schon sehr bald nach Nietzsches Tod (1900) ein. Nach Franz Overbeck setzte sein Schüler und Freund Carl Albrecht Bernoulli die sogenannte «Basler Nietzsche-Tradition» fort. Zusammen mit Jacob Burckhardt wurde Nietzsche auch im deutschen Ausland zu einem Vertreter unabhängiger Kulturkritik, die in der Avantgarde der Vorkriegszeit etwa von Hermann Hesse und Hugo Ball hochgeschätzt wurde. – Bisher wenig beachtet wurden die Wirkungen Nietzsches auf Robert Walser, Friedrich Dürrenmatt, die Theologen Karl Barth und Hans Urs von Balthasar und den Psychologen Carl Gustav Jung, der Nietzsches «Zarathustra» ein sechsjähriges Mammut-Seminar gewidmet hat. – Auch Thomas Manns intensive Nietzsche-Rezeption ist mit der Schweiz verbunden. Mann hielt 1947 in Zürich seine engagierte und mutige Nietzsche-Rede. – Einen brillanten Vortrag über das Thema unserer Ausstellung «Nietzsche en Suisse» verdanken wir Carl Jacob Burckhardt. – Durch die Mitarbeit von Lehrkräften der Basler Universität und durch die finanzielle Mitbeteiligung des Schweizerischen Nationalfonds an der Kritischen Gesamtausgabe wird die erste zuverlässige Ausgabe von Nietzsches Werk und Nachlass hoffentlich einem glücklichen Ende zugeführt werden können.

9.1. Bernoullis Bollwerk gegen Weimar
Carl Albrecht Bernoulli, Franz Overbeck und Friedrich Nietzsche, Eine Freundschaft. Nach ungedruckten Quellen und im Zusammenhang mit der bisherigen Forschung dargestellt, 2 Bde., Jena: Diederichs 1908, 451 u. 534 S.
3 Verschiedene Exemplare des 2. Bandes:
Unzensiertes Exemplar: Stiftung Nietzsche-Haus in Sils-Maria, Geschenk v. Eva Bernoulli; *Geschwärztes Exemplar:* Rudolf Steiner Nachlassverwaltung, Dornach; *Im Satz verändertes Exemplar:* Sammlung D. Hoffmann

Carl Albrecht Bernoulli (1868–1937), Freund und Schüler Franz Overbecks, wurde durch seinen literarisch und juristisch kämpferischen Einsatz zum Stammvater der «Basler Nietzsche-Tradition». Sein Hauptwerk «Franz Overbeck und Friedrich Nietzsche. Eine Freundschaft», 1908 bei Diederichs in Jena erschienen, ist das monumentale Bollwerk aus Basel gegen die Weimarer Nietzsche-Legenden. Bernoulli verarbeitete hier die Briefwechsel Overbecks mit Nietzsche, Rohde und Köselitz, woraus er auch manche kritische Äußerung über Frau Förster-Nietzsche abdruckte, was zu einem langwierigen Rechtsstreit mit Zensurmassnahmen in diesem Buch führte. In seiner Kritik am Archiv zitierte Bernoulli v. a. aus Franz Overbecks Zettel-Sammlung über Nietzsche (Kat. Nr. 1.32). Das zweibändige Werk ist seit seinem Erscheinen eine der Hauptquellen der kritischen Nietzsche-Biographik und -Philologie. Es wurde dementsprechend von der einen Seite als Machwerk verdammt, von der anderen als unentbehrlich gelobt. Das hier gezeigte unzensierte Buch ist neben dem Exemplar in der Jenaer Universitätsbibliothek einer der ganz wenigen erhaltenen unverstümmelten Bände, alle anderen mussten auf gerichtlichen Entscheid eingeschwärzt bzw. im Satz verändert werden.

Lit.: Hoffmann, Nietzsche-Archiv, S. 75–78. Hoffmann, «Basler Nietzsche-Archiv», S. 75–77.

9.2. Nietzsche und die Schweiz
Carl Albrecht Bernoulli, Nietzsche und die Schweiz, Frauenfeld, Leipzig: Huber 1922
Sammlung D. M. Hoffmann

Nachdem Bernoulli schon in seinem Werk über Overbeck und Nietzsche immer wieder auf Nietzsches Beziehung zur Schweiz eingegangen war, legte er in der Reihe «Die Schweiz im deutschen Geistesleben» eine eigene Darstellung zu diesem Thema vor.

9.3. Nietzsches Werke unter Verschluss?
Der Nebelspalter, Illustriertes humoristisch-satirisches Wochenblatt, Zürich, 17. 8. 1907

Über das «Schildbürgerstück», dass Nietzsches Werke auf der Basler Universitätsbibliothek aus konservatorischen Gründen nicht auszuleihen seien, machte sich 1907 der Nebelspalter lustig.

9.4. Zarathustras Wiederkehr
[Hermann Hesse, anonym:] Zarathustras Wiederkehr. Ein Wort an die deutsche Jugend. Von einem Deutschen, Bern: Stämpfli 1919
Universitätsbibliothek Basel, Phil Conv 129, Nr. 11 a

Neben Karl Kraus, Heinrich Mann und Stefan Zweig gehörte der damals in Bern lebende Hermann Hesse 1914 zu der verschwindend kleinen Zahl deutscher Intellektueller, die nicht in die allgemeine Kriegspsychose einstimmten, wofür er in Deutschland mit einer gegen den «Vaterlandsverräter» gerichteten üblen Pressekampagne bestraft wurde. – Im Januar 1919 schrieb Hesse unter dem Druck der Weltereignisse seine kleine Schrift «Zarathustras Wiederkehr», die aus Gründen der Wirkung zunächst anonym in Bern erschien; Hesse wollte seinen Appell an die aus dem Krieg heimgekehrte deutsche Jugend nicht durch seinen bekannten Namen vorbelasten. Die reichsdeutsche Ausgabe erschien unter Hesses Namen erstmals 1920 bei S. Fischer in Berlin und erreichte innerhalb von 5 Jahren das 24. Tausend! In der Fischer-Ausgabe wird der Bezug zu Nietzsche erklärt: «Es gab einmal einen deutschen Geist, einen deutschen Mut, eine deutsche Mannhaftigkeit, welche sich nicht nur in Herdenlärm und Massenbegeisterung äusserte. Der letzte grosse Geist dieser Art ist Nietzsche gewesen, und er ist, inmitten des damaligen Gründertums und der damaligen Herdengesinnung in Deutschland, zum Anti-Patrioten und Anti-Deutschen geworden. An ihn will mein Ruf erinnern, an seinen Mut, an seine Einsamkeit.»

Lit.: Hermann Hesse, Zarathustras Wiederkehr. Ein Wort an die deutsche Jugend und andere Denkschriften gegen den Radikalismus von rechts und links, hrsg. v. Volker Michels, Frankfurt a. M.: Suhrkamp 1993 (= suhrkamp taschenbuch 2228). Volker Michels (Hrsg.), Hermann Hesse, Sein Leben in Bildern und Texten, Frankfurt a.M.: Suhrkamp 1979, Insel 1987 (= suhrkamp taschenbuch 1111). Siegfried Unseld, Hermann Hesse, Werk- und Wirkungsgeschichte, Frankfurt a.M.: Suhrkamp 1985, Insel 1987 (= suhrkamp taschenbuch 1112).

9.5. Karl Barth, Der Römerbrief,
2., völlig neu geschriebene Ausgabe, München: Kaiser / Bern: Bäschlin 1922
Universitätsbibliothek Basel, F o V 58

Zu Karl Barths Nietzsche-Rezeption siehe den Beitrag von Niklaus Peter in vorliegendem Band.

9.6. Rudolf Steiner als Nietzsche-Forscher
Rudolf Steiner, «Das Nietzsche-Archiv und seine Anklagen gegen den bisherigen Herausgeber. Eine Enthüllung», Magazin für Litteratur, 10. 2. 1900, Titelseite. Korrekturabzug mit handschriftlichen Eintragungen.
Rudolf Steiner Nachlassverwaltung, Dornach

Rudolf Steiner (1861–1925), der spätere Begründer der Anthroposophie, war in seiner Weimarer Zeit (1890–1897) hauptamtlich tätig als Mitarbeiter des Goethe- und Schiller-Archivs und als Herausgeber der naturwissenschaftlichen Schriften in der grossen Weimarer Goethe-Ausgabe (Sophien-Ausgabe). Im Frühjahr 1894 lernte er Elisabeth Förster-Nietzsche kennen, mit der sich zunächst ein freundschaftlicher Umgang ergab. Die Archivleiterin schätzte Steiner, nicht zuletzt wegen seines Nietzsche-Buches (Friedrich Nietzsche, ein Kämpfer gegen seine Zeit, 1895), als genialen Denker, liess sich von ihm Privatstunden in der Philosophie ihres Bruders erteilen und beauftragte ihn mit der Ordnung und Katalogisierung von Nietzsches Bibliothek. Im Dezember versuchte Frau Förster-Nietzsche, Steiner auf Kosten des damaligen Herausgebers Fritz Koegel in die Herausgabe der Gesamtausgabe hineinzuziehen, für die Steiner die sogenannte *Umwertung aller Werte*, den nachmaligen *Willen zur Macht,* hätte zusammenstellen und herausgeben sollen. Steiner widersetzte sich aber der Intrige, distanzierte sich vom Archiv und prangerte 1900 als erster Zeitgenosse öffentlich die selbstherrlichen und verfälschenden Machenschaften von Frau Förster-Nietzsche an. 1923 übersiedelte Steiner endgültig von Berlin nach Dornach bei Basel, wo sich heute sein Nachlass mit wertvollen Zeugnissen zur frühen Geschichte des Nietzsche-Archivs befindet.

Lit.: Hoffmann, Nietzsche-Archiv, passim. Hoffmann, «Basler Nietzsche-Archiv», S. 91–97. Rudolf Steiner und das Nietzsche-Archiv, Briefe von Rudolf Steiner, Elisabeth Förster-Nietzsche, Fritz Koegel, Constantin Georg Naumann, Gustav Naumann und Ernst Horneffer 1894–1900, herausgegeben eingeleitet und kommentiert von D. M. Hoffmann, Dornach: Rudolf Steiner Verlag 1993.

9.7. Nietzsche ohne Schnauz?
Alexander Zschokke, Der junge Nietzsche
1926, Höhe 34 cm, Bronze, Privatbesitz Basel
Im Zusammenhang mit der in Basel geplanten und nicht realisierten Nietzsche-Feier zum 80. Geburtstag des Philosophen und der ebenfalls nicht verwirklichten Benennung einer Nietzsche-Strasse

(siehe Kat. Nr. 1.68) erging an den Basler Bildhauer Alexander Zschokke (1894–1981), der damals dem George-Kreis nahestand, der Auftrag, eine Nietzsche-Büste herzustellen. Zschokke reiste dafür ans Nietzsche-Archiv nach Weimar, um sich mit Bildmaterial einzudecken. Frau Förster-Nietzsche wollte unbedingt einen reifen Nietzsche mit dem charakteristischen Schnurrbart haben, während sich Zschokke auch für den jungen Nietzsche interessierte. Unbemerkt nahm er auch einige Jugendphotos mit nach Basel und schuf danach auch einen jungen Nietzsche, den aber die Schwester dann nicht einmal erkennen wollte. Der gleichzeitig entstandene obligate Kopf aus der Zarathustra-Zeit, der normalerweise in der Universitätsbibliothek Basel steht, ist im Basler-Raum unserer Ausstellung gezeigt (Kat. Nr. 1.49).

Lit.: Staatsarchiv Basel-Stadt, Feste F 5f, Nietzsche-Feiern; Bauakten H 4 1921–1925.A. Zschokke, Skulpturenkatalog 1921–1974, Basel 1974, S. 21.

9.8. «... den man freilich nirgends wörtlich nehmen darf...» – Ein Nietzsche-Mikrogramm
Mikrogramm Nr. 415 («Ich lasse Sie mit heutiger Schreibbemühung wissen»)
Transkription von Werner Morlang und Bernhard Echte
Robert Walser-Archiv der Carl Seelig-Stiftung, Zürich.
Abb. S. 152

Zeugnis von Robert Walsers Auseinandersetzung mit Nietzsche sind u. a. verschiedene bisher unveröffentlichte sogenannte «Mikrogramme», die im Artikel von Peter Utz im vorliegenden Band beschrieben sind.

Lit.: Zu den Mikrogrammen siehe die Edition von Werner Morlang und Bernhard Echte unter dem Titel «Aus dem Bleistiftgebiet» im Suhrkamp Verlag.

9.9. Zarathustra-Seminar
C.G. Jung, Lecture IV, 25. 5. 1938, aus: Psychological Analysis of Nietzsche's Zarathustra
Typoskript mit handschriftlichen Korrekturen von C. G. Jung, 20 S.
ETH Bibliothek, Hs 1055: 992

Nietzsche's Zarathustra, Notes of the Seminar Given in 1934–1939 by C. G. Jung, Edited by James L. Jarrett, 2 Bde., Princeton, New Jersey: Princeton University Press 1988 (= Bollingen Series XCIX).
Universitätsbibliothek Basel, ig 17871, Suppl. 2.

Im intimen Kreis seiner Schüler, im sog. «Psychologischen Klub», führte C. G. Jung von 1934 bis 1939 ein «Mammut»-Seminar über Nietzsches «Zarathustra» durch, in dem er u. a. Nietzsche und den «Zarathustra» in engem Zusammenhang mit dem damals aufkommenden Nationalsozialismus kritisch betrachtete. Das auf Englisch abgehaltene Seminar wurde von den Teilnehmern, unter denen sich übrigens auch der spätere Nobelpreisträger Tadeus Reichstein befand, kontinuierlich mitstenographiert, übertragen und in ein einem zehnbändigen Typoskript als Privatdruck veröffentlicht. Einzelne Ausschriften hat Jung offenbar durchgesehen und korrigiert, wie die hier gezeigten Seiten der Sitzung vom 25. Mai 1938. Eine über 1500seitige Buchausgabe erschien 1988.

9.10. Hans Urs von Balthasar (1905–1988)
Photo: Universitätsbibliothek Basel, Portraitsammlung

9.11. Der Kardinal und Nietzsche
Hans Urs von Balthasar, Apokalypse der deutschen Seele, Studien zu einer Lehre von den letzten Haltungen, Band II: Im Zeichen Nietzsches, Salzburg, Leipzig: Anton Pustet 1939.
Universitätsbibliothek Basel, Sign. ig 440, Bd. 2

9.10. Hans Urs von Balthasar.

Friedrich Nietzsche, Vom vornehmen Menschen, Auswahl [und Nachwort] von Hans Werner [d.i. Hans Urs von Balthasar], Basel: Schwabe 1942 (Sammlung Klosterberg, Europäische Reihe, hrsg. v. Hans Urs von Balthasar)
Sammlung D. M. Hoffmann
Friedrich Nietzsche, Vergeblichkeit, Auswahl [und Nachwort] von Hans Werner [d. i. Hans Urs von Balthasar], Basel: Schwabe 1942 (Sammlung Klosterberg, Europäische Reihe, hrsg. v. Hans Urs von Balthasar)
Sammlung D. M. Hoffmann

Der Luzerner katholische Theologe Hans Urs von Balthasar war promovierter Germanist, Jesuit, seit 1940 Studentenseelsorger in Basel und gründete später das Säkularinstitut «Johannesgemeinschaft». In dieser Eigenschaft war er Sekretär und Herausgeber der Basler Mystikerin Adrienne von Speyer. Wenige Tage vor seinem Tod wurde er, ohne je ein Bischofsamt innegehabt zu haben, zum Kardinal berufen. Balthasar, dessen 16bändige «Trilogie» das Einzige ist, was katholischerseits Karl Barths «Kirchlicher Dogmatik» entgegengestellt werden könnte, hat sich sehr früh mit Nietzsche auseinandergesetzt. Schon seinem Erstling «Apokalypse der deutschen Seele» hat er Nietzsche als Zentralgestalt der Moderne zugrunde gelegt. Mitten in der Zeit des «Dritten Reiches», als Nietzsche sowohl von Nationalsozialisten und Kommunisten gleicherweise als «Wegbereiter des Faschismus» bezeichnet wurde, hat Balthasar in der von ihm herausgegebenen Basler «Sammlung Klosterberg» drei Nietzsche-Auswahlbändchen vorgelegt, «die das heute noch – und mehr als je – Lebendige und Zeitgemässe aus der Welt des einsamen Sehers herausheben wollen». Damit hat sich Balthasar mutig der vordergründig-plakativen Einordnung Nietzsches in Faschismus oder Antichristentum entgegengestellt. Wohl aus innerkirchlichen Gründen trat der katholische Theologe allerdings nur als Herausgeber der Buchreihe auf und tritt als Bearbeiter der Nietzsche-Bändchen (Auswahl und Nachwort) nur unter einem Pseudonym (Hans Werner) in Erscheinung.

Lit.: Peter Henrici, Art. «Hans Urs von Balthasar» in: Lexikon für Theologie und Kirche, 3. Aufl., 1. Bd., Freiburg, Basel, Rom, Wien: Herder 1993. Hans Urs von Balthasar-Bibliographie, hrsg. v. C. Capol, Einsiedeln, Freiburg: Johannes Verlag 1990.

9.12. Friedrich Dürrenmatt: Die Berner Mansarde
Ausschnitt aus den Wandzeichnungen Friedrich Dürrenmatts in seiner Berner Mansarde (Laubeggstr. 49)
Schweizerisches Literaturarchiv, Bern

1943 bis 1946 wohnte Dürrenmatt als Student der Literatur und Philosophie über der Wohnung seiner Eltern in der Mansarde, die er mit wilden und skurrilen Szenen ausmalte. Neben einer Kreuzigung, einer Salome mit dem Haupte des Johannes und einem Antlitz der Medusa findet sich auch eine Nazi-Ecke mit der Darstellung von Hitler, hohem Klerus, Vertretern des Grossbürgertums und Nietzsche mit Hitlergruss.

Lit.: Friedrich Dürrenmatt, Schriftsteller und Maler (Ausstellungskatalog), hrsg. v. Schweizerisches Literaturarchiv, Bern, und dem Kunsthaus Zürich, Zürich: Diogenes 1994, S. 87–93.

9.13. Thomas Mann
bei der Ankunft auf dem Flughafen Kloten bei Zürich am 24. Mai 1947 zusammen mit seinem Lieblingsenkel Frido.
Thomas Mann-Archiv der ETH Zürich

9.14. Ein Nietzsche-Roman
Thomas Mann, Doktor Faustus, Das Leben des deutschen Tonsetzers Adrian Leverkühn, erzählt von einem Freunde, Stockholm: Bermann Fischer 1947
Thomas Mann-Archiv der ETH Zürich

Thomas Manns Spätwerk «Doktor Faustus» ist eigentlich ein Nietzsche-Roman, in dem u. a. zahlreiche Ereignisse (und Legenden) aus Nietzsches Leben mit Motiven und Elementen aus anderen Quellen in einer Montage zusammengestellt sind. Zahlreiche Passagen spielen in der Schweiz oder nehmen auf sie Bezug. So kommt es etwa in Zürich zur ersten Begegnung Adrian Leverkühns und Rudi Schwerdtfegers mit Marie Godeau – anlässlich eines Tonhallekonzertes mit Schwerdtfeger und dem Schweizer Kammer-Orchester unter der Leitung Paul Sachers. Die erste Reise Adrian Leverkühns in die Schweiz führt zu Kontakten zu Küstlerkreisen in Basel, Genf und Zürich. Und in der Gestalt des kleinen Nepomuk («Echo») Schneidewien sah Thomas Mann geradezu eine Huldigung an die Schweiz. – Mann hat hier seine Erinnerungen an die Schweizer Exilzeit in Küsnacht 1933–38 verarbeitet. Der Roman ist noch auf anderer Ebene mit der Schweiz verbunden: Das Buch wurde zwar von Bermann-Fischer in Stockholm verlegt, wurde aber in der Schweiz von der Buchdruckerei Winterthur AG gedruckt und ausgeliefert. Noch vor dem Erscheinen las Thomas Mann am 8. Juni 1947 im Zürcher Schauspielhaus mit grossem Erfolg aus seinem «Doktor Faustus» vor. Die Aufnahme des Buches in der Schweiz war denn auch sehr bewegt. – Bei der Rückkehr aus seinem amerikanischen Exil nach Europa liess sich Mann für seine letzten Lebensjahre wiederum in der Schweiz nieder.

Lit.: Thomas Mann, Doktor Faustus, Das Leben des deutschen Tonsetzers Adrain Leverkühn, erzählt von einem Freunde, Stockholm:

Bermann Fischer 1947 (v. a. Kap. 21, 39, 44, 45). Thomas Mann, Die Entstehung des Doktor Faustus. Roman eines Romans, Amsterdam: Bermann-Fischer/Querido 1949. Robert Faesi, Thomas Mann, Ein Meister der Erzählkunst, Zürich: Atlantis 1955. Thomas Mann, Selbstkommentare: 'Doktor Faustus' und 'Die Entstehung des Doktor Faustus', hrsg. v. Hans Wysling unter Mitwirkung von Marianne Eich-Fischer, Frankfurt a.M.: Fischer 1992 (= Fischer Taschenbuch 6893), v.a. S. 94, 99, 112f., 136, 145, 153, 188, 252, 304, 322, 350. Helmut Koopmann (Hrsg.), Thomas-Mann-Handbuch, Stuttgart: Kröner 1990, S. 88f. u. 260-276.

9.15. Ankunft in der Schweiz
Titelseite der Schweizer Zeitschrift Sie+Er, Nr. 22, 30. Mai 1947.
Thomas Mann-Archiv der ETH Zürich

9.16. «... wer ihm glaubt, ist verloren.»

Thomas Mann, Nietzsches Philosophie im Lichte unserer Erfahrung
Tonbandaufnahme: Radio Studio Zürich (Vorführung in der Ausstellung über Kopfhörer)
Druck: Berlin: Suhrkamp Verlag, vorm. S. Fischer Januar 1948
Sammlung D. M. Hoffmann

Es war keine Selbstverständlichkeit, unmittelbar nach dem Zweiten Weltkrieg und dem «Tausendjährigen Reich» über Nietzsche zu sprechen. Zu sehr haftete ihm der Titel des Wegbereiters des Faschismus an, den, mit umgekehrten Vorzeichen, Nationalsozialisten und Marxisten zugleich Nietzsche verliehen hatten. Thomas Manns engagierter Nietzsche-Vortrag, ein Ableger seines «Doktor Faustus», wurde am 3. Juni 1947 am XIV. Kongress des internationalen PEN-Clubs in Zürich gehalten und danach in Bern und Basel wiederholt. Kurz darauf erschien der Vortrag als Broschüre. Thomas Mann legte hier (ein Novum nach Jahrzehnten der fanatischen Nietzsche-Rezeption!) eine souveräne Kritik und Würdigung von Nietzsches Philosophie, ihrer Wurzeln und Konsequenzen vor.

Lit.: Thomas Mann, Selbstkommentare: 'Doktor Faustus' und 'Die Entstehung des Doktor Faustus', hrsg. v. Hans Wysling unter Mitwirkung von Marianne Eich-Fischer, Frankfurt a. M.: Fischer 1992 (= Fischer Taschenbuch 6893). Ernst Loewy, Thomas Mann. Ton- und Filmaufnahmen. Ein Verzeichnis, hrsg. vom Deutschen Rundfunkarchiv, Frankfurt a.M.: Fischer 1974 (= Th. Mann, Ges. Werke, Supplementband) S. 72f.

9.17. Carl Jacob Burckhardt (1891–1974)
Photo: Peter Moeschlin, Basel, um 1965

9.18. «Fréderic Nietzsche en Suisse»
Carl Jacob Burckhardt, «Fréderic Nietzsche en Suisse», Vortrag am 10. März 1952 in Monte Carlo:
1) Schallplattenaufnahme von Radio Monte Carlo (Vorführung in der Ausstellung über Kopfhörer)
2) Druck: Imprimerie Nationale de Monaco 1955
3) Veränderter Druck: Genève: Editions Rencontre 1970

Am 10. März 1952 hielt der frühere Völkerbundsdelegierte und Präsident des Internationalen Roten Kreuzes, Botschafter Carl Jacob Burckhardt, in Monte Carlo im Kreis der «Société de conférences de Monaco» und in Anwesenheit des Fürsten Rainer von Monaco seinen eloquenten und einfühlsamen Vortrag über «Nietzsche en Suisse», den er am 11. Juni 1970 in Genf im «Cercle de la Presse et des Amitiés étrangères» wiederholte.

9.19. Hans Jenny: Friedrich Nietzsche (Doppelfiguren)
Öl auf Leinwand, 75 x 100 cm, um 1961
Maria Jenny, Dornach

Der aus Basel gebürtige Arzt, Naturwissenschaftler und Maler Hans Jenny (1904–1972) hat von Nietzsches Werk grosse Anregungen erfahren. In Auseinandersetzung mit seinen Farben- und Formstudien einerseits und der anthroposophischen Forschung andererseits suchte Jenny neben seinen vielen Tierbildern auch mehrmals, wie auf diesem Doppelbildnis, das Geheimnis Nietzsche ins Bild zu bannen.

Lit.: Hans Jenny, Tierlandschaften, hrsg. v. M. u. G.-M. Savin, Ittingen/Schweiz: Raffael Verlag 1992.

9.20. Jean-Willy de Boé: Nietzsche-Büste
Zementguss, Höhe 60 cm, um1928
Nietzsche-Haus, Sils-Maria

Im Nietzsche-Haus in Sils-Maria wird die kubistische Nietzsche-Büste des Luzerner und Genfer Kaufmanns und künstlerischen Autodidakten Jean-Willy de Boé (geb. 1885) aufbewahrt.

9.17. Carl Jacob Burckhardt.

9.21. Die Nietzsche-Biographie
C. P. Janz, «Friedrich Nietzsche. Biographie», 3 Bde. München, Wien: Hanser 1978, 1978, 1979.
Rudolf Steiner-Nachlassverwaltung, Dornach

Der 1911 geborene Basler Musiker und Privatgelehrte Curt Paul Janz beschäftigte sich Ende der 50er Jahre mit Nietzsches musikalischem Nachlass und kam in diesem Zusammenhang mit Richard Blunck in Kontakt, der 1953 der ersten Band ersten seiner kritischen Nietzsche-Biographie veröffentlicht hatte. Nach Bluncks Tod trat an Janz die Aufgabe heran, die begonnene Biographie abzuschliessen, bzw. die Arbeit durch eigene Quellenstudien und eine selbständige Nietzsche-Forschung neu in Angriff zu nehmen. 1978/79 legte er in drei Bänden die erste vollständige und zuverlässige Biographie des Philosophen vor, nachdem die Welt bisher von Elisabeth Förster-Nietzsche hauptsächlich mit Märchen und Legenden abgespeist worden war. Janz' Biographie wurde in zahlreiche Weltsprachen übersetzt. 1979 wurde ihm dafür von der Universität Basel der Titel Dr. phil. h. c. verliehen. Neben der Biographie legte Janz noch verschiedene wertvolle Nebenprodukte seiner Nietzsche-Forschungen in Buch- und Aufsatzform vor.

Lit.: Siehe die zwei Beiträge von Janz in vorliegendem Band.

9.22. Universität Basel
Das Kollegiengebäude am Petersplatz, 1994
Photo: D. M. Hoffmann
KGW VI,4 und KGB I,4
Sammlung D. M. Hoffmann

Seit dem Tode der beiden italienischen Herausgeber der kritischen Nietzsche-Ausgabe, Giorgio Colli (†1979) und Mazzino Montinari (†1986), liegt die Leitung der Ausgabe in den Händen eines internationalen Editorengremiums. Die Basler Beteiligten sind die Prof. Annemarie Pieper, Karl Pestalozzi und Wolfram Groddeck, die alle auch mit eigenen Publikationen über Nietzsche hervorgetreten sind. Im Zusammenhang mit der Werk- und Brief-Edition sind mit Unterstützung des Schweizerischen Nationalfonds in Basel mehrere Nietzsche-Arbeitsstellen geschaffen worden. Weitere Nietzsche-Kenner an der Basler Universität sind der Philosoph Prof. Henning Ottmann und der Altphilologe Prof. Joachim Latacz, der mit seinem Beitrag in vorliegendem Band eine Rehabilitation Nietzsches von seiten der Gräzistik unternimmt.

9.23. Die Stiftung Nietzsche-Haus in Sils-Maria
Gästebuch des Nietzsche-Hauses
Stiftung Nietzsche-Haus in Sils-Maria

Als Ende 1958 der Verkauf des Nietzsche-Hauses in Sils-Maria drohte, formierte sich eine Stiftung, der es gelang, verschiedene Geldgeber zu finden, um das Haus zu erwerben und zu einer seither vielbesuchten Gedenkstätte und einem Studienort umzubauen. Im Parterre illustrieren mehrere Museumsräume Nietzsches Leben und Schaffen im Engadin, das obere Geschoss und der Dachstock enthalten Gästezimmer und eine reiche Nietzsche-Bibliothek. Seit 1980 veranstaltet die Stiftung regelmässig im Spätsommer ein internationales Kolloquium, wo aktuelle Fragen und Aspekte der Nietzsche-Forschung kritisch beleuchtet werden.

Lit.: Wilhelm Keller, «Zum Gedenken an Friedrich Nietzsche», Ansprache, gehalten anlässlich der Eröffnungsfeier für das Nietzsche-Haus in Sils-Maria am 25. August 1960, Schweizer Monatshefte, Okt. 1960, S. 701-712. P. A. Bloch, «Das Nietzsche-Haus in Sils-Maria», Chur: Calanda Verlag 1991.

Verzeichnis der Leihgeber

Universitätsbibliothek Basel
Staatsarchiv Basel-Stadt
Öffentliche Kunstsammlung Basel, Kunstmuseum/ Kupferstichkabinett
Progressives Museum / Börsenkammer der Stadt Basel
Erziehungsdepartement Basel Stadt/Museum an der Augustinergasse, Basel
Psychiatrische Universitätsklinik, Basel

Zentralbibliothek Zürich
R. Walser-Archiv der Carl Seelig-Stiftung, Zürich
Hugo Ball Nachlass c/o R. Walser-Archiv der Carl Seelig-Stiftung, Zürich
Wissenschaftshistorische Sammlung der ETH Zürich
Thomas Mann-Archiv der ETH Zürich
Tonhallegesellschaft Zürich
Musik Hug Zürich und Basel
Neue Zürcher Zeitung, Zürich
Der Nebelspalter, Zürich
Werner Morlang, Zürich

Dichtermuseum Liestal
Rudolf Steiner Nachlassverwaltung, Dornach
Maria Jenny, Dornach

Der Bund, Bern
Kunstmuseum Bern
Schweizer Literaturarchiv, Bern
Richard Wagner-Museum der Stadt Luzern, Tribschen
Verkehrshaus der Schweiz, Luzern
Historisches Museum, Luzern
Bibliotheca Bodmeriana, Genf
Stiftung Nietzsche-Haus in Sils-Maria
Posthotel Bodenhaus, Splügen
Hotel Bellevue, Wiesen b. Davos
Segantini-Museum, St. Moritz
David Marc Hoffmann, Aesch/Basel

Albi Rosenthal, London
Herzogin Anna Amalia Bibliothek, Weimar
Deutsches Literaturarchiv, Marbach
Lou Andreas-Salomé-Archiv, Göttingen
Rijksmuseum Amsterdam

Das R. Wagner-Archiv (Bayreuth) und das Goethe- und Schiller-Archiv (Weimar) lehnten aufgrund ihrer Archivbestimmungen ausnahmslos jede Ausleihe von Originalen ab; die in der Ausstellung gezeigten Exponate sind Faksimiles oder Photographien.

Autoren und Autorinnen dieses Bandes

Peter André Bloch, geb. 1936, Dr. phil., Professor für Neuere deutsche Literaturwissenschaft an der Université de Haute Alsace in Mulhouse (France). Betreut seit 25 Jahren das Nietzsche-Haus in Sils-Maria.

Andreas Cesana, geb. 1951, Dr. phil., ausserordentlicher Professor für Philosophie an der Universität Basel. Wissenschaftlicher Bibliothekar an der Universitätsbibliothek Basel. Mitherausgeber der Bachofen- und Gesamtleiter der neuen, kritischen Jacob Burckhardt-Gesamtausgabe.

Wolfram Groddeck, geb. 1949, Dr. phil., Prof. für Neuere deutsche Literaturwissenschaft an der Universität Basel. Mitherausgeber der Kritischen Nietzscheausgabe.

David Marc Hoffmann, geb. 1959, Dr. phil., Herausgeber im Archiv der Rudolf Steiner Nachlassverwaltung (Dornach/Schweiz).

Curt Paul Janz, geb. 1911, Dr. phil. h. c., Herausgeber des musikalischen Nachlasses Nietzsches und Nietzsche-Biograph.

Rudolf Käser, geb. 1953, Dr. phil., Professor für Neuere deutsche Literatur an den Universitäten Poitiers (France) und Neuchâtel.

Joachim Latacz, geb. 1934, Dr. phil., Professor für Griechische Philologie (auf dem Lehrstuhl Nietzsches) an der Universität Basel.

Walter Morgenthaler, geb. 1946, Dr. phil., Projektleiter der neuen historisch-kritischen Gottfried Keller-Ausgabe (Basel).

Niklaus Peter, geb. 1956, Dr. theol., Oberassistent am theologischen Seminar der Universität Basel, Mitherausgeber der Franz Overbeck-Ausgabe.

Barbara von Reibnitz, Dr. phil., Klassische Philologin, Mitherausgeberin der Franz Overbeck-Ausgabe.

Hubert Treiber, geb. 1942, Professor für Verwaltungswissenschaften am Fachbereich Rechtswissenschaften der Universität Hannover.

Jörg Salaquarda, geb. 1938, Dr. phil., ausserordentlicher Professor für Philosophie an der Evangelisch-theologischen Fakultät der Universität Wien. Herausgeber bzw. Mitherausgeber der Kritischen Nietzsche-Ausgabe, der Nietzsche-Studien und der «Monographien und Texte zur Nietzsche-Forschung».

Werner Stauffacher, geb. 1921, Dr. phil., em. Professor für Deutsche Literatur an der Universität Lausanne. Mitherausgeber der Spitteler-Ausgabe und Spitteler-Biograph.

Doris Stump, geb. 1950, Dr. phil., (Wettingen), Forschungsschwerpunkt Schweizer Schriftstellerinnen des 19. Jahrhunderts.

Peter Utz, geb. 1954, Dr. phil., ordentlicher Professor für Neuere deutsche Literatur an der Universität Lausanne.

Pia Daniela Volz (verh. Schmücker), geb. 1959, Dr. med., Fachreferentin für Medizin an der Universität Ulm.

Vom Herausgeber des vorliegenden Bandes sind folgende Publikationen zum Thema Nietzsche erschienen:

Rudolf Steiner, *Gesammelte Aufsätze zur Kultur- und Zeitgeschichte, 1887–1901,* 3. Auflage, herausgegeben und kommentiert von David Hoffmann, Dornach: Rudolf Steiner Verlag 1989, 720 S. (= Rudolf Steiner Gesamtausgabe, Bd. 31).

Zur Geschichte des Nietzsche-Archivs. Elisabeth Förster-Nietzsche, Fritz Koegel, Rudolf Steiner, Gustav Naumann, Josef Hofmiller. Chronik, Studien und Dokumente. Berlin, New York: de Gruyter 1991, 843 S. (= Supplementa Nietzscheana Bd. 2, herausgegeben von Wolfgang Müller-Lauter und Karl Pestalozzi).

Bibliographie *«Friedrich Nietzsche»*. In: Gero von Wilpert, Adolf Gühring (Hrsg.), Erstausgaben deutscher Dichtung. Eine Bibliographie zur deutschen Literatur 1600–1990, Stuttgart: Kröner 2. Aufl. 1992, S. 1146–1147.

Das «Basler Nietzsche-Archiv», Katalog der Ausstellung in der Universitätsbibliothek Basel, Basel: Verlag der Universitätsbibliothek 1993, 102 S. (= Publikationen der Universitätsbibliothek Basel Nr. 20).

«Gut und Böse» – «Gut und Schlecht». Bemerkungen im Anschluß an Nietzsches Moralkritik, in: Die Drei (Stuttgart), November 1993, S. 898–900.

Rudolf Steiner und das Nietzsche-Archiv. Briefe von Rudolf Steiner, Elisabeth Förster-Nietzsche, Fritz Koegel, Constantin Georg Naumann, Gustav Naumann und Ernst Horneffer 1894–1900, herausgegeben, eingeleitet und kommentiert von David Marc Hoffmann, Dornach: Rudolf Steiner Verlag 1993, 294 S. (= Rudolf Steiner Studien, Bd. VI).

In Vorbereitung: *Franz Overbeck – Heinrich Köselitz (Peter Gast), Briefwechsel 1877 bis 1905,* herausgegeben und kommentiert von David Marc Hoffmann, Niklaus Peter und Theo Salfinger. Mit einer Einführung von Karl Pestalozzi (= Supplementa Nietzscheana Bd. 3, herausgegeben von Wolfgang Müller-Lauter und Karl Pestalozzi).